深交投 — 致力于打造城市智慧交通应用平台

公众出行信息服务平台

交通行业监管服务平台

交通数据运营服务平台

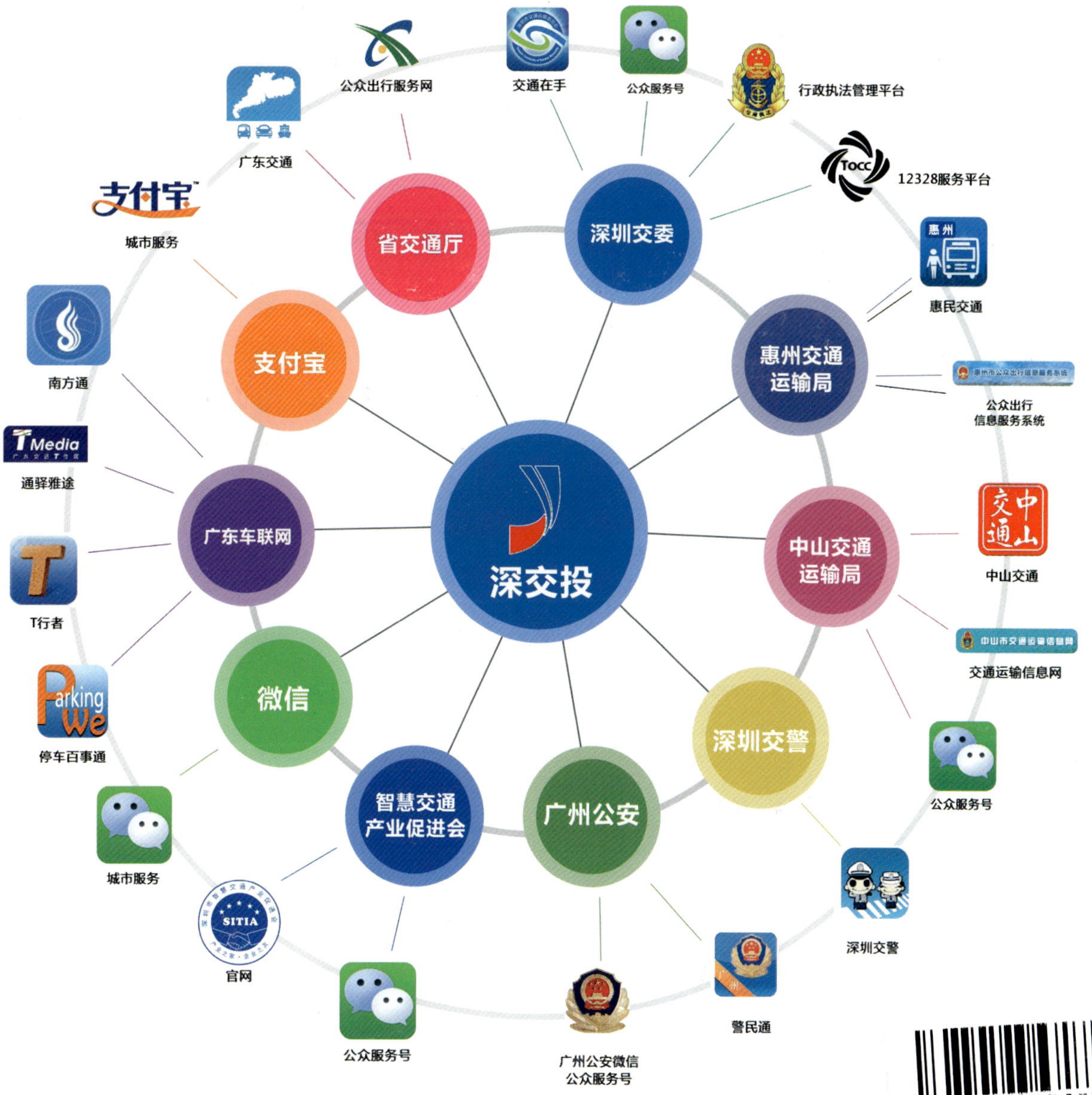

深圳市交投科技有限公司
SHENZHEN TRANSPORT INFORMATION & TECHNOLOGY CO.,LTD

地址：深圳市福田区深南大道1006号深圳国际创新中心C座18楼
电话：0755-86088666　邮编：518048
网址：www.sztit.cn

质量管理体系认证证书
中铁电化（西安）通号设备有限公司
GB/T19001-2008/ISO9001:2008 标准

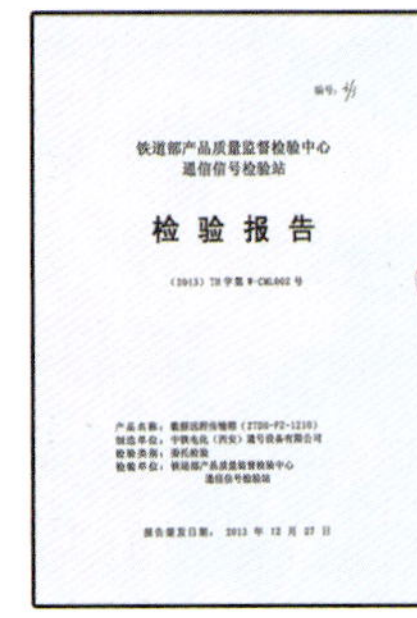

铁道部产品质量监督检验中心
通信信号检验站
检验报告

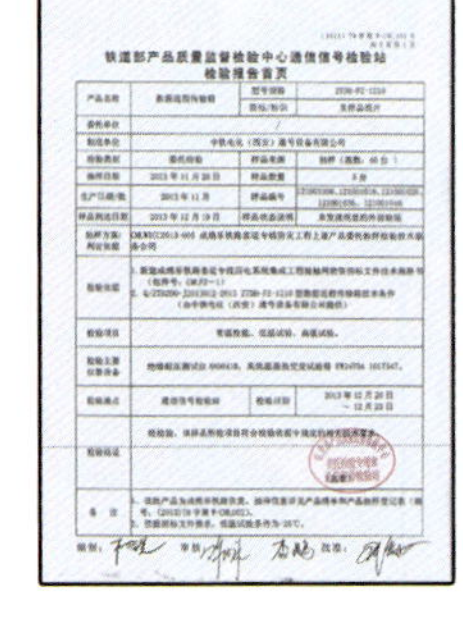

铁道部产品质量监督检验中心通信信号检验站

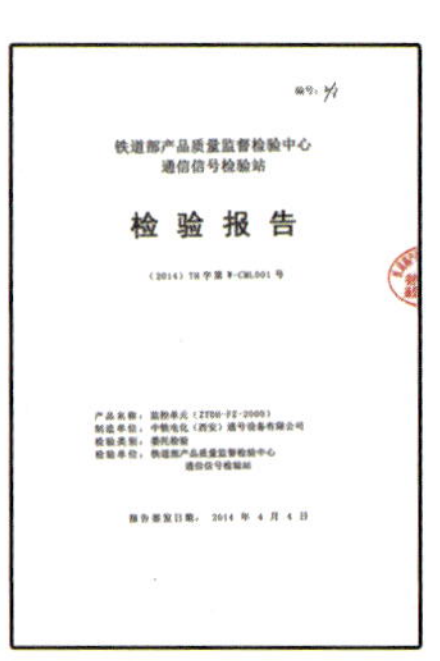

铁道部产品质量监督检验中心
通信信号检验站
检验报告

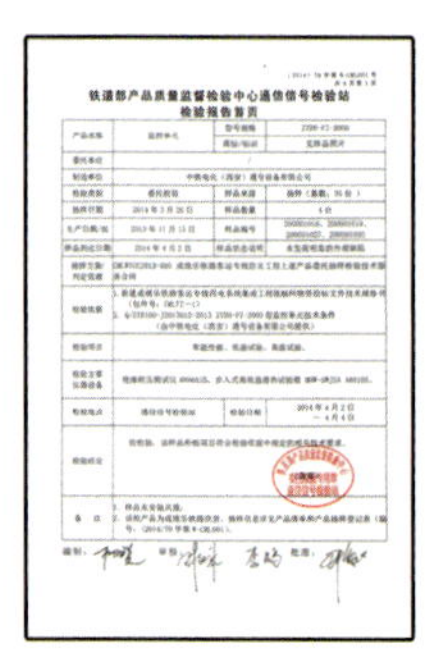

铁路产品认证证书

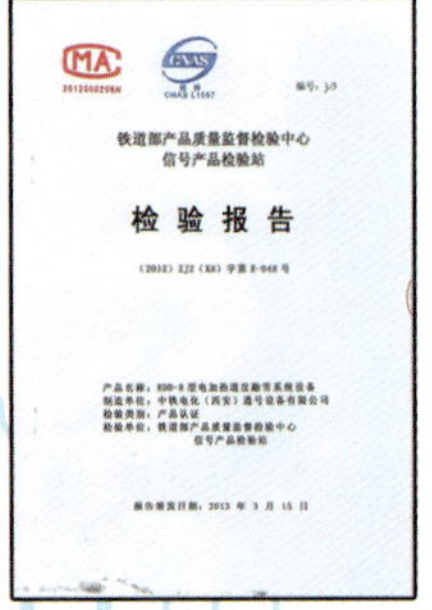

铁道部产品质量监督检验中心
信号产品检验站
检验报告

轨道智能运输系统专业委员会

轨道智能运输系统专业委员会是在中国智能交通协会的领导下，依法成立的从事轨道智能交通领域应用的研究、咨询、学术交流与技术创新、培训的全国学术性非营利组织。

专委会依托单位是北京交通大学，首届主任由北京交通大学贾利民教授担任，北京交通大学秦勇教授担任副主任兼秘书长。委员单位包括北京交通大学、西南交通大学、中南大学、同济大学、大连交通大学、兰州交通大学、中国铁路总公司信息技术中心、中国铁道科学研究院、中国南车中央研究院等高等院校和科研院所，还包括中国通信信号总公司、中国北车唐山轨道客车有限责任公司、中国北车长春轨道客车股份有限公司、中国南车电力机车有限公司、中国神华集团公司、广州地下铁道总公司、上海申通地铁公司、北京轨道交通建设管理有限公司等知名企业。

轨道智能运输系统专业委员会专委会面向企业及院校科研机构，建立起政府与企事业单位沟通的桥梁，促进了企事业间的横向联系与合作以及轨道运输行业技术进步和产业资源整合，推进了产、学、研、用协同创新，加强了国际交流与合作，加快了轨道交通领域的信息化、智能化发展进程。轨道智能运输系统专委会为推动中国智能交通行业的发展、促进中国智能交通的繁荣、促进社会的可持续发展做出了突出的贡献。在过去的十年中，中国轨道交通发展取得了举世瞩目的成绩，高速铁路总里程数已达到世界第一，城市轨道交通也得到前所未有的巨大的发展，已建成和在修建地铁的城市达到30多个。高铁技术作为中国的一个国家品牌，正在走向世界；城市轨道交通技术已出口至美国、伊朗、印度、巴西等国家。与此同时，随着轨道交通客流量和货运量的大幅度增长，轨道智能运输业的发展作为国家可持续发展战略，现已成为我国智能交通行业发展中又一个新的亮点。

专委会成立仪式（中国智能交通协会理事长吴忠泽，副理事长中国铁路总公司总工程师何华武、科技部高技术中心副主任袁建湘、交通部公路科学研究院总工程师王笑京为33位专委会委员颁发了聘书）

第三届轨道交通智能运输系统技术论坛召开（张苑、常振臣、秦勇、邓小军、朱宏、史天运、魏秀琨、李平等专家分别作了精彩的论坛主题报告，内容涉及高速列车运行控制、智能列车、轨道智能运输系统主动安全保障、城市轨道交通智能化信息化、中国铁路信息化等技术研究领域）

廊坊市威达科技发展有限公司

WEIDA SCIENCE &TECHNOLGY DEVELOPMENT CO.,LTD

廊坊市威达科技发展有限公司是从事研发、制造自动化控制产品的高新技术企业。公司多年来致力于机动车安全（综合）性能检测系统、机动车驾驶员考试管理系统、智能交通控制系统产品的研发与设备制造、设计与施工。多项研究成果获得国家专利，在行业内有较高的知名度。

1. 机动车VIN码电子信息采集系统

该系统采用全世界独创的专利技术，把机动车VIN码的磁迹信息用图像形式进行显现，能有效的甄别机动车VIN码的打磨、更改、挖凿等现象 。它不仅能清晰拓出机动车VIN码，更重要的是能看出机动车VIN码的背景信息，为打击盗抢车辆提供科学依据；该系统解决了现行的手工纸质拓号制约车辆管理信息化、网络化的瓶颈 ，便于实现机动车VIN码的数字化、网络化管理。

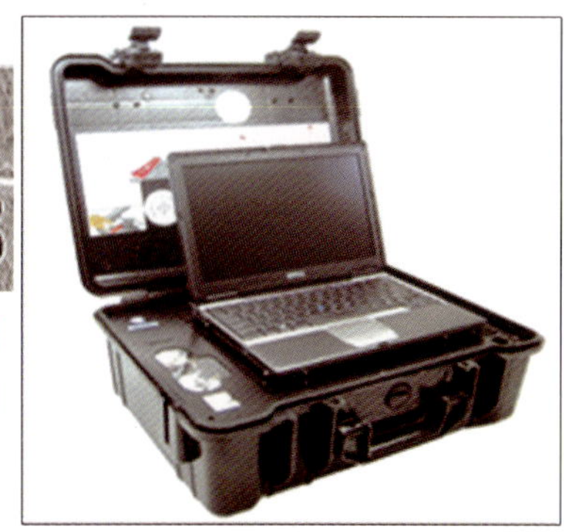

2. 机动车驾驶人考试系统

经过多年的实际应用和不断升级换代，依据公安部令第123号等关于驾驶员考试最新的相关法规与规定的要求，WD-2013机动车驾驶人科目二考试系统和WD-2013-km3机动车驾驶人科目三考试系统，采用最为先进的嵌入式车载专用评判系统，及嵌入式计算机、自动控制、载波相位差分GPS定位和自建网络于一体。设备集成度高，使用方便、易安装、易维护、误判率低且故障率低。

3. 机动车检测线及远程查验系统

我公司生产各种机动车安全（综合）性能检测线、机动车环保尾气排放检测的设备及机动车远程查验系统。

4. 汽车轮廓尺寸测量机

汽车轮廓尺寸测量机是为机动车检测线研制的汽车轮廓尺寸测量设备。该设备能精确的测量出汽车的长度、宽度、高度及轴距尺寸，测量结果可在上位机中与国家标准数据进行比照，对其实际尺寸是否超限做出评判。该设备具有测量精度高、测量速度快（通过式测量）、操作简单、使用方便的特点。

地址：河北省廊坊市经济技术开发区花园道35号　　邮编：065001　　网址：http://www.weidakj.com

电话：0316-6074249/50/51/52　　传真：0316-5919659　　E-Mail：lfwdkj@163.com

清华大学-剑桥大学-麻省理工学院 低碳能源大学联盟

未来交通研究中心

Tsinghua University – Cambridge University – Massachusetts Institute of Technology
Low Carbon Aliance Future Transport Research Center.

TCMFTC

清华大学一剑桥大学一麻省理工学院低碳能源大学联盟未来交通研究中心。英文名：Tsinghua University - Cambridge University - Massachusetts Institute of Technology Low Carbon Aliance Future Transport Research Center。“未来交通”是指随着人类社会和科学技术的发展，人类社会所面临的交通和交通导致的相关问题，以及人类未来的交通模式、交通工具和交通系统。“未来交通”研究中心主要关注目前人类社会面临的交通拥堵、交通环境（污染）和交通能源（低碳交通）等领域的科学问题。“未来交通”的研究方向包括智慧交通、绿色交通、低碳交通、生态交通。智慧交通研究物联网技术下智能感知和车联网技术，以改善和提高交通系统的安全与效率；绿色交通研究交通与环境的相互制约和互动关系，在发展交通的同时，兼顾环境的保护；低碳交通研究交通节能技术和交通新能源；生态交通关注人体健康与交通系统之间的关系，以通过改善交通环境，建设适合人类居住的良好生活环境。

清华-剑桥-麻省理工学院低碳能源大学联盟未来交通研究中心（以下简称：未来交通中心）是以“三校低碳联盟”的合作框架为基础，以“未来交通”为主要研究方向，以三校的教授专家为核心的世界一流合作研究和学术交流平台。清华-剑桥-麻省理工学院低碳能源大学联盟未来交通研究中心的具体建设目标为：

1. 通过高水平学科交叉国际合作研究，培育新的学科方向，做出系统的原创性的研究成果，成为这些新学科方向和领域的国际领跑者；

2. 建立国际一流学术交流平台，定期邀请国际一流专家学者来未来交通中心开展短期合作科研、讲学和组织 Seminar, Workshop, International Conference，营造氛围，聚集人气，扩大国际影响，自然而然的融入到一流大学的行列，提高清华大学交通学科在国际舞台的影响力和话语权

3. 建立国际一流人才培养基地，利用国际一流学者的优势资源，培养面向“未来交通”的国际性人才。

中心成立3年来，已有理事会委员6名、国际学术委员11名（其中院士6名）、中心主任1名、副主任2名，骨干成员26名（其中正高级15名、副高级9名），博士后2名，博士生8名。

中心已承担国家863科技计划项目、国家科技支撑计划项目、国家自然科学基金等科研项目10余项，获得包括项目支持、企业赞助等超过3千万元的经费支持，申请发明专利7项，发表SCI/EI论文30余篇。

中心通过与剑桥大学、麻省理工学院等多个国际一流大学合作交流，已成功推荐两名优秀博士生赴麻省理工学院、英国南安普顿大学交流学习一年，并获得肯定与好评。

清华大学一剑桥大学一麻省理工学院低碳能源大学联盟未来交通研究中心正努力朝向建设国际一流的国际合作多学科交叉的科学研究，学术交流和人才培养平台前进。

中心现拥有国际先进的交通行为，交通环境综合检测车：

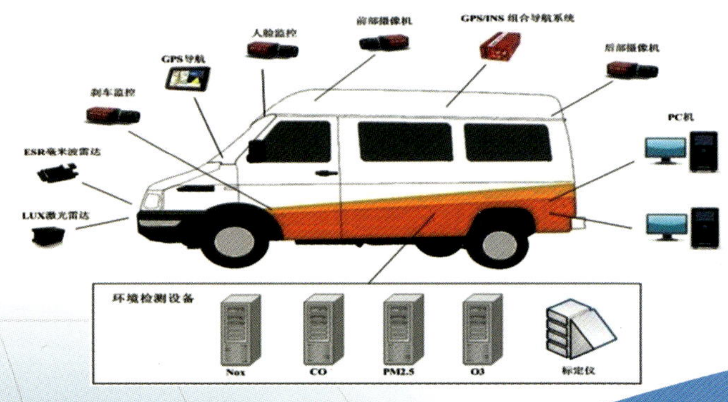

欢迎世界一流学者、师生融入我们的大家庭！

地址：北京市海淀区清华大学
旧水利馆310室
邮箱：tcmftc@163.com

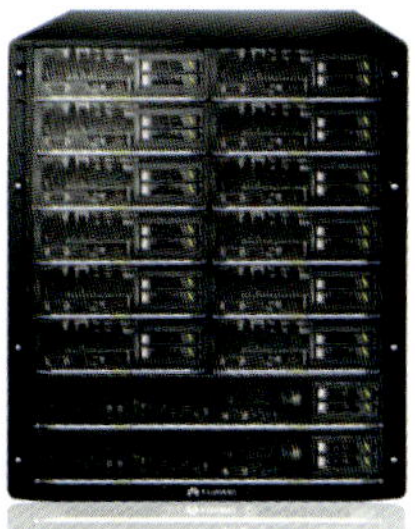

深交投 — 致力于打造城市智慧交通应用平台

公司简介

深圳市交投科技有限公司（SZTIT）成立于2013年11月，致力于智慧交通软件开发与系统集成，是专业的交通信息服务解决方案提供商，主要业务涵盖智慧交通系统的规划、设计、开发、运营、维护等全方位。

公司拥有一支具有智慧交通领域丰富经验、高素质和创新意识的管理团队，与政府交通主管部门、科研院校、行业企业等长期保持良好的合作关系，包括广东省交通厅、广州公安、深圳交委、深圳先进院、清华大学、同济大学、北航大学、深圳大学、腾讯、百度、广东车联网、深圳易行网等。公司凭借自身强大的技术力量、优质的服务、持续的行业关注、坚定的创新精神和广泛的合作伙伴资源，为交通行业提供全方位的智能化解决方案，并不断为公众提供全出行链的信息服务环境而努力。

一、公众出行信息服务平台

在当前交通大数据时代，多数政府与行业协会均利用先进的移动互联网技术，开展对公众的各种交通出行服务应用，形成交通无处不在、服务在您身旁的优质出行服务环境，同时也开始注重有关服务的运营监管。

1、城市公众出行手机应用APP

2、城市公众出行微信公众账户

3、行业协会服务平台

4、信息服务系统后台运营数据监管系统

二、交通行业监管服务平台

政府主管部门近年来在行业管理中注重数据采集和发布，利用交通大数据分析城市交通运行管理现状，同时将管理型政府向服务型政府转变，不断利用新技术提升市民业务办理服务水平；在行业管理中加强手段，如建立服务评价、诚信监管等系统。

1、综合交通资讯服务平台

2、交通运输行政执法管理平台

3、行业诚信监管系统

4、行业主管部门业务办理微信公众账户

三、交通数据运营服务平台

面对海量的交通数据源，利用先进的大数据分析技术，寻找多源数据间的关联，提出更全面的交通出行解决方案。

1、行业信息采集与发布

2、交通数据共享发布平台

3、交通云平台

4、外源数据融合分析应用

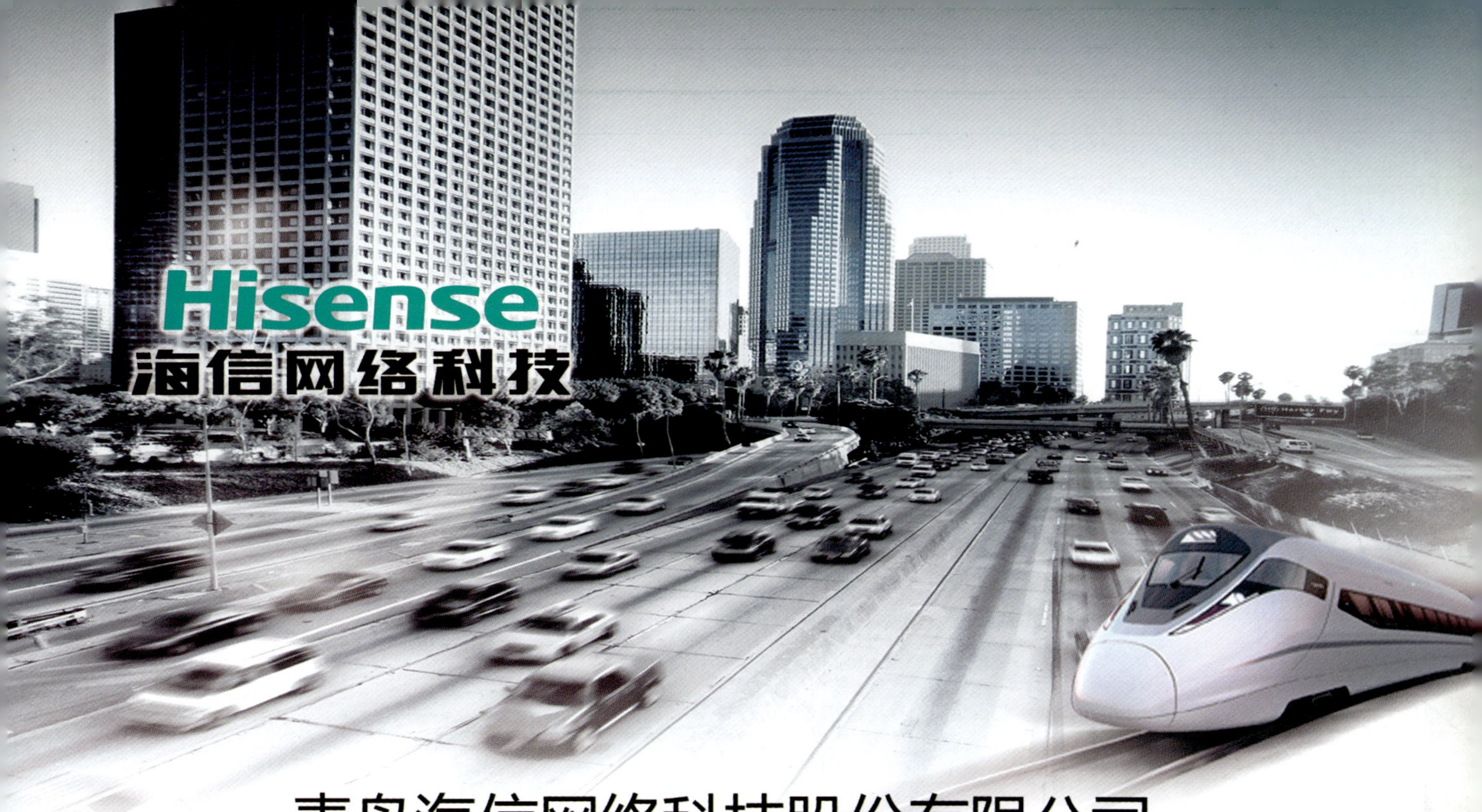

青岛海信网络科技股份有限公司

青岛海信网络科技成立于1998年10月，公司作为海信集团信息产业板块核心力量，引领智慧城市建设发展，是国内智能交通行业领军企业。围绕城市交通、平安城市、交通运输、轨道交通、运维管理等产业方向，专注智能交通领域技术研究，提供智能交通行业综合解决方案并拥有自主知识产权的综合平台、核心的软件、硬件系统核心产品，是城市级智能交通和平安城市解决方案的提供商及运维服务商。

公司成立以来,致力于提供全面智能交通和平安城市系统解决方案，连续数年荣获众多荣誉是国家规划布局内重点软件企业，具备多项专业顶级资质，先后主持参与19项交通领域国家、行业标准的制定, 承担国家科技部、发改委、工信部等26项国家科技攻关与新技术产业化项目。是国内智能交通领域申报专利和软件著作权数量最多的企业。

2014年国家科学技术部依托海信成立国家城市道路交通装备智能化工程技术研究中心,承载着培养人才、技术创新、引领产业发展的重要使命。

公司建立11个营销大区，覆盖全国销售网络。为诸如北京奥运、广州亚运、上海世博、济南全运会、贵阳民运会等全国重大活动的交通系统提供系统保障。成功实施了北京、深圳、青岛、贵阳、济南、太原、武汉等50多个城市道路交通管理工程；北京、乌鲁木齐、厦门、广州、常州等快速公交工程；上海浦东有轨、北京地铁15号线、沈海、哈绕等高速公路机电工程和国内第一次、世界第三长的青岛胶州湾海底隧道工程。海信智能交通的核心产品在国内城市智能交通管理市场位居前列。

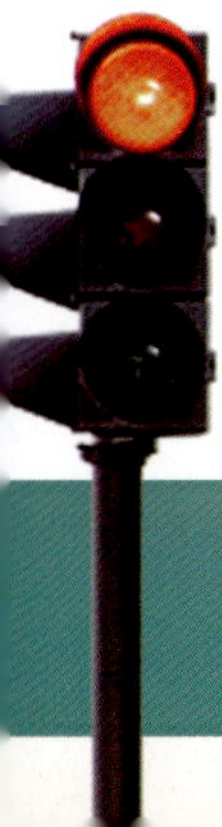

青岛海信网络科技股份有限公司
HISENSE TRANSTECH CO., LTD.

地址：青岛市市南区东海西路17号海信大厦　电话：0532-80873208
传真：0532-83892739　邮编：266071　网址：www.hisense-transtech.com.cn

2015
智能交通产品与技术应用汇编

中国智能交通协会　国家智能交通产业技术创新战略联盟　编

電子工業出版社
Publishing House of Electronics Industry
北京・BEIJING

内 容 简 介

由中国智能交通协会、国家智能交通产业技术创新战略联盟组织有关行业、城市和地区的交通管理部门、行业组织、高校和研究单位、企业等共同完成编辑的《2015智能交通产品与技术应用汇编》内容涵盖了交通管理、智能交通系统集成及配套服务、智能驾培、智能停车、智能公交、轨道交通、民航、水运、科研开发等智能交通产业各领域，从技术论述、解决方案、系统设计、应用案例分析、企业展示的角度给读者以参考、借鉴、交流合作的信息。

本书可作为智能交通相关领域的项目建设、管理、科研及实际工作的工具书，也可作为智能交通产业产、学、研、用之间交流合作的应用资料，对智能交通的建设具有重要的参考价值。

图书在版编目（CIP）数据

2015 智能交通产品与技术应用汇编 / 中国智能交通协会，国家智能交通产业技术创新战略联盟编 . —北京：电子工业出版社，2015.10

ISBN 978-7-121-27408-4

Ⅰ . ① 2…　Ⅱ . ①中…　②国…　Ⅲ . ①交通运输管理－智能系统　Ⅳ . ① U495

中国版本图书馆 CIP 数据核字（2015）第 245733 号

责任编辑：徐蔷薇
特约编辑：劳嫦娟
印　　刷：北京捷迅佳彩印刷有限公司
装　　订：北京捷迅佳彩印刷有限公司
出版发行：电子工业出版社
　　　　　北京市海淀区万寿路 173 信箱　　邮编 100036
开　　本：880×1230　1/16　印张：28.5　　字数：984 千字　　彩插：66
版　　次：2015 年 10 月第 1 版
印　　次：2015 年 10 月第 1 次印刷
定　　价：398.00 元

凡所购买电子工业出版社图书有缺损问题，请向购买书店调换。若书店售缺，请与本社发行部联系，联系及邮购电话：（010）88254888。

质量投诉请发邮件至zlts@phei.com.cn，盗版侵权举报请发邮件至dbqq@phei.com.cn。

服务热线：（010）88258888。

《2015智能交通产品与技术应用汇编》

编辑说明

智能交通是当今世界交通运输发展的热点和前沿，近年来，科技部、交通运输部、公安部、住建部、中国铁路总公司、国家发改委和工信部等部委对智能交通产业发展和技术应用推广高度重视。为了更好地服务智能交通建设，展示和宣传我国智能交通的发展和取得的成果，增进产、学、研、用之间的交流与合作，鼓励企事业单位开展科技创新，提高我国智能交通产业的自主创新能力，中国智能交通协会联合国家智能交通产业技术创新战略联盟组织编写了《2015智能交通产品与技术应用汇编》。本书从技术论述、解决方案、系统设计、应用案例分析等角度给读者提供了参考、借鉴、交流合作的信息，为促进社会各界了解、参与和投资智能交通产业，增进和拓展行业内外的交流与合作，推动智能交通产业的发展搭建了良好的桥梁。

在《2015智能交通产品与技术应用汇编》的编辑出版过程中，得到了北京交通发展研究中心、交通运输部公路科学研究院ITS中心、华为技术有限公司、北京精英智通科技股份有限公司、江苏大为科技股份有限公司、中山大学、广东方纬科技有限公司、青岛海信网络科技股份有限公司、深圳市交投科技有限公司、北京亿聚力科技发展有限公司等智能交通相关行业、城市和地区的交通管理部门、行业组织、高校和研究单位、典型企业的大力支持，在此我们对本书的入编单位及所有关心本书出版的广大智能交通行业的同仁表示衷心的感谢！

智能交通是跨行业、跨领域、多学科的高科技新兴行业，本书在内容结构的安排、资料信息的征集等方面存在许多局限，在内容的系统性、全面性、行业发展深度、出版日期等方面与预期还存在一定的差距，真诚希望大家提出宝贵意见，以便我们今后在组织编写的过程中不断改进和提高！

《2015智能交通产品与技术应用汇编》编辑委员会

2015年10月

《2015智能交通产品与技术应用汇编》

编委会

陆　建　东南大学交通学院

张　铭　乌鲁木齐城市综合交通项目研究中心

何兆成　中山大学智能交通研究中心

沙志仁　广东方纬科技有限公司

张　昕　深圳市易行网交通科技有限公司

杨永耀　浙大中控信息技术有限公司

韦　强　浙江师范大学轨道交通研究所

王　勇　浙江网新智能技术有限公司

杨仁法　宁波工程学院交通学院

责任编辑：贾　研　贺　松　吴　凯　李　扬　刘志远　金　敏　刘　敬

2015 智能交通产品与技术应用汇编

鸣谢单位

北京交通发展研究中心

交通运输部公路科学研究院 ITS 中心

深圳市公安局交通警察局

南京市公安局交通管理局

江苏大为科技股份有限公司

华为技术有限公司

青岛海信网络科技股份有限公司

北京精英智通科技股份有限公司

中山大学智能交通研究中心

广东方纬科技有限公司

深圳市交投科技有限公司

北京北方工大科技发展有限公司

杭州博达伟业公共安全工程有限公司

目　录
Contents

基于“智融”融合通信的智能交通解决方案

瑞斯康达科技发展股份有限公司

一、方案概述

从1996年交通部提出建设“金交工程”以来，交通行业经过十数年的网络建设，全国的交通信息化网络已初具规模。但在基础的硬件建设上，交通系统内部还存在着许多大小分散，独立运行的PSTN电话网、各级厅局的内网、视频会议系统网络和对外公共网站等。目前暴露的问题主要有以下几点：

（1）网络体系分散，数据、语音、视频等业务网络自成体系，无法对信道资源充分复用，运维成本高，管理难度大；

（2）每种业务应用都是独立单一的基础应用，无法实现语音、视频及数据的协同工作，缺乏与行业特点紧密相关的应用；

（3）各种业务均存在盲点，语音电话受布线的限制，呼叫转移和自动回拨仅限于本地，目前只能实现简单的语音通信，视频会议仅限于会议室，无法实现各系统终端的互通；

（4）开展多业务时需要租用不同的线路，增加成本，且大容量接入点的管理维护费用高。

目前，交通行业的网络建设不仅要考虑旧有系统不断暴露的问题，同时还要考虑新系统必须面对的网络现状和新的变革。在这双重压力下，打破上述限制，融合应用与通信，让网络更加“智能与融合”，在当前交通行业网络建设过程中显得尤为重要。

智融解决方案是瑞斯康达针对交通行业政企客户推出的一套融合通信解决方案，目的是帮助客户融合网络、融合终端、融合业务，从而实现办公桌面、电脑桌面和手机桌面的三面融合。方案涉及UCS/IPPBX、IAD、MSG、APP，其中，UCS/IPPBX系列产品作为核心业务控制中心，对客户内部提供数据和语音的交换控制，对外提供丰富的接口方式对接到运营商宏网。IAD/MSG产品则配合PON和交换机网络实现客户内部网络的融合；客户端则帮助客户实现界面统一和融合业务的最终呈现。

融合通信系列产品体系如下：

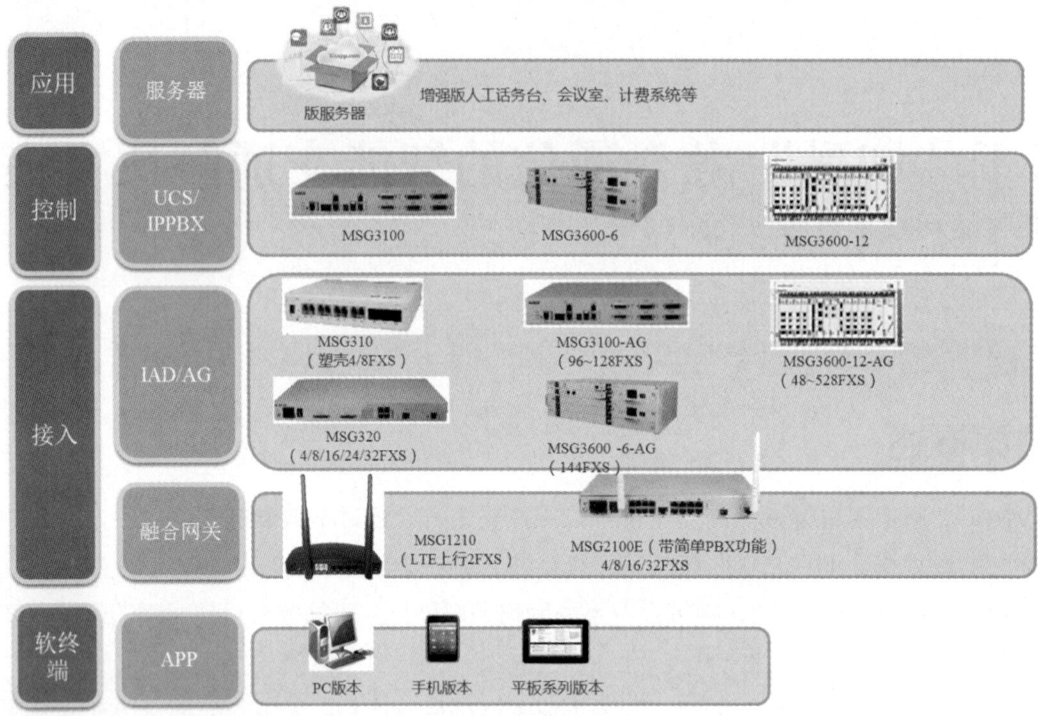

（一）交通厅与交通局等客户（无分支机构）

1. 行业与需求特点

（1）客户的内部组网存在数据、语音、无线、视频监控等基本业务需求，同时会增加越来越多的视频会议、协同办公等融合通信需求；

（2）统一机房，统一布线，集中办公，需要所有设备统一的网管，便于新开业务和维护；

（3）旧有行业客户数据和语音两个入口，两套网络，无法实现业务联动，希望一家运营商提供整体解决方案，满足未来业务的演进；

（4）内部目前存在三面分离（手机、座机、PC机）情况，办公效率低下；

（5）对安全有一定的需求，内部需防止病毒攻击，外部防止DDOS攻击等。

2. 网络拓扑

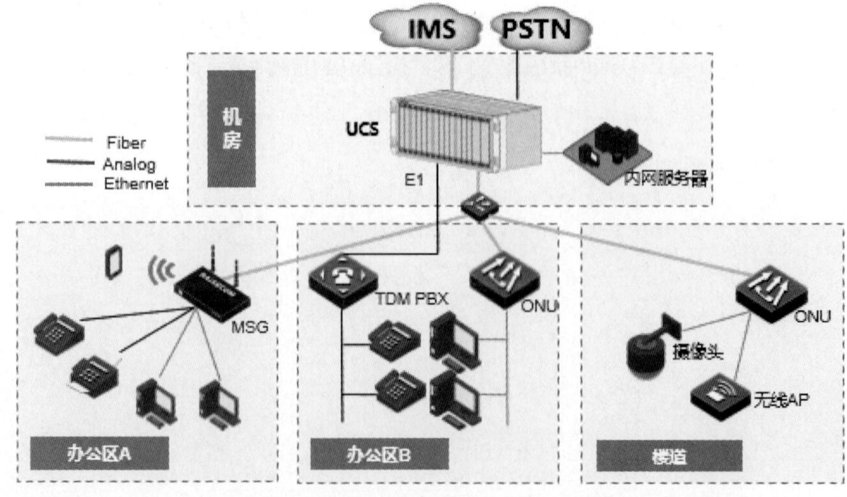

3. 方案描述

（1）UCS位于网络入口处，汇集内部数据和语音业务，统一入口上联至运营商网络，业务归一化；

（2）可通过E1板卡下联PBX设备以利旧原语音网络，或E1上联PSTN网络实现跨运营商/跨网络的接入，最终实现将客户的PSTN网络转移到IMS网络；

（3）对模拟电话线从机房部署到桌面的区域，直接将模拟语音线连接到UCS的语音接口板上，可实现多达528路的模拟语音接入（最大分机数可达3000个）；

（4）对模拟电话线未部署到桌面的区域，可通过OLT/ONU实现语音和数据的快速部署，单台数据语音型ONU可同时满足24个数据和24个语音的接入（上述网络同样可采用“交换机+IAD”方式实现）；

（5）在用户的手机终端上安装软终端APP，进而实现便捷融合业务，如手机与桌面座机之间实现同振、顺振等功能，以保证用户不漏接电话；

（6）通过带WiFi功能的网关或AP设备实现了无线覆盖；

（7）通过QoS策略、防火墙、双电源等，实现设备和网络的高效稳定。

4. 方案亮点

（1）UCS提供多种上行方式，接入PSTN/NGN/IMS、Internet网络中，满足不同的接入场景需求；

（2）UCS和APP终端配合实现丰富的融合业务，提高客户的办公效率；

（3）单一UCS设备可通过语音接口板实现最多达528路的模拟电话的接入；

（4）UCS设备实现语音数据融合、有线无线融合、IT和CT融合；

（5）配合瑞斯康达的OLT/ONU可快速实现用户的数据业务和语音业务快速部署，且所有设备统一网管，保证客户建网成本低、维护成本低。

（二）交通总队与支队客户（有分支机构）

1. 行业与需求特点

（1）存在多个地域的支队，支队与总队之间通信频繁；

（2）信息化程度需求高，有VPN、语音组网、安全管理、应用控制等需求；

（3）支队之间沟通成本高，存在跨地域、跨运营商低成本沟通需求；

（4）存在通信设备统一管理需求，总队需实现对支队通信系统的统一管控。

2. 网络拓扑

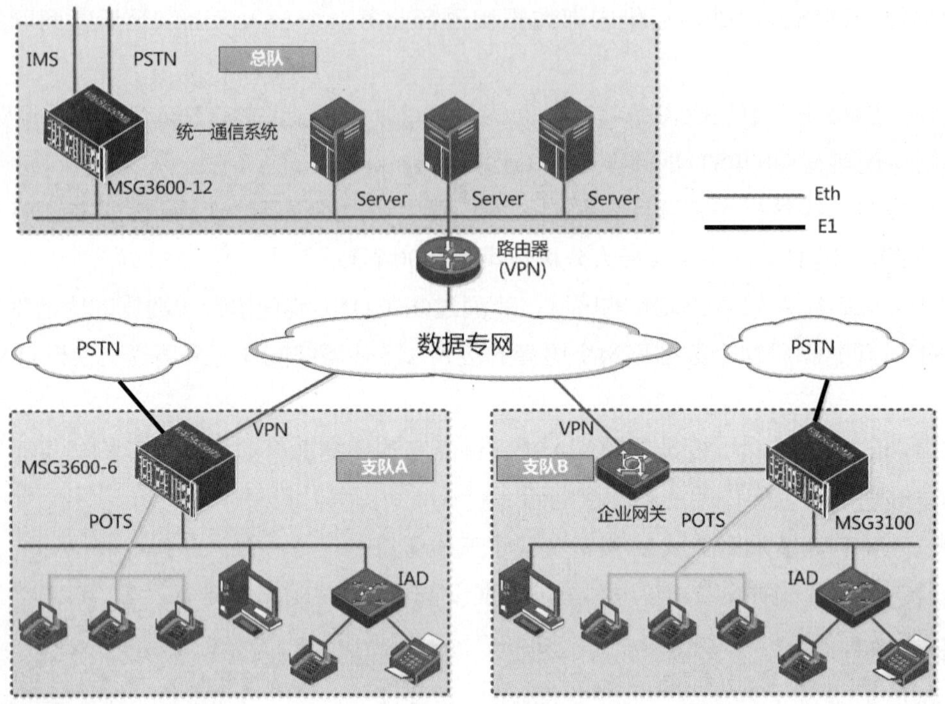

3. 方案描述

（1）MSG3600位于总队，面向内部提供统一的融合业务服务，通过PON/以太上联至IMS网络，通过E1上联至PSTN网络；

（2）各支队的MSG3100通过VPN连接到总队，实现总队和支队间短号互拨需求，同时支队提供E1出口到本地PSTN网络。

4. 方案亮点

（1）UCS面向总队和各支队提供统一的融合业务，体验一致，工作效率高；

（2）总队和支队间语音通话免费，随时实现视频会议，降低沟通成本；

（3）位于总队的MSG3600可通过配置智能路由策略享用不同的运营商服务；

（4）统一网管，完成对总队和各支队的业务开通、运维，提高问题的响应速度；

（5）除丰富的语音特性外，方案可加装丰富的业务应用，业务灵活部署，随需而变。

华为智慧交通云助力提升交通管理与服务水平

华为技术有限公司　杨光琴

信息技术在交通运行监测、运营管理、运输服务和安全应急等领域的深度应用，以信息化、智能化引领行业转变发展方式，全面提升交通运输系统供给能力、运行效率、安全性能和服务水平，将是加快实现交通运输现代化的战略方向。

智慧交通云是采用标准规范的云计算技术，整合GPS、RFID、视频监控、E通卡等相关交通数据资源，构建交通云数据中心和运营服务中心，建立一个统一、开放、灵活的交通信息化平台。该平台可以为各级交通主管机构加强城市交通管理、交通规划提供有效的科学辅助决策手段和依据，为交通运营企业促进信息化管理、提升运营管理水平和服务水平。同时该平台将面向公众提供全面、综合的便民交通信息服务，从而减少交通拥堵，提升公众出行体验。

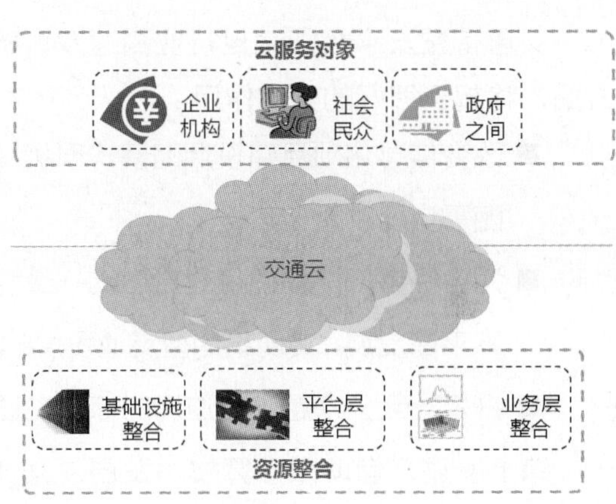

一、现状：交通运输IT信息“交通”不畅

交通运输行业包含多个不同业务单位：交通主管部门、公路局、高速公路管理局、道路运输管理局、地方海事局、航务管理局等；业务种类复杂，覆盖公路、水路、规划、建设、管理、养护等各个方面。

现有业务系统建设以满足单一业务部门需求为主，业务覆盖单一，系统之间相互割裂，形成一个个信息“孤岛”和“烟囱”，再加上交通不同部门信息化差距仍然很大，部分公共交通信息化资源的配置和使用也缺乏有效的监管，影响了信息化带动交通运输现代化发展步伐。

目前的业务系统存在IT资源浪费严重与发展不平衡，不同部门信息化程度存在较大差距，信息化建设没有统筹规划，资源的配置与使用缺乏有效监管等问题，因此目前的业务系统信息化发展水平不能满足交通行业高速发展的需要。

二、华为智慧交通云：开放、高效、敏捷

华为交通云计算解决方案以开放、高效、敏捷的交通云为核心，将信息共享、业务协同、云计算、运维管理平台、云安全、大数据等技术融合到交通云平台中，以资源聚合和虚拟化、应用服务

和专业化、按需供给和灵活使用的服务模式，提供高效能、低成本、低功耗的计算与数据服务，旨在提升交通各个部门与行业的效率与对突发事件预警、响应、处置和善后的能力。

统一规划和建设的交通主管部门云数据中心，交通相关部门统一接入云平台，将业务系统统一规划部署，计算资源池服务器虚拟化技术很好地解决了传统业务“烟囱式”建设的问题，通过提高物理服务器利用率，大幅度削减物理服务器购置需求、数量和运营成本；通过利用服务器虚拟化中CPU、内存、IO资源的动态调整能力实现对业务应用资源需求的动态响应，提升业务应用的服务质量。所有接入平台的交通相关单位享有相同的IT资源，有效提升了不同业务部门的信息化水平。

统一监控与运维管理平台主要保障交通业务系统稳定、高效地运行，采用集中统一的监控平台，通过全局、直观的监控展现，实现业务应用、基础架构与网络架构集中监控，实时掌握IT设备关键指标运行状况。

交通智慧云平台能满足行业高速发展的需要，在日常监管、运输服务质量和效率、安全应急等方面，将起到很好的支撑作用：

- 改变信息化项目建设烟囱模式现状，为交通信息化提供统一可持续发展的技术架构和根据业务随需应变的基础架构；
- 为各级各部门提供行业管理的一致性，深度支撑行业管理业务活动，避免IT资源的严重浪费与不平衡发展，实现集约型交通发展的宗旨；
- 满足社会公众越来越迫切的综合交通信息服务诉求。

综上所述，借助云计算技术发展“交通云”平台，将以其自动化IT资源调度，快速部署以及优异的扩展性等优势，为交通运输行业发展夯实基础。

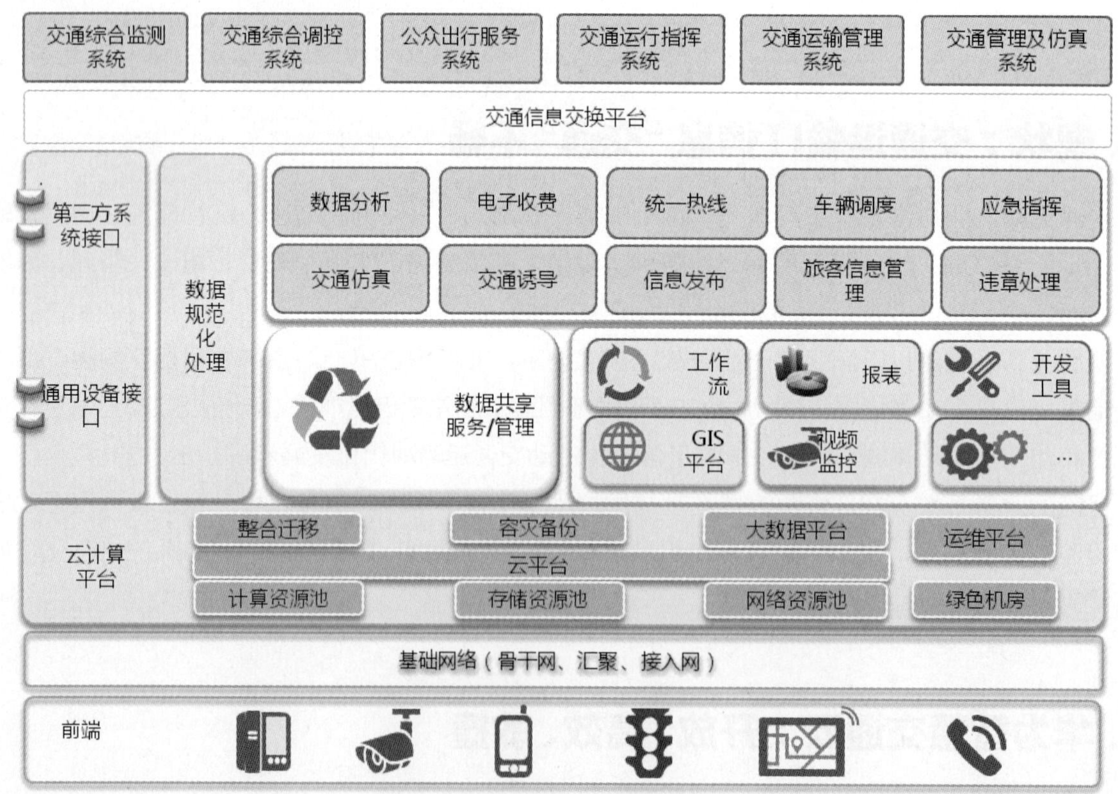

华为智慧交通云方案框架

三、祥谦有朵交通云：高速互联 集中共享

福建省高速公路祥谦数据中心是福建省高速公路收费、通信、监控和综合业务系统联网的总中心，是各种交通信息数据存储的总中心，对福建省高速公路的运营和管理起到了至关重要的作用，它不仅是全省高速公路资源信息共享平台中心，而且连接交通运输部，是全省交通运输系统的通信枢纽。

福建省高速公路祥谦数据中心原有系统采用烟囱式模式建设，由于不同业务平台数据往往基于业务单独构建，信息和知识不能充分共享，从而形成了信息孤岛；分散的系统无法甄别数据之间的关联程度，更不能保持数据的同步更新，使各个系统的数据丧失了唯一性和完整性。

福建高速公路公司需要整合高速公路烟囱式IT基础设施，对关键收费等业务进行备份与容灾。华为为福建省高速公路相关部门提供IT资源，建设虚拟化云平台，配置虚拟服务器、高性能物理服务器、高速存储设备，支撑至少12000路视频接入和4000个收费站点并发计算能力，实现了海量数据的交换、保存、更新、共享、备份、分发等功能。共享信息平台及时将高速公路路况信息进行发布，可以减少高速公路拥堵，提升交通出行满意度。扩展的容灾、备份、挖掘、分析等功能，可以为后续交通路况预测、路况仿真等开发与应用提供基础平台。

华为为福建高速公路公司提供基于云计算的智慧交通云解决方案：

（1）解决“信息孤岛”，实现信息共享，提高信息安全水平，提升监管能力、工作效率和公共服务水平，为社会公众提供专业信息服务。

（2）为上级监督部门和交通部提供必要的数据通道，方便实现对业务部门以及业务对象的监管，逐步实现高效的业务监管。

（3）为高速公路核心收费、监控等业务提供存储、容灾支持，实现业务应用系统的可靠性，保障收费与监控业务不间断，收费数据不丢失。

采用虚拟化技术，结合创新建设模式，搭建标准统一、功能完善、系统稳定、安全可靠、纵横互通、集中统一的数据中心平台，为各部门信息资源共享、数据交换和协同办公提供良好支撑。

城市有轨电车混合动力一体化设计研究

唐山轨道客车有限责任公司　李明　石俊杰

一、前言

城市轨道交通是解决城市交通拥堵问题最为有效的交通方式，其中地铁交通已经在国内外很多城市投入使用或在建，但地铁施工成本高，难度大，因此轻轨交通在很多城市也有应用，国内武汉、长春、大连、重庆应用情况良好，国外部分国家也比较青睐轻轨交通，如伊朗、沙特等。

作为城市轨道交通的重要组成部分，研究轻轨的低碳化应用非常有意义，尤其是带电网供电的轻轨列车的低碳化研究。

目前研究的混合动力车主要是内燃+电池组合的混合动力车，已有无轨车辆开始实用化应用，但对轨道车辆的混合动力研究还较少。通过分析调研，进行轨道混合动力车辆的研究非常有必要，且意义重大。本报告研究的是电网、超级电容和蓄电池供电的混合动力系统。与仅由电网供电的城轨车辆相比，该混合动力车具有以下优势：

（1）能回收大部分制动时的能量，基本杜绝能耗制动；

（2）该变流器能运用于不便建设牵引供变电系统和接触网系统的城郊及隧道等场所；

（3）减少了牵引供电系统及弓网系统的投资，并可减小隧道截面，大大降低工程造价；

（4）避免了牵引供电系统和弓网故障引起的事故，提高了列车运行的可靠性。

二、一体化仿真平台设计

为充分研究混合动力有轨电车的列车性能，开发出了混合动力列车运行性能仿真分析平台，该软件可扩展性好、灵活性高、具有可插入性强，为混合动力列车的研究提供了一个良好仿真平台。

（一）总体系统框架设计

本软件采用了三层构架模型来对混合动力列车仿真平台进行系统框架设计。通过这三个框架模块，能够更加清晰地展现软件运行的主体结构，并且能够在实际仿真运行中独立运行，保证整个软件运行中的有效、稳定性。整个系统分为用户界面层、仿真层和数据层，如图1所示。

（二）各个子系统框架设计

在具体的软件操作中，主要是面向“参数匹配”、“动力性能计算”和“线路运行仿真”这三部分进行的。因此，在实际的程序界面设计中，主要采用向导式的程序设计流程。

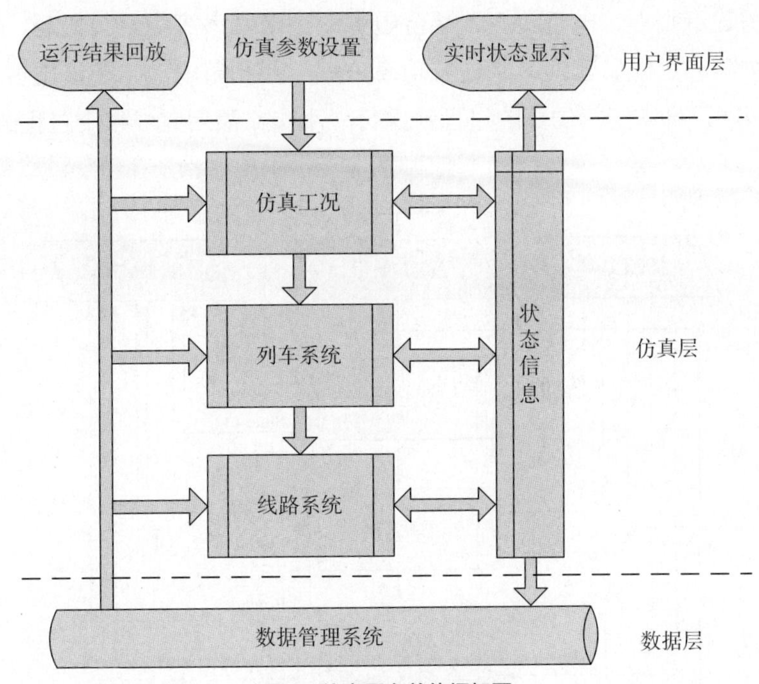

图1　仿真平台总体框架图

通过每一步将所需要的各模型参数配置好，再执行下一步。通过每一步操作，可以对该模型的参数进行各种相关联的数据存储操作以及修改完善操作等，从而实现对整个系统的独立解耦，实现模块化的程序编导思维，也进一步优化了程序、软件的可读性、可理解性，也对实现整个软件的后续升级和扩充提供了丰富的支撑。具体的操作如图2所示。

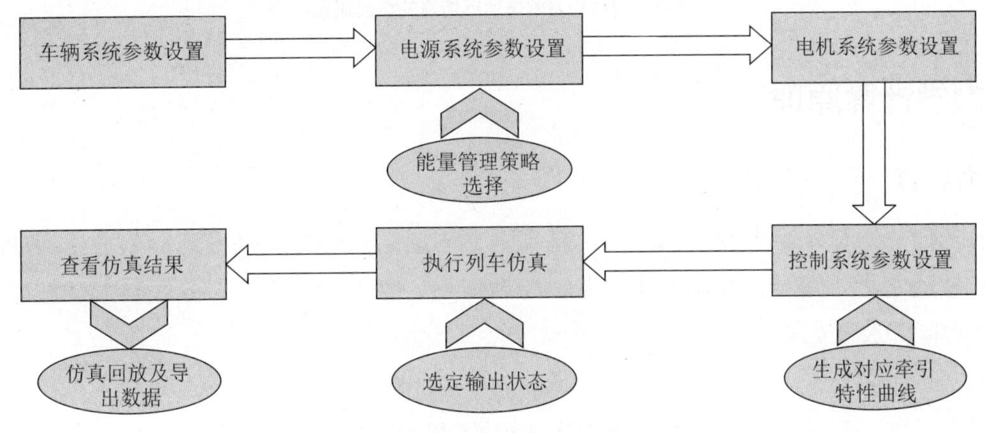

图2　各子系统的操作模块结构图

（三）列车运行仿真算法设计

由于列车动力学行为与混合电源之间的关系耦合度很高，其仿真过程采用离散化循环迭代的方式进行，其工作流程如图3所示。首先进行车辆参数初始化，此过程仿真程序会加载用户设置的全部模型数据（列车、储能设备、线路数据）。初始化完毕即开始进行循环迭代。在每一个迭代周期，首先由自动控制系统根据当前列车所在位置是否在车站，判定是否需要生成一条区间目标速度曲线。若列车处于一个区间的起点，则生成一条区间目标速度曲线。之后，自动控制系统给主程序返回当前迭代周期的列车目标速度等信息。车辆系统得到目标速度后，根据列车车辆动力学模型进行牵引计算，得到列车所需的牵引力、电机转矩、混合电源的需求功率等信息。最后，电源系统根据车辆系统给出的需求，按照一定能量管理策略进行功率分配，控制蓄电池、超级电容或电网输出相应的功率。每进行一次循环，列车运行仿真的过程就执行一小步，最后完成整个过程的仿真。

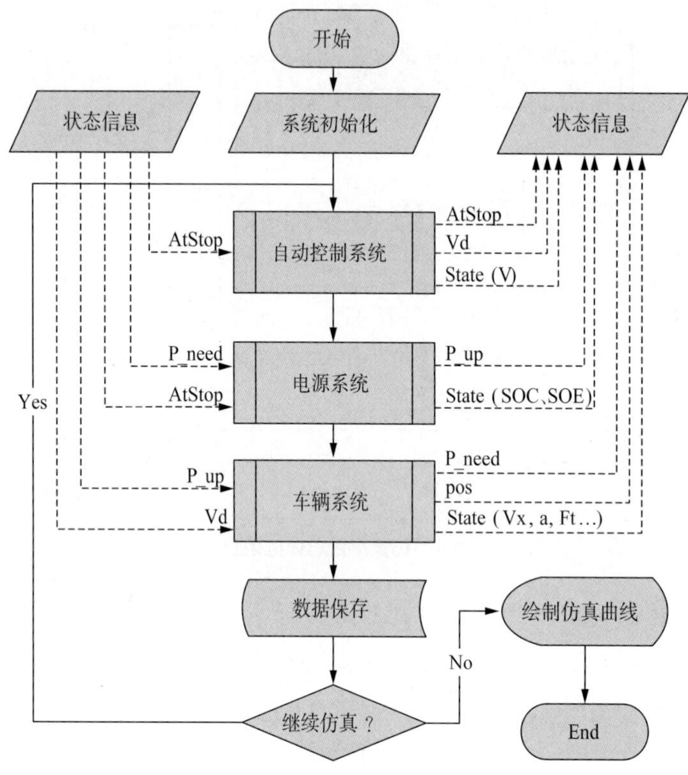

图3 混合动力列车运行仿真的迭代流程

（四）动力学计算原理

1. 阻力计算

列车总阻力分为基本阻力和附加阻力。基本阻力包括起动阻力和基本运行阻力，附加阻力包括曲线阻力和坡道阻力。设计过程中考虑了车辆起动阻力、基本运行阻力、曲线阻力及坡道阻力等因素，车辆计算阻力公式如下。

1）起动阻力

起动阻力又称"起动附加阻力"，是机车车辆因停留而增加的阻力。机车或货车的单位起动阻力是包括基本阻力、起动附加阻力和起动加速力在内的综合值，一般由试验确定。

$$f_{qd} = {5mg}/{1000} \tag{1}$$

式中，f_{qd}的单位为kN，m的单位为t。

2）基本运行阻力

常用基本运行阻力公式为

$$f_{yx} = {[A + B \cdot V_x(\mathrm{t}) + C \cdot V_x^2(\mathrm{t})]mg}/{1000} \tag{2}$$

式中，f_{yx}的单位为kN，$V_x(\mathrm{t})$的单位为km/h，m的单位为t，A、B、C为常数。

3）坡道阻力

列车在坡道上运行时会受到坡道阻力，坡道阻力的计算公式如下：

$$f_{pd}=mg\sin\beta/1000 \tag{3}$$

式中，f_{qd}的单位为kN，m的单位为t，β为坡度角。

坡度角与坡度的关系为

$$\beta=\arctan(\theta) \tag{4}$$

式中，β为坡度角（单位为度），θ为坡度（‰）。

4）曲线阻力

列车经过曲线时会受到曲线阻力，曲线阻力的计算公式如下：

$$f_{qx}=600mg/1000R \tag{5}$$

式中，f_{qx}的单位为kN，m的单位为t，R为曲线半径（m）。

5）列车总阻力

列车受到的总阻力计算公式为

$$f=\begin{cases}\mathrm{sat}_A(f_t(t)) & V_x(t)=0\\ f_{qd}-\dfrac{V_x(t)(f_{qd}-f_{yx}(V_x(t)=V_x(t_0)))}{V_x(t_0)}+f_{pd}+f_{qx} & \left.\begin{array}{l}0<V_x(t)<V_x(t_0)\\ V_x(t)\geqslant V_x(t_0)\end{array}\right\} V_x(t)\neq 0\\ f_{yx}+f_{pd}+f_{qx} & \end{cases} \tag{6}$$

式中，$\mathrm{sat}_A(\ )$为饱和函数。

$$\mathrm{sat}_A(f_t(t))=\begin{cases}f_{qd} & f_t(t)>f_{qd}\\ f_t(t) & f_{qd}\geqslant f_t(t)\geqslant 0\end{cases} \tag{7}$$

2. 线路情况

为保证列车安全通过曲线，列车在曲线运行时有速度限制，曲线限速的计算公式为

$$V_{\max}=3.6\sqrt{R} \tag{8}$$

式中，$V_{\max}$为列车安全通过曲线的最大速度（km/h），R为曲线半径（m）。

3. 传动系统

列车采用变频控制策略，牵引电机与轮轴的齿轮齿数比(变速器传动比) 为一固定常数。牵引力与牵引电机转矩的关系为

$$F_t=\frac{i_0}{r}T_{\mathrm{motor}} \tag{9}$$

式中，F_t为列车轮周牵引力，T_{motor}为牵引电机转矩，i_0为变速器传动比，r为列车轮周半径。

4. 速度控制器

速度控制器的作用是控制牵引电机的转速。它的输入是期望转速和实测转速，通过PI调节器调节，输出牵引电机的期望转矩指令值。电机控制系统作为执行机构根据期望转矩指令值输出相应的牵引转矩，牵引转矩作用于列车，列车开始运行。

速度控制器的输出期望转矩指令值由PI控制器获得

$$T_e^*=K_P(\omega_r^*-\omega_r)+K_I\int(\omega_r^*-\omega_r)\mathrm{d}t \tag{10}$$

式中，K_P、K_I为PI参数，ω^*_r、ω_r分别为期望转速和实测转速。期望转速按照列车自动控制系统计算得到的运行曲线查表得到。由运行曲线得到的速度为列车速度（km/h），而速度控制器中的输入速度为电机转速。它们之间的关系为

$$\omega_r^* = \frac{3.6 V_x^* i_0}{0.377 r} \tag{11}$$

式中，V^*_x(km/h)为列车期望速度。

列车电力牵引系统的电气装置有一定的功率限制，当功率达到最高限制$\overline{P}$时，列车功率将不能再升高。由于功率等于牵引电机转速与转矩的乘积，此时列车如果仍需加速，则需要降低转矩。于是输出转矩等于

$$T_e = \mathrm{sat}_T(T_e^*) \tag{12}$$

其中，

$$\mathrm{sat}_T(T_e^*) = \begin{cases} \left|\overline{P}/\omega_r\right|, & T_e^* > \left|\overline{P}/\omega_r\right| \\ T_e^*, & -\left|\overline{P}/\omega_r\right| \leqslant T_e^* \leqslant \left|\overline{P}/\omega_r\right| \\ -\left|\overline{P}/\omega_r\right|, & T_e^* < -\left|\overline{P}/\omega_r\right| \end{cases} \tag{13}$$

三、混合动力系统技术方案

混合动力系统主要包括DC/DC变换装置、超级电容箱、动力电池箱和控制系统，这种方案在城市地铁、城市轻轨车（统称城轨车）中尤其实用，城轨车的特点是启停频繁，启动、制动加减速度较大，尤其是在制动状态下，传统城轨车辆的制动功率大多数都通过电阻进行消耗，能量浪费较为严重，采用混合动力的方式，制动时能量大部分可以存储在蓄电池中。

如果蓄电池组容量足够，电池驱动车辆运动的时间可以很长，在城市的闹市区不方便修建供电网的地方可以用电池驱动车辆行驶，在有供电电网的地方采用电网供电，同时给车载电池进行充电。

由于蓄电池充放电电流比较小，充电时间长，无法满足瞬时大功率输出，而超级电容技术的出现，弥补了普通电池的不足，超级电容具有充电快，充电次数多，耐受大的充放电电流的特点，非常适合车辆急加减速的要求，但超级电容的比能量比传统蓄电池小很多，在持续匀速运动时仍主要依靠传统蓄电池进行供电，因此采用超级电容和蓄电池的组合方式，超级电容解决了车辆启停或急加速时的能量要求，蓄电池解决了车辆长时间匀速或低加速度运动时的能量要求。

超级电容和蓄电池组合中，电容和电池的数量多少需要根据车辆运行情况来设计，即不同的车辆运行情况，电容和电池组合中各部件的数量是不同的。

（一）车辆基本参数

唐车公司低地板样车具体参数如表1所示。

表1　车辆参数

参数类型	具体参数	参 数 值
列车基本参数	列车质量（载重AW3）	80（t）
	车轮滚动半径	0.315（m）
	机械系统传动效率	0.97
	变速器传动比	6/1

（续表）

参数类型	具体参数	参 数 值
电气基本参数	电机额定功率	50×12（kW）
	电机效率	0.95
	逆变器效率	0.9
	DC/DC效率	0.92
	辅助功率	40（kW）
基本阻力系统	A_w	2.59
	B_w	0.0917
	C_w	0.000775

（二）蓄电池参数

采用的蓄电池单体参数及方式如表2所示。

表2　蓄电池参数

电池额定电压（V）	3.2
电池额定容量（Ah）	40
电池初始SOC（%）	100
电池满电荷电压（V）	3.5
电池额定放电倍率	3
电池串联电阻（ohm）	0.002
电池额定区域截止电压（V）	3
电池指数区域截止消耗（%）	2
电池正常区域截止消耗（%）	80
电池串联组数	136
电池并联组数	2

（三）超级电容参数

采用的超级电池单体参数及方式如表3所示。

表3　超级电容参数

电容额定容量（F）	165
电容额定电压（V）	48
电容初始SOE（%）	100
电容截止工作SOE（%）	45
电容浪涌电压（V）	51
电容等效串联电阻（ohm）	0.0063
电容等效并联电阻（ohm）	10000
电容最大放电电流（A）	250
电容最大充电电流（A）	250
电容串联组数	10
电容并联组数	2

（四）线路信息

采用北京西郊线下行线线路为研究对象，具体的线路信息如表4～表7所示。

表4 车站信息

站 名	位置(m)	站台长度(m)	停车时间(s)
香山站	56	72	0
植物园站	1136	72	30
万安公墓站	2867	72	30
玉泉郊野公园	4424	72	30
颐和园西门	5929	72	30
颐和园南门	7741	72	30
巴沟站	9004	72	30

表5 线路坡道信息

坡尾位置(m)	坡尾高度(m)	坡度(‰)	坡尾位置(m)	坡尾高度(m)	坡度(‰)
0	92.1	0	4208.419	53.232	-3.576
204.017	92.1	0	4679.285	54.153	2
346.578	85.426	-46.815	4862.435	45.173	-49.03
422.848	83.017	-30.88	5061.203	35.155	-50.403
525.521	79.089	-38.78	5458.003	55.155	50.403
837	71.529	-24.004	5539.704	53.849	-15.98
930	70.549	-10	5607.422	52.774	-15.87
1089.265	69.001	-10.034	5891	51.651	-3.925
1253.338	67.367	-9.958	6140.789	50.801	-3.4
1330.365	63.005	-55.98	6531.168	51.974	3.004
1411.948	58.575	-54.91	6691.168	51.494	-3
1640.223	45.908	-55.93	6874.643	53.344	10.084
1798.463	51.61	36.664	7100.887	54.028	3.022
1893.221	55.133	37.18	7270.326	50.332	-21.81
2038.845	60.535	37.009	7528.371	51.107	3
2188.541	59.485	-7.02	7662.267	53.701	19.376
2420.541	57.861	-7	7900.464	54.424	3
2770.533	56.811	-3	7984.687	57.351	34.75
3027.999	57.201	1.5	8128.752	62.473	35.55
3235	47.886	-44.996	8296.075	64.512	12.19
3392.041	40.777	-45.272	8415.505	62.086	-20.32
3692.236	54.411	45.418	8559.055	59.207	-20.05
3795.852	54.098	-3.017	8638.594	55.232	-49.975
3931.852	53.69	-3	8728.993	50.604	-51.2
4027.029	53.881	2	8785.14	50.378	-4.023
4208.419	53.232	-3.576	9040	49.383	-4

表6 水平线路半径信息

线路尾部位置(m)	水平曲率半径(m)	线路尾部位置(m)	水平曲率半径(m)	线路尾部位置(m)	水平曲率半径(m)
0	inf	2710.426	inf	5891.829	63.7
194.303	inf	2730.822	2996.4	5968.895	inf
263.726	-800	2750.897	inf	6228.475	753.6
301.791	inf	2771.341	3003.6	6758.155	inf
388.142	353.6	3040.569	inf	7008.373	226.3
452.608	inf	3061.597	3003.6	7085.037	inf
508.46	396.4	3079.967	inf	7245.927	303.6
536.808	inf	3100.944	2996.4	7515.553	inf
593.76	403.6	3258.334	inf	7683.754	153.7

（续表）

线路尾部位置（m）	水平曲率半径（m）	线路尾部位置（m）	水平曲率半径（m）	线路尾部位置（m）	水平曲率半径（m）
671.027	inf	3763.322	386.4	7832.471	inf
735.625	396.4	3982.305	inf	7942.159	500
987.709	inf	4174.807	303.6	7973.552	inf
1073.172	296.4	4211.623	inf	8465.605	300
1088.386	inf	4347.094	296.4	8502.235	inf
1239.402	303.6	4462.853	inf	8570.663	1004.8
1320.877	inf	4624.103	496.4	8618.503	inf
1433.772	153.7	4670.872	inf	8761.033	195.2
1604.22	inf	4846.897	153.7	8792.561	inf
1780.764	303.6	4866.848	inf	8894.874	150
1816.283	inf	5560.004	446.4	9040	inf
1964.285	996.4	5640.75	inf		
1981.31	inf	5773.072	603.6		
2138.287	996.4	5789.43	inf		

表7　线路电网信息

电网段的尾部位置（m）	电网段的电压（V）	电网段的最大电流（A）
0	0	0
20	0	0
92	750	800
1100	0	0
1172	750	800
2831	0	0
2903	750	800
4388	0	0
4460	750	800
5893	0	0
5965	750	800
7705	0	0
7777	750	800
8968	0	0
9040	750	800

北京西郊线左线香山站至巴沟站线路属于复杂线路，为无网区+有网区+无网区交错线路，且香山站至植物园站之间和颐和园西门站至巴沟站之间为无网区，其余站点之间为有网区，具体的线路数据加载界面如图4所示。

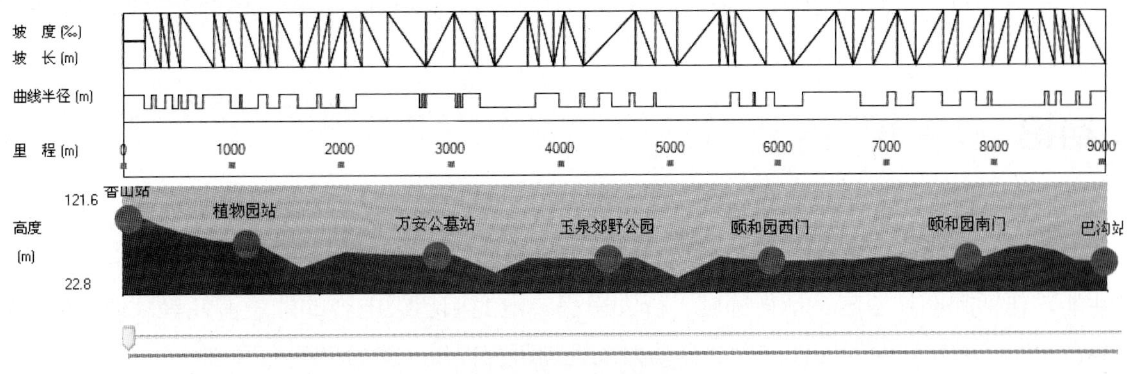

图4　西郊线左行线路信息

（五）列车动力性能计算

根据北京西郊线的线路要求，期望列车的速度为50km/h，经过仿真分析得出，在整个线路运行过程中，列车的速度、加速度、动力电池SOC和超级电容SOE的时程曲线，具体如图5～图8所示。

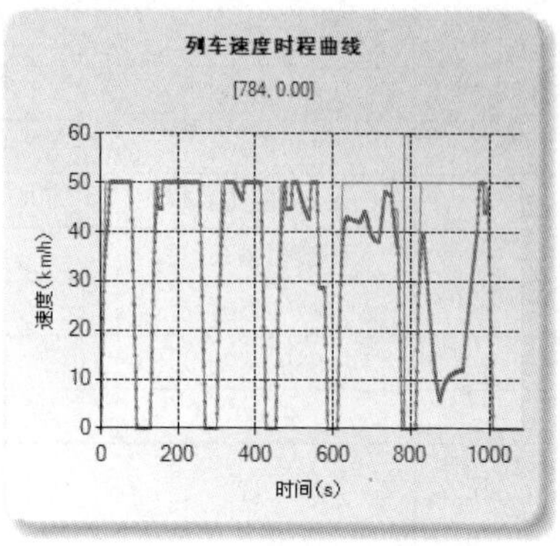

图5　列车速度时程曲线

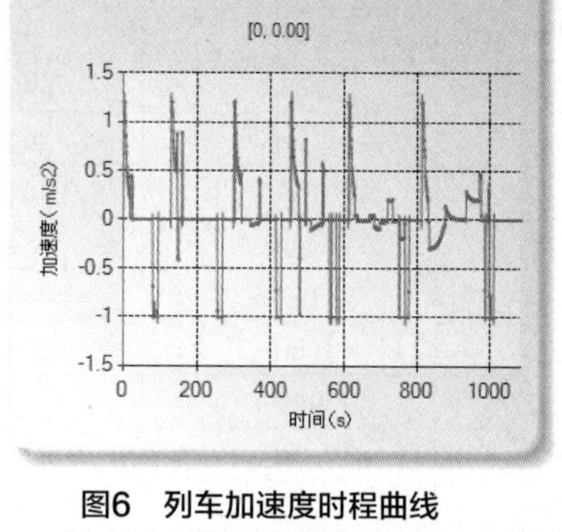

图6　列车加速度时程曲线

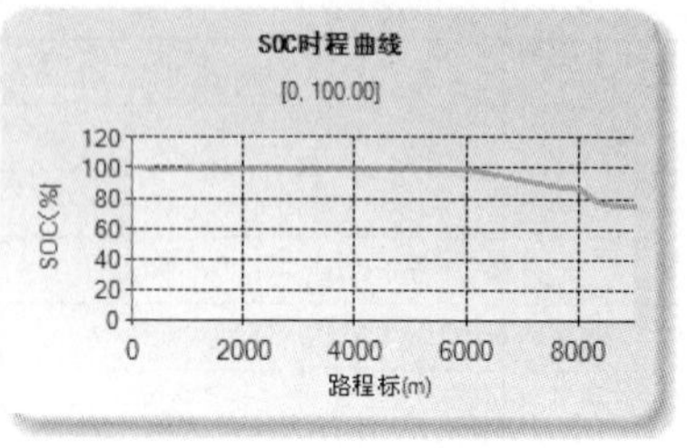

图7　SOC时程曲线

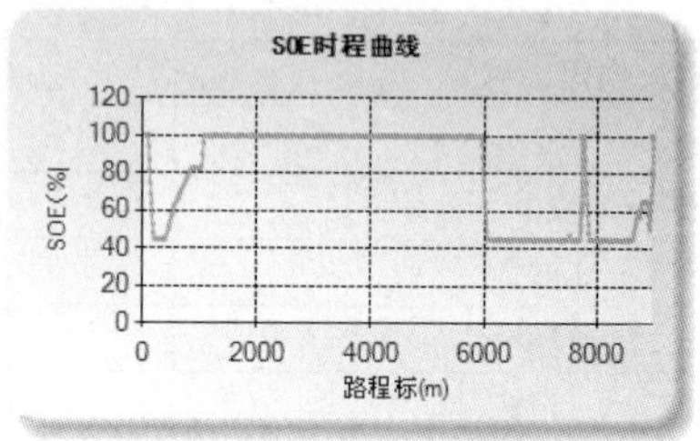

图8　SOE时程曲线

由图5～图8得出：

（1）在香山站至植物园站的无网区域，考虑站台加速，列车的最大运行速度可达50km/h。由于颐和园南门至巴沟之间为无网区域，存在坡度为4%的坡道，导致运行阻力比较大，列车的最低速度不足10km/h，持续时间约为30s，继而车辆继续加速行驶，满足运行要求。

（2）由图7所示的SOC时程曲线可以看出，在整个线路中的无网区域内，共消耗的动力电池的能量约为20%，满足动力电池不能过度放电的要求（在3C放电倍率下，临界SOC约为20%，其中，如果电压低于放电终止电压后继续放电，为过度放电，放电终止电压与放电倍率有关），从而保证电池有较高的使用寿命。

（3）车辆进站停站后，对超级电容进行充电；在有网区内，通过受电弓从电网上取电，维持车辆的运行性能。100%低地板轻轨车车辆的混合动力电源系统性能良好，满足西郊线的动力性能要求。

四、结论

混合动力有轨电车的运行是一个十分复杂的过程，本文开发了一套混合动力列车一体化设计仿真平台，充分考虑了车辆参数、电源参数、线路参数等影响因素，分析了有轨电车混合动力系统的动力性能，包括起动加速度、运行速度、行驶里程、电池和超级电容的能量消耗等。通过城市轨道交通混合动力一体化软件的设计，为混合动力系统的研究提供了更好的平台基础。

轨道智能运输系统专业委员会技术成果介绍

中国智能交通协会轨道智能运输系统专业委员会

一、“城市轨道列车在途监测与安全预警关键技术”成果

2011年9月1日，国家高技术研究发展计划（863计划）现代交通技术领域“城市轨道列车在途监测与安全预警关键技术”主题项目的立项工作完成，项目总经费预算23371万元，其中863计划专项经费预算7371万元。项目针对我国城市轨道交通运营安全保障与运维能力提升的迫切需求，成功研发并规模应用了基于物联网、传感网、车联网和移动传输网“四网融合”基础上的列车运行及环境状态全过程和全息化智能感知、预警、应急与运维支持一体化技术与成套系统装备。

项目针对我国城市轨道交通运营安全保障与运维能力提升的迫切需求，成功研发并规模应用了基于物联网、传感网、车联网和移动传输网“四网融合”基础上的列车运行及环境状态全过程和全息化智能感知、预警、应急与运维支持一体化技术与成套系统装备。“城市轨道列车在途监测与安全预警关键技术”主要有以下成果：

（1）提出了基于多传感网融合的隐患和故障特征提取技术、基于数据驱动和对象结构的隐患故障链构建及仿真推演技术，以及基于复合故障因果链解耦的隐患定位与辨识技术，开发了城轨列车隐患挖掘与评估预警系统软件，完成了测试验证，并在广州地铁进行了示范应用。研究成果为城轨列车隐患挖掘与主动预防，修程修制优化、全寿命周期成本控制、列车运营安全提升提供了方法和技术支撑。

（2）提出了城轨列车走行系、动力系、制动系、辅助系及列车悬挂系统的故障诊断算法，以及针对城轨乘客异动采用的分析方法，研制了相关系统的在线故障诊断设备，在广州地铁15列车进行了工程示范应用。课题研制的故障诊断及检测系统，以及针对城轨乘客的异动分析与辨识技术，对城市轨道交通故障诊断及检测的深化研究提供了借鉴。

（3）研究并解决了列车在途综合监测数据的接入提取、优先级评估、信道构建、安全传输等关键技术，构建了支持多制式接入、多宿传输、实时信道与静止信道协同的安全信息移动数据链，实现了列车在途安全状态信息的车地传输。研制了车载及地面传输系统及设备，并在广州地铁15列车和两个“三站两区间”上进行了工程应用示范。研制的列车在途安全综合监测数据大容量传输系统，对城市轨道交通车地大容量数据传输技术的应用具有示范意义。

（4）完成了城轨列车安全检测网络技术架构，形成了接口规范，研制了列车安全检测传感网的网络节点、中心节点、复合节点与接入节点样机，构建了列车安全检测传感网及测试与评估平台，形成的设备在广州地铁15列车进行了工程示范应用。研制的城轨列车安全检测传感网络系统，对城市轨道交通传感网及异构网络融合技术的发展具有促进作用，课题形成的技术规范为下一步制定相

关标准提供了参考。

（5）研究了列车综合运行监测与预警集成应用技术；提出了城轨列车综合监测异构信息重构与融合方法、系统可靠性分析方法、维修资源优化配置方法；开发了列车运行状态综合监测与预警系统、应急处置和运维决策支持一体化系统；编制形成了城市轨道交通列车在途监测与预警技术企业标准；课题的研究成果在广州地铁15列车和两个“三站两区间”上进行了工程应用示范。在国内首次实现了覆盖15列车和两条典型运营线路“三站两区间”的规模化工程验证，为城市轨道交通安全监测与预警相关技术设备的研制开发和应用提供了范例（见图1）。

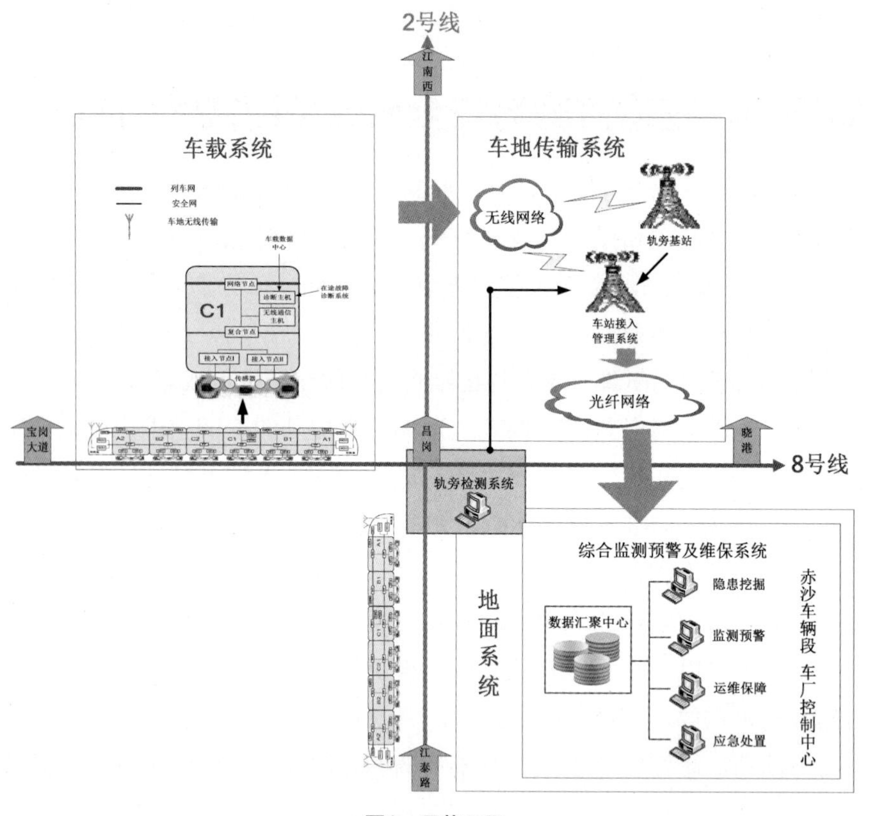

图1 示范工程

项目的创新在于研制出我国自主研发并投入规模应用的轨道交通领域第一个智能列车系统；在系统规模、功能完备性、技术集成度和关键技术先进性等诸方面，均居国际领先水平；代表了世界轨道交通智能化发展趋势和方向；为我国城市轨道交通运营向主动安全保障和高效运维转型奠定了技术和装备基础；有效支撑了我国轨道交通智能化高端装备“中国创造”战略的实施。

项目在广州地铁建立了覆盖“车（15列车）、线（2号线、8号线）、站（宝钢大道、昌岗、晓港、江南西、江泰路）、中心（赤沙控制中心）”的城轨交通系统网络，实现了列车运行、调度指挥、维护保障的一体化的示范工程。

二、“交通状态获取的新型传感器、传感器网络优化与融合”成果

“交通状态获取的新型传感器、传感器网络优化与融合”项目是国家科技部高技术研究与发展计划（863计划）现代交通技术领域综合交通运输系统与安全技术专题交通对象识别与状态获取关键技

术和装备方向立项的目的导向型项目。由北京交通大学、北京公安局公安交通管理局交通科研所、北京宏德信智源信息技术有限公司组成的项目联合体于2006年申报成功。自2006年以来，项目联合体在理论研究和原型系统开发方面进行了大量工作，取得了一些成果。

项目主要研究内容包括四方面：开发适应于交通状态获取的新型传感器、研究利用已有传感器和新型传感器构成交通状态获取的传感器网络及其优化技术、研究面向不同层次应用的传感器融合技术、开发面向不同应用的传感器网络原型系统（见图2）。

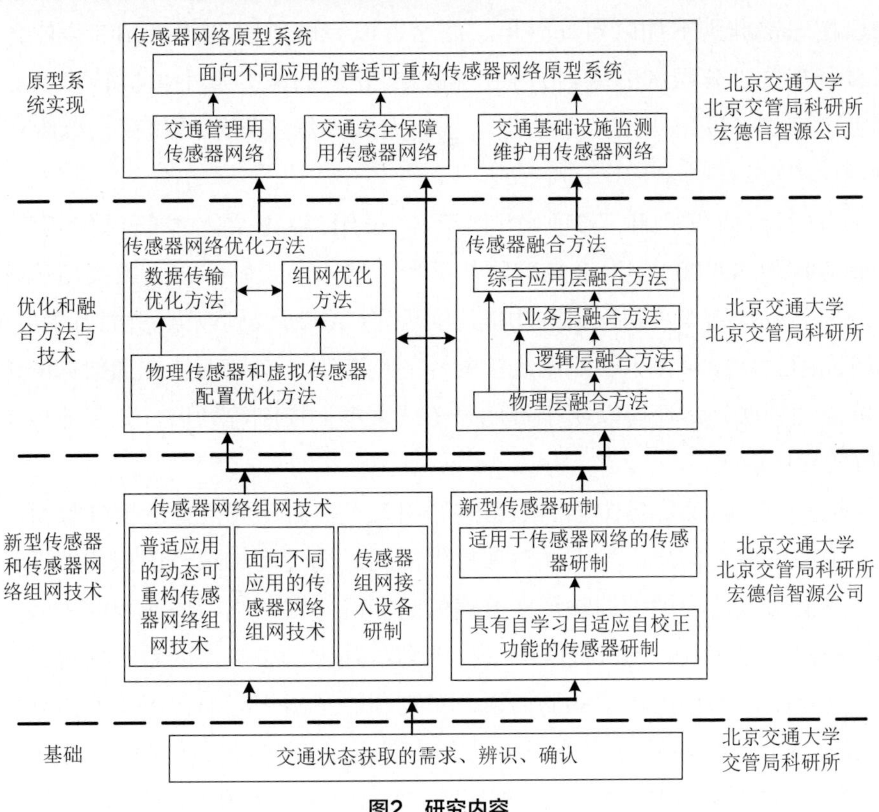

图2　研究内容

（一）新型交通状态获取传感器研制

新型传感器适用于各种道路类型，具有自适应、多功能、可组网的功能，方便把交通状态获取从道路截面提升到道路区间，能够建立更简易的、更可信的、更实用的交通状态获取模型。获得了2项发明专利。研究成果能够促进交通状态获取技术的进步，为各城市智能运输系统的建设提供可靠的技术保证。因此课题预期研究成果潜在用户较大，市场前景较好。传感器网络融合方法能够在不同层次获得交通状态，有利于交通管理、交通安全保障、交通基础设施监测维护，并能在其中广泛应用，具有良好的社会效益。

（二）交通状态获取的动态可重构传感器组网优化技术

研究面向交通管理、交通安全保障、交通基础设施监控的传感器网络组网技术；物理传感器和虚拟传感器在传感器网络中的配置和优化技术。在面向不同应用的动态可重构传感器网络架构和组网技术中，主要研究面向交通管理、交通安全保障、交通基础设施监控的传感器网络构成架构和组网技术，形成利用不同物理传感器和虚拟传感器，面向不同应用的动态可重构传感器网络的层次设置、组网方法、通信协议等问题。在传感器网络构成的优化方法方面，利用直接测量和软测量方法相结合，研究物理传感器和虚拟传感器配置的优化方法，能够实现交通管理、交通安全保障和交通基础设施监控所用的不同类型传感器组网优化方法和数据交换优化方法，以降低数据传输量、提高网络数据传输可靠性、状态监控的鲁棒性。

针对城市道路交通中的海量数据所造成的传输和中央处理机压力过大的问题，本项目提出一种分层次、分布式的数据融合方法。所谓的数据融合就是利用计算机技术对按时序获得的若干传感器的观测信息在一定准则下加以自动分析、综合，以完成所需的决策和综合任务而进行信息处理的过程。通过分布式、分层次的融合方式，将数据处理的压力从中央机转移到交通状态获取网络的各个节点上，减少了网络中的冗余信息，从而大大降低了网络的负荷，缓解了中央处理机的数据处理压力。

交通状态获取节点研发已申请2项发明专利，录用2篇论文。本项目使用自带CAN模块的DSP2812和太网控制器CS8900A作为系统的硬件平台，接入节点能够接入各类型传感器并能实现高实时性的CAN通信。复合结点具有网关的功能，实现了CAN协议到以太网协议的转换，实验证明，这套装置工作可靠稳定，能够在不影响系统实时性的情况下，实现海量交通数据的传输。装置除了可以使用在智能交通领域外，还可以用于其他分布式采集和控制等领域，如工业控制、楼宇自动化等，具有非常好的应用前景。

通过可重构组网，可以实现各传感器数据的利用效率，对不同类型的事件都可以通过特定的组网优化获得尽可能多的事件信息，为交通管理提供依据。通过增加部分虚拟传感器，可以丰富路段上的交通信息，从而可以宏观地把握整个区域路段的情况，根据路段情况及时采取有效措施，有效疏导交通、缩短路段通行时间，提高道路的通行能力，并可以尽量实现系统最优。另外，对不同的业务需求，通过分析所需的相关传感器的信息，对物理传感器和虚拟传感器的再组网，实现对不同业务的信息提取，从而适应不同的业务。还可以实现不同节点的信息共享，充分地利用传感器资源，增强系统的协同能力和可靠性。交通状态获取的可重构组网优化已申请2项发明专利。

（三）面向不同应用的传感器融合

研究在传感器网络环境下，交通状态获取的传感器融合技术。研究利用物理传感器和虚拟传感器检测结果，实现物理层、逻辑层、业务层和综合应用层融合。在融合方法基础上，研究交通流控制、交通安全保障和交通基础设施状态监测的状态预报和预警方法。

传感器网络融合实现了点、线、网的交通信息融合。从物理层融合获得点速度、流量、占有率等固定检测点可测量的交通状态参数；从逻辑层数据融合完成了点到线的数据融合，得到路段交通状态的平均速度、平均行程时间、路口饱和流率、流量随时间和空间的分布特征，以及小粒度交通状态参数等交通参数；从业务层数据融合实现了线到网的数据融合，基于物理层或者逻辑层获取旅行时间、平均行程速度等联合信息，最终应用于综合业务层。

传感器网络融合通过对传感器固定检测结点、离散时间点的数据融合展现出道路交通复杂系统的连续的时空分布特性，使交通管理者以及交通参与者能够更加实时、有效地掌握道路交通系统的状态，更好地进行交通管理、指挥以及交通诱导，从而更加全面地保障了道路交通安全。目前为止，传感器网络融合共获得专利3项，软件著作权2项；发表3篇论文，其中2篇已被EI检索。

（四）原型系统开发

开发用于交通管理、交通安全保障、交通基础设施监测的传感器网络组网、优化和融合的原型系统。能够应用于交通流检测、交通违章检测、交通设施监测等典型应用，能够面向不同服务对象。采用现有传感器和新型传感器、配置虚拟传感器构成面向不同服务对象的传感器网络，按照传感器网络优化方法构成动态可重构传感器网络，开发传感器融合的可移植软件。

传感器网络原型系统能够有效、稳定增长地实现底层检测节点所测得的车流量、车辆平均速度、道路占有率等基础交通参数的上传。可靠性高，控制实时性强，适用于大容量道路交通状态参数的可靠传输。交通状态获取的传感器网络能够将分布于道路上的各个传感器结点通过传感器网络连接起来，实现了大数据量数据的实时获取，并能通过上位机软件对各个结点的状态信息进行实时的监控。同时，分层的融合实现了状态参数的特征提取，减少了冗余数据的传输。该传感器网络适合用于分布式控制系统中设备状态的监控。

本项目开发软件包括上位机监控软件、传感器静态布局优化软件和传感器网络融合软件。其中上位机监控软件实现数据的实时传输，包括底层传感器数据向上位机的传送以及上位机向微控制器发送指令。传感器静态布局优化软件根据算法的设计，在给出要选取路段的各参数的基础上，可以动态地得到路段的优化过程，并给出优化结果。传感器网络融合软件主要是进行微观、中观、宏观以及任意区域交通状态的查询，并可以选择出发地和目的地查询旅行时间，系统会给出八个不同的路径，并给出旅行事件和所经路段。

交通状态获取的新型传感器容易安装、使用可靠，能够弥补线圈传感器不易安装、易损坏的问题。开发的新型传感器还能够构成检测路段区间交通状态的传感器网络，解决线圈传感器仅能够检测路段截面数据的问题。开发的传感器网络配置、优化方法能够有效配置现有传感器，可以避免盲目设置交通状态检测点，节省投资。传感器网络融合方法能够在不同层次获得交通状态，有利于交通管理、交通安全保障、交通基础设施监测维护，并能在其中广泛应用，具有良好的社会效益。交通状态获取的传感器网络为其他的分布式控制系统提供实时、大数据量网络传输解决方案。

三、“突发事件条件下高速铁路运输组织应急处置关键技术与系统”成果

“突发事件条件下高速铁路运输组织应急处置关键技术与系统”成果根据我国高速铁路运营特点，统筹考虑以上三方面工作业务需求，利用信息化、数字化、智能化等手段，形成面向高速铁路行车组织的应急处置方案、开行方案与运行计划一体化生成与评估技术及系统，全面服务于我国铁路突发事件应急处置工作。

本项目重点攻克了高速铁路特殊运营条件获取与生成技术、突发事件下高速铁路应急预案编制与管理技术、突发事件下高速铁路应急处置方案、开行方案与运行计划一体化生成技术，自主开发了包括高速铁路特殊运营条件获取与生成子系统、应急预案管理子系统、特殊运营条件下高速列车开行方案与运行计划生成子系统、特殊运营条件下高速列车开行方案评估子系统在内的突发事件条件下高速铁路运输组织应急处置系统，形成了规模化示范应用。

项目经过科技攻关已取得一系列丰富成果：在理论研究方面，相对完整地形成了符合国情并适

应未来发展的突发事件条件下高速铁路运输组织应急处置理论方法、技术体系和系统装备，包括高速铁路特殊运营条件分类分级规范，突发事件自动获取与生成、突发事件传播分析与处置、多维协同数字预案一体化建模及自动编制、基于模糊马尔可夫链的通过能力计算等技术，以及突发事件下应急处置方案、开行方案和运行计划一体化生成技术，突发事件下高速铁路运输组织应急处置一体化系统；建立了多层次、一体化、闭环反馈优化的运输组织应急管理模式。

（1）铁路运输组织应急处置决策支持系统（高速铁路）已作为中国铁路总公司铁路运输信息集成平台核心部分，为铁路运输组织应急处置提供关键技术和平台支撑。

（2）全国铁路应急预案管理系统面向全路建立6个预案数据库，部署6个交换平台，开发106个功能模块；实现24个部级预案、116个局级预案和625个站段级预案的数字化管理；覆盖铁路总公司应急办、广州铁路集团公司等单位，104个车站，168个部门，约1200个用户（见图3）。

图3　铁路应急预案综合管理系统在青藏铁路公司的应用

项目的研究成果已得到规模推广。项目研发的全国铁路应急预案综合管理系统2009年12月25日正式投入现场运行。系统投运后工作稳定可靠，功能符合要求，操作界面可视化强，信息组织科学。全国铁路应急预案综合管理系统是一个在功能上集成、数据上融合的分布式系统，基于用户覆盖全路范围、网络范围广和环境复杂的背景，构建了以铁道部为中心、铁路局为节点的星形网络结构。系统包括预案编制、应急资源管理、演练管理、危险源管理、案例库管理、组织机构管理6个子系统。该系统体系构架清晰合理，专业模型丰富，实现了应急预案管理智能化、应急资源维护管理动态化、危险源及案例库管理工作日常化，提高了应急预案管理工作的效率。该系统在铁道部和典型路局的成功部署应用，有效提高了铁路应急预案管理水平，对形成和持续运用具有我国特色的铁路应急预案管理机制、模式和流程，对实现全国铁路一体化、标准化和信息化的应急管理提供了技术手段和系统平台支撑。

铁路运输组织应急处置决策支持系统（高速铁路）已作为中国铁路总公司铁路运输信息集成平台的核心部分，在铁路总公司进行试运行。系统利用铁路突发事件场景生成及信息融合、应急协同处置等核心技术，对铁路突发事件的生成、管理、展示以及协同应急处置工作流程进行了系统化的管理，显著提高了铁路运输组织应急管理的工作效率和能力，方便并提高了业务人员事件报送过程操作的规范性和便捷性。目前主要突发事件信息上报与查询、回退事件查询与修改，突发事件的点线图与GIS地图应急提示、未处置事件与处置中事件的分项列表展示，以及处置中事件的状态转换功能，实现了影响铁路行车安全的铁路突发事件录入、展示、查看、审核（回退、再审核）、处理、处置等环节的工作流程，有力支撑了铁路调度人员及相关领导的突发事件应急处置工作，规范了突发事件报送处理处置工作，防范了处理误报事件耽搁时间、处置突发事件不及时等不良现象，为铁路运输组织应急处置决策提供了关键技术和平台支撑。项目形成铁道部科学研究鉴定成果1项；专利10项、软件著作权12项；软件系统4项；示范工程2项；专著3部、学位论文5篇；学术论文20篇。项目相关成果已编入普通高等教育铁道部规划教材《高速铁路安全保障技术》和《铁路运输安全工程》，为人才培养和本项目成果的持续应用与发展奠定了基础。

无接触电能传输技术在轨道车辆上的应用研究

唐山轨道客车有限责任公司　裴春兴

一、电磁感应简介

电磁感应技术是最近几年新发展起来的技术，其实早在19世纪便有人对其进行了研究并申请了专利。但因为当时的生产力低下，生产工艺落后，无法生产性能满足要求的半导体器件而没有受到人们的重视。

随着生产力的发展，到20世纪70年代，出现了可实用化的产品——小型的拖曳车辆。车辆使用一个变流器带动电动机运动，其无接触式电能传输系统安装在车辆的顶部。经过改进，到1947年，将无接触式电能传输系统安装在轨道底面。

虽然已经实现了产品化，但受生产力限制，当时并未有大功率、高开关率的电力电子器件，因此其效率极其低下，无法满足要求。

无接触式电能传输系统受到重视是最近几年，随着工业的发展，有些工业领域无接触式电能传输系统是其唯一的解决方式。现在无接触式电能传输系统主要应用在物料、自动化车间以及比较恶劣的环境，如水下、石油勘探等场合，同时轨道交通行业也越来越关注此技术。

二、电磁感应技术的现状

（一）低功率能量传输

无接触式电能传输技术已经在市场上有所应用，如飞利浦公司生产的电动牙刷。牙刷内部安装有可充电电池，牙刷无电后，将牙刷插在无接触充电的充电槽内，牙刷即可自动充电。目前很多公司已经预见到该技术的应用前景，正在大力开发此产品，如苹果公司正在开发无接触式供电的手机和个人电脑。除了个人办公用品外，无接触式电能传输技术在医学上也有应用，如心脏起搏器、电击设备等，将来都可以实现无接触供电。以上是该技术在低功率产品上的应用。

（二）大功率能量传输

大功率无接触式电能传输技术主要应用在工业领域，其功率由几千瓦到几百千瓦不等，如物流、工业自动化、矿山、军事、航天，以及电动骑车等行业。但其与低功率无接触式电能传输系统有本质的区别，低功率无接触式电能传输系统的气隙一般很小，因此效率也不是很高。但大功率无接触式电能传输系统的气隙很高，效率也较高。目前成功的有庞巴迪公司推出的PRIMOVE城市轨道车辆。

三、电磁感应原理分析

（一）分离式变压器

电磁感应电能传输即通过大气隙电磁能将能量传输到运动或者稳定的用电负载上，目前我们称之为分离式变压器（见图1）。

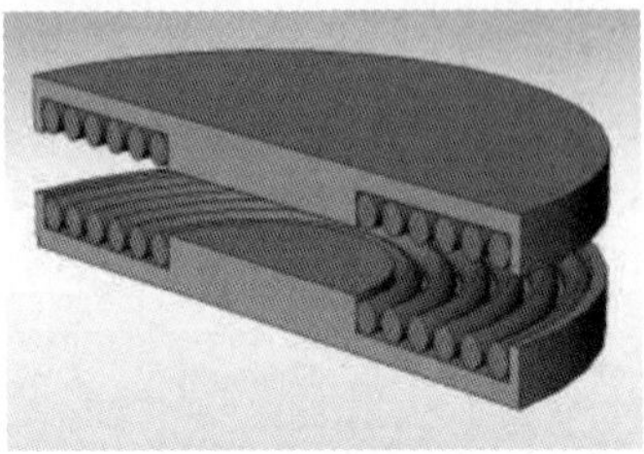
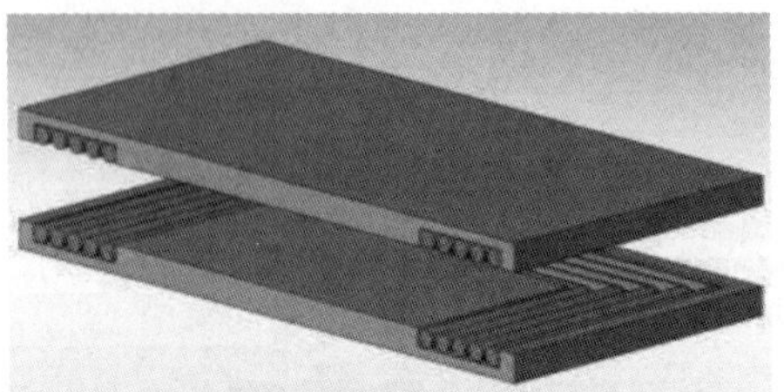

图1 分离式变压器

上述两种变压器结构的气隙很大，因此这两种结构存在很大的漏电感，其耦合系数非常小。通过分析，不带磁芯的分离式变压器非常轻，无磁芯损耗（其模型见图2）；带有磁芯的分离式变压器会导致电路非线型。

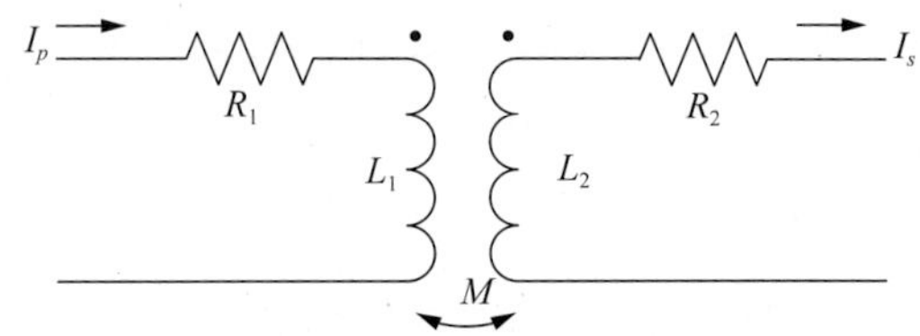

图2 无接触式电能传输系统无磁芯模型

其中，I_p为原边线圈的输入电流；I_s为次边线圈的输出电流；R_1为原边线圈的电阻值；R_2为次边线圈的电阻值；L_1为原边线圈的电感值；L_2为次边线圈的电感值；M为原边与次边的互感值。

其中忽略了电容数值，因为电容数值同分离式变压器的气隙、面积和材质有关，因为其只有在发生谐振时效果才比较明显。

（二）线圈阻值

线圈的阻值R_1和R_2非常重要，其决定了整个系统的传输效率和传输的容量。直流状态下的阻值是根据电阻系数进行计算的，同时需已知线圈的线径和线圈长度。在直流或者频率较低时，其线圈内的磁场可以认为是稳定的，没有额外的电场对导体作用，因此可以根据以下公式对其进行计算：

$$R_{DC}=\frac{\rho l}{A}$$

其中：ρ为材料的电阻系数，铜的电阻系数$\rho=1.68\times10^{-8}\Omega\text{m}$；$l$为线圈的长度；$A$为线圈的截面积。

然而，在实际的无接触式电能传输系统中，电源的频率非常高，在线圈中变化的电流会产生变化的磁场，变化的磁场又反过来阻止电流的流动，此阻碍必然产生电阻损耗，从而产生热。这就是我们通常意义上所说的集肤效应和临近效应，这两种效应都会导致电流密度的不平衡。

1. 集肤效应

当电流通过导体时，导体的电阻值突然增大，此现象称为集肤效应。集肤深度是描述磁场和涡流对导体的影响程度的术语。集肤深度也可以说成是电磁波的幅值在导体中以1/e次进行衰减的距离。如果透入深度δ远远小于导体厚度时，集肤效应可以忽略。

$$\delta=\sqrt{\frac{\rho}{\pi\cdot u_r\cdot u_0\cdot f}}$$

其中，u_r为材料的相对磁导率，铜的u_r非常接近于1；u_0为真空的磁导率，数值为u_0=4π×10^{-7}Hm^{-1}；f为频率。

图3显示的是铜材质的集肤深度随频率的变化趋势。可以看出，随着频率的增加，集肤深度值越来越大，需要重点考虑。

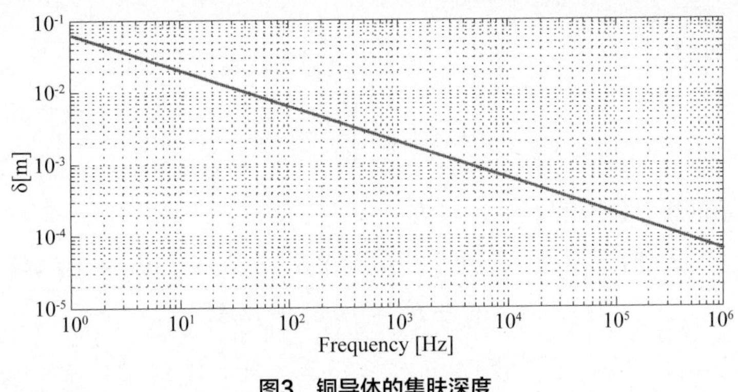

图3　铜导体的集肤深度

其他很多文献里曾经描述过集肤效应的计算方法，集肤电阻值和频率的关系函数如下所示：

$$R_{AC}=\frac{\rho l}{\pi\delta\left(1-\mathrm{e}^{\frac{r}{\delta}}\right)\left(2r-\delta\left(1-\mathrm{e}^{\frac{r}{\delta}}\right)\right)}$$

其中，r为圆形导体的半径。此公式根据的是环型导体实心导体通过的电流相等的原则，可以用来计算交流导体的电阻值。

2. 临近效应

另外一个引起导体阻值变化的现象称为邻近效应。电感或者变压器等感性设备的邻近效应是由导体附近的导体通过电流而产生随时间变化的磁场引起的。它和集肤效应相似，但是是由相邻的导体引起的。邻近效应可以解释为，当导体通过电流时，其引起的涡流或者磁场对其周围的一个或多个导体产生的影响。邻近效应和导体的外形、频率、排布和导体之间的空间有关系。总之邻近效应非常复杂，很难进行计算。

在高频的时候，litz电缆适合在无接触式电能传输系统中使用。因为其特殊设计，即采用多个细的线互相采用编制和缠绕的方式且周围之间采用绝缘层的材质，能够有效地抑制集肤效应和邻近效应。

四、电磁感应拓扑图

(一)基本原理分析

图4为带电阻负载的电磁感应电路，右侧为恒压源，假定无铁芯且频率远远低于谐振频率，因此可以忽略杂散电容。电压源为初始相角为ω的正弦电压源。R_L为负载的电阻阻值。根据图4，可以得

到整个电路的等效电路如图5所示。$L_a=L_1-M$，$L_b=L_2-M$，L_a和L_b分别为原边和次边的漏电感值。

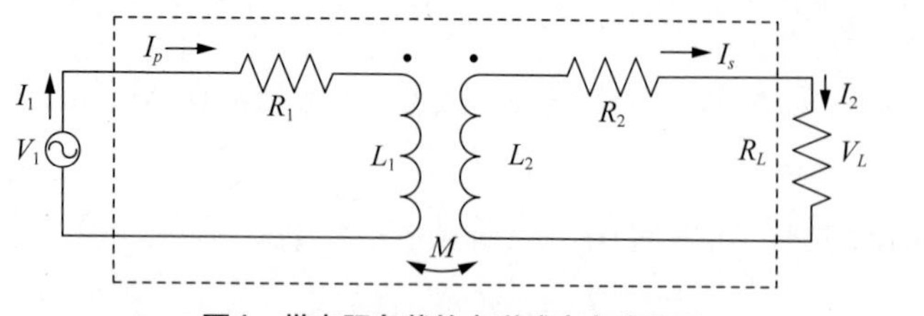

图4　带电阻负载的电磁感应电路原理

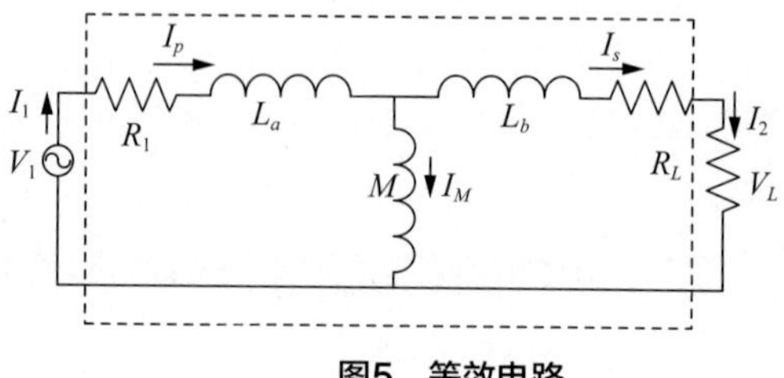

图5　等效电路

通过图5电路分析可得

$$\vec{I}_1=\frac{\vec{V}_1}{Z_1}$$

Z_1为从电源侧观看的整个系统的阻抗，其为

$$Z_1=\frac{\omega^2M^2+(R_1+j\omega L_a+j\omega M)(R_L+R_2+j\omega L_b+j\omega M)}{R_L+R_2+j\omega L_b+j\omega M}$$

通过计算其效率为

$$\eta=\frac{R_L\left|\vec{I}_2\right|^2}{R_L\left|\vec{I}_2\right|^2+R_2\left|\vec{I}_S\right|^2+R_1\left|\vec{I}_p\right|^2}$$

$$\eta=\frac{R_L}{R_L+R_2+R_1\left(\left(\frac{L_b+M}{M}\right)^2+\left(\frac{R_2+R_L}{\omega M}\right)^2\right)}=\frac{R_L}{(R_L+R_2)\left(1+\frac{R_1(R_2+R_L)}{\omega^2M^2}\right)+R_1\left(\frac{L_b+M}{M}\right)^2}$$

通过上述公式可以看出，当$\frac{R_1(R_2+R_L)}{\omega^2M^2}$趋向于0时，存在最大效率，即当

$$\omega>\frac{\sqrt{R_1(R_2+R_L)}}{M}$$

$$\eta_{\max}=\frac{R_L}{R_L+R_2+R_1\left(\frac{L_b+M}{M}\right)^2}$$

上式表明，要想提高效率，整个系统的频率必须适当提高。但是随着频率的提高，功率因数会降低，当频率升高到一定程度时，功率因数接近于0。因为随着频率的提高，整个系统越来越接近感性。以上也是无接触式电能传输系统需要解决的重点问题。因此，为了提供功率因数，必须进行电容补偿，即线圈的原边和次边都需要串并联电容。

(二)电容补偿

电容补偿的目的是提高系统的功率因数，提高整个系统的容量。电容需要在原边和次边安装，原边安装是为了降低线圈原边功率因数，次边安装是为了提高线圈次边的功率因数，从而保证原边和次边的功率因数平衡。

其中电路的等效有四种形式，因此也存在着四种电容补偿形式，分别为串-串，串-并，并-串，并–并结构（见图6）。

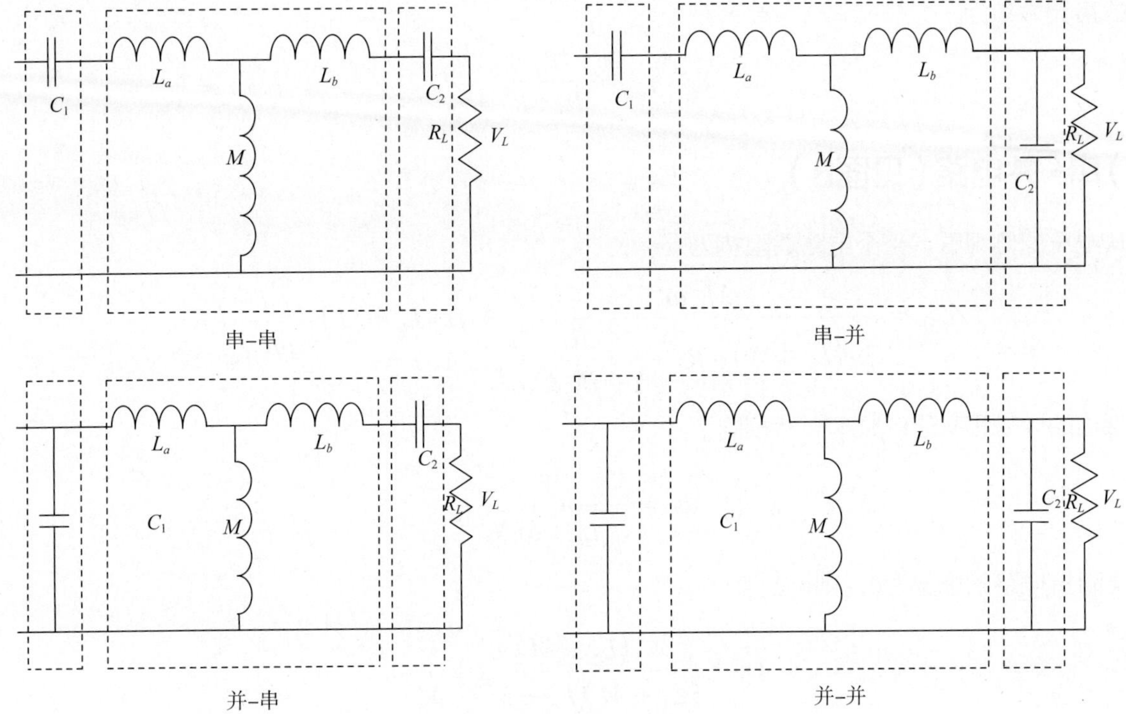

图6　补偿电容的四种串并方式

为了增加上述四种串并方式的容量，假定上述电路工作在ω_0频率，当工作在此频率时，次边电路的电容C_2与电感完全抵消，从左侧观察，电路为纯电阻电路。通过上述可以推出：

$$C_2 = \frac{1}{\omega_0^{\ 2}\left(L_b + M\right)}$$

原边电容补偿是为了从原边电源观察，整个电路成阻性，以保证功率因数最小。下面对四种电路形式进行分析。

（三）串–串电路（见图7）

从电压源侧观看，整个电路的阻抗为

$$Z_{1,SS} = \frac{M^2\omega^2}{j\omega\left(L_b + M\right) - \dfrac{j}{\omega C_2} + R_2 + R_1} + j\omega\left(L_a + M\right) - \frac{j}{\omega C_1} + R_1$$

原边的频率和次边的频率必然相同：

$$\omega_0 = \frac{1}{\sqrt{\left(L_b + M\right)C_2}}$$

让阻抗电路的虚部为0，则得到

$$C_1 = \frac{1}{\omega_0^{\ 2}\left(L_a + M\right)}$$

从电路中可以看出，电容C_1与次边的频率和原边的自感以及原边与次边的互

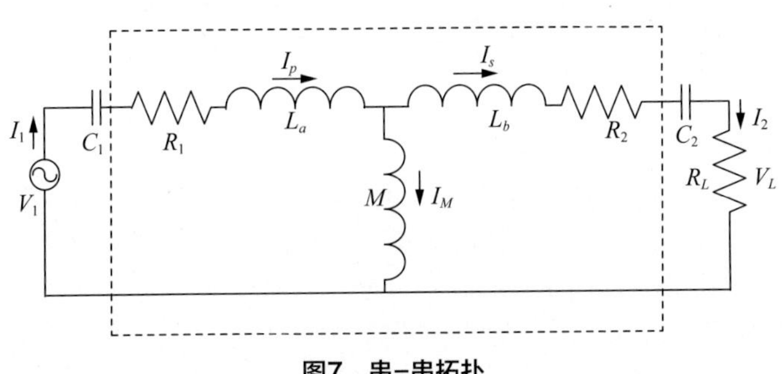

图7　串–串拓扑

感有关。自感数值同线圈的两个线圈的位置、形状和尺寸有关系。同上述计算方法一样，可以得到系统的最大效率为

$$\eta_{\max}=\frac{R_L}{R_L+R_2}$$

（四）串-并电路（见图8）

从电压源侧观看，整个电路的阻抗为

$$Z_{1,SP}=\frac{M^2\omega^2}{j\omega(L_b+M)+R_2+\dfrac{R_L}{1+jR_LC_2\omega}}+j\omega(L_a+M)-\frac{j}{\omega C_1}+R_1$$

原边的频率和次边的频率必然相同：

$$\omega_0=\frac{1}{\sqrt{(L_b+M)C_2}}$$

让阻抗电路的虚部为0，则得到

$$C_1=\frac{(L_b+M)^2C_2}{(L_a+M)(L_b+M)-M^2}$$

从电路中可以看出，电容C_1与次边的频率和原边的自感以及原边与次边的互感有关。自感数值同线圈的两个线圈的位置、形状和尺寸有关系。与上述计算方法一样，可以得到系统的最大效率为

$$\eta_{\max}=\frac{R_L}{R_L+R_2+\dfrac{R_1(L_b+M)^2}{M^2}}$$

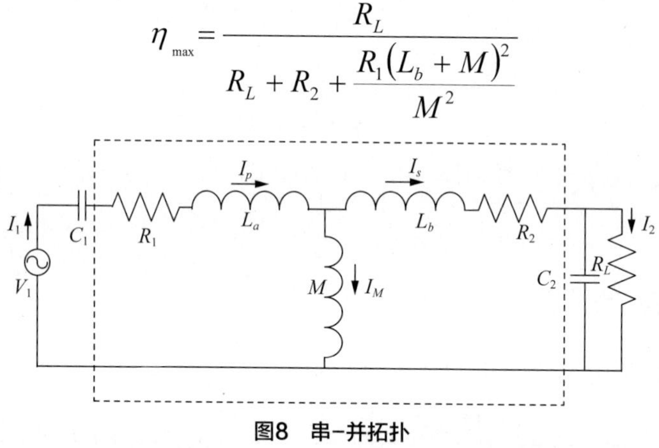

图8 串-并拓扑

（五）并-串电路（见图9）

从电压源侧观看，整个电路的阻抗为

$$Z_{1,PS}=\frac{1}{j\omega C_1+\dfrac{1}{R_1+j\omega(L_a+M)+\dfrac{\omega^2M^2}{R_2+R_L+j\omega(L_b+M)-\dfrac{j}{\omega C_2}}}}$$

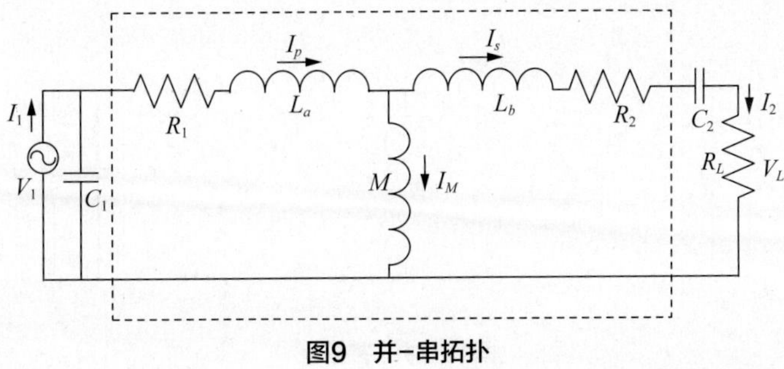

图9　并-串拓扑

原边的频率和次边的频率必然相同：

$$\omega_0 = \frac{1}{\sqrt{(L_b + M)C_2}}$$

让阻抗电路的虚部为0，则得到

$$C_1 = \frac{(L_a + M)(L_b + M)^2 C_2{}^2 R_L{}^2}{M^4 + (L_a + M)(L_b + M)R_L{}^2}$$

从电路中可以看出，电容C_1与次边的频率和原边的自感以及原边与次边的互感有关。自感数值同线圈的两个线圈的位置、形状和尺寸有关系。与上述计算方法一样，可以得到系统的最大效率为

$$\eta_{\max} = \frac{R_L}{R_L + R_2}$$

（六）并-并电路（见图10）

从电压源侧观看，整个电路的阻抗为

$$Z_{1,PP} = \frac{1}{j\omega C_1 + \dfrac{1}{R_1 + j\omega(L_a + M) + \dfrac{\omega^2 M^2 (1 + R_L C_2 \omega)}{(R_L + R_2 + j\omega(L_b + M))(1 + R_L C_2 \omega)}}}$$

原边的频率和次边的频率必然相同：

$$\omega_0 = \frac{1}{\sqrt{(L_b + M)C_2}}$$

让阻抗电路的虚部为0，则得到

$$C_1 = \frac{(L_b + M)^2 ((L_a + M)(L_b + M) - M^2) C_2{}^2}{((L_a + M)(L_b + M) - M^2)^2 + M^4 R_L^2 (L_b + M) C_2}$$

从电路中可以看出，电容C_1与次边的频率和原边的自感以及原边与次边的互感有关。自感数值同线圈的两个线圈的位置、形状和尺寸有关系。与上述计算方法一样，可以得到系统的最大效率为

$$\eta_{\max} = \frac{R_L}{R_L + R_2 + \dfrac{R_1 (L_b + M)^2}{M^2}}$$

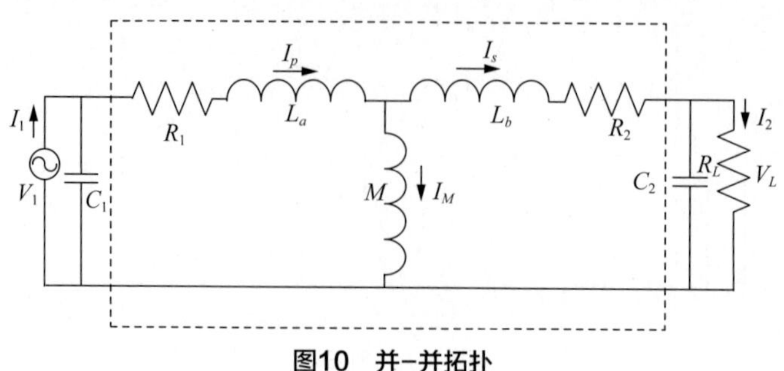

图10　并-并拓扑

（七）功率因数

分离式变压器功率因数和此系统的效率和耦合系数密不可分，其因数与变压器的原边和次边有较大关系，其中耦合系统公式如下：

$$K=\frac{M}{\sqrt{(L_a+M)(L_b+M)}}$$

Q_1和Q_2分别为分离式变压器原边和次边的功率因数，根据次边的频率ω_0进行计算，得到功率因数为

$$Q_1=\frac{VAr_1}{P_1}\text{和}Q_2=\frac{VAr_2}{P_2}$$

因此串-串和串-并拓扑结构的功率因数为

$$Q_1=\frac{\omega_0(L_a+M)I_1^2}{\dfrac{\omega_0^2M^2I_1^2}{R_L}}=\frac{R_L(L_a+M)}{\omega_0M^2}$$

$$Q_2=\frac{\omega_0(L_b+M)I_L^2}{R_LI_L^2}=\frac{\omega_0(L_b+M)}{R_L}$$

并-串和并-并拓扑结构的功率因数为

$$Q_1=\frac{\omega_0(L_a+M)I_1^2}{\dfrac{R_LM^2I_1^2}{(L_b+M)^2}}=\frac{\omega_0(L_a+M)(L_b+M)^2}{M^2R_L}$$

$$Q_2=\frac{\omega_0(L_b+M)I_S^2}{R_LI_2^2}=\frac{R_L}{\omega_0(L_b+M)}$$

（八）串-串拓扑结构分析

笔者针对串-串拓扑结构进行分析，因为其他类型的分析方式同其相似。假定系统最佳的工作状态为其处在零相位，即其工作在谐振状态。

系统如果工作在零相位，其系统的阻抗的虚部必须为零。即Im（$Z_{1,SS}$）=0。出于这个分析目的，虚部为

$$\left(\omega\left(L_a+M\right)-\frac{1}{\omega C_1}\right)-\frac{\omega^2 M^2\left(\omega\left(L_b+M\right)-\frac{1}{\omega C_2}\right)}{R_L^2+\left(\omega\left(L_b+M\right)-\frac{1}{\omega C_2}\right)}=0$$

根据上述的结果：

$$\omega_0^2=\frac{1}{\left(L_a+M\right)C_1}=\frac{1}{\left(L_b+M\right)C_2}$$

将上式代入，从而能够推出结果，即

$$Q_2<\sqrt{\frac{1}{2\left(1-\sqrt{1-k^2}\right)}}$$

通过对其他拓扑结构的分析，可以得出以下结论：

串-并拓扑结构和并-串拓扑结构相同，为

$$Q_2<\frac{1}{k}\sqrt{1-k^2}$$

并-并拓扑结构为

$$Q_2<\frac{1}{k}$$

（九）拓扑优势分析

根据上述分析，可以看出四种拓扑结构各有优缺点，电路的应用效果要看具体的应用环境。次边的串联电容，在谐振情况下，整个电路从原边看出成阻性。此时原边与次边的电感和电阻解耦。如果次边并联电容，整个负载成容性，那么原边就与磁耦合系数以及负载的有关，系统不解耦。

因此在应用过程中，串-串拓扑结构也有优势。第一，因为次边对原边成阻性，因此对原边电能输入的功率因数无影响，提高了电能利用率；第二，原边和次边的电容与各自的电感和负载解耦，其仅与自身的自感有关。因此便于系统的控制和计算。

因此串-串系统在电池充电系统中有极大的应用优势。

五、仿真分析

（一）接收板性能仿真（见图11、图12、表1）

针对上述分析结论，选择串-串系统搭建仿真模型进行分析。仿真选择主要参数如下：

（1）系统输入：380V AC，50Hz；

（2）系统输出：750V DC（600~900V）；

（3）系统功率：150kW；

（4）原边和副边的电磁气隙：80 ～ 90mm；

（5）频率：20 ～ 30kHz。

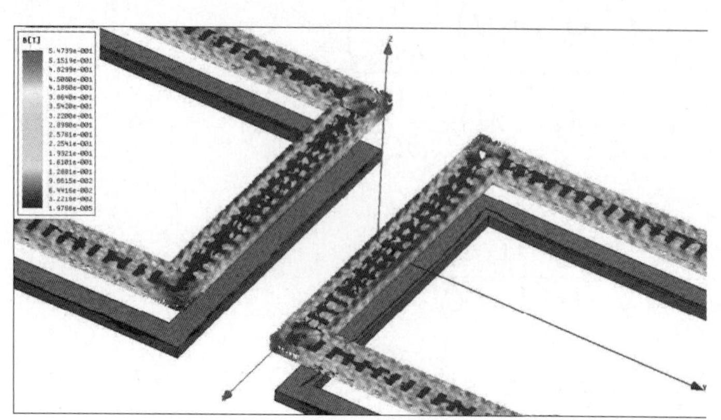

图11 接收板仿真模型

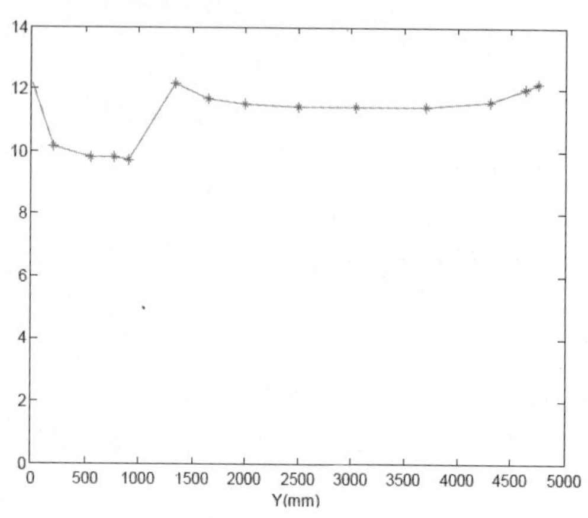

图12 接收板电感变化曲线

表1 电感随气隙变化

气 隙	电感值（μH）	提升比例
90	5.7698	
75	6.2942	9.09
60	6.9272	20.06
50	7.4297	28.77
35	7.7112	33.65
5	8.7290	51.29

（二）肌肤效应仿真

假设单根线直径0.4mm，紧密排列，以46根线排列仿真，每根线设计电流密度3A/mm^2，实际通入电流0.38A，电流频率23kHz，电流密度分布如图13所示。

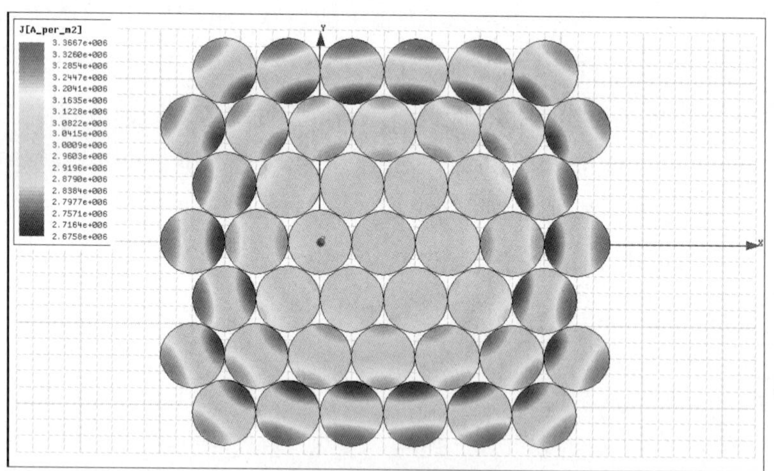

图13 肌肤效应仿真

从图中可以看出，由于临近效应，在中间的电线所受的临近效应相对对称，所以，中间电线的电流密度分布较均匀。外侧的电线由于受内侧电线的临近效应影响，电流密度高，而内侧电线电流密度低。然而，电流密度最大值和最小值的比例差别不大。

（三）系统仿真

根据上述原理分析结果，搭建无接触供电系统后级驱动电路，使其与前端电路联合进行系统仿真。具体电路图如图14所示。

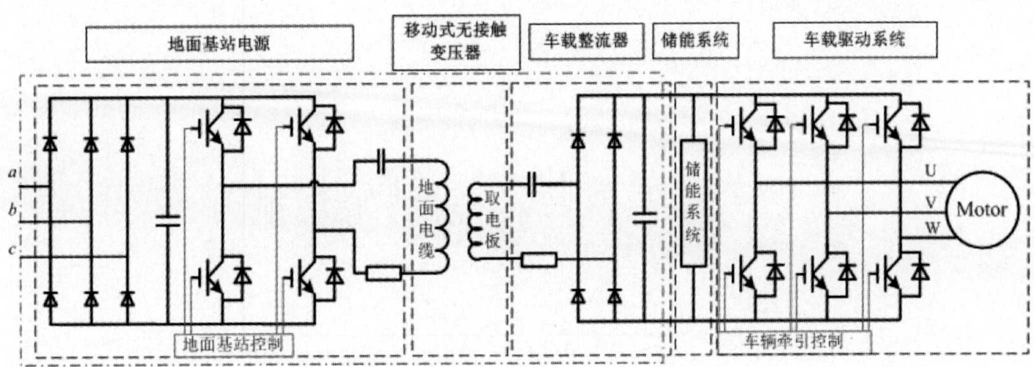

图14　系统原理

设置仿真系统的参数如下：

（1）地面直流母线电压平均电压（三相不控整流）：495V；

（2）系统输出功率：150kW；

（3）系统输出电压：750V；

（4）谐振频率：23kHz

（5）直流母线支撑电容：10000μF；

（6）副边每个整流桥母线支撑电容7000μF；

仿真结果如下（见图15～图18）：

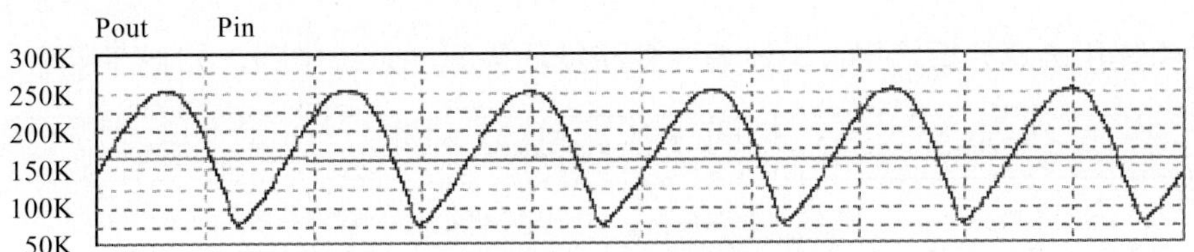

图15　输出功率（Pout）和输入功率（Pin）

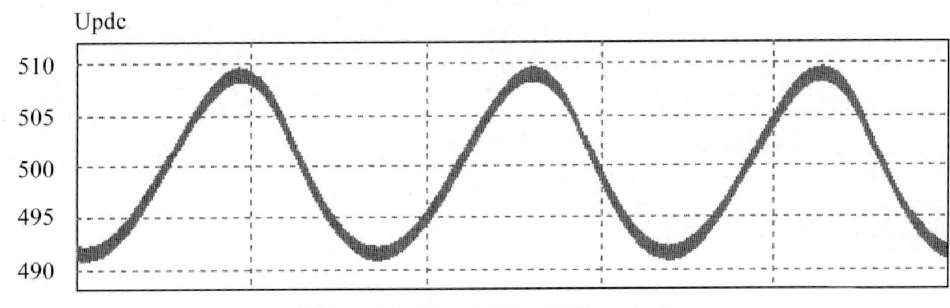

图16　地面直流母线电压（Updc）

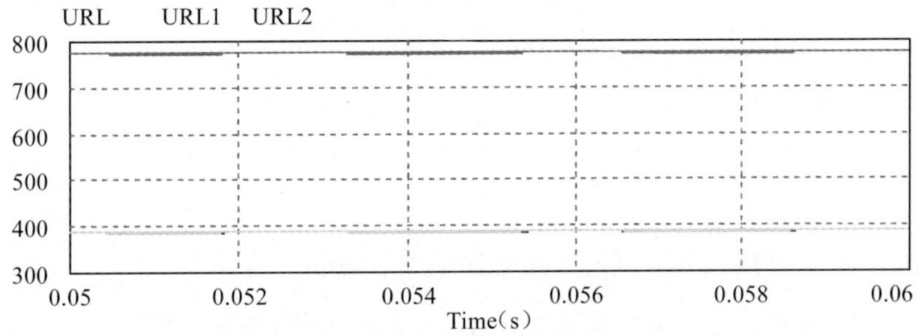

图17　整流器1输出电压（URL1），整流器2输出电压（URL2）

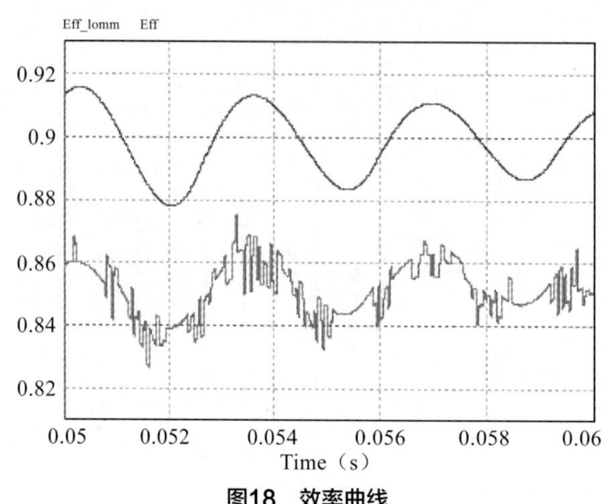

图18 效率曲线

通过仿真可以看出，对系统影响最大的因素就是接收板的初级侧电阻和次级侧电阻，通过仿真曲线和结果可以看出，此电阻值每提高0.02Ω，系统的效率可提高5%。

仿真结果显示系统的输出功率为161kW，而系统输出侧的整流器额定损耗为642W，单个逆变器损耗为7kW，2个高频整流桥损耗为2.57kW。综合考虑开关器件损耗后的效率约为85.1%。

假设磁芯损耗为2kW，则总体效率估计约为83.7%。

六、模型搭建

根据上述原理和仿真分析结果，设计无弓受流及后级驱动系统电路，如下图所示。

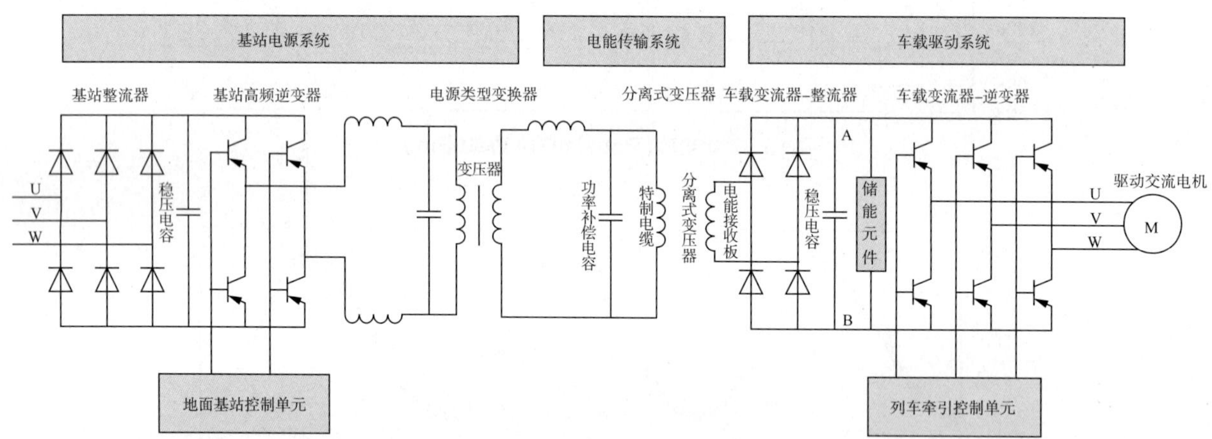

根据100%低地板样车，设计研制1：1实物模型，完成试验验证，模型示意图如下图所示。

无弓受流设备的主要参数为：地面电源基站输入电压为三相AC380V、50Hz，功率150kW，效率85%，频率23kHz，气隙100mm，输出DC750V。

车载牵引系统的主要参数为：输入DC750V，逆变器功率130kW，辅助变流器35kW，充电机功率8kW，蓄电池容量120Ah，电机功率50kW，制动电阻1.55Ω，超级电容12×165F，整个模型重约12t。

线路上铺设litz电缆，分3段，每段8m，整个线路长约40m。

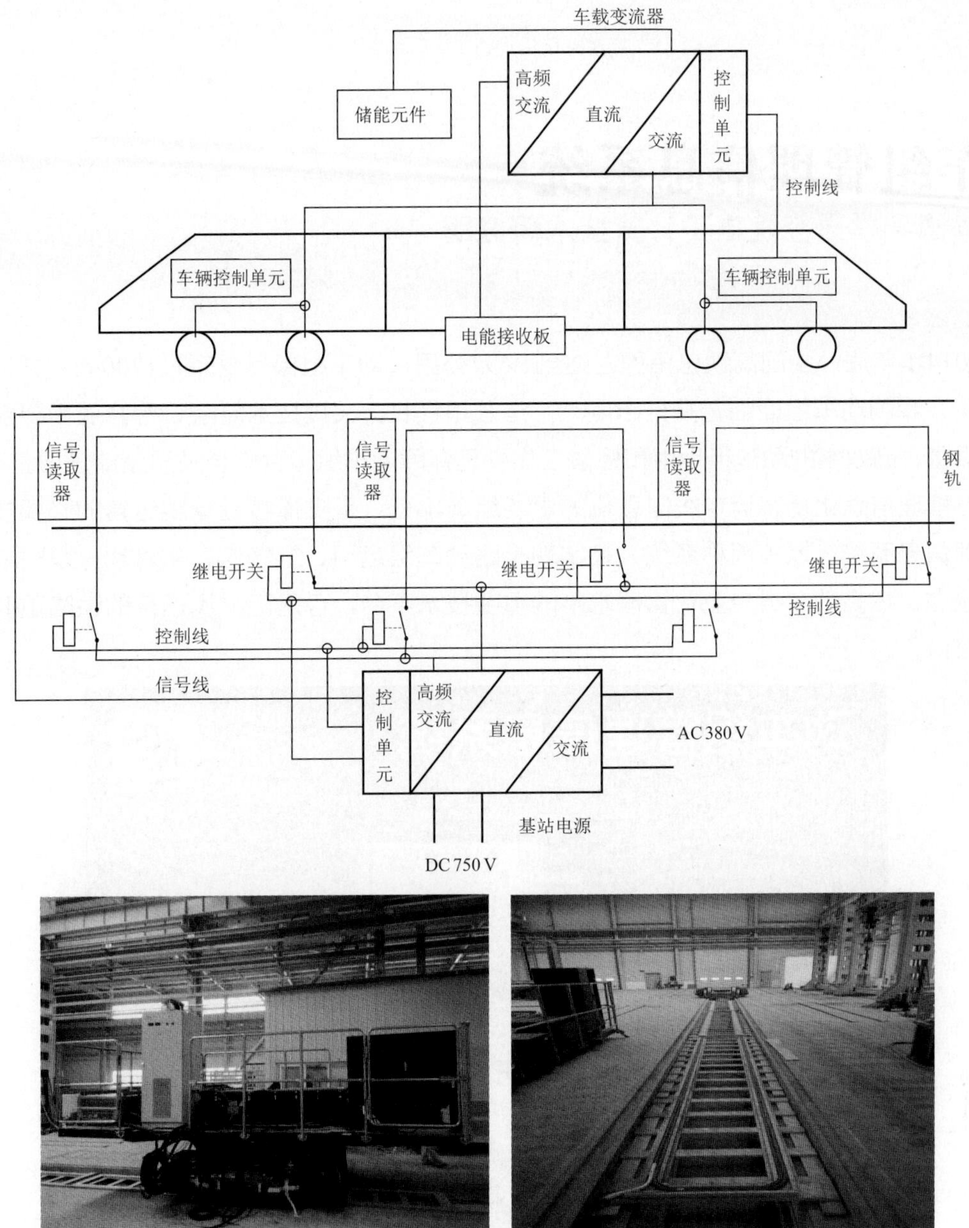

经过了为期3个月的调试和试验，测试结果满足仿真和计算的要求，整车的效率大于84%，1：1模型车能够在无接触供电情况下稳定运行，达到了试验的目标。

七、结论

传统的城市轨道交通需要复杂而占地空间巨大的接触网来进行轨道车辆的电能传输，而接触网除了需要占用大量的地面空间和消耗大量的费用外，也存在安全隐患。同时轨道车辆需要通过摩擦方式与其接触完成受流，增加了摩擦损耗的费用。恶劣天气无法运行，环境适应性差，同时因为大量使用高压设备，安全性较低。

本文所阐述的电磁感应电能传输技术是通过非接触方式传输电能，避免了摩擦损耗，环境适应性强，同时经过原理仿真和试验验证，其在气隙100mm时具有传输稳定功率150kW的能力，效率达到约84%，因此该技术将在C型地铁有很大的应用前景。

动车组管理信息系统

中国铁道科学研究院电子计算技术研究所

截至2014年年底，中国高铁总里程已达到1.6万公里，动车组保有量超过1700列，共计五大系列18种子车型。我国动车组面临着开行密度大、运营里程长、关键技术复杂、检修质量要求高等运营压力，高质量、高效率的动车组运用和检修工作，是保障动车组运营安全及质量的重要基础。

动车组管理信息化是客运专线信息化的重要组成部分，是支撑客运专线运营的必要技术手段。动车组管理信息系统（以下简称系统）是实现全路动车组运用、维修信息化管理，及时掌握动车组检修运用状态，提高动车组专业化管理水平的重要技术平台，也是已上线运行的铁路重要生产系统之一（见图1）。

图1　动车组管理信息系统

一、系统简介

系统与动车基地同步设计、同步建设、同步投入运用，功能涵盖总公司、铁路局、动车（车辆）段、动车运用所和高级修车间的主要业务需求，以运用、检修、技术、物流四类核心业务为主线，涵盖了生产管理、生产支持、经营管理三个方面。系统快速、准确、及时地完成了各种业务信息的采集、处理和传递，可以及时掌握动车组检修运用状态，实现了生产流程高效运转，充分发挥了维修资源能力。

同时，通过运用、检修数据的积累和分析，指导企业逐步规范业务流程，持续改进检修工艺、优化修程修制、控制维修成本，完善和优化动车组运用检修生产力布局，为动车组高效运营提供了强有力的支撑（见图2、图3）。

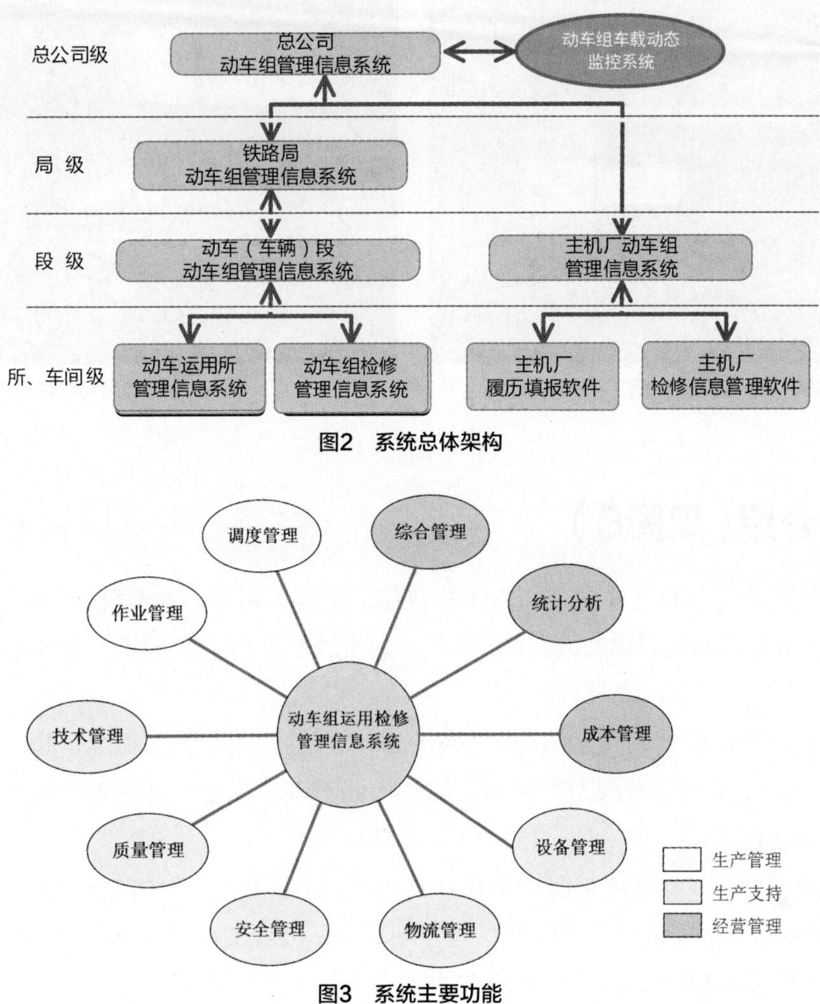

图2 系统总体架构

图3 系统主要功能

二、推广应用情况

自2005年以来，动车组管理信息系统就已着手开展了项目的相关启动工作。依据原铁道部于2009年2月下发的《动车组管理信息系统总体方案》（运装管验〔2009〕95号），明确了现代化维修基地的三个重要标志：科学的平面布局、先进的工艺流程和工装设备、现代化的信息管理系统。

动车组管理信息系统研发工作跨越了六个阶段：需求调研、系统规划及原型开发阶段（2005.1—2006.8）、应急工程建设阶段（2006.9—2007.12）、总体技术方案确定及高级修软件研发试点阶段（2008.1—2009.12）、动车基地系统功能完善阶段（2010.1—2011.12）、五大关键业务功能深化阶段（2012.1—2013.10）、运用检修业务流程规范优化阶段（2013.11至今）。经过多年的技术研究和建设完善，成为动车组检修运用的重要信息平台。

系统拥有完全自主化的知识产权，已获中国铁道学会一等奖、中国铁道科学院科学技术特等奖。截至2014年年底，系统已在总公司、17个铁路局，21个动车（车辆）段、45个动车运用所，4个主机厂完成部署，管理所有车型1700余组列车、5000多个车次，覆盖全部已开通客运交路，服务铁路各级用户1万余人。对于保障动车组的安全高效运营发挥了重要的作用（见图4、图5）。

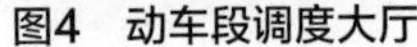

图4　动车段调度大厅

图5　动车组运用检修现场

三、实验室介绍（见图6）

动车组管理信息系统实验室成立于2008年7月1日，是电子所核心业务群之一，现有员工100人左右，其中高级职称8人，中级职称22人，博士8名、硕士22名，包括工程组、开发组、测试组、后台组和维护组。

实验室团队是一支以软件研发为核心、以系统集成为主导的专业化团队，是一个年轻又充满活力的集体。实验室的主要研究方向为动车组运用和检修管理信息化、动客车行车安全监控、铁路物资集成平台及资产管理等。

实验室曾连续两届获“铁道部直属机关建功立业先进集体称号”“中国铁道科学研究院科学技术一等奖”“中国铁道科学研究院优秀团队奖”等多项奖项；涌现的青年学术带头人曾获“铁科院茅以升青年科技创新奖”“铁科院铁路青年科技拔尖人才称号”等多项奖项。

图6　动车组管理信息系统实验室

现代化有轨电车信号系统 SmarTram

卡斯柯信号有限公司

21世纪以来，在环境污染日益严重和交通拥堵的背景下，有轨电车获得发展契机，尤其是在欧洲。德国拥有最大的有轨电车网络，已有58条运营线路，正在实施的延伸线项目有20个。爱尔兰最近在都柏林开通了2条线。法国是已知的在过去10年中新开通线路最多的国家。通过旧网改造、新线修建等，有轨电车已经成为承担大中型城市公共交通的骨干网。

有轨电车作为公共交通出行方式，安全永远是最热门的话题。事故有时并非非常严重，但媒体经常会夸大其词。运营事故除了对受害者造成的直接后果，还会产生重大的社会负面效应。有轨电车网络化运行，安全不仅对交通系统的准点率和可靠性产生重要影响，甚至会影响整个城市的正常运转。一般有轨电车的事故原因主要是：同机动车、非机动车、行人等之间的冲突；由轨道交通信号系统负责列车在岔区和特殊区段的安全。第一类事故的安全主要取决于机动车、非机动车、行人是否遵守交通规则以及对于危险的预判。第二类事故可以通过安全、高效的轨道交通信号系统进行防范和管理。

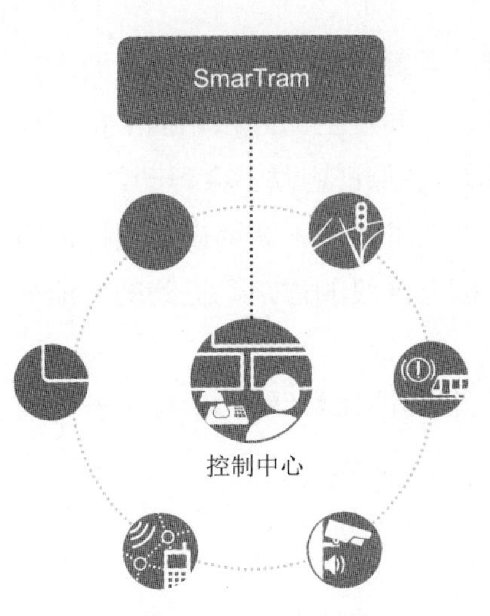

图1　卡斯柯SmarTram信号系统组成

卡斯柯推出的SmarTram现代化有轨电车信号系统主要由以下几个子系统组成：设置在控制中心的调度管理子系统；防护道岔区域的道岔控制子系统；加装在列车的车载子系统；与道路交通接口的平交路口优化子系统；在站台和特殊区域布置的乘客信息导向、广播、视频监控系统；全先覆盖的通信子系统组成（见图1）。

一、中心调度管理子系统

有轨电车的运营规模与地铁相比较小，应该尽可能通过高可靠性、可用性的自动化设备完成自动化的运营。SmarTram的调度管理系统是一套面向中心调度员的综合调度管理平台，主要负责监控轨旁设备状态和列车状态，可以联动乘客信息导向系统、广播、视频监控等其他弱电系统。基于北京六号线的设计理念，将传统的行车调度升级为综合调度。调度管理子系统满足了调度员的日常运营管理需求，操作方便，提高了管理效率。

传统中心调度员进行远程操作道岔时，需要工作人员进行现场确认。由于有轨电车站台没有设置值班员，所以需要派遣额外的工作人员前往现场确认。通过多个子系统集成联动使用，当有轨电车调度员需要进行远程操作时，可以通过视频监控确认现场情况，无须工作人员现场确认（见图2）。

图2　卡斯柯SmarTram中心调度管理子系统

二、道岔控制子系统

SmarTram采用的道岔控制器采用二乘二取二结构，符合铁道部《计算机联锁技术条件》要求，安全完整性等级满足SIL4。正线道岔控制子系统负责有轨电车在岔区不会发生侧冲和相撞；负责检测有轨电车，办理进路，控制信号机。当列车驶入道岔区域后，联锁设备保证道岔不会异动。

列车在接近道岔区域时，通过环线或者无线通道向联锁发送进路请求命令。联锁设备根据进路命令建立进路并锁闭。正线进路需列车顺序出清后，一次解锁。无接近区段的进路，进路的解锁需要延迟。

轨旁设备选用适合有轨电车的地埋式转辙机，轨道占用检测设备推荐SIL4计轴，车载设备与道岔控制器的通信通道选用高可靠性的环线设备（见图3）。

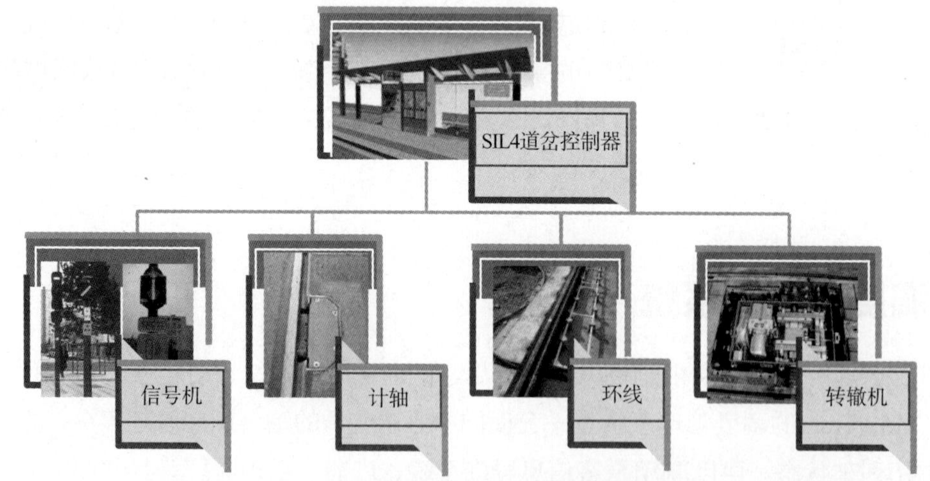

图3　卡斯柯SmarTram道岔控制子系统

三、车载子系统

车载设备可以基于信标和速度传感器实现列车主动定位功能。根据中心的计划信息，自动办理进路和发送指定信号相位的优先申请。车载设备通过速度传感器实时监控列车速度，并显示给司机，以防止司机超速而造成掉道。通过全线覆盖的无线通信通道实现与中心的实时通信，反馈列车动态信息。

四、路口优化子系统

有轨电车平交路口信号优先对于提高有轨电车的运行速度发挥着重要的作用。平交路口信号优先主要有绿灯延长、绿灯提前、插入相位、相位跳跃等几种方式，有轨电车路口优化控制器根据有轨电车实时采集运营调度信息（正常、晚点），结合平交路口、路口下游公交车站的交通状态以及当前的交通信号相位运营状态，计算实时的信号优先策略，发送到路口控制机，实现有轨电车平交路口信号优先。

平交路口信号优先系统中列车检测单元包含预告环线、接近环线、近端环线、出清环线四个环线。当接近环线检测到列车时，平交路口信号控制机判断车辆到达路口停车线的时间，并且根据到达时信号灯的运行状态进行优先控制逻辑选择。对于有轨电车直行路口，可采用绿灯延长、绿灯提前、插入相位、相位跳跃的优先策略；对于有轨电车转弯路口，可采用插入相位的优先策略。

优先控制触发后，信号周期或相位差产生变化，影响道路交通控制系统协调控制的效果。补偿算法可在实现有轨电车优先控制后，减少对道路交通控制系统协调控制效果的影响。

由于轨道交通特有的道岔区域，当路口附近有道岔时需要协调进路信号机与道路信号。如图4所示场景，列车从下行方向经过路口后，如果进路信号机未开放，则列车需要停止在进路信号机上游，其车身将会占据道路，将会严重影响道路交通。针对这种情况，路口信号在为有轨电车开放通行时，需要把前方进路信号状态条件纳入计算。

图5所示的站台在路口上游的情况，需要通过调度管理系统中的发车倒计时模块与路口优化子系统联动，提前办理优先申请。

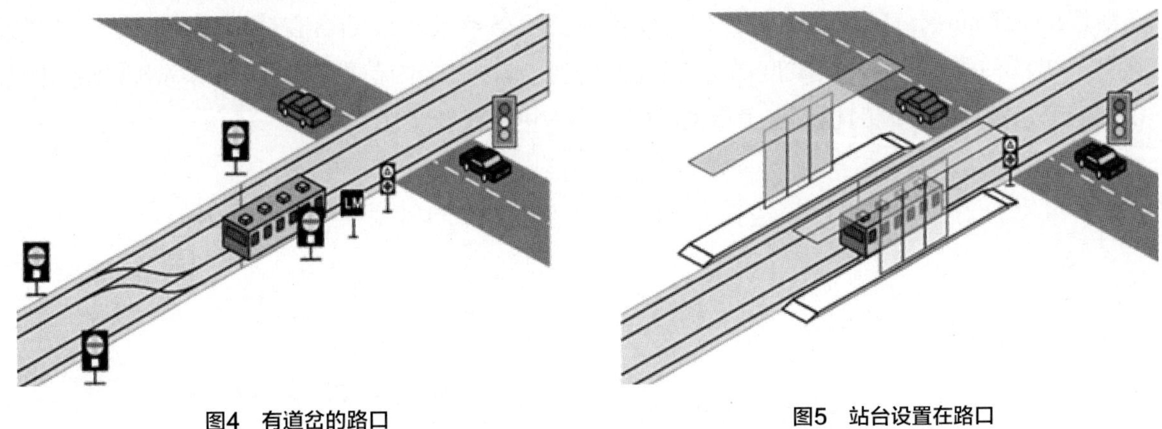

图4　有道岔的路口　　　　图5　站台设置在路口

五、司机辅助控制模块

有轨电车以目视行车为主，但是对于某些特殊情况目视行车无法保证列车的行车安全。例如2004年在法国鲁昂发生了一起有轨电车在隧道中追尾的事故。列车司机未按信号指示行车导致了两列车相撞，10余人受伤。自此之后欧盟范围内加强了针对有轨电车的安全监管。其中法国自2004年起，专门修订了针对有轨电车的安全法规，以减少有轨电车轨道交通范畴内的事故。

SmarTram系统在国内首推可以针对隧道、单轨、大弯道、大坡度等视线受限场景进行特殊的司机辅助防护。该系统从行车效率和性价比等方面考虑，并未采用CBTC（Communication Based Train Control）技术，而是为有轨电车量身打造了一套基于信标的防闯红灯和防超速系统。该系统SIL2安全等级满足有轨电车的运营需求，没有过分追求安全级别，实现了安全与效率的双赢。司机辅助控制系统不但可以降低司机工作强度，同时对司机目视行车起到一个辅助和补充的功能，可以帮助司机在视线受限的情况下安全行车。

司机辅助控制系统通过车载计算机主机获得前方信号机的状态和前方限速区段信息，类似于大铁C2（欧洲E1）的原理，不但可以便捷地实现有轨电车的互联互通，而且灵活配置在常规方案的基础上，只需增加少量成本。

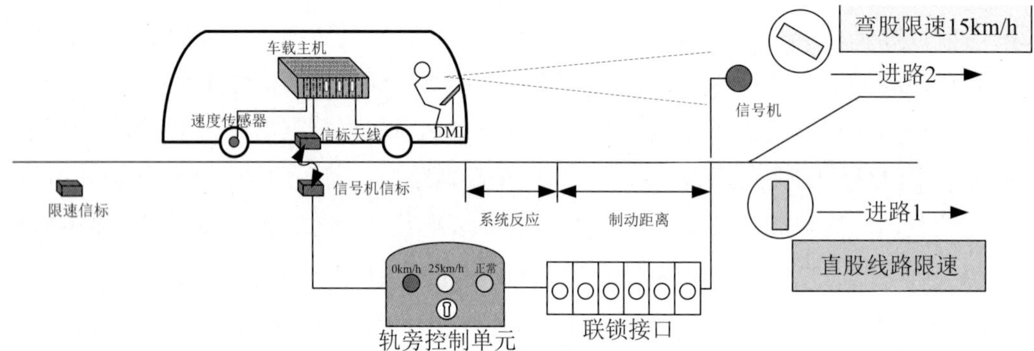

图6 卡斯柯SmarTram司机辅助控制模块实现示意图

六、总结

卡斯柯SmarTram系统能够满足现代化有轨电车的高效率要求，结合有轨电车专有场景进行设计。整套系统具有技术先进，集成度高，高安全性的特点，在国内首推的有轨电车司机辅助防护系统不仅降低了运营风险，同时也代表了目前国际上最先进的有轨电车技术。

QFD 与 FMEA 集成模型在 6σ 定义阶段应用研究

中铁电化（西安）通号设备有限公司　邵利真　俞刚

一、引言

6σ管理是以经济性为核心特征的现代质量管理，它是把顾客的需求放在第一位，利用数据和事实驱动更好地解决质量问题的办法。一般公司实施6σ，针对现有流程改进的模式为DMAIC（Define定义，Measure测量，Analyze分析，Improve改进，Control控制）。6σ定义阶段的主要目的是定义问题、界定问题范围和识别过程需要改进的关键质量特性（Critical to Quality，CTQ）或关键过程特性（Critical to Process，CTP），并设定改进目标。

从目前6σ的应用情况来看，对问题的定义一般局限于用因果图和排列图来发现主要的问题，用这两种工具一般只能分析出比较明显的问题和发生频率比较高的问题，但对于潜在的问题和各个问题可能造成的损失则考虑不够，从而导致定义阶段存在以下两方面问题：问题定义错误使得后期工作返工，导致项目延期；对问题原因进行排序或对问题选择决策不当使6σ项目缩小范围时导入错误的方向。

为了准确地定义问题，减小问题定义的随意性，增加项目的成功率，本文引入质量功能配置（Quality Function Deployment，QFD）和故障模式影响分析（Failure Mode and Effect Analysis，FMEA）进行问题选择的辅助决策。由于QFD可以把顾客的需求传达到需要解决的问题中，可以利用QFD来发现根据顾客需求最需要优先解决的问题；而基于频率费用的FMEA可以找出潜在故障失效模式，并且考虑到问题发生的频率以及造成的损失。从而可以将二者进行集成，综合考虑顾客需求和发生频率及其造成的损失，确定急需解决的问题以及过程需要改进的关键质量特性或关键过程特性，为问题的定义提供有效的帮助，也为6σ下一阶段的工作奠定基础。

二、QFD与FMEA集成模型

QFD是一种顾客需求驱动的质量管理方法，以市场为导向，以顾客需求为依据，采用多层次演绎分析方式，将顾客需求恰如其分地转换成生产计划、产品设计、制造等各个阶段的具体技术要求。FMEA的目的是通过事前预测产品或服务流程设计中可能发生的缺陷点，评价风险的重要度，从而能够针对可能产生缺陷的因子采取事前预防措施。

在6σ项目中，QFD和FMEA往往被用于测量（M）和A（分析）阶段，实际上，在定义（D）阶段对问题的分析与选择，QFD和FMEA也是很有价值的分析工具。QFD关注于顾客的要求，而基于频率费用的FMEA关注于分析产品的失效模式频度及其造成的损失。通过QFD与FMEA的集成，有效地将顾客的需求权重综合到FMEA中，对关键问题的重要度进行修正。

本文提出的6σ定义阶段QFD、FMEA集成模型的应用流程如图1所示。

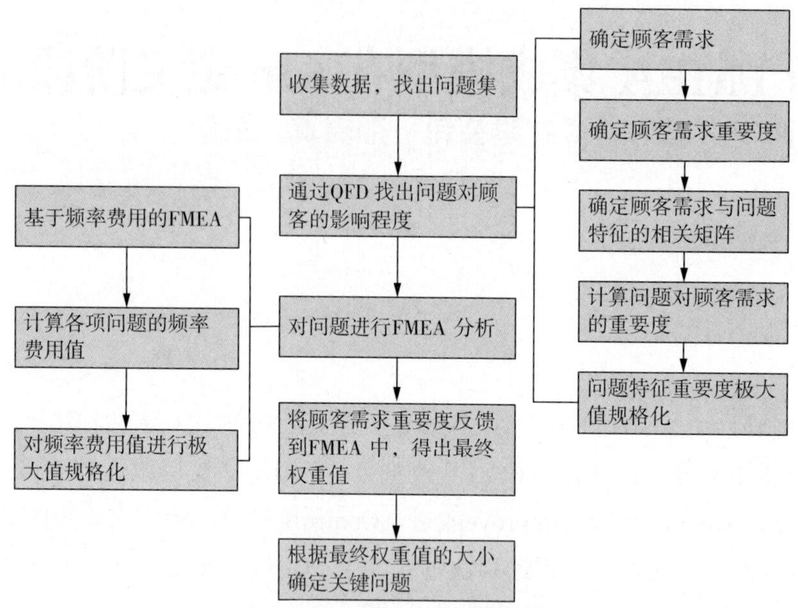

图1 QFD与FMEA的集成流程图

集成模型的应用实施分为以下几个步骤：

（1）根据收集到的数据，初步找出影响较大的问题集：Q=（Q_1，…，Q_j，…，Q_n）；

（2）通过QFD将各个问题对顾客需求的影响表达出来，按以下过程进行：

①确定m项顾客需求（WHATs），CA_1，…，CA_m及其重要度g=（g_1，…，g_m）。

②确定顾客需求与待分析问题间的相关矩阵$\boldsymbol{R}=\{r_{ij}|i=1, \cdots, m, j=1, \cdots, n\}$，其中$r_{ij}$为顾客需求$CA_i$与问题特征$Q_j$之间的相关关系。可表示为

$$R=\begin{array}{c} \\ CA_1 \\ CA_2 \\ \vdots \\ CA_m \end{array}\begin{array}{c} \begin{array}{cccc} Q_1 & Q_2 & \cdots & Q_n \end{array} \\ \begin{bmatrix} r_{11} & r_{12} & \cdots & r_{1n} \\ r_{21} & r_{22} & \cdots & r_{2n} \\ \vdots & \vdots & \vdots & \vdots \\ r_{m1} & r_{m2} & \cdots & r_{mn} \end{bmatrix} \end{array}$$

③计算问题的重要度$w=(w_1,\cdots,w_n)$，其中，$w_j=\sum_{i=1}^{m} g_i \times r_{ij}$，$i=1,\cdots,m$，$j=1,\cdots,n$。

④将问题特征重要度 进行极大值规格化：$w'_j=\dfrac{w_j}{w_{\max}}$，$w_{\max}=\max(w_1,w_2,\cdots,w_n)$。

（3）对问题进行基于频率费用的FMEA分析，获得频率费用值CF_j及规格化值CF'_j。

（4）将规格化后的各问题相对顾客需求的重要度w'_j反馈到基于频率费用的FMEA中，获得各问题最终综合权重值：$F_j=CF'_j \times w'_j$。

（5）根据最终的权重值F_j的大小确定关键问题。

三、基于频率费用的FMEA

FMEA是产品可靠性分析的重要方法之一。它通过分析系统中每一产品的所有可能产生的故障模式及其对系统造成的所有可能的影响，并按每一个故障模式的严重程度（S）、发生频度（O）以及检测难易程度（D）归纳分析系统中的薄弱环节。但是S、O、D这三种评价指标并没有一致性，所以RPN值只能定性而不能定量地反映风险的大小，导致依据RPN值的大小定性风险等级，有可能做出错误的风险排序。本文引入一种基于频率费用的FMEA。

基于频率费用的FMEA的核心是根据统计数据比较客观地找出各种故障模式出现的频率以及造成的损失，计算出频率费用值，根据频率费用值进行风险评估，通过量化指标确定关键问题。该方法明显增强了FMEA的可操作性和针对性，降低了分析工作量。基于频率费用准则的FMEA具体步骤为：

（1）在数据收集的基础上，找出造成损失的主要问题。

（2）明确每个问题的潜在影响并收集各类问题出现的频率p_j。

（3）计算各类问题所造成的损失c_j。

（4）计算频率费用值：$\mathrm{CF}_j=p_j\times c_j$。

（5）对频率费用值进行极大值规格化：$\mathrm{CF}'_j=\dfrac{\mathrm{CF}_j}{\mathrm{CF}_{\max}}$，$\mathrm{CF}_{\max}=\max(\mathrm{CF}_1,\mathrm{CF}_2,\cdots,\mathrm{CF}_n)$。

四、实例研究

某公司主营倒车雷达、GPS等产品，在推进6σ管理模式中，按照以顾客为导向的原则，确定6σ项目实施。倒车雷达主机的电路板报废率较高成为被关注的重点之一，通过开展6σ活动，找出造成电路板报废的关键问题，在数据收集的基础上，获得电路板缺陷类型的排列图如图2所示。

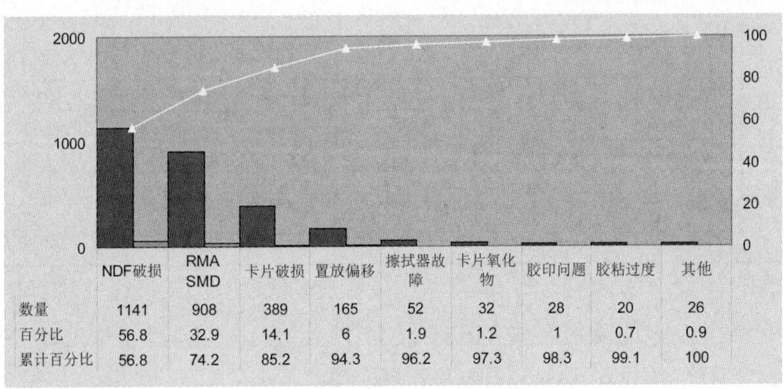

	NDF破损	RMA SMD	卡片破损	置放偏移	擦拭器故障	卡片氧化物	胶印问题	胶粘过度	其他
数量	1141	908	389	165	52	32	28	20	26
百分比	56.8	32.9	14.1	6	1.9	1.2	1	0.7	0.9
累计百分比	56.8	74.2	85.2	94.3	96.2	97.3	98.3	99.1	100

图2　电路板缺陷类型排列图

由排列图可以看出，NDF破损、RMA SMD、卡片破损、置放偏移、擦拭器故障、卡片氧化物、胶印问题、胶粘过度等是电路板缺陷的主要类型，其中NDF出现的频率最高，如果仅考虑缺陷出现频率，则应选择NDF为关键问题。但在排列图中，没有考虑顾客的要求以及各种问题可能造成的损失，使得问题的选择可能会出现偏差，现根据本文所提的方法进行问题的选择确定。

对排列图中列出的8种缺陷类型，用QFD中的质量屋工具进行分析，从顾客需求的角度进行评估，如图3所示。

顾客要求 \ 问题特征	重要度	NDF破损	RMA SMD	卡片破损	零部件未对准	ME试验	卡片氧化物	胶印问题	胶粘过度
板面清晰	4	△		△		○	○	◎	◎
卡片无氧化物	5						◎		
胶印清晰	4					△		◎	◎
零部件位置准确	5				◎				
卡片完好	6	◎		◎					
RMA SMD完好	9		◎						
维修方便	7		◎	○			△	○	
NDF完好	7	◎							
问题重要度权重值K		121	144	79	45	16	64	93	72
规格化后的权重值		0.84	1	0.55	0.31	0.11	0.44	0.65	0.5
重要度排序		2	1	4	7	8	6	3	5

注：◎强相关(9)　○ 中等相关(3)　△弱相关(1)

图3　电路板缺陷质量屋

从上图可以看出，考虑各种问题对顾客需求的重要度，各问题重要度排序发生了变化，RMA SMD对顾客的要求重要度最高，NDF破损次之。

根据相关资料，建立电路板各问题基于频率费用的FMEA表。通过统计资料可以找出各问题发生的频率p_j及其造成的损失，计算频率费用值CF_j及综合权重值F_j，此综合权重值考虑了顾客需求及各问题可能对公司造成的经济损失，找出综合权重值最高的一项，即是最后输出的关键问题。各种问题基于频率费用的FMEA表及综合权重的确定，如表1所示。

表1　电路板缺陷FMEA表

编　号	缺陷类型	造成影响	缺陷原因	p_j	c_j（元）	CF_j	CF'_j	F_j	重要度排序
1	NDF破损	可靠性下降	来料问题	56.8	26	1476.8	0.7739	0.6501	2
2	RMA SMD报废	功能失效	来料问题	32.9	58	1908.2	1.0000	1.0000	1
3	卡片破损	功能性失误	过程控制问题	14.1	34	479.4	0.2512	0.1382	3
4	置放偏移	焊接失败	设备放置故障	6.0	16	96	0.0503	0.0156	4
5	擦拭器故障	出现误差	操作问题	1.9	39	74.1	0.0388	0.0043	6
6	卡片氧化物	玷污物	过程控制问题	1.2	23	27.6	0.0145	0.0064	5
7	胶印问题	功能性失误	操作问题	1	12	12	0.0063	0.0041	7
8	胶粘过度	玷污物	操作问题	0.7	10	7	0.0037	0.0018	8

经过综合权重值的计算，可以看出缺陷类型重要度排序发生了很大的变化，RMA SMD的综合权重值最高，而NDF的综合权重值降低，说明RMA SMD是综合考虑顾客要求及对公司可能造成损失情况下比较重要的问题，因此选择RMA SMD作为关键问题。

五、结论

在6σ项目实施中，QFD与FMEA两种工具在定义阶段的集成使用，可以多维度地对问题进行分析和评价。QFD从问题对顾客的需求重要度方面进行了量化的评价，而FMEA从问题发生的频率以及造成的损失对问题进行了量化综合评价，将QFD分析的结果反馈到FMEA中，使得对各个问题的分析更全面与合理，从而有效地选择出关键问题，为下一步进行数据收集，进入M阶段打下了基础。

编组站综合自动化 SAM 系统

中国铁道科学研究院通信信号研究所

一、编组站综合自动化系统总体方案

编组站是从事铁路货物列车编组和解体作业的车站，设在有大量货物列车汇集需要编组和解体的铁路交会点，是全国铁路网的重要节点。

中国铁道科学研究院通信信号研究所与中国铁路总公司信息中心合作开发的编组站综合自动化系统（以下简称SAM系统），借鉴国内外铁路及相关行业发展技术，重点研究编组站综合自动化系统的总体框架及系统开发，研究自动编制编组站作业计划，将作业计划下达到集中控制层，由集中控制层分解、翻译成控制指令，适时触发指令下达至过程控制层执行，并将执行结果反馈到信息管理层，构成控制闭环，从而形成全面、综合的编组站作业自动化系统。

SAM系统由信息管理和作业过程控制两部分组成，信息管理包括调度指挥与管理、现车管理、货运管理、决策支持与统计分析；过程控制包括作业计划自动执行和集中控制、计算机联锁、驼峰自动化、编尾停车器控制、调车机车综合安全控制等。

（一）SAM系统层次结构

整个SAM系统的结构分为5层，第一层是路局运输管理信息系统，第二层是综合管理系统，第三层是集中控制系统，第四层是作业过程自动控制系统，第五层是系统网络平台与安全保障。其基本结构如图1所示。

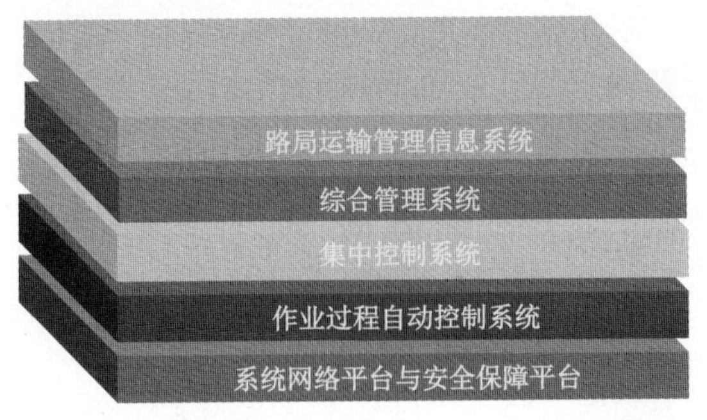

图1 编组站综合自动化（SAM）系统层次结构

基于局站融合的理念，SAM系统是路局运输管理信息系统的重要组成部分。SAM系统实现了调度所的计划调度和车站站调计划协同编制，调度所向车站下达列车工作日班/阶段计划，下达调度所匹配过的到达确报或列车车流信息；调度所向车站下达空车调整、重点车、军车方向等调度命令；车站根据上述信息推算车流，向调度所上报当前或未来时刻站存车，作为调度所调整日班/阶段计划的依据。车站向调度所进行月请车、日请车，调度所下发批准和承认车，调度所可查询车站装卸车的实时进度，并下发装卸车日班/阶段计划。车站向调度所上报施工申请，调度所根据运输任务审批承认，车站向调度所上报销记和施工准备情况。其他还包括向车站下达到达车辆的厂修、段修信息、TDCS信息、电子货票信息等，车站上报18点统计信息等。

第二层综合管理系统主要由两部分组成，一是局站融合的现车指挥系统，二是以电子商务为核心的货运系统。现车指挥系统首先接收调度所列车工作日班/阶段计划，根据路局计划自动生成车站的日/班、阶段计划，包括列车到达和出发、解体顺序、编组顺序、取送车时机、股道运用、调机运用、驼峰使用、本务机出入段等内容。站调将阶段计划下达给相关岗位和控制系统；各岗位和控制系统将每一计划的实施进度送站调，站调再根据各岗位的实施进度进行动态调整；将车站实际站存车变化送调度所计划系统，现车系统还负责现在车管理与追踪。货运系统为适应货运体制改革的需要，按照前店后厂的方式，与电子商务系统互为依托，共同完成货物运输任务。在具体工作上，充分考虑与货运中心的分工协作，共同完成货场、专用线、倒装、整装车的管理。

第三层集中控制系统负责接收综合管理系统的阶段计划，将计划分解成对控制系统的指令集，指挥控制系统协调工作，为作业计划自动办理列车和调车进路，并将控制系统执行结果返回到综合管理系统。集中控制系统还负责在大屏上实时显示编组站接发列车、调车和本务机走行的动态信息。

第四层作业过程自动控制系统由计算机联锁子系统、驼峰自动化子系统、调车机车综合安全控制子系统、停车器自动化子系统等控制系统组成，完成编组站内各到达场、出发场、编尾和驼峰场作业过程的自动控制与信息交换，其核心是保证整个系统安全稳定的运行，实现编组站作业自动化。

第五层系统网络与安全保障平台，由网络系统、微机监测系统等组成。网络系统由控制信息网、综合信息网构成，两网之间通过通信服务器相连，通信服务器到各网之间通过安全网关进行访问控制，若信息网和控制网交换数据，先将数据从信息网传输到通信服务器，再通过通信服务器传输到控制网，通信服务器起存储转发、安全隔离和信息共享的作用。核心网络设备与关键设备部件冗余配置，链路具有负载均衡、互为备份能力，整个网络无单点失效点，具有多种基于优先级队列的 QoS 保证。

（二）系统总体构成

SAM系统实现了编组站信息处理和过程控制的自动化，包括以下主要功能（见图2）。

1. 局站一体化设计，发挥信息化整体效益

系统自动接收路局各种作业计划，自动上报站存车及车站作业报告，并可实现车站保有量超限预报。路局与车站信息充分交互，局站调度协同工作。车站作业后，列车、车辆的状态信息自动上报，实现货车、货物的实时追踪和车流自动推算。

2. 信息综合表示，为调度管理人员提供“管理者驾驶舱”

系统集中显示各场线进路准备、占用、空闲和信号开放状态，以及各岗位的工作进度。调度人员通过调度信息集中表示、视频监控图像、技术作业图表等，掌控列车、车辆、调机、本务机在站内的动态。

3. 充分利用运输安全检测设备，缩短作业时间，提高作业质量

系统通过AEI车号与确报自动匹配，根据车辆运行状态检测设备（5T）及车辆运用信息对问题车辆进行重点检修、扣修等处理。

4. 作业计划自动优化编制，实现指挥决策智能化

系统实时收集准确、完整的调度信息，利用动态规划、约束规划等数学方法优化资源运用和阶段作业计划安排，有效地组织协调车站各种作业；作业信息实时反馈；计划动态调整，指标实时分析。

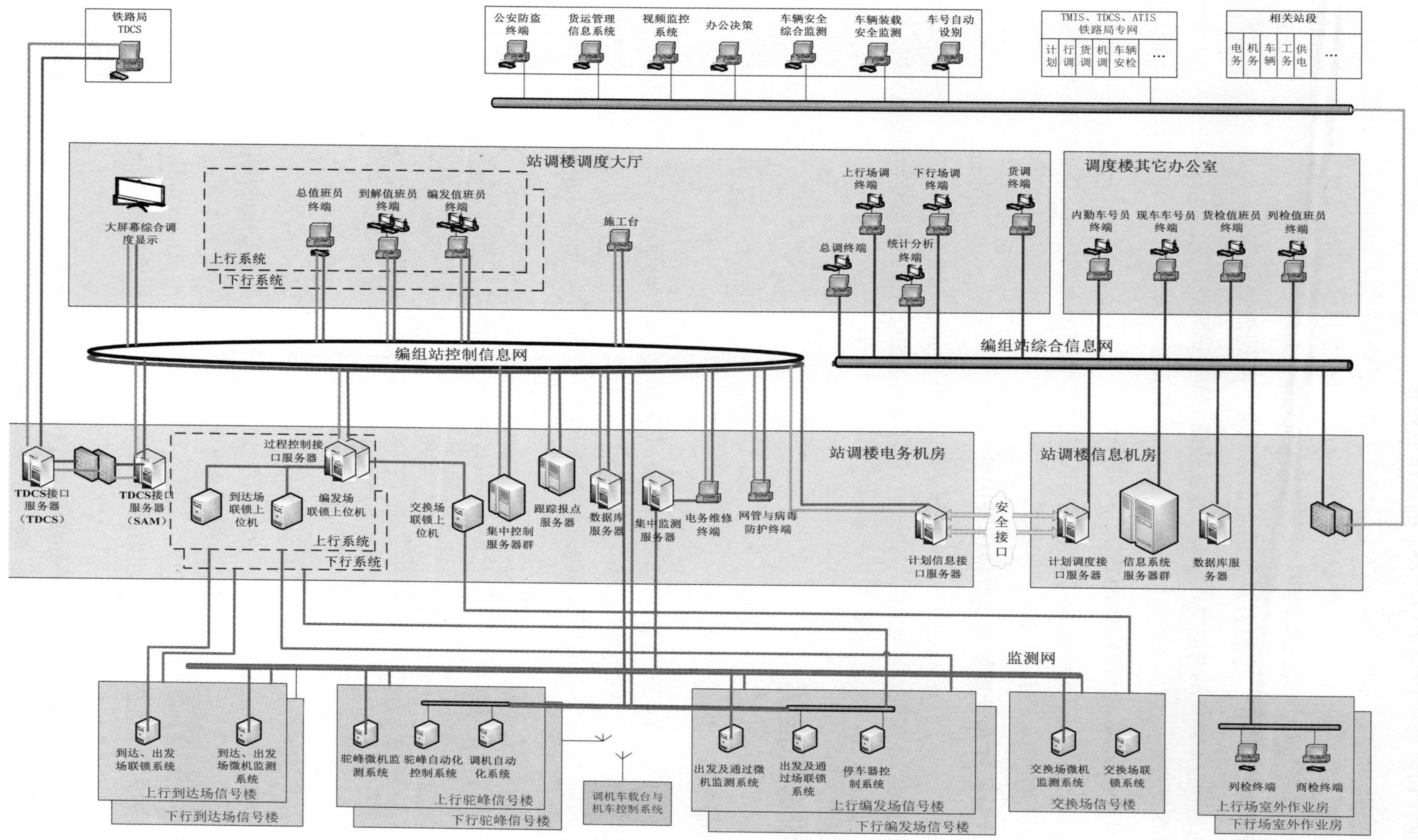

图2 编组站综合自动化（SAM）系统结构图系统总体功能

5. 作业计划自动执行与集中控制，提高作业安全

全站进路集中控制，实现调机、联锁、峰尾停车器、驼峰作业的自动控制。系统自动分解计划、避免进路冲突，优化执行顺序，选择最佳的执行时机。计算机按运行图和车次卡控，防止误接、误发；有效地防止错漏办；严格违编检查、车辆物理实时跟踪，有效地防止违编违流及乱道情况。

6. 实现车站各岗位、控制各系统的全面信息化，实现信息共享

信息系统和控制系统信息共享，实现作业紧接续，作业结果立即反馈，不仅节约人力，而且保证每步工作时间最短；运转与货运、安全等信息共享，保证计划编制准确性和计划最优。

7. 现车实时管理，方便作业组织

通过运输信息集成平台和HMIS系统、货运系统、特种车作业管理系统，以及实时追踪系统的联网，准确地掌握站内车辆运用情况。

8. 统计分析完全计算机化，支持运营决策

统计报表、分析计算机化管理。记录完整的现车、作业实绩、设备使用信息，准确地统计和分析各类运输指标，自动生成各种报表。积累各作业环节准确数据，辅助车站能力查定及分析。

二、系统详细描述

（一）局站融合

编组站信息系统是铁路局运输管理信息系统的重要一部分，是车流信息源点。为了提高路局运输指挥自动化程度，可以对路局调度系统和编组站系统同步改造、统一规划、统一设计，从更大程度上提高编组站运输作业效率和运输指挥智能化、自动化程度。图3所示是局站融合的数据交互过程。

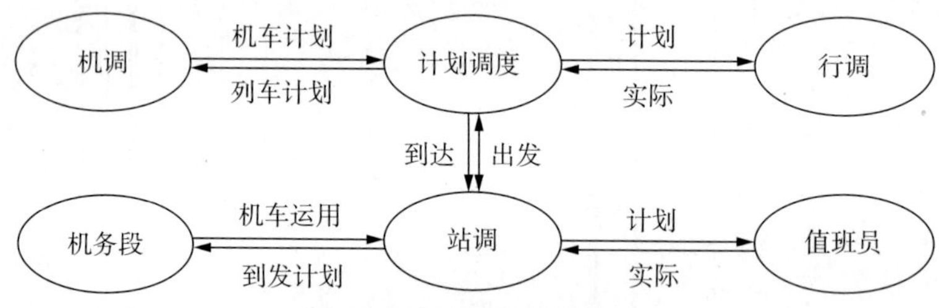

图3　局站融合数据交互过程

列车按运行图运行，运行图主要由计划线和实际线两部分组成，计划调负责计划线，行调负责实际线。站调负责将运行图的计划转变为站内作业计划，值班员负责站内的作业实际（安排接发列车和调车进路）。

计划调系统将计划线自动下达TDCS（行调）系统，TDCS系统将实际线实时反馈给计划调系统；计划调系统将到达计划自动下达到编组站站调系统，并和站调系统协同推算车流，协同编制出发计划，协同编制空车调整计划。

站调系统按照路局计划系统下达的到达和出发列车计划，确定解体顺序、编组顺序、取送车时机，编制股道应用计划、调机应用计划、驼峰使用计划、本务机出入段计划；计划编制完成，站调将各项计划下达给相关岗位和控制系统；各岗位和控制系统执行站调下达的计划，并将每一计划的实施进度送站调，站调再根据各岗位的实施进度进行动态调整，并实时将车站实际站存车变化送调度所系统。

本务机管理可以考虑通过车站和机务段合署办公实现本务机入段、出段管理和机车交路图绘制。

施工管理。车站向调度所上报施工申请，调度所根据运输任务审批承认；车站系统根据施工审批情况进行股道封锁，并向调度所上报消记和施工情况。

（二）作业流程

1. 调度指挥

调度指挥流程描述了局站融合模式下的计划编制过程，以及站内的计划执行、反馈、调整过程。其基本流程如图4所示。

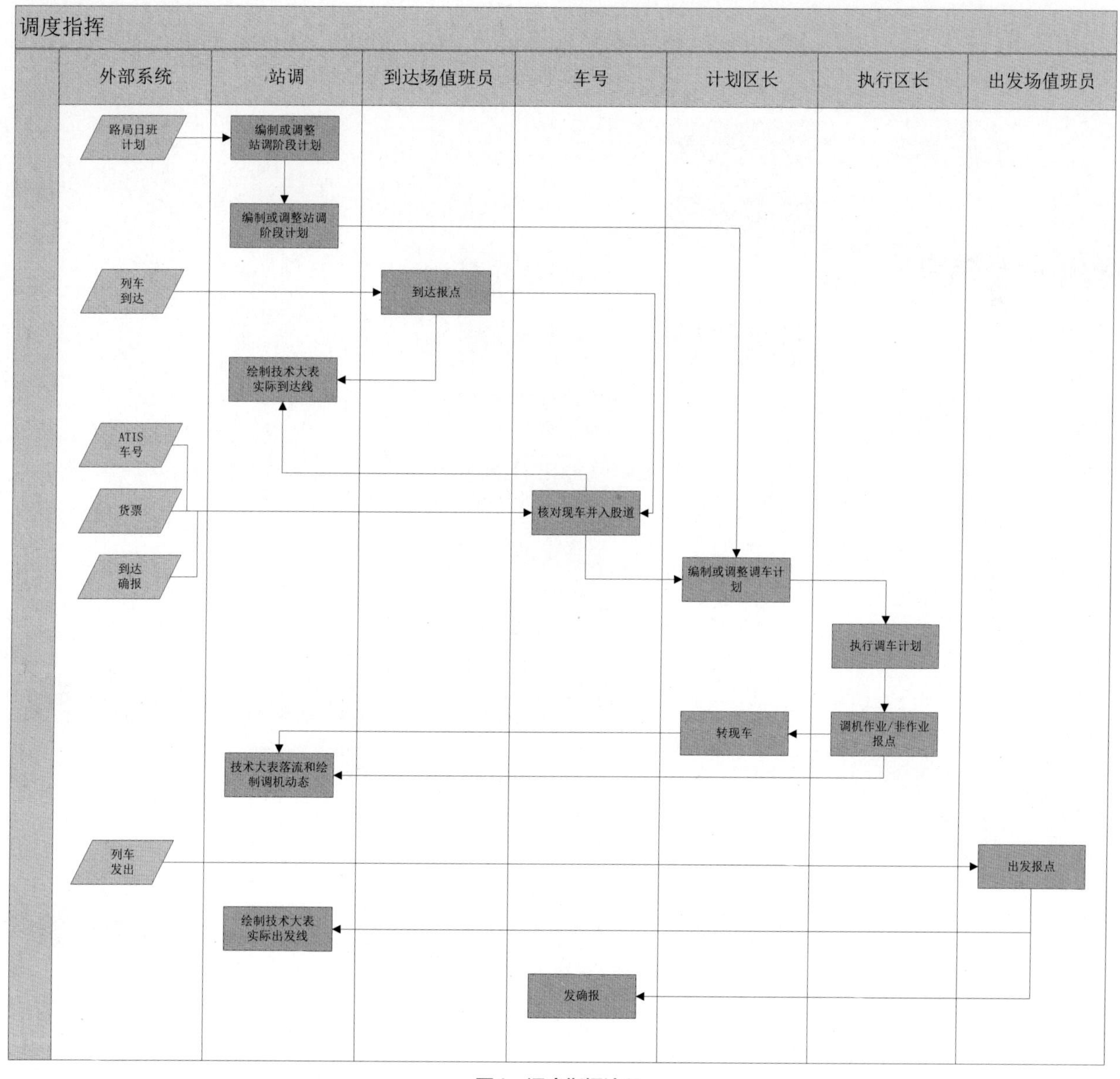

图4　调度指挥流程

每个班开始前，站调通过系统接收铁路局计划调度的日班计划，包括到发计划、调度命令和重点指示、机车信息；每个阶段开始前推算阶段开始时刻站存车情况，并上报路局计划调；根据车站班计划、到达车流、站存车、检修车、作业车情况、命令和指示，与路局共同确定本阶段出发列车情况；编制车站阶段计划，包括解体顺序、编组（含取送）顺序、调机运用计划、驼峰运用计划、到发线使用计划、本务机走行计划等，将阶段计划下达到值班员、区长、车号员、货检员、调车长、列检、机务段等相关岗位，控制系统自动接收阶段计划。

系统自动接收各岗位的作业反馈；自动更新技术作业图表，反映现场的实际作业情况和进度；了解作业实际完成情况，根据作业实际和铁路局阶段计划的变化，随时处理异常情况，动态调整阶段计划，并重新下达调整后的计划。

各作业岗位及控制系统根据总调下达的阶段计划相关作业，将实际作业完成情况反馈到站调系统。

2. 到达解体

到达解体流程描述了管控融合模式下的列车到达、解体作业的全过程。其基本流程如图5和图6所示。

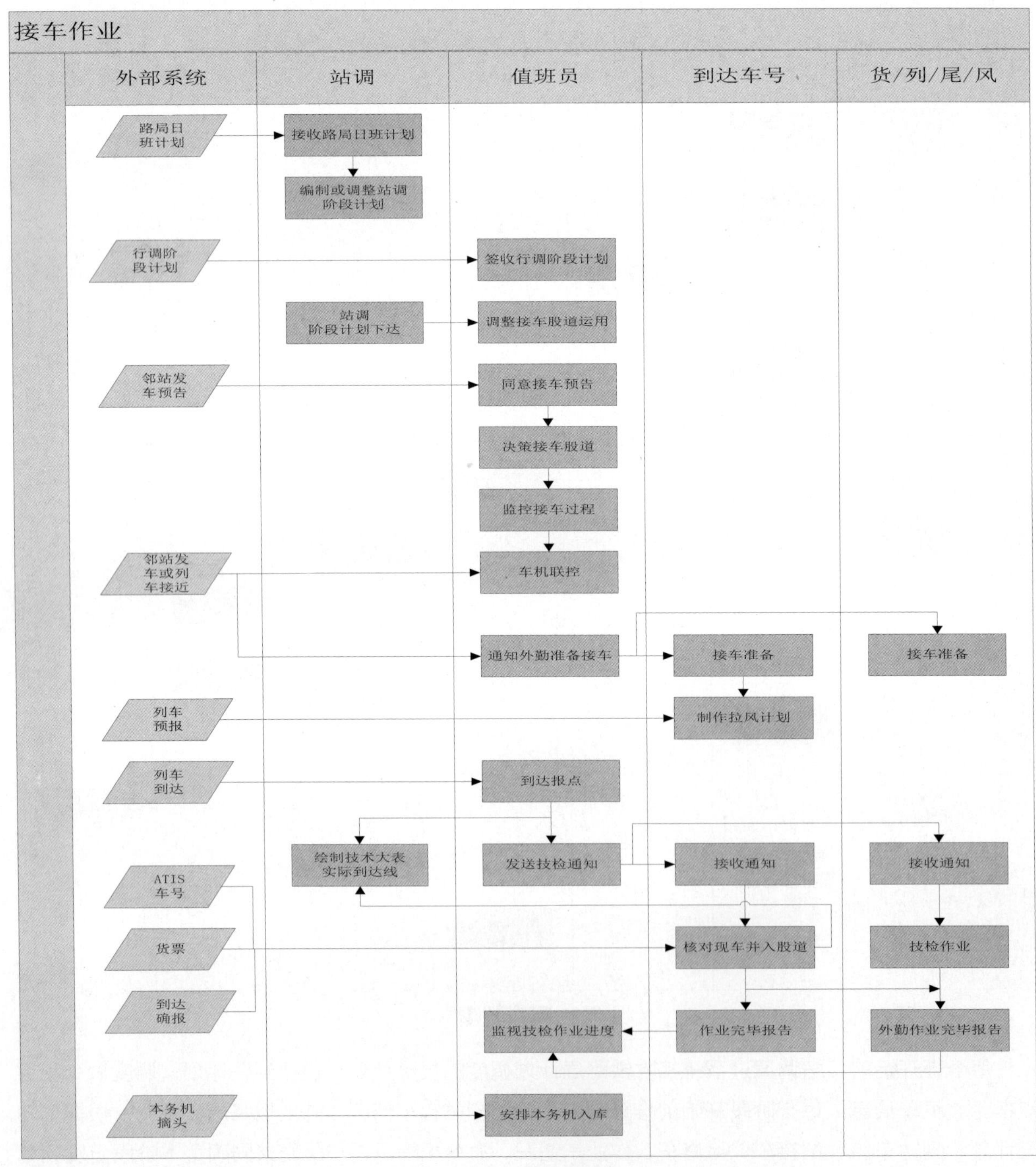

图5 到达流程

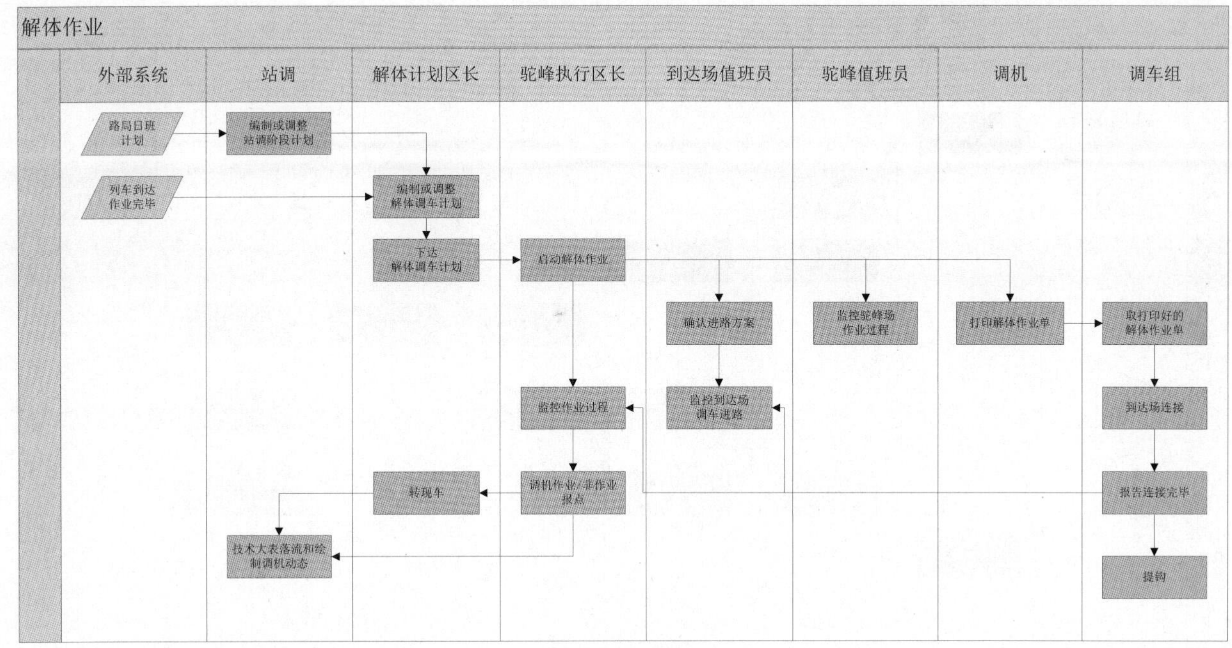

图6　解体流程

系统通过TDCS接收邻站发车信息，自动匹配阶段计划，通知技检作业人员（列检、货检等）准备作业，同时自动办理接车进路，准备接车。

到达场车站值班员在列车实际到达后，监视控制系统接车。系统自动记录行车日志。此时站调技术作业图表将自动铺画实际到达线。

系统自动排列机车回段进路，值班员指挥机车回段。系统自动记录回段时间。

货检人员（与外勤车号合并）通过超偏载等设备提供的信息核对现车，检查篷布及货物装载状态，对日常作业进行登记，将危险品、破封车、超长超限超重车辆及时上报铁路局货运部门及相关单位，需要扣车或倒装时，通知助理调度员；列检人员借助5T等设备检查车辆，发现不良车辆后，向系统报告。系统根据此信息进行运非转换、登记运统5、运统6、调整钩计划、安排取送车作业等。

车号员根据现车核对结果修改确报，接入股道，生成现车。

系统自动编制解体计划，场调可视情况适当进行人工调整；按照阶段计划确定的时间向控制系统发送已经确定的解体计划，准备车列解体。

调机自动进行推峰作业，驼峰控制系统自动执行解体计划，并逐步反馈计划执行情况。

在驼峰自动解体作业过程中，值班员监控系统自动执行钩计划的情况，并在发生异常情况时进行适当调整。计划执行完毕后，系统自动更新站调技术作业图表。

3. 编组出发

编组出发与到达解体流程相类似，也是通过管控系统的协调操作完成的。其基本流程如图7和图8所示。

场调根据站调下达的阶段计划，编制和调整调车作业计划，将调车作业计划下发至调车组。

车号员在虚场形成出发列车编组顺序表。

区长根据阶段计划确定的时间向控制系统发送编组计划，准备编组。

控制系统自动执行编组计划，并反馈计划执行情况。

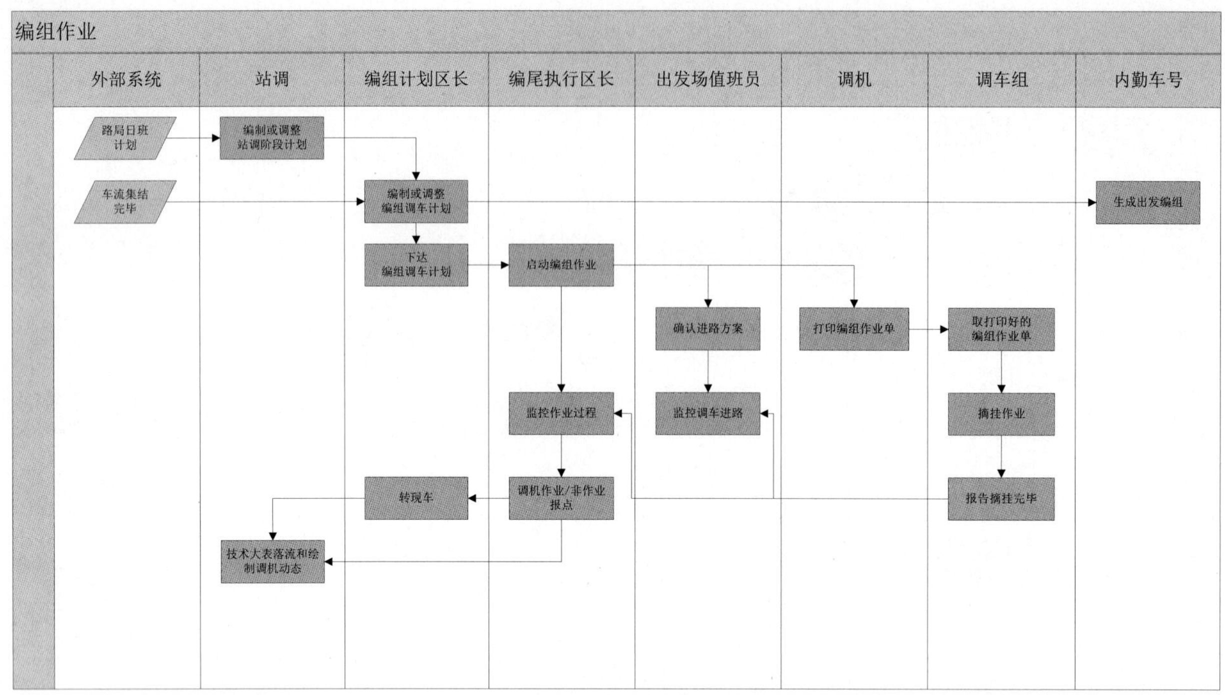

图7　编组流程

区长监控系统自动执行钩计划的情况，并在发生异常情况时进行适当调整。计划执行完毕后，系统自动更新站调技术作业图表。

当列车进入出发场后，技检人员进行各项技检作业。

系统排列机车出段进路，自动或人工记录出段时间。

系统从TDCS自动接收发车信息，自动排列发车进路。出发场车站值班员监视系统发车过程。系统自动记录行车日志，自动铺画技术作业图表的实际出发线。

（三）统计分析

各工作岗位根据确报、TDCS、装卸、运非转换等作业信息，形成运统8+（运统8+是信息系统在运统8基础上进行一定扩展所形成的，比较适合计算机处理的内部表）和装卸7甲数据。

统计员通过系统编制、核对车站统计报表；上报18点报表；利用确报货票信息，实现篷布统计，并上报铁路局篷布调度。

系统根据车站技术作业图表、现在车、驼峰及调车作业记录，生成各种车站分析表，完成技术分析。

（四）集中控制

集中控制系统是SAM系统实现管控结合的核心环节，主要实现三项功能：一是接收计划，转换成可执行指令序列；二是适时下达指令，控制现场作业；三是实时跟踪作业进度，进行表示与反馈上报。它具有计算机联锁的全部操控功能，出发列车办理半自动闭塞、自动闭塞时，其操作办理方法与计算机联锁保持一致。其控制模式有集中自动控制模式、集中人工控制模式两种。

在集中自动控制模式下，集中控制系统将自动分解、自动调整作业计划，适时自动办理进路、自动调整。站内相关设备均由集中控制系统自动控制，即自动生成指令序列，自动下达至计算机联锁和驼峰控制系统自动执行，如遇特殊情况可人工干预，人控优先。系统自动返回计划的执行结果。

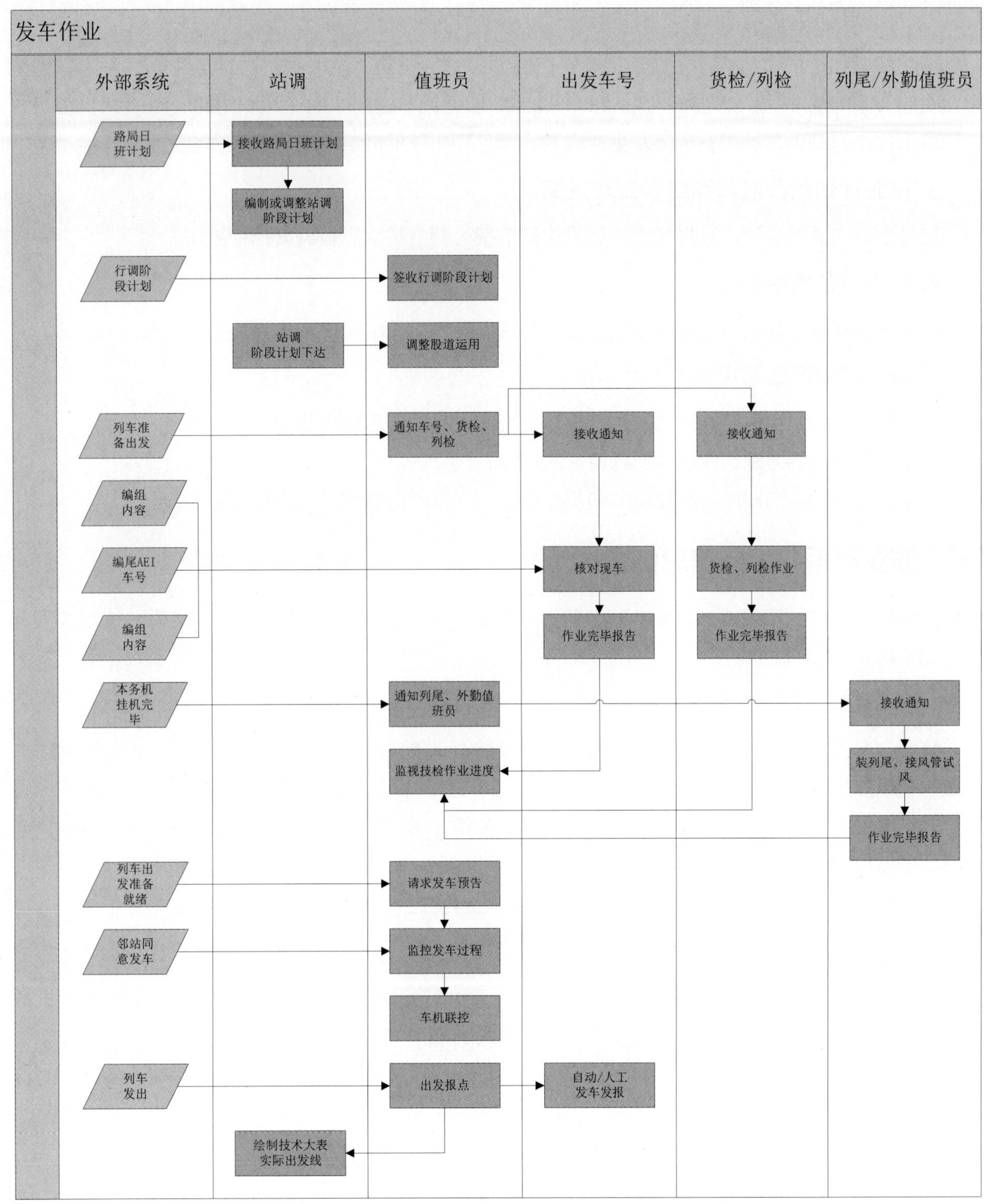

图8　出发流程

在集中人工控制模式下，人工办理和取消进路。系统自动返回计划的执行结果。

1. 计划自动分解与调整

系统自动接收综合管理系统编制的接发列车计划、调车钩计划，并自动分解转换成相应的指令序列，插入总的指令流。系统原则上按指令流的先后顺序下达执行。当列车晚点、作业提前或延误、调机任务或进路发生冲突等情况发生时，系统根据实际情况调整。

2. 进路自动选优与办理

系统按照指令的执行顺序，自动优化选择并办理站内进路。站内进路包括列车到达进路、列车出发进路、本务机车出入库进路、驼峰调车进路、编尾调车进路、取送调车进路，以及调机转场、转线进路等。当站内各种进路选择发生冲突时，须处理进路的冲突，协调各项作业的执行。

3. 作业计划执行监督和结果自动返回

通过作业实绩的反馈，监督各类计划的执行情况，将有关信息报调度指挥系统。

4. 站内设备集中控制

调度人员在站调楼内可以集中控制进路、道岔、信号机、编尾停车器等设备。

5. 岗位权限配置与控制

根据岗位不同，提供不同局部的站场图，供调度人员观察现场作业实况。

根据岗位权限的差别，控制对现场设备的操控。

根据岗位不同，为调度人员提供不同侧重点的、丰富的信息展示与统计分析手段。

（五）作业管理与控制信息综合显示

在站调楼调度大厅设大屏幕综合显示屏。系统在大屏幕综合显示屏和各工作岗位，按照权限，显示如下内容。

1. 车站技术作业显示

接发列车作业信息。对于到达、出发和通过列车，可随着列车的移动和停靠，在相应的线路上用数字显示其车次号。

显示接发列车技术作业（车号、货检、列检、列尾、摘风管）的执行进程，包括进度显示、倒计时、超时报警等。

显示站存车分布的概要信息及详细信息，如到达出发列数、辆数、作业车数等。

2. 站场设备表示信息显示

显示站场的线路布置、设备等，内容包含上（下）行到达场、编组场、出发场、交换场、机务段连接线、车辆段连接线、货场连接线等控制范围内的整个二级七场全景。

以彩色光带和图形符号表示组成站场的各个单元设备：区段、信号机以及道岔等设备的实时状态，例如道岔开向、区段占用/锁闭/空闲、信号机开放或关闭，减速器、停车器、脱轨器、测长状态。

采用不同的颜色表示由于施工或故障被暂停使用的设备、线路资源。

通过实时车辆信息和调车机车综合安全控制系统反馈的信息，将调车机车、车辆所在线路上的相对位置以图形方式显示，同时显示机车编号、运用状态等信息。

3. 作业计划执行情况表示

系统通过接车计划、发车计划，以及编组/解体/取送车等调车钩计划的接口，详细展示计划内容与作业实绩。

4. 现车与车流信息的查询统计

系统显示毛玻璃及现车各方向车流，为站调推算车流提供辅助手段（考虑编组方向、满轴、时间约束、作业车和排空约束等动态变化因素）。

系统提供车流集结与推算信息，如在车流表中标出每个方向的车流数，满轴的时间等。

5. 重要作业信息语音提示

对于作业过程中报点、告警信息，以及重要的异常变更情况，系统通过语音提示调度人员予以注意或及时、合理地处置。

6. 作业历史回放

系统提供作业历史的回放功能。通过选择时间段，从数据库载入历史数据，对作业历史进行重播。在播放过程中，用户可以暂停、前滚、后滚、重放、设定播放速度以及选段播放。

（六）作业过程控制

1. 计算机联锁系统

根据站场结构和规模，在编组站交换场、到达场、出发场、编尾等配置计算机联锁设备，并且各套计算机联锁均在站调楼信号机房增设上位机，与综合自动化系统接口。

计算机联锁与集中控制系统通过安全接口进行信息交换，计算机联锁向集中控制系统上传联锁区域的站场信号设备状态，并接收集中控制系统下达的控制命令，实现在站调楼控制中心自动控制进路。

计算机联锁与TDCS系统通过安全接口进行信息交换，计算机联锁向TDCS系统上传联锁区域的站场信号设备状态。

2. 驼峰自动化控制系统

SAM系统与驼峰自动化控制系统在驼峰信号楼信号机房分别设置接口设备，运用串口通信的方式互联互通。因驼峰作业的不确定因素较多，驼峰的车务操作终端仍保留在驼峰信号楼运转室，驼峰值班员可利用应急控制台进行手动干预。

SAM系统向驼峰自动化控制系统下达预推、主推、开溜、股道封锁、股道解封等指令，实现自动办理驼峰与到达场的场间联系、自动封锁编组场股道、双推单溜自动切换等功能。驼峰自动化控制系统向SAM系统自动反馈整单开始溜放、整单结束溜放、单钩开始溜放、单钩结束溜放等作业实绩。

3. 调车机车综合安全控制系统

SAM系统将成熟的驼峰无线机车遥控系统与无线调车机车信号和监控系统的技术有机地结合在一起，完成编组站内的推峰作业遥控、调车自动监控等机车的自动控制与调车作业安全防护功能，其控制范围包括到达场、调车场、出发场及调车场等编组站的所有区域，并可实现编组站内调车机车的集中管理。在编组站采用本系统对站场的全部调车机车进行控制及实现安全防护，将显著地提高作业效率及确保站场调车作业的安全。

系统采用数字无线传输方式及机车安全防护控制技术，将站内调车机车进行的作业与地面信号联锁，实现机车在推峰作业及车站调车作业时的遥控功能，并在机车上实时显示推峰进路及信号、调车进路及信号、作业单等，确保站内调车作业的安全、提高调车作业效率。该系统不仅能有效地防止调车作业中的冒进信号和超速造成的事故，还可以通过系统记录的历史数据，分析事故原因，给安全管理提供可靠依据。

系统在进行推峰作业时，司机只负责单机挂车和试车，其他操作全部由系统自动完成。系统能自动起车、调速、停车，推峰速度准确平稳。预推时自动实现定距离停车，主推时实现自动变速推送。可显著提高推峰的平均速度，与驼峰自动化系统联网控制可实现推峰速度自动控制。

系统在进行调车作业时，将能解决调车作业中由于司机与调车组配合不好影响作业的效率及危机作业安全的因素。同时，车载设备还将调车作业中的有关数据通过地面设备传送到编组站综合自动化系统，显著地提高了调车作业效率。

4. 停车器控制系统

SAM系统与停车器控制系统在编尾信号楼分别设置接口设备，运用串口进行互联互通。SAM系统根据编尾进路排列情况、车列走形情况自动控制某股道停车器的制动与缓解，并提供人机交互界面，方面作业人员人工干预。停车器控制系统向SAM系统上传停车器制动、缓解、正在制动、正在缓解等状态信息。

三、SAM系统特点与技术创新

（一）开创性地实现铁路编组站管控接合，破除了管理层与控制层之间的信息壁垒，实现了整个生产作业流程闭环控制

编组站技术的研究主要划分为两大领域：一是以信息管理技术为核心的信息管理系统研究，目标是通过信息化技术使运输调度人员更及时、更准确地掌握现场情况，提升组织水平，提高作业效率；另一个是以自动控制技术为核心的过程控制系统研究，目标是通过自的动化技术更安全、更高效地执行现场作业。之前两者分属各自的专业领域，未能实现信息的充分沟通与协调，需要管理人员和控制人员频繁地进行信息确认，既影响了作业效率，又容易误解误判造成作业事故。

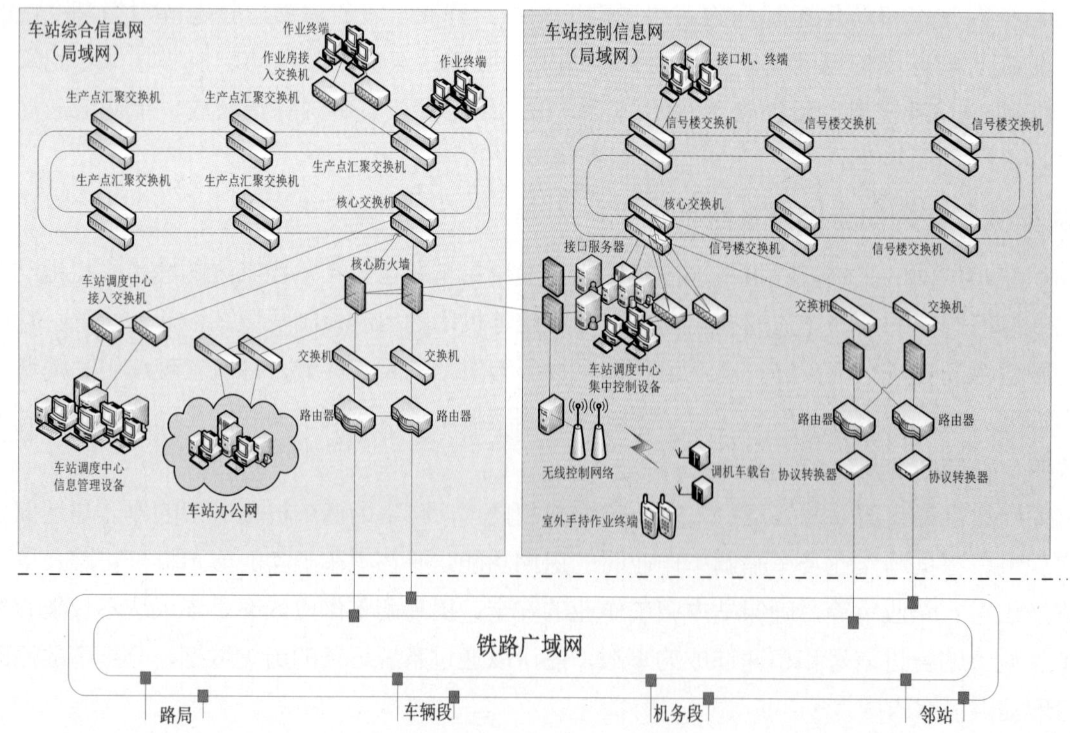

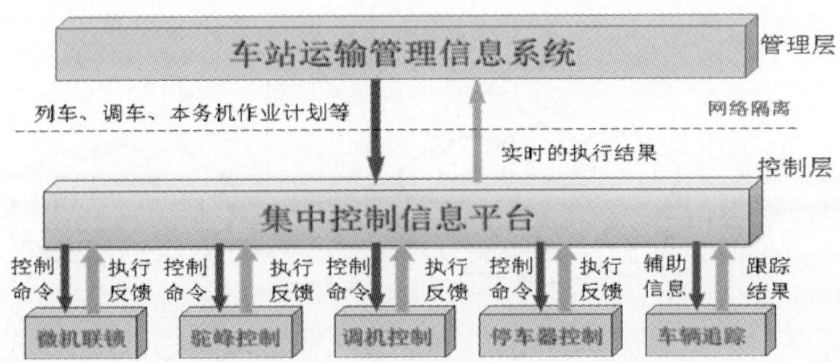

SAM系统通过建立集中控制信息平台实现管理层和控制层的结合与集成，管理层与控制层两者独立组网，采用安全接口相连。管理层把计划和命令自动下达到控制层，控制层根据计划和命令自动控制现场作业设备执行，并把实际作业结果自动反馈到管理层，管理层再根据反馈信息动态调整后续作业计划，从而形成管理与控制的信息闭环。

（二）首创运输调度的局站一体化技术，通过局站协同编制阶段作业计划，实现局调与站调信息资源优势互补，提高了运输调度决策质量和阶段计划的兑现率

随着铁路信息化的快速推进，大运输的理念逐一凸显，多年信息化建设的探索、实践经验得出，不能孤立封闭地建设编组站系统，必须把编组站融入整个路局运输指挥的大局中，统一规划、统一设计，局站实现阶段计划协同编制，进而实现路局、车站二级调度的无缝连接，才能有效地实现共享，真正发挥信息系统的优势，使信息的作用最大化。

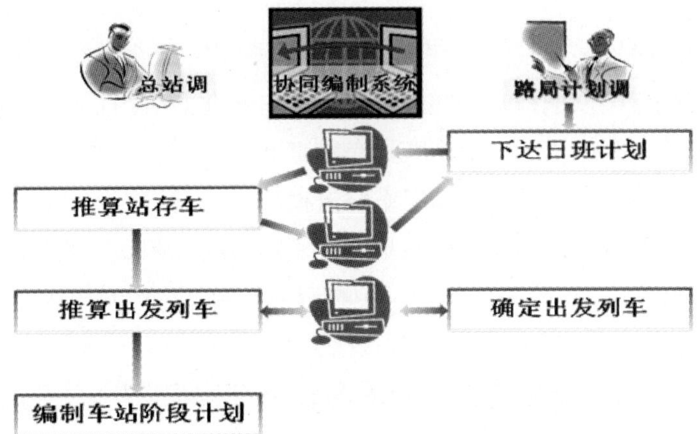

SAM系统确定了局站调度双方在一体化决策过程中的角色定位以及计划编制过程中的分工：首先，计划调向车站下达日班计划，其次，车站推算站存车、出发列车、通过协同编制系统上报计划调；计划调根据总公司和路局安排车流、货源，车站根据资源和作业情况两者沟通交互协同编制，最终共同确认阶段计划，车站具体安排解体顺序、编组（含取送）顺序、驼峰使用计划、调机使用计划、到发线使用计划等站内作业计划。

SAM系统研究了车流、货流和机车信息整合与计划一体化等技术，明确了计划编制过程所需数据详细内容及其来源，通过集成计划调、机调、货调、施工调、军特调等功能子模块，形成了局站一体化信息平台。

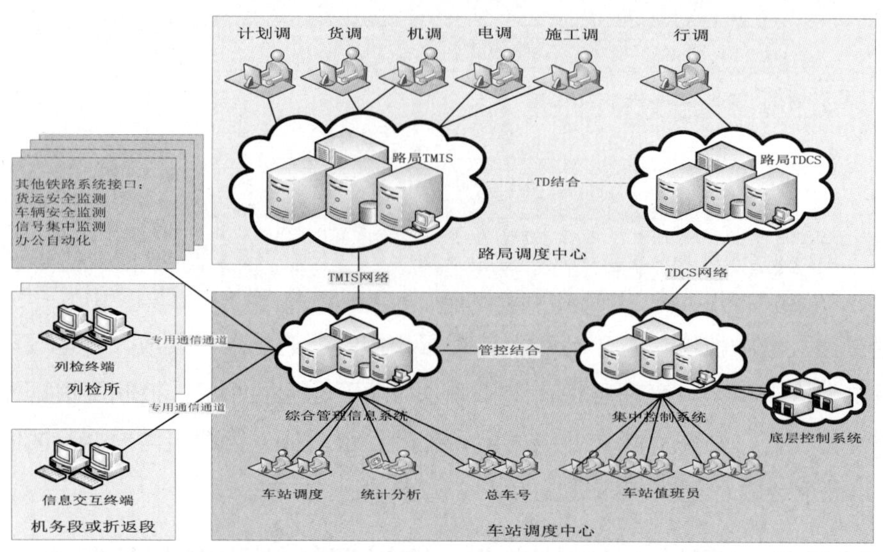

（三）率先实现了铁路编组站作业计划自动编制与自动执行，全面实现了调度指挥智能化和作业过程控制自动化

铁路编组站作业堪称铁路运输作业中最为核心、最为复杂的部分。由于站形环境不同、车流规律不同、设备条件不同、管理制度不同、历史作业习惯不同等造成编组站作业计划编制难度与计划变更调整频度较大，而且随着管控结合因素加入，如作业计划可被控制系统自动识别并直接执行，作业计划应根据实时反馈作业实绩自动动态调整等，更加加大了车站作业计划自动编制与实时调整的难度。

SAM系统进行了大量探索、研究，先后尝试了动态规划、组合数学理论下的确定性算法和启发式的遗传算法，最终确定了以编组站的实际情况和现有作业方式为基础，结合相关算法理论，建立自己的算法体系的思路，摸索出了一系列既具有较高实用价值，又能满足目前设备环境下时间和空间复杂度要求的算法。系统实现了基于编组站配流模型的自动推流算法，创新性地引入了更为方便、直观的配流表人机交互界面，实现了车站阶段计划的自动编制动态调整以及技术作业图表的自动铺画，同时也实现了解编顺序、到发线运用、驼峰运用、调车运用的智能决策。

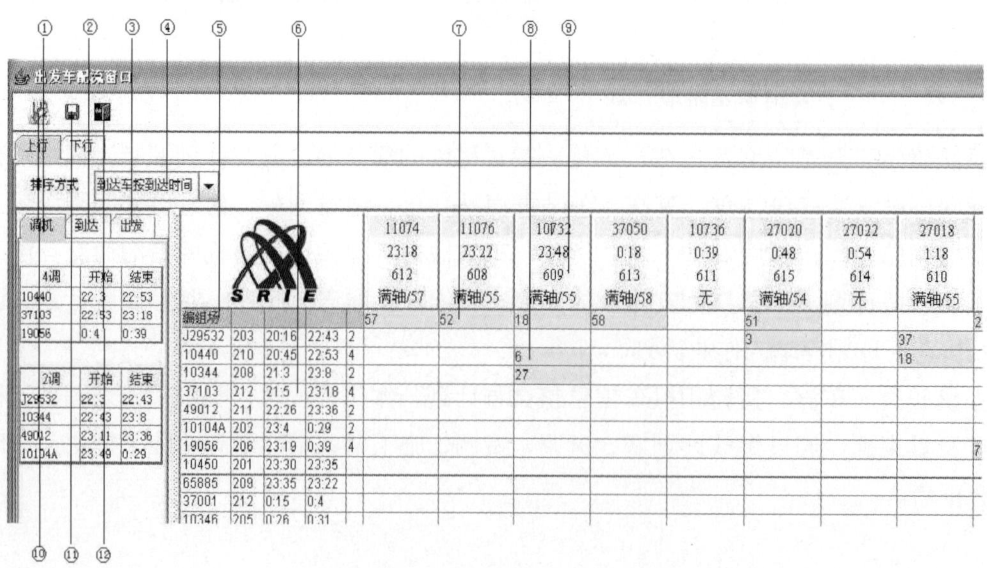

SAM系统在阶段计划编制的基础上研究调车计划的自动编制，提出基于特征的股道应用决策模型，采用车组染色配流法、降维遍历法等技术，综合考虑隔离关门规则限制、重点事项、军调命令、施工计划、线路用途，设备情况等因素，实现了调车计划的自动编制。

SAM系统在实现编组站作业计划自动编制，计划信息质量大幅提高的基础上，还建立了集中控制系统，通过与车站信息管理系统以及底层过程控制系统进行接口，实现作业计划的自动接收，控制指令的自动生成，控制指令的适时触发，作业过程中列车、机车、车辆、进路的自动跟踪，根据跟踪轨迹进行作业自动报点等功能。

（四）SAM系统贯彻全领域、全流程安全防护方针，实现了编组站作业过程安全综合防护

编组站作业安全矛盾贯穿于计划编制、行车、调车、技检作业的各个环节中，需要对列车、机车、车辆、施工等进行作业安全防护。SAM系统实现了调车作业计划编制过程中违编违流检查，进行计划预警，从源头杜绝车辆安全隐患。SAM系统实现了车辆物理实时跟踪，进行异常报警，可有效防止违编违流集结与发车。SAM系统实现了运行图、牵引定数、超限、供电等条件卡控列车接发作业，防止误接、误发和错漏办。SAM系统实现了调车机车安全防护，通过站内调机作业与地面信号联锁，防止机车冒进信号与超速；通过车–地通信联控预防司机擅动机车。SAM系统通过道岔延时换向、折返道岔单锁、信号按钮钮封、股道封锁停用等机制实现了进路保护、走行防护、分路不良或施工封锁区段自动规避。SAM系统实现了作业流程、信息流转的自动卡控，可防止作业环节错漏造成事故。SAM系统通过对信息的综合加工与利用，对施工维护、设备故障、重点事件、紧急事件等进行综合监控，可及时预警可能危及安全的情况。

四、供货业绩与使用报告

截至2015年4月，SAM系统已在新丰镇、兰州北、柳州南、包头西四个编组站开通使用；昆明东、丰台西、株洲北、襄阳北、哈尔滨南、向塘西等站也正在实施SAM系统工程项目。

五、相关证书

新丰镇编组站综合自动化系统获得2014年中国铁道学会科学技术奖一等奖；获得发明专利4项；实用新型专利2项；计算机软件著作权2项。

为表彰在推动铁路科学技术进步工作中做出重大贡献的单位，特颁发中国铁道学会科学技术奖证书，以资鼓励。

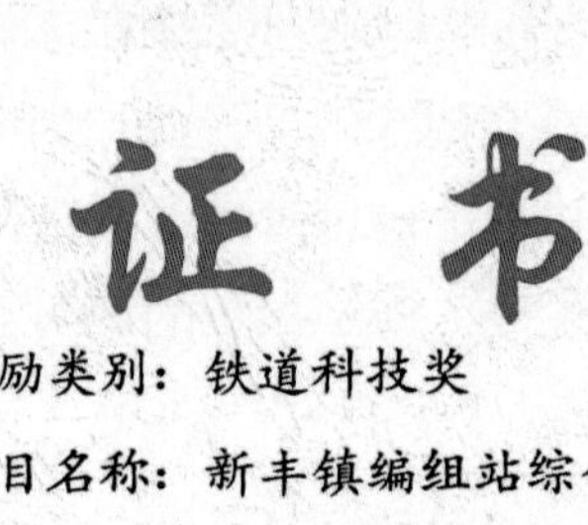

证书

奖励类别：铁道科技奖

项目名称：新丰镇编组站综合自动化系统（SAM）

获奖单位：中国铁道科学研究院（第02完成单位）

奖励等级：一等

证书编号：20134544-K1-043-D02

中国铁道学会

2014年9月

附件1-01

(19) 中华人民共和国国家知识产权局

(12) 发明专利

(10) 授权公告号 CN 101767590 B

(45) 授权公告日 2011.12.21

(21) 申请号 201010116680.5

(22) 申请日 2010.03.02

(73) 专利权人 中国铁道科学研究院通信信号研究所

地址 100081 北京市海淀区大柳树路2号中国铁道科学研究院通信信号研究所

专利权人 北京市华铁信息技术开发总公司 北京锐驰国铁智能运输系统工程技术有限公司

(72) 发明人 沃华欧 张朴 周望梅 崔炳谋 汤百华 开祥宝 黄康 蒋元华 刘青 甘露 王振宏 姚宇峰 王健 张华 孙洋 赵佳丽 宋宇 王俊高 李士祥 李冰 谢亮 闵文龙 冯军 杨华昌 窦伟 张书杰 庄重 王耀杰

(74) 专利代理机构 北京凯特来知识产权代理有限公司 11260

代理人 郑立明 田治

(51) Int. Cl.

B61B 1/00(2006.01)

B61L 27/04(2006.01)

(56) 对比文件

CN 1555998 A,2004.12.22, 全文.

DE 19641521 C1,1998.04.09, 全文.

CN 101544233 A,2009.09.30, 全文.

田建芬. 新丰镇编组站综合自动化实施方案研究.《铁道通信信号》.2009, 第45卷（第10期）, 第5-9页.

王耀杰. 新丰镇编组站综合自动化系统.《西铁科技》.2008,（第1期）, 第3-9页.

刘文. 铁路编组站作业自动化设计与研究.《铁道工程学报》.2008,（第7期）, 第86-90页.

审查员 田远

权利要求书 2 页 说明书 9 页 附图 3 页

(54) 发明名称

管控结合的控制方法及系统

(57) 摘要

本发明公开一种管控结合的控制方法及系统，属铁路控制技术领域。该方法包括：接收计划管理系统下发的作业计划信息，并对所述作业计划信息的内容进行合法性检查；将检查为合法的作业计划信息的内容分解转换为指令；对转换得到的指令进行冲突检测，将检测为无冲突的指令形成可执行指令，确定可执行指令的触发时机；根据确定的触发时机向作业过程自动控制系统下达可执行指令；将作业过程自动控制系统运行可执行指令过程中反馈的信息向计划管理系统反馈。该方法将计划管理系统与作业过程自动控制系统有机结合，实现信息共享，实现编组站综合自动化的管理与控制结合，为编组站作业提供自"计划－执行－反馈"的控制闭环，提高编组站管理、控制效率。

CN 101767590 B

附件1-03

(19) 中华人民共和国国家知识产权局

(12) 实用新型专利

(10) 授权公告号 CN 203444463 U

(45) 授权公告日 2014.02.19

(21) 申请号 201320393682.8

(22) 申请日 2013.07.03

(73) 专利权人 中国铁道科学研究院

地址 100081 北京市海淀区大柳树路2号

专利权人 中国铁道科学研究院通信信号研究所 北京市华铁信息技术开发总公司 北京锐驰国铁智能运输系统工程技术有限公司

(72) 发明人 曹桂均 张华 林炳跃 张辉 刘青 闫石 赵然 孙洋 刘隽 冯军 杨华昌 那科家 蒋元华 程君 王飞 崔莹莹 赵刚 栾德杰 赵佳丽 寇亚洲 王振宏 宋宇 赵阳 韩波

(74) 专利代理机构 北京凯特来知识产权代理有限公司 11260

代理人 郑立明 赵镇勇

(51) Int. Cl.

G06F 9/48(2006.01)

G06F 11/16(2006.01)

权利要求书1页 说明书6页 附图4页

(54) 实用新型名称

一种安全双机切换控制器

(57) 摘要

本实用新型公开了一种安全双机切换控制器，该控制器包括：多计算机切换KVM电路(11)、逻辑电路(12)与控制显示面板(13)；所述逻辑电路(12)分别与KVM电路(11)及控制显示面板(13)相连，所述控制显示面板(13)与所述KVM电路(11)相连；其中，所述逻辑电路(12)包括：CPU核心电路(121)；所述CPU核心电路(121)中包括：通过双口随机存储器RAM(1213)相连的第一中央处理器CPU(1211)与第二CPU(1212)。通过采用本实用新型公开的双机切换控制器，提高了系统的安全性与可靠性。

KVM电路11

逻辑电路12

控制显示面板13

CN 203444463 U

附件5-01

中华人民共和国国家版权局

计算机软件著作权登记证书

证书号：软著登字第0477224号

软 件 名 称：编组站综合自动化系统能力查定子系统软件
[简称：能力查定软件]
V1.0

著 作 权 人：北京市华铁信息技术开发总公司;中国铁道科学研究院通信信号研究所;北京锐驰国铁智能运输系统工程技术有限公司

开发完成日期：2010年11月20日

首次发表日期：2011年12月30日

权利取得方式：原始取得

权 利 范 围：全部权利

登 记 号：2012SR109188

根据《计算机软件保护条例》和《计算机软件著作权登记办法》的规定，经中国版权保护中心审核，对以上事项予以登记。

中华人民共和国国家版权局 计算机软件著作权登记专用章

No. 00191635　　2012年11月14日

附件5-02

中华人民共和国国家版权局

计算机软件著作权登记证书

证书号：软著登字第0637296号

软 件 名 称：新一代编组站综合智能执行计划系统及仿真平台
[简称：综合智能执行计划系统及仿真]
V1.0

著 作 权 人：北京市华铁信息技术开发总公司;中国铁道科学研究院通信信号研究所;北京锐驰国铁智能运输系统工程技术有限公司

开发完成日期：2013年10月09日

首次发表日期：2013年10月09日

权利取得方式：原始取得

权 利 范 围：全部权利

登 记 号：2013SR131534

根据《计算机软件保护条例》和《计算机软件著作权登记办法》的规定，经中国版权保护中心审核，对以上事项予以登记。

中华人民共和国国家版权局 计算机软件著作权登记专用章

No. 00361608　　2013年11月22日

附件5-06

国 家 重 点 新 产 品

证 书

项目名称：编组站综合自动化设备SAM　　项目编号：2013GR347003

承担单位：北京锐驰国铁智能运输系统工程技术有限公司　　发证时间：二〇一三年九月

有 效 期：三年

批准机关：科学技术部

城市轨道列车检测传感网测试平台、列车安全检测传感网关键技术及设备研制

北京市城市交通信息智能感知与服务工程技术研究中心

一、城市轨道列车检测传感网测试平台

城市轨道列车检测传感网测试平台包括接入节点、复合节点、数据中心、数据模拟单元、车地大容量通信单元、无线通信测试模块、有线通信测试模块七大部分，是一个集数据采集、传输、存储、处理及交互于一体的系统平台，主要用于城市轨道列车传感器网络的仿真、测试实验等（见图1）。

图1 城市轨道列车检测传感网测试平台组成图

该测试平台是利用软硬件综合测试方法，对由工业现场总线、无线传感器网络及工业以太网三种网络相结合组成的传感监测网相关性能参数进行仿真、测试、评估的交通安全监测传感器网络实验与测试平台。该测试平台建立了适用于车载安全检测的传感器网络的组成架构，形成了城轨列车传感网络实验室原型系统，定义了车载传感器网络接口规范和数据传输规范，并以此平台为基础研制了车载安全检测传感网系列设备，形成了一套集列车运营维护、故障及安全的监测预警和数据分析于一体的城市轨道列车在途监测与安全预警系统，并通过了三方测试与用户鉴定（见图2）。

图2　城市轨道列车在途监测与安全预警实验平台

二、国家863重点项目课题“列车安全检测传感网关键技术及设备研制”

制定了传感网络设备的物理接口和通信协议，研制了车载传感网接入节点和复合节点，在广州地铁上实现了规模化装车应用，显著推动了行业技术的进步，填补了国内轨道交通安全检测传感网领域的空白。其中，接入节点和复合节点通过了国家电子计算机质量监督检验中心的检测（检测报告：A20120183-G号和A20120182-G号），同时，还通过了中国电子技术标准化研究院赛西实验室的检测（检测报告：SEC12-0274WM-E-1和SEC12-0275WM-E-1）。项目成果在广州地铁进行了集成和验证，实现了至少覆盖15列车和两条典型运营线路的“三站两区间”的工程化验证。本成果还将装配在广州地铁1、2、8号线的列车上，投入实际应用。

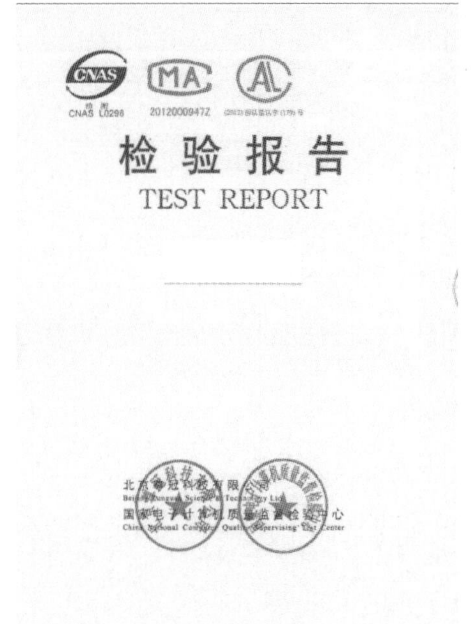

CNAS L0298　2012000947Z

检 验 报 告

TEST REPORT

国家电子计算机质量监督检验中心

China National Computer Quality Supervising Test Center

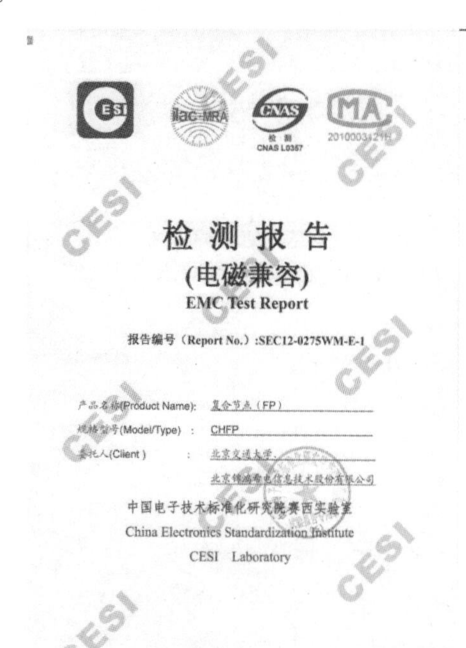

CNAS L0357

检 测 报 告

(电磁兼容)

EMC Test Report

报告编号（Report No.）:SEC12-0275WM-E-1

产品名称(Product Name):　复合节点（FP）

规格型号(Model/Type)　:　CHFP

委托人(Client)　:　北京交通大学

北京锦鸿希电信息技术股份有限公司

中国电子技术标准化研究院赛西实验室

China Electronics Standardization Institute

CESI　Laboratory

接入节点

复合节点

基于无线局域网的高速列车旅客资讯服务系统

南车株洲电力机车研究所有限公司　杨卫峰　李思源　文峥　粟爱军

一、概述

近年来，我国高速铁路的飞速发展为乘客提供了更加舒适和便捷的服务。相对而言，目前高速铁路上提供给乘客的娱乐资讯服务还处于初级甚至原始的阶段。在漫长的旅途中，乘客往往只能被动的通过电子显示屏和到站广播了解列车运行或到站情况，靠纸质媒体（报纸、杂志）以及个人电子设备（手机、平板电脑）来打发时间。在互联网时代，特别是智能终端设备日益普及的今天，迫切需要建立新的旅客娱乐资讯服务系统（Passenger Entertainment and Information System，PEIS）来替代目前的服务模式。这也符合IEC62580国际标准对车载多媒体系统（On-board Multi Media Subsystems for Railways，OMMSR）所定义的发展趋势。

本文提出了基于无线局域网（Wireless Local Area Network，WLAN）的高速列车旅客娱乐资讯系统（Passenger Entertainment and Information System，PEIS）的系统构架。区别于传统的旅客信息系统（Passenger Information System，PIS），本文提出的PEIS，主要依托无线网络技术，通过在列车上建立基于WiFi的无线局域网来实现旅客智能终端设备（如手机、平板电脑）的互联互通。本文提出的PEIS的硬件部分主要是覆盖整车的WLAN，系统的终端由旅客的智能终端设备组成。这样免去了庞大的LCD显示屏硬件成本和安装费用，极大地降低了系统成本。PEIS的软件部分由车载多媒体平台和旅客智能终端的应用软件组成。其中车载多媒体平台主要提供交互式的娱乐、资讯以及媒体信息服务；旅客智能终端应用软件主要提供面向用户的软件服务并集成各类应用，如车上社交，餐车点单等。

在本文的后续内容中，我们首先对无线通信技术在列车上应用以及机舱内旅客娱乐资讯系统做简要的技术分析，然后介绍基于WLAN的PIES的基本构思、功能技术要点以及应用实例。

二、相关工作

第三代（3G）通信技术和无线局域网技术已经被用于高速铁路的旅客服务。其中，3G通信技术延续了上一代无线通信网络的覆盖思路，通过在铁路沿线建立基站，为列车上的3G用户提供数据服务（即互联网接入服务）。然而列车的高速运行，也为3G通信服务带来了很多挑战：

（1）多普勒效应产生多普勒频移。这是由于无线信号的发送端与接收端的相对位置变化而引起的信号频谱偏移。当列车速度超过220km/h时，多普勒频偏效应就会变得相当明显，而且列车速度越快，多普勒频移越大，此时如果不进行有效校正，系统解调性能将严重恶化，从而导致系统不能正常通信，出现3G断网、连接错误等现象。

（2）高铁列车的密闭式车厢导致的信号损耗。封闭式的高铁车厢是其高速运行的基本保障，但它也增大了对3G信号的损耗（穿透损耗为10 ～ 24dB），因此也在一定程度上影响了3G应用效果。

（3）基站的高速切换带来的掉话。高铁的速度可以达到100m/s，这是对切换性能的极大挑战，铁路提速后大量掉话的原因90%源于切换。基站间的切换速度将会对3G应用效果产生较大影响。

由于上述技术原因，列车的高速运行对用户接入网速的影响非常明显。据京津线实测数据，当列车时速达到200km/h时，网速将下降50%；当列车时速达到300km/h时，移动3G网络会出现多次掉线。另外，3G网络的覆盖尚不完善。目前仅在我国高铁个别线路和经济发达地区，如京津线、沪杭线、京沪线部分路段实现了3G网络的完全覆盖。在其他线路上，3G网络的覆盖工作还处于初始阶段，甚至部分路段没有3G网络的覆盖。导致这个现象的主要原因还在于建设成本高昂、回报周期漫长。再者，3G网络的建设和服务主要由电信运营商控制，其技术主要由通信设备商垄断。受以上垄断现象以及巨大的资金需求限制，高铁沿线3G网络的覆盖和发展基本不受铁路公司的控制，搭建基于3G网络的PEIS存在着一定的技术障碍，并很难获得市场的认同。

作为另一种技术流派，车载无线网络采用基于WiFi的无线局域网技术为列车上的旅客提供WiFi接入服务。这类网络主要通过在车厢内安装多个WiFi接入点来连接旅客的智能终端设备。这类网络一般会通过与轨道沿线的3G网络、专用网络，甚至是卫星相连以提供互联网接入服务。这一系列技术工作对于旅客来说是透明的。旅客登录车载无线网络的流程和一般公共场所WiFi接入流程相似。车载无线网络服务早在多年前已经引起业界的关注。英国技术咨询公司BWCS已经连续7年组织轨道交通领域的公司参加车载无线网络相关的研讨会。目前在欧洲提供车载无线网络的设备商包括Nokia Semens Networks，Orange Business Services，Corenet Oy。车载无线网络服务也已经在英国、法国、日本、中国香港等多个国家和地区的列车上实现。车载无线网络是发展的趋势，但由于带宽限制，目前的车载无线网络的互联网接入速度还比较慢，只能满足一般即时聊天和电子邮件收发的要求，浏览网页的速度较慢，观看在线视频和大数据下载一般是被禁止的。这种现状很难满足旅客上网的需求。另外，目前的车载无线网络主要是一种免费的附加服务，列车运营商很难从中赚钱。只能通过客源的增加和有限的广告推送来弥补开销。对于中国铁路运营系统来说，车载无线网络的商业吸引力有限。

飞机舱内娱乐资讯系统（In-flight Entertainment System，IEF）已推出多年，对于高铁上PEIS的设计有很好的借鉴意义。IEF通常包括LCD显示器和娱乐控制系统（平台）。目前流行的IEF提供的服务主要包括：音乐、视频点播、简单的单机游戏、订制、世界地图、飞机航线、飞行数据、免税品销售等。相比于PIS，IEF已经具有一定的交互性。但是其提供的服务还比较单一，内容相对简单，尚未引入移动互联网中流行的智能系统。机上的娱乐内容在旅客下机后难以延续（例如，在飞机上购买的电影，下了飞机就没有办法观看）。另外，限于飞行安全的考虑，旅客被禁止使用智能手机终端。旅客一般通过座椅后方安装的LCD屏幕和遥控器来使用系统。这不仅增加了IEF的硬件成本，同时也降低了旅客的用户体验。其次，IEF一般通过卫星通信来接入互联网，卫星网络接入的费用一般由旅客支付，其价格可以达到数十元人民币每分钟，对于一般消费者来说这个价格难以接受。

三、基于WLAN的高速铁路PIES

（一）PIES的硬件结构

基于WLAN的PIES采用WiFi技术来搭建车载无线网罗，如图1所示。在每一个节车厢内安装一个或多个无线接入点（Access Point，AP）。这些无线接入点采用IEEE802.11b/g协议，工作在2.4GHz频段，以连接旅客的智能终端设备。多个无线接入点之间可以采用有线连接，也可以采用基于IEEE802.11a的无线连接（工作在5GHz频段以减少干扰）。最后形成的车载无线网络可以是一个局域网，也可以提供互联网接入（比如通过卫星通信或者地面3G基站来提供互联网接入）。PIES服务器将接入车载无线网络，以提供车载多媒体服务。

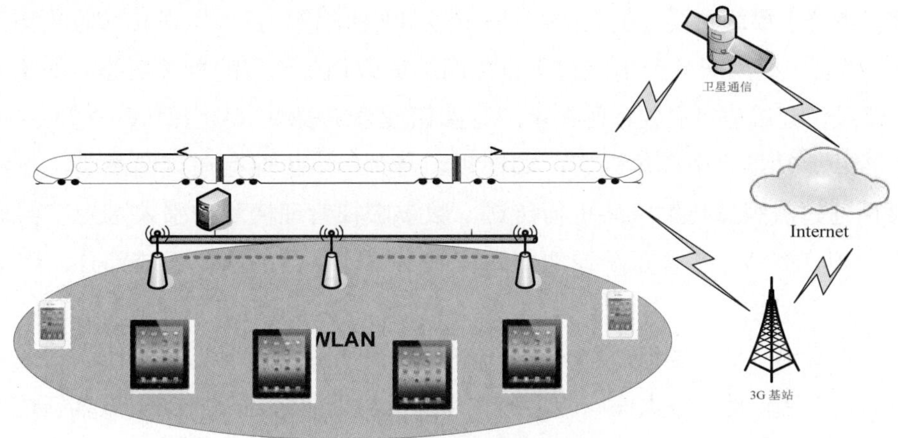

图1　车载无线网络结构示意图

在终端设备方面，PIES主要依靠旅客的智能终端设备（如智能手机、平板电脑）。这样一方面可以降低系统硬件成本，另一方面也可以提高用户体验。

（二）PIES的软件架构

PIES的软件架构主要由车载多媒体平台和旅客智能终端的应用软件组成。其中车载多媒体平台作为系统服务平台主要集成了各种服务功能。如图2所示，这些服务主要包括电子出版物订阅、视频和音乐的点播或直播、列车运行数据获取、智能游戏（如基于安卓系统或iOS系统的联机游戏）、基于位置的订制广告、车厢内自助服务以及车上社交网络服务等。

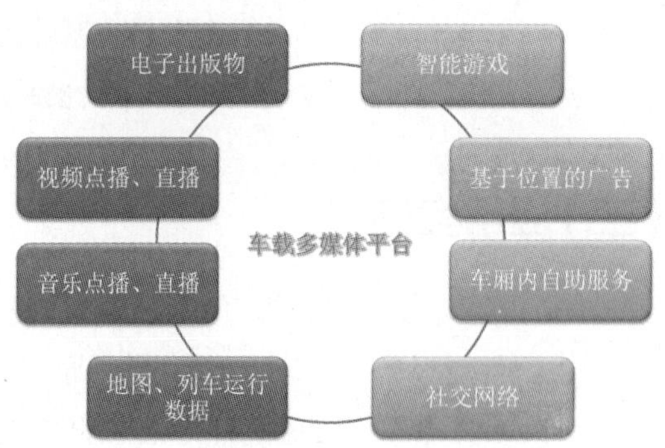

图2　车载多媒体平台服务

对于与传统的飞机舱内娱乐资讯系统相似的功能，本系统设计着重于丰富服务内容、突出车上和车下服务的连续性。比如，在车上点播欣赏了一半的电影，可以在下车回到家后通过手机或家中的电视继续看完。为了满足以上设计要求，在系统规划设计时，除了应具有一套完整封闭的车厢内基于无线网络车载多媒体平台以外，还应将这套系统完整映射到互联网上（包括所有的内容、应用、服务，以及用户账号信息），并能实现车载网络和互联网上的映像网络系统的同步。这样记载在乘客手机上的信息，如电影浏览数据，在乘客离开列车后会自动通过WiFi或3G网络和互联网上的镜像娱乐系统完成同步以保证乘客无论走到哪里，都可以继续完成列车娱乐体验，真正做到两个平台的无缝连接，提供无处不在的列车新媒体体验。

对于其他功能服务，本系统设计着重强调对移动互联网应用的继承和延续，即将旅客在日常生活中基于互联网的应用服务移植到车载多媒体平台上。在这个移植的过程中，要强调列车信息的智能化获取，强化位置服务（Location Based Service）在旅客系统中的重要性，突出用户交互性，提高用户体验。相关实例包括通过PIES支持基于Andriod或iOS的单机游戏或联机游戏；根据列车到站情况，适时地推送目的地/途径城市的相关广告（土特产推广，限时优惠）；提供自动点餐服务；以及车上交友，漂流瓶服务等。

为了实现车载多媒体平台的各种服务，系统的软件架构要包含如图3所示的各功能模块。

其中无线网络接入模块主要提供面向车载无线局域网的接口，以发送和接收来自用户的信息。TCMS网络接入模块主要用于从列车控制和监控网络获取列车运行的相关数据，如到站时间、运行速度等。用户登录、订单信息主要存储在用户订阅管理系统模块中。增值服务模块主要用于提供社交网络、车上游戏等功能。多媒体内容，如视频和音频，一般保存在存储模块，并由内容管理模块进行编码最后通过流媒体传输模块进行传送。数字版权管理模块的引入是为了保护系统中有知识产权的内容，防止盗版。广告系统模块作为车载多媒体平台的重要组成部分，用于广告推送的相关服务。

PIES软件架构的另一个重要组成部分——旅客智能终端应用软件，主要用于集成车载多媒体平台的各类应用的客户端软件，提供面向旅客的软件服务界面。考虑到PIES对旅客智能设备的依赖，以及目前智能终端设备的市场状况，智能终端应用软件的开发与一般的移动应用软件的开发相同，将主要针对安卓和iOS系统。

图3　车载多媒体平台软件架构

（三）应用实例

在以下部分，我们通过几个应用实例来进一步描述PIES的各种新颖的功能：

（1）点餐服务。旅客上车后，可通过智能手机上的应用直接从车载多媒体平台中下载列车提供的用餐菜单并点单。相关的点单信息直接发往餐车。乘务员可以直接将所点的菜品送往下单的乘客。

（2）叫醒服务。旅客上车后，可通过智能手机上的应用设定到达目的地并设定叫醒时间，如到站前10min。车载多媒体平台可实时地根据列车运行的状态，调整叫醒乘客的时间，而不是简单地根据列车时间表来预设闹钟。

（3）行李箱监视。在行李存放处安装摄像头并通过车载多媒体平台在局域网内直播监控画面，旅客可以通过智能手机上的应用实时地监控行李箱情况，防止丢失。

（4）安全监视功能（这是一个面向乘务员或乘警的功能）。当旅客通过智能手机接入系统后，在系统服务器端很容易能定位到某个特定的乘客，方便实施安全监视。

（5）车上找熟人。车载多媒体平台可以通过旅客的接入信息，例如手机号码，帮助旅客寻找车上的同学或朋友（如电话号码簿中的联系人）。

（6）沿途广告推送。系统根据列车运行情况、旅客目的地，选择性地推送广告（包括酒店、餐厅、特产、限时优惠等）

四、总结

本文分析了无线通信技术在列车旅客信息系统上的各种应用场景，在此基础上提出了构建基于无线局域的高速列车旅客娱乐资讯系统的基本思想，详细描述了该系统软硬件架构，并通过应用实例对系统功能做了进一步的描述。

现代有轨电车综合运营调度及管理系统方案

中国铁道科学研究院通信信号研究所

现代有轨电车综合运营调度及管理系统是中国铁道科学研究院通信信号研究所（北京市华铁信息技术开发总公司）基于自身雄厚的铁路信号安全控制及运营调度管理技术及经验的积累，遵循创新和集成相结合的技术路线开发而成的现代有轨电车综合控制及管理系统。该系统将信号控制系统与上层的综合运营调度及管理平台结合起来，形成综合性的线网运营调度及管理系统。该系统可根据工程需求，灵活配置，为用户提供安全可靠、技术先进、功能完善、生命周期成本良好的现代有轨电车综合控制系统整体解决方案。

一、研发背景

现代有轨电车是在传统有轨电车基础上发展起来的新型轨道交通工具，在我国尚处于起步阶段，现代有轨电车的运营管理大多沿用城市轨道交通运营调度模式，但现代有轨电车与高速铁路、城际铁路和城市轨道交通无论是在运行速度、路权形式、运行控制模式，还是在供电系统、车站管理、售检票模式等方面都存在较大的区别。简单地照搬既有轨道交通运营管理模式，会造成系统结构复杂，难以抓住现代有轨电车在公共交通体系中的系统定位，无法更好地满足现代有轨电车对运营管理安全、正点、高效等方面的要求。此外，随着现代有轨电车网络的逐步形成，在规划建设现代有轨电车运营管理系统时，应基于现代有轨电车的自身特点，研究其系统特性和运营管理模式，充分考虑现代有轨电车各专业系统的集成整合，规划建设一体化、集中式的现代有轨电车线网综合运营管理体系。

现代有轨电车线网综合运营管理系统涵盖现代有轨电车运营的诸多方面，如果采用统一接口标准和技术规范，就能够实现对现代城市有轨电车的运输组织、列车运行控制、信号控制、列车运行监视、车辆运用、供电监控、环境监控、通信、旅客服务和维修管理等进行高度智能化、综合化和集成化管理，对提高系统的管理水平和运行安全，协调处理轨道交通的网络运行，减低系统的总拥有成本等有着重要的意义。

现代有轨电车与城市地铁、轻轨路权形式不同，城市公共交通对其有较大的影响。随着城市轨道交通网络化运营趋势的发展，各线路之间存在着复杂的相互影响关系，突发事件对某条线路造成的负面影响将会直接或间接地影响到线网中的其他线路。因此，需要从线网层面考虑统一的综合应急处置及协调，建立相应的管理机制。

二、系统介绍

现代有轨电车综合运营调度及管理系统由信号控制系统与上层的综合运营调度管理平台组成，其中综合运营调度管理平台又集成了线网综合运营管理、线网应急处置与协调、线网维护支持三大子系统。其中信号控制系统是有轨电车运行控制的执行机构，是运营管理的对象及基础，上层的运营调度及综合管理只有与信号控制系统紧密结合才能有效实现其综合运输管理、应急处置与协调及维护支持等相关核心功能。以下分别介绍各系统的主要功能及设计方案。

1. 线网综合运营管理子系统

充分考虑现代有轨电车网络化运营管理的业务特点以及各应用系统功能的集成，从以行车指挥为核心的一体化调度、以设备控制为中心的一元化管理、面向车务及维护统一信息管控、面向乘客公众信息交互服务管理的设计原则和目标出发，根据系统实际规模需求，统一设置网络、服务器等硬件平台；使用统一技术平台，构架一个标准、统一、开放、完整的系统集成平台，在界面、功能、数据、系统软件和系统硬件等各个层次上实现高度统一与协调，信息共享与联动；实现信号、电力监控、AFC、综合监控、通信、旅客服务、维修管理等系统的高度智能化、综合化和集成化管理；形成有轨电车高度集中、统一指挥、网络化运营的调度体系，提高有轨电车综合运营管理的自动化程度。

线网综合运营管理系统可以有效地整合相关的各个系统的接口管理及网络需求，实现通信网络组网整合，通过集成对各系统硬件设备进行整合，减少设备数量，节约建设投资；减少运营人员，节约运营成本及培训成本；对各子系统进行统一组织、协调，提高应急处理能力增强各子系统间技术协调保证。

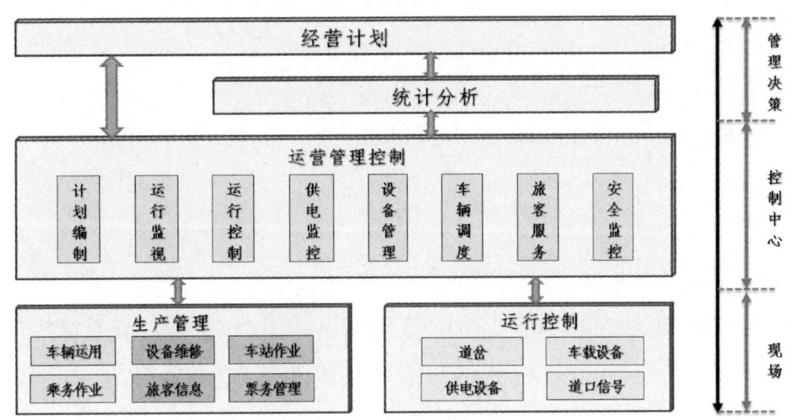

图1 线网综合运营管理系统层次结构图

2. 线网应急处置及协调子系统

线网应急处置及协调子系统以应急处置工作的信息化、智能化为目标，围绕数字预案的制定和管理开展工作。对内负责协调各线路的行车调度方案，指挥大型换乘站的客流疏导工作；对外负责将事故情况上报至上级监管部门，并在需要时报请其他交通部门配合完成客流输送工作等。将应急工作中涉及的各种业务功能集于一体，全面覆盖应急处置工作的各个方面，提供一个综合、高效的辅助决策工具，提升工作效率。

3. 线网维护支持子系统

图2　线网综合运营管理系统调度大厅

线网运营管理维护支持子系统以运营目标为依据，日常运营维护管理业务为主线，运用各种组织、技术和经济措施，对设备、车辆等各种资产从规划、购置、安装、使用、改造、更新直至报废整个生命周期进行全程的管理，以保持其良好状态，保证资产的有效使用和获得最佳的经济效益。系统可与办公自动化平台进行信息共享，经过适当的功能扩展，形成统一的信息化工作平台。为加强运营、维护、管理等各部门之间的协同工作，有效利用企业内外信息资源，提高管理效率提供了完备的方案，为企业的经营管理和科学决策提供了便利的信息服务支持。

三、现代有轨电车信号控制系统

完整的现代有轨电车信号控制系统主要由以下各子系统和设备组成：

（1）控制中心子系统；

（2）正线道岔控制子系统；

（3）路口优先控制子系统；

（4）车载控制子系统；

（5）数据通信子系统；

（6）车辆段控制子系统；

（7）维护监测子系统；

（8）轨旁基础信号设备。

现代有轨电车信号控制系统层级结构如图3所示。

在确定有轨电车信号控制系统的功能定位时应重点考虑几个方面：①道岔控制是安全相关的核心功能，在保证安全的前提下实现自动控制是对信号系统的基本要求；②由司机保证列车运行的安全，不宜要求ATP功能，以降低系统的复杂度和成本；③控制中心子系统应具备管理多条有轨电车线路的能力，以满足线网化的集中调度需求。

1. 控制中心子系统

控制中心子系统是线网综合运营管理系统与信号控制系统结合的一个子系统，在此主要介绍其信号控制相关的功能。无论是对于一条线路，还是线网化运营的多条线路，控制中心子系统的主要功能是在线列车的监视和运行计划管理。

控制中心子系统主要功能为：①运行线路的显示；②列车运行的自动监视，具备列车自动识别、监视、车次号显示功能；③时刻表编制及管理；④进路自动控制；⑤根据列车位置及时刻表计算预计到站时刻、列车晚点信息；⑥操作与数据记录、输出及统计处理；⑦与其他系统交换信息；

⑧具备管理多条有轨电车线路的能力，满足路网化的集中调度需求；⑨模拟演示及培训。

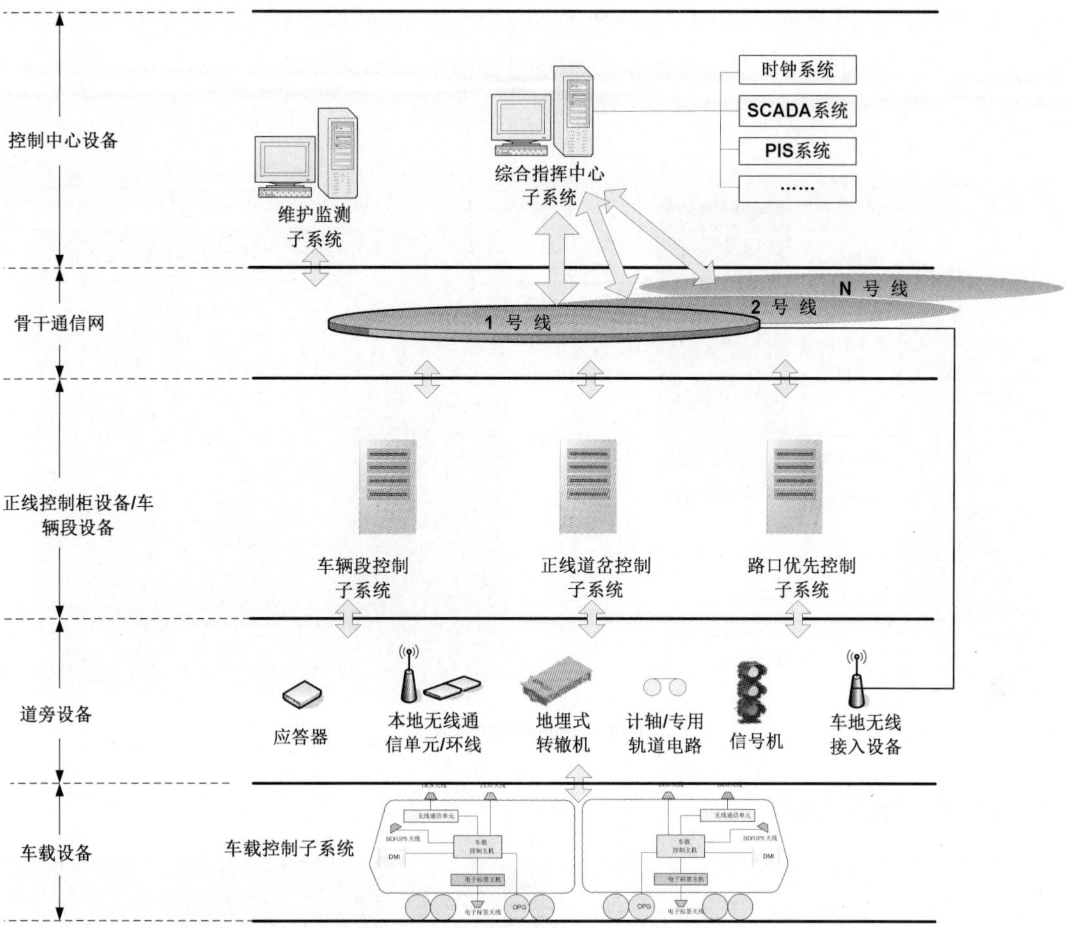

控制中心设备
维护监测子系统
综合指挥中心子系统
时钟系统
SCADA系统
PIS系统
……
骨干通信网
1 号 线
2 号 线
N 号 线
正线控制柜设备/车辆段设备
车辆段控制子系统
正线道岔控制子系统
路口优先控制子系统
道旁设备
应答器
本地无线通信单元/环线
地埋式转辙机
计轴/专用轨道电路
信号机
车地无线接入设备
车载设备
车载控制子系统

图3　现代有轨电车信号控制系统层级结构

图4　最小化样机系统参展2013北京国际轨道交通装备展

2. 正线道岔控制子系统

道岔是列车在转线及折返过程中需要频繁操作的主要部件，道岔控制的安全和效率是必须重点保证的。正线道岔控制子系统主要具有的功能：①为接近列车自动办理进路；②接收车载控制子系统的进路（道岔）遥控命令，办理进路；③控制进路开放、防护、锁闭、解锁等，具备联锁功能；④具备人工现场控制道岔功能；⑤向接近的列车发送对应路径的信号显示状态；⑥向控制中心子系统上传道岔、信号、占用状态；⑦系统设备监测及报警信息上传。

道岔控制子系统、车载控制子系统、控制中心子系统相互连接完成道岔控制功能，其信息流如图5所示。

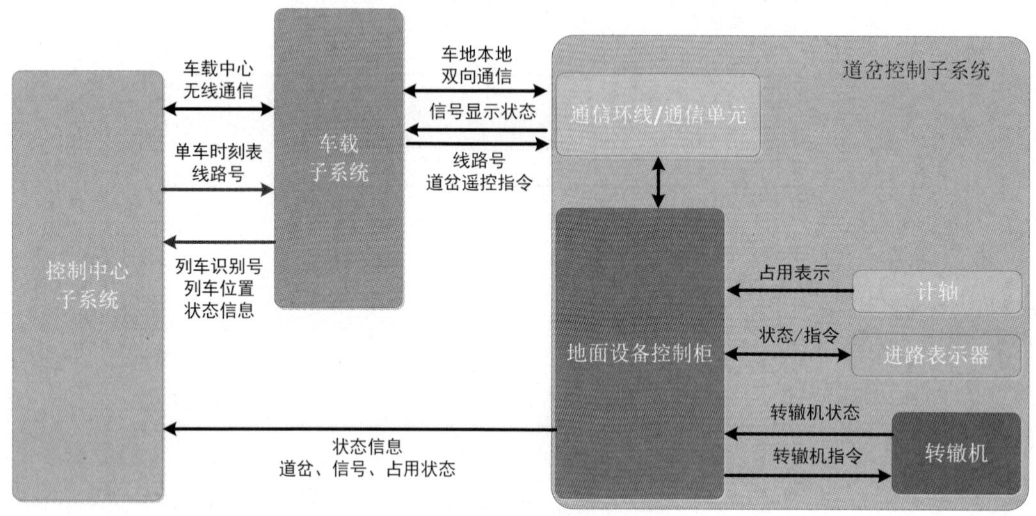

图5　道岔控制信息流

3. 路口优先控制子系统

在平交路口，与公路信号灯控制系统的接口是保证有轨电车运行效率和准点率的关键，需要在综合考虑公路交通整体协调性的前提下合理定义有轨电车的优先权，并由有轨电车信号控制系统与公路信号灯控制系统接口实现该需求。

图6　道岔控制相关轨旁设备

路口优先控制子系统主要功能是：①根据有轨电车接近及运行状态，向公路信号灯控制系统发送列车通过请求，采集路口交通信号灯的状态，实现有轨电车优先控制；②控制有轨电车路口专用信号灯的显示，向列车发送路口专用信号的允许通行/禁止通行状态。

4. 车载控制子系统

车载控制子系统主要功能是：①将接近道岔区域的信号显示状态实时、正确地反映到车载人机界面（DMI）上；②在接近道岔区域时通过车-地通信设备（LCU）与道岔控制子系统交互完成道岔的自动控制；③在接近路口时通过车-地通信设备与路口优先控制子系统交互完成路口的自动控制；④在全手工模式下提供司机人工办理进路或操纵道岔的手段；⑤接收来自综合指挥中心子系统的运营信息并显示；⑥通过北斗/全球定位系统（BD/GPS）、列车位置检测设备、速度传感器（OPG）等实现有轨电车的组合定位，并将定位信息通过数据通信子系统（DCS）发送至综合指挥中心。

车载控制子系统的系统结构如图7所示。

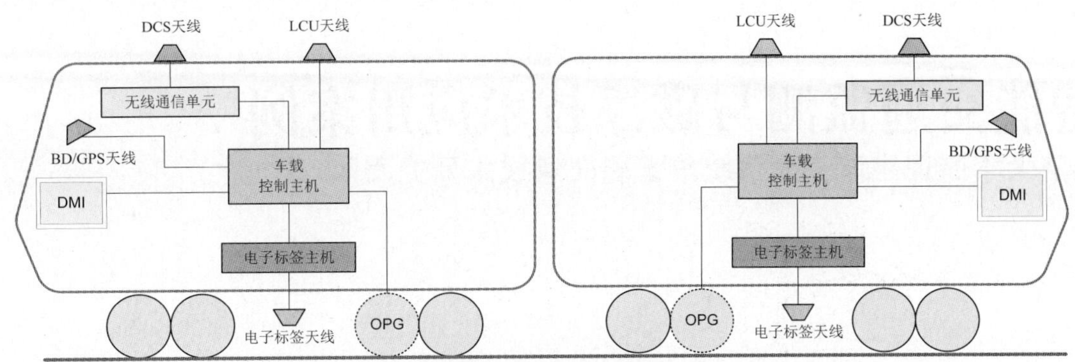

图7 车载控制子系统结构

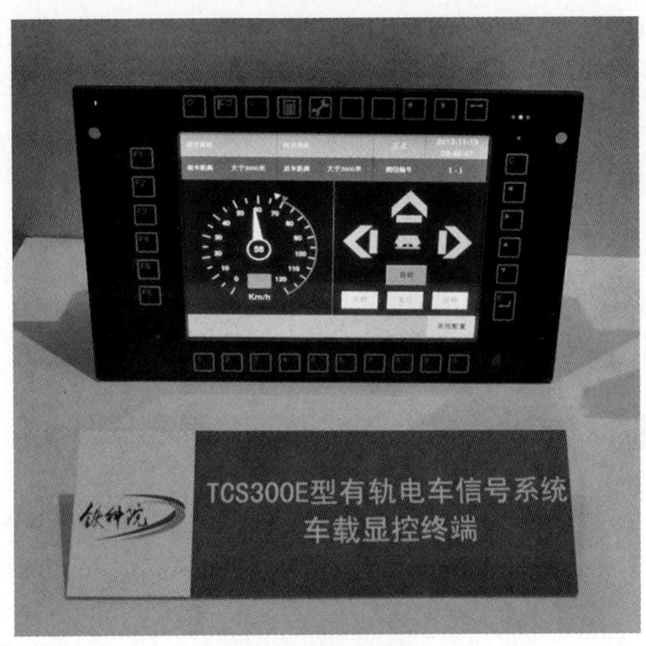

图8 车载显控终端

5. 车辆段控制子系统

车辆段控制子系统的主要功能是：①采用计轴设备或轨道电路检测列车占用状态；②计算机联锁系统完成车辆段内道岔、信号、进路控制。

6. 维护监测子系统

维护监测子系统的主要功能是：①在维修中心完成对整个信号系统所有设备的集中报警功能，为所有在线运行的信号设备提供维护管理和支持服务；②与各子系统接口，接收和处理整个信号系统的故障报警信息，具备设备故障报警的统计功能；③与上层综合运营管理系统接口，实现关键报警信息及维护信息的上传。

智能交通监测与磁浮技术应用案例

同济大学高速磁浮交通系统与智能交通技术研究团队

一、研究团队介绍

黄靖宇教授领衔的研究团队目前有教授1人，副研究员/副教授7人，助理研究员2名，均为博士学位。目前有在读硕博士研究生15名，参加团队的研究工作。团队成员以中青年为主，具有较丰富的工程化研发经验。

团队带头人黄靖宇教授，工学博士，同济大学交通运输工程学院博士生导师，国务院特殊津贴专家，上海领军人才，上海市优秀学术带头人，国家“十一五”支撑计划总体专家组副组长，国家“十三五”科技规划轨道交通战略专家组专家，中国智能交通协会轨道智能运输系统专业委员会专家委员，现任同济大学国家磁浮交通工程技术研究中心副主任。

二、主要研究领域

团队带头人主持了上海高速磁浮示范线的技术引进、国产化和技术集成等工作，主持和承担了“十五”国家863计划高速磁浮重大专项项目、“十一五”、“十二五”国家科技支撑计划“磁浮交通系统技术国产化与创新研究”、“高速磁浮交通系统集成研究“、“高速磁浮交通系统集成技术测试验证系统研制和综合试验基地建设”、“高速磁浮交通工程化集成系统研究”、“面向工程应用的中低速磁浮交通关键技术研究”等多项国家级和上海市重大科研项目的研究。担任国家“十一五”支撑计划总体专家组副组长，主持了国内首条以自主研发的国产化设备为基础的高速磁浮交通试验线的设计、建造和全系统集成，研究成果为建立高速磁浮交通技术集成试验环境和综合研究平台，实现全系统国产化和工程化的目标奠定基础。

团队主要成员长期从事磁浮交通系统的研究，参加了沪杭磁浮项目的技术引进和可行性研究、上海临港线中低速磁浮车辆开发工作，完成了两代低速磁浮车辆的开发、设计和综合集成，有较为全面的技术背景和车辆总体设计经验，对低速磁浮车辆和磁浮系统的自主化研发方面具有较深的技术积累和较强的创新能力，组织编写了CJ375-2011《中低速磁浮车辆通用技术条件》国家标准。

项目团队依托国家磁浮交通工程技术研究中心和同济大学，具有高速磁浮交通、中低速磁浮交通、轨道交通和其他智能交通等系统综合开发、总体设计等能力，在磁浮车体轻量化设计、走行机构优化、动力学仿真、强度和疲劳分析等方面具有综合研发能力。团队成员由长期从事磁浮系统研究和多体动力学、流体力学、有限单元法及其他数值方法应用研究的跨学科科研团队组成，能够使用通用CAD/CAE/CAM等实现大型复杂结构系统、车辆结构系统等动力学建模、分析及设计。研究团队对磁浮系统、轨道与复杂结构体系、车辆结构、海洋平台结构和交通装备等方面都有较为深入的研究，在相关产品的开发研制和工程化应用方面已有较为成熟的工程案例。

智慧车联网研究初探

浙江智慧车联网有限公司　娄建军　郭莲英　王瑞君

一、研究背景

据资料显示，我国汽车总销售量已跃居世界首位，汽车保有量持续快速增长，汽车及其电子技术得到快速发展，涉车信息系统也逐渐在单车、特定行业和相关企业部门中得到建设应用，但分散化、碎片化的涉车信息，不能使人、车、路、场有效协调，因此不能系统解决用户面临的安全、便捷和环保用车的需求，也不能更好地满足政府在涉车管理、交通调控方面的系统性、即时性的管理需求。

在2010年第九届中国信息港论坛“车联网”专题分论坛暨“车联网”产业链合作研讨会上，来自政府部门、行业协会以及电信运营、汽车制造、系统集成等产业链各方的代表，就车联网话题展开了深入探讨，会议代表一致认为，支撑车联网的网络基础业已具备。与此同时，传感网络也得到了极大发展，其通过射频识别、红外感应器、全球定位系统、激光扫描器等信息传感设备，将物品与通信网络相连接，进行信息交换，实现智能化的识别、定位、跟踪、监控和管理。

从2014年（第五届）中国物联网大会上获悉，汽车移动物联网（车联网）项目将列为我国重大专项第三专项的重要项目。目前相关内容已上报国务院，一期拨款有望达百亿元级别，预期2020年实现可控车辆规模达2亿辆。车联网的发展将串起一条长长的产业链，涵盖汽车零部件生产厂家、芯片厂商、软件提供商、方案提供商、网络供应商等多个领域。

浙江省对智慧城市的建设高度重视，自2010年5月开始，围绕浙江智慧城市建设，先后下发了《共同推进浙江省信息化与工业化深度融合和“智慧城市”建设试点战略合作框架协议》、《浙江省人民政府关于务实推进智慧城市建设示范试点工作的指导意见》（浙政发〔2012〕41号）等多份文件。2013年4月，浙江省信息化工作领导小组办公室公布了第三批7个试点项目，正式提出在浙江建设智慧车联网项目的明确需求。2014年4月，在金华市政府指导下，组建了浙江智慧车联网有限公司，开展专项建设。

二、研究内容

浙江智慧车联网有限公司提出了“智慧车联网”的概念，认为智慧车联网是涉及传感、导航、通信、环保、节能、安全等方面的涉车网络。智慧车联网旨在建立以车辆为中心的物联网应用，是实现车辆领域深度服务和管理、物联网向业务纵深发展过程中不可或缺的应用建设，在云计算及大数据等技术支持下，依托公共通信网络和局部无线互联等管道，建立一个支持多方参与各方受益的交互智慧车联网平台，实现车与车、车与路、车与人、车与场等交互，从而有效提升在该领域对政府、企业和社会组织及个人的服务。并在此基础上，制定了智慧车联网总体方案。

2014年12月，该总体方案通过了国内智能交通、车联网领域的20多位知名专家的评审。专家认为智慧车联网项目符合国家和浙江省政府在推动物联网和“智慧城市”建设的方向和目标，试点项目建设方案明确可行。同时，专家组建议根据总体方案尽快形成技术方案和实施方案，抓紧组织实施。

智慧车联网平台围绕感知层、传输层、处理层、应用层和标准体系建设等核心内容展开。

感知层，通过RFID、北斗定位模块、车载终端、摄像头、感应线圈和CAN总线等，对车辆行驶状态及位置相关信息进行感知和识别，并采集相关信息。

传输层，通过有线或无线通信网络，将采集到的信息传输到处理层。

处理层将接收到的数据进行整合和存储，并进行数据挖掘，将数据转化成知识，提供给应用中间件或应用支撑软件。

应用层与政府、企业和社会组织、个人对车联网的服务需求相结合，通过各种服务渠道为服务对象提供服务。政府服务模块包含交通运输行业监管、平战结合车辆调度指挥、交通事故调查、涉车案件责任取证、交通道路建设规划和其他涉车领域管理等。企业和社会组织服务模块包含交通细分行业精细化服务管理、区域性交通信息服务共享、汽车生产厂商信息服务、汽车后市场服务等。个人服务模块包含公众出行信息服务、经济用车服务、安全用车服务和舒适用车服务等。

标准体系建设包括安全保障体系、服务保障体系、责任追溯体系、技术标准体系和电子支付体系五大体系的建设。

三、成果展示

浙江智慧车联网有限公司于2014年4月21日在浙江省金华市注册成立，注册资金3000万元，为航天科技控股集团股份有限公司控股子公司。2015年4月21日，公司在浙江省杭州市注册成立杭州分公司。

公司主要承担浙江省“智慧城市”专项中“智慧车联网”试点项目的建设运营，同时开展包括北斗/GPS车辆位置监控在内的传统车联网的运营服务，包括长途客运班车、旅游客车和危险品运输车（以下简称两客一危）、货运车辆及其他专用车辆的监控调度、物流车辆配货，并开展基于车联网的各项增值和大数据挖掘开发业务。

公司研究成果通过智慧车联网顶层设计、智慧车联网乘用车服务平台、航天智慧车联网监控平台、智慧公交管理系统、出租车智能调度系统、智慧停车公共服务平台和RFID数据统一服务平台7部分展示。

智慧车联网顶层设计

三类服务对象

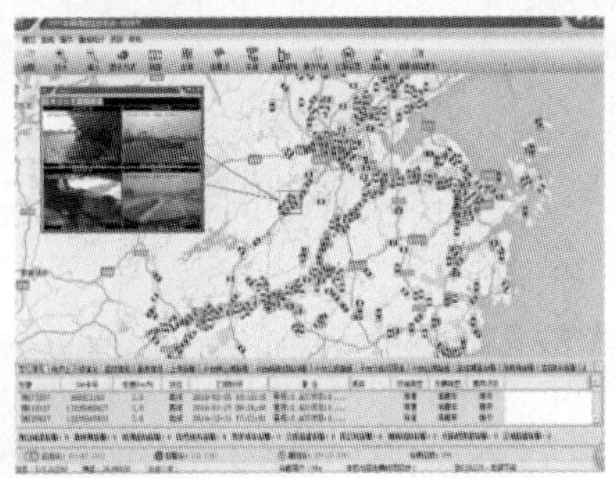

服务政府，服务企业和社会组织，服务个人。

三层技术内容

智慧车联网是一个创新的系统集成平台，它包括所有涉车数据的采集、处理和应用的全过程。

五大标准体系

智慧车联网标准体系包括安全保障体系、服务保障体系、责任追溯体系、技术标准体系和电子支付体系五部分。

商业模式

标准统一、接口开放、多方参与、各方收益

智慧车联网乘用车服务平台

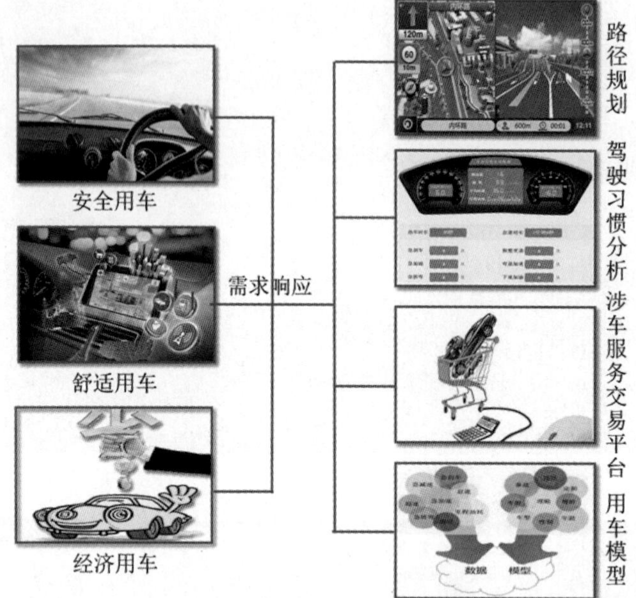

典型应用：车辆诊断、远程控制、一键救援、一键导航、停车诱导、实时路况等。

航天智慧车联网监控平台

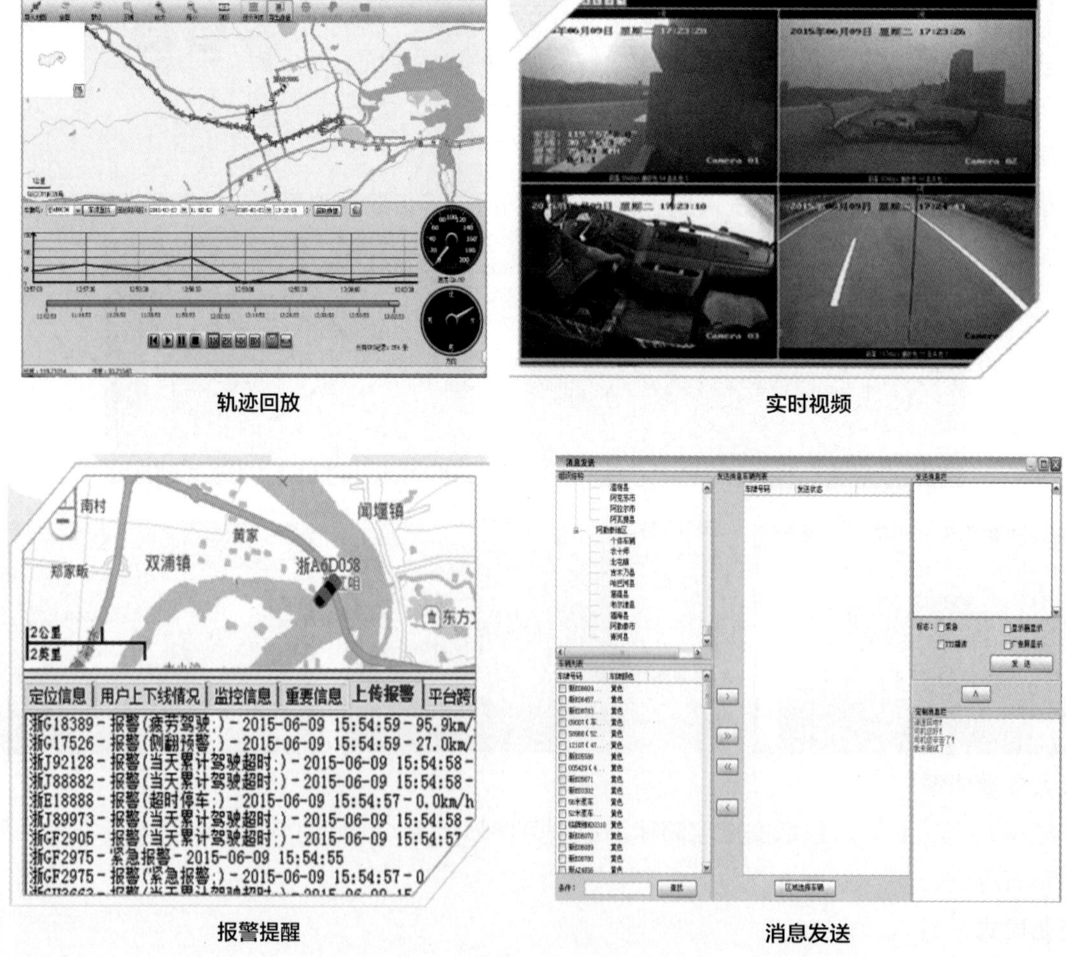

轨迹回放　　实时视频

报警提醒　　消息发送

应用案例：中石化油品运输监控、金华市平安客运监控、浙江环球制漆集团货运监控等。

智慧公交管理系统

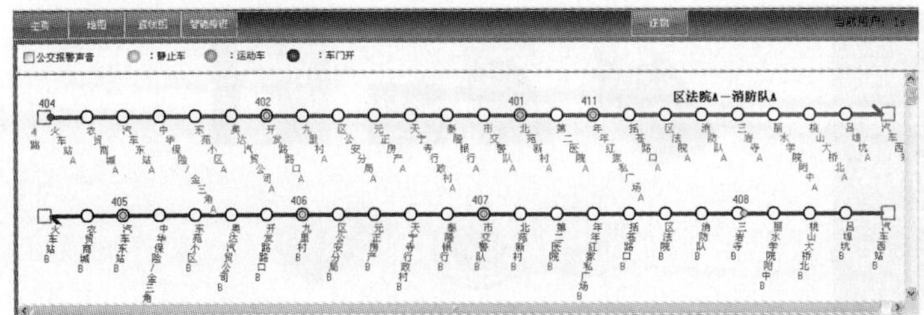

实时运行信息

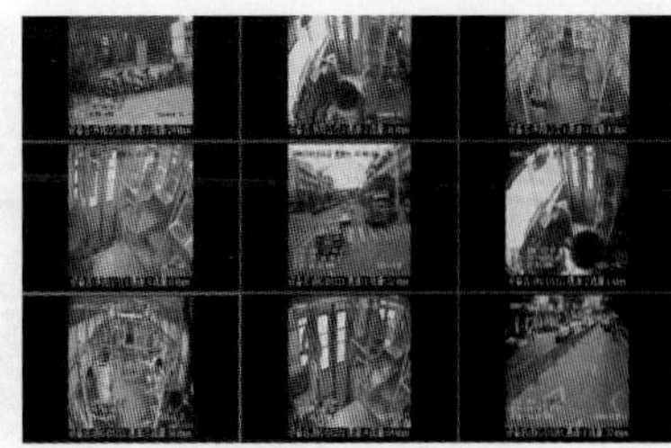

视频监控

Web公交换乘

手机公交线路查询

应用案例：浙江省丽水市公交服务平台、浙江省金华市武义县公交服务平台。

出租车智能调度系统

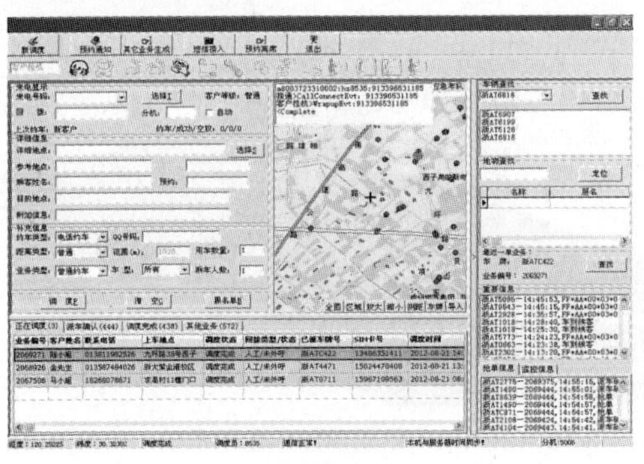

智能叫车

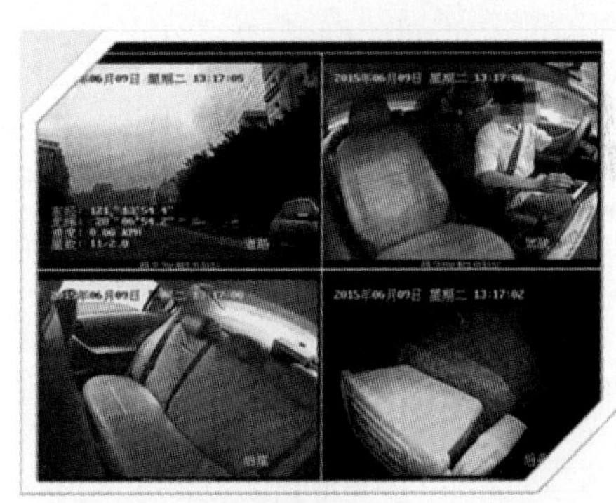

视频监控

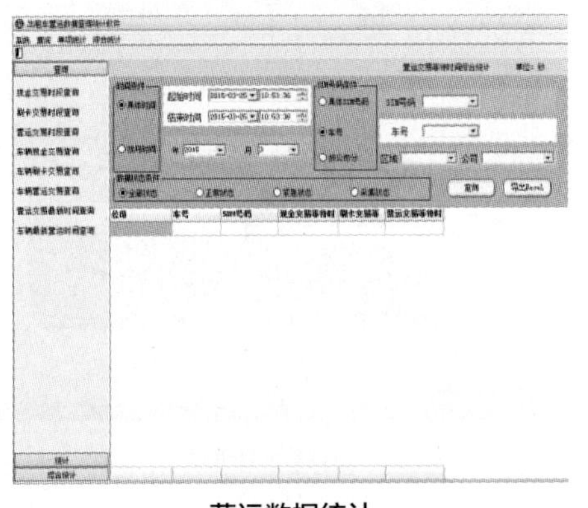

营运数据统计

实时路况信息

典型案例：浙江省临海市、临安市、玉环县出租车调度管理平台。

智慧停车公共服务平台

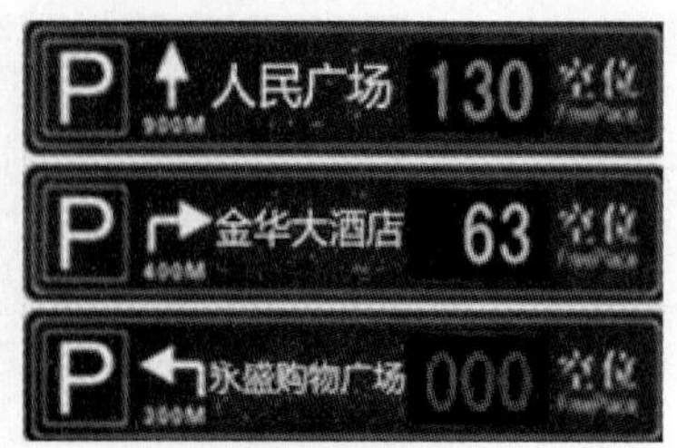

停车信息发布

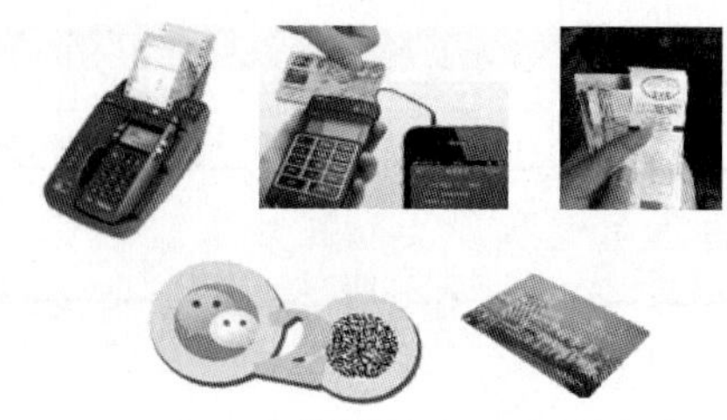

支持多种支付方式

金华智慧停车

路径导航

典型应用：精确车位引导、车位预定、反向寻车、呼叫服务、停车信息精确查询等。

RFID数据统一服务平台

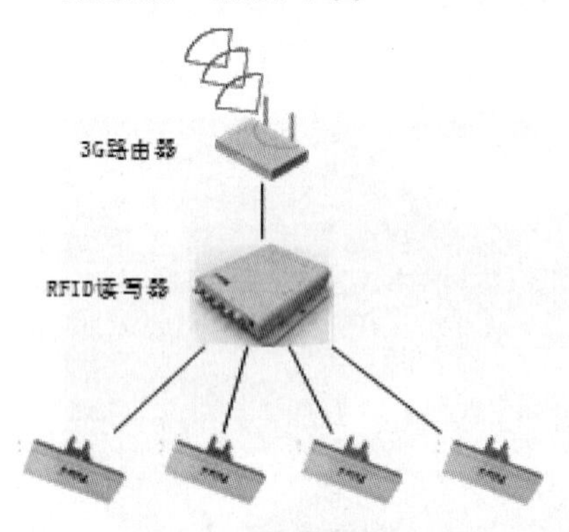

卡口数据采集

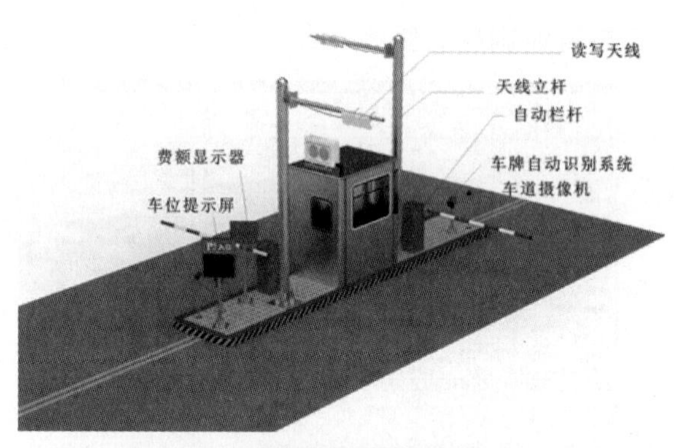

免取卡停车管理系统

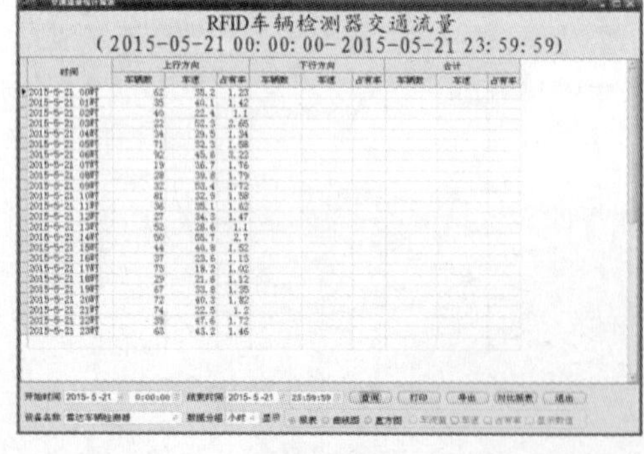

套牌车稽查

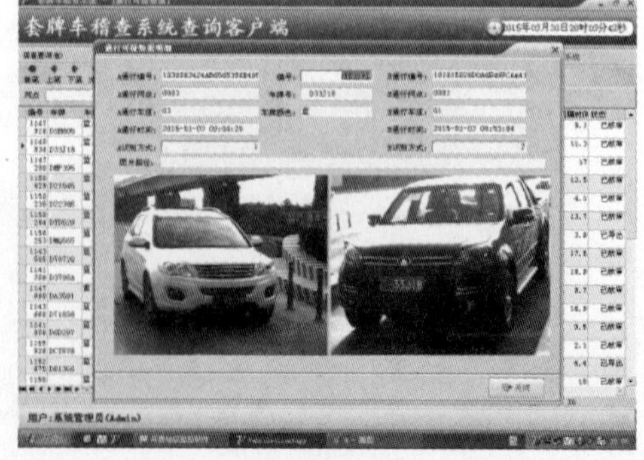

交通流量统计

典型应用：交通流量准确预测，交通拥堵分析，套牌车、肇事车、盗抢车辆稽查，营运车辆检测管理，免取卡停车管理等。

智能车关键技术研究现状

军事交通学院智能车创新团队

一、前言

车辆智能驾驶是智能交通系统的重要支撑技术，它不仅深刻影响着汽车工业的未来，而且能够辐射到交通、国防、军事等多个领域，具有重要的经济和军事价值。世界主要发达国家都投入巨资进行车辆智能驾驶技术研究，并在此基础上开发出汽车主动安全产品。尽管如此，该技术还远未达到实际应用要求，迫切需要解决以下问题：

（1）在环境光照剧烈变化、道路条件和交通信号多种多样的复杂情况下，环境感知的实时性、可靠性问题；

（2）对车载各种传感器产生的大量环境感知数据的有效融合与实时计算问题；

（3）复杂道路交通情况下自主路径规划、路径风险评估以及驾驶决策的可行性和准确性问题；

（4）针对具有不确定性车辆动力学特征和非精确环境感知条件下的车辆智能驾驶高速稳定性控制问题；

（5）基于总线（如CAN）控制的自主驾驶执行装置可靠性与集成度问题；

（6）智能驾驶研究与测试过程中如何克服高成本、高风险，建立高效、低成本、低风险的实物仿真测试手段问题。

军事交通学院智能车创新团队针对上述问题开展研究，在智能驾驶关键技术上取得突破，为我国在下一代汽车核心技术领域赶超国际先进水平，实现国家中长期科技规划做出了贡献。

二、关键技术研究现状

（一）复杂交通行驶环境感知与识别技术

针对车辆行进过程中，工作环境光照变化大，路面存在阴影多，道路标志线缺损和模糊等影响识别算法可靠性的问题，提出结合机器视觉与雷达的道路环境感知与识别方法技术。从单目视觉入手，采用圆曲线匹配与逆透视变换方法来提高道路识别算法的可靠性，主要包括车道识别和障碍物识别，探索了双目立体视觉障碍识别算法，提高了算法的准确度。提出基于变尺度栅格法的道路可行驶区域识别方法，并运用A*算法在栅格图中搜索车辆行驶路径，最后，利用变粒度路权雷达图进行信息融合与决策。

1. 应用逆透视和局部阈值分割的图像预处理方法

针对透视效果造成的图像中车道标线尺寸及位置的变化（见图1），以及阴影等对车道标志线提取的影响，提出应用逆透视和局部阈值分割的图像预处理方法。根据摄像机的标定结果和摄像机高度和俯仰角的实时修正结果，对采集的原始图像进行逆透视变换，得到逆透视IPM图像（见图2），消除了透视投影的影响。为了能在不同光照条件下和在强烈阴影条件下检测出车道线，基于道路标志线的D-L-D灰度模型（见图3），应用局部阈值分割的算法（见图4）在IPM图像中提取出图像中的感兴趣区域（见图5）。

图1　原始图像

图2　逆透视图像

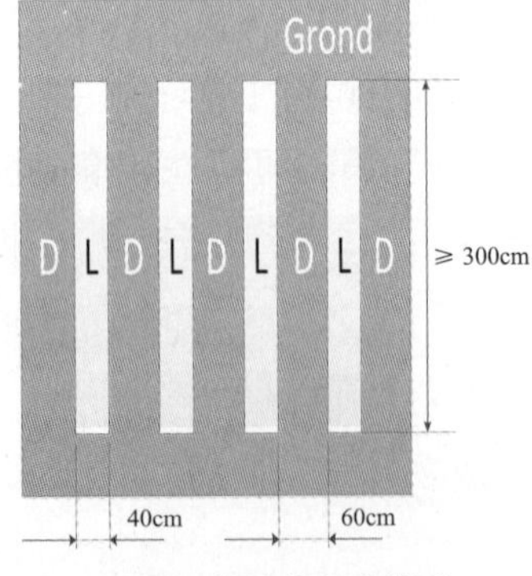

图3　标志线灰度模型

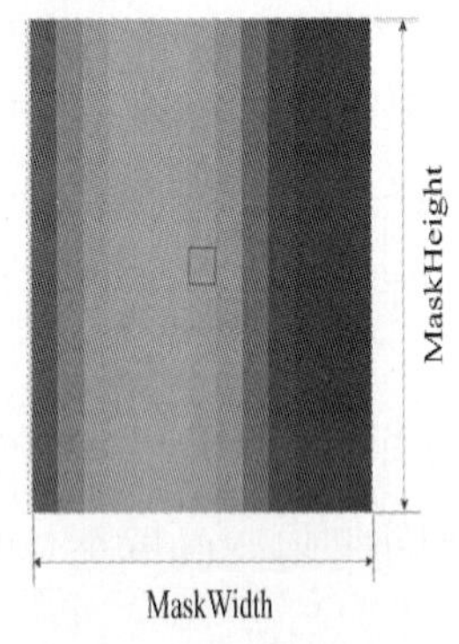

图4　局部阈值分割

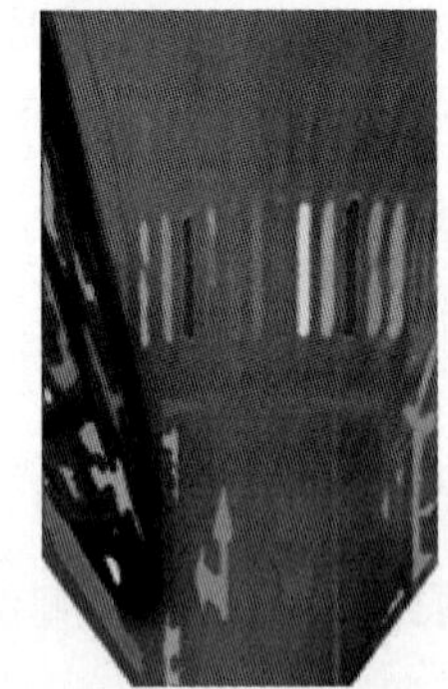

图5　感兴趣区域

2. 基于区域特征及相关性的地面标线的识别算法

应用线提取的方法将区域转换为线段，将标线所在的区域与线段综合分析，从区域特征及区域相关性两方面判定是否是车道线。依据道路标线与路面的关系，标线与标线之间的关系，不仅对单个线段灰度与区域特征进行判定，还充分考虑各线段相互间长度、位置、角度关系，并结合各标线的历史记录信息，最终提取出斑马线、停止线、车道线等车道标线（见图6），并作为下次判定的依据之一。本技术可最多同时检测出结构化道路中四条车道线。

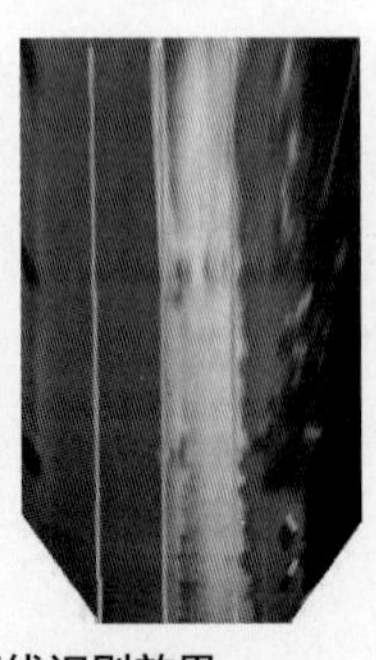

图6　道路标线识别效果

3. 基于投票法的路面区域提取

在结构化道路中，路面可行驶区域和路边不可行驶区域的分界处，一般存在一定的高度差。该方法遍历单次雷达扫描数据，将所有雷达俯视扫描时检测到的路面信息画点。在经过预处理的雷达道路数据图像上，在识别出的路面点所在的一定区域范围内，计算所有可能的路面点属于该直线的概率之和，并以进行归一化后的值作为路面直线的可信度。最后，对所得结果进行归一化处理。其处理方法是认为给定的雷达识别数据中所有点都属于道路可行驶区域内的点，通过实验标定可得到理想直线的概率值P_0，其搜索结果如图7所示。

（a）真实道路环境

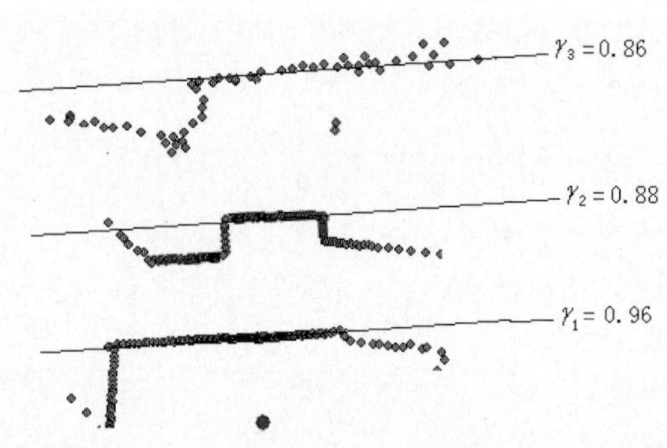

（b）投票法路面直线的识别

图7　路面区域提取

4. 基于变尺度栅格图的环境建模方法

针对复杂的道路环境和有限的计算资源，必须采用一种有效的方法实现道路信息的实时规划处理。该方法通过研究栅格的边长大小与车辆位置、相对距离、车辆性能等的关系，在比较和实验多种方法的基础上，提出一套计算栅格大小的应用方法，构造出粒度可变的栅格图，用以区分车辆周围不同区域的信息有效性，并分配不同的关注程度，以达到在环境建模时减小计算量和保证重要区域重点规划的目的。变尺度栅格图环境建模如图8所示。

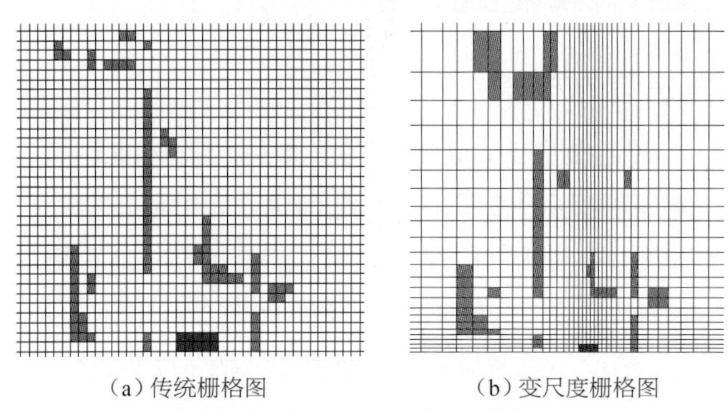

（a）传统栅格图　　（b）变尺度栅格图

图8　变尺度栅格图环境建模

5. 基于粒子群K–均值聚类的障碍物检测算法

在传统K–均值聚类算法的基础上，引入粒子群算法进行改建，通过粒子编码与粒子进化方程的设计来改变传感K–均值算法只能在聚类中心数量一定的前提下进行搜索的缺陷，从而提高算法对客观障碍数量的适应能力。利用粒子群K–均值算法对雷达多维数据进行处理并进行障碍无检测，可以在没有先验障碍数量的前提下获得所有障碍信息。算法结果如图9所示。

6. 基于扩展卡尔曼滤波的动态障碍物跟踪算法

智能车传感器感知系统中存在大量噪声，主要来自：测量噪声，即雷达由于制造工艺、光照条件、障碍材质、相对运动等因素而产生的测量误差；车身误差，即由于车辆的抖动、方向偏差引起的误差以及计算噪声。对此采用卡尔曼滤波进行障碍跟踪。基于大量运动障碍具有非线性运行特性，采用扩展卡尔曼滤波方法在障碍检测的基础上进行障碍跟踪。算法利用交互多模型算法IMM，采用多机动模型结合的方式实现不同类型障碍的跟踪。采用的机动模型包括辛格（Singer）模型、机动目标当前统计模型、变维滤波模型等，利用IMM实现算法运行过程中目标运动模型的切换，从而适应不同的目标类型；与基于粒子群K-均值的障碍检测算法紧密联结，相互支持；设计重点目标选择机制，借鉴视听觉信息的认知计算中认知注意力机理进行重点障碍目标的选择，从而降低算法的计算量并突出重点目标的检测与跟踪能力。

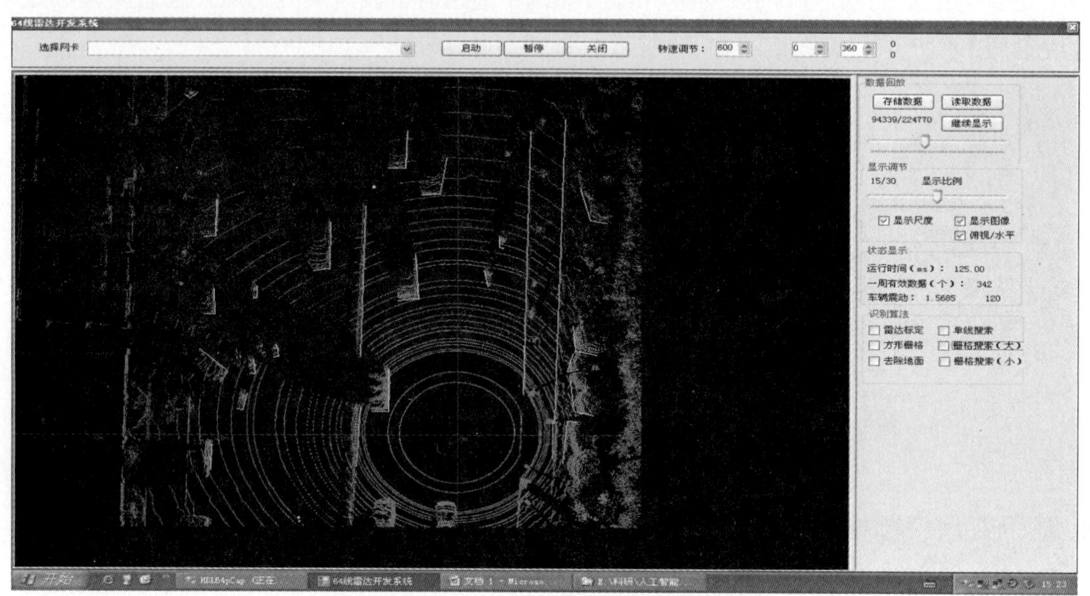

图9　基于粒子群K-均值聚类的障碍物检测图

7. 利用变粒度路权雷达图进行信息融合与决策的方法

利用不同大小的栅格构成变粒度雷达图形式，融合摄像头、雷达等各类传感器的环境感知信息，显示车辆可拥有的路权空间及其变化趋势。路权雷达图始终以车辆的几何中心为中心，覆盖半径为100～200m的周边范围；离智能车辆越近，路权雷达图栅格的尺寸越小、精度越高，离智能车辆越远，路权雷达图栅格的尺寸越大、精度越低；路权雷达图中的角度分辨率可根据驾驶关注区域改变，也可固定，由此构成的变粒度栅格，可用数组结构与之对应；通过参数配准及位置标定，将不同传感器感知并处理得到的信息，映射到路权雷达图的统一坐标系中，并对相应栅格进行赋值，赋值的内容可以包括障碍物的高度、置信度等；路权雷达图始终寄生在运行中的车辆上，与车速相关，并随时间动态变化，其更新周期由传感器采样频率、本车行驶状态等因素决定，如图10所示。

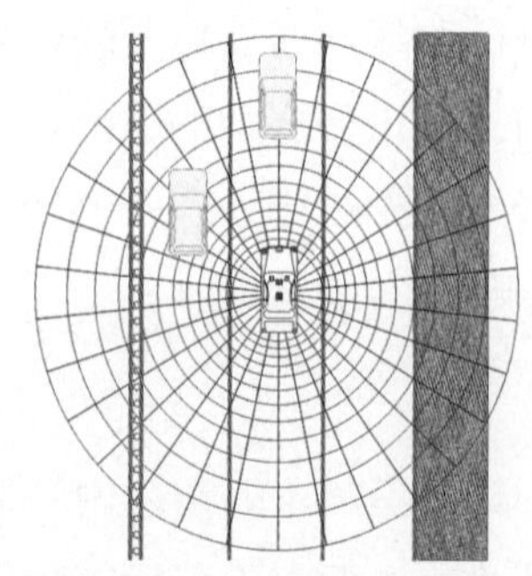

（a）智能车周边道路环境示意图

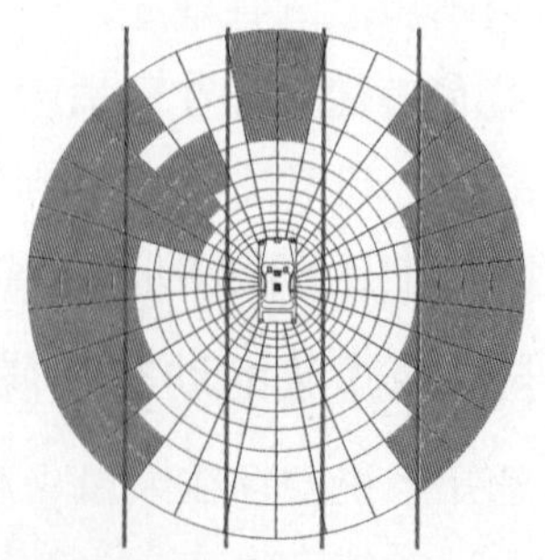

（b）智能车周边道路环境信息在变粒度路权雷达图中的反映

图10　变粒度路权雷达图对智能车周边道路环境信息的描述示意图

在融合多类传感器检测结果后，会得到本车拥有的周围路权状况及变化趋势，形成对智能驾驶中将发生的车道内的跟驰模式、相邻车道的换道模式或路口的通行模式（包括左转弯、右转弯、直行、U字掉头）等基本驾驶行为控制策略的基础平台，进行局部路径的动态规划、协同导航等。以路权雷达图为基础，结合人类驾驶经验，利于建立智能车辆决策规则库，完成定性知识到定量控制的转换。路权雷达图为智能决策、路径规划、人机交互、无人驾驶等提供统一的基础框架；根据人类自然认知规律而构造的近处细粒度、远处粗粒度的变粒度栅格，在满足智能车环境感知需求的同时，可以利用较少的存储空间与计算资源，完成对人类驾驶行为认知的模拟和计算，为智能驾驶的实现提供重要技术支撑。

（二）汽车智能驾驶控制算法

针对被控对象车辆是一个高度非线性、时变性和不确定性的复杂系统，常用的控制算法，无论是PID、LQ等经典控制算法，还是神经网络、模糊控制等智能控制方法，都要求对过程和被控制对象进行在线辨识，直接或间接依赖于对象或过程的精确数学模型。如果能够从人类控制方法的特点出发，寻找一种类人的控制算法，或找到一种能够用数学方法描述人类操作行为的数学方法，将有助于解决上述问题。

本团队创新性地提出了拟人控制模型（Human-Simulation steering control，HS）。HS算法既不同于神经网络算法那样的网络结构，也不同于模糊控制算法，它采用函数而不是规则集合来描述人类驾驶规则。其输入–输出不能被描述为纯线性、非线性的模型，实际上它同时包含了这些特性。拟人控制器主要响应低频信号，对高频信号则倾向于衰减，且频率越高衰减越严重；拟人控制器具有非线性，但在某些情况下可转化为线性。还有其他一些控制效果，如预瞄距离、对航向角的敏感性等也类似于人类驾驶员的表现。

第一代拟人控制模型以直线道路模型为背景，以车道参数和车辆前轮角度为依据，通过计算机计算输出参数。第二代拟人控制模型在此基础上，将视觉视野参数和车辆速度纳入考虑范围，提出适合高速状态下的车辆控制模型，并对PID、LQ以及HS控制算法进行仿真与试验。图11展示了HS控制器在不同车速上的侧偏距离变化，图12展示了PID、LQ以及HS拟人转向控制算法实时性、稳定性仿真结果。

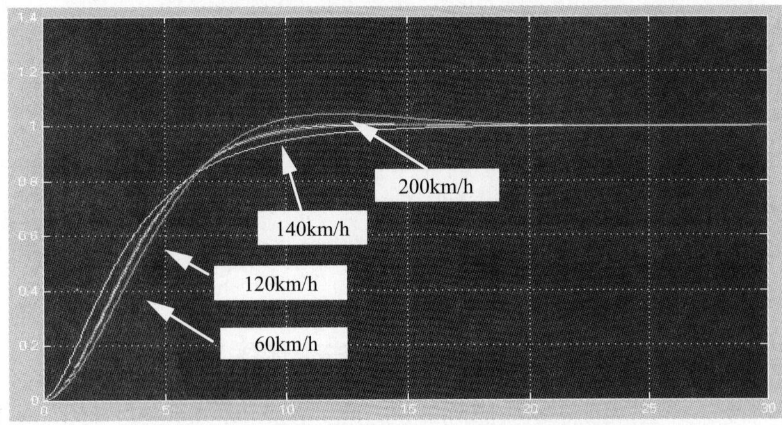

图11　HS控制器在不同车速上的侧偏距离变化示意图

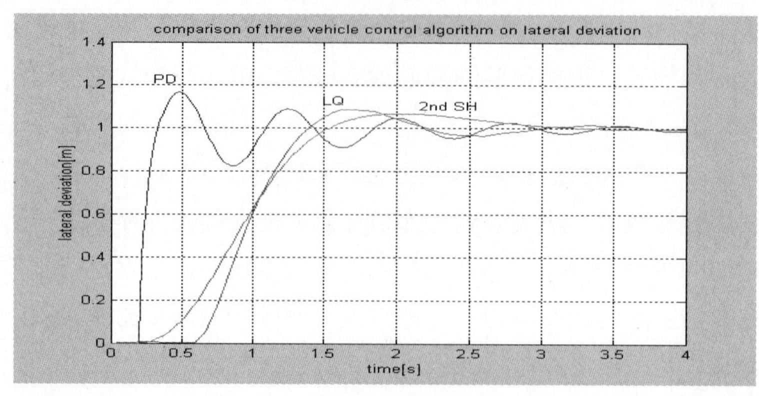

（a）横向距离y输出比较

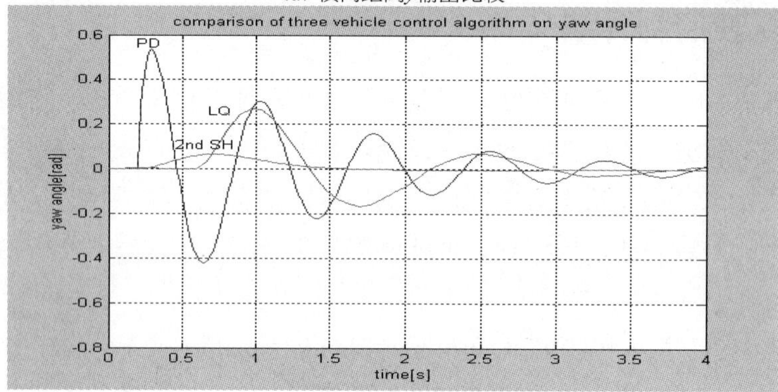

（b）横摆角度φ输出比较

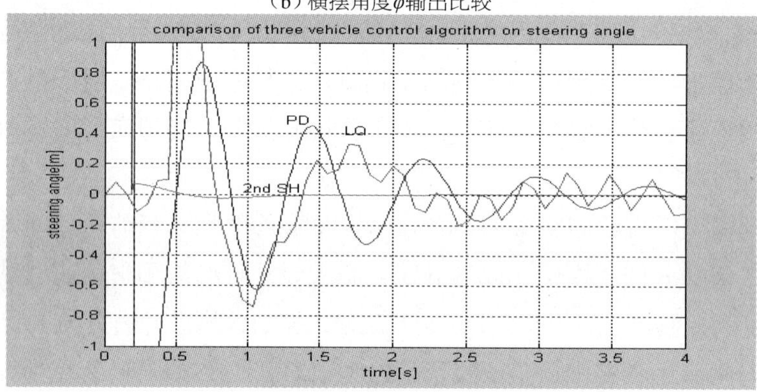

（c）前轮转角δ输出比较

图12　三种控制算法实时性与稳定性仿真结果

（三）车队协同驾驶半实物仿真技术

针对半实物仿真技术在智能车路系统设计、执行与测试的便捷性、复验性、多样性以及安全性方面具有实车道路试验无可比拟的优势，发明了一种模块化缩微道路环境模型，一种缩微道路模型，车模缩微车的电器和机械集成平台，以及适应于车模竞赛的多自由度摄像机支架，用以开发车队协同驾驶半实物仿真系统。

1. 车队协同驾驶混成动态系统群体体系结构与个体体系结构

采用自顶向下的设计方法，即将车队协同驾驶功能与目标要求逐层分解，逐步细化到系统的各个功能模块，集成实现系统目标所必需的混成控制策略。设计具有协作层和物理层的混成车队群体体系结构与分散变结构的车辆个体体系结构。同时设计基于双层通信机制的信息交互模式，分别用于车队间通信和车队内通信，从而支持车队协同驾驶过程（见图13）。

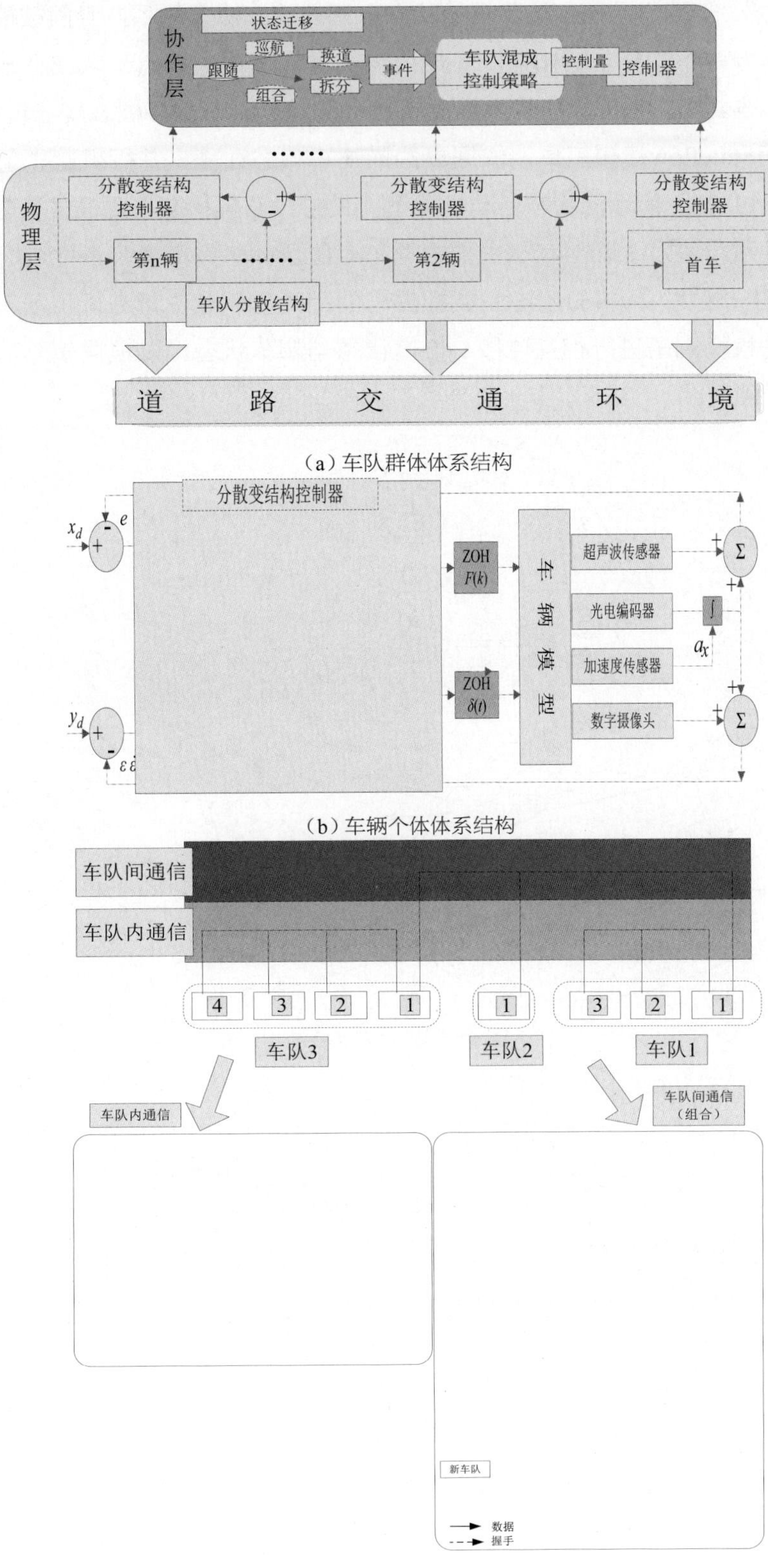

（a）车队群体体系结构

（b）车辆个体体系结构

（c）车队信息交互模式

图13 车队协同驾驶混成动态系统体系结构

2. 车队协同驾驶混成自动机建模

针对车队协同驾驶过程中存在的巡航、跟随、组合与拆分、换道、超车等策略，采用有限状态机对该过程进行建模。车队主要分为首车领航、当前被控车辆与其后改变车辆三大部分。领航车从初始状态经过“启动”“加速”动作，达到巡航状态。通过建立协作联系，当前被控车辆可以通过跟随、换道、组合、拆分等不同状态的切换，完成所需的协作策略，驶出车队或者与其后车队重新组成车队。同理，其后改变车辆根据相应的策略更新自己的状态。车队多模态变迁过程如图14（a）所示。有限状态机采用Stateflow建模工具，依据事件描述、状态迁移、并行机制、条件动作、层次特性等规则，搭建如图14（b）所示的状态自动机模型。其中，巡航状态主要根据车道位置、车队长度以及巡航速度等条件进行触发；跟随状态主要根据车道位置、车间距离等条件进行触发；组合状态主要根据车队长度进行触发，而拆分状态主要根据车间距离与车道位置进行触发，同时组合与拆分状态之间通过设定的权衡因子进行相互转移；换道状态与超车状态可以根据相邻车道车辆状态信息构成的约束条件进行触发。

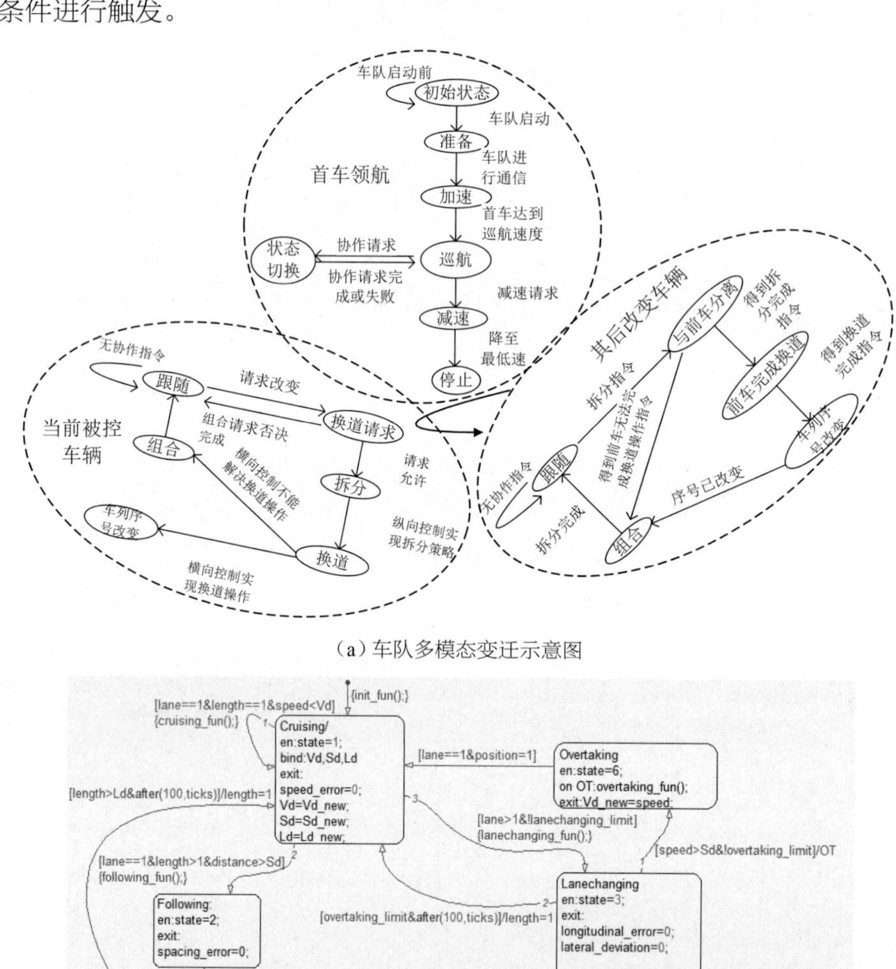

（a）车队多模态变迁示意图

（b）有限状态机建模

图14　车队协同驾驶混成自动机建模

3. 车队协同驾驶策略仿真

依靠建立的车队协同驾驶半实物仿真系统实现车队协同驾驶策略仿真。一维车队跟随策略仿真以及二维车队换道、超车和车道保持策略仿真如图15和16所示。

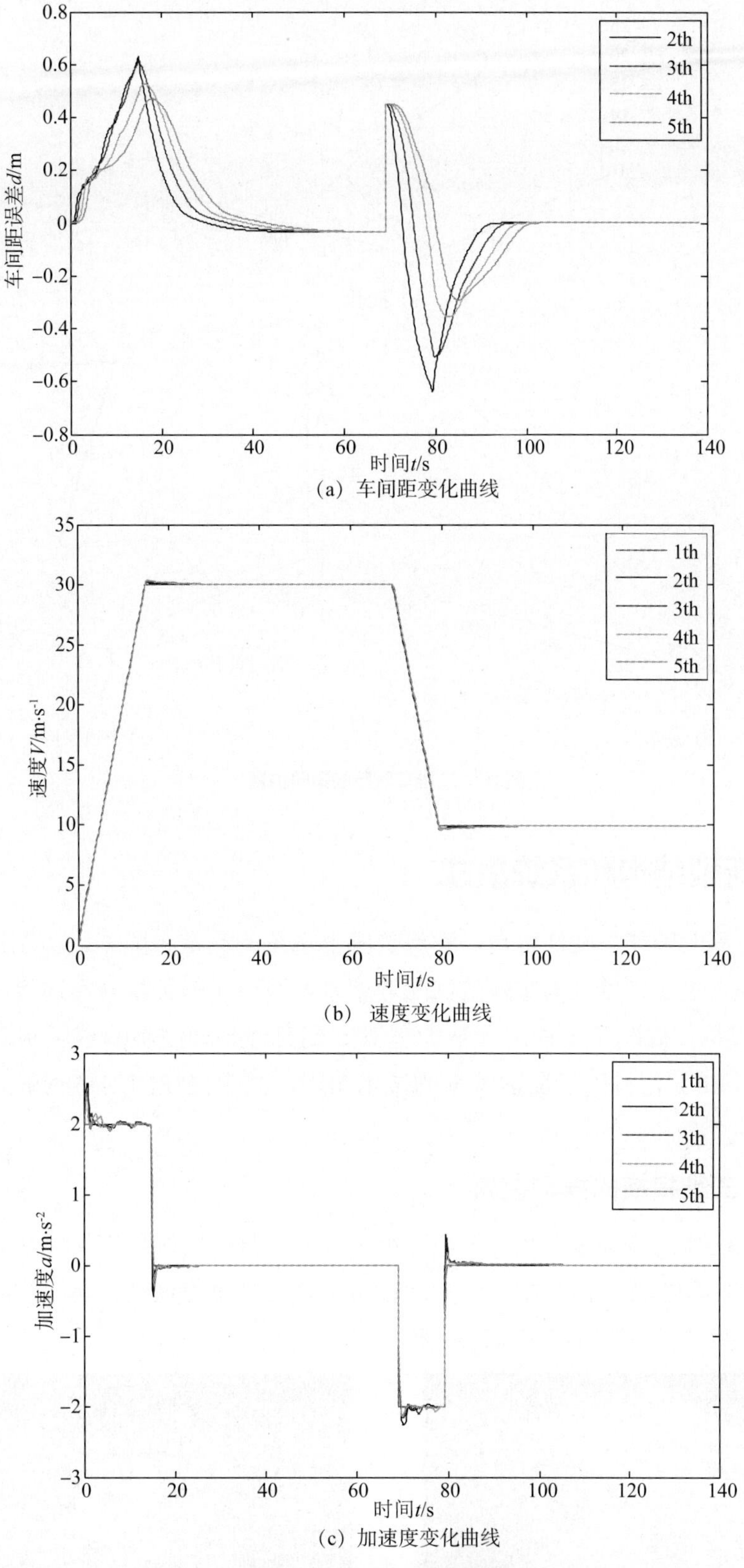

(a) 车间距变化曲线

(b) 速度变化曲线

(c) 加速度变化曲线

图15 一维车队跟随策略仿真

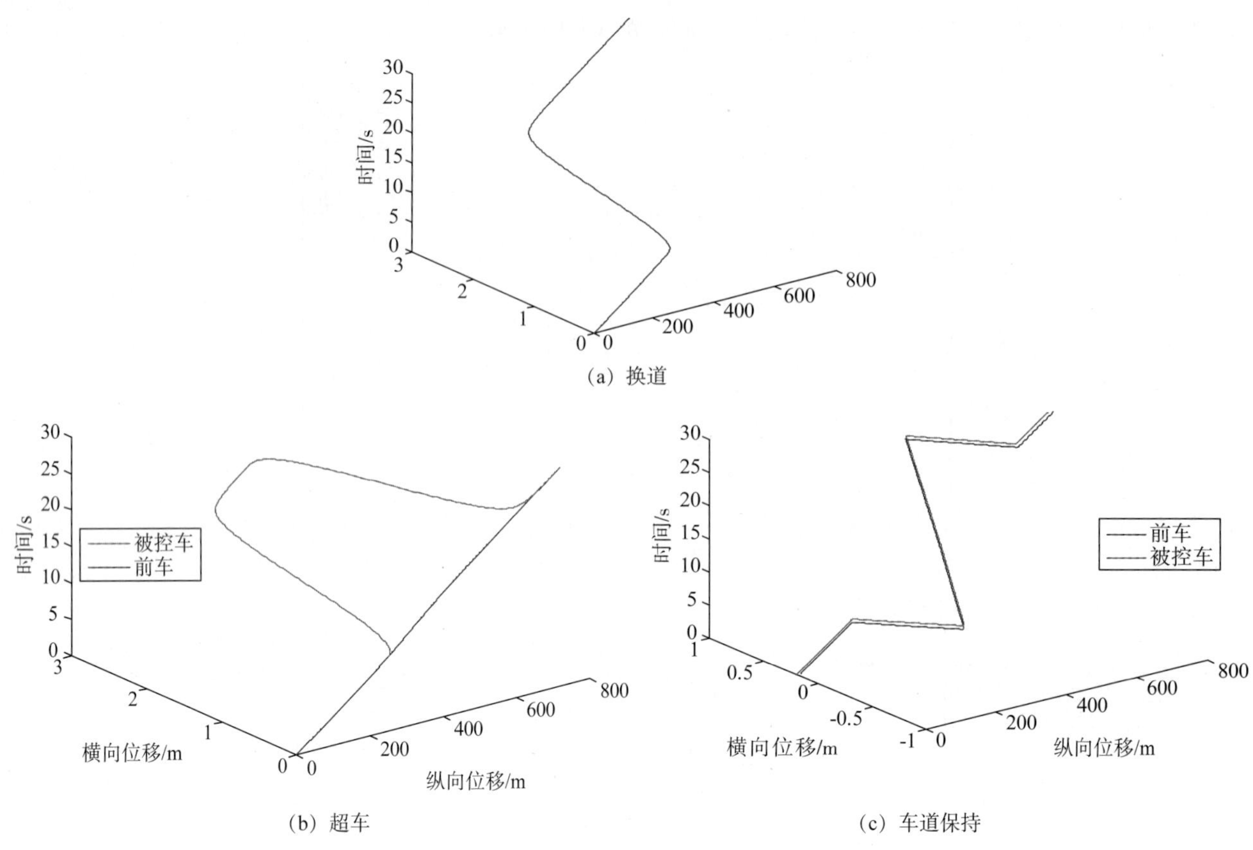

图16　二维车队行驶策略仿真

（四）智能安全新型结构和系统集成

为建立自主、可靠的智能车硬件平台，满足传感器系统的标定、调试、功能扩展等要求，满足执行机构的响应特性、控制精度、与车辆的匹配等要求，发明了一种激光雷达呈三维扫描的摆动装置和自动控制选档机构，研制了一种用于智能车辆实现自动制动控制的液压制动系统，设计了专用的电动转向系统（EPS），打破了发达国家的技术垄断，并率先在国内将汽车智能车辆系统推向产业化。

1. 激光雷达呈三维扫描的摆动装置

车载激光雷达系统作为智能车辆系统的重要组成部分，其性能好坏直接关系到系统功能的实现与否。本项目发明了一种扫描式激光雷达，实现雷达的点头式垂直摆动，将二维激光雷达转变为三维扫描的激光雷达。图17是系统方案和摆动效果。

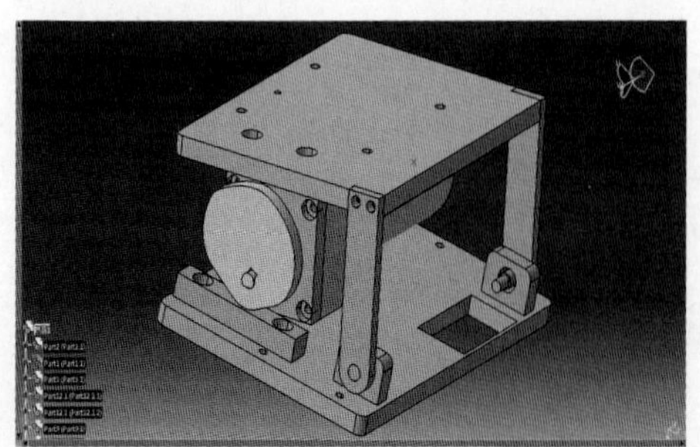

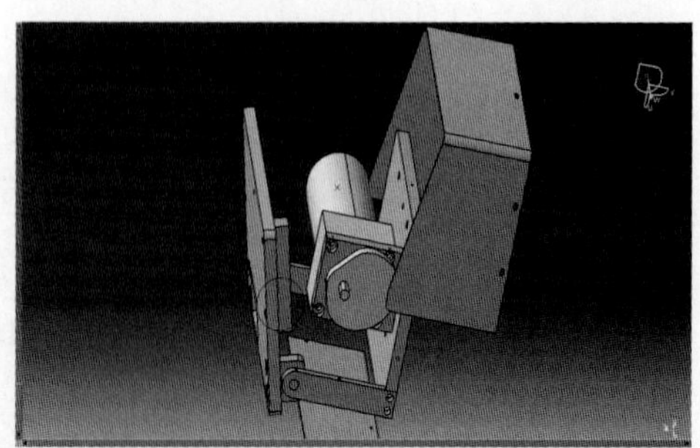

图17　二维激光雷达俯仰摆动装置

2. 自动控制选档机构

在不改变车辆自身结构的前提下，为实现智能车辆的自动换档，研制了自动控制选档机构。该结构可以利用车辆原有的自动变速器选档杆，在不影响该系统对驾驶员操作的前提下通过电动推杆机构，实现驾驶员控制和自动控制（起步、加速、巡航、制动等）两种控制模式，并可柔性切换。另外，系统还具有对车辆原有系统和性能影响小、安装方便、成本低等优点。图18显示了该装置安装后的实际效果，图19是该装置的原理示意图。

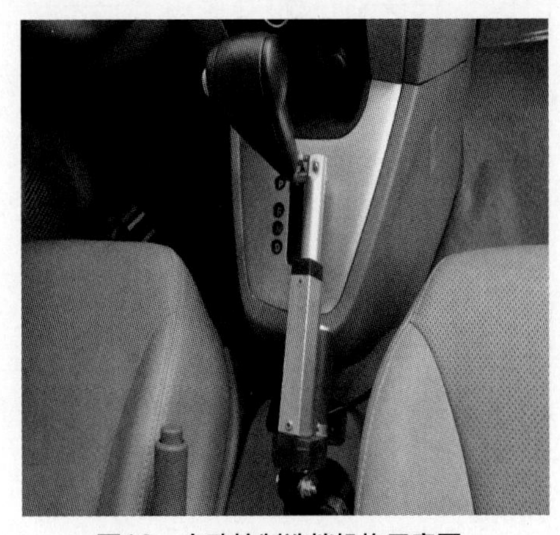

图18　自动控制选档机构示意图

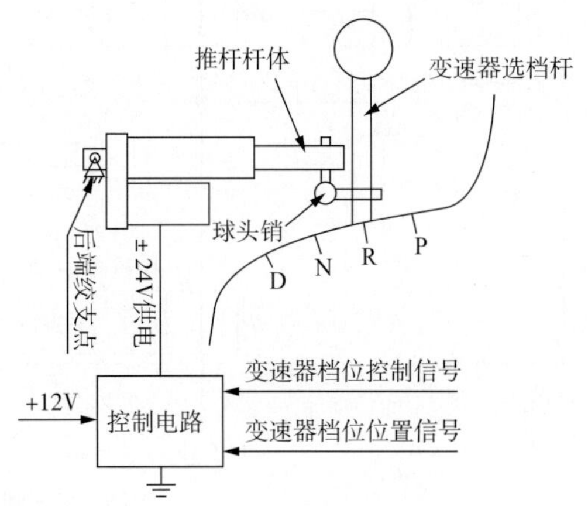

图19　控制电路图

3. 液压制动自动控制系统

为实现对液压制动系统车辆的电控制动，开发了基于高速开关阀的多功能电控液压辅助制动装置。该装置原理组成如图20所示，其工作原理如图21所示。在车辆液压制动系统的制动主缸与ESP液压控制单元HCU之间的液压油管中加入液压阀组，该阀组中的电磁阀接受制动控制计算机控制。当车辆由驾驶员控制时，控制计算机不向液压阀组发出控制信号，液压阀组保持从制动主缸到ESP-HCU的油路畅通；当车辆进行无人驾驶时，液压阀组在控制计算机的控制下，通过其中的电磁阀切换油路，切断由制动主缸到ESP-HCU的油路，改由液压阀组中的液压泵提供液压制动能源，并将其导向ESP-HCU，完成自动控制液压制动。该装置安装方便，可靠性高，能耗小，响应准确快速。

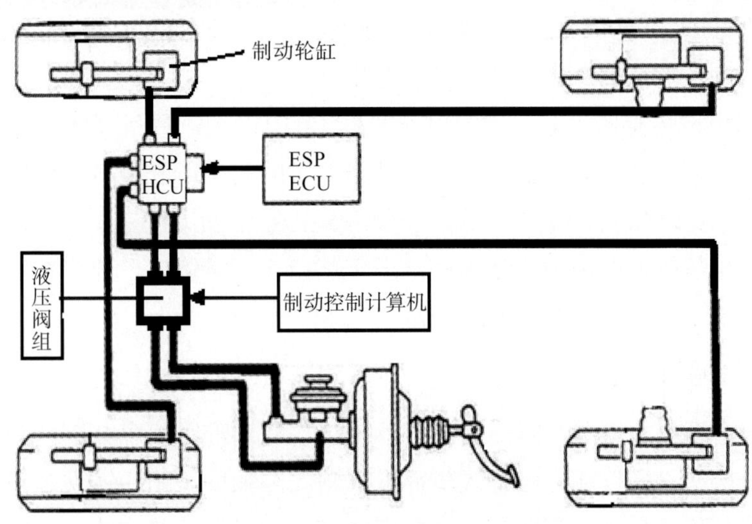

图20　自动控制液压制动系统示意图

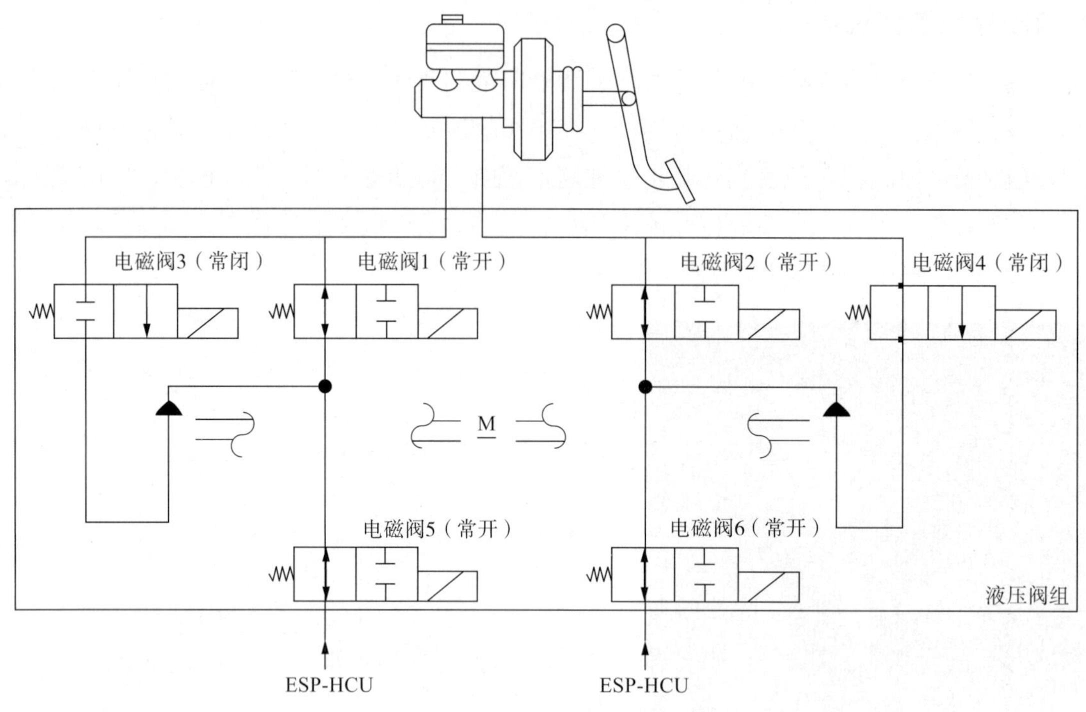

图21 液压阀组工作原理（保压制动）

4. 缩微智能车与车联网仿真实验平台

目前，在智能交通技术、车辆工程研究领域以及在交通事故再现技术中，都需要构建与实际道路交通环境满足物理相似原则的缩微交通道路环境。为了提高缩微交通道路环境的使用价值和应用效率，本项目提供一种新型结构的缩微道路模型，该模型利用模块化设计思想，不仅可以实现传统缩微道路模型的所有功能，而且能够快速拆解、方便搬运、快速按要求重构满足不同交通道路环境的缩微道路环境模型，如图22所示。

图22 缩微车与缩微交通环境

其中，缩微智能车主要组成部分有车模底盘(1∶10)、工控主板、底层控制器、传感装置（视觉传感器、激光传感器、超声波传感器等）、无线通信模块和供电单元，具备环境感知、模式识别、规划决策与控制能力，可实现缩微环境中复杂道路交通条件下的自主行驶及协同驾驶，比如车道保持、车辆跟随、超车换道、交通标识响应等。缩微道路环境主要包括以下交通设施：两车道/三车道，直行、右转灯、可机动布置的锥形标以及红绿灯，十字路口、丁字路口、疏导型立交桥，以及包括停车场、绿化带、隔离带、树木、草坪等辅助设施。

5. 智能驾驶实车验证平台

针对目前汽车安全系统执行器兼容能力差、系统结构复杂难以信息共享、开发周期长且成本高昂等问题，提出了分层次、多目标、协调式车辆纵横向安全辅助策略，实现了多源信息融合、车内网络互通、执行机构共享、车型匹配期短、人机交互宜人的系统集成方法，研制了多功能、适用于多路况的智能驾驶实车验证平台。如图23所示，可以用城市、高速公路及乡村道路上的车辆自主驾驶及协同驾驶。

图23 JJUV系列智能车

三、技术应用及成果

（1）2007—2010年连续4年组队参加教育部主办的“飞思卡尔杯”智能汽车竞赛，获得全国赛区一等奖2次，二等奖3次，华北赛区一等奖3次。

（2）2010年以JJUV2智能车参加国家自然科学基金委主办的“中国智能车未来挑战赛”，取得智能车曲线道路识别与自主行驶单项第一，自主泊车第一，静态交通标志识别第二，总成绩全国第五名。2011年再次以JJUV2智能车参加“中国智能车未来挑战赛”，获得总分全国第二名。

（3）2012年以JJUV3智能车参加“中国智能车未来挑战赛”，获得总分全国第一名。

（4）2012年11月24日，JJUV3智能车完成了在三方监督下的京津城际高速公路无人驾驶公开测试，完成了循线行驶、跟车行驶、换道行驶、邻道超车、自主超车、人工指令自主驾驶6个科目的试验，总里程114km，平均时速79.06km/h，最高时速105km/h，全过程无人工干预。

（5）2011—2012年，组队参加中国人工智能学会主办的“缩微智能车”竞赛，连续两年获得全国一等奖。

（6）2013年以JJUV4智能车参加“中国智能车未来挑战赛”，获得总分全国第二名。

（7）2014年以JJUV5、JJUV6智能车参加“中国智能车未来挑战赛”，包揽前两名。

中交智能产品与服务体系

中交智能科技股份有限公司　董春　范宗杰

一、智慧公路领域

（一）“橙色漫步”智慧公交

中交智能科技股份有限公司自主研发的橙色漫步智慧公交平台系统是整合了呼叫中心、车辆运营调度平台、多媒体查询屏、车载WiFi车辆监控、手机客户端一系列软硬件形成的直呼公交系统，橙色漫步智能公交平台主要有智能调度分系统、车载监控分系统车联网分系统和乘客信息服务分系统。

智能调度分系统实现了公交车辆和司机的排班、调度、统计、监督管理、自动报站等功能；通过车载监控系统实现了全天候、全方位、全过程监控车辆运行轨迹、车速、车辆位置，显示车辆故障、报警、离线、运营和非运营状态；车联网系统实现了车内WiFi覆盖、车车实时通话对讲；通过乘客信息服务系统实现了站点、线路、实时公交、天气、险情等信息发布与查询。

平台特色如下图：

平台功能	手机功能
车务管理	线路查询
无线视频	站点查询
统计分析	站站查询
自动报站	到站预约提醒
辅助决策	实时车辆数据
车内WIFI覆盖	道路救援
公众信息发布	

橙色漫步智慧公交平台于公交公司有效加强公交营运安全管理，提升调度运力和服务质量并对运营过程中车内异常情况的动态监控，提高企业综合运营效益；于乘客提供更加多元化、便捷化、精准化的服务。

（二）“宽途”智慧服务区

宽途智慧服务区方案是中交智能利用大数据、云计算、车联网、智能硬件等技术，实现高速服务区的立体式、智慧化、全方位服务的智慧公路服务方案之一。目前主要有三方面内容：峰光无限WiFi热点，系统集成，交通信息服务。

目前，人们的衣食住行都离不开网络，因此通过WiFi覆盖可以极大地丰富人们在服务区的娱乐活动，同时通过WiFi覆盖可以实现信息发布等增值服务，并且可以借此通道发布广告，因此，WiFi覆盖可以同时提高服务区服务水平和经济效益，目前峰光无限WiFi热点除了WiFi覆盖、信息发布（多媒体查询）以外，还集成了手机充电、充值等功能。

关于交通信息服务主要有信息查询与发布，有了WiFi覆盖的铺垫，服务区内的信息发布与查询就为公众提供了更加便捷的服务，服务区可以通过多媒体查询屏实现信息发布与查询，实现路线查询、实时路况查询、天气查询、航班查询等。峰光无限WiFi热点除了WiFi基站外，也集成了信息查询与发布的多媒体显示屏，除了发布信息外，通过多媒体查询屏获取海量用户进行广告发布能够提高服务区的经济效益。除了服务区内查询以外，还需要结合当前的微信公众号、手机客户端满足客户的多元化查询需求，例如用户在路上即可通过公众微信号和手机APP查询路线、美食、旅游景点、服务区车位，加油站是否缺某种型号的汽油或者柴油，从而客户决定沿途在哪个服务区停留。

（三）“宽途”智慧物流

宽途智慧物流云平台通过RFID、传感器、GPS、大数据处理、云计算等实现物流系统的智能化、网络化、自动化、可视化、系统化。

宽途智慧物流服务平台架构如下图所示。

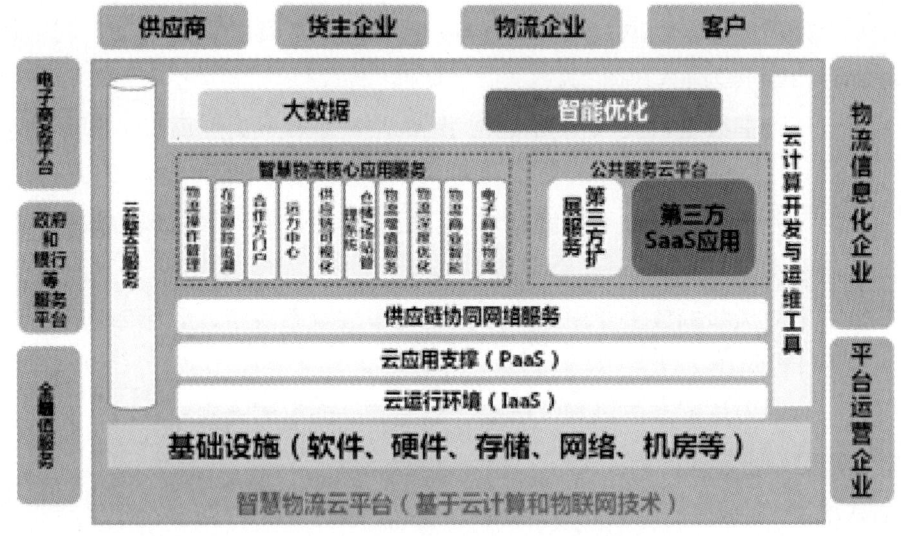

宽途智慧物流终端——路信宝如下图所示。

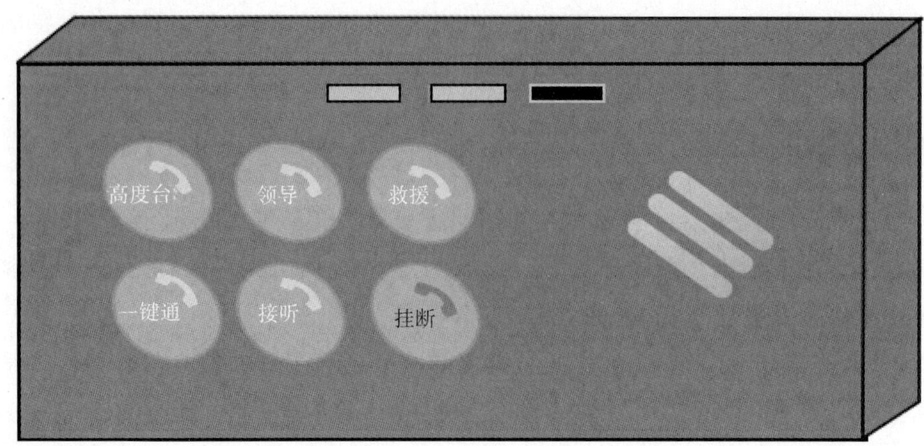

路信宝终端内置GPS模块、通信模块以及碰撞传感器，主要实现车辆实时定位、一键救援呼叫、汽车防盗、汽车定位、双向语音通话、驾驶路线记录等功能。

宽途智慧物流云平台在根据路信宝车载终端与后端服务器的数据交换过程中实现智慧车辆管理、智能派遣行车路线、智能车辆资料管理、车辆实时数据、车辆异常警、车辆数据统计等核心功能。

二、路信通车联网

（一）路信通车路协同数据中心

目前，路信通车联网自有数据中心和呼叫中心各一处，结合车载智能终端及传感器实现碰撞自主求助、紧急救援、车门远程开启、被盗车辆定位、被盗车辆启动限制、兴趣点导航、车况检测等功能。

此外，在车路协同数据中心下还有一个智能交通大数据平台，主要实现驾驶风险分析：

驾驶人风险：此处需要与车联网终端（OBDII）采集大多数驾驶人的数据，利用驾驶人年龄、性别、不良驾驶率等计算出驾驶人风险指数。

天气风险：天气风险指数是将天气状况转化为路面附着系数后并与驾驶人风险数据融合、相关后进行评估。

路况风险：路况风险指数通过道路长度、年平均日交通量，并与天气风险数据、驾驶人风险数据等因子综合计算输出。

事故风险指数：事故风险指数主要由道路路段平均事故频率决定，此频率主要由道路长度、年平均日交通量等数据计算得出。

基础设施风险：基础设施指道路景观、桥梁、隧道等，通过道路健康指数，桥梁、隧道健康水平因素融合计算输出基础设施风险。

五项风险指数通过融合、相关计算后还可得出驾驶风险综合测评指数，并进一步给出驾车人行车安全建议。

（二）车载智能终端

1. 路信通互联驾驶导航车机

传统的导航车机只有导航、影音和蓝牙电话功能，而路信通导航车机除了实现这些基本功能外，还可以实现车机互联、声控导航、实时路况导航等特色功能，并且路信通互联驾驶导航车机通过加入通信模块可以实现实时通话、远程监听、远程开锁、远程锁车、远程启动、远程查询车辆状况等功能。

2. 路信通智能车载OBD终端

路信通智能车载OBD终端采用高质量芯片，高集成、低功耗电路设计，模块小巧、简单易用，响应速度快，支持多种车辆汽车协议，可通过OBD接口读取车辆油耗、里程、速度、加速度、故障代码等几十种数据，通过内置通信模块将数据流传输至数据中心后，可实现车辆远程诊断及驾驶行为评星等功能。

（三）路信通车联网手机客户端

目前公司开发了一系列手机客户端为用户提供车联网服务（wap.jtxx123.cn）：

我的车友：车友自驾游编队，可以实时查看队友位置，实时发送文本消息，实时呼叫，实现了自驾游过程中安全、便捷、无间隙沟通。

路信通驾辅（Roadinfo ADAS）：在全国唯一实用化、产业化车路协同数据中心的支持下，实时显示当前位置并播报以车辆位置为中心3km范围内的路况；利用数据中心国内独有全国公路基础数据、路况数据、天气数据以及风险数据，根据车辆位置实时提醒当前的驾驶风险状况，主要包括道路风险测评、天气测评、事故测评、路况测评以及综合测评，以百分比的形式显示测评的风险指数，实现了驾驶风险分析平台的移动端应用。

朋图：行车过程中信息采集、分享、路况报告，不仅能把沿途的风景分享给车友们，更能把沿途的路况分享给广大的司机朋友，只要安装同一客户端的车主便能实时收到报告，并采取应对方案，分享同时还能赢取现金积分。

车信宝（Carinfo）：路信通OBDⅡ智能驾驶行车监测仪结合BOX车况，精确显示车辆的各种数据以及车主的驾驶行为数据，主要为下面几类数据：电压、发动机转速、行驶时速、节气门开度、发动机负荷、冷却液温度、瞬时油耗和平均油耗等车辆实时监控数据；本次行驶里程、累计行驶里程、总里程、本次油耗量和累计耗油量等车辆汇总统计数据；总点火次数、累计行驶时间、累计怠速时间、平均热车时间、平均车速、最高车速和最高转速等驾驶习惯数据；车辆故障检测与显示；并且实现了为车主进行绿色驾驶评星、规范车主驾驶行为，为车主的安全出行保驾护航，同时驾驶行为优秀的客户还可以获取现金奖励。

三、车朋驾友汽车服务

车朋驾友平台是一套基于位置的，集商务租车、汽车快修、汽车救援、汽车代驾四种汽车服务于一体的O2O平台。

该套软件分为供应商端和终端用户端，供应商端为服务的提供方，终端用户端为付费方。该平台为租车公司、汽车快修、汽车救援、汽车代驾导入客户资源，带来客户，同时方便了客户。车朋驾友软件使用“安路捷”平台，该平台整合了线下资源，使得潜在用户可以有效地寻找服务提供方，服务提供方可以更加容易地找到潜在客户。服务价格可以更加透明，整个服务链条更加闭合。

服务流程如下图所示。

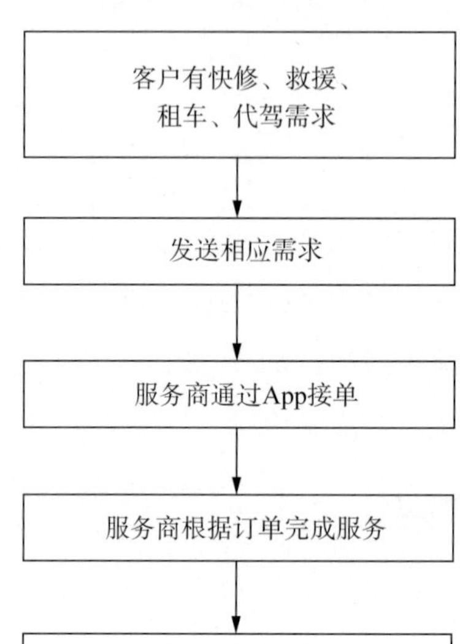

软件的用户端：车主使用该客户端可以享受租车、快修、救援、代驾等服务。比如，用户点击“我要快修”，位于车主附近的快修服务提供商就可以实时收到请求，服务商抢单，抢单成功达成协议后赶往用户所在地提供快修服务。根据服务的不同，具体的业务流程可能存在差异，通过信息整合的方式解决了客户遇到问题时不能够及时找到相关服务的困境。

软件的服务端：该软件由车朋驾友平台整合后台的线下实体服务。车朋驾友平台整合了商务租车、汽车快修、汽车救援、汽车代驾等线下资源，通过与这些服务商构成一个联盟，为其带来客户流量，只从服务商向客户收取的服务费中收取少量佣金（前三年对服务商免费），可以为服务商带来更多客户，同时客户可以享受到更加快捷的服务，实现了双赢。

营运车辆联网联控平台

浙江浙大中控信息技术有限公司　张愿　聂建权　杨永耀

中控营运车辆联网联控平台项目是杭州市智慧城市建设在交通管理领域的重点项目之一，由浙大中控信息技术有限公司与杭州市交通运输管理局联合开发建设，系统在杭州市电子政务云提供的基础环境基础上，采用弹性分布式计算的方式，对杭州市重点监控的3万余辆营运车辆进行运行轨迹实时监控和报警。目前已经完成一期和二期项目建设，正式上线运行，在营运车辆管理领域取得了良好效果。

一、技术特性功能

（一）技术特点

1. 计算资源的弹性化配置和分布式计算

系统不仅要实现对3万余辆营运车辆的动态信息（GPS信息）和静态数据的采集、交换和比对，而且还要应对GPS信息存在的数据并发访问量大，实时性要求高的问题。因此，系统在设计过程中采用分布式计算方式，同时充分考虑业务未来发展的需求，采用云模式的弹性化设计，实现计算资源的便捷增加。系统架构设计如下图所示。

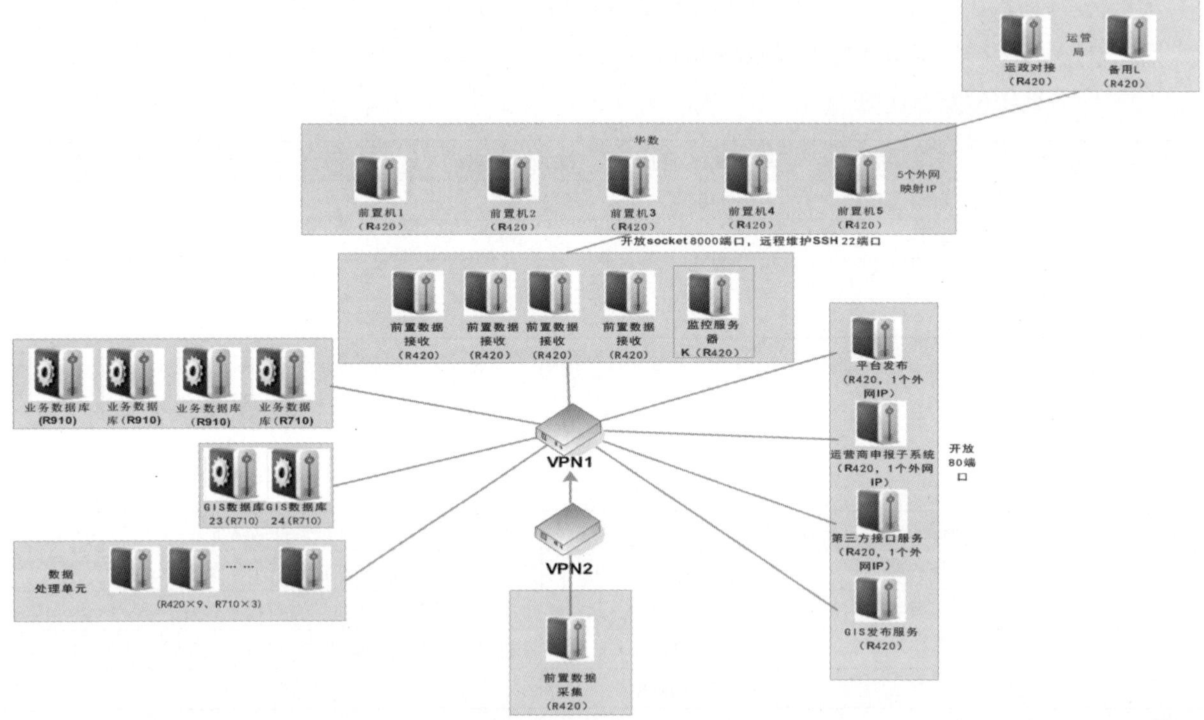

2. 海量数据的处理

1）基础数据

基础数据包括营运车辆基础数据、业户基础数据、运营商基础数据和GIS基础数据。

类　别	数 据 项	数据量(GB)	单项数据(KB)	目标数量	说　明
静态数据	车辆基础数据	0.3	10	30000	
	业户基础数据	0.01	10	1000	
	运营商基础数据	0.001	10	100	
	GIS基础数据	10			
合计		10.31			

2）动态数据

动态数据包括营运车辆实时运行数据和业务系统数据。

（1）实时运行数据量估算

杭州市营运车辆联网联控平台的信息量来源于各运营商实时上传的数据。数据采集部分每天的信息量预测如下：

序　号	车辆类型	车 辆 数	汇报间隔	时间/天	数据量	备　注
1	公交车及其他车辆	10000	30s	16h	1172MB	每条消息按64字节计算
2	三类以上班车、包车	10000	30s	16h	2344MB	
3	危险货物运输车辆					
4	出租车	10000	20s	24h	3956MB	
每天采集的数据量					7472MB	

每条消息的日志记录按128字节测算，其他相关的日志按照20%的比例测算，每个月的日志的信息量为

7472×（128/64）×120%×30 = 526（GB）

数据库的存储量与采集数据量类似，增加20%的索引，每个月数据库的容量需要为

7472×120%×30=263（GB）

每年的实时运行数据量估算为（526+263）×12=9468（GB）

（2）业务系统数据量估算

类　别	数 据 项	数据量(GB)	数据包(Byte)	频次(月)	说　明
业务数据（月）	轨迹分析	10	10G	1	
	业务报表	0.3	10M	30	
	辅助决策	1			
合计		11.3			

每年的业务系统数据量估算为

11.3×12 = 135.6（GB）

3）总数量

数据类别	数据子类	年数据量估算(GB)	数据存储需求
基础数据	基础数据	10.31	按照30%的冗余，需要13.7GB
动态数据	实时运行数据	9468	按照30%的冗余，需要12308.4GB，保存一年
	业务系统数据	135.6	按照30%的冗余，需要176.3GB，保存5年，共需881.4GB
合计		9614.1	13203.5GB

(二)系统功能

系统实施过程中，考虑到系统的业务处理过程中的多个不同业务对象。根据不同角色，均建有适合不同角色的业务子系统。主要系统功能如下图所示。

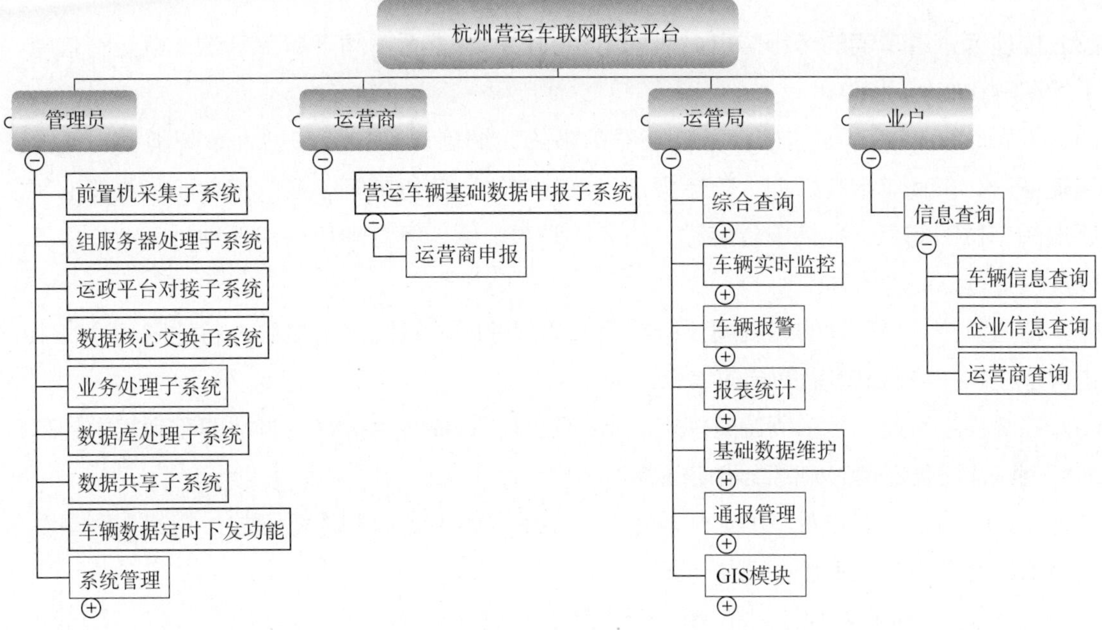

1. 前置机采集子系统

前置机采集子系统分成两个部分：一是采集GPS定位数据；二是采集动态营运数据。

2. 组服务器处理子系统

组服务器根据不同业务类型的数据进行整合，并对数据进行预处理。

3. 营运车辆基础数据申报子系统

各运营商将网内车辆数据通过申报系统上报基础数据。

4. 运政平台对接子系统

将运营商上报的基础数据与运政平台的数据进行对接。

5. 数据核心交换子系统

所有数据通过核心交换子系统进行交换。

6. 业务处理子系统

业务处理子系统根据不同的车辆类型，进行数据的详细处理。

7. 数据库处理子系统

根据各类数据，分门别类地进行数据库处理，并统一存储。

8. 数据共享子系统

数据共享子系统将相关数据分别与省厅平台、部平台以及动态监管、应急指挥、交警、城管和安监等平台对接。

9. 车辆GPS监控子系统

（1）查看车辆的整体动态运行状况，包括业户总数、车辆总数、在线总数、停运总数等。

（2）车辆信息列表查看车辆的基本信息和运行信息，包括所在的区域和线路，是否超过该路段的限速等。

（3）按地区查看车辆的运行信息。根据用户的权限，查看不同下属地区的车辆运行信息，包括地图上的车辆和车辆列表。

（4）查看车辆相关详细信息。可以查看车辆的详细信息，包括车型、车牌类型、行驶证号信息、运输证号、车辆年审有效期、营运类别、核载吨位、危货车辆以及限运危险货物等；可以查看车辆所属的单位的信息，包括单位名称、法人、联系电话、经营项目、注册地址、业户资质、工商执照以及税务登记证等信息。

（5）超速监控。当车辆的速度超过所在路段的限速时，系统产生报警，将地图和列表中的车辆的颜色置为红色，并记录车辆的超速信息。

（6）偏离线路监控。当车辆偏离规定线路行驶时，系统产生报警，将地图和列表中的车辆的颜色置为红色，并记录车辆的偏离线路信息。

（7）历史回放和超速查看。历史回放是指对某辆车的历史信息进行回放。超速查看是对车某个超速点和相关前后几个点速度情况进行查看。

（8）车辆查找和地物查找。对车辆信息和地物信息进行查找。

（9）车辆数据定时下发功能。定时向接入平台下发其上报的正常汇报车辆列表及异常车辆列表，以便上下联动提高企业基础数据准确率和车辆上线率。

（10）GPS信号断线3天提醒功能。如该用户权限对应的车辆中，有3天未上线车辆，自动提醒。

（11）GPS信号断线7天报警功能。如该用户权限对应的车辆中，有7天未上线车辆，自动报警。

（12）GPS信号断线180天提示功能。如该用户权限对应的车辆中，有180天未上线车辆，提示可取消班线。

（13）车辆检测过期报警。平台从行政许可获取车辆检测数据，并进行过期短信报警及平台报警。

（14）围栏报警。在电子地图上可设置区域围栏，县际包车如出该围栏则自动产生报警。

（15）运营线路报警。在电子地图上设置途径线和可停靠点，省际包车如不按规定营运则自动产生报警。

10. 查询和报表系统

（1）即时运输报表。查看所管辖区域内，各地区的车辆实时运行情况，包括公司总数、车辆总数、在线总数、停运总数等。

（2）今日上线情况报表。根据不同的区域，统计不同公司的车辆总数、上线车辆数以及上线率，并查询详细的最近上线记录。

（3）多日上线情况报表。根据一段时间，统计不同公司的车辆上线情况，并查询详细的最近上线记录。

（4）GPS企业管理分中心使用情况报表。统计每家业户的GPS企业管理分中心的使用情况，以便管理部门对运输企业对运输车辆的监管是否到位。

（5）路段限速超速统计报表。不同路段有不同的限速值，根据该值和时间，统计每家公司每辆车的超速情况并查询超速记录。

（6）偏离线路报警统计报表。根据车辆的偏离线路报警情况，可以按车、按公司、按车辆经营范围、车辆所属行政区域进行查询和统计。

（7）3天未上线车辆统计报表。根据不同的区域，统计不同公司的3天未上线车辆明细以及3天未上线率。

（8）7天未上线车辆统计报表。根据不同的区域，统计不同公司的7天未上线车辆明细以及7天未上线率。

（9）180天未上线车辆统计报表。根据不同的区域，统计不同公司的180天未上线车辆明细以及180天未上线率。

（10）违法数据汇总统计。可对本平台定义并产生的违法数据和相关单位推送的违法数据进行汇总和统计。

（11）车辆检测数据统计。平台从行政许可获取车辆检测数据，进行是否过期的汇总和统计。

（12）包车实载率统计。平台可自由设置范围时间内日均里程数或移动时间来对所有车辆进行筛选，并提供包车实载率的统计报表。

二、项目实施情况

项目正式启动建设以来，根据交通运输部对联网联控系统平台的统一要求，结合杭州市营运车辆、交通管理服务的实际情况以及交通运输局内部对营运车辆业务管理的要求，在项目需求调研和系统设计时，与交警、安监、城管等相关部门进行了充分沟通和业务相关性分析，遵循“顶层设计、多方共享”的设计原则，实现系统平台不但能够满足省部平台对联网联控的对接要求，而且需要满足营运车辆的深化管理需求，同时能够为交警、安监、城管等相关部门提供接口服务。

本期项目建设主要包含三个层次。

第一层次：基础数据采集层。通过物联网技术和数据采集平台，通过对车辆GPS运营商数据的实时采集和目前运政平台的数据交换，实现营运车辆运行数据和静态属性数据的统一集中管理。

第二层次：数据分析和处理服务平台。通过对采集的数据进行集中统一处理，结合GIS技术，实现营运车辆的空间可视化分析和实时监控，为营运管理和领导决策提供支持。

第三层次：接口服务层。为安监、交警、城管等部门提供接口服务，实现业务协同联动处置。

目前，系统已开发完成，运行良好，能够保证数据的稳定、及时上传。其中出租车上传频率达到20s一次，完成了杭州市主城区范围内3万余辆营运车辆GPS数据的接入，涉及16家GPS运营商，涉及车辆类型包含客运班车、客运包车、出租车、危化品车、工程车及普通货物运输车辆等。

三、应用商业模式

（一）以项目模式复制建设

对营运车辆的管理是所有交通运输管理部门的迫切需求之一，因此作为典型的成功案例，项目可以在其他城市短时间内迅速复制建设。

（二）以“云”模式租用

系统平台按照交通运输部的统一规范标准，采用“云”模式搭建，车辆设置好对应的IP地址，可以直接将GPS信息传输至系统平台，运营商也可以直接通过数据通过交换的方式传输至系统平台。因此，为了节约建设成本，可以采用“混搭”模式，有相关需求的交通运输管理部门、业户、运营商均可将数据传输至系统平台进行统一管理和服务，按照数量和服务内容时间进行收取一定费用，从而节约建设成本、时间，降低项目建设风险。

四、经济与社会效益

（1）实现营运车辆安全行驶的管理，可以明显降低营运车辆的事故数量和事故率。不仅能够保障从业驾驶员的生命安全，还可以减少市民的伤亡，提升市民安全感，降低由此产生的社会舆论压力。

（2）对营运车辆超载、超速、疲劳驾驶等违规行为实现有效的管理，可以减缓道路的损毁，减少相关费用的投入。

（3）目前国内尚无有效的营运车辆管理手段。杭州市将该项目作为试点项目，并取得成绩，对于下一步在全省、全国范围内的推广，具有积极、先导的意义。

（4）打破原来的行业潜规则，提高行业门槛，实现有序的市场管理和优胜劣汰。

此外，通过平台的建设，可以派生出若干增值服务，这不仅能够更好地服务于相关企业和个人，也能够创造出更大的社会价值和经济效益。

智能交通中数据的建库与应用解决方案

立得空间信息技术股份有限公司　冯毅　李谕茜

一、我国智能交通及其发展的思考

自1991年，美国智能交通学会提出“智能交通系统”（Intelligent Transportation System，ITS）的概念以来，智能交通一直是目前世界交通运输领域研究的前沿课题。智能交通是一个基于现代电子信息技术面向交通运输的服务系统。它是指将先进的传感器技术、信息技术、通信技术和计算机技术等合理、有效地结合在一起，为整个城市交通提供电子化信息的系统。它的突出特点是以信息的收集、处理、发布、交换、分析、利用为主线，为交通参与者提供多样性的服务。

ITS的出现为解决交通问题提供了全新的方法，是目前国际公认的解决城市交通拥挤、改善行车安全、提高路面运输效率、减少空气污染等的最佳途径。近两年，我国的智能交通系统发展速度迅猛，通过与物联网技术相结合，为我国智能交通系统的发展确立了一个新的研究方向。

智能交通需要以系统的观点进行思考。现有的智能交通系统大多还处于相对独立的状态，不同的系统分管在不同的交通部门或者运营部门，各个系统之间容易形成“信息孤岛”。从宏观角度上，难以将整个城市交通管理控制的各个环节合理、有效地统一起来。而随着交通基础设施规模的不断扩大，我国的国民经济持续稳定增长，人们对交通的要求日益提高。虽然城市道路不断改、扩建，但仍然解决不了城市交通拥挤等问题。所以交通管理者们急需一种能够全方位、跨系统、快速准确发挥作用的智能交通管理控制集成平台来辅助其管理交通，有效提升交通管理服务水平。

城市交通管理部门所使用的数据90%与地理位置有关，地理数据对于城市道路交通管理具有举足轻重的地位。我们将智能交通信息化中对于数据的核心需求划分为3个阶段：

首先是“盘家底，助管理”，先把责任区内的管理工作做好，达到有效管理的目标，主要特征是以公路管理局等管理单位的公路/道路的静态数据为基础，以位置坐标为索引加载公交、地铁、出租车、物流货运等动态数据的管理。

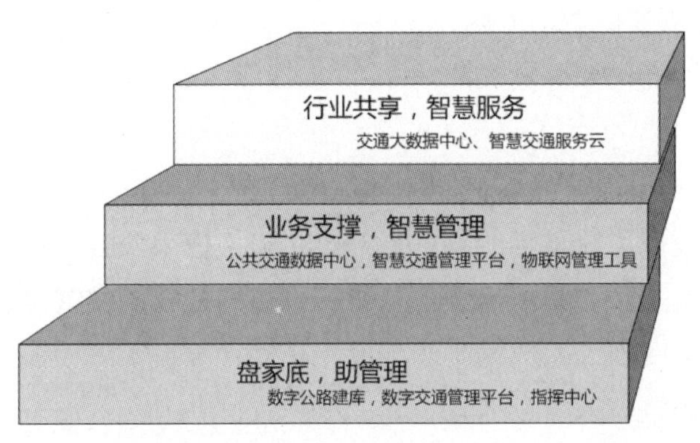

之后建立交通局内部的数据中心，借助移动端的管理工具，增加执法情况、交通流量、监控视频、收费数据、气象数据等动态数据的管理，逐步做到信息化成为业务支撑，智慧管理的目的。

最终，联入铁路、航运、航空等各种数据，组建交通大数据中心，为公众提供所需的各种交通服务，实现智慧服务的目标。

智能交通是现代国家的一个标志，是一个国

家发展的最为重要的硬件基础。智能交通能够给中国带来巨大的经济和社会效益，是社会经济生活的重要组成部分。

二、立得空间基本情况介绍

立得空间信息技术股份有限公司成立于1999年9月，是由武汉大学、李德仁院士、国内知名科技投资公司等共同组建的高科技企业。注册资金6100万元，现有员工500余人，总部注册地址为中国武汉东湖高新技术开发区，在北京、上海、广州、成都等地设有分支机构。

迄今为止，立得空间已拥有十数项专利、数十项著作权，曾2次荣获国家科技进步二等奖以及各种部级奖励20余项，是移动测量国家标准的主要编制者。同时公司还参与制定公路的两项国家标准《DMI可测量实景影像》和《道路地理信息数据采集与质量控制》，是目前有甲级测绘资质的独立电子地图供应商。

立得空间汇集GPS、GIS、航测遥感、光机电一体化、计算机等各类专业人才，其中40%以上拥有硕士或博士学位。国际上著名测绘遥感学家、两院院士李德仁先生出任公司首席科学家，加拿大YORK大学地理信息学首席科学家陶闯博士出任公司技术顾问。

目前公司的研发成果已成功应用于国防安全、奥运安保、火炬等警戒路线安保、汶川（雅安、玉树）地震灾后重建、青藏铁路、智能交通、道路普查等重要领域。影像地图业务已经在北京、天津、上海、广州、深圳、重庆、昆山、佳木斯、香港、澳门、济南等城市的数字城市中发挥重要作用。

公司的经营目标是：成为未来移动位置服务以及政府和企业信息化等领域最大、最全面的GIS数据提供商，并将公司品牌发展成为市场著名品牌。

三、立得空间智能交通技术应用

在智能交通系统发展的过程中，GIS领域相关技术发挥的作用越来越重要，它能为ITS 提供必要的空间数据和交通信息的获取、处理、分析以及可视化的理论和技术支持。GIS领域相关技术为ITS信息采集、数据库建设提供了关键技术。

借助GIS领域相关技术在处理和分析基础地理数据、路网数据等空间数据方面的优势，合理地组织、管理和发布交通信息将有助于提高交通系统的运行效率，降低交通事故的发生率。通过交通信息的分析和对交通数据的挖掘，掌握人们在不同时段、区域的出行规律，为交通管理部门进行交通规划、交通诱导、车流量预测提供支持，为缓解交通拥堵提供理论依据。

（一）移动测量系统MMS

移动道路测量系统MMS是在机动车上装配高精度定姿定位系统（PPOI）、全景相机、CCD相机及激光扫描仪，或航位推算系统等先进的传感器和设备，在车辆的高速行进之中，快速采集道路及道路两旁地物的空间位置数据和属性数据。例如，道路中心线或边线位置坐标、目标地物的位置坐标、路（车道）宽、桥（隧道）高、交通标志、道路设施等。数据同步存储在车载计算机系统中，经事后编辑处理，形成各种有用的专题数据成果，如导航电子地图等。

道路普查的工作内容一般包括：路网普查（含里程桩普查，路面等级普查等）、桥涵隧道普查、道路标识普查、道路标线普查、设备普查（含监测设备等）、设施普查（含护栏、隔离带、闸口、电力、排水设施）等。

MMS的道路普查优势：精度高，部件照片齐全；普查工期短，可测边线，绘制路面路段；可测隧道，按需测量，可逐步增加普查类型；质量保障，遗漏率低。

MMS既是汽车导航、调度监控以及各种基于道路的GIS应用的基本数据支撑平台，又是高精度的车载监控工具。它在军事、勘测、电信、交通管理、道路管理、城市规划、堤坝监测、电力设施管理、海事等各个方面都有着广泛的应用。

（二）DMI可量测实景影像

MMS采集的数据也称为可量测影像（Digital Measure Image，DMI）。

DMI模仿人眼视野，存储任意位置的视野范围内可以看到的影像；当按设定步长依次显示影像，用户可以在系统中身临其境地看到道路的真实面貌。另外，DMI影像上任意像点均带有空间坐标，可以在图片上直接点选进行任意测量；并且，在影像上也可以直接查看各种设施属性，方便直观。DMI具备以下特点：①富信息化；②人眼视野；③按需测量；④影像标注；⑤搜索。

四、智能交通中数据的建库与应用解决方案

GIS是一种采集、存储、管理、分析和描述整个或部分地球表面与空间地理分布数据的空间信息系统。其中，地理空间数据是 GIS 的核心。众所周知，交通信息与地理位置密切相关，要实现交通信息应用的爆发增长，如何获取原始交通数据并处理成精准的交通信息是关键。

交通数据采集建库与应用是智能交通系统的重要组成部分，其目的是利用信息识别技术，获取公路交通中如路网数据、路况信息等交通数据，最终为交通管理部门做出改善公路交通运输状况决策，以及对决策的有效性进行判断，提供数据依据。

（一）数据采集与建库方案

1. 数据的外业采集与内业处理

1）数据外业采集——移动测量车MMS作业流程

（1）制定外业采集计划：《外业作业计划表》。

（2）基站架设：架设GPS基准站，填写《GPS观测记录表》。

（3）测前准备：外业人员检查系统是否完好，司机检查车辆状态。

（4）外业采集：按照计划的采集路线，进行MMS影像采集。

（5）数据拷贝：当天数据复制到内业处理电脑上，填写当天作业日志及记录表。

（6）外业数据预处理：内业人员对外业数据进行集成、图像检查等预处理，检查外业数据质量。

2）数据内业处理——内业作业流程

（1）数据接收：内业接收外业各批次数据，抽检数据成果质量，填写《内外业交接记录表》。

（2）作业范围计划：根据数据量的范围和内业资源情况，将数据按照网格进行区域划分，并制定完成计划。

（3）内业测图：采用MMS内业测图专业系统软件，根据数据制作规范和标准，从影像上提取所需要素，整理入库，每天填写作业日志。

（4）补充调绘：内业采集时无法辨认或无法采集的要素，用调绘图层做记号，交由外业实地进行补充调查。

（5）底图渲染：对制作的最终成果，按照既定的地图符号进行配图渲染和修饰。

3）大规模数据生产平台CoMapper

实景三维数据处理软件CoMapper是一款支持多用户协同化处理的实景三维地理数据生产平台软件。

该平台软件具备完善的质量控制能力和PB级的数据管理能力，能够在MMS采集的海量定位定姿数据、实景影像数据、属性数据、激光点云数据以及音视频数据基础上，结合传统4D数据，高效地进行千人同时在线协同式数据生产，形成各种专题矢量地图数据库和实景三维影像库，并能够与各种GIS软件进行数据交换（支持Shapefile、Mif、DXF等格式）。

2. 道路路网数据建库

1）道路空间几何数据

道路中心线、道路边线和道路车道线，道路附属设施的三维空间坐标。

2）道路属性内容

公路路线全称、简称和代码，路线现状，道路等级、路面铺设材料，车道特征、路面宽度、路面现状、里程桩系统。

3. 道路设施数据建库

采用移动测量系统快速采集业主指定范围路段（最终实施区域以双方最终确认的实际普查实施范围为准）范围内道路资产设施数据并建库，并实现与业主原有台账的挂接。充分利用MMS数据的按需测量的特性、一次采集多次提取不同信息的特点，以MMS数据为主，全面、细致地建设道路设施数据库。采集后将道路路面及交通设施信息逐一核实后输入数据库，包括数据录入、数据库的整合和检查，最后提交整合后成果数据。

道路附属设施属性内容包括：公路交叉口、桥梁、涵洞、隧道、公路渡口、交通管理设施、交通安全设施、交通标志、公路服务设施、道路出入口、公路沿线地下设施、公路收费站、公路定位控制点（道路与公路、统一为公路）、公路沿线村镇、公路沿线地形、公路沿线地物。

4. 影像数据采集与建库

1）实景三维影像数据库建设

实景三维GIS是在二维GIS的基础之上，增加了连续的地面可量测影像库作为新的数据源，并通过开放的软件与GIS无缝集成，从而给用户提供一个更直观易用的实景可视化环境。

可量测实景影像库包括：可量测实景影像（DMI）、360°连续全景数据、激光全景数据、360°单点全景数据。数据成果符合国家测绘局颁发的数据标准《可量测实景影像》（CH/Z1002—2009），DMI数据经过加工和拼接处理后，效果如下图所示。

2）可量测实景影像数据

与平面投影的4D 产品不同的是，可量测实景影像以高清晰度、高分辨率影像的方式来直接反映制图物体以及自然环境的原貌，主要按照人的视角提供详细的城市立面信息，包括城市部件信息、建筑物外立面信息、道路及附属设施信息、道路详细的环境信息、地形信息、自然景观信息以及反映城市现状的社会、经济乃至人文类信息等。

DMI数据指标说明：

指　　标	采集标准	说　　明
CCD相机个数	4个	
影像分辨率	不低于5M	500万像素
影像成像比例	前方成像为32 : 9的超宽幅可量测影像	
可量测性	数据支持立体影像量测	
精度	绝对精度2m以下，相对精度分米级	
坐标系	WGS84	

3）360° 连续全景影像数据

360°连续全景影像数据指标要求：

指　　标	采集标准	说　　明
相机个数	6个	360° ×180°视场
单个相机影像分辨率	5M	分辨率500万像素
可标注性	数据支持影像标注	可以进行业务数据标注
影像数据格式	*.jpg	标准图像压缩格式

全景数据功能展示：

（1）浏览：提供视向的360°连续全景的自由角度的选择浏览。

（2）缩放：提供360°连续全景影像任意位置的缩放。

（3）定位：提供360°连续全景影像的定位功能。

（4）仰视：支持视角的仰视功能。

（5）自动播放：自动播放该线路上的360°连续街景影像。

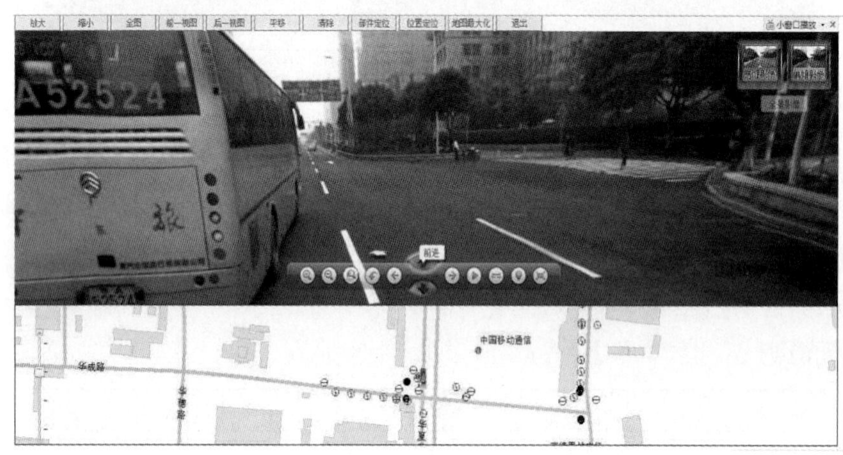

4）360° 单点全景影像数据

单点全景数据说明：

指　　标	采集标准	说　　明
影像分辨率	10M	分辨率
密度	根据目标区域或客户需求	在指定位置进行采集
影像数据格式	*.jpg	标准图像压缩格式

单点全景功能展示：高清360°全视角展示（浏览、放大、缩小、移动观看角度等），如下图所示。

（二）数据在交通信息化系统中的应用

地理空间数据是交通信息化系统的内容，通过交通元数据集、测绘标准为数据接口，几乎所有的交通信息化系统都要用到地理空间数据。

用于车辆导航与监控，实现的功能包括电子地图显示功能、标注当前车位、地物信息分类索引、最佳路径选择、行车路线导航等；用于道路实网数据和属性数据以分路段的方式和地理坐标联系起来，可以对路面质量、路况和路面维护进行管理，另外也可以对桥梁、隧道及其他各种道路管理设施如信号装置、可变情报板等进行测量和管理，从而保证各项设施正常运转，交通管理和控制措施得以顺利实施；用于交通安全管理和事故分析；用于公路环境评价、监控和管理。

如下图所示，图中不同的模块，需要各种地图数据。

数据在应用系统中的应用如下。

1）路网监测中的应用

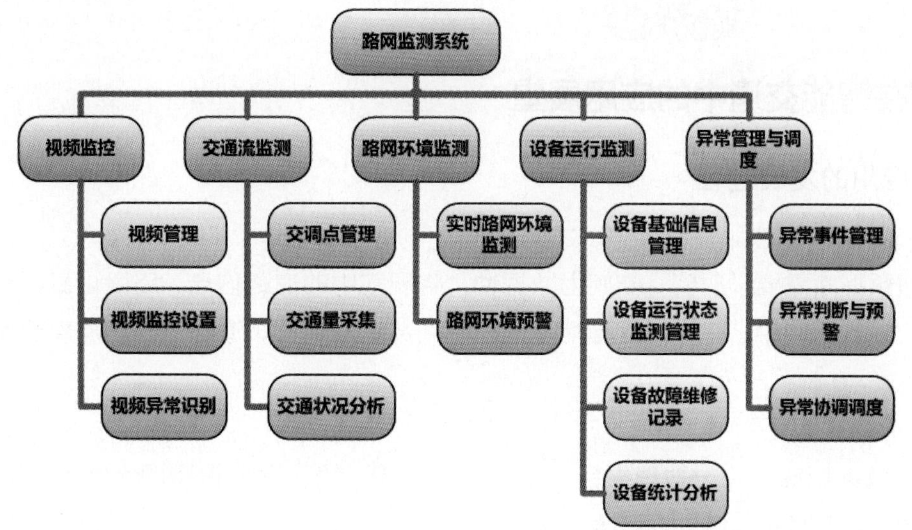

2）道路管理中的应用

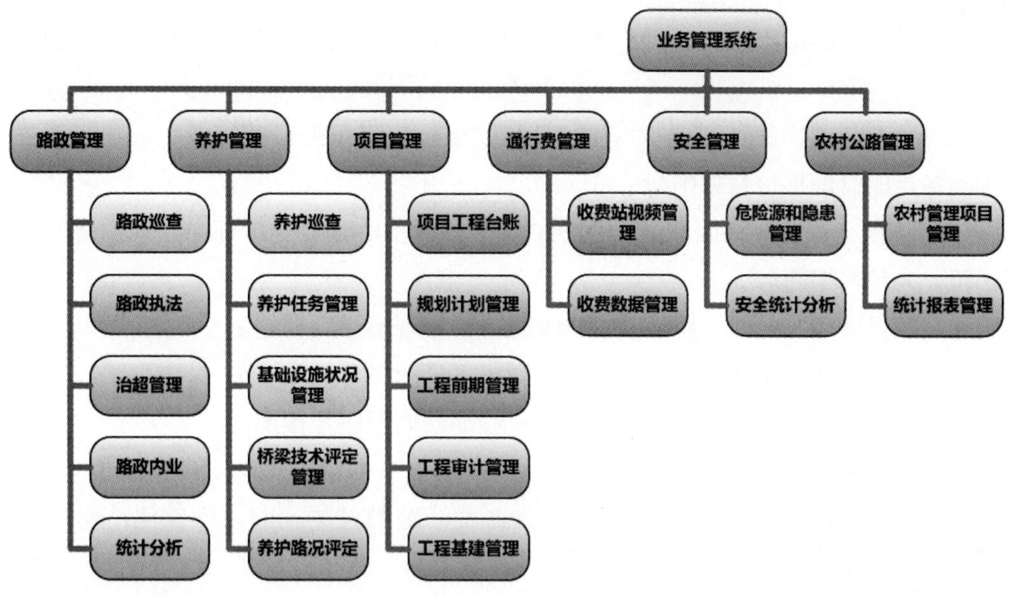

3）应急处置中的应用

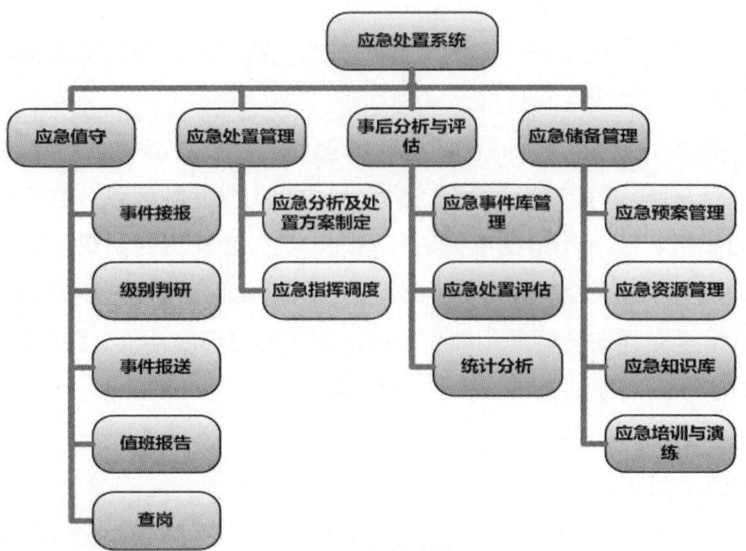

（三）数据在智能交通中的应用展望

1. 数据应用的发展过程

1）数字道路建库

公路管理数据库需要以时间、空间为数据轴，将现实中的道路信息、路段信息、桥梁信息、部件信息信息化到数据库中。工作内容包括：地理空间数据库建库、道路基础信息库建库、管理数据库建库。

2）数字管理平台

具备统一数据标准、统一地理平台、统一公文流转、统一财务管理四大特点，可能的系统包括：办公自动化、道路基础信息、管理子系统等。

3）物联网管理工具

建立建设、养护、路政、应急、公交调度、路况监控、出租车调度等各业务口的物联网管理工具：

（1）例如，公交/出租车司机的移动定位，地铁/公交/出租车的移动定位，车门的开关状态等状态信息集中到各自的管理平台数据中心；

（2）例如，路政巡逻发现路面破损，现场拍照，指挥中心建立养护任务，通报路段养护，养护之后现场拍照，关闭养护任务；

（3）例如，项目监理在隐蔽工程阶段性验收时，必须现场拍照存档；

（4）例如，路政执法，采用路政车载的摄影测量工具超高车辆取证；

（5）例如，在奔赴特大事故现场过程中，使用移动端调用应急预案。

4）智慧道路管理平台

升级数字公路管理平台，与物联网管理工具形成公路管理的实时工作网络，实现统一事件管控、统一业务分发、统一数据跟踪三大特点。

5）公路交通数据中心

事件信息结合地理信息、公路基础信息、管理信息，还可以增加公交/地铁/出租车状态、执法情况、交通流量、监控视频、收费数据、气象数据等动态数据的管理，形成有机结合的以时间、空间坐标为轴的数据云，可进行各种非统计性数据挖掘。

智慧服务的核心是数据云服务，基于数据云的各种管理软件、硬件系统、传感器系统、互联网出行服务、移动互联网出行服务技术早已成熟，架构设计的核心是数据云：联入铁路、公路、航运、航空等各种数据，组建交通大数据中心，通过建立智慧交通服务云为公众提供所需的各种交通服务，实现智慧服务目标。

综上所述，立得的智慧交通解决方案的总体设计图如下：

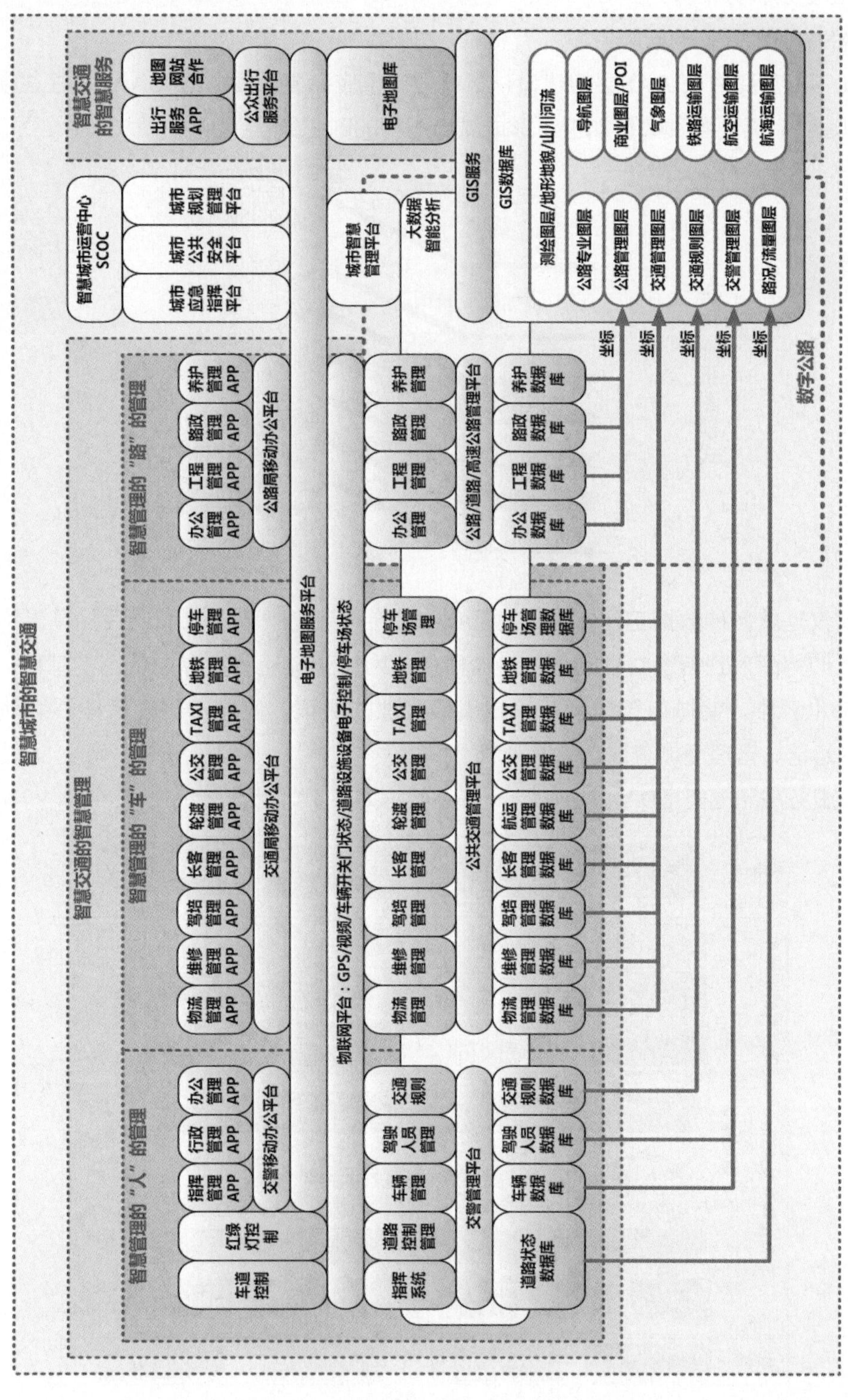

2. 立得的DAAS云服务（用于智慧交通大数据中心）

云服务的概念公式为："云服务=大数据中心+物联网+云计算"，在"智慧交通"乃至"智慧城市"中，是将整个城市的运行通过物联网放到大数据中心，在大数据中心中进行大量的规划、服务、应急等云计算。这一切的核心是大数据中心，大数据中心的标准如下：

（1）IAAS：云服务网络，各级计算中心。

（2）DAAS：数据云服务，各级数据中心。

（3）PAAS：云服务平台。

（4）SAAS：各种系统的云服务。

电信移动等运营商擅长IAAS层的建设，各行业IT供应商擅长PAAS和SAAS，往往在云建设中，而DAAS层的建设，需要各种数据加工，形成城市规模的时空数据关系：

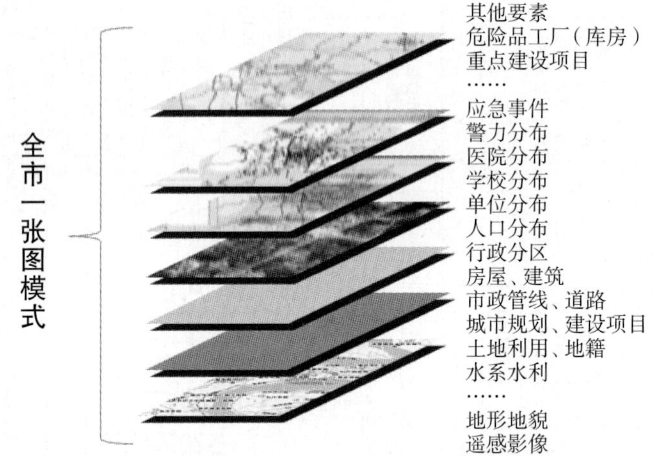

我们不仅仅是做各种数据工作，还致力于DAAS的产品化服务，我们的目标是最终形成交通数据云服务。我们将深入到智慧交通的行业专业性中，为智慧交通奠定专业地图的基础，我们期望做到在数字化的世界中，使城市管理者能够做出最合理的决策，使城市管理者能够提前发现潜在问题，使城市的运营、管理更加有效。

公司的云服务产品主要是DAAS层产品，产品架构如下：

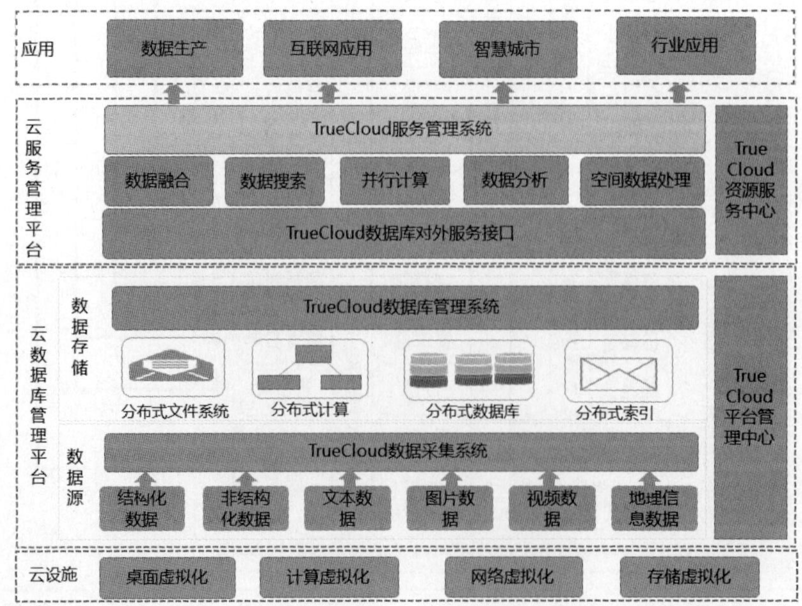

运维平台产品界面如下：

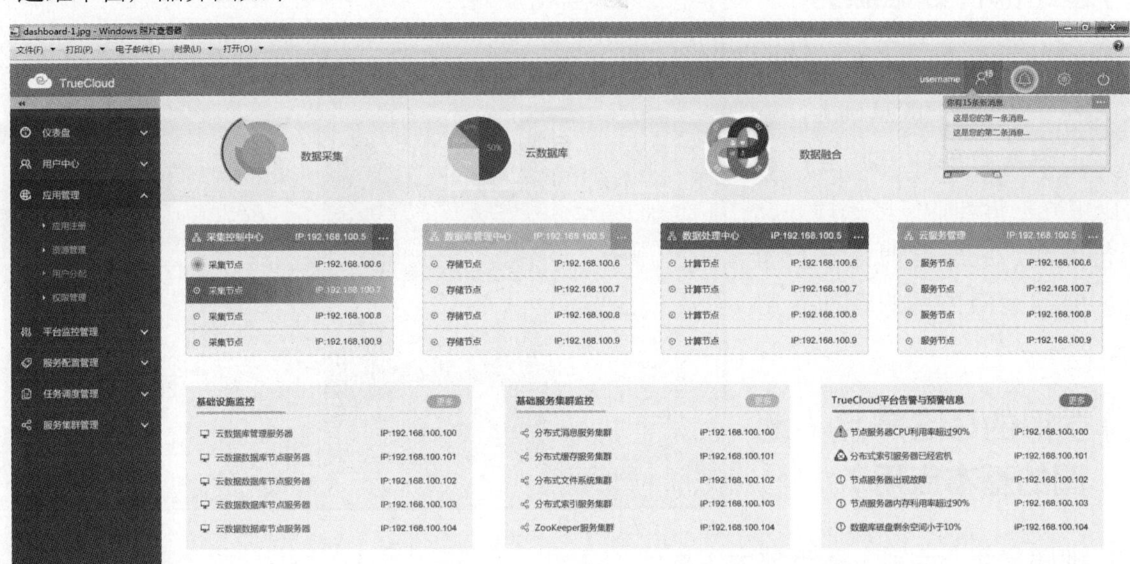

五、立得空间的数据产品

道路信息化管理是实现道路养护与管理现代化的重要基础。信息化作为提高道路管理水平、提高道路运行效益的关键信息，其快速传递、形象正确、交换畅通是道路信息化管理的基本要素和实现养护与管理的根本保证。道路建设的高速发展使得道路信息化管理日益成为一个重要的问题，采用各种先进科技、提高道路管理水平，实现道路可视化、信息化综合管理，已经成为道路基础设施养护与建设的必要工作内容。

同时由于道路资料存在不全、图纸与实际不符、道路设施数据不清等问题，给日常养护工作带了诸多不便。为加强道路及附属设施养护管理，掌握道路及附属设施的完好状况，建立科学、规范的市政设施养护体系，实现资源共享，对于提高市政设施管理、养护效率，科学、规范地进行城市道路管理、养护具有十分重要的意义。

故在智能交通信息化中急切地提出两大需求：道路普查的路网数据及道路部件普查的资产设施数据。

（一）路网数据服务

如下图所示，信息化界面中，必须有地图显示道路的路网信息，供道路信息化管理中的路网监测、里程统计、应急调度、交通指挥、养护管理、路政管理、重点车辆跟踪等方方面面需要空间逻辑关系的管理应用使用。

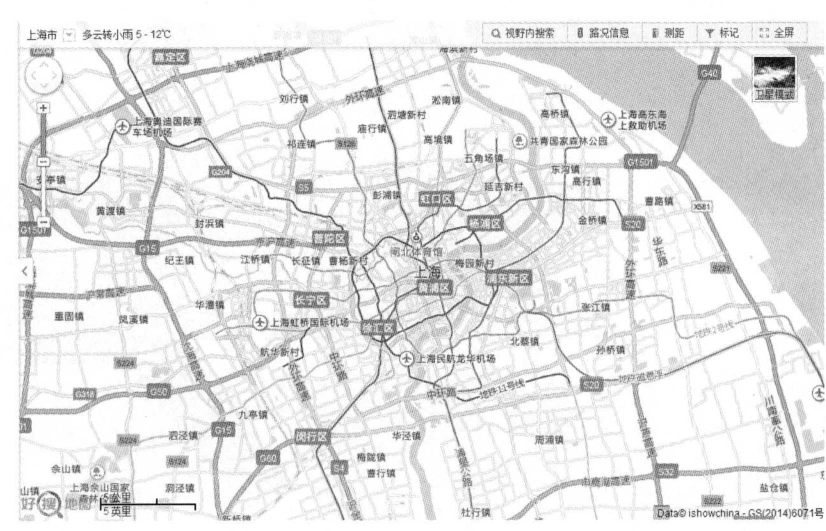

（二）道路部件数据服务

如下图所示，信息化界面中，在线状路网地图数据的基础上，还需要对道路所有部件设施进行普查，以供养护管理、资产统计、设备运行监测、应急管理等方方面面需要空间逻辑关系的管理应用使用。

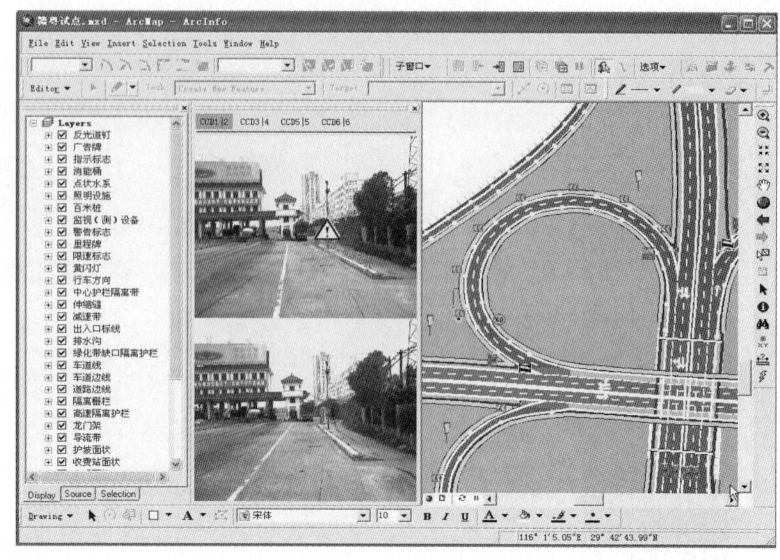

（三）立得的GIS产品（地图的基本应用）

1. 地图显示（示例：逐步放大）

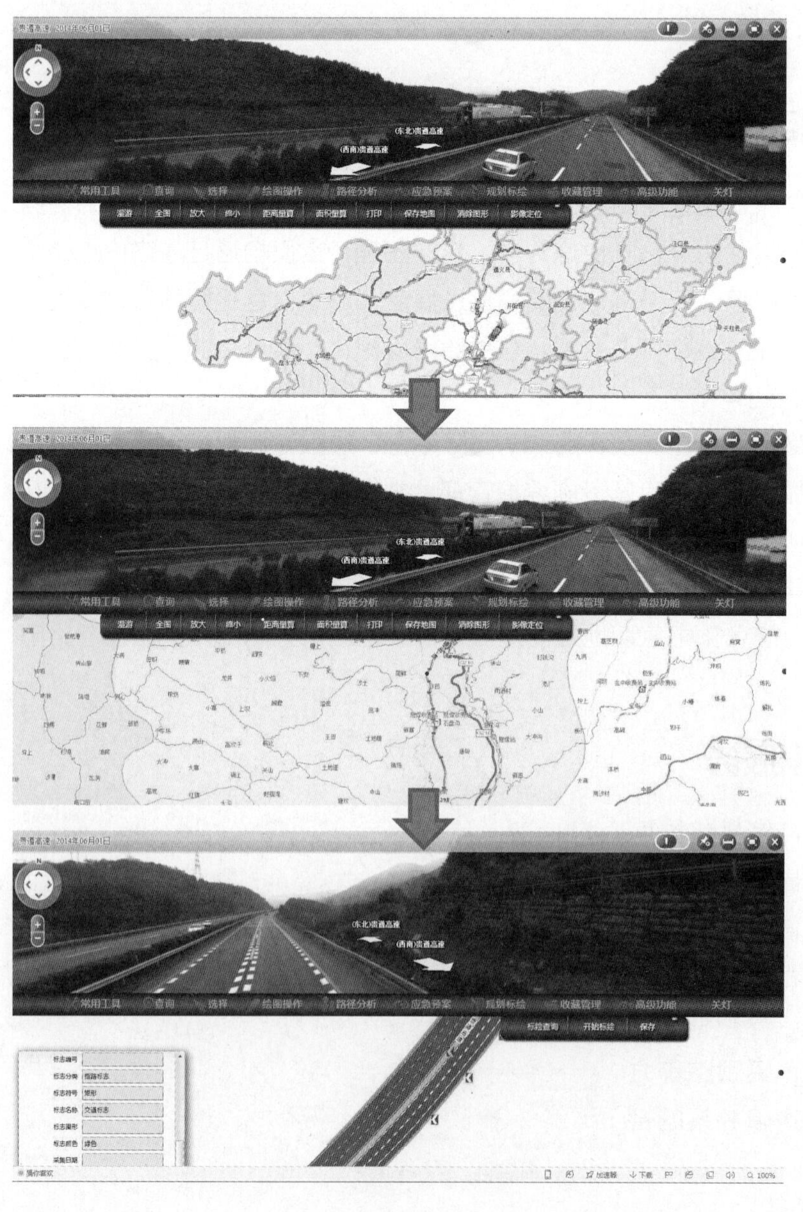

2. 部件查询

标志查询

大桥查询

大桥查询（逆向）

3. 实景参考

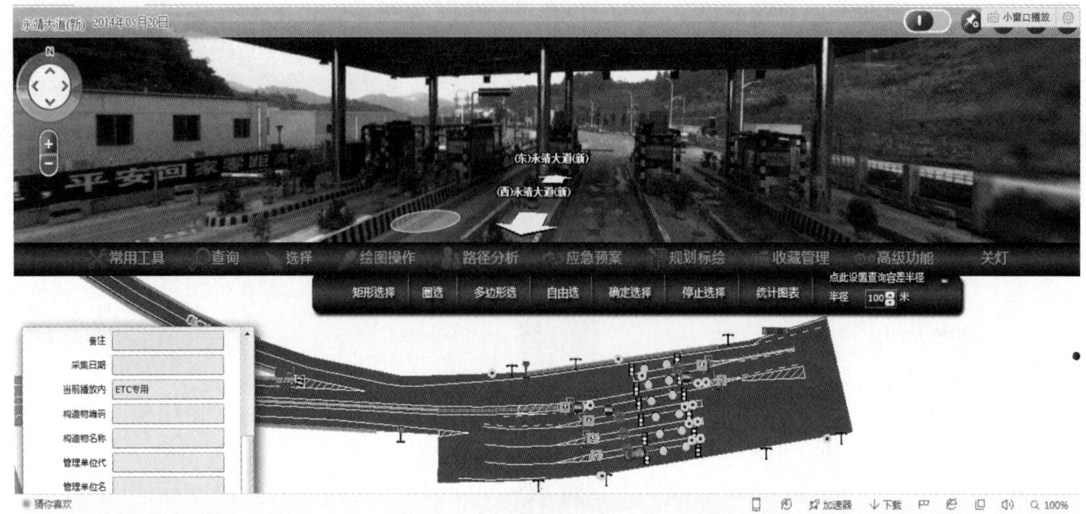

收费站实景

边坡实景

（四）立得的事件管理产品（用于养护及路政）

其中路政巡查与养护巡查中的事件管理，均需要详细的部件设施数据，甚至可测量实景数据，事件管理流程如下：

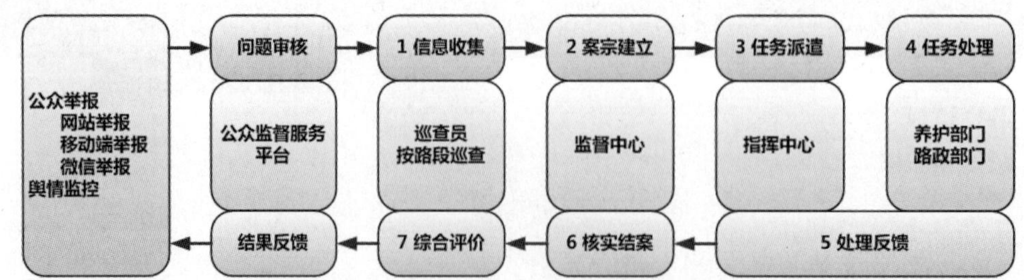

公司在数字城管行业的事件管理产品完全可以应用到养护巡查、路政巡查中，例如，城市道路的管理中护栏、路灯本身就和城管中的网格化部件管理一样，仅仅巡查的单元范围不是网格，而是路段。

事件管理的几大系统的架构如下：

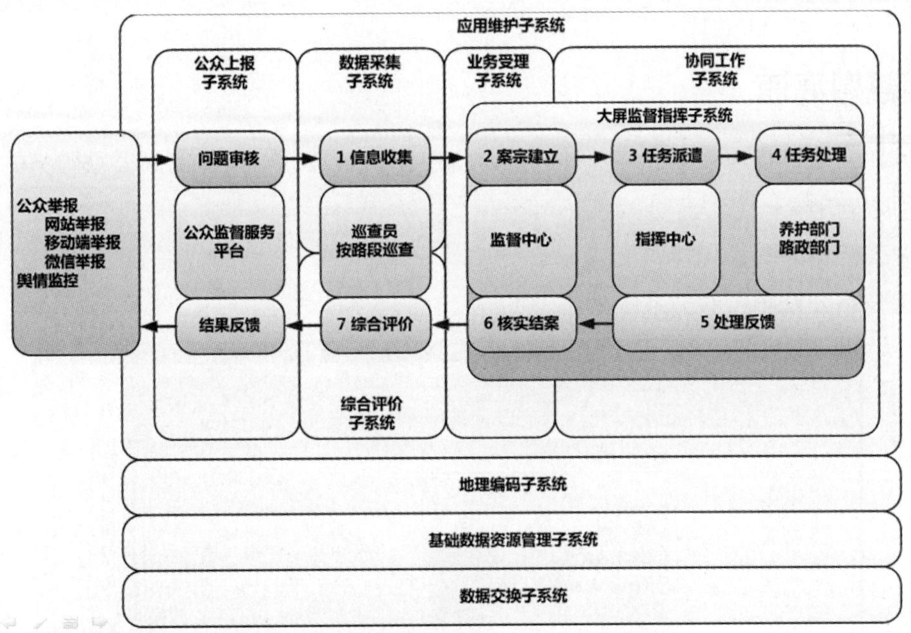

（五）立得的车联网产品（用于车辆监控）

实景地图车辆监控服务平台（Auto Monitoring Platform based TrueMap，TrueMap AMP）是融合多模定位（北斗定位、GPS定位、WIFI定位、基站定位）、实景地图监控、互联网、移动通信、云计算等高科技技术建成的国内首个基于实景地图云平台的车联网综合信息服务平台。

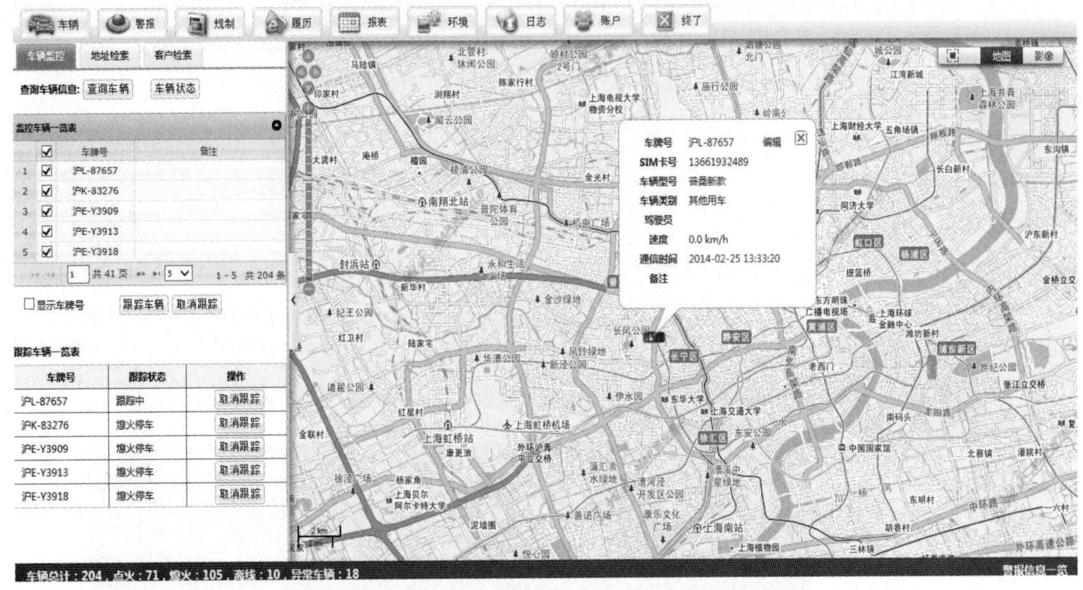

此平台使用立得的全国数据地图，可挂接如公交公司车辆、出租车公司车辆、租车公司车辆、建筑公司车辆、环卫医疗单位车辆等企事业单位的车辆监控管理。

使用单位不需要自行建设信息中心，不需要购买全国地图服务，只用购买车辆网服务，使用授权身份登录车联网平台，获取车辆监控、统计分析、呼叫中心等服务。

六、成功应用案例

（一）江西赣粤高速

项目任务：为赣粤高速采集道路基础数据、实景化影像数据，构建面向公众服务的应用。

项目应用方向：

（1）高速公路资产统计和管理；

（2）高速公路公众出行服务系统。

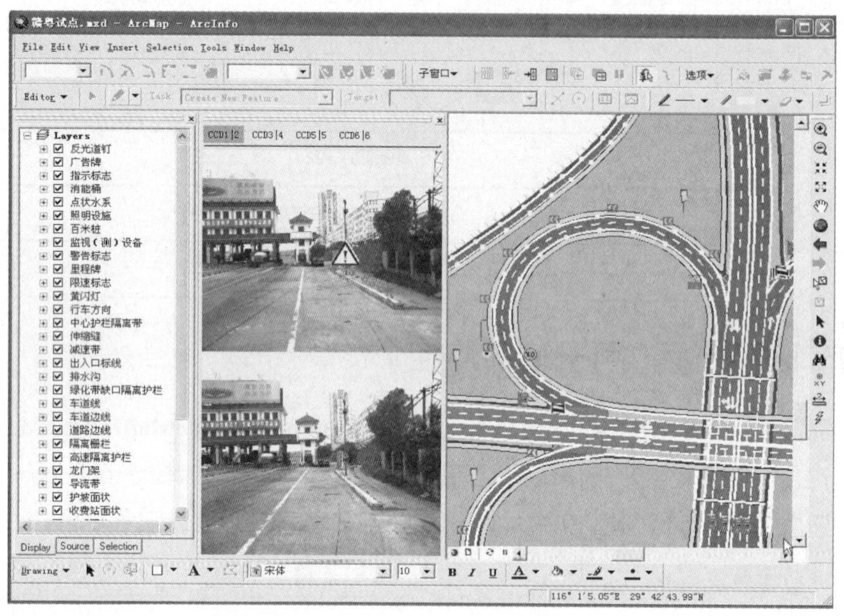

（二）宁波数字公路

项目任务：为宁波江北区的公路基础数据、卫星影像数据和可量测实景影像数据，搭建数字公路综合应用系统。

项目应用方向：数字公路综合应用。

下图是江北区数字公路效果图。

(三)株洲数字公路

项目任务：为株洲道路提供基础数据和实景影像数据，搭建数字公路综合应用系统。

项目应用方向：数字公路综合应用

株洲数字公路项目实现了动态数据与静态数据，现场数据与历史数据，宏观数据与微观数据，矢量数据与影像数据等各种类型的数据统一集成，为养护管理、路政巡查、应急指挥提供了直观、形象、丰富的数据管理平台。

（四）广州市交通设施数据采集项目

项目任务：为广州市公安局交通管理局的智能交通管理项目建立广州市交通设施数据库，包括道路路面信息（车道线、标线）和交通设施。

项目应用方向：

（1）智能交通指挥系统用的电子地图；

（2）交通设施优化、规划和维护。

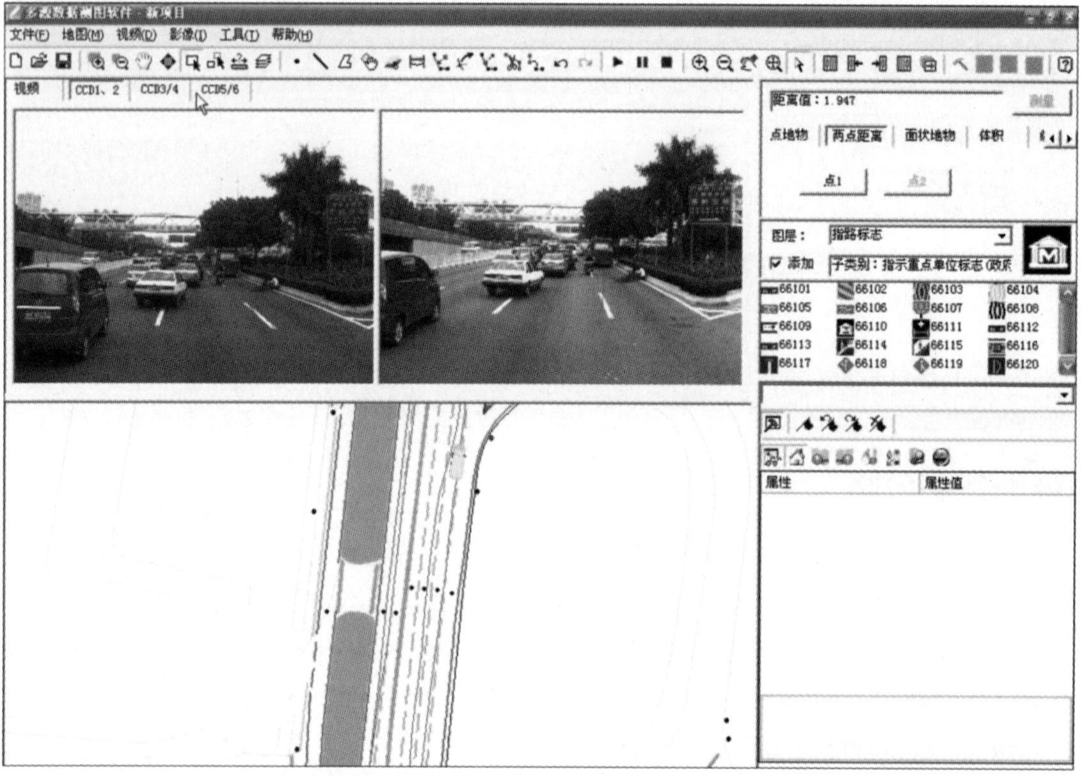

大数据在智能交通中的应用及实践

深圳北斗应用技术研究院有限公司

一、交通应用

开发出包含公交、地铁、出租车、执法车、两客一危车辆等在内的完整、全面数据的交通大数据分析平台。该平台经过三年多的发展完善，目前拥有近10万辆机动车的位置信息、业务信息、运营信息等数据，具备强大的分析能力，为深圳市交通委员会等政府和企业单位提供数据平台支撑和决策支持。包括：基于手机等出行信息的城市道路车速分析与评价系统研究；客运与信息服务板块超算空间与数据挖掘优化服务；基于海量视频分析的智能交通示范应用；深圳通数据的公交出行时空特征分析与数据挖掘研究等。

其中，交通大数据分析平台作为深圳市交委“基于云环境的城市综合交通信息集成与服务关键技术及应用”项目的核心组成部分，获得2014年中国智能交通协会科学技术奖一等奖（省部级）。

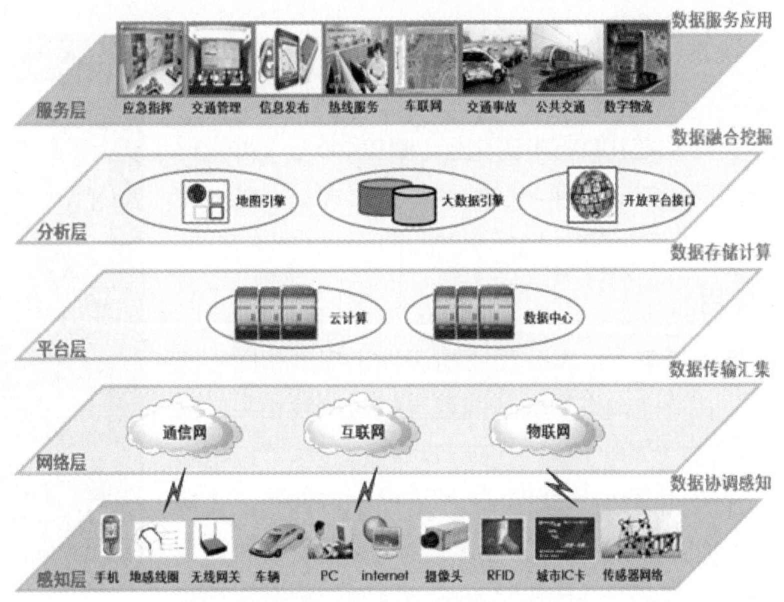

1. 企业应用及研发

交通大数据分析平台在深圳的成功应用吸引了周边城市和相关企业的目光，该平台向其他城市的扩展，以及面向新能源等热点方向的应用，也成为目前的重点发展目标，包括：电动出租车调度及充电桩维护解决方案；浮动车路况数据处理分析；基于大数据平台的实时路况算法研究等。

2. 公交电子站牌应用

同时，基于交通大数据平台，开发了公交电子站牌系统，该系统是目前深圳市数据最全面、服务最精准、功能最完善的公交电子站牌系统，服务于深圳市交委官方民生服务APP“交通在手”，并为腾讯、车来了提供深圳区域数据接口，日均访问量1000万次以上，日均用户量超过50万。

已经完成“交通在手”公交模块功能优化和数据处理，覆盖深圳市80%的公交线路。公交电子站牌服务也成功地在其他城市拓展，目前已经覆盖中山、惠州等城市。

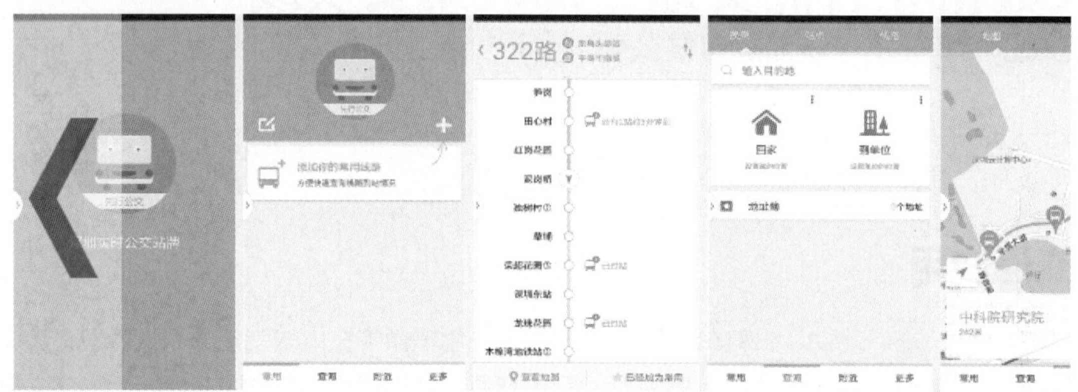

3. 公交WiFi应用

深圳前海华视移动互联有限公司为华视传媒集团旗下子公司，具有全国20多个城市的公交地铁广告和媒体资源，专注于公共交通WiFi的建设与运营，以及城市场景与公共交通关联的WiFi资源运营。目前，本公司承担了深圳前海华视移动互联有限公司“面向WiFi产品体系的大数据平台搭建”及数据分析挖掘的项目。

4.“数说交通”应用

基于交通大数据分析平台，本公司还与广电集团合作打造了一档基于交通大数据来分析深圳交通出行的原创节目——“数说交通”，该节目每周在深圳市移动频道和DV频道播出，覆盖400万人群，得到从市民到交通管理部门的广泛好评，已被《南方日报》、《羊城晚报》等多家媒体报道。

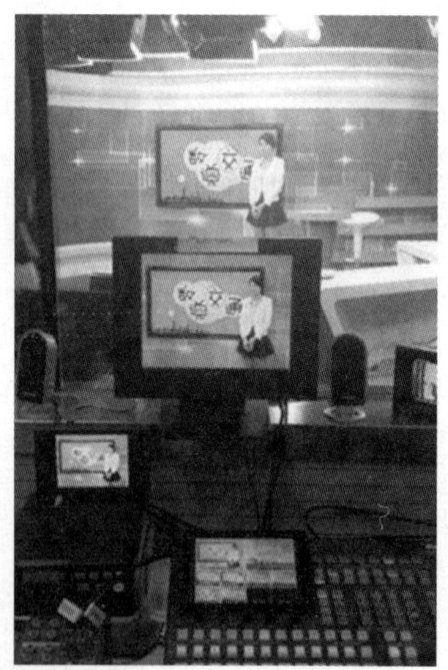

5. 交通规划类应用

在交通大数据分析的基础上，本公司还与深圳市规划和国土资源委员会等单位合作，在交通调查和交通规划等领域研发相关产品和系统。其中2015年1月研发的“深港莞惠跨界交通调查-平板电脑外业交通调查系统”已经完成2015年的深圳市居民出行调查，收集了上万份调查问卷。“标定地价综合管理平台开发”及“交通对房地产评估的影响”等研发课题都充分体现了本公司在交通领域数据分析处理的能力，为交通规划和土地利用提供了应用平台及工具。

二、北斗卫星和导航

依托公司核心团队及技术积累，建设了北斗时空服务平台，通过整合移动通信网络和互联网资源，实现海量时空数据的协同化管理，建设自主可控的海、天、地一体化北斗卫星导航时空服务平

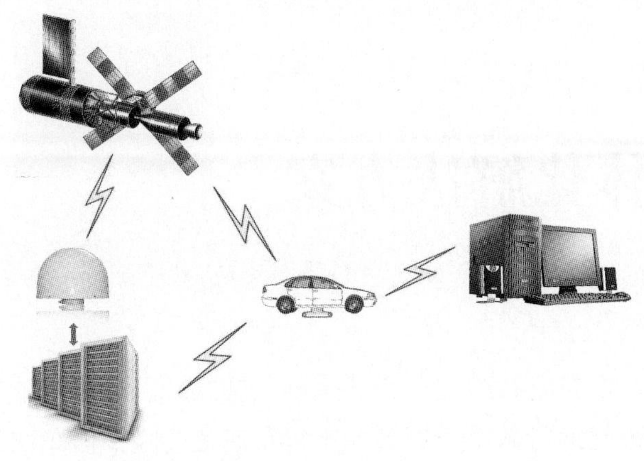

台。该平台为广泛应用提供服务支撑，能够有效促进卫星导航、云计算、移动互联网等产业的升级转型和产业融合，构建良好的北斗导航应用生态体系。

获批深圳市战略新兴产业专项资金，建设深圳北斗位置服务技术工程实验室，针对基于北斗卫星的智能交通、智慧物流、公共消防、城市应急、私家车服务等应用需求，建设以位置为主线、以云计算为手段、自主可控的北斗位置服务与管理平台。获南山区科技创新局资金支持建设深圳北斗应用技术研究院。

“北斗快信”是根据北斗卫星导航系统北斗短报文的这一特殊功能开发的具有社交功能的移动应用，可以方便北斗用户在没有移动通信网络的情况下，通过北斗卫星跟家里和远方的亲人朋友进行短消息的通信，以及位置的追踪及显示。

同时，本公司参与了基于北斗的智能交通执法应用示范项目、基于北斗导航的公共交通示范应用，以及深圳北斗车载标准、广东省两个北斗标准的制定工作。

三、城市大数据分析

城市大数据是人类活动在时间与空间轴上的印记，包含了城市发展的动态信息、个人流动的规律以及人群生活与城市发展的深层交互信息，具有丰富的知识和价值。城市大数据分析将有助于揭示城市发展、居民行为的深层交互和潜在规律，提高城市公共事务的精细化管理水平，推进数据驱动的城市认知和城市规划，为政府决策提供依据，为个人生活带来便利，为零售、餐饮、娱乐、房地产等相关产业提供精准营销、商业布局等有价值的信息，具有很高的商业价值。

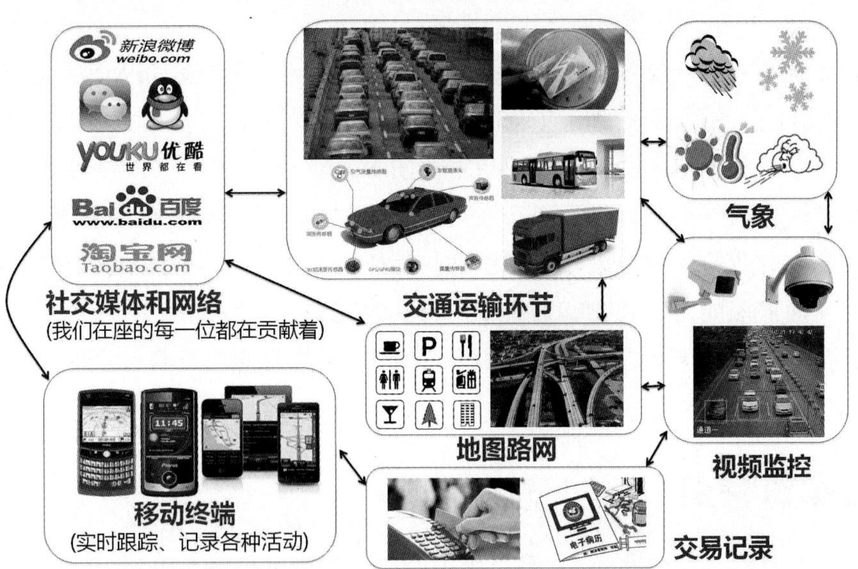

智能交通管理与服务一体化解决方案

青岛海信网络科技股份有限公司

我国在智能交通系统建设方面取得的经验表明，在充分利用现有交通基础设施基础上进行智能交通系统建设，是进一步缓解城市交通拥堵、提升路网通行效率、提高城市行车速度、减少停车次数和延误时间、改善交通秩序、降低环境污染等问题的有效途径，也是提高城市吸引力和竞争力、保障城市社会经济快速发展的重要手段。为逐步建立与经济快速增长相适应的现代化交通运输体系，我国政府已在《国家中长期科技发展规划纲要（2006—2020）》中明确提出“智能交通将成为国内未来交通运输业优先发展主题”。

经过十数年的发展，各大、中型城市基本都已建设或部分建设了智能交通相关系统，但还存在着系统分散、独立运行，交通数据不足，无法支撑交通管控等问题，同时也面临着机动化出行快速增长给城市交通带来的严峻挑战。目前面临的问题主要有以下几点：

（1）交通拥堵现象已经逐步蔓延，拥堵的影响范围日渐扩大，从短时拥堵演变为长时拥堵，从偶发拥堵演变为常态拥堵，从点状拥堵演变为线状、面状拥堵，导致路网车辆的运行速度大幅度下降，并最终削弱了整个道路网络的通行效率。

（2）接处警业务中拥堵警情发现不及时，导致交警拥堵警情处置能力不足。

（3）大型活动进场、退场时需要投入大量警力疏导，维持交通秩序。过路车辆集中在管制路口分流绕行，很容易出现车辆大量掉头、转向变道，导致车辆互相干扰，出现局部拥堵，给出行者带来不便。

（4）城市交通违法除闯红灯外，违法停车、占用公交车道现象严重，大货与黄标车限行政策难以落实，假套牌车行为猖獗，严重影响了交通秩序。

（5）设备运维业务中设备故障难发现、维修不及时，缺乏内外场设备及软件监管手段以及对维修服务的考核与监督，无法为系统建设效果的保持提供基础支撑。

目前，在智能交通系统的建设中，亟须利用新技术、新方法解决已知的问题并满足用户的新需求。海信智能交通管理与服务一体化解决方案就是针对交通管理者设计的一整套解决方案，支撑各级交通管理者在统一的业务平台上进行交通管理与指挥，通过问题导向的情景化集成指挥和专题化分析研判，提升交通管控能力，并能够为行者提供实时路况、突发交通事件、施工、管制、气象等信息，出行者可提前安排出行计划，选择合适行驶路线，提高交通信息服务水平，缓解交通拥堵。

一、行业与需求特点

（1）城市主中干路网（含快速路）、重点次干道交通流检测覆盖率达到100%；全市主干道、重点次干道交通监控设备覆盖达到100%；实时检测动态路况，通过历史和实时路况，实现对交通事件、交通事故的事前预期和事后快速处置。

（2）实现全市道路从全局优化到局部优化，最终通过每一个路口交通信号的自适应智能控制来提高道路网络的运行效率；提高城市中心区的道路通行能力和运行速度，提高高峰时期道路通行能力、车辆平均运行速度。

（3）通过城市道路智能交通系统，提升执法水平和力度，规范驾驶人的驾驶行为，维护交通秩序，创造良好的交通出行环境。

（4）实现指挥流程规范化、指挥决策科学化、指挥过程信息化，交通突发事件应急平均响应时间大幅缩短。

（5）扩大交通信息服务覆盖范围、增加信息发布渠道、丰富信息服务内容，一方面为社会公众提供实用、便捷的公益性和个性化服务，"以人为本，服务为先"，市民可以通过网站、手机、智能终端等多种方式掌握实时交通路况，选择合适的出行线路，避开拥堵路段，改善出行体验；另一方面，交通管理者通过交通信息发布，诱导开车人和出行者的交通行为，使交通流在网络上和时段上负荷更均衡、分布更合理，以缓解交通拥堵。

（6）建立全市统一的交通地理信息系统与交通信息数据库，并建立城市交通数据中心。

（7）在满足城市道路交通管控功能的同时，通过信息共享和综合应用，为事故肇事、逃逸公安治安管理和刑事侦察提供有力支持。

二、系统架构

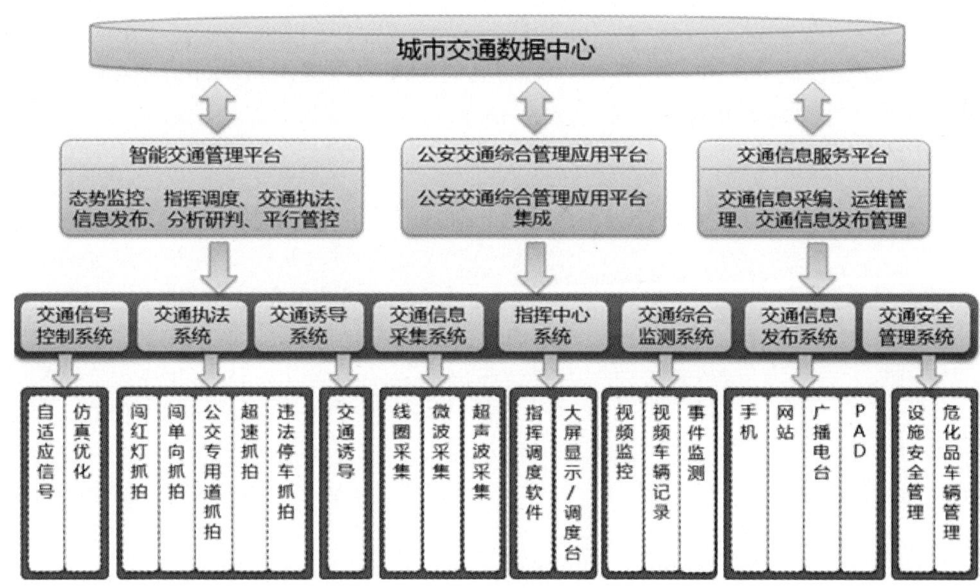

三、方案描述

整体系统可概述为"一个中心、三大平台、八个子系统"，具体系统包括：

一个中心就是数据中心，运用大数据云计算技术，提供统一的数据共享平台。

三大平台，一是智能管理控制平台，是智能交通系统的核心平台，实现对所有子系统性统一管理，具有指挥调度、管理控制、分析研判等多种功能；二是交通信息服务平台，通过交通流信息采集，及时、准确地运算交通路况，为交通管理和交通服务提供可靠支撑；三是综合应用平台，集成交通管理的基础数据，用于驾驶员、机动车、交通事故、交通违法、被盗抢车辆、危化品车辆等信息化管理。

八个子系统分别是：交通信号控制系统、视频监控系统、交通执法系统、交通信息采集系统、指挥中心系统、交通诱导系统、信息发布系统、安全管理系统。

四、方案亮点

（1）实现突发拥堵智能感知，判别准确率可以达到80%以上。

（2）智能交通管理平台依靠强大的集成能力，实现城市大型活动、恶劣天气等应急事件的快速响应和处置。

（3）实现城市级智能交通系统中所有设备的全生命周期闭环管理。

（4）利用大数据技术实现百亿过车数据3s返回查询结果，达到行业领先水平。

（5）采用先进的自主多源异构路况拥堵计算技术，应用于城市道路网的路况判别及短期预判的准确率达到90%以上。

（6）丰富的信息发布渠道，尤其是微信和APP渠道，为出行者提供动态导航、违法查询等服务，极大地方便了广大市民出行。

（7）针对中国特色的交通拥堵问题，应用路段瓶颈控制和区域需求控制，有效避免了路口的堵死问题和缓解区域交通拥堵。

（8）独创的交通路况再现与推演等技术，可为交通管理改善提供直观评价依据。

极端天气下保持道路畅通物联网示范工程

——交通拥堵监测和预警支撑子系统

北京交通发展研究中心

“极端天气条件下保持道路交通畅通物联网应用示范工程”是北京市交通委员会根据市政府促进物联网产业发展的要求，并结合交通领域应急业务需要启动的物联网示范工程项目，意在通过物联网技术示范及相关信息综合应用，实现极端天气交通保畅相关数据的整合、共享和利用，提高各部门的协同工作能力，并以信息化模式理顺传统业务流程机制，提高监测预警、应急决策支持智能化水平，提高相关部门在极端天气下道路交通保畅的协调联动、应急处置和决策指挥能力。

交通拥堵监测和预警支撑子系统是本项目的第十标段，主要任务是面向极端天气下复杂的道路交通拥堵情况，拓展系统监测和评价的范围，实现针对极端天气的交通拥堵分析评估和预测预防，辅助道路交通拥堵应急指挥处置；实现对极端天气情况下交通拥堵状况的精细监测或短时预测，通过信息发布方式实现大范围道路交通拥堵信息疏导，提高交通拥堵疏导的效果和效率。本项目从2013年开始启动，到2014年基本完成，并开始投入北京市极端天气交通应急处置实际应用中。

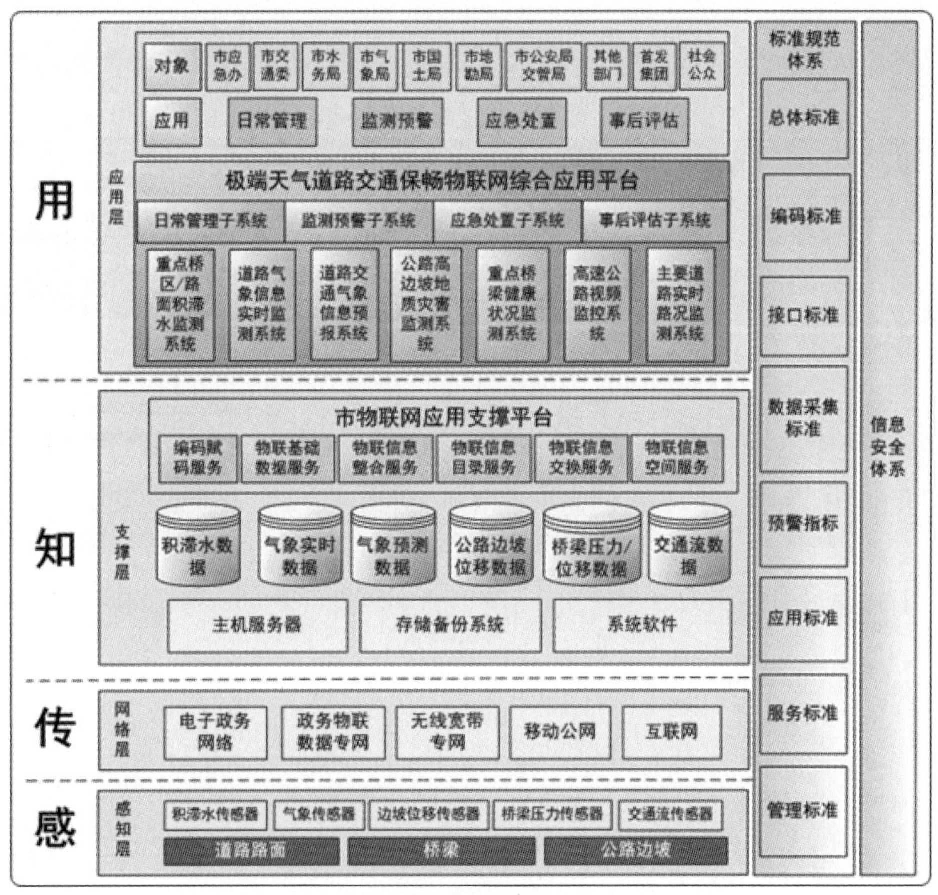

项目总体架构图

本项目依托城市交通拥堵实时监测系统，研究提出了桥梁积水拥堵情况下交通状态时空分布云图分析技术，并选择北京市11个典型积水桥区，逐一研究标定了桥梁积水导致的拥堵扩散和消除速度规律，对周边路网交通拥堵增减造成的影响等，建立了基于实时动态监测数据的桥梁拥堵自动识别技术、桥梁积水拥堵蔓延和消散模型。

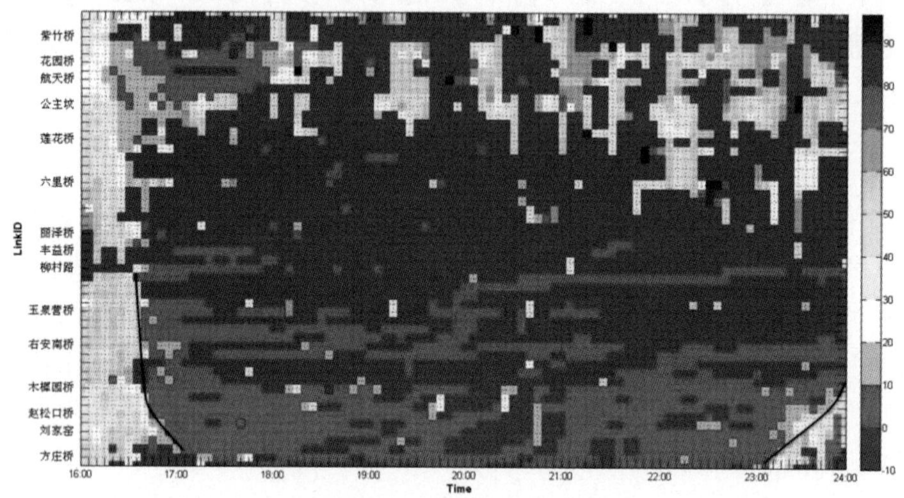

西三环内环莲花桥积水速度时空分布图

基于城市地理信息平台、桥梁积水检测数据，建设了北京市极端天气下交通拥堵检测和预警分析平台，实现了天气数据、积水数据、实时路况的联动监测、桥梁积水的预测预警和历史规律数据的辅助分析等功能。

系统主要界面

物联网助力智慧交通

武汉恒达智慧城市交通研发有限公司

一、前言

经济高速发展，城市规模迅速膨胀，机动车拥有量持续增长，高强度使用，高密度聚集，城市交通管理形势日趋严峻，目前已经成为我国各个发展中城市面临的一个社会现实，方便市民出行，解决城市交通拥堵和停车难等问题，已经成为当今政府要解决的一项重大课题。

传统管理手段和基础管理办法停留于物理层面和就事论事水平，其管理冗余度接近极限。急需新的管理手段，来突破传统管理瓶颈，形成真正智能化的交通管理体系。而各国城市交通管理手段的提升和智能化的主要瓶颈在于：无法实现全域范围内全天候、低成本和便捷化的对车流量信息的精细化采集和监控。

下面将探讨基于物联网技术——地磁车检器在城市智慧交通中的应用，通过地磁检测器对城市范围内机动车流量的精细化、全天候、动态化的即时数据的采集和监控，形成全面融合共享的交通基础“大数据”平台，从而实现精细化、动态化、智能化的交通管理。

二、物联网核心技术

“物联”首先是底层各种物信息的“低成本”、“无线”、“自动”采集。没有大量基本信息，网络传输和云计算将成为无米之炊。

物联网主要通过各种传感器、无线传感网自动采集和网络传输，物联网的生命力就在于：简单、灵活、低成本地将千千万万物的信息自动采集进入计算机，成为大数据的真正源头。

我们将充分利用物联网感、传、知、用技术，提高道路保畅能力，提高日常道路交通安全运营水平和运行效率。

(一)地磁检测器

利用地球上每一个地理坐标点在一段时间内磁场强度是恒定的，当车辆这种铁磁物质经过这个点时，对这个点的磁场强度产生一个连续的扰动，通过磁传感器采样数据与初始采样数据（该点的地球磁场值）进行对比，其差值为车辆通过时对该点地球磁场的影响，把该数值在微处理器中进行处理，处理为开关量或数字量或模拟量，然后根据需要，把该数据通过无线发射器传输给现场数据采集中心，现场数据采集中心把接收的数据通过3G网络传送到城市中心服务器，向使用者提供车辆的车头时距、占用时间、车速及车流量等交通基础数据。

(二)温湿度传感器

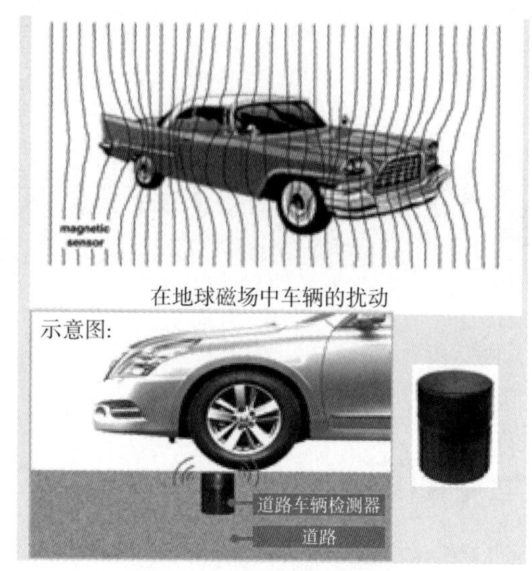

图1　地磁检测器检测原理

在我们的方案中，由于前端采集设备所处的工作环境较为恶劣，所以采用温湿度传感器用于对前端采集设备运行环境的监测，为保证前端采集设备正常运行并且有一个良好的工作环境，对前端采集设备的温湿度监测是必不可少的。由于前端数据的采集设备运行环境必须满足设备对温度、湿度等技术要求，温度和湿度作为前端采集设备正常运行的必要条件，我们必须在前端设备机箱合理的位置安装温湿度传感器，以实现对温度、湿度进行24小时实时监测，并能在后端平台上实时显示采集设备的温湿度测量值，一旦数值出现超出预设温湿度上下限，在后端平台上通过数值颜色来预警提醒维护人员进行现场维检。

(三)风能互补供电

考虑到不同的地段，不同的交通环境，前端采集传感器所用到的供电模式要求也不一样。太阳能供电系统在夜间、阴雨天气、冬天、太阳光线不够充足，电池电能将耗尽时，就非常有必要以风能为储能装置进行充电，据有关部门的统计，太阳能每天实际充电工作时间约5h，而风能不受太阳光线的影响，可以在一天24h根据风速的大小不断地产生电能。而采用风能和太阳能互补的系统，可以实现阴雨天也能够利用风能补充电能，保证持续阴雨天能正常供电；利用风力发电机与太阳能互补系统，可减少太阳能电池极板组件的迎风面积，从而降低整体的投入。

三、在城市智能停车中的应用

(一)城市道路停车现状

汽车越来越多，城市越来越拥挤，停车成为一个社会难题。而目前城市道路停车现状主要表现在以下几个方面。

1. 道路停车管控不严

逃费、议价、违停现象普遍存在，按时调控政策难以实施，造成泊位周转率低下。调查显示，道路泊位平均停放时长达3～4h，且违停车辆高达三成。

2. 路外停车难以整合

政府努力倡导单位和社区错时开放自有停车资源，实现社会停车资源整合。但是，大部分单位和社区担心安全隐患和错时不当，普遍拒绝被整合。

3. 诱导体系基本空白

该服务体系是衡量城市停车公共服务水平的重要标志。目前，道路上的三级停车诱导系统和面向智能移动终端的停车诱导系统基本空白。

由此可以归纳为：停车难、停车乱（城市形象受损，市民抱怨不断）；收费混乱（政府公信力遭质疑）；道路拥堵（城市交通效率难以提高）；收费收到落后（政府缺少宏观调控手段）。

（二）破解道路停车难题思路

采用物联网专利技术，低成本、可靠地实现了对道路停车车位使情况的自动实时监控，从而为解决城市停车难，收费管理难问题，提供了一种简单有效、切实可行的技术手段。通过手机或计算机，随时可知道城市中任一车位占用情况：停车人知道哪里可停车，且付费方便；业主知道应有收入，无现金流失。

1. 数字化编码

对道路泊位和各类停车场进行统一编码和NFC识别，通过数字化手段对城市停车资源进行可视化、全生命周期管理。

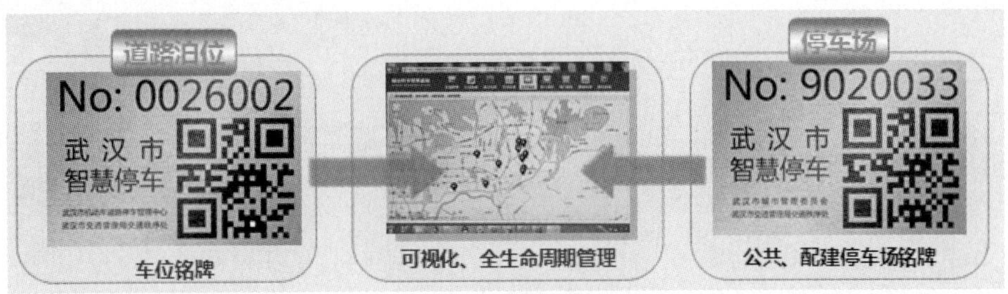

图2　数字化编码示意图

2. 精细化管控

精细化感知道路泊位和停车场的使用和支付，提高车位/场利用率，严格管控欠费和违停车辆，让驾驶者养成自觉缴费和规范停车习惯。

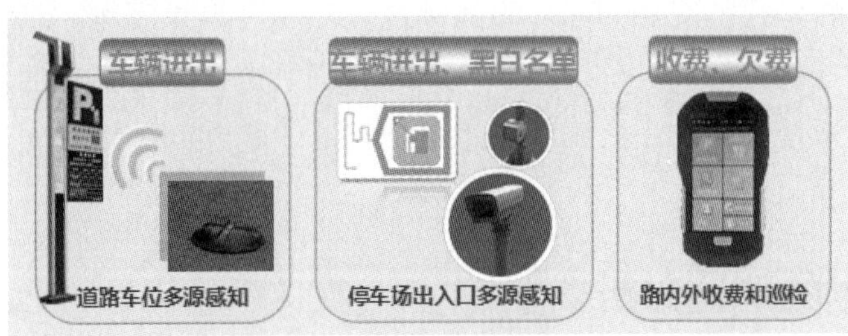

图3　精细化管控示意图

3. 一站式服务

普及“车位诱导、车位预定、自助支付到反向寻车”的一站式服务，让驾驶者充分掌握出行信息、便捷出行，避免因迂回造成交通拥堵。

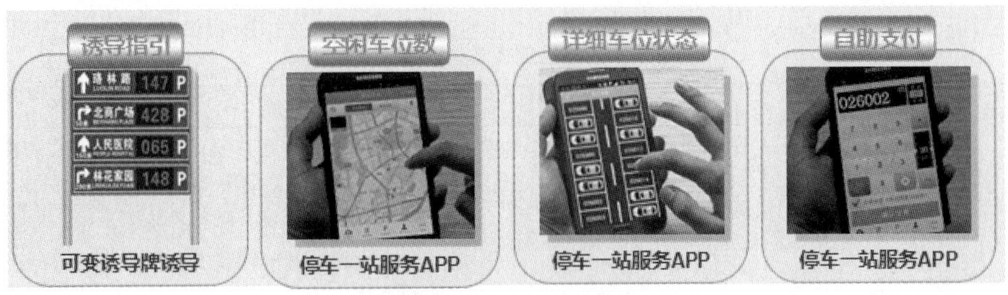

图4　一站式服务示意图

4. 大数据分析

充分利用出行、停车等大数据，为政府制定相关政策、城市规划、城市综合管理、商业开发提供决策支持。

（三）系统技术实现原理

1. 系统组成

系统组成包括车辆检测器、基站、后端支撑平台、LED引导屏。车辆检测器主要是车位信息的采集；基站用于车位信息的收集和数据的传送；后端支撑平台用于运维系统（设备监控、巡检监控）和运营系统（停车管理、数据统计）的管理。

2. 系统原理

通过监测地磁的变化状况，实现车辆有无的判断，将判断结果通过无线射频传输到基站接收器，然后经过基础运营商网络传输给系统后端支撑平台。

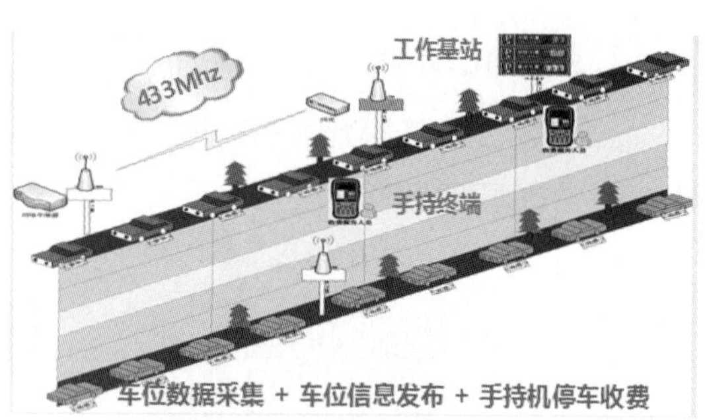

图5 系统结构示意图

四、在动态交通信息采集中的应用

（一）问题分析

交通系统是一个典型的复杂巨系统，依靠传统的交通管理方式，单从道路或单从车辆角度考虑，很难解决近年来不断恶化的交通拥堵、事故频发、环境污染等问题。基于大数据的智能化交通调控，基于车路信息交互建立的人、车、路一体化的协同系统，对提高交通运输系统的效率和安全性，实现交通系统可持续发展具有十分重要的意义。因此，物联网技术为城市各种交通智能化管理提供了大数据应用平台。

（二）几种检测技术的对比分析

目前，国内外的车辆检测器产品的种类很多，技术原理和实现方式各不相同，如有线圈检测、视频检测、微波检测、无线地磁检测等。但交通状况比较复杂，各地交通管理部门对于车辆检测方式的要求具有多样性，从性能指标、产品成本、安装方式、天气路况、管理政策等方面都有诸多不同，但无线地磁检测是目前国内唯一能够实现实时车流量数据信息低成本自动采集的技术。表1为几种检测技术的对比分析。

表1 各种检测技术优缺点对比

检测方式	优 点	缺 点
线圈检测	技术成熟，感应灵敏度可调，适应性大，计数准确	安装过程对寿命影响大，修理或安装需中断交通，影响路面寿命，容易被重型车辆、路面修理等损坏
微波检测	在恶劣气候下性能出色，检测多车道，直接检测速度	需要后置距离，安装条件高，在车流拥堵、车型分布不均匀，尤其是大型车较多的路段，由于遮挡影响，检测精度会急剧下降

（续表）

检测方式	优　点	缺　点
视频检测	为事故管理提供可视图像，可提供大量交通管理信息，单台摄像机和处理器可检测多车道	安装条件要求较高，成本投入大，大型车辆能遮挡随行小型车辆，阴影、积水反射或昼夜转换可造成检测误差
无线地磁检测	检测精度高，无论车辆高速行驶，还是静止不动，都可以精确检测；安装简单，无电源线，无数据线，无须破路；稳定持久，成本低；抗干扰性好，可检测大车，拖车等；完全可替代线圈检测	无线传输存在功耗与传输距离的成本考量，在降低功耗的基础上增加传输距离是追求的目标。另外，无线传输易受到同频干扰及信号衰减的影响，所以技术要求较高

（三）应用方向

1. 应用于智慧路口防堵塞

目前红绿灯的时间总是固定的，当横向车辆绿灯变放行时，由于车辆跟车较多，变为黄灯时还有车辆通过路口，变为红灯时路口还有车辆未完全通过，此时，纵向路口的绿灯开始放行，在路口产生了十字交集，形成拥堵、红绿灯“各自为政”，并没有真正发挥整体智慧功能。

然而基于控制的前端采集设备（地磁车辆检测器），布置在各位置点（排队点、防堵死点、计数点等），将信息传感至红绿灯控制器基站，基站根据上报数据，智能判断路口情况，智能分配通行时间，由点至线至面地实现动态智能红绿灯控制，即路口、街道、区域型控制，达到最优化设计。

系统具备实时采集红绿灯控制数据；科学识别车辆排队长度，智能分配放行通过车辆；优化通行时间，提高道路利用率，缓解交通压力；提高数据接口，促进智慧城市交通发展等特点。

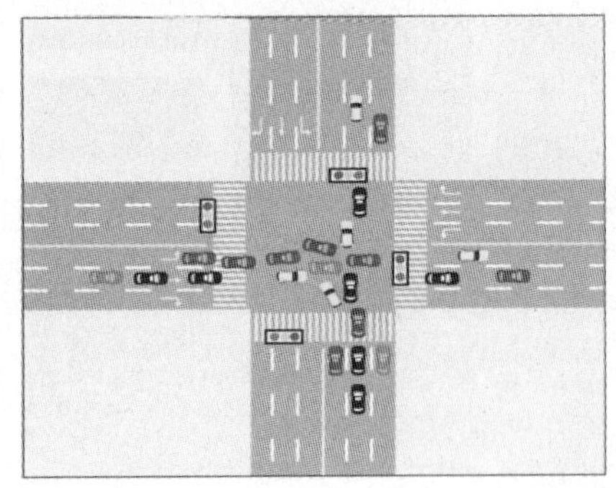

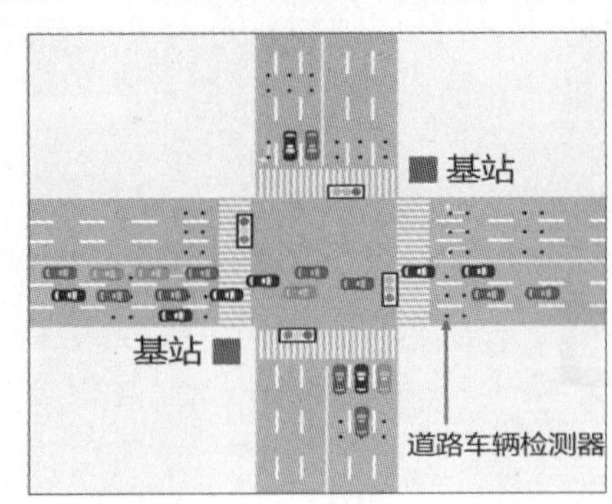

图6　智慧路口防堵塞系统示意图

2. 应用于实时智能红绿灯

城市交通中，交通信号灯扮演着“指挥者”的角色，如果配时不合理，会带来反效果。

首先，在车辆少的时候，车辆等待红绿灯的时间没有编号，陆续车辆容易排成长龙，形成拥堵，当车辆多的时候，绿灯放行时间较短，导致车辆也形成拥堵。

其次，不能自动判断某一条道路车辆多少，当车辆拥堵时，绿灯时间不能自动延长，别的车道车流量小，或者根本就没有车辆，但是红灯的时间没有缩短。然而基于控制的前端采集设备（地磁车辆检测器），布置在各路口，能根据车辆多少和排队长度，优先放行拥堵的车道，自适应红绿灯时间。

系统具备实时检测路面占用情况；实时采集数据，实时上报数据，实时处理数据；智能识别路口车辆长度、红绿灯配时更科学；优化通行时间，提高道路利用率，缓解交通压力的特点。

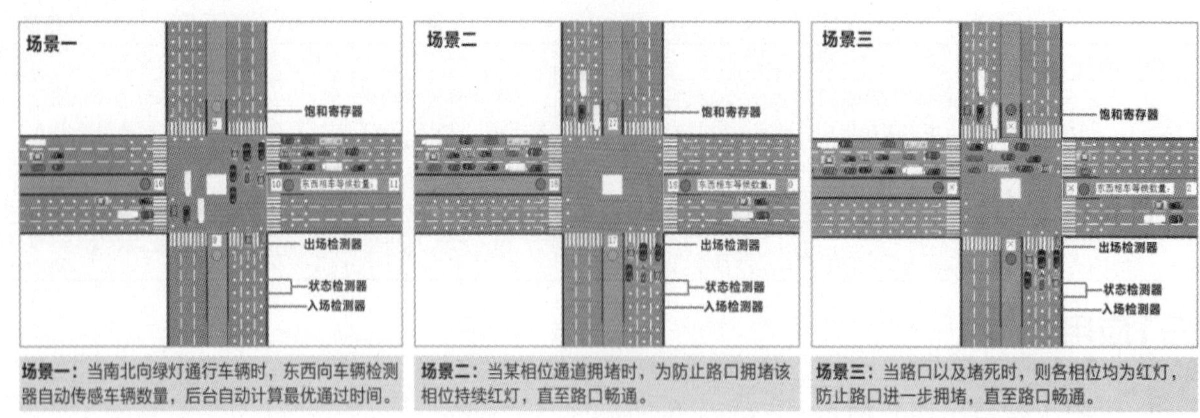

图7 实时智能红绿灯系统示意图

3. 应用于路网快速诱导

基于地磁车辆检测器快速上报交通量的情况，把人、车、路综合起来考虑，通过诱导道路使用者的出行行为来改善路面交通系统，及时显示到交通诱导屏上，防止交通阻塞的发生，减少车辆在道路上的逗留时间，并且最终实现交通流在路网中各个路段上的合理分配，为司机出行提高实时性诱导。

图8 路网快速诱导系统示意图

4. 应用于车路协同车路通信

车路协同系统是各种功能、技术和信息的集成，其关键技术为：智能路侧系统、智能车载系统和车路信息交换系统，均是基于路侧基站的车路通信。

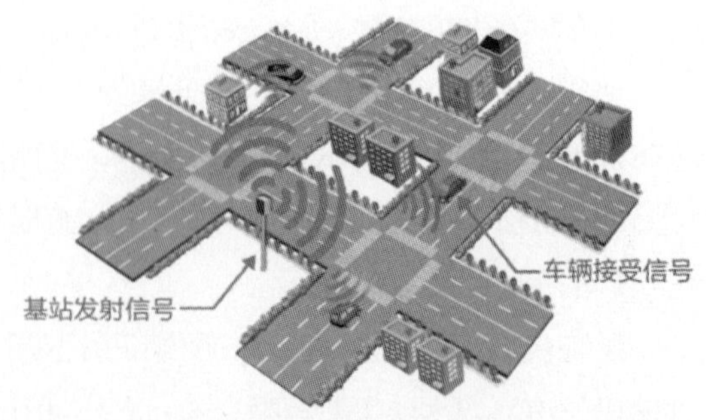

图9 路网快速诱导系统示意图

地磁车辆检测器的路侧基站采用开放的自组网无线通信资源，该资源除了接受道路上部署的车辆检测器的采集数据外，还可以与道路上行驶的车辆进行无线自组网和双向通信。

该通信资源可向行驶的车辆免费推送路网交通诱导信息，车辆接受该信息后，可通过蓝牙、WiFi接口或微电台在智能手机、车机或车载收音机上显示或收听，也可以作为智能手机或车机导航软件的信息来源。通过该应用，不仅可以让驾驶者连续、实时获得诱导服务，而且还将让云端服务与终端应用产生更多互动数据，基于更丰富的数据资源（PB级），再衍生更智慧的应用服务。

（四）应用案例

楚河汉街车流量交通信息采集系统建设的目的，是对楚河汉街的道路交通状况进行动态监控，提高现代化城市交通管理水平；对城市交通拥堵等事件进行自动检测并在指挥中心人性化呈现，由中心值机人员合理调度警力资源，缓解交通拥堵；为城市交通组织优化、交通诱导等提供交通流量基础数据。

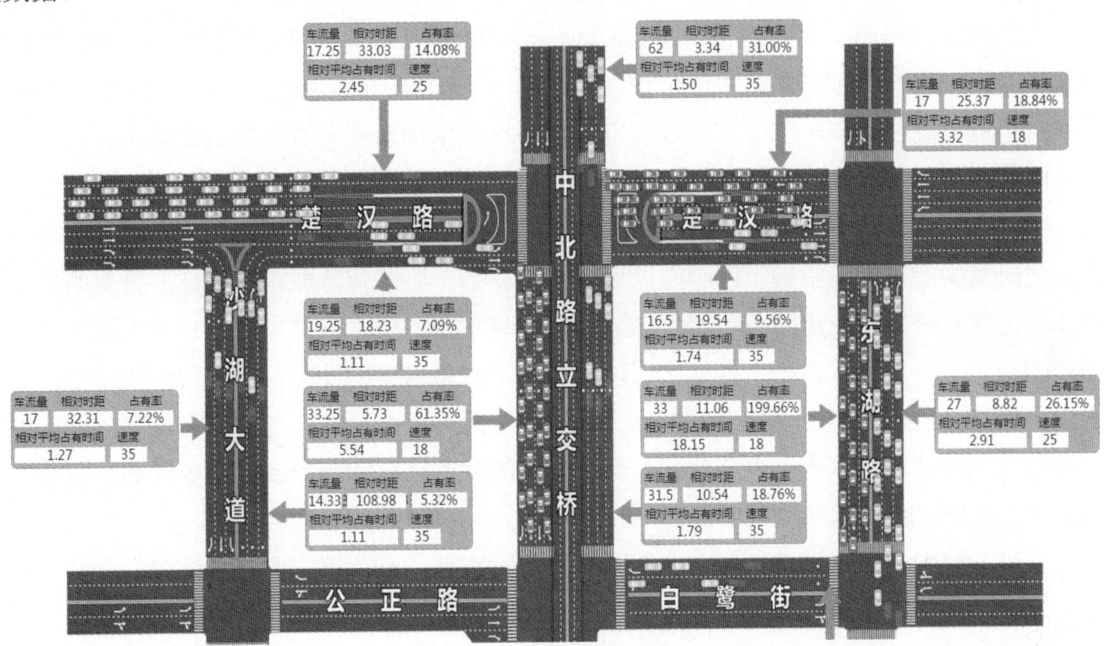

图10 系统界面示意图

下图为楚河汉街使用地磁车辆检测器采集交通数据进行交通诱导后的对比数据，通过对比分析可以看出，系统上线后，基于车辆检测器的诱导系统极大地改善了楚河汉街的交通状况，因此，基于地磁车辆检测器采集的交通数据+诱导系统模式值得在其他路段推广并使用。

楚河汉街无线地磁诱导前后车辆行驶时间对比(2015.4.16)			
地点	诱导前	诱导后	时间缩短比率
东西向-沙湖大桥	22	16	**27.3%**
南北向-万达广场	37	25	**32.4%**
南北向-中北路中	46	30	**34.7%**
南北向-加油站	20	15	**25.0%**
东西向-楚河	38	24	**36.8%**
南北向-万达酒店	57	40	**29.8%**
东西向-白鹭街东	38	26	**31.5%**
南北向-古玩城	51	37	**27.5%**
南北向-中百仓储	32	23	**28.1%**

图11 系统上线后道路通畅情况对比分析

五、总结

目前，北京、深圳、武汉、重庆等智慧城市试点城市，均提出了引入新一代信息技术，实现智慧化的交通管理的示范应用目标。我们专注于采用物联网、移动互联网、云计算等技术，实现道路停车管理、动态交通信息采集、红绿灯控制、综合交通诱导发布等应用研究，在试点应用工程项目的基础上形成了成熟的“应用产品”和“工程规范”。

太阳能电子站牌在公共交通中的应用

上海产业技术研究院智能交通中心

上海产业技术研究院的使命是“为共性技术研发、成果转化和产业引领提供统筹、支撑、服务的平台”。以推进产业发展为根本任务，面向国家战略和上海战略性新兴产业发展，以“开放创新、服务产业”为理念，按照“政府引导、顶层设计，合同管理、柔性参与，资源联投、利益共享”的运作模式，发挥应用技术创新体系中创新接力“第三棒”的作用，以产业共性技术研发与服务平台为载体，将企业、高校、科研院所、金融投资以及各类技术创新平台等有机组织起来，优化资源配置，实施集成创新，实现产业链上下游的高效联动、协同发展，推进产业技术创新和产业化。

产业技术研究院目前主要有绿色能源，信息通信，生命健康，智能制造四个专业技术板块，下设12个专业研发中心。智能交通工程中心以构建智慧交通，服务智慧城市为目标，推进智能交通民生工程建设，建立开放式应用服务构架，参与公交信息发布的技术标准与应用规范的制定。在科技融合创新的道路上，积极发挥纽带推动作用，按照建设智慧城市的要求，协同行业监管部门、交通运营企业，加快交通行业信息化建设，深化交通信息资源的整合开发，加强交通信息的分析利用，促进信息化与交通运输管理的有机结合，为公交运营的网络优化和服务评价提供大数据支撑，全面提升交通信息化应用服务水平。

智能交通工程中心面向城市智能交通领域，采用物联网、云计算、嵌入式系统、北斗卫星定位等高新技术，提供智能交通系统工程化服务。中心在公共交通、行业车辆监管、物流车辆定位、人员定位与服务 、室内定位服务等方面拥有成熟解决方案及产品。

智能交通中心主要产品如下。

一、太阳能电子站牌信息发布

太阳能公交电子站牌信息发布方案以北斗卫星定位为基础，采用太阳能发电系统提供能源，低功耗嵌入式系统作为控制核心，通过在公交电子站牌上显示车辆到站信息为市民提供车辆到站信息服务。

公交电子站牌包含电子站牌后台监控系统、车载终端以及节能型电子站牌三个部分。三者之间采用GPRS无线通信技术+短距离无线通信（ZigBee）技术进行数据传输与控制。后台监控系统对公交线路进行相应的定位和数据采集，通过与电子站牌的即时通信，以及车载智能终端设备自身的精确定位功能和内嵌的软件系统，自动测算到达前方各公交站点的距离（站数），将计算结果实时发布到公交电子站牌。

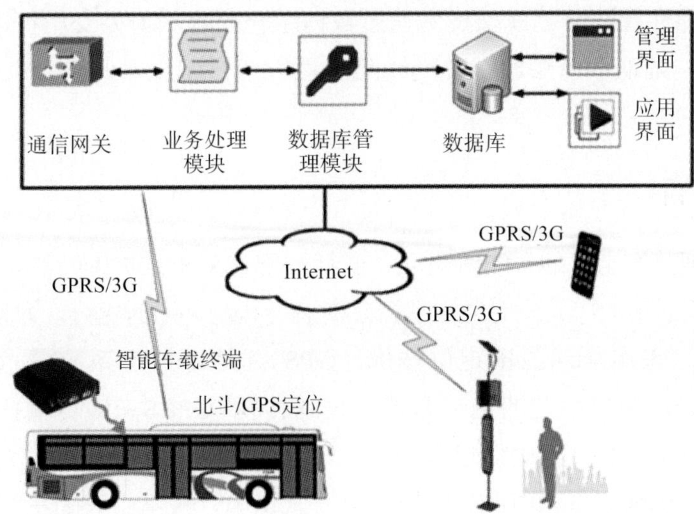

(一)关键技术

1. 智能化、集约化公交智能调度技术

公共交通系统是一个具有随机性、模糊性和不确定性的复杂系统，虽然很多城市已经研制了一些智能公交项目，但多数还停留在传统的公交调度模式，两点一线的公交调度模式早已不能满足企业的需求。依靠人工现场调度的方式，也造成人力成本的负担，同时降低了公交整体运营的效率。

要解决公交调度系统的智能化、集约化问题。基于北斗系统的实时位置信息使公交调度平台可以实时感知到每辆公交车的运行状态，从而智能调整车辆运行时刻表。基于智能算法的调度模型依托北斗定位的准确数据，能够更加高效地指挥公交车辆在复杂的业务场景下顺畅运行，在满足乘客便捷交通需求的同时降低公交企业的运营成本。

2. 电子站牌长效规模应用技术

传统的公交电子站牌成本高、功耗大，需要外接市电，从而导致安装复杂，同时需协调供电、市政、交管等多个部门，实际实施难度大，致使很多传统电子站牌处于“点不亮、无信息”状态。目前虽有智能手机、平板电脑等移动终端可作为公交信息发布渠道，但公交电子站牌对于广大乘客在站点上能否实时了解公交车辆到站信息依然非常重要，特别对于乘坐公交的老年人及儿童等特殊群体。

采用太阳能公交电子站牌的形式解决，大多数公交站点无电可用的难题，将公交实时信息发布推送到绝大多数的公交站点，让乘客方便地感受北斗智能公交系统的便捷与准确。公交实时信息发布系统时刻监控每一个太阳能电子站牌的运行状态，站牌电池工作电流、电压、温度、太阳能板工作的各种状态数据实时在线监控，一旦发生故障将通过手机应用及时通知维护人员进行维修保养。完善的运维机制保证了太阳能电子站牌系统长效、可靠地运行。同时太阳能电子站牌由于结构简单，成本低廉，有利于快速推广复制。

3. 公交线网优化和服务评价技术

充分利用车载信息系统和智能集群调度系统的数据资源，研究提出公交线网优化和服务评价指标体系，研制公交专题模型，开发线网优化和服务评估软件。评价指标将覆盖畅通性、可达性、安全性、舒适度、可靠性等，专题模型技术通过数据融合处理获得公交出行OD分布，评估不同线网条件下的评价指标，辅助政府管理在公交线路经营权考核和线网调整，以及公交补贴方面的科学决策。

（二）系统优势特点

系统具有显示直观、安全可靠、配置灵活、低耗节能、易于维护的特点，有利于打破传统公交信息化滞后的局面，同时帮助广大公交乘客掌握公交运行状况，适时出行，方便出行。

（1）技术先进性：采用全球卫星定位技术（GPS）、地理信息系统技术（GIS-T）以及智能传感技术（有源RFID），通过稳定的通信方式（光纤传输+GPRS无线传输技术+短距离无线通信（ZigBee）技术），建立智能公交实时信息发布系统，为候车乘客提供实时、准确的车辆到站预报。

（2）节能环保：采用太阳能和电池分时结合的方式供电，采用白天即发即用，夜晚电池供电的方式，保证七天连续光照度低于充电阈值情况下系统可靠运行，同时供电系统采用模块化设计便于扩展。供电电子站牌最高功耗2.5W，平均功耗1.5W。

（3）安全性：①太阳能发电系统：保证高温、雷电及其他恶劣的气候环境下的安全；避免滥用的情况（如过充电、过放电等）。选用高性能高可靠电池以适应户外高温工作环境。后台定时采集电池电压数据、电池的温度数据并监控。② 车载智能终端：遵照相关行业标准，设备已通过车载环境资质测试。③ 数据安全性：遵照《公共汽电车车载智能系统基本技术要求》，整套方案从硬件、数据读取、数据传输、运维管理等方面保证系统的应用和数据存储、传输的安全性。

（三）系统建设内容

（1）应用北斗智能车载终端，建立基于北斗的城市智能公共交通运营调度管理平台，实现对公交车辆的智能调度；

（2）依托公交车辆智能调度系统，建成公共交通运营的网络优化和服务评价系统；

（3）建立基于移动终端的多模式上海城市公共交通实时信息发布系统；

（4）建设太阳能公交电子站牌，实现公交实时信息推送服务。

后台管理与监控系统负责管理公交线路站点数据，转发公交到站信息，监控公交车辆运行信息，配置太阳能电子站牌设备，处理站牌设备定时上传的电压、电流、温度、防盗标志，并对这些数据进行监控，实现异常报警，保障公交信息发布的动态、实时、准确、完整。

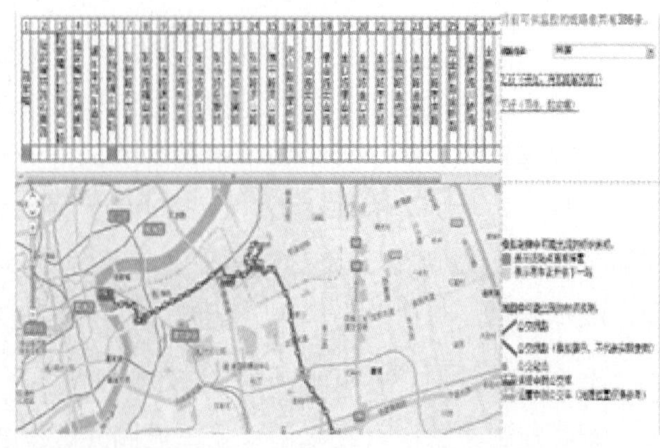

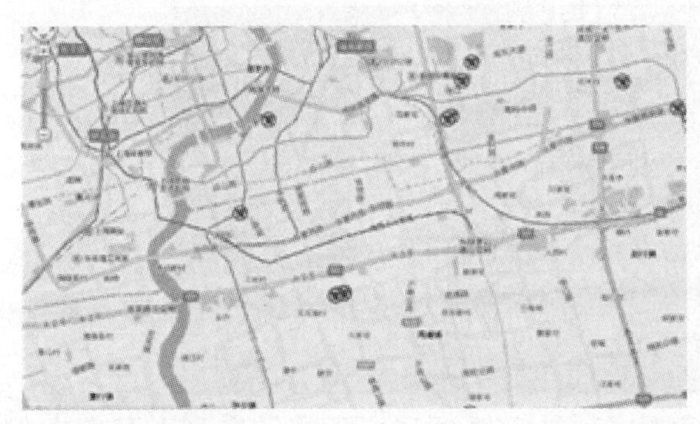

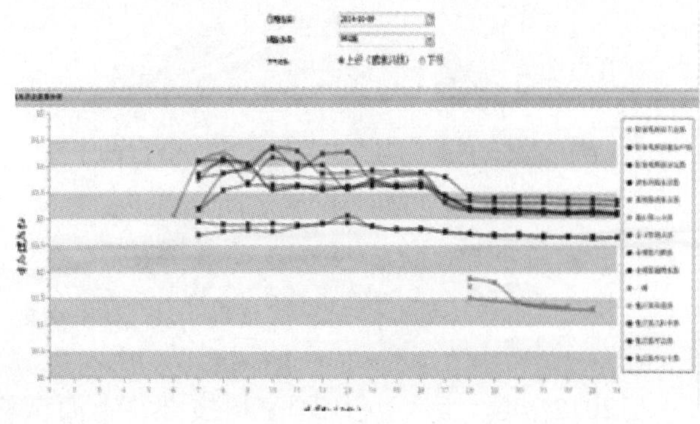

产品特点如下。

（1）安装方便：仅需改造现有公交站牌面板，在站名前面安装高亮度闪烁的LED发光管，对安装环境要求低。

（2）低耗节能：采用太阳能和蓄电池分时结合的方式供电，白天吸收太阳光将光能转换为电能存储在蓄电池中，保证七天连续光照度低于充电阈值情况下系统可靠运行。在能源宝贵的今天，符合国家环保的主题。

（3）安全可靠：立杆式电子公交站牌满足负载、风载、安装牢靠等工程性需求，从硬件设计、数据采集、数据加密传输、设备状态监控等多方面都可保障电子站牌安全可靠地运行。

（4）维护方便：定期采集站牌设备的各项指标数据并监控，实现异常报警和防盗报警提醒，方便日常维护。

原始站牌改造部分，采用在已有站牌上加装：①太阳能板；②背板及灯带主板；③电池盒；④太阳能控制器。

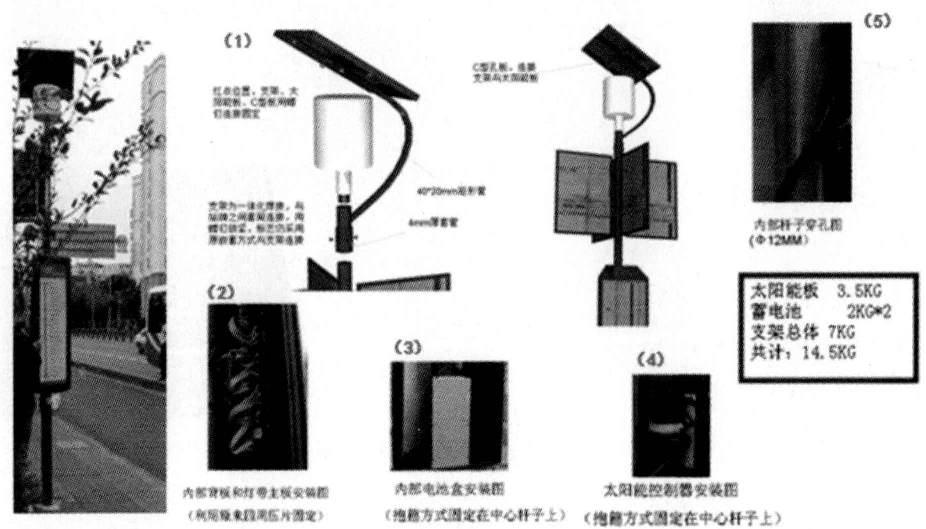

太阳能公交电子站牌信息发布方案能够实时为候车乘客预报车辆到站情况，受到了社区居民和乘客的支持与好评。该应用被文汇报、新民晚报、东方早报、解放日报等十多家主流平面媒体和网站竞相报道，并被东方电视台、浦东网络电视台、新民网网络电视台等电视台专题报道。同时，CCTV面向全国对此应用进行了重点播报。

截至2015年4月，太阳能公交电子站牌信息发布方案已覆盖公交车辆共计3800台，应用线路140余条，安装电子站牌1733块，信息发布覆盖站点1493个。

自2012年起，我们运用国家科技部、上海市科委等重点科技攻关项目所积累的专利以及自主起草的《节能型电子站牌的公交实时信息发布方案》（上海市城市交通运输管理处指导拟定的上海市地方标准），全面开展了太阳能公交电子站牌信息发布的规模化推广实施；同时自主研发的集通信、多模式联合导航定位、视频处理和嵌入式计算于一体的系列智能车载终端设备为全面实施和推进智能交通信息化建设打下了坚实基础。

二、太阳能数字信息显示屏

太阳能数字信息显示屏是一款采用太阳能提供能源，利用E-Ink技术（“电子墨水”）进行动态信息显示的高效节能信息显示装置。它支持在–20℃～80℃温度范围以及阴雨天气下长时间稳定工作，仅在屏幕刷新时消耗电量并且具备掉电后显示信息不消失、设备防盗报警等突出特点。它可以广泛应用在电力接入受限，更换较频繁的公交站牌、路牌及各类指示牌上，且大量减少了需人工更换而造成的人力、财力耗费，提高了信息更新的及时性，提升了市民的感知度。

（一）技术规格

显示技术：E-Ink技术；

显示颜色：黄底黑字/黑底黄字；

视角：≈180°；

尺寸[长×高×宽mm]：782×350×323；

显示区域 [长×高mm]：634×206；

显示分辨率[长×高ixels]：913×275；

重量：≈40kg（带电池）；

温度范围：–20℃～80℃；

国际防护等级: IP54；

其他：扬声器，传感器。

当前用于指示公交线路途经站的站牌大多是经过特殊加工工艺制作的纸质牌块，一经制作不可调整，但是公交线路在实际运营过程中往往涉及线路调整、缩短、延伸等情况，此时需要对公交沿线的站牌进行全部置换，印刷、置换过程涉及了大量的人力及物力浪费，也往往因为更换不及时，给市民的出行带来了不好的体验，政府遭到了诸多的投诉和抱怨。我们在太阳能信息显示屏的基础上开发了具备调整功能的电子牌块用以取代当前普通的纸质牌块。可以在不变动原有的大量站牌立柱的基础上，通过置换牌块的方式，快速、环保地实现城市公交站牌的电子化。

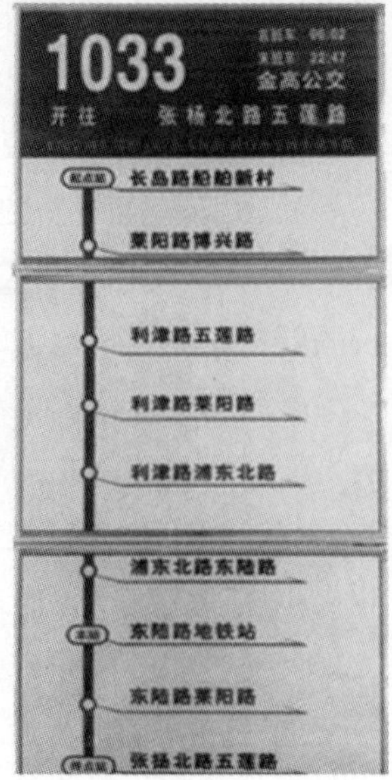

太阳能数字线路牌采用了太阳能信息显示屏的电子墨水技术，将线路信息通过事先设定，用电子化的方式显示在线路牌上，更换站点信息时，只需PC端操作一次即可更新，仅在站牌信息更新以及信息通信时消耗电量并且掉电后原有显示信息不消失，大大减少了由于公交线路改造更换纸质站牌所需要的时间，节约了大量人力、物力，提高了市民体验。

（二）产品特点

（1）太阳能供电，对安装环境要求低；持久耐用，可工作5年以上。

（2）更新及时，只需按键一次，站牌信息即可瞬间更换。

（3）环保节能，仅在更新线路信息和信息通信时耗电且掉电后原有显示信息不消失。

（4）模块化设计，可根据实际要求进行定制。

（5）字体、大小可修改，依线路站级数调整，满足实际应用需求。

（6）高分辨率，在强光下清晰显示图片文字且无光污染。

（7）夜间LED光辅助照明，路牌信息清晰可见。

（8）防盗报警，有效的安全防护措施。

完整解决方案

三、北斗通信安全车载终端

从2000年发射第一颗北斗导航试验卫星到2012年2月底，我国共发射了11颗北斗导航卫星，完成了区域组网基本相同的建设，并于2012年正式提供试运行服务，向中国及周边地区提供连续的导航定位和授时服务。2012年12月27日，北斗卫星导航系统开始提供正式的区域运行服务，并发布了北斗系统空间信号接口控制文件（ICD）正式版本及北斗卫星导航系统发展报告。据赛迪顾问统计，目前我国卫星导航产业中，北斗系统市场规模只占6%左右，其余皆为GPS应用。北斗系统目前主要应用于海事、通信与电力授时、应急救援、车辆船舶的监控管理等领域，在民用领域的应用正在积极拓展中，如基于位置的服务（LBS）相关。

上海市关于《国家北斗卫星导航产业重大应用示范发展专项》在智能公共交通、城市物流配送两方面应用具体实施的项目在发改委于2015年1月29日召开的会议上正式启动预案。北斗终端将在智能公交、城市物流配送领域落实规模应用，以共同加快推动北斗卫星导航产业核心技术与产品的产业化和规模化应用，促进我国北斗卫星导航产业快速、健康发展。

上海产业技术研究院智能交通中心的北斗一代车载终端，通过短报文通信或移动无线通信方式与普通导航终端进行通信，定时接收这些终端的位置、运动状态等信息，及时发送反馈信息，可完成调度、监控、和管理任务，可广泛应用在移动指挥平台，车辆定位信息发布等场景上。

(一)北斗一代车载终端

北斗一代卫星导航系统是我国自行研制，利用地球同步卫星为用户提供快速定位、报文通信和精确时间服务的一种新型的全天候、区域性的卫星导航定位系统。

北斗一代车载终端BD1-2000支持北斗二代B1和GPS L1导航定位功能，并支持北斗一代卫星定位授时和双向短报文通信功能。可广泛应用于兼容北斗的卫星导航、授时、车辆导航、海洋渔业、气象探测以及应急救援等领域。

终端实物图如下：

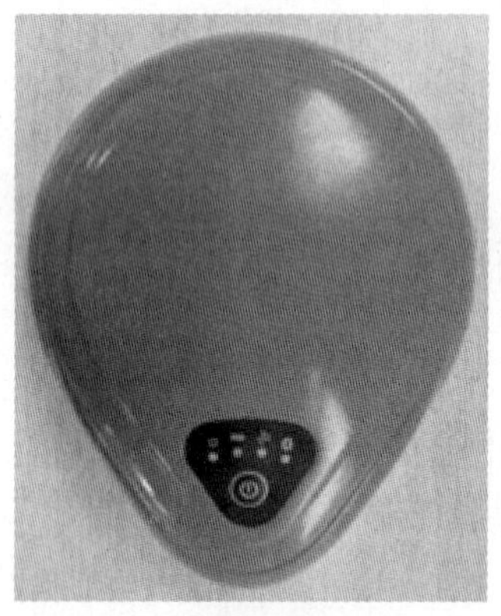
终端正面图

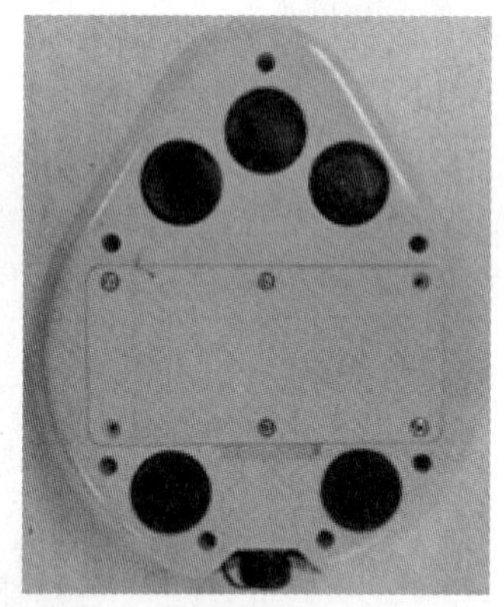
终端背面图

终端正面有4个LED指示灯和报警按键，LED灯分别指示电源状态、电池电量、定位状态和蓝牙连接状态。

1. 技术特征

1）定位功能

支持北斗二代B1和GPS L1双模定位，能够实时提供其所在位置的经度、纬度和高程，定位精度小于20m。

2）通信功能

（1）终端发送短报文时，当前位置信息可同时发送给平台，平台能解析或显示发送方经纬度。

（2）用户每次最多可以传送35个汉字的信息。

（3）终端为北斗卫星的标准协议。

（4）车载平板通过蓝牙与终端连接，实现数据实时交互。

3）其他功能

（1）支持用户在车载平板上发送报警信号给平台或者已设定的报警对象，在紧急情况下也可通过终端上报警按键发送报警信号。

（2）支持用户在车载平板上查询救援车辆位置信息。

2. 主要技术参数

1）定位精度

（1）≤20m（GPS L1/北斗二代B1定位）。

（2）≤100m（北斗一代定位）。

2）接收指标

（1）接收频率：2491.75±4.08MHz。

（2）动态范围：≤300m/s。

（3）接收通道数：6通道。

（4）接收门限功率：–127.6dBw。

（5）首次捕获时间：≤2s。

（6）失锁重捕时间：≤1s。

3）发射指标

（1）发射频率：1615.68±4.08MHz。

（2）发射功率：≥39.5dBm。

（3）载波抑制：≥30dBc。

4）GPS/BD2指标

（1）接收载波频率：1561.098 MHz（BD2）。

（2）接收载波频率：1575.42 MHz（GPS）。

（3）冷启动≤40s。

（4）热启动≤2s。

（5）重捕获时间≤1s。

（6）捕获灵敏度：–144dBm。

（7）跟踪灵敏度：–159dBm。

5）其他指标

（1）供电电源：直流12V ～ 24V。

（2）定位申请服务频度：≥70s（民用用户卡服务频度）。

（3）待机功耗：≤2W。

（4）整机重量：约600g。

（5）通信、定位成功率：≥95%。

6）环境条件

（1）工作温度：–25℃～+70℃。

（2）存储温度：–40℃～+85℃。

（3）防水等级：IP55。

车载平板搭配北斗一代车载终端使用，车载平板通过蓝牙与终端连接。

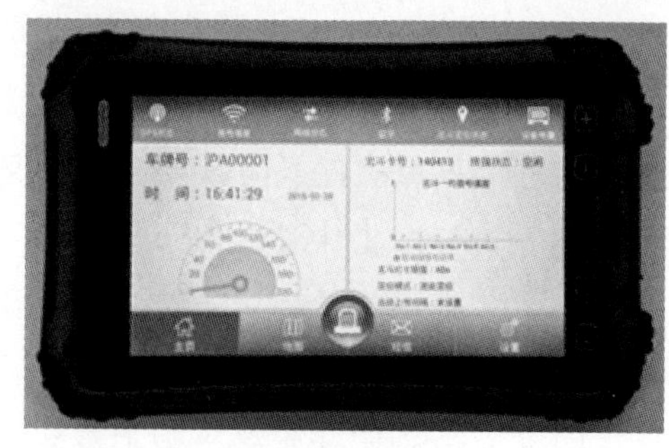

车载平板

（二）终端设备系统功能

主界面左半部分显示当前车辆信息，右半部分显示北斗设备信息，若蓝牙未连接，则相关信息无法获取。

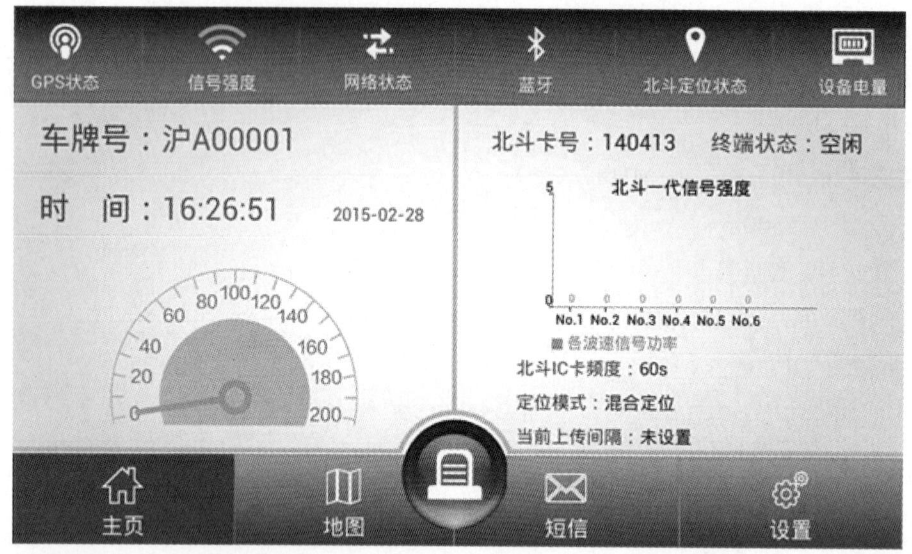

GPS状态：是指车载平板GPS定位状态。（白色为定位，灰色为未定位）

信号强度：是指车载平板GPRS信号强度。

网络状态：是指车载平板与后台链接状态。（白色为已连接，灰色为未连接）

蓝牙：是指车载平板与北斗设备的连接状态。（白色为已连接，灰色为未连接）

北斗定位状态：是指北斗设备定位状态。（白色为定位，灰色为未定位）

设备电量：是指北斗设备中电池电量。

北斗卡号：是指当前北斗设备中的ID。

终端状态：①忙碌：是指当前北斗设备有数据未发送，用户若此时发送数据，程序会将其缓存一段时间发送。②空闲：是指当前北斗设备无数据未发送。用户若此时发送数据，将会立即发送。

北斗一代信号强度：是指当前北斗设备的信号强度，该信号强度会影响北斗发送信息效率。

北斗IC卡频度：是指北斗IC的发送信息的效率，以秒为单位。

定位模式：是指北斗设备的定位模式，可分为混合定位、GPS定位、北斗定位。

当前上传间隔：是指北斗设备自动上传位置时间间隔，最低为70s。

进入主界面后可以点击切换进入地图界面、短信界面和设置界面。

1. 地图界面

地图界面可以显示当前车辆位置。

2. 短信界面

短信界面可以在没有GPRS信号时，实现北斗设备间通信以及设备与平台通信。

短信缓存条数：表示当前北斗设备中缓存的未发送信息。

3. 设置界面

蓝牙配置：可以选择用户自己北斗设备的蓝牙，并连接。

救援配置：可以设定报警时发送的对象号码，以及消息。

定位模式：可以设定北斗设备定位模式，可分为混合定位、GPS定位、北斗定位。

上传间隔：可以设置北斗设备自动上传位置的时间间隔，最低为70s。

有关北斗：

目前我们已有基于北斗/GPS多模芯片的多个产品，具有自主产权的北斗/GPS双模芯片已在车载终端中得到广泛实际应用。为了充分发挥北斗作为自主创新资源的重要性，带动北斗产业链上下游，我们积极引进北斗成熟芯片产品，完善导航模块和终端。继续坚持以行业的典型应用示范作为打开应用局面的突破口，以行业示范带动行业应用，以区域示范带动区域应用，通过联合芯片制造、终端生产、系统运营等优势力量，为北斗系统的大规模应用奠定基础，推进基于导航、通信、地理信息系统配套应用服务体系及完整的自主北斗产业链的形成。

交通拥堵评价技术介绍

北京交通发展研究中心

一、交通拥堵评价的目的与用途

机动化是社会经济繁荣的标志，交通问题是城市经济高速发展伴生的普遍现象，是世界大城市普遍遇到的难题。世界发达国家的城市，在其现代化、城市化、机动化的过程中，都曾经历过、现在也依然承受着交通拥堵而备受交通问题的困扰。而与国外同等规模城市相比，我国城市机动化是一个超速发展的过程。是以30～40年的时间完成发达国家城市百年的机动化过程，在获得丰厚成果的同时，也凸显了众多复杂激烈的矛盾与挑战，交通问题更为复杂和突出。

在传统的城市道路交通运行评价中，多使用流量或负荷度（V/C）等指标，然而这些指标往往只适用于路网运行静态评价，在道路拥堵状态下则会失效，更为重要的是，这些指标的技术性太强，不便于理解和接受。受交通检测技术条件的限制，基础数据存在盲区，只能获得断面的、不连续的数据，难以反映道路交通的时变特性。因此，缺乏一种可以反映整个路网动态运行状况的宏观的评价指标。

随着近年来智能交通系统的建设和发展，多种新型交通检测技术涌现，能够实时获取道路运行速度的基础数据，为道路网交通运行评价提供了丰富的数据资源。结合先进的数据处理、地理信息系统（GIS）、数据库等技术的发展，使得城市道路网运行整体评价成为可能。

自2006年起，北京交通发展研究中心便针对道路交通指数开展了一系列开拓性的研究。经过多年的不懈探索和创新，率先提出以交通指数为核心的“五维”评价技术，成功地将城市交通拥堵的持续性、系统性、不可靠性等特征反映在拥堵指数内，可以全方位、定量地反映交通拥堵状况和演变规律，解决了拥堵评价缺乏科学、统一标准的问题，填补了国内外空白。

客观认识和定量评价交通拥堵状况是制订疏堵方案，掌握城市复杂拥堵特征与演变趋势，并从规划、政策和管理等多方面调整供需，从而从根本上改善拥堵状况，提高路网运行效率的首要条件。

二、交通指数的概念

交通指数是道路交通运行指数的简称，是综合反映城市道路网交通运行状况的指标。交通指数取值范围为0～10，分为五级。其中0～2，2～4，4～6，6～8，8～10分别对应“畅通”、“基本畅通”、“轻度拥堵”、“中度拥堵”、“严重拥堵”五个级别，数值越高表明交通拥堵状况越严重。

交通指数与居民出行的对应关如下。

（1）畅通：基本没有道路拥堵，可以按照道路限速标准行驶。

（2）基本畅通：有少量道路拥堵，居民一次出行平均需要多花费0.3 ～ 0.5倍时间。

（3）轻度拥堵：部分环路、主干路拥堵，居民一次出行需要多花费0.5 ～ 0.8倍时间。

（4）中度拥堵：大量环路、主干路拥堵，居民一次出行需要多花费0.8 ～ 1.0倍时间。

（5）严重拥堵：全市大部分道路拥堵，居民一次出行需要多花费1.0倍以上时间。

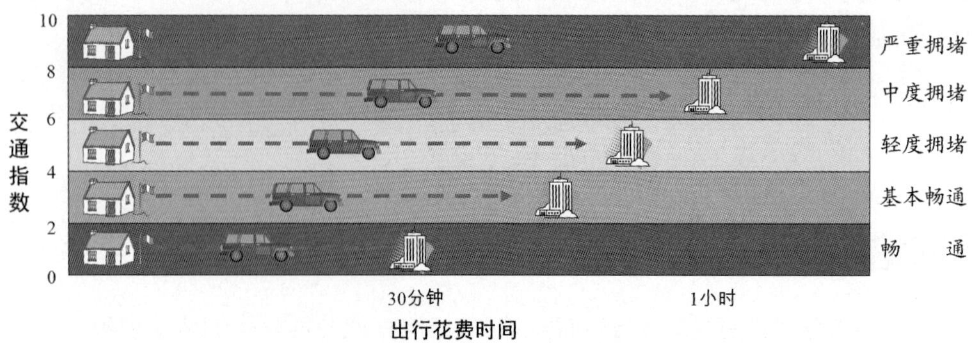

图1　交通指数与出行花费时间的对应关系

三、交通拥堵评价关键技术

（一）城市路网动态评价指标体系

城市路网动态评价指标体系是在考虑城市路网动态评价整体性和动态性的基本要求的前提下，提出从拥堵强度、拥堵范围、拥堵时间、拥堵发生频率和运行可靠性的“五维”角度，综合描述交通拥堵的多维动态变化特征。所采用的具体指标如下。

图2　“五维”拥堵评价体系

（1）交通拥堵指数：综合反映一日内不同时段城市道路网或区域道路网整体运行状况的指标。

（2）拥堵里程比例：道路网中不同拥堵等级的路段里程占全网总里程的比例。这一指标从空间范围上反映路网运行的畅通程度。

（3）交通拥堵持续时间：一日内道路网处于轻度拥堵、中度拥堵和严重拥堵等级的持续时间。这一指标可以给出路网运行负荷高峰拥堵时段起讫时点的变化趋势。

（4）常发拥堵路段分布：道路网中按一定发生频率周期性出现拥堵的路段的数量及空间分布。这一指标可反映常发拥堵点段的空间分布及拥堵范围扩展或回缩的变化趋势。

（5）行程时间可靠性指数：该指数指由某一时间段路网中任意两点间行程时间的波动幅度。反映道路网运行的稳定性（亦即可靠性）程度。

（二）浮动车实时数据采集与处理

浮动车数据能够获取覆盖全路网的车辆连续的行程速度数据，解决间断数据存在盲区的问题。主要技术包括以下几个方面。

1. 样本规模的确定及数据有效性检验

浮动车样本规模是决定实时采集数据有效性的重要因素。国外多采用基于交通流理论分析方法，但实践证明按这一方法给出的样本规模采样、覆盖率和数据有效性较差。我们在多年的实践探索中，找到一种基于浮动车的分布规律、仿真分析和实际数据抽样相互校验的方法，使实时采集数据的相对误差控制在14%以内。

2. 地图匹配

地图匹配是实时行程速度计算的重要基础。国外主要采用简单的点到线匹配方法，得到的仅是GPS瞬时速度，不能代表车辆行程速度。笔者在建立路网实时动态评价方法时，采用基于最优路径的点到线地图匹配算法，实现了前点与后点的关联，有效解决了主辅路并行和立交匝道等复杂路网的地图匹配难题，匹配准确性由通用算法的70%提高到95.6%。

3. 路网运行动态分析数据的时空集成技术

路网运行状态测度指标能够评价任意路段在任意时刻的运行状态，但是对路网的宏观整体评价需要从时间上和空间上有机集成、综合考虑。

在时间分析上，为精确把握道路交通运行的波动性，要确定合理的样本时间粒度。其次，对时间粒度进行集成，形成“小时—日—周—月—年”的时间集成机制。

在空间分析上，要解决如何从具体路段的分析数据综合集成为路网整体运行指标的难题。经反复实践，最终确定以不同功能等级道路在路网中承担的负荷量反映其对路网运行的贡献度，并作为指标综合的权重，这样在空间上形成“路段—某等级道路—局部路网—全路网”的立体评价空间集成平台。

4. 指标阈值的标定

拥堵阈值的标定在国外主要是以实际运行速度与自由流速度（或期望速度）之比值为依据，并未考虑道路功能等级速度阈值的差异。笔者在对城市路网运行动态特性和功能特征深入分析的基础上，提出综合实际速度数据频数分析和调查数据模糊隶属度函数分析阈值标定方法，用以科学划分不同功能等级道路的拥堵阈值。

四、应用案例

项目建成了以浮动车数据和交通流动态检测数据为基础的北京路网运行评价专题数据库和评价分析平台。对北京市2006—2015年的交通拥堵状况进行全面、翔实的分析，其核心成果成为北京市每年（半年）度交通运行报告的重要内容，并为交通政策研究制定和评价提供了依据。

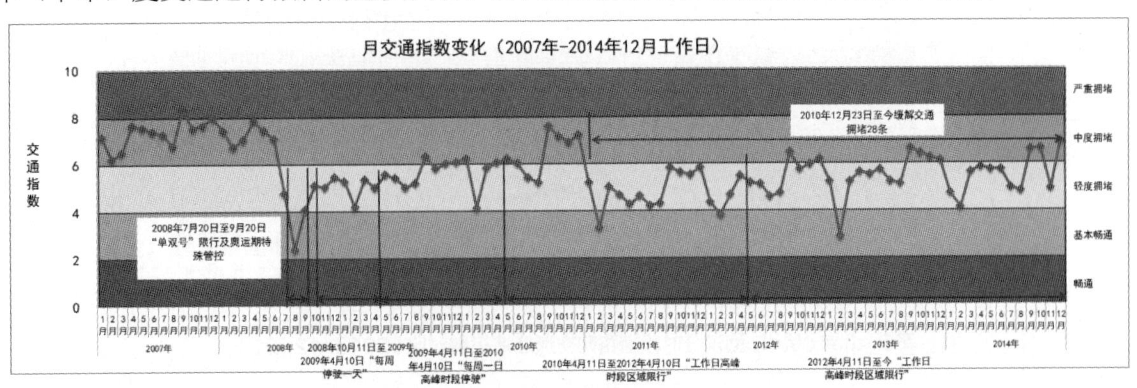

图3　北京市交通指数月变化（2007—2014年）

城市交通拥堵评价技术成果除在北京市得到持续性应用外，还在3月实现了对上海中心城区的拥堵评价。通过对北京和上海两个城市交通拥堵特征进行分析和评价，获得了不同城市路网结构和需求特征下的拥堵特征，为两大城市互相借鉴交通规划、决策和管理经验，制定合适的缓解交通拥堵政策和措施提供了参考。另外，此次城市交通拥堵评价技术在上海的成功应用也为该技术的完善和在其他城市的推广，实现我国城市间交通拥堵分析奠定了基础。

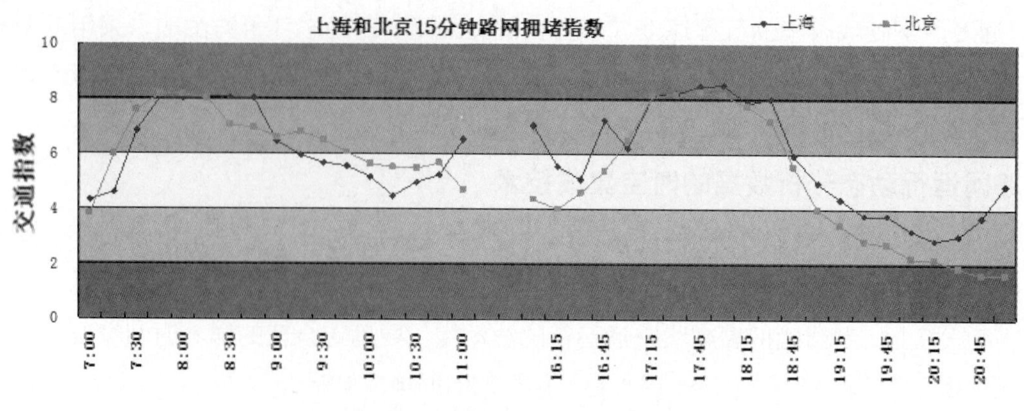

图4　上海和北京分时段道路网交通拥堵指数对比

2012年12月21日（周五），北京、杭州、武汉三个城市均降小雨或雪，晚高峰北京受影响最大，交通指数值最高且持续时间长。杭州晚高峰比前一周同期拥堵程度明显加剧，持续时间比北京少。武汉也受小雨影响，但影响程度最小。

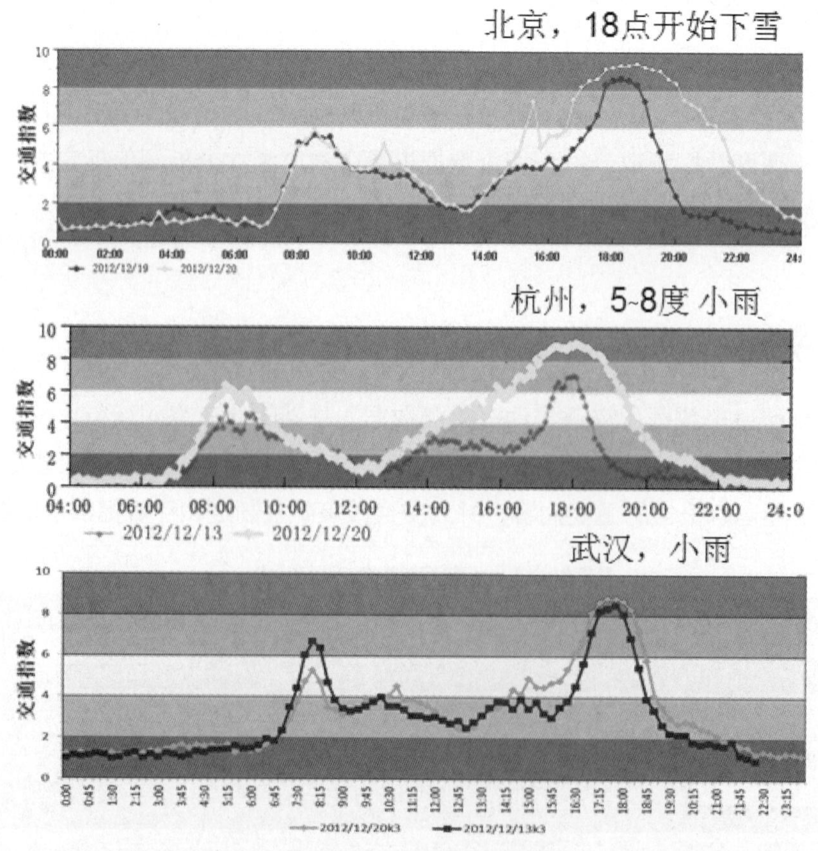

图5　北京、杭州、武汉分时段道路网交通拥堵指数对比（2012-12-21）

城市智慧交通立体化全寿命期服务管理模型

江苏大为科技股份有限公司

全生命期服务管理：售前、售中、售后全生命期闭环服务管理。

立体化交通体系：地面道路、高架快速路、城市隧道、轨道交通。

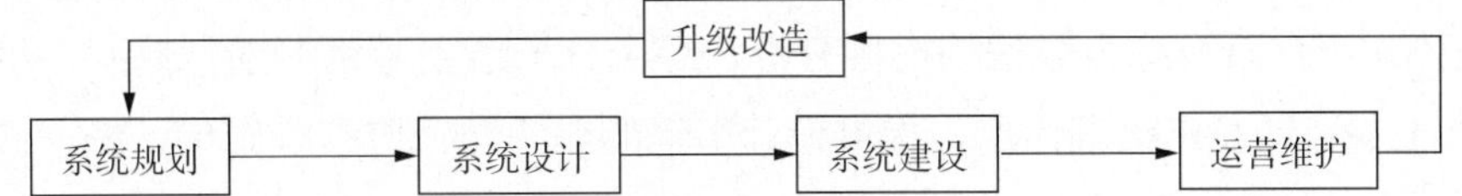

统一架构：基于物联网和云计算技术的城市智慧交通统一系统架构+六大应用平台。

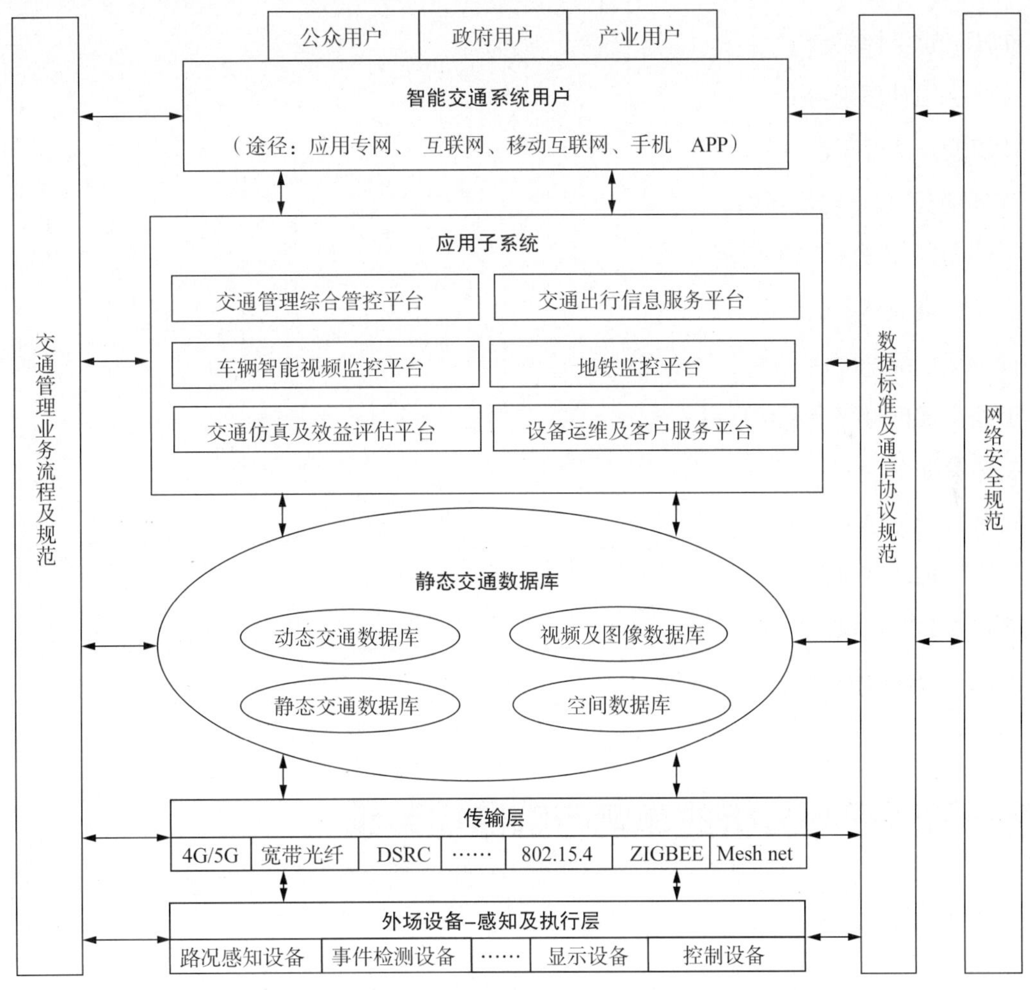

基于物联网和云计算技术的
城市智慧交通统一系统架构应用子系统介绍

一、城市智能交通综合管控平台

（一）描述

城市智能交通综合管控平台涵盖了城市范围内的各类交通管理系统，收集整合各种交通管理相关数据，依托于GIS平台以及综合数据的挖掘分析，综合分析给出道路的通行情况，生成交通态势与压力分布图，人工或自动发布路况信息，提供设计车辆的违法与轨迹跟踪查询，统一设施管理流程。

（二）系统范围

- 车辆行踪监控平台；
- 交通流量管理平台；
- 道路交通诱导平台；
- 交通路况综合分析平台；
- 道路OD矩阵分析应用平台；
- 图像线索侦察系统平台；
- 设施运行维护平台；
- 道路交通信号综合展示平台；
- 视频监控平台；
- 视频分析平台；
- 综合指挥调度平台；
- 勤务布防及日常工作平台；
- Android/IOS终端工作应用APP。

二、基于智能视频分析的车辆行踪监控系统

（一）系统概述

系统在路口前端安装智能高清摄像机采集车辆图片，并进行自动车牌识别和采集海量车辆轨迹等数据，通过大数据智能分析平台分析车辆异常行为和异常轨迹，可广泛应用于车辆监控和涉车案件侦破等领域。

系统架构

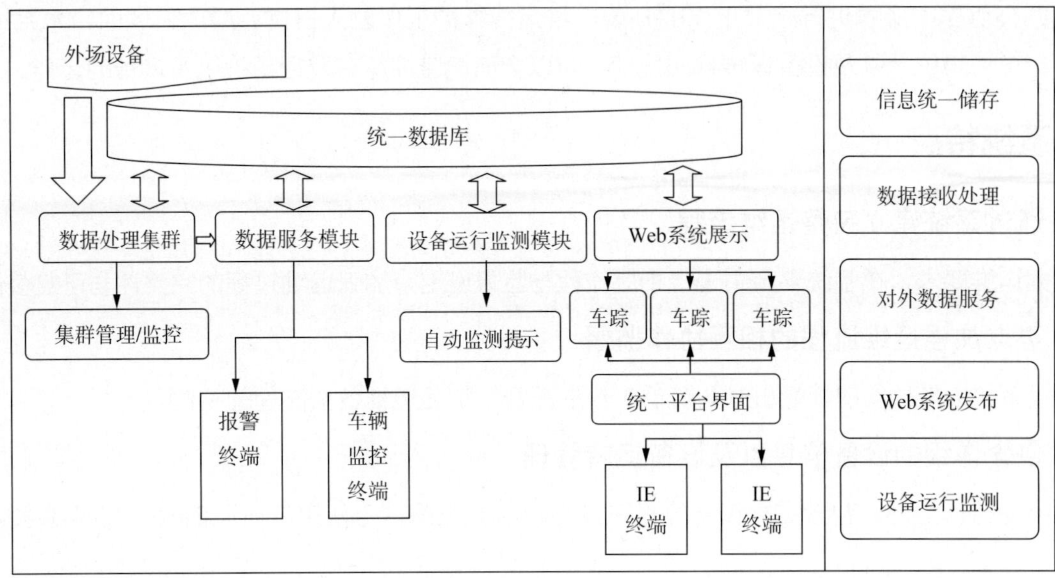

（二）主要功能

（1）车踪轨迹记录与查询：可记录并检索车辆轨迹记录，并在GIS界面展示，并可播放通过路口的视频。

（2）布控报警及黑名单维护：根据内置的黑名单数据库进行布控报警，可维护100万以上的黑名单数据库。

（3）车辆碰撞比对：任意时间、空间、线索的智能筛选。

（4）案件事件关联：建立图片、关键词、事件的关联，建立海量线索数据库。

（5）研判预警：通过人工和系统自动相结合的方式，对可疑信息进行研判，发现嫌疑涉案车辆线索。

（6）数据统计分析：交通流量及通行OD的自动统计。

（三）主要系能指标

（1）通行车辆图像捕获率不低于99%；

（2）车辆号牌准确识别率白天不低于90%、夜间不低于80%；

（3）车辆号牌颜色准确识别率不低于90%；

（4）测速精度：符合GB/T21255-2007的相关要求。

三、交通设施运维协作平台

（一）系统概述

智能交通系统的运行维护是智能交通系统正常运行的重要保证，是智能交通系统全生命期管理的重要内容。

本系统把运行维护管理，上报维修管理以及设备管理等多个过程综合到统一的运维办公平台中，以办公协作的形式进行相关工作的开展，将运行维护工作融入日常办公中。同时，本系统提供详尽的运维记录统计以及设备运转状况统计，可以全面地监控所有登记系统以及设备的运作。

（二）系统特点

1. 通过系统建立完整运维流程

根据运维要求，在系统平台中进行相应流程与监督设定，加强运维过程的完整性与可监督性。

2. 重点加强运维流程的相互协作监督

通过系统内部的实时提醒机制与短信平台的配合，加强运维各个流程的关联。

3. 包含详细的设备信息以及设备运转管理

除流程管理之外，包含完整设备管理以及运行状态管理，令使用者可以清楚、及时地掌握全局状况。

4. 不需要精确的设备报修

报修时可以不需要指定具体设备，指明故障位置以及故障现象即可，方便无故障判断能力的非专业人员使用。

5. 设备安装位置档案库的实现

建立配套的设备安装和运行档案，方便统计分析。

6. 运维过程具体到个人

流程中的每一个步骤都关联到指定人员，以加强运维的责任分工。

四、交通信息采集基础云平台与交通诱导系统

（一）系统概述

通过“智能交通”、“物联网”与“云计算”技术的紧密集成应用，在交通数据云平台的基础上，为广大城市交通参与者提供更为丰富的“智慧感知”体验和更为舒适的交通诱导信息“智能服务”。

（二）系统架构

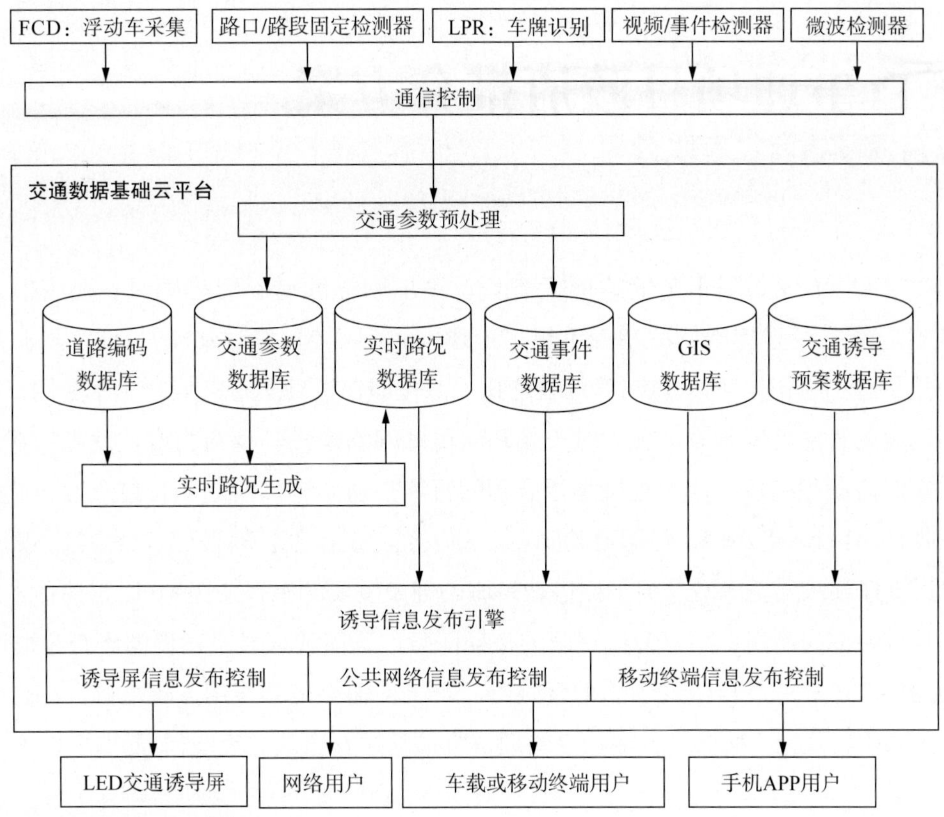

（三）系统主要服务功能

（1）路面公共驾驶者（无车载终端）；

（2）VIP特种车辆服务（导航和交通保障）；

（3）车载导航公众用户诱导；

（4）电话呼叫中心用户诱导；

（5）交通广播电台用户诱导；

（6）互联网用户诱导；

（7）手机APP用户诱导。

五、地铁运营视频监控系统

运营CCTV系统以分布式数字监控系统为依托，以千兆通信网络为承载，为地铁地铁各车站、场段、控制中心的日常运营、防灾、救援和事故处理等提供清晰、可靠的视频记录，为地铁运营提供安全保障。

停车百事通项目政府推介方案

深圳市前海硕极科技有限公司

“停车难”问题不仅局限于车辆的迅猛增长、停车泊位供需不足等原因，还有很大部分原因是对目的地附近停车设施使用情况掌控不足。上述问题已引起众多城市的关注，如深圳市政府在“十二五”规划纲要中指出，推进城市管理智能化，深化城市管理运行的信息技术应用，建立与城市快速发展相适应的智能管理体系，加大城市物联网传感网络建设与整合力度，逐步实现基础设施与基础资源的实时监测和高效利用。建设高效低碳的智能交通系统，营造“智慧交通、低碳出行”的绿色交通环境。2014年8月29日，经国务院同意，发改委、工信部、科技部、公安部、财政部、国土部、住建部、交通部八部委印发《关于促进智慧城市健康发展的指导意见》（以下简称《意见》），要求各地区、各有关部门落实本指导意见提出的各项任务，确保智慧城市建设健康有序推进。《意见》指出，到2020年，建成一批特色鲜明的智慧城市，聚集和辐射带动作用大幅增强，综合竞争优势明显提高，在保障和改善民生服务、创新社会管理、维护网络安全等方面取得显著成效。

一、停车百事通项目成立背景

（一）停车难困扰全球车主

停车难已成为全球发达城市共同面临的问题。美国IBM公司在全球6大洲的20个城市调查了8042名车主，公布了首份全球停车调查报告，报告显示，在过去一年里，车主找到一个车位的全球平均用时为20min左右。而在北京，调查结果显示，找到车位所需时间为31min ～ 40min。此外，超过全球平均用时的城市还有深圳、布宜诺斯艾利斯、马德里、墨西哥城、巴黎等世界知名的大城市。无论是发达国家还是发展中国家，都面临同样的停车困扰，而停车问题可能会影响到经济增长。在我国，各大重点城市汽车保有量如下图所示：

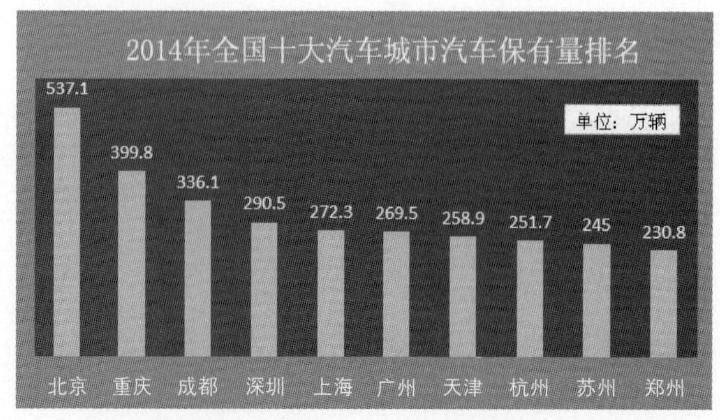

2014年国内汽车保有量将近1.4亿辆，根据国际惯例，未来停车位与汽车保有量的比例应在1:1.2～1.4。取1.4保守计算，预计到2017年，我国汽车停车位理论需求量将达到2.38亿个。而按照目前我国停车场的发展速度来看，到2017年，我国停车位数量将达1.05亿个，停车位与我国汽车保有量之间的比例与国际水平相比相差甚远。因此我们认为，未来我国停车场缺口较大，停车场建设的发展空间巨大，而停车难也将是发达城市车主共同头痛的问题。据统计：由于交通拥堵，2010年北京市居民出行受影响的人数平均每天达1381.8万人次，平均每日每人次延误66分钟。

（二）停车难引发道路交通拥堵及安全隐患

“停车难”加重交通拥堵。广州、深圳、上海等大城市出行办事往往由于交通堵塞、停车难，消耗在路上的时间很长，既耗能又耗时。车主公务出行、会议洽谈、商务用餐往往出现驾车来回兜转找停车位的现象。难停车不仅加重了道路拥堵，影响了城市环境，而且造成安全隐患，引发一些纠纷。调查显示，因车位难找，全球近 60%的车主至少有一次放弃停车的经历，超过 25%的车主表示，曾因抢车位和别人发生过争执。在北京中关村、南京新街口、广州天河等繁华商圈，车位的捉襟见肘造成了交通的严重拥堵。近年来，由于私安地锁、挤占草坪、占道堵路等停车问题引发的邻里纠纷、车辆剐蹭不在少数，停车问题引发的治安事件和暴力冲突也时有发生。“停车难”还带来了安全隐患，小区内通道停车导致消防车、救护车无法快速抵达现场，严重危害人民群众生命财产安全，小区外占道停车则迫使人流、自行车流挤入机动车流，易导致交通事故。因此，解决停车难这一城市发展问题是刻不容缓的。

（三）拥堵增加汽车尾气排放、城市环境与城市形象受损

据有关研究，小轿车车速由50公里/小时减至20公里/小时，一氧化碳和氮氢化合物要增加50%左右。车速越慢，污染物排放量越大。车主到达目的地之后，需要花费很长时间排队等待停车泊位的空缺，这不仅造成时间上的浪费，而且等待时间段内的汽车燃料消耗和尾气排放也是一个不小的资源浪费和环境污染。由于堵车，汽车行驶时间增加，必然造成燃料的额外消耗。缓慢运行时，驾驶员还需要频繁启停车辆，更加剧了燃料的消耗。每年仅在燃料一项上北京市就浪费了722.9万升，高达201.1亿元，平均每辆车每月仅燃油损失就达348.4元。全国因寻找车位多花费的时间内汽车所耗费的能源及尾气排放量不可预估。

二、停车百事通项目立足点

停车百事通管理系统根据GPS位置快速精确定位，让车主快速找到关注点附近停车场的位置、类型、停车费用以及剩余车位等信息，并提供给车主实景图、最佳到达停车场路线。本项目的使用，可大大减轻由于驾驶员寻找停车位而造成的道路拥堵现象，提高出行效率，缩短行程时间。该系统可有效减少停放车辆的无效行驶；有利于减少交通流量，并避免由于等候或寻找停车而造成的交通混乱、乱停乱放；同时，也有利于合理利用停车设施，提高停车场利用率；并能减少车主行驶过程中频繁启停车辆，很大程度上降低燃料的损耗；减少因抢占车位引发的交通事故。该系统解决

了有车人士停车难的问题，减少了因停车问题造成的交通拥堵、尾气排放和资源浪费等情况，有利减轻高密度人口的机动车位需求，美化城市环境，这是城市经济发展中解决停车问题的长远目标，在交通和环保领域具有广阔的应用前景。停车百事通致力于为创造和谐、环保的交通环境出一份力。

三、深圳市前海硕极科技有限公司简介

停车百事通软件是在政府的扶持和支持下，由深圳市前海硕极科技有限公司独立研发的一款与停车位（场）有关的手机应用服务系统。项目涉及的关键技术，均为深圳市前海硕极科技有限公司自主研发，具有独立的自主知识产权。目前已获得2项计算机软件著作权，分别为：前海硕极停车百事通管理系统软件（安卓版）V2.0，登记号为2013SR156792；前海硕极停车百事通管理系统软件（苹果版）V2.0，登记号为2014SR011076。

深圳市前海硕极科技有限公司是一家注册于深圳前海，集科技研发、电子商务、商务贸易于一体的高科技企业。公司致力于通过移动互联网改变人们的生活，公司围绕客户的需求持续创新、提升客户体验，为客户创造最大价值，下设电子商务项目部、移动终端研发事业部等。公司理念：以客户需求为导向，为客户创造价值。公司自成立以来，秉执开拓创新精神，致力于发展物联网技术，解决车主停车难的问题。

目前，公司已经建立起一支技术过硬、经验丰富的技术研发人才队伍，现有员工47人，其中，具有大学本科以上学历的科技人员32人，占企业职工总数的68%，研发人员28人，占企业职工总数的59%；博士学历的有1人。研发团队年龄结构分布合理，主要由中青年组成。硕极公司高度重视对人才的培养，本着为公司的战略、企业文化建设服务理念，通过帮助员工提升工作绩效和个人能力，推动员工与公司的共同成长。另外，为加强研发机制创新，公司与深圳多所院校展开科研合作，在提高自主创新能力的同时，也为企业储备了多学科技术人才。

《停车百事通》利用 GPS 技术进行目标定位，通过项目设备和软件进行数量计算，彻底解决了导航最后 50 米的问题，给车主绘制一张畅通的停车信息网，使交通路面更加通畅，信息更加快捷。目前该项目已覆盖北京、上海、广州、深圳、成都、重庆、苏州、杭州、南京、青岛，用户可在各大手机应用平台和硕极公司网站：http://www.soargift.com下载使用。

四、停车百事通主要功能及技术创新

（一）停车百事通主要功能

（1）地图定位，显示周边停车场的剩余车位动态信息；

（2）快速定位目标停车场，并精准定位到停车场入口；

（3）提供目标停车场的收费详情、让车主寻速找到性价比最好的停车场；

（4）路线指示，让车主快速将车停放到空余车位；

（5）停车场内导航定位，方便车主寻车；

（6）在线提前预订或预留车位；

（7）在线支付停车费，节约车主的出入时间和方便车主付款；

（8）支持离线地图节省流量，停车签到获得积分；

（9）为车主提供周边汽车美容相关的优惠信息；

（10）资源共享，提高停车场的现场运营效率；

（11）停车位信息引导，美观实用，提升停车场管理形象；

（12）参与城市的绿色停车工程，共同构建绿色出行社会。

（二）项目关键技术创新点

（1）信息实时监控：通过在停车场安装硬件设备的方式，将各个停车场的停车位数据变化情况即时发送至数据中心进行统计和分析，以得到实时、准确的停车位信息，提供给用户查询参考。

（2）智能交通诱导：基于对停车场信息数据的采集、处理和发布的实时性和有效性基础上，通过GIS、GPS、导航等技术的集成，有效引导车主，减少车辆的路上时间，最终实现交通量在整个路网中的均衡分配。

（3）线下增值服务：引导车主会员服务方式，提供给车主线下增值服务，包括车位短租、会员车位、停车费打折、优惠券等。

（4）智能信息分析和引导：针对大数据进行分布式计算，可针对车主习惯、需求等，提供停车场周边相关附加信息的查询，包括周边环境信息、商户信息以及合作商信息等。

（5）场内引导：可利用定位等技术，在停车场内，指引车辆所处位置，以便快速寻找到车辆。

五、停车百事通项目预期社会效益

（一）减轻“停车难”造成的交通拥堵、节能减排

在哥本哈根气候大会上，中国政府提出了未来十年单位GDP减排40%～45%的目标，通过战略理论研究，停车导航手机APP对低碳交通和节能环保具有明显的支撑作用。通过在百度应用等权威网站上发布软件，免费向公众开放使用来论证开发停车导航手机APP对实现节能减排具有极大的作用。停车百事通作为一款专业解决停车问题的手机应用，可以帮助车主随时了解最新实时停车位信息，解决停车问题，缓解交通拥堵、减少汽车尾气排放、充分利用资源，从而为低碳环保、节能减排、绿化环境做出贡献，确保更好实现减排目标，全力支撑国家减排承诺的实现。

（二）减轻因抢占停车位对社会和谐的不利影响

因抢占停车车位而发生交通事故，不仅在物质方面造成经济损失，而且对正常交通秩序和城市交通运行造成影响，也对社会和谐造成不利影响。该项目结合现阶段停车场设备技术和移动互联网技术，研究停车场剩余车位信息的实时监测及实时发送的功能，车主可随时随地掌握停车场剩余车位及停车收费信息，综合比较目的地周边所有停车资源，进行最优选择，使停车泊位不再成为困扰

生活质量的难题。

（三）建立城市停车信息管理与停车诱导系统

停车百事通项目通过研究基于GPS和LBS、WiFi的混合定位技术，实现复杂地形条件下的精准定位。由此，可帮助政府部门实时了解路面的车辆交通状况，随时随地对交通运输进行监督把控，完善停车信息管理与停车诱导系统的研究建设，加强停车信息化程度，建立全市统一的停车信息管理与停车诱导系统。

（四）减少停车场管理人员及其劳动强度

停车百事通可方便用户随时掌握剩余车位数量，通过智能化车位引导，减少停车场管理人员的工作任务，为社会服务节约人力成本并带来高效益。

（五）减轻乱停车现象，提升城市形象

停车难会增多城市车辆乱停乱放问题，诸如侵占绿地、占压市政管线及消防通道等现象都很普遍。由于执法管理力度不够，处罚措施实施不到位，乱停车不认罚现象较多，造成了乱停车一处罚不到位一还是乱停的恶性循环。此外，城市乱停车也加剧了社会治安的隐患，机动车随意停放，无人看管，容易成为违法犯罪分子的作案目标。

（六）社会综合效益

停车难问题是当前国内国际大城市面临的普遍问题，针对我国城市静态交通的停车现状及其对城市整体交通的影响，停车位应用APP软件的研究与开发无疑将对我国城市经济发展、道路建设投资、政府停车管理、群众停车困难等方面起到极大的促进作用。同时，解决停车难问题对维护和提高城市的形象具有重要作用。所以，在考虑经济效益的同时，社会综合效益也同样非常重要。

六、停车百事在各城市的推广情况和合作模式

深圳市前海硕极科技有限公司建立公司专属高效的项目合作渠道和市场推广队伍，与各大知名公司建立良好的战略合作伙伴关系，充分利用手机软件行业内的相关市场资源进行产品的推广和为停车场提供智能化车辆引导的配套解决方案。

目前，停车百事通项目已覆盖全国2万多个停车场数据信息，同时实现北京、上海、广州、深圳、南京、杭州等10个城市停车信息数据联网，为全国的广大车主免费提供停车位信息，帮助车主找车位。

该项目成立以来，得到深圳市政府与深圳市交委的大力支持，2014年7月，“停车百事通”与深圳市交通运输委员会出品的“交通在手”共同合作，交通在手的众多用户点击停车百事通图标，将可查询停车场停车位信息；输入目的地，便可自动显示当前停车场的总车位与实时剩余车位数据；还可自动显示该停车场的位置、收费情况等详细精准信息。停车百事通与“交通在手”的合作，无疑为深圳

市市民的交通出行带来更多便利，也缓减了深圳作为一线城市所面临的交通压力与停车难题。

项目上线后，引起众多媒体及行业内的关注，2014年7月29日，广东电视台新闻频道李主编一行采访硕极公司领导；2014年8月4日，中央电视台华人频道潘主编一行专题采访硕极公司领导；2014年9月1日，停车百事通应用开通覆盖全国十大城市上线活动隆重举行。随着停车百事通项目曝光度的提高，众多企业纷纷寻求与硕极公司合作，本着资源互补、互惠共赢的战略思想，硕极公司以开放的心态，与企业各界共同努力，改善城市停车难的大问题。

基于停车百事通前期大量的调研、开发和数据收集工作，目前与百度地图、高德地图的合作已启动，硕极公司提供给百度、高德通用信息（如定位地理位置、导航等功能）之外的详细、精准的数据信息，如搜索停车场、查询空余车位、车位收费详情价格等。硕极公司将与两家公司建立长久战略合作的伙伴关系。

鉴于停车百事通功能中实时空余车位查询、停车收费标准、反向寻车等功能亮点，与上海大众点评的合作也进入技术对接阶段，依托大众点评在全国庞大的客户群体，会有越来越多的用户下载使用停车百事通APP。

与各大社区合作方面，公司与深圳某小区合作成功案例，此小区地处深圳繁华商业中心旁边，白天小区业主60%都外出上班，停车场会有很多闲置车位。以前很多购物的人不知道此小区白天可以对外停车和找不到停车场出入口位置，自从小区与我司合作后，“停车百事通”用户通过空余车位的查询知晓有空余车位，在商业中心没有停车位的情况下纷纷停到小区停车场，在很大程度上缓解了商业中心停车位紧张的情况，疏通了周边道路长期堵车的情况。“停车百事通”让社区停车场资源得到充分利用，弥补了社会停车场资源不足的情况。

此外，停车百事通目前的网络推广平台包括：相关网络新闻网站、停车百事通官方微信公众号：parkingwe、Iphone app store、安卓应用市场、百度应用、应用汇、安智市场、91应用市场等。

七、停车百事通如何在不影响政府形象下实现利润

停车百事通作为免费下载供客户查询车位、便利出行的软件，本身并不产生任何收入，但未来随着停车场数据的增加，通过消费者使用软件查询频率的数据分析，可以做到汽车后市场维修、保险、二手车买卖的广告推送和其他增值服务，通过免费服务增强客户使用频次，同时通过创建社区留住客户，成为汽车后市场增值服务平台，在汽车后市场这一垂直领域创建平台型服务模式，叠加多种收费服务为高价值客户提供服务，是停车百事通未来重要的收入来源之一。

在服务to C端的同时，针对企业端的to B市场也是我们未来的收入来源，通过开发嵌入式的软件，结合企业方的VIP客户管理数据库向贵宾客户提供商场停车位查询及预定车位系统，更好地为高消费客户提供优质服务。

例如，作为北京大卖场销售标杆的大悦城在这方面就做得非常成功。大悦城2011年销售额10亿元，2012年销售额14亿元，2013年21亿元，销售同比增长超50%，客流超过2100万人，同比增长45%，在商场安装200个摄像头监控客流，通过对车流数据采集分析和数据统计，发现驾车客户对销售贡献最大，平均每部车带来的消费额达700元，商场销售额和车流变化幅度有将近92%的相关度，

因此斥重金改造停车场，提高驾车客群到店频率和客户黏性。同时大悦城将微信微生活卡和实体会员卡打通，关注微信就可以获得积分卡，也可以在微信生活平台输入会员卡号将二者绑定，微信会员卡已经突破21万张。停车百事通也可以为大型商场提供类似的嵌入式服务。

停车百事通通过收集停车场实时车位信息，为政府未来的交通设施的规划提供决策依据，配合政府的路面改造，智能城市一系列的措施，可以有效改善城市交通环境，减缓道路堵塞和非法停放，减轻城市空气污染，在提供便民服务的同时，为汽车后服务市场开创了一条新的互联网之路。

八、停车场数据采集技术解决与维护方案

对于实时交通数据的采集，主要有两种方式：一种是静态交通探测方式，主要是利用位置固定的定点检测器或摄像机；另一种是动态交通探测方式。通常，用来采集交通流数据的定点检测器有感应线圈检测器、超声波检测器、雷达检测器、光电检测器、红外线检测器等。动态交通探测方式是指基于位置不断变化的车辆或手机来获得实时行车速度和旅行时间等交通信息的数据采集方式。动态交通探测的典型方式包括异频雷达收发机、车辆自动检测、全球定位系统（GPS）装置及手机通信等。

通过我司技术人员长时间的研究、安装、调试、测试和可行性评估，确定了最终的停车场数据采集系统方案，详情如下。

（一）停车百事通停车场数据采集系统简介

1. 系统组成

停车场数据采集系统由车辆检测器、无线路由模块、区域控制器、GPRS DTU以及后台等组成。

2. 工作原理

主要工作原理是：地磁检测器检测出地磁变化情况，从而将信号传送给区域控制器（磁信号转化成16位进制数据），区域控制器通过数据线传给DTU模块，DTU模块（透传）通过GPRS无线传送到服务器，服务器通过程序解析协议数据并将其存储到数据库，从而将剩余车位等数据信息显示在停车百事通APP软件上。

（二）地磁检测器简介

1. 外形简介

VD101车辆检测器外形尺寸图如图1所示。

2. 车辆检测器原理

车辆检测器基于地磁场检测原理，实时采集停车位状态信息，通过无线通信方式将车位状态信息传给无线路由模块或者区域控制器。

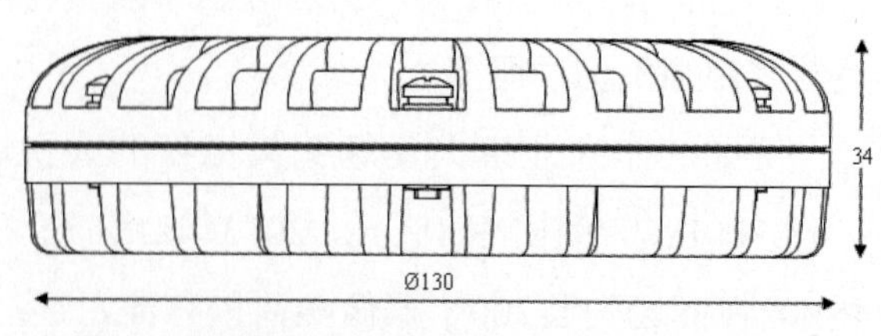

图1　VD101车辆检测器外形尺寸图（单位：mm）

（三）区域控制器模块的简介

1. 外形简介

无线路由模块外形尺寸如图2所示。

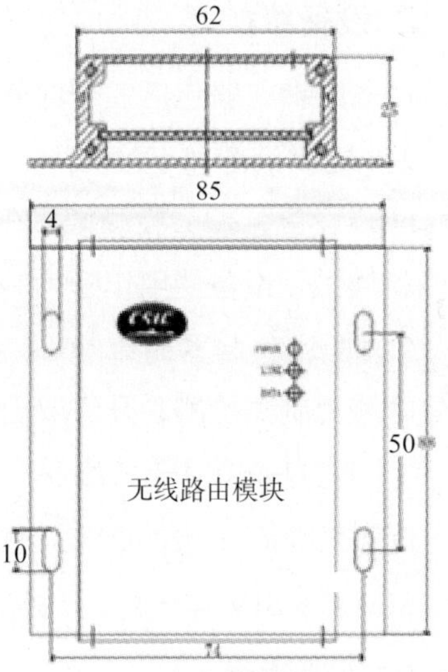

2. 无线路由模块和区域控制器工作原理

无线路由器负责实现上一级父节点和下一级子节点的数据通信，属于整个无线网络的中继节点，可以增强网络覆盖率，使系统运行更可靠。

区域控制器属于整个网络的中心节点，将整个网络地磁车辆检测器的数据汇总通过R232或者RS485接口将数据传送到DTU模块，实现远程数据共享和融合。

图2 无线路由模块外形尺寸图（单位：mm）

3. DTU简介

GPRS 数据传输单元（简称GPRS DTU）外形图如下图所示。

GPRS DTU 是一种物联网无线数据终端，利用公用运营商网络为用户提供无线长距离数据传输功能。

图3

（四）安装维护

停车场设备的维护主要包括：精准数据维护、停车场数据采集硬件维护以及相关的软件维护。（附：安装后的效果图）

智能停车场效果图

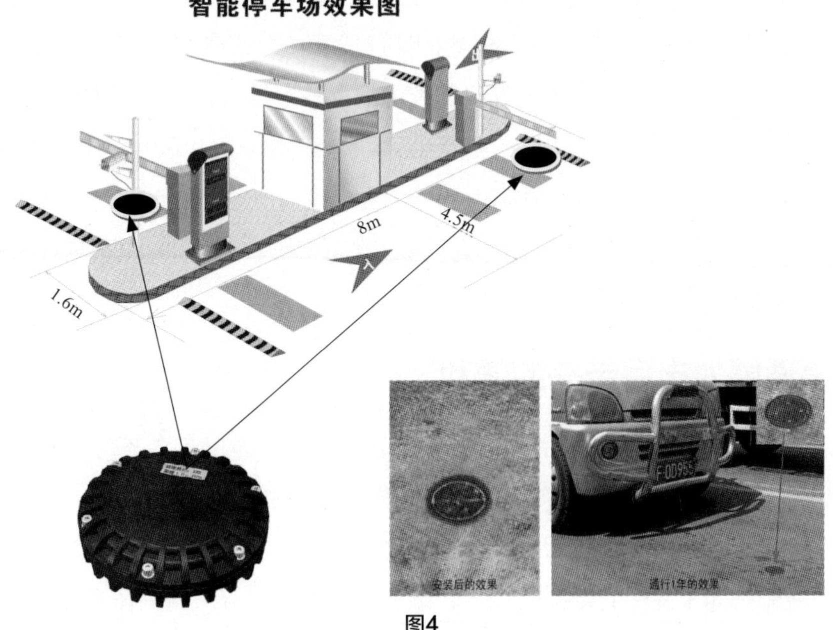

图4

1. 数据维护

本设备会有一定的误差，在使用过程中需要人工维护数据，常见的方法是隔一段时间后人工校准停车场的数据。

2. 设备维护

设备维护一般包括三个部分：设备检测、升级和更换。

1）地磁设备维护

地磁设备维护：检测地磁车位检测器、更换地磁车位检测器、重新施工安装地磁车位检测器以及设备调试。设备使用年限为3 ～ 5年。

2）区域控制器的维护

区域控制器检测、升级或更换区域控制器，设备调试；设备使用年限为3 ～ 5年。

3）DTU和SIM卡的维护

DTU的维护：更换DTU，使用年限为3 ～ 5年。

SIM卡：SIM卡充值、更换SIM卡。

3. 协议维护

根据需求，串口协议、通信协议可能会变更，需要更新维护新协议。

九、与政府的合作模式参考

（一）停车百事通能对城市带来的益处

停车百事通的使用，可使城市中商业旺区的停车场管理更加智能化，实现车位数据移动互联网共享，提高城市中车位的周转率和使用率，缓解车位紧张和上下班高峰期交通的拥堵情况，更好地配合停促使车场的保安与管理工作，促使车场智能化和自动化管理程度的提升，大大提升城市智能化和数字化的程度。项目推广和应用后，我们的数据将对政府开放，为政府提供相关的大数据，方便政府统计和进行相关行业的数据分析。水灾、火灾等自然灾害或意外事件时，还可提供详细的车辆损失数据。

我们的项目最终会走向全国，前期的合作方全套软件免费提供，硬件收出成本费和安装费用；后期会考虑收费；从而间接为前期的示范城市节约大量成本。城镇走向智能化管理和大数据交通时代是未来发展的趋势，所以双方合作有助于试点城市智能化管理和交通大数据时代更早地走到全国的前列，成为绿化工程和惠民工程。

（二）停车百事通能为市民带来的便利

停车百事通项目配合城市中各个停车场的保安与管理工作，方便车主不停车、不开车窗，完全自由地进出停车场，从而给车主留下服务高效，停车方便，收费透明的美好印象。由于停车场空间大，环境及标志物类似、方向不易辨别等原因；车主返回找车时不方便，但通过我们的系统可以为旅客提供反向诱导寻车服务和其他人性化的便捷的服务。停车费用手机支付，省去备零钱和缴费找钱的麻烦。

减少车主等待和排队的耗时，可以免费为政府提供多一种发布交通拥堵和主要中心区车位使用情况的信息及时提醒车主或司机，让大家多途径了解信息，及早规划路线，以免造成更大拥堵；后期还可以为车主或司机免费提供更多的周边的服务信息（如汽车保养、加油站等）。

城市智能交通建设方案

江苏金晓电子信息股份有限公司　陈红梅

一、智能交通建设的必要性

随着城市建设的不断发展，交通供需矛盾愈发对社会造成严重影响，具体表现在：

（1）随着城市机动车数量急剧增加，有限的道路资源和警力资源的需求矛盾也在加大，城市交通问题已经成为制约城市可持续发展的重要因素之一。

（2）研究表明，随着城市规划和发展，单纯靠修建道路、增加警力已经很难解决城市交通问题。

（3）大部分城市已建设电子警察、信号控制、视频监控和单兵定位等独立子系统，而一体化指挥调度平台的应用层次较低，信息孤岛现象依然存在。

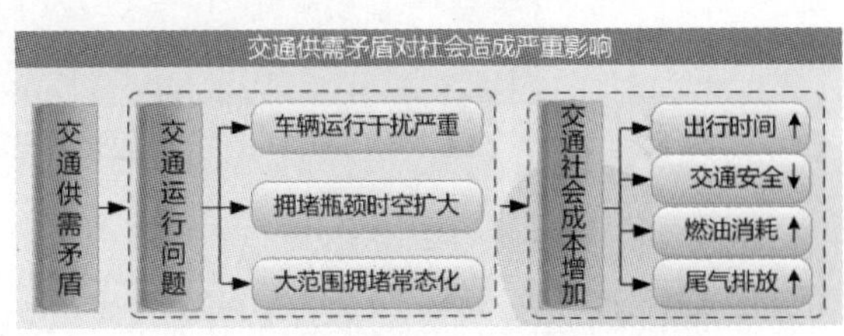

图1　交通供需矛盾对社会造成严重影响

以南京市栖霞区智能交通的建设为例，栖霞区境内道路交通四通八达，辐射江苏乃至整个华东地区。沪宁高速公路、宁杭公路、宁镇公路、312国道贯通全境；全长30km的栖霞大道实现了南京绕城公路在江南的环网相连，并与和燕路、尧新路、红山路、仙新路、312国道连接线等区域骨干道路连为一体，构成了畅达的公路交通网络。长江二桥穿境而过，南京地铁1号线北出口位于西隅，形成了主体交叉的现代化陆路运输网络。

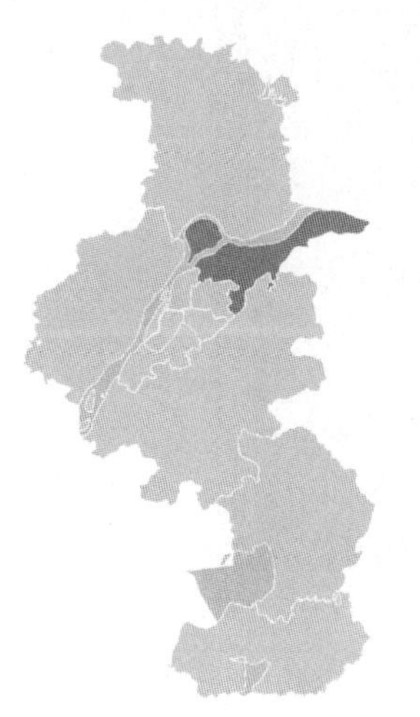

图2　栖霞区：南京东大门

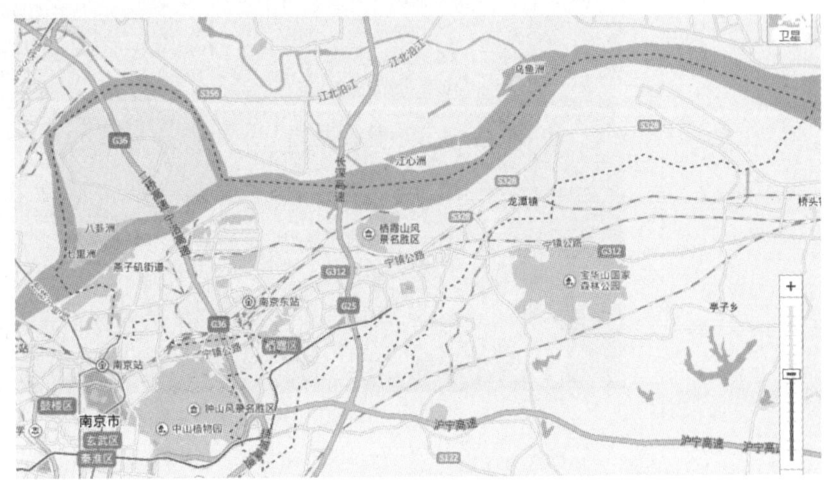

图3　栖霞区道路交通四通八达

栖霞区区域内经常容易发生拥堵的地点如下。

（1）马群枢纽

马群枢纽连接绕城公路、沪宁高速、仙林大道等区域内交通流量较大的干线，在上下班高峰、节假日经常发生拥堵。图4对马群枢纽历史路况进行了统计，其中区域内拥挤和缓行情况较为严重。

图4 马群枢纽历史路况统计

（2）312国道（宁镇公路）

宁镇公路连接南京到镇江，在栖霞行政区域内的公路段由于大车、红绿灯较多，路况较为复杂，在上下班高峰、节假日拥堵情况比较严重。图5是宁镇公路历史路况统计情况。

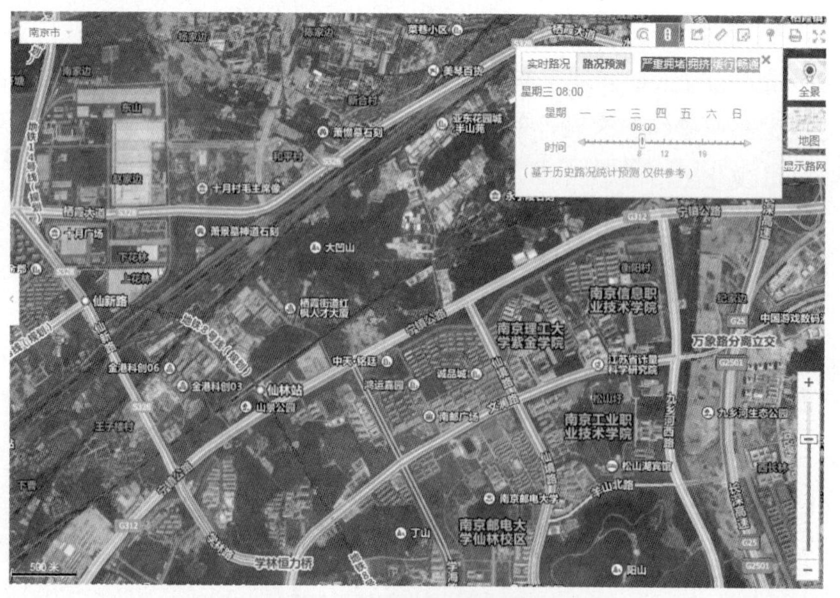

图5 宁镇公路历史路况统计

（3）二桥高速

南京长江二桥的二桥高速是节假日最易发生拥堵的路段，目前只能通过交警现场指挥和摆设临时指示路标来解决上述问题，效果不佳，耗时耗力。

智能交通系统的建设在解决城市部分区域交通拥堵、改善交通秩序、提高交通安全、预防交通事故方面可取得明显的效果。

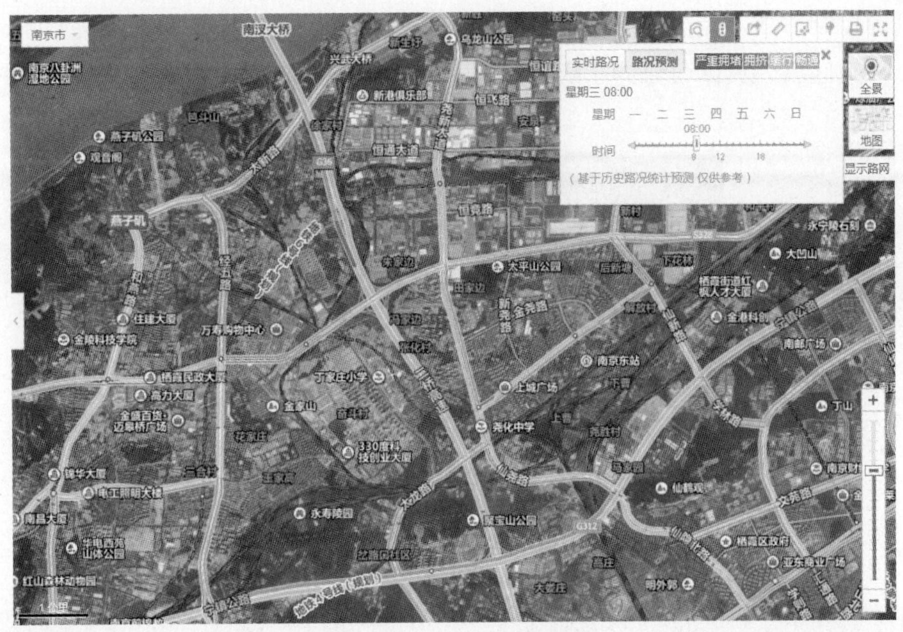

图6　二桥高速历史路况统计

二、建设内容

智能交通主要建设内容可概括为“一个中心、三个平台、九个系统”。

（1）一个中心：一个区级数据中心。

（2）三个平台：交通管控平台、交通信息服务平台、综合业务应用平台。

（3）九个系统：自适应交通信号控制系统、综合视频监控系统、高清电子警察系统、车辆智能检测系统、交通信息采集系统、交通诱导发布系统、交通事件检测系统、移动警务系统、单兵定位系统。

具体包括：

（1）首先建设区级的非现场执法系统，包括高清多功能电子警察、卡口、视频监控、违停自动抓拍等，对不按导向车道行驶、超速行驶、违法停车、黄标车等各类违法行为进行治理。

利用条形诱导屏、短信、微信平台自动发布信息，将违法信息（包括违法行为以及违法车牌号）发布到条形诱导屏，提高执法威慑力，改善市内交通秩序问题，创造安全有序的交通环境。

图7　利用条形诱导屏发布信息

（2）建设自适应的交通信号系统，利用配套的车流检测系统，根据交通流量的情况实时进行路口信号控制，提高路口的通行效率。通过单点自适应控制、绿波带控制、干道拥堵控制、瓶颈控制、区域控制等控制方式，减少夜间车辆在路口的等待时间，有效缓解路口堵死情况，降低道路排队长度。整个行政区域内具体可分为三级控制，分别为路口信号优先控制，干线协调控制以及区域信号控制。

（a）路口信号优先控制

（b）干线协调控制

（c）区域信号控制

图8 自适应交通信号系统

（3）建设全方位的交通信息采集系统，利用定点交通流检测和基于电警的过车数据检测手段，利用国际领先的路况分析技术，实现准确率高于90%的实时路况判别。

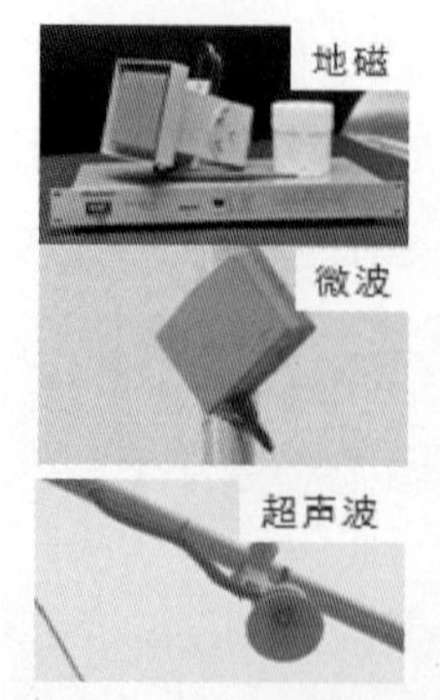

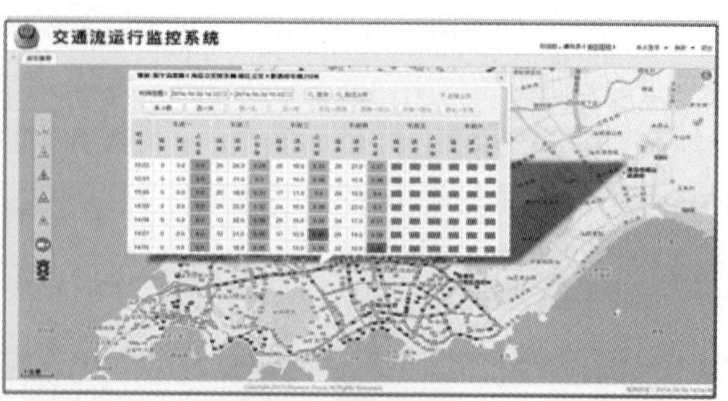

图9 全方位交通信息采集系统

（4）建设精准可达交通信息服务系统以及交通诱导信息发布系统，与交管系统无缝集成，通过交通诱导屏、网站、广播、手机导航、微信等多种发布手段，面向市民提供路况、年检、车辆违法、驾驶员违法等信息查询与提醒服务，提高出行诱导能力和便民服务水平，并促进政府从管理型政府向服务型政府转变，提升公众满意度。

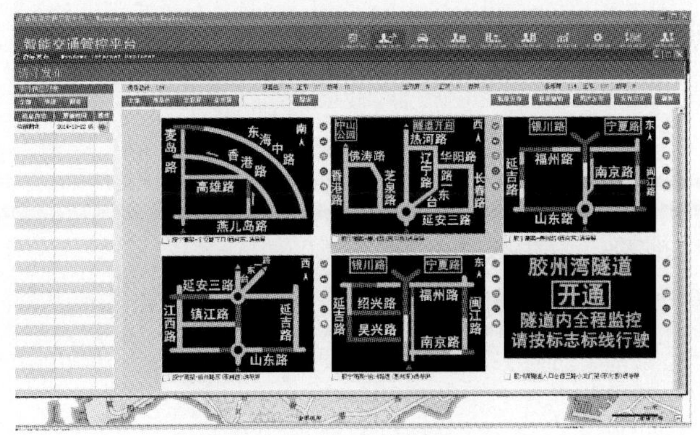

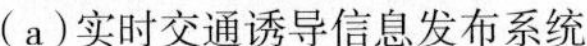
（a）实时交通诱导信息发布系统

（b）通过交通诱导屏发布交通信息

图10

（5）建设交通数据信息共享系统，运用大数据分析技术，对海量过车、交通流量等数据进行分析研判，为专项整治、交通规划、警力配置提供科学依据；实现强大的稽查布控、车辆轨迹回放、伴随车分析等功能，为治安侦破提供强大的支撑；与交通委、环保局等多部门进行资源互通共享，提高跨部门协同管理效率，为市民提供更加优质的服务。

（6）建设区级的集成指挥系统，对交通流采集、信号控制、交通诱导、电子警察、卡口、视频监控、事件检测、移动警务、单兵定位等系统进行集成汇总，深入加工。对全区交通进行实时监控和指挥，解决突发拥堵找不到、看不见、控不住的问题；缓解大型活动、恶劣天气状况下局部道路拥堵问题；解决日常勤务业务中布岗不准确、勤务调整不及时、勤务工作难监控的问题。通过建立专题化的分析研判和集成式场景化指挥调度，提升交通管控能力。

三、建设成效

智能交通项目建设的主要成效包括六大方面，具体如下。

（一）提高指挥效率

（1）指挥中心和管理者可实时、全面、准确掌控交通路况、警情和警力。

（2）利用自主警情，实现5分钟内快速发现拥堵和事故警情。

（3）基于拥堵、违法警情规律分析，使勤务岗设置更科学性、扩大巡检岗。

（4）利用GPS掌握警力部署，量化考勤和加大监督管理力度，并支撑扁平化管理，指挥层级大幅度减少，出警更快。

（5）利用大数据技术实现轨迹分析、及时布控报警，建立城市布控网。

（6）按多场景设置大型活动、恶劣天气预案，利用系统快速部署执行。

（二）改善交通秩序

（1）集成多功能电子警察、超速抓拍和违停抓拍等，加大违法处置力度。

（2）利用路口诱导屏实时发布车辆违法行为，提高威慑力，加强宣传效果。

（3）利用大数据过车分析，识别套牌车，及时对逃逸、未年检等重点车辆进行布控报警，并提供轨迹回放和分析功能，提高执法威慑力。与环保局等联动，对黄标车、大货车进行限行区域非现场执法。

（三）完善运维体系

（1）实现外场设备、服务器、软件故障快速发现报警，避免故障遗漏。

（2）系统故障及时通过微信、短信报警，设施处、运维商及时派工处置。

（3）实时掌握整个系统的运行状态，包括设备完好率、服务维修及时率等，对运维商工作质量进行科学、有效评价。

（4）利用降效分析，提前发现电警、卡口等设备故障，避免故障扩大。

（5）系统运维过程全程监控，加大运维服务质量监督力度。

（四）加大资源共享

（1）建立共享数据中心接口，与环保局、交通委等部门实现信息共享。

（2）联动管理环保局黄标车、交通委危化品和货车、公安局嫌疑车等，利用稽查布控、非现场执法加大联合执法力度，避免重复投资。

（3）从交通委等部门获取浮动车、航空、客运等信息，为交通路况分析、丰富民生服务等提供支撑。

（4）为城建部门的城市规划提供交通影响分析，使路网规划更科学。

（五）提高通行效率

（1）避免高峰时段拥堵路口出现堵死问题。

（2）主干道平峰时实现绿波，高峰时实现全路段车辆均匀分布。

（3）部署缓进快出的控制策略，使CBD、商圈车辆数保持在合理范围内。

（4）信号系统可根据车流量自动分析并生成平峰、高峰不同时段合理控制策略，降低人工信号方案调整工作量50%以上。

（5）夜间路口降低车辆无效等待时间。

（6）快速路部署匝道控制策略，减少地面车辆交织，缓解快速路拥堵。

（六）提升民生服务水平

（1）利用路口条形屏，及时发布车辆违法行为信息，提高执法威慑力。

（2）利用路边诱导屏，实时、准确发布交通路况，准确率达90%。

（3）利用微信提供车驾管、交通违法、实时路况等信息。

（4）利用微信提供快速理赔现场取证业务，避免轻微事故造成拥堵。

（5）利用智能导航提供准确路况、单行、管制等信息，实现优于传统导航的规避拥堵、管制的动态路径规划服务。

智能交通项目建设后，各类指标将会得到改善，在提升指挥效率、改善交通秩序、提高通行效率等指标方面预计效果如下：

序号	建设目标	评价指标	预计效果
1	提升指挥效率	整体交通态势及时性	实时
2		交通路况准确率	≥90%
3		路况更新及时性	≤5分钟
4		警情发现及时性	≤5分钟
5		警力达到及时性	≤10分钟
6	改善交通秩序	非现场执法准确率	≥95%
7		OD轨迹查询效率（百亿条记录）	≤5秒
8	提高通行效率	主干道通旅行时间缩短	≥10%
9		高峰拥堵时间缩短	≥20%
10	提升服务水平	路况发布及时性	≤5分钟
11		违法提醒及时性	≤5分钟
12	完善运维体系	系统设备完好率	≥98%
13		故障报修及时性	≤5分钟

图11　智能交通项目建设成效

四、总结

总体来看，智能交通系统必将在缓解交通拥堵、改善交通秩序、提高交通安全等方面取得良好效果，对社会效益、经济效益、环境改善、民生安全的提升带来显著作用，为道路交通的运行创造更好的环境。

无线地磁车辆检测系统

北京交通发展研究中心

一、简介

本成果为一种利用现代电子信息技术进行道路交通检测的新型设备及装置，通过在路面埋设微型无线传感器采集行驶车辆的三维磁场强度信息，并在微传感器内对其进行数字信号处理，获得流量、速度、占有时间、车长等交通数据，通过微传感器内的低功耗无线通信器件以无线的方式将结果发送至路侧的无线接收机。埋设的微型无线传感器靠电池供电，功耗极低。和传统的交通检测技术相比其具有成本低，检测数据类型丰富，安装简便对交通妨碍少，受天气影响小，应用范围广等优点。

埋入式检测器

贴附式检测器

二、技术及认证

本成果形成了微传感器能耗控制方法、基准值自适应方法、单传感器车速计算方法、无线通信协议、抗压外壳设计等一系列自主知识产权的成果，各项指标均达到国际先进水平，部分指标超越国际同类成果。外壳尺寸不超过7.4cm×7.4cm×4.5cm，平均功耗小于1mW，无线传输距离大于50m，流量检测精度大于98%，双传感器速度检测精度大于95%，单传感器速度检测精度大于90%，抗压大于100KN。各项技术指标通过交通部交通工程监理检测中心、国家无线电监测中心、北京市信息产品质量监督检验站等单位检测认证，获工业和信息化部《无线电发射设备型号核准证》。已授权国家发明专利三项，实用新型专利一项，软件著作权两项。

指　标	本成果	Sensys（美国）	比较结果
寿命	>12年	>10年	略长，领先
尺寸	7.5cm×7.5cm×4.6cm	7.4cm×7.4cm×4.9cm	略小，领先
通信距离	>50m	>50m	相同

（续表）

指　　标	本成果	Sensys（美国）	比较结果
流量精度	>98%	>98%	相同
双点速度精度	>95%	>95%	相同
单点速度精度	>95%	无	填补国际空白
抗压	>100KN	>9KN	领先
工作电流	<100uA	未公开	
网络规模	54个检测器	54个检测器	相同

三、推广应用

该成果于2008年6月开始研究，2009年通过北京市交通委员会验收，在国内该领域最早研发成功。2011年应用于新华百货停车场、小街桥停车场等北京市核心区停车场，为北京市停车价格调整实施效果评估工作提供了数据支持；2011年应用于莲石路、阜石路等六条进出京主干道交通监测，2012年开始应用于京藏高速、京港澳高速等八条进出京高速公路，2013年开始逐渐在石景山万达广场路测停车及六里桥停车场投入停车监测应用，其为新一代交通数据采集的代表，有良好的经济效益和广阔的推广前景，将成为新的经济增长点，推动国民经济发展，同时显著推动了交通科技的发展，提升了我国在本领域的国际竞争力。

停车检测应用

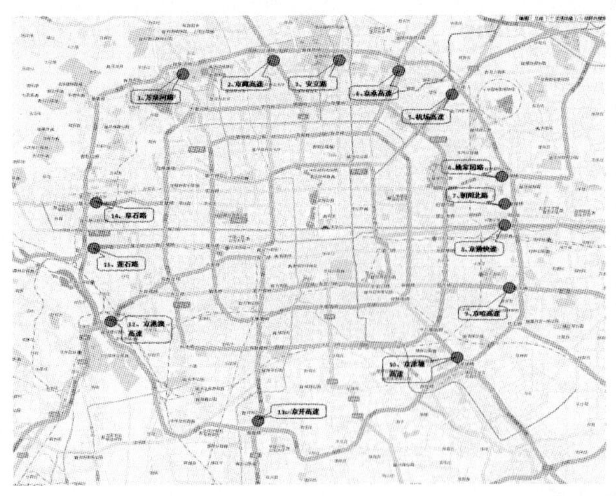

公路交通流检测应用

四、社会经济效益

（一）环境效益

（1）随着机动车保有量的增加，公众往往为寻找停车位付出很多时间，增加了车辆的行驶距离和排放量。本成果的应用可以实时监测停车位的占用情况，通过停车信息播报和停车诱导等方式引导驾驶员以最快捷的路径停车，从而大大地节省了停车时间，减少了机动车排放对大气的污染。

（2）由于本成果成本较低，可以大范围地应用于城市道路运行状况监测，实时监测道路的拥堵状况，并将拥堵信息通过大屏、交通台、网络等渠道向社会公布，驾驶员可以根据拥堵信息选择合适的路由，规避拥堵，从而最大限度地节省行驶时间，降低燃油消耗和排放量，减少尾气对环境的污染。

（3）本成果对城市交通状况长期检测后，根据数据可以分析获得职住分布、交通OD等各种信息，据此作为交通规划、公交开行、轨道交通建设的依据，将极大地降低机动车的使用，从而减少尾气排放、保护城市生态环境。

（二）对社会发展推动作用

交通管理：可以分析获得职住分布、交通OD 等数据，为规划、管理、公交开行、轨道建设等工作提供依据。此外，还可对路内停车全天候监测，为杜绝偷逃停车费及私自交易的情况，弥补收费漏洞提供有力保障。

物联网：与交通信号控制系统、停车管理系统、公路监测系统等互联后，可以有力地推动我国交通物联网产业的发展。

基于大数据技术的城市智能交通管控平台

上海电科智能系统股份有限公司

一、引言

近年来，伴随着公安交通指挥“精确化”“扁平化”的需求，各地开始建立城市智能交通管控平台，集成了包括交通信号控制系统、交通视频监控系统、交通流信息采集系统、交通违法检测系统、交通信息发布系统、警用车辆与单警定位系统、交通设施管理系统、交通事件采集系统、机动车稽查布控系统、三台合一警情系统、六合一车驾管系统等在内的大量的专业化平台。

ITS的各种信息采集技术（如微波采集技术、视频采集技术、环形线圈感应式采集技术等）被广泛地运用于交通数据采集，公安交通指挥部门不仅具备了交通基础静态信息，还拥有了各类动态数据，如车辆实时营运信息、道路交通状况等，从宏观的交通参数流量、速度、占有率检测，到基于RFID、电子车牌识别的号牌号码的识别，从基于关系型交通数据，到音频、视频的非关系型数据，对交通三要素（人流、车辆、道路）连续不断采集的多源交通数据流产生了巨量的交通数据，具有典型的“3V”特性：大容量、多样性、高速度，也具有价值、复杂性的特点，属于名副其实的交通“大数据”。

数据是智能交通的核心，数据为王的大数据时代已经到来。对于城市智能交通管控平台，面对异构海量大数据的冲击，如何能够从海量数据中提取关键的业务数据，挖掘所需的信息和规律，结合已有经验和模型等生成更高层次的决策支持信息，获得各类分析、评价数据，为完成交通诱导、排堵保畅、交通信号控制优化、交通预案组织、交通紧急事件管理等提供决策支持。

基于传统关系型数据库技术开发的城市智能交通管控平台，存在着存储数据扩展性不足，数据挖掘力度不够，检索海量数据面临瓶颈的问题，无法充分利用交通大数据，完成更深层次的交通协调指挥。面对大数据的挑战，上海电科智能系统股份有限公司结合多年来城市ITS领域的行业经验，将基于Hadoop、Spark技术的大数据技术与业务经验进行融合，引入了Spark技术来提高启动效率、小数据量的性能效率，同时兼容传统关系型数据库Oracle，形成了Hadoop+Spark+Oracle混合型的交通大数据平台架构设计方案，构建了新一代的基于大数据技术城市智能交通管控平台。

二、总体设计

基于大数据的城市智能交通管控平台，以分层架构为基础，将平台分为了数据感知及采集层、统一数据存储层、数据处理层、业务应用层、系统服务总线层、展示层，充分利用大数据的平台优势、同时考虑利用了传统的关系型数据库层的特点，完成多源异构的交通大数据的数据采集、统一分布式海量存储、基于MapReduce计算框架与内存计算框架Spark完成二次交通数据的生成，结合城市智能交通管控平台，充分利用大数据平台优势，完成交通的业务支撑与决策数据生成，围绕服务总线与消息总线平台，通过友好的界面展示平台的数据成果，供用户查询、展示、决策、体验。

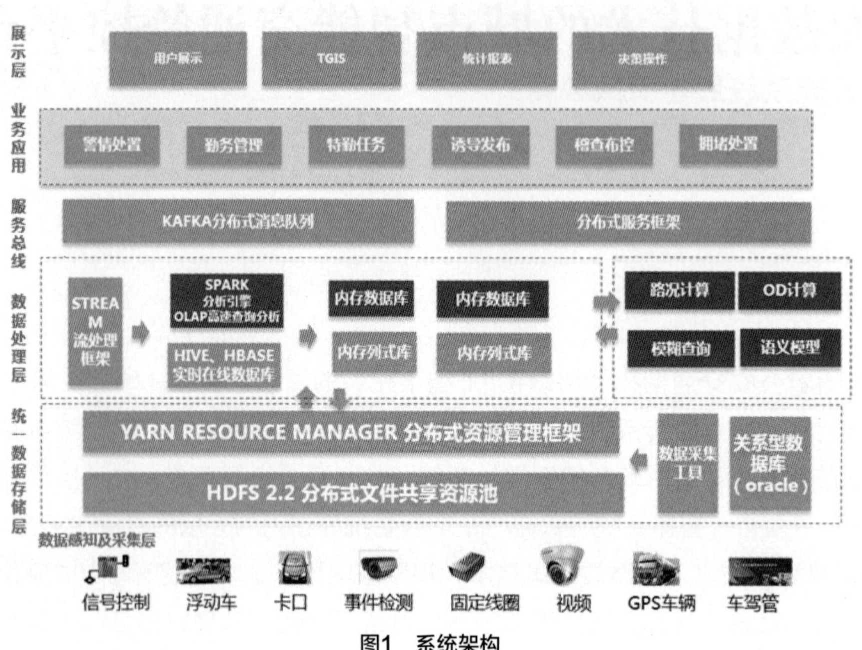

图1　系统架构

（一）数据感知及采集层

实现对分布广泛、多源异构的海量交通数据的采集、汇聚、清洗。制定标准的智能交通设备的标准化通信协议规程，规范化协议的采集方式，定义标准化的协议数据格式，对于采集的交通数据进行数据校验、数据验证、数据预处理校验的工作，保证数据采集的完整性、数据质量的有效性。

1. 外场设备统一通信规程

建立开放标准的通信协议，规范化、标准化中心平台与外场设备的通信协议，设备协议将设备配置、设备协议、设备运维管理体系统一考虑，各个厂家按照统一开放标准的通信协议进行接入，不仅有利于项目中的调试建设，更有利于项目结束后对于设备的统一维护。

1）协议开放性

使用一种公开的、适用于设备控制的成熟协议，作为基础的协议载体，协议细节与所使用的协议公开，与外场设备只通过协议交互进行沟通，避免接触厂家的私有数据及访问方式，绝对不使用私有的API的方式访问外场设备数据集。

2）协议功能扩展性

使用一种便于扩展的机制，使用方便友好，完成对于协议内容的扩展，协议分为协议传输区与应用内容区，内容可以根据各种智能交通设备的特性进行统一扩充，协议传输区统一封装，完成包头与校验的封装。

3）协议传输性

考虑协议交互，协议的报文尽量简短，以适应在RS232等环境下的协议特性，易于通过字节分析，完成对于报文的分析。针对TCP、RS232这种常见的协议传输特性进行后效的支持。

4）对于设施设备运维采集的支持

具备读取设备的基础资料，包括序列号、设备编号、出厂日期、设备参数配置的信息，便于进行设施设备的资产自动发现，避免人工手工输入数据的烦琐性。

2. 数据预处理

完成数据的统一采集、汇聚、清洗，完成数据质量的合法性判断，保证使用清洗后的规范化数据进入大数据处理系统，从而避免低数据质量的数据进入系统。

数据预处理包括了对于关系型数据与非关系型数据的处理。对于关系型的数据，以线圈数据为例，对于单一线圈进行数据有效性判断与校验，同时对于整日数据进行统计判断，基于模式识别技术，按照故障特征统计一定时间间隔内（通常按天，时间粒度为5 ～ 23点），并根据统计参数的分布范围设定阈值进行判别。故障特征分为全零，只有占有率、流量超过通行能力、车长异常等情况。

对于非关系型的典型数据，以视频数据为例，需要去掉那些黑屏、图像失真的数据，从而避免使用大数据引擎对于不合格的视频做分析，影响视频分析的效率。因此，可以集成多种视频SDK，获取采集实时视频图像的视频质量，通过视频质量的分析算法，完成对于常见视频质量问题的分析，包括信号丢失检测、画面冻结检测、图像偏色检测、雪花噪声检测、条纹干扰检测、亮度异常检测、图像模糊检测，完成视频质量数据的预处理。

（二）统一数据存储层

针对智能交通系统关系型数据与非关系型数据的特点，将传统的关系型数据库作为可靠存储节点，通过数据传输工具，完成关系型数据向HDFS分布式存储的迁移，将视频、图片数据存入HDFS分布式存储系统，从而完成数据的统一共享存储池。

为了保证高可用、高可靠和经济性，大数据一般采用分布式存储的方式存储数据，并采用冗余存储的方式进一步保证数据的可靠性，基于Hadoop的分布式文件系统（Hadoop Distributed File System，HDFS）信息存储方式是目前较为流行的数据存储结构，通过构建基于HDFS的云存储服务系统，解决智能交通海量数据存储难题，降低实施分布式文件系统的成本。

Hadoop分布式文件系统是开源云计算软件平台Hadoop框架的底层实现部分，具有高传输率、高容错性等特点，可以以流的形式访问文件系统中的数据，从而解决访问速度和安全性问题。

根据交通领域的特点，采集和处理的数据基本都是以传统数据库存储的，每条记录转换存储到HDFS之后，是很碎小的文件。根据这个特点要制订特定的处理方案，因为Hadoop在处理小文件时并不具有优势，因此需要一个数据转换工具，能够将数据库的小文件或者直接存储到HDFS时的小文件转换成大文件，并减少文件个数。

（三）数据处理层

使用MapReduce计算框架和内存计算框架Spark对其进行快速计算。大数据的组织与分析：对采集到的海量多源异构数据进行语义化处理，并建立时空索引对其进行有效组织；利用数据关联和数据融合分析、综合出有用信息，并在此基础上利用可视化技术和数据挖掘技术提取有价值的交通信息。

智能交通管理平台充分基于大数据的实时计算引擎，完成历史道路路况分析、海量号牌数据的

OD分布计算、车辆行驶轨迹分析、交通大数据统一语义处理等实时应用计算。

（四）业务应用层

通过统一数据存储层，获取原始数据；通过调用数据处理层，完成分布式的处理服务，得到二次加工的数据，完成业务关系的业务逻辑处理过程，包括了诱导发布、警情处置、勤务管理、警卫任务等多个交管业务系统。

在传统的业务基础之上，围绕大数据统一储存、基于Spark大数据内存高速计算优势，完成历史数据的查询、分析、统计、挖掘，突破以往传统型关系型数据库在数据存储规模与数据检索查询上的局限性，同时利用数据处理层计算引擎优势，将计算的结果与现有的交管的业务需求紧密地结合在一起，更贴近于实战业务的需求。

（五）系统服务总线层

基于ESB的分布式服务总线，将业务调用与业务实现进行完成的解耦分离，通过ZooKeeper进行服务的智能感知，完成服务的动态注册与动态发现，完成服务的零切换，保证新发布的系统不影响已有的系统功能。

通过kafka的分布式消息队列，完成消息的投递与消息的通知，订阅消息传递，实现了分布式提交日志，适用于离线和在线消息消费，通过消息总线，完成大规模智能交通数据、通信日志的数据传输。

（六）展示层

GIS展示。以GIS地图为核心，通过丰富的界面展示方式，包括GIS地图、SVG图、机房模拟图、节点网络拓扑图、软件系统组织结构示意图，生动、形象地展示数据成果。

统计分析。将通过数据处理层与业务应用层的数据，以图表的方式展示。

业务决策。通过大数据分析的结果，给予交管平台用户的建议，包括排堵保畅、应急预案、信号方案优化、高发事故点分析等交管业务的建议与决策。

三、功能设计

针对城市智能交通管控平台的特点，我们对于异构交通大数据进行了数据组织，从而完成海量数据模糊查询、交通语义分析的面向交通业务实战特点的业务应用。

（一）多源异构大数据组织

大数据采用的架构是一个混合架构，既包含传统的关系型数据库，又包含Hadoop系统，其中关系型数据库用于业务数据的实时查询，大数据系统用于数据的统计分析，通过sqoop工具可以将关系型数据库中的数据同步到Hadoop的hdfs分布式存储系统中，之后利用分布式内存技术将这些数据加载到内存并利用spark技术进行高速内存计算，之后可以将计算出的结果保存在大数据系统中，也可以写回到关系数据库，另外，大数据系统也会提供一些外部接口供应用访问。

集成化管理方法用于对大数据系统提供支撑，可以管理多种服务，主要包括：

（1）zookeeper：分布式管理服务，提供管理和同步配置文件功能。

（2）hdfs：分布式文件存储服务，提供大数据数据存储的支持。

（3）yarn：分布式计算框架服务，提供大数据数据计算的支持。

（4）hyperbase：分布式列数据库，支持随机实时数据的存储和查询。

（5）inceptor：分布式数据仓库（支持内存存放），可以通过SQL的方式对inceptor中的数据做简单查询和统计分析。

（6）streaming：一种基于spark的流处理技术。

（7）sqoop：一种支持从关系型数据库导入大数据系统，和从大数据系统导出到关系型数据库的工具。

（8）flume：用于从日志中抽取和转换数据到大数据系统中的工具。

集成化管理系统数据接入、存储及读取等时序过程如图2所示。

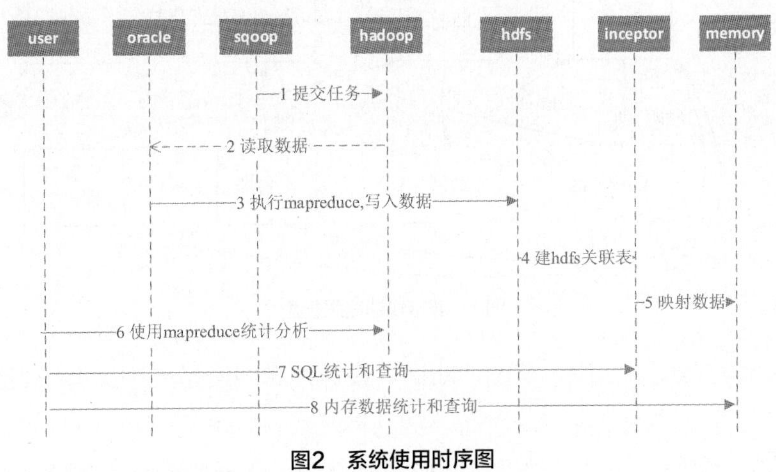

图2　系统使用时序图

（1）数据准备

数据准备阶段为1～5步，为数据的使用做准备。

（2）使用

第6步，数据的使用可以有多种方式，包括使用MapReduce统计分析、使用SQL统计和查询，以及使用内存数据统计和查询等。

系统各部分的工作过程如图3所示。

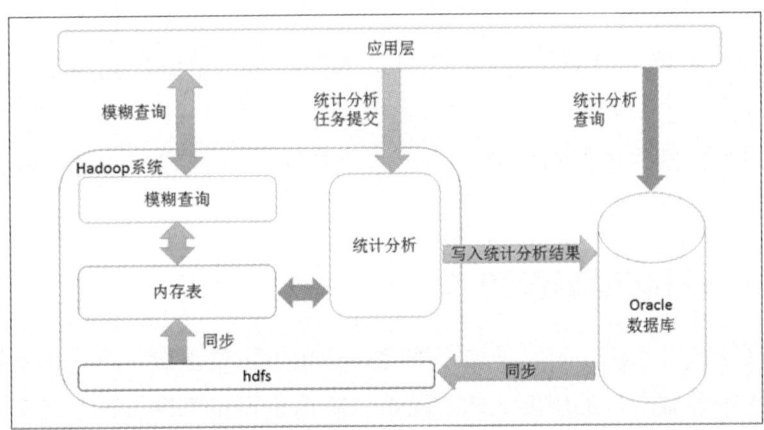

图3　系统工作过程

（二）交通语义分析

智能交通数据庞大，如果只收集数据，而不进行开发、挖掘工作不是交通信息采集的初衷。如何利用采集到的交通信息获得更多的内在规律和趋势，为政府和民众提供更好的公共服务是进行交通信息采集和建设ITS的核心目的。

充分利用好大数据平台的优势，利用大数据完成结构化数据与非结构化数据的统一，从非结构化如视频数据，以及结构化与非结构化数据结合中，找出有价值的数据，提供智慧交通的协调指挥、信息操作、发布决策。

以快速路路网模型为例，建立快速路网的语义模型分析。

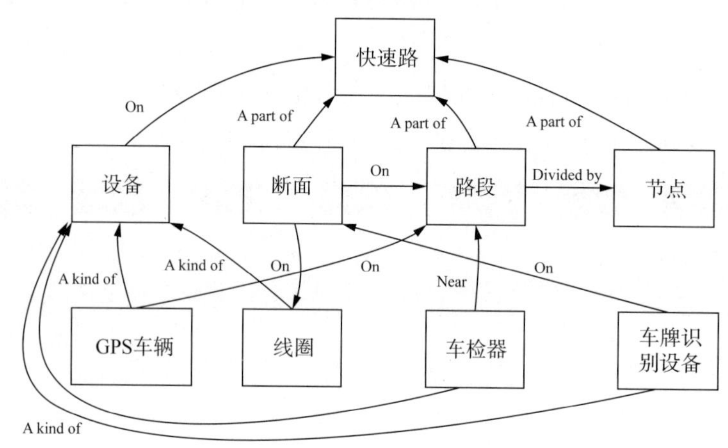

图4　城市快速路类模型

快速路模型中，共有4类：路段、节点、断面、设备，其中设备类中又有子类线圈、车检器、车牌设备、GPS设备。

路段类包含属性：编号、长度、类型、所属道路方向、所属行政区、起点坐标、终点坐标、设计车速、通行能力、允许通行车辆、折点坐标，各属性可对应属性值：类型（高速公路/快速路主线/上匝道/下匝道/立交入口/立交出口/地面主干道/地面次干道/地面支路）“A_B”转向+编号，转向A用数字表示，B为自然序数，逗号分隔（以进口道展宽段为准）。

节点类包含属性：编号、类型、允许转弯类型、类型、坐标、所属路段，各属性可对应属性值：类型（1-地点交通参数检测，2-车牌检测）。

断面类包含属性：编号、类型、坐标、所属检测设备类型、所属路段、所属路段位置、上游断面编号、下游断面编号。

设备类包含属性：编号、类型、型号、厂商、运营公司、采集数据类型、所属断面、所属车道、设备工作状况评级、工况异常原因、初装时间、最新维修时间、维修次数、关联车牌号码，各属性可对应属性值：车检器采集数据类型（1-流量，占有率；2-流量，速度，占有率；3-流量），车牌设备采集数据类型（车牌采集/混合采集）。

（三）业务实战——号牌模糊查询

建设城市高清视频卡口系统，是实现城市安全和稳定的重要基础，是“平安城市”建设的重要组成部分，更成为“智慧城市”的重要载体。随着号牌识别设备遍布城市，每天产生了大量的号牌数据。

以某区高清号牌数据统计，据不完全统计，2010年5～8月的3个月时间里，总共有2.3亿条记录，平均每个月的数据量为7000万条。尽管目前数据库的设计中，已经采用了按日分区的方法来提高查询的并行度，对于日期和车牌号码创建了联合索引，但是对于模糊查询而言，很多查询模式无法用到索引，只能采用全表扫描的方式，因此性能无法令人满意。根据目前实际使用情况，模糊查询搜索车牌，如果时间范围为一周，那可能20分钟左右可以返回结果；如果时间范围为1个月，那很有可能1小时之后才能够返回结果。

深入分析该问题的根本原因，主要就在于目前数据库的数据量十分庞大，如果期望通过关系型数据库技术来提高全表扫描的性能，目前可行的方法就是换更高端的服务器以及更高端的存储器，而且性能提升的空间仍然十分有限，同时伴以巨大的成本投入。而且随着数据量的不断膨胀，再高端的服务器也会遇到瓶颈。因此，关系型数据库技术不是提高模糊查询性能的最佳方案。

因此我们推荐使用引入了Spark技术来提高启动效率、小数据量的性能效率，同时兼容传统关系型数据库Oracle，形成了Hadoop+Spark+Oracle混合型的交通大数据平台架构设计方案，以解决号牌模糊查询的问题。

1. 明确测试目标及编写测试方案

选取300GB，15亿条车牌抓拍记录作为数据分析源。

测试内容1：对车辆总数统计、断面车流量统计、车辆模糊查询、车辆频次分布统计进行数据分析，以比较各测试环境下的运行速度。

测试内容2：对单车平均车小时、车辆频次分布统计进行数据分析，以比较各测试环境下的运行速度。

在明确目标的基础上编写测试详细方案。

2. 搭建测试环境

选取Oracle数据库、集群内存库、Hadoop大数据环境、基于Spark分布式内存的Hadoop大数据环境作为测试环境，各测试环境的配置规模如表1所示。

表1　测试环境

序　号	测试环境	配置规模
1	Oracle数据库	1个节点（CPU:E5-2600 2*8核，RAM:32G硬盘:12*3T）
2	集群内存库	2个节点（CPU:E74807 2*6核，RAM:128G，硬盘:8*1T）
3	大数据环境（Hadoop）	2个管理节点（CPU:E5-4807 2*6核，RAM:64G，硬盘:3*1T） 7个数据节点（CPU:E5-2407 1*4核，RAM:24G，硬盘:8*1T）
4	大数据环境（Hadoop+spark）	3个管理节点（CPU:E5-2407 2*4核，RAM:48G硬盘:8*1T） 10个数据节点（CPU:E74807 2*6核，RAM:128G,硬盘:8*1T）

3. 测试运行及测试结论

测试内容1：选取车辆总数统计、断面车流量统计、车辆频次统计、车辆模糊查询作为4个测试场景。

对每个测试场景的解释如下：

车辆总数统计：全年车辆记录总数统计。

断面车流量统计：先按断面进行车流量统计，再计算出车流量最大的断面。

车辆频次分布：将车牌记录先按沪牌和非沪牌进行分类，再按出现的天数进行分类统计，分布间隔取5天。

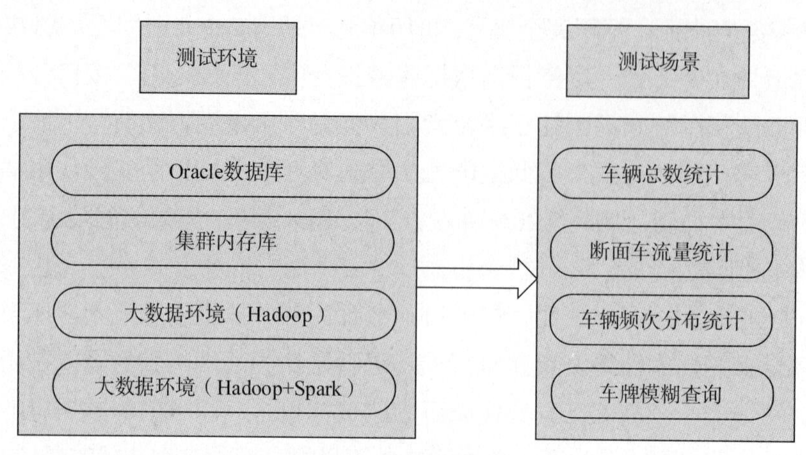

图5 测试场景1

车牌模糊查询：从全年数据中，查询车牌号码中间三位为“848”的车辆出行记录，即“%848%”。

测试结果如表2所示。

表2 测试结果

（单位：s）

统计项	大数据（内存库）	大 数 据	集群内存库	Oracle
车辆总数统计	26.7	50.66	25.57	357
断面车流量统计	60	83	59.58	360
车辆频次分布统计	285.35	604.13	141.13	937
车牌模糊查询	27.247	324.835	14.2	741

在热点数据模糊查询场景中，带Spark的Hadoop和Hadoop大数据环境下，查询结果差距很明显，带Spark的Hadoop环境比Hadoop大数据环境查询速度更快。综合4种场景的测试结果，Oracle环境下测试结果与其他三种场景差距较大，带Spark的Hadoop和集群内存库最快、Hadoop其次、Oracle最慢。

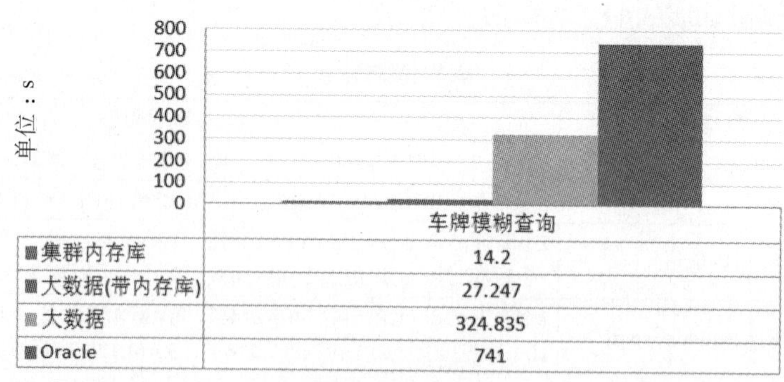

图6 测试场景1

测试内容2：选取单车平均车小时、车辆频次分布统计作为测试场景。

车辆总数统计：将单车OD数据，进行累加后求平均，获得单车一次完整出行的时间。

车辆频次分布统计：将车牌记录先按沪牌和非沪牌进行分类，再按出现的天数进行分类统计，分布间隔取5天。

测试结果如表3所示。

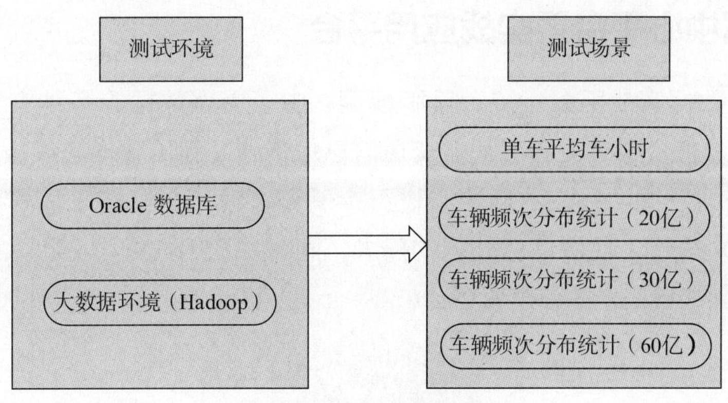

图7　测试内容2

表3　3大数据平台和Oracle性能测试对比

（单位：s）

统 计 项	大数据环境	Oracle环境
单车平均车小时	43.9	153.6
车辆频次分布统计（20亿）	18.04	18.32
车辆频次分布统计（30亿）	29	480
车辆频次分布统计（60亿）	72	1380

通过上表可以看出，数据量越大，计算越复杂，大数据的优势越明显。

四、产品项目应用

（一）上海市交通信息中心交通大数据系统构建关键技术科研子课题

本课题在现有的海量数据处理架构技术基础上，研究面向上海交通大数据典型应用需求的交通大数据系统构建技术，与现有上海市交通综合信息平台的海量结构化综合交通数据有机结合，实现跨行业结构化和非结构化数据的接入汇聚、存储管理、处理分析与应用服务提供。

主要研究内容包括：

■ 交通大数据应用系统架构研究；

■ 交通大数据统一语义理解与交互技术研究；

■ 多源异构交通大数据的集成化管理技术研究；

■ 跨行业交通大数据智能处理分析技术研究。

技术创新点：

基于Hadoop的海量数据处理架构技术，面向大数据应用服务需求，提出Hadoop、关系数据库、内存库多元合一的交通大数据系统架构技术，实现对结构化、半结构化、非结构化数据的集成管理与应用。

交通大数据统一语义表达规范，提出交通大数据服务类及对象建模，交通大数据统一语义理解机制、交通数据模式与内容映射、交通数据类及对象构建方法。

跨行业交通大数据智能处理分析技术，通过快速路车牌识别数据与地面道路卡口数据的联合算法模型验证分析，测试大数据平台系统性能，尝试利用公安交管系统的数据服务道路交通数据分析。

（二）义乌市数据中心平台暨实战应用平台

建立了义乌市大数据实战平台，接入号牌数据、电子警察数据等多种交通数据，统一存储数据、图片、视频信息，整合现有义乌市智能交通信息化资源，利用数据总线技术，标准化接入各类交通信息化设施设备的数据，并在数据中心进行存储和管理。在业务上，满足了交警对于稽查布控、海量历史数据模糊查询、违法信息处置的需求，同时，利用数据中心接入和汇集的各类交通信息数据，支撑起了面向社会公众的信息服务。

1. 建设一个面向实战的本地化的稽查布控系统

形成一个对于卡口应用大的实战应用平台，使今后电子警察与卡口设备可以通过这个平台成为一体。而随着对卡口和电子警察的建设，这两类设备的数据将成为交警部门科技化管理中的主要数据来源，因此对于这两种数据的运用与后期处理至关重要，直接影响到交警部门在科技化警务工作中的成效。

2. 构建一个先进的易于扩展的数据接入、共享和存储管理中心

基于先进的数据总线技术和大数据存储管理技术，构建义乌市智能交通信息数据的接入、共享和存储管理中心。数据中心将整合现有义乌市智能交通信息化资源，利用数据总线技术，标准化接入各类交通信息化设施设备的数据，并在数据中心进行存储和管理。利用大数据存储管理架构，实现数据中心的结构化与非结构化数据存储和访问，并能够易于今后的数据扩展。最后，数据中心根据各类信息数据对外共享和服务的需要，进行数据的初步处理和整合，提供规范的数据访问和共享接口，完成向上级省市和部委信息化系统的对接。

3. 建设一个面向交警内部和社会公众的信息服务系统

依托数据中心，建设一个面向交警内部的云端文件存储和流转系统，实现远程的文件存储管理，并支撑不同用户间的内部文件流转功能。同时，利用数据中心接入和汇集的各类交通信息数据，支撑面向社会公众的信息服务。本项目中，建设基于微信平台的交通信息查询和发布服务系统，实现交通违法、交通警情上报和拥堵上报等功能。

新型贴片式 LED 交通信号灯方案

欧司朗光电半导体（中国）有限公司

一、行业现状与挑战

随着中国城镇化建设的推进，新建道路不断拓宽，车流量不断增大，城市对交通信号灯产品也提出了更高的要求，传统的插脚式LED交通信号灯在色谱、可靠性、光分布上均面临诸多挑战；而且如今市面上仍然充斥着不符合交通信号灯标准颜色的产品，眩光和失效问题频出，严重影响道路的交通安全。因此，交通信号灯行业亟需一场产品技术升级，以满足城市交通安全以及品位提升的需求。

另外，由于人工成本的上升以及合格插脚件LED产品逐渐退市，交通信号灯生产厂商也面临生产成本的急剧上升，贴片式LED由于生产工艺的先进性，将是交通信号灯生产厂家的替代首选。

为了满足市场需求，欧司朗光电半导体（中国）有限公司适时推出了贴片式交通用大/小功率LED产品。

二、欧司朗大功率贴片式LED满屏交通信号灯解决方案

（一）LED介绍

Oslon Signal 120是欧司朗光电半导体专为交通应用开发的LED大功率产品，其产品系列广泛而且符合几乎所有国家的标准或国际标准，因应用范围广泛。这些紧凑的发光二极管尺寸仅为3.0mm×3.0mm×1.7mm，提供红、黄、绿、蓝、白光等多种颜色选择，视角为 120°。高性能陶瓷封装支持先进的交通信号灯设计，可大幅减少每个信号灯的 LED 数量。就高温下的电光转换效率而言，此产品系列树立了多项新标准。

（二）设计方案

以新款LED为基础，欧司朗的光学团队还根据Oslon Signal 120的产品特点设计出了400mm、300mm、200mm的交通信号灯满屏灯的参考方案。该方案整体考量了色度、光学、热学和生产效率等方面因素，是一款先进的交通信号灯产品解决方案。

在色度上，该方案选取了完全符合交通信号灯法规色度学坐标的LED，相比于插脚式LED的颜色偏差，Oslon Signal 120红色、黄色和505绿色的光学坐标完全落在法规规定范围内。

颜色	典型波长	型号	视角	光通量	结温	正向电压	典型热阻	订货号码
蓝 (Blue)	474nm	LB CRBP-HYJX-47-1	120°	33~52 lm	150°C	2.75~3.50	6.9 K/W	Q65111A5184
冰蓝 (CB)	0.16 / 0.12	LCB CRBP-JXKX-3B6B-1	125°	45~82 lm	150°C	2.75~3.50	7.7 K/W	Q65111A5183
交通绿 (Verde)	505nm	LV CQBP-JZLX-BD-1	130°	61~130 lm	150°C	2.75~3.50	7.7 K/W	Q65111A4876
绿色 (TG)	525nm	LT CQBP-KYLX-36-1	130°	82~130 lm	150°C	2.75~3.50	7.9 K/W	Q65111A4877
黄 (Yellow)	590nm	LY CKBP-HYJZ-35-1-Z	125°	52~82 lm	150°C	2.00~2.60	8.2 K/W	Q65111A5615
		LY CKBP-JYKX-46-1-Z		33~71 lm				Q65111A5613
转换黄 (CY)	0.57 / 0.42	LCY CLBP-KXKZ-5F5G-1	125°	71~112 lm	135°C	2.75~3.50	7.5 K/W	Q65111A4316
红 (Red)	617nm	LJ CKBP-JXKX-47-1-Z	125°	45~82 lm	150°C	2.00~2.60	6.0 K/W	Q65111A5611
	625nm	LJ CKBP-JYKY-36-1-Z		52~97 lm				Q65111A5610
	632nm	LJ CKBP-JZKZ-25-1-Z		61~112 lm				Q65111A5609
白 (White)	0.32 / 0.32	LUW CRBP-LXLZ-G4J4-1	120°	112~180 lm	150°C	2.75~3.50	6.8 K/W	Q65111A5182

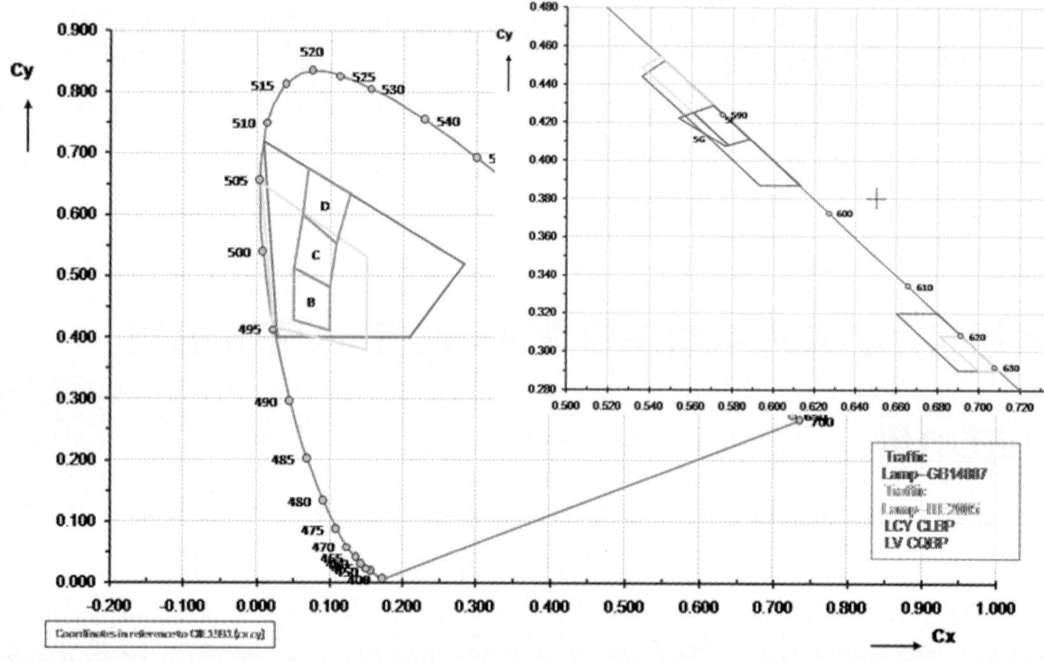

热学管理方面，Oslon Signal 120产品的结温为150°，而插脚式LED的结温为100°，普通民用级LED产品结温为120°。这30°的差距在交通信号灯的应用上是非常必要的，因为通过热学模拟，在正常高温环境下，交通信号灯腔体温度为85°，而LED的结温将为120°以上，如果在此温度下工作，插脚式LED和普通民用级LED产品将出现非常严重的光衰。

另外，该方案产品结构非常简单，主要部件只有光学透镜，LED模组和后盖。以400mm产品为例，7颗Oslon Signal 120产品替代了200颗的插脚式LED，使产品的生产效率和可靠性大幅提升。光学透镜的使用使产品的均匀度和光学分布大大优于插脚式LED产品，并且完全符合交通信号灯国家法规规定。

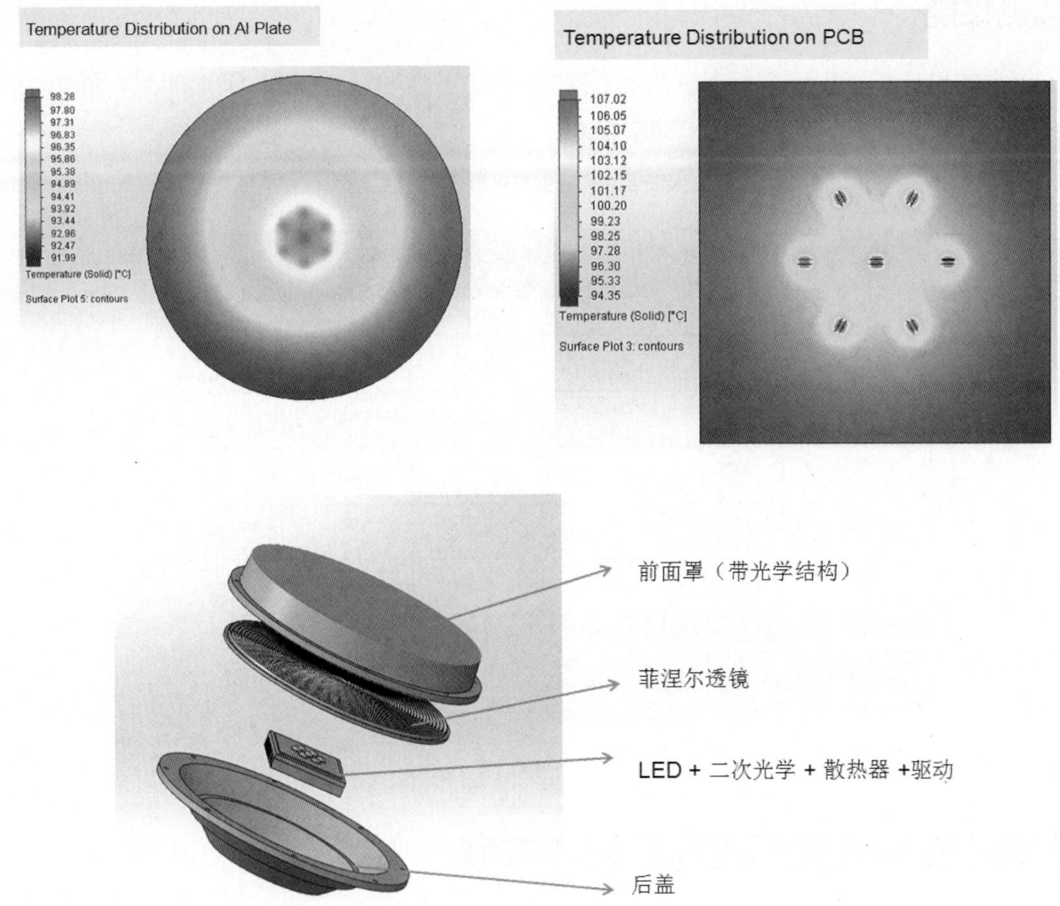

(三)与插脚LED交通信号灯的对比

以下图表展示了400mm新款交通信号灯与传统插件式交通信号灯产品的对比，新款交通信号灯无论是在均匀度、色彩亮度和可靠性上都大幅优于传统插件式交通信号灯产品。而且由于LED产品的简化和生产效率的提升，新型交通信号灯方案在系统成本上也将占有优势。另外，新款交通信号灯相较于传统插件式交通信号灯还有两个优越的先进性：7个LED比200个插脚式LED失效概率大幅降低，而且插脚式LED失效后显示面会有明显的黑点，影响信号指示效果。而大功率LED失效后，只是会使盘面的亮度降低，不影响指示效果。–40°～120°的工作温度，使该款LED交通信号灯适用于全国各地，无论是严寒的东北，或在高温的南方。

Items	传统	高功率	
Picture Φ400mm			
LED 数量（pcs）	200	7	失效概率低，失效后无暗点
均匀性	<20%	>50%	
色彩,亮度	基本满足	完全符合国家标准	
功率（W）	20	15	
光衰(@80° C)	>40%	<20%	适合各种极限条件工作（高温或极寒）
工作温度(°C)	-30 ~85	-40 ~120	
节温(°C)	100	150	
寿命（hours）	~10000	>50000	5倍寿命

(四)实测性能

由于优秀的设计和紧密配合，现阶段已有多家高端交通信号灯厂家与欧司朗配合推出了新型大功率交通信号灯产品，产品均大幅优于国家标准。

实际产品中心光强与光学分布数据

Reference axis down	Reference axis left & right				
	±0°	±5°	±10°	±20°	±30°
0°	**621cd** (100%)	(94.6%) (85%)	(76%) (55%)	(37%) (3%)	(20%) (1%)
3°	(88%) (80%)	(84%) (75%)	—	—	—
5°	(80%) (60%)	—	(56%) (35%)	—	—
10°	(49%) (30%)	—	—	(20%) (8%)	—
20°	(19%) (2%)	—	—	—	(7%) (2%)

Notice 1. 图表里数据表示相对于中心光强的百分比
Notice 2. "—" 表示无规定
Notice 3. 数据基于参考的设计方案@500mA
Notice 4 下括号为法规值,上括号为实测数值

三、小功率贴片式交通信号灯解决方案

(一)LED介绍

对于想使用低功率 LED 和高性价比热设计的厂家而言，欧司朗光电半导体还推出了小功率贴片式LED产品Power TOPLED®封装LED。该系列产品提供多种颜色和多种发光角度选择，也包括交通信号灯用红、绿、黄，对任何国家的信号标准而言都是完美选择。该系列产品可以点对点直接替换插脚式的LED。

(二)方案优点

欧司朗光电半导体也同时开发了小功率LED交通信号灯的解决方案，该方案的优点是可以点对点地取代插脚式LED，光学透镜结构比较简单，LED可以距离透镜很近，因此可以做成很薄的交通信号灯产品。

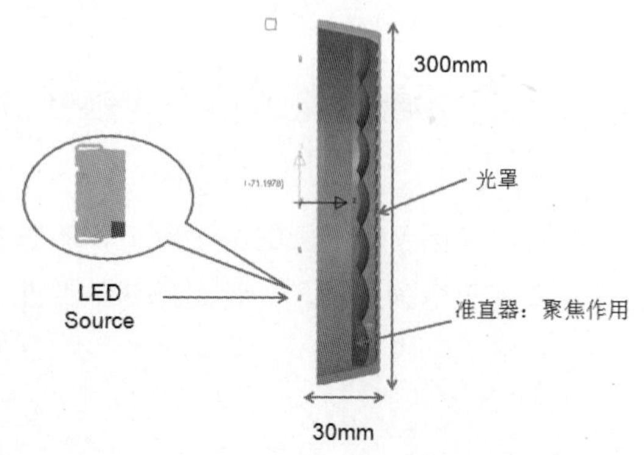

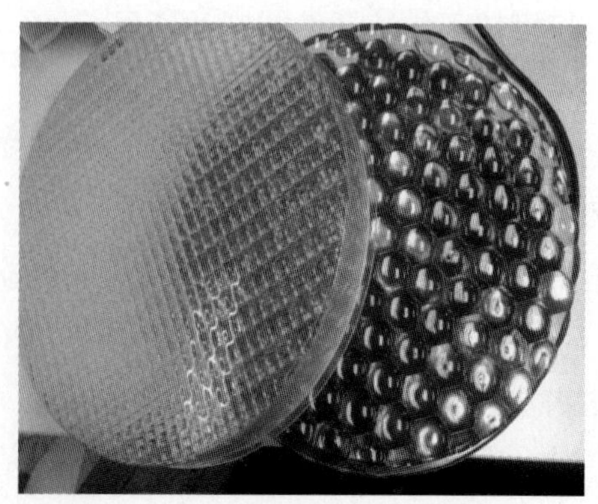

四、总结

传统的插脚式LED在交通信号灯行业已经使用了十几年的时间，随着LED光源组件的不断升级，以及终端客户对产品质量、可靠性的要求越来越高，贴片式LED产品取代插脚式LED作为交通信号灯的光源组件将是一个必然的趋势。

欧司朗光电半导体首先采用OSLON Signal 120大功率贴片式产品配合先进的光学设计，提供了一套系统稳定，光学优异，完全符合安全规范的大功率交通信号灯方案，为道路的交通安全，以及生产厂商的生产制造开创了一个全新的天地。

BLUETOAD交通流检测应用案例

上海美慧软件有限公司

一、项目背景、目的和意义

面对交通系统的复杂性和时变性，如何选择有效的检测设备与检测方法对道路的实时交通数据进行准确的检测；总结现有检测设备的优点与不足，研究精度更高，成本更低的新型交通数据检测设备，将对后续交通管理决策方案的制定和评价以及道路交通的合理规划提供有效的数据支持和保障。同时，新型检测设备的研究，对丰富交通数据的检测手段，提供更为多样、精准的实时交通数据以及城市智能交通系统的发展与完善具有重要的意义。

我国目前处于城市化、机动化加速发展的时期，经济的快速发展，城市规模逐步扩大，机动车数量猛增，导致城市的交通拥挤问题日益明显，使交通管理部门面临着巨大的交通管理压力。因此，建立先进的道路交通管理系统（ATMS）以有效地解决和应对交通管理中的各种问题显得尤为紧迫。而实时交通数据的采集是ATMS正常运行的基础，因此研究经济、耐用、易管理、准确性高、可扩展性强、检测参数丰富的实时交通数据检测设备将直接影响ATMS的正常运行。近年来，随着蓝牙技术及汽车电子技术的迅速发展，车载蓝牙设备在国外得到了极大的普及和应用，为利用蓝牙技术实现道路交通数据的有效检测提供了基础。

鉴于上述背景，利用蓝牙通信技术进行交通检测的新型设备BLUETOAD应运而生。同传统的检测设备相比，这种新的交通数据检测设备既具有传统检测设备固有的检测速度快、检测数据精准、数据量大的特点，又能够获取传统检测设备所无法获取的一些交通数据，如道路行程时间等。同时，蓝牙检测设备也具有便于安装、方便管理、性价比高的特点，因而近年来在国外得到了广泛的应用。以美国为例，目前，BLUETOAD设备已在400条道路上进行使用，检测道路的总长度已达到5000英里，每天可以检测到约70万蓝牙设备，在美国的芝加哥、麦迪逊等城市，蓝牙检测设备作为重要的实时交通数据检测源，在交通管理中发挥着重要作用。

二、系统总体框架及建设内容

系统总体结构框架如图1所示。

系统方案说明如下：

（1）系统总体上可以分为三大模块，即数据采集模块、数据处理模块、服务展示模块。

（2）现场数据采集设备布设于路旁，通常布设间距为1.5km。

（3）数据采集模块应用于道路现场，可利用交流电源或太阳能供电系统提供电量。系统每秒扫描一次蓝牙设备的MAC信息，并记录MAC地址和采集时间。同时现场采集装置中的GPS模块可记录设备的安装位置。采集的数据通过以太网/蜂窝通信的方式，实现道路现场与数据控制中心的数据传输。

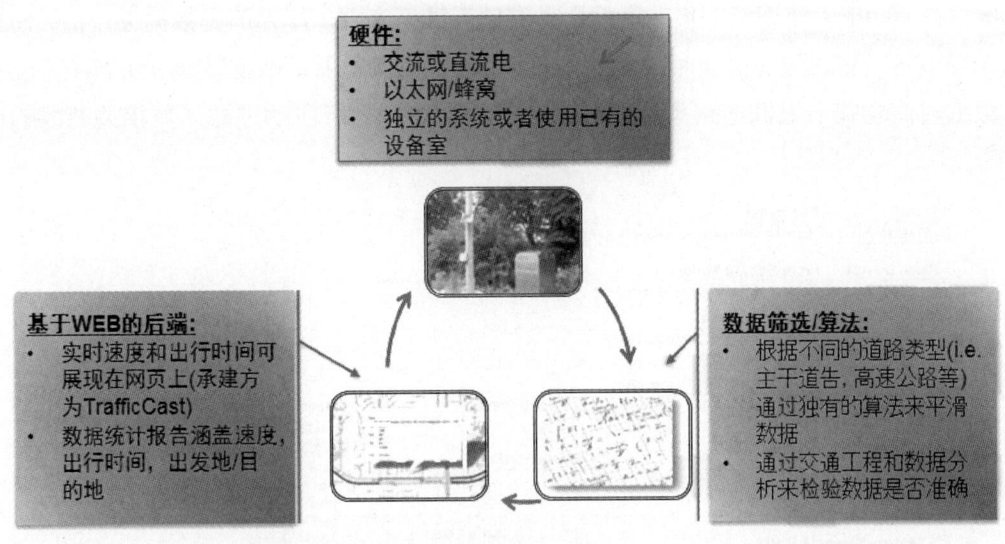

图1 系统总体结构框架

（4）数据处理模块主要实现对采集数据的存储及运算处理，根据不同的道路类型，通过独有的算法，对采集的数据进行平滑处理，对异常数据进行修正，并通过交通工程学理论和数据分析来检验数据的准确性。

（5）服务展示模块为基于Web的后端服务程序，主要完成对道路实时速度和出行时间的网页展示等内容。

三、系统主要特性与功能

系统的主要特性有以下几点：

（1）MAC地址配对使得数据更可靠；

（2）配置操作步骤简单；

（3）可作为单独的系统或者可以存放在已有的机柜里；

（4）通过蜂窝/以太网通信；

（5）可使用在高速公路上、城市快速路或者主干道上；

（6）实时地对路网和设备进行监控；

（7）可通过远程下载软件；

（8）基于Web的图形界面；

（9）设计时已考虑到未来的可扩展性。

系统主要有以下几个功能：

（1）检测设备参数设置功能：检测设备启动后需要对BLUETOAD 的相关参数进行设置，BLUETOAD的处理器中嵌入一个LINUX操作系统，通过利用putty软件实现计算机与BLUETOAD检测装置的串口连接。通过简单的指令完成BLUETOAD的初始化。

（2）蓝牙数据采集功能：开启蓝牙的车辆进入BLUETOAD的检测区域时，设备可以将车载蓝牙的MAC地址、采集时间及车载蓝牙的信号强度进行有效记录。

（3）数据传输功能：采集的数据可以通过以太网或蜂窝通信方式进行数据传输。

（4）数据存储功能：将现场采集的数据自动存储于数据库中，作为历史数据进行相关研究使用。

（5）现场设备监测功能：实现对每台现场设备的实时状态监控，保证设备的正常运行。

（6）数据过滤功能：根据道路类型的不同，对异常数据进行自动过滤，其相关参数的设定界面如图2所示。

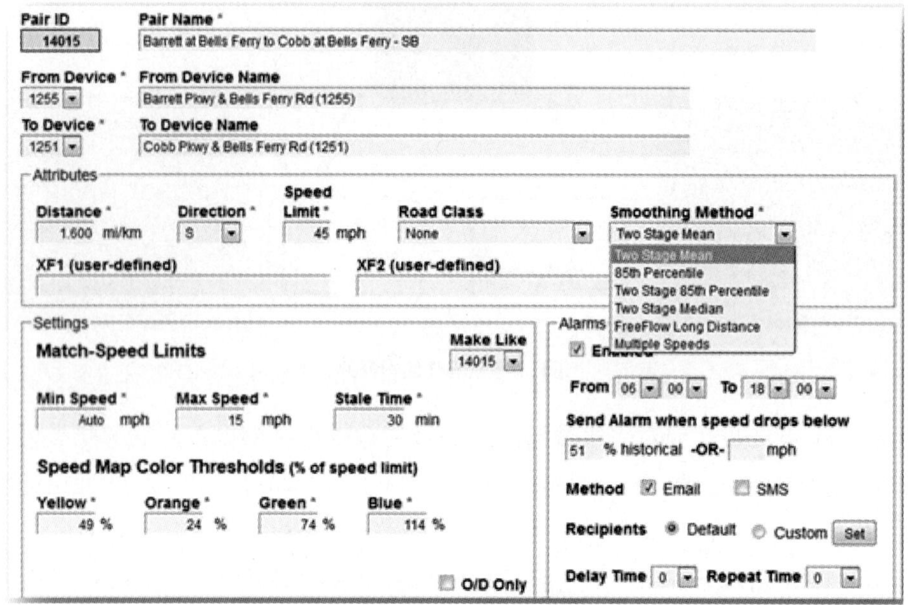

图2　数据过滤功能设定界面

（7）道路状态实时监测功能：以网页的形式对道路的车速、行程时间及交通状态等进行实时监控与发布。图3为系统对高速公路的速度监控界面。

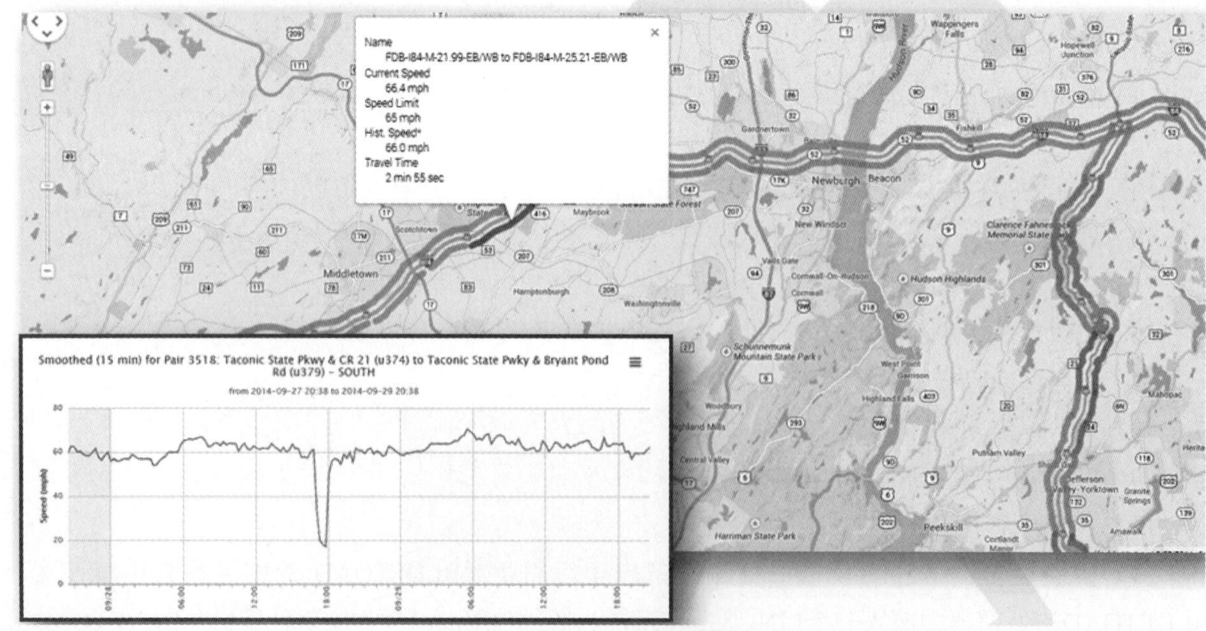

图3　高速公路速度监控界面

四、项目效益

（1）提高道路的交通数据采集效率及采集精度；

（2）降低交通数据采集的成本；

（3）为行人的交通数据检测提供一种方法；

（4）提高交管部门的道路交通管理水平以及出行者的出行效率；

（5）BLUETOAD检测出行时间及行程车速，能够完成对道路交通状态的有效判别。

五、产品方案优势

1. 真工业级产品，适合多种恶劣环境

BLUETOAD设备在各种恶劣环境下都可以正常工作，在美国明尼苏达州的冬季，太阳能供电系统能够为设备的正常运行提供稳定电量，保证设备的正常运行。在降雨、降雪及大雾等天气环境下，BLUETOAD均可以实现对交通数据的有效检测。

2. 企业运营级产品，产品质量有保障

性能卓越，专业可靠，在美国历经多年使用，得到交通部门的高度评价。BLUETOAD能够针对多种蓝牙设备进行有效检测，检测精度高且不易损坏。

3. 产品造价低廉，便于安装，易于维护，与传统的交通检测设备相比具有更高的性价比

同传统的交通检测设备相比，BLUETOAD成本造价更为低廉；且设备采用捆绑方式安装，每台安装时间约在30 ～ 60min；由于设备安装于路侧，维修更加方便，且对道路交通几乎不产生影响。

4. 产品检测数据更为多样

BLUETOAD设备不仅能够有效地检测车速、流量等交通数据，还可以对行程时间进行精确计算并对道路的交通状态进行准确判别。与传统的交通检测设备相比，BLUETOAD检测的交通参数更加丰富。

5. 产品具有更为人性化的服务方式

产品根据应用客户需求不同，提供多种不同服务方式，可以及时满足不同用户的需求。

6. 联动认证的持续开发、优秀的自研实力

后续可以根据交通管理部门新的要求，继续进行与其后台认证系统对接的开发工作。

六、回顾总结

BLUETOAD设备是本公司利用蓝牙检测技术在交通数据检测领域推出的新产品，该产品在美国已经得到成功应用，同时也为我们积累了宝贵的经验。目前，由于国内车辆的蓝牙设备利用率较低，BLUETOAD在中国未能得到广泛的应用，但是随着蓝牙通信技术的不断发展，以及蓝牙产品在人们日常生活中的不断普及，利用蓝牙检测技术实现对交通数据的有效检测，会成为交通检测技术的一个重要发展方向，在未来具有广阔的市场空间。

智慧交通决策分析支撑平台解决方案

中兴软创科技股份有限公司

一、背景简介

国内各城市交管局智慧交通相关基础应用系统和前端电子警察、高清卡口、信号灯控制等系统已大规模建成，并实现城区较高密度的覆盖；在数据资源方面，已实现GPS数据、交通违法数据、道路过车数据、车速、流量等基础数据的大规模采集。在缓解道路交通拥堵，提升路网运行效率等方面发挥了重要作用。但各系统独立运行，未实现数据的共享，未对现有数据进行深度数据挖掘，缺乏针对性智能决策支持，同时无法了解城区路网的运行状况，不能为城区路网的拥堵疏通、交通组织、交通管制、紧急事件处置、路网优化、交通规划等提供决策依据。因此，建设中兴软创智慧交通决策分析支撑平台，实现跨部门、跨系统的信息的共享应用，对于提升各级城市的道路交通综合管理和应用水平，实现对城市主要路段交通运行状况的实时、动态掌握和控制具有重要的意义。

同时，城市路网的实时交通信息也是道路交通的核心内容，对交通管理决策意义重大。通过对路网交通信息进行综合分析研判，得到交通流数据、交通违法、交通事故的发展趋势，以便及时采取相应的措施，避免交通拥堵的发生。此外，结合道路指标信息，实现交通运行状况的预测、预判，为修改路口信号配时方案，改善路网运行环境，提升城市道路使用率，打造“安全、高效、畅通”交通运行环境，提供了必要的手段。

二、建设目标

智慧交通决策分析支撑平台的建设目标是构建交通流数据分析模型，对交通流数据进行处理、融合、分析，实现对全市路网、重要路口、路段交通流动态的实时监测；基于高清视频综合信息采集系统采集的车辆号牌信息，实现重点目标车辆的监测，及时处理重点目标车辆的异常行为，并打击事故逃逸、套牌等违法行为。通过对平台汇集的海量交通数据进行综合的研判分析，实现交通流、交通违法、交通事故数据的研判分析，以便及时采取相应的措施；实现行驶车辆的轨迹分析，为治安防控、案件侦破提供线索；实现套牌车的自动甄别，发现套牌车及时报警、处置；实现OD数据的查询，为路网规划、交通管理提供决策依据。

（1）针对各种检测手段采集的交通数据，构建交通流数据的分析模型，对交通流数据进行分析处理，同时，在“掌握现状、找出规律、科学诱导”总体建设思路方针的指导下，根据大量历史数据、相关数据及实时检测数据，对未来5 ～ 15min内的交通参数进行预测，可以使交通管理者及时了解路网运行状况的变化，及时采取对策，也可为出行者提供参考信息。从宏观路网、干线、路口三个层级分别构建业务分析模型：

① 针对宏观路网，以分析交通拥堵的堵点、拥堵长度、影响范围、拥堵成因为核心功能。

② 针对干线，系统将会选取若干条有影响力的线路，分析线路中路段的车流流向，识别潮汐交通流，并对其特性进行分析，达到找出路网中需要进行相位协调的路口、给出需要相位协调的时间段；评价相位协调前路网的运行状况，包括瓶颈部位、配时的不足、相位协调差，给出相位协调应采取的策略（绿波控制、设置潮汐车道）、方法和原理。

③ 针对路口，能够通过电子警察数据弥补信号控制系统因为线圈老化造成的信号配时方案过时，自适应控制不灵敏两类问题以及解决信号控制系统本身绿信比方案针对性不强的问题。

（2）通过对平台汇集的海量交通数据进行综合的研判分析，实现重点路口交通信息的综合显示，包括相位信息、视频信息、违法信息、交通流信息、过车信息等；实现行驶车辆信息的综合显示，包括号牌信息、违法信息、登记信息、行驶轨迹等；实现套牌车的自动甄别，发现套牌车及时报警、处置。

（3）针对特定区域内对特定车辆的驶入/驶出限制，在电子地图上划定相应的区域，利用路口高清视频综合信息采集系统采集的车辆号牌信息，通过与公安交通管理综合应用平台中车辆登记信息的比对，甄别出限制驶入/驶出的车辆进行自动报警提示；对多次违法未处理车辆、未年检车辆经过路口、路段卡口时进行报警提示。

（4）以多种发布方式向交通参与者提供交通信息，以调节、诱导或控制相关区域内交通流变化。发布内容可以是交通拥挤、交通事故等信息，发布的方式可以是LED交通诱导标志，也可以提供给公共服务平台，由其以网站、手机终端等形式发布。同时可与公安机关外其他相关机构，如城管、交通、规划、卫生、救援等机构实施信息交换和共享，达到紧急事件快速处理、救援等。

三、解决方案简介

中兴软创智慧交通决策分析支撑平台通过对交通数据的深入分析，实现定性管理与定量分析管理相结合，为交通管理决策提供可靠、准确的科学依据，并提高对道路交通的科学化管理水平，警务人员的现代化管理及交通意外事件的预案报警和快速反应能力，促进交通管理决策科学化。

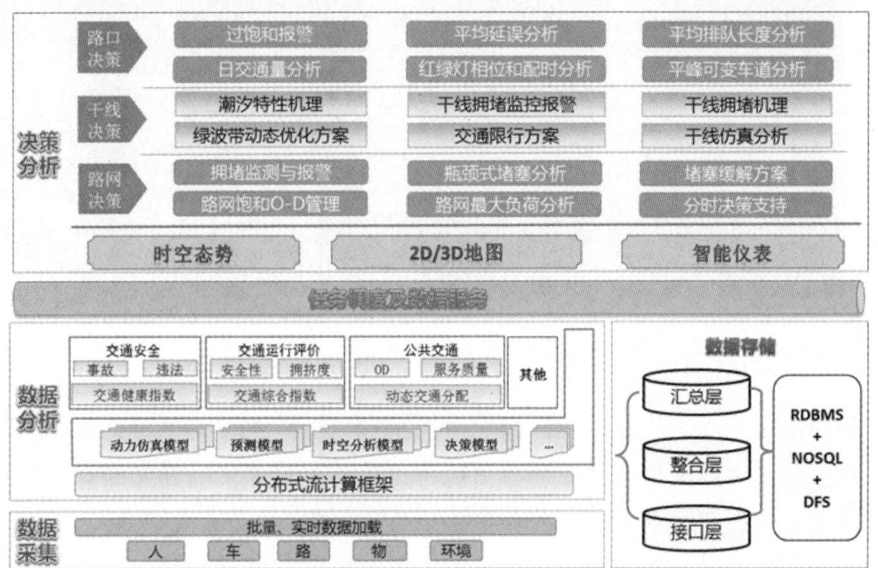

（一）路网整体运行状况的研判分析

通过对高清视频综合信息采集系统、公路车辆智能监测记录系统采集的车辆号牌信息和出租车的GPS数据的综合分析，得到不同路段的交通运行状况，并基于GIS地图进行展示，使交通管理者可以实时了解城市整体路网的运行状况；利用高清视频综合信息采集系统采集的车辆号牌信息进行OD数据的分析，得到车辆出行的OD矩阵，为路网规划、交通管理提供决策依据。

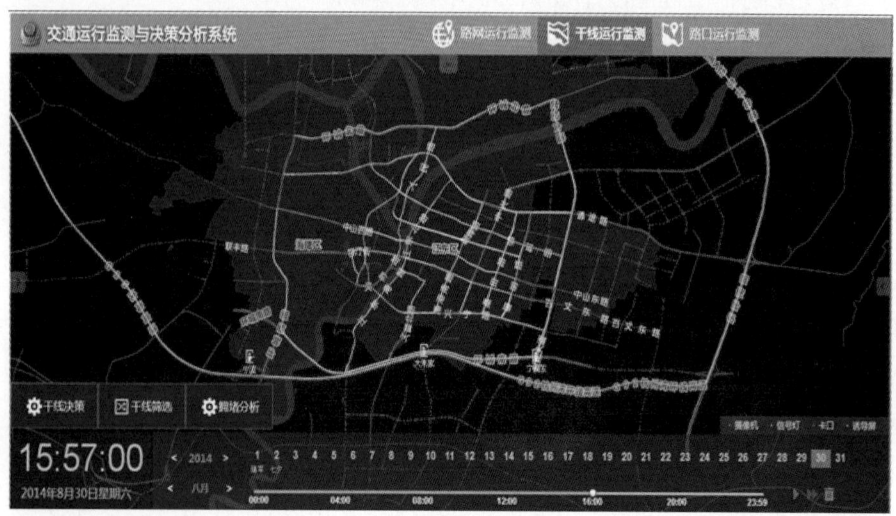

（二）主次干道运行态势的分析

分析研判主次干道的交通运行态势，实现主次干道交通信息的综合显示，对主次干道路段车辆来源及密度进行研判分析，提出交通疏导、交通组织优化的建议；对主次干道交通拥堵状况、交通违法、交通事故进行关联分析，提出缓解交通拥堵、预防交通事故的对策建议。

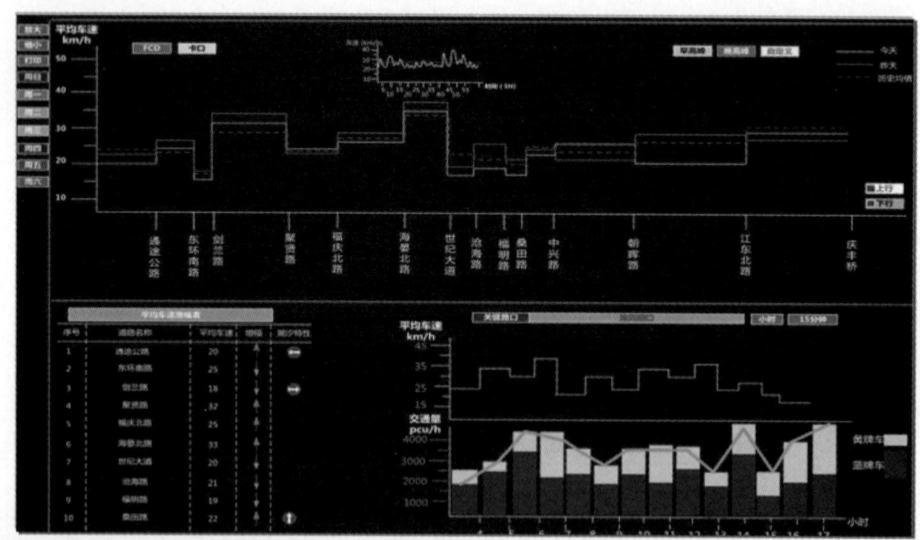

（三）路口综合信息管理与研判

通过对平台汇集的海量交通数据进行综合的研判分析，实现交叉口交通信息的综合显示，包括相位信息、视频信息、违法信息、交通流信息、过车信息等；实现交叉口交通量的双向对比分析、车型构成分析、违法类型构成分析、车辆来源构成分析等。

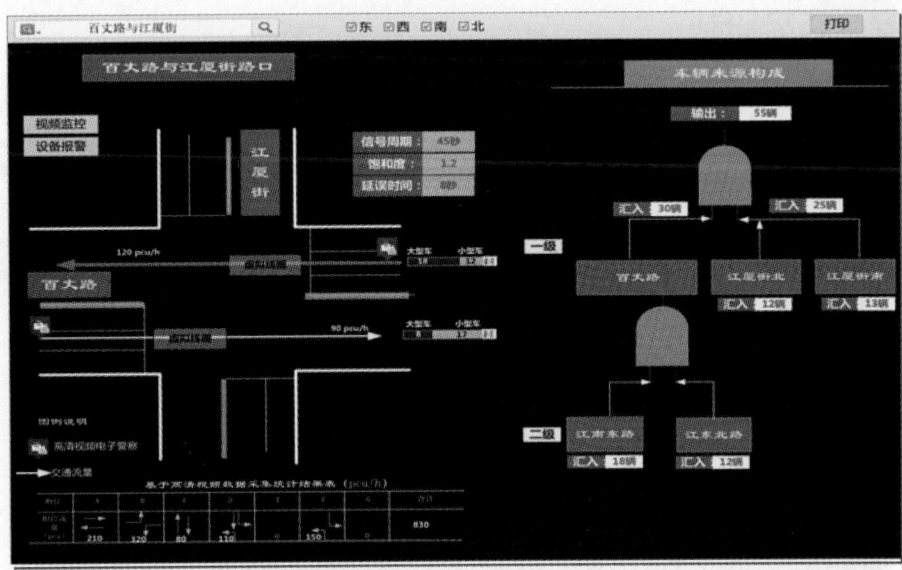

（四）交通违法、事故趋势研判分析

可按指定的时间段（起止时间）内、指定的统计单位（年、月、周），计算出某辖区内、某路网内、某道路段、某路口交通违法、事故数据的时间分布特征，分析交通违法、事故数据的变化趋势，并以图形、表格的形式直观显示。

（1）违法、事故次数统计分析；

（2）违法计分趋势分析；

（3）违法行为趋势分析；

（4）发生违法行为的机动车总量；

（5）某时间段内指定机动车违法次数；

（6）发生指定违法行为的机动车数量；

（7）指定机动车指定违法行为数量等。

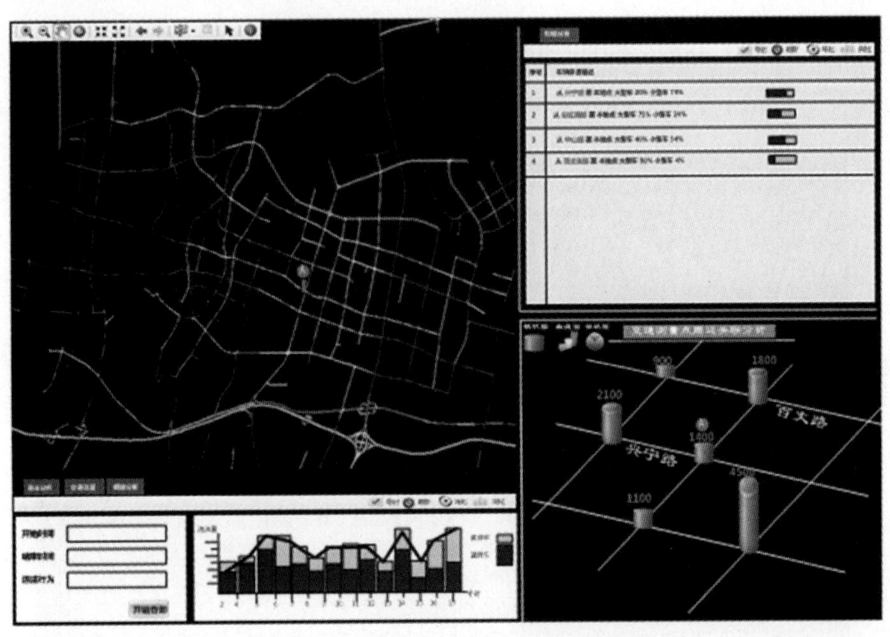

(五)交通安全态势研判

分析研判路段主要违法行为数量及比重，给出交通违法行为与事故的预测关系，提出交通违法行为治理对策建议。根据交通违法行为量上升情况划分安全态势等级，评价当前交通运行安全状态以及预测未来演变趋势，对安全态势等级达到预警级别的，自动预警提示。

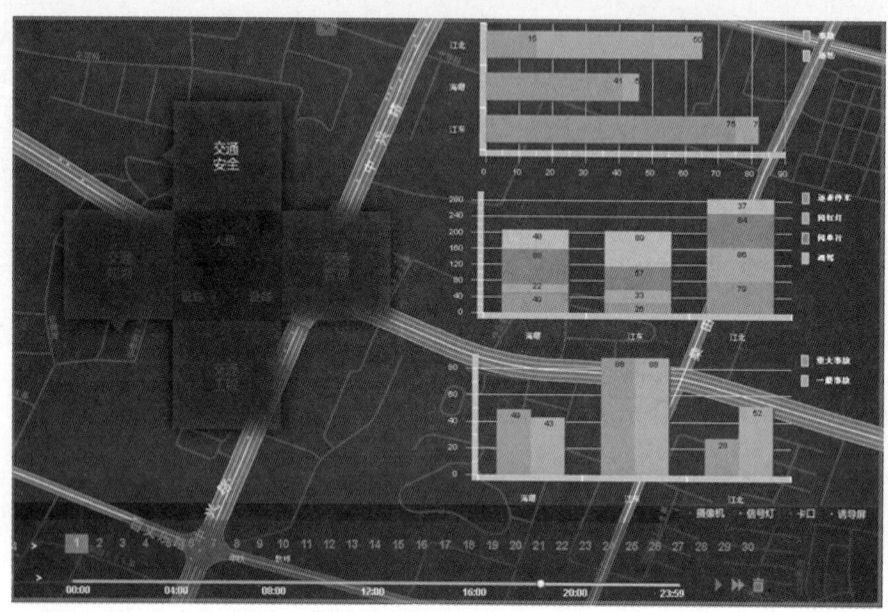

四、解决方案优势

基于大数据分析挖掘，采用了十多种先进的仿真和数学模型，实现了交通的决策分析支持，服务于交通规划、城市路网优化、城市交通治堵和提升交通安全。总体优势如下。

(一)决策分析智慧化

通过对交通数据的深入分析，实现定性管理与定量分析管理相结合，从宏观路网、干线、路口三个层级进行监测、模拟、分析、决策，为交通管理决策提供可靠、准确的科学依据，并提高对道

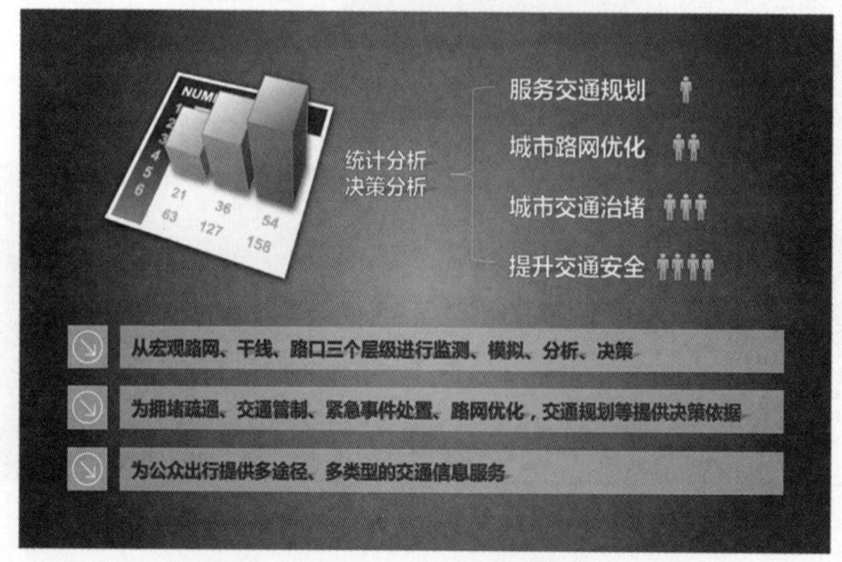

路交通的科学化管理水平，警务人员的现代化管理及交通意外事件的预案报警和快速反应能力，促进交通管理决策科学化。

在路口决策方面，实现了路口过饱和报警、平均延误分析、平均排队长度分析、日交通量分析、红绿灯相位和配时分析、平峰可变车道分析等功能；在干线决策方面，实现了潮汐特性机理分析、干线拥堵监控报警、干线拥堵机理分析、绿波带动态优化方案分析、交通限行方案仿真、干线仿真分析等功能；在路网决策方面，实现了拥堵监测与报警、瓶颈式堵塞分、堵塞缓解方案、路网饱和OD管理、路网最大负荷分析、分时决策支持等功能。

(二)交通模型、数学模型和统计模型丰富

本系统运用了十多种交通模型、数学模型和统计模型，包括智能体分析模型（断面流量度量模型、路段延误度量模型、车道流量度量模型、电子警察发车模型），交通运行评价路网评价模型（路口评价模型、路段评价模型、路网评价模型），数据分析模型（信号灯最优配时能力模型、概率轮盘算法模型、遗传算法模型、最优线性滤波预测模型），平行模拟细胞向量机模型，决策模拟细胞向量机模型，路口运行状态分析模型，干线运行状态分析模型；宏观路网拥堵分析，基于实时预测流量的交通走廊决策分析模型，元胞初始化模型，基于K近邻的短时交通流量预测模型等。

(三)基于大数据平台架构

本系统基于大数据平台架构，能够满足智慧交通大数据分析的要求，平台能够实现日均8000万条浮动车数据，5000万条电子警察数据，5000万条高清卡口数据的处理计算能力，结合其他数据要求，能够实现日均10亿条数据的处理能力。

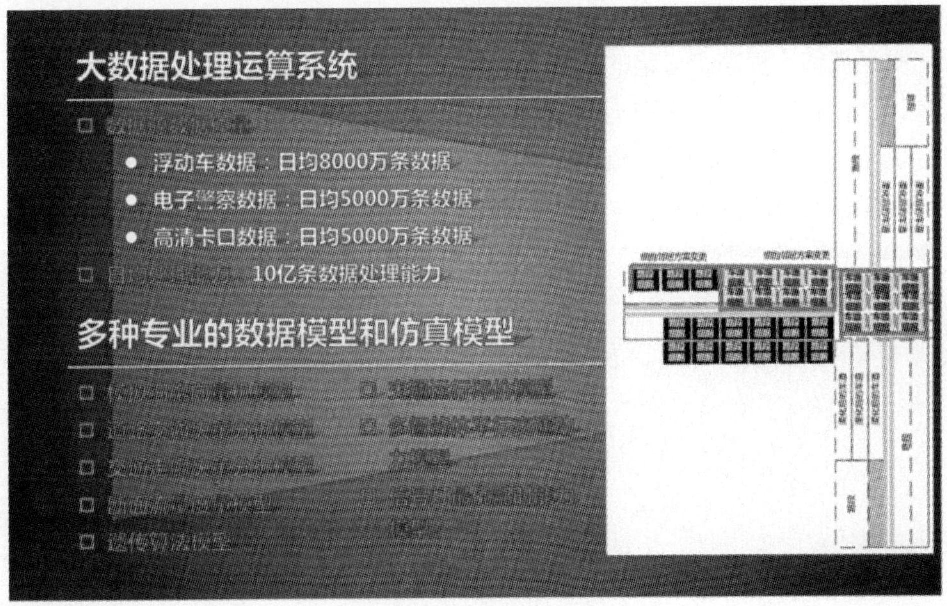

五、成功案例

随着宁波市城市化进程的加快和家庭轿车的快速发展，交通拥堵已成为城市面临的共同问题。为此，宁波市大力发展立交桥（立体化发展）、地铁（向地下发展）、轻轨（向空中发展）、桥梁、高

架、隧道交通，以及优先发展公共交通、提供公共交通专用快速通道等；同时，结合城市道路基础设施建设，宁波市交通信息化建设初步形成了交通、交警等部门业务为基础的智能交通基础环境，在一定程度上缓解了城市交通难题。但是随着车辆保有量的日益增加，城市交通拥堵问题会逐渐严重，城市交通数据应用是摆在交通行业管理部门面前的难题，对于城市现有的交通行业数据缺乏有效的数据挖掘，整体路网、主干线、路口的交通流量状态不能有效把控，涉车安全问题没有统一的展现，主要表现在以下几点：

（1）交叉口综合信息管理与研判缺乏有效的方法，路口总延误、路口流量、车道流量、路段流量、路口饱和度、车道饱和度、排队长度估计，基本实现了相关数据的获取，但是缺乏有效的数据挖掘支撑，没有形成路口的动态调优功能。

（2）主次干道运行态势方面没有有效的分析机理，只是通过简单的数据报表以及通过相关的行业管理经验进行相关业务的支撑，没有掌握车辆流量规律、没有相关的行业视图，有效解决相关的行业应用。

（3）在路网决策方面，缺乏有效的拥堵监测与报警、瓶颈式堵塞分、堵塞缓解方案、路网饱和OD管理、路网最大负荷分析、分时决策支持等功能，基础功能比较薄弱。

（4）目前数据的应用多基于基本的业务需求，如违法证据采集、机动车轨迹查询等，尚未利用仿真、评估预测、决策分析等技术对交通数据进行数据分析和深层次挖掘应用，开展交通组织、紧急事件处置等应用。

基于以上问题，中兴通讯提供的交通决策支撑分析平台通过交通数据共享交换云平台实现了数据标准化，统一交换、创新应用，打破了跨部门壁垒，实现了交通信息跨部门共享 。基于大数据分析：接入了宁波市辖区内所有的电子警察、卡口、信号灯、浮动车，并进行关联性分析，逐步对参数某些进行验证和调优。实现了对路网交通流运行状况的实时监测，改善了现有路网上的交通运行状况，缓解了交通拥堵，提高了道路的有效利用率和道路通行效率，提高了交通安全和畅通水平。实现了路网整体运行状况、主次干道运行态势、交叉口综合信息管理与研判。为规划和管理的预测分析和决策提供了准确和翔实的数据资料，促进了宁波市宏观交通规划和微观交通设施建设，减少了道路规划不合理导致的交通问题。

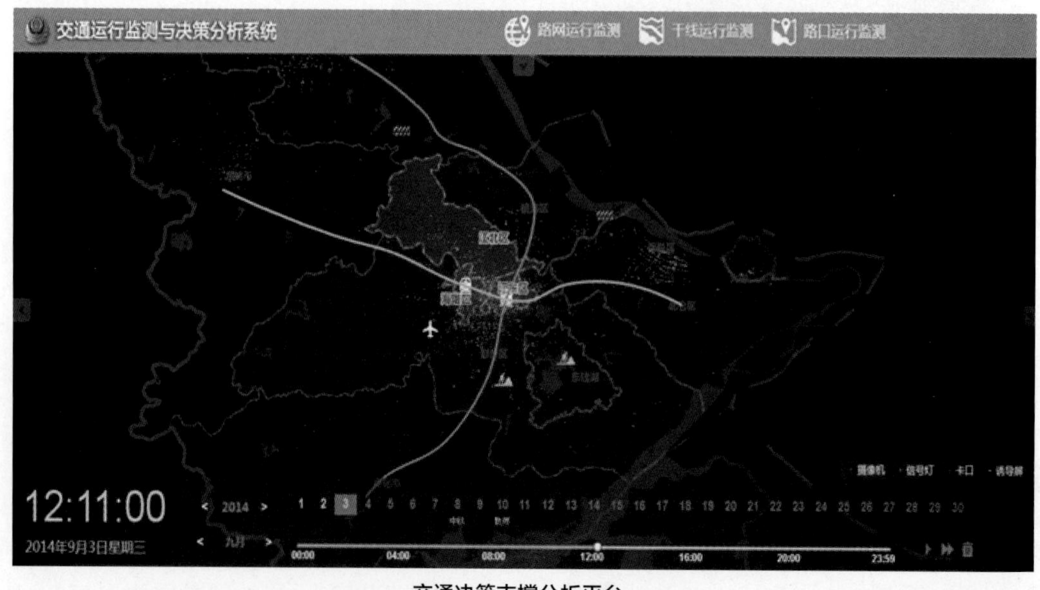

交通决策支撑分析平台

随着城市范围的不断扩大，交通基础设施建设不断改建升级，商业圈、休闲区、高新区、政务办公圈已经逐步建成，因此会产生出新的交通出行需求，这种交通需求会在特定的时段内产生明显的地域时空分布特征。因此，通过本项目的实施，利用宁波市已经建成的高清视觉智能卡口监测系统具有车牌识别功能，有针对性地分析宁波市交通小区车辆出行需求，并通过对长期积累的历史交通数据的分析和利用，能够对城市的交通规划提供支撑。同时依据高清视觉智能卡口监测系统的车牌数据，能够对每日高峰时段的交叉口（过饱和状态）点位置处的车辆来源构成进行关联成因分析。

（一）基于城市高清视频智能卡口监测的交通规划分析

基于高清视频综合信息采集系统、卡口系统采集的车辆号牌信息进行OD数据的分析，得到车辆出行的OD矩阵，为路网规划、交通管理提供决策依据。

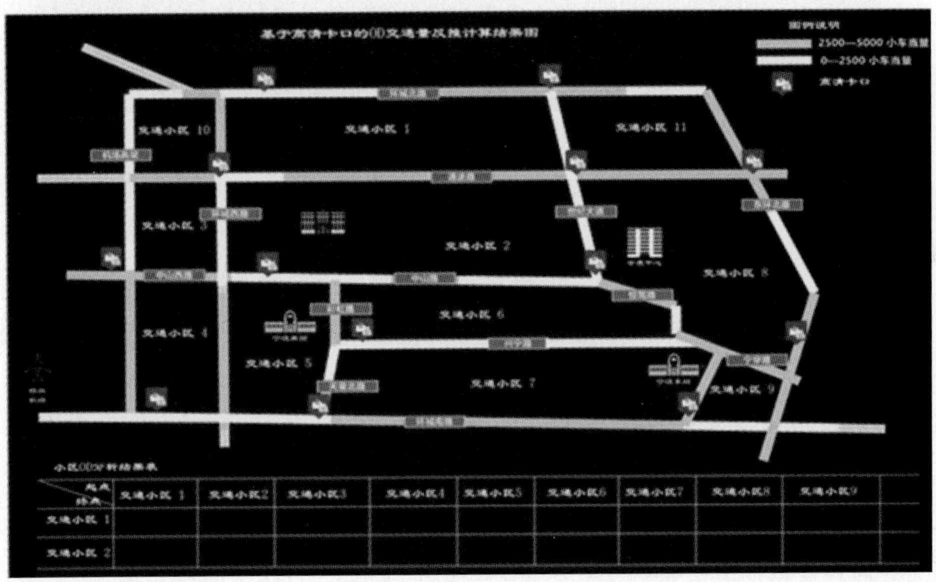

具体功能包括如下几点：

（1）根据交通小区的出行量（通过卡口采集的车牌调查数据），将卡口采集的车辆出行量调查数据，采用反向多阶次分配模型算法或重力模型算法，推算出每条道路上分配的车辆出行交通量，并根据OD推算的结果数据，在道路网上用不同色阶颜色区分显示不同道路上所承载的车辆通行量。

（2）路网交通参数输出功能。根据一个真实的流量或规划流量、结合固定的信号灯配时，将一个近期的OD需求加载在规定的路网上，通过修改车道配置参数，模拟分析在假定的流量需求条件下路网的运行情况，可以输出路口总流量、路段流量、路口的排队长度等交通参数。

（3）速度协调点分析。系统通过实时分析，路网中各交叉口的流量、距离、周期配时、联动系数等关键指标，识别可以进行线协调的交叉口，提供给交通管理者。

（4）路网容量和路网分流分析。系统根据路网的设计容量和当前的路网路段流量，预测在未来短时内各路段的饱和程度的变化过程，且系统会自动生成相应的分流方案，由融合处理子系统进行迭代运算，得出最优的若干分流建议，提供给交通管理者。

（二）基于城市高清视频智能卡口监测的过饱和状态下的交叉口车辆来源构成分析

基于高清视频综合信息采集系统采集的车辆号牌信息进行交叉口车辆来源的构成分析，分析导致路口过饱和状态的车辆流向、流量，为及时采取交通疏导措施提供依据。

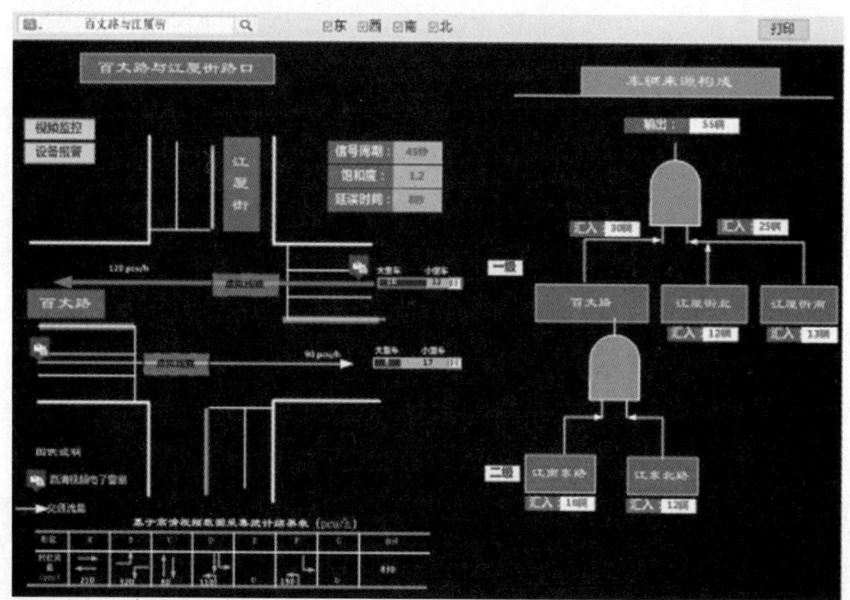

（1）信号运行状态监测功能。提供实时显示交叉口的交通信号参数数据，包括信号周期、饱和度和延误时间；提供交叉口的实时流量统计对比功能。其中，信号周期数据来源于SCATS信号控制系统，路口饱和度和延误时间数据来源于卡口监测系统统计分析后的数据。

（2）车流量来源构成分析功能。提供与交叉口关联的交叉口车辆来源构成分析功能，支撑二层的延伸分析功能。车辆数据来源于卡口监测的统计数据，信号相位数据来源于SCATS信号系统数据。

（三）路口综合信息的研判分析

城市交通管理的特点是对复杂交通流进行疏导和控制，从而均衡路网交通流量，减少车辆停车次数，缩短车辆途径交叉口的延误。城市交叉口信号控制是实现对城市交叉口科学管理和控制的基础，也是城市交通综合管控的关键环节。因此，从交通管理者的实际应用角度出发，首要任务就是要掌握城市道路交叉口的运行状态，并能够通过对城市道路交叉口交通运行参数的监测和交叉口运行变化规律来发现交叉口的运行状态和当前存在问题。所以，通过本项目的实施，要能够实现城市道路交叉口实时运行的交通参数信息（如交叉口小时车辆通行量、交叉口延误时间、交叉口服务水平）和电子警察、卡口系统监控的信息（如交叉口车辆违法量、交叉口车辆报警量、交叉口通行车辆类型构成等）进行收集，通过比对分析和图形化的信息表现形式，最终能够为交通管理部门提供城市交叉口调控所需要的直观、详细的参数数据。

城市道路交叉口综合信息研判分析应用功能是基于城市道路交叉口采集的信号数据、违法数据、交通流量数据、交叉口运行参数数据，在一个软件界面上的综合显示。其功能包括：

（1）交叉口通行量的双向对比功能。通过路口电警设备采集的车辆通行量，可以对双向车流进行比对。通过比对结果可以发现路口车辆的主要通行方向，为交通潮汐车流分析提供参考。

（2）单向车流量的车辆类型构成分析功能。通过电警设备采集的车辆通行信息，分析单向车流的车辆组成情况，包括大型车数量、小型车数量。

（3）交叉口违法类型比对。通过电警设备采集的车辆违法信息，分析交叉卡口违法行为的构成情况，包括闯红灯、不按导向行驶、违法掉头等违法行为。

（4）交叉口违法车辆成因分析。通过将违法数据与交管业务六合一数据进行关联，分析交叉口违法车辆的车龄分布情况，并给出车辆违法的增幅数据。

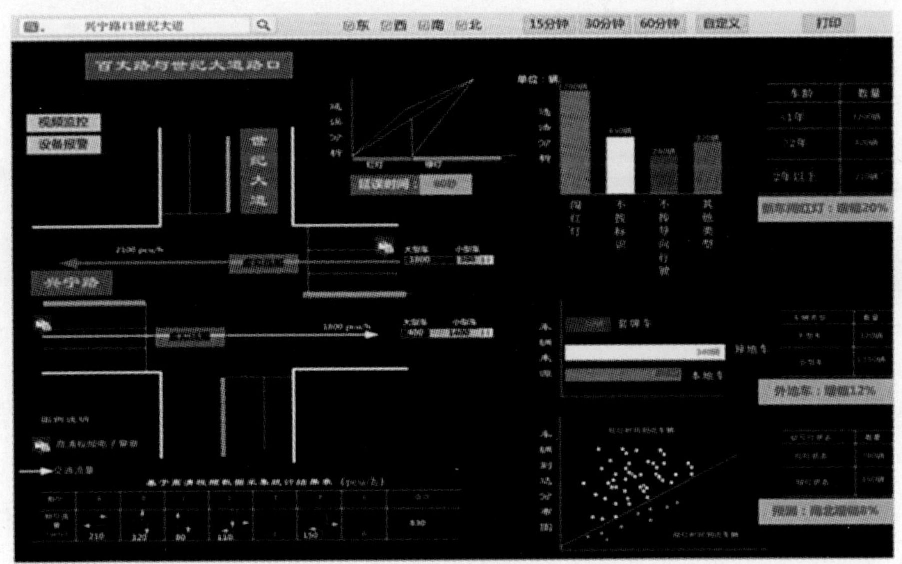

（5）交叉口车辆来源构成分析功能。通过卡口采集的车辆信息，分析当前路口外地车和本地车的车辆来源构成情况。

（6）交叉口相位车流量比对功能。通过卡口采集的车流量数据，结合信号控制系统的信号数据，统计分析每个相位控制下的车辆通行量。

（7）交叉口延误趋势分析功能。通过多个周期时段的电警卡口数据分析，计算出交叉口的排队车辆数，根据排队长度，计算交叉口的延误时间。

（8）交叉口控制相位与车辆到达散点图。通过电警采集的车辆信息和信号控制的相位信息，分析信号控制系统在红灯期间车辆到达数据和绿灯期间车辆的到达数据分布图，初步判断信号配时间的合理性，并能够初步预测下个信号控制周期的车流量。

（9）自定义时段的统计分析功能。提供15min、30min、60min和自定义时段内的交叉口综合交通信息研判分析功能。同时分析统计结果支持图形化的报表打印输出功能。

（四）重点车辆监测与行为分析

针对特定区域内对特定车辆的驶入/驶出限制，在电子地图上划定相应的区域，利用路口高清视频综合信息采集系统采集的车辆号牌信息，通过与公安交通管理综合应用平台中车辆登记信息的比对，甄别出限制驶入/驶出的车辆进行自动报警提示。

1. 潮汐限行

规定特定时段内潮汐车道的行驶方向，车辆逆行驶入潮汐车道后即自动报警提示。

2. 特定车辆闯禁行

规定特定时段内特定车辆（大货车、危化品运输车、黄标车等）的限制驶入区域，车辆在规定时段内驶入限行区域即自动报警提示。

3. 警车越界报警

制定巡逻车辆的巡逻范围，规定巡逻车辆在值勤期间必须在规定的路线或范围内行驶，越过巡逻范围边界交叉口时即自动报警提示。

智驾学车解决方案

——驾驶人培训 O2O 整体解决方案

北京精英智通科技股份有限公司　智驾学车项目创始人　孙巍巍

本文从我国道路交通四要素中的“人物”要素入手，指出我国驾驶安全之根本问题——培训过程所存在的问题及原因。并有针对性地提出了如何加强新驾驶员培训过程管理，提出了智驾学车整体解决方案的产品构想和具体做法，希望能够对驾培行业未来的发展提供一定的方案支持。

一、前言

近年来智能交通行业快速增长，未来的前景广阔。其增长的主要引擎是缓解城市交通拥堵等民生问题。但智能交通关注的重点是如何为驾驶人快捷、安全出行提供服务，如交通信号、流量和违法检测、电子收费、指挥管控、公交管理，车联网现阶段的产品或概念同样关注的是信息（多为娱乐和导航）服务、车路协同、车车通信、辅助驾驶，以及大数据背景下的安全性和节能问题。然而，在智能交通工程中，驾驶人本身作为智能交通四要素处于主导核心的地位，更应该受到重视，提高驾驶人的驾驶文明与驾驶技能在提高道路通行能力方面是最为有效和显著的，但这也是一个难点，被多数企业忽略。智驾学车平台以增强对驾驶培训的重要性认识为原则，可以提高驾驶人驾驶技术水平，为道路交通安全提供有力保障。该平台旨在协助监管部门规范驾驶培训机构培训标准，避免驾驶学习过程中形式化问题，保证驾驶人学时达到规定标准，实现驾驶培训机构公平竞争，提升服务意识，改善驾考行业的不良现象。

二、驾培行业存在的问题

中国的汽车驾驶人培训与考试的快速发展是从20世纪90年代末开始的，全国每年的驾驶人考试人数直线上升。据统计，参加驾驶人培训和考试的人数从2002年的1000万人左右，到2011年已经突破2000万人，并以每年20%以上的速度稳定增长。面对数量如此庞大的驾驶人，如何保证他们的驾驶技术达到标准，驾驶行为达到规范化是亟待解决的问题。而对于想要学习驾驶的人们来说，面对鱼龙混杂的驾校培训机构，如何选择正规的培训机构，怎样学习规范的驾驶技术等一系列问题亟待解决。

2014年度315消费者投诉行业排行榜TOP10中，“关于驾校教学质量，考试舞弊等投诉”占据第八位。在人们权益保护意识越来越强、互联网服务发展迅速的今天，传统的学车模式已经无法满足学车消费的需求。

目前的驾培市场存在诸多问题：

（1）偏重应试教育，教学模式比较陈旧。目前虽然加强了对学习机动车的监管和考试的日益规范，考试难度也有所增加，但很多驾校还是沿用旧的教学模式，在培训中以“考证”为目的，把本应对学员进行素质和技能全面教育的培训工作变成了单一偏重操作的“应试教育”，许多驾校在驾驶员理论培训方面，在课时安排、授课内容、教学方法、手段方面缺乏系统性和全面性，使学员为考试而学。

（2）驾培市场在服务性行业里是少有的卖方市场，在社会文明快速发展的今天，依然存在让人头疼的服务态度差、消费不明确、无自由选择权的问题，甚至要接受各种无理的要求。

（3）大多数驾校依旧采取很简单的管理和服务方式，学员需要现场报名，信息化水平落后，多人共用一辆教练车，排队现象浪费学员大量的时间。

（4）驾驶员训练考试已经实行学时制，要求学员学满规定的学时才能参加考试，这一举措保障了学员的学习质量，但是学时制在各大驾驶培训机构真正的运营中却出现了很多纰漏。驾校之间存在的恶性竞争，使当前几乎所有驾校都不能完全按照培训大纲的最低学时要求对学员进行培训。

（5）教练员教授能力问题，超过80%的教练员没有接受过教练员培训，教练员的考核标准与聘用体系执行不到位，驾陪教练在现有驾校体制下都是以学员合格率和招生人数、成本控制作为考核目标，而核心的教学业务能力被忽视，大多数教练员仅凭自己的经验教学。

（6）大多数驾驶学员被动“考本”，学习的时候单纯地为拿到驾驶执照而学，而非有意识地掌握如何有效、及时地观察、预测和行动，并逐渐形成良好的驾驶习惯和安全理念，这导致公路上新手事故率居高不下。

以上问题是中国驾驶人培训现状。在这个系统中，没有明显的受益者。

三、行业解决方案

在整个系统的解决方案构想中，将分为两个思考方向。

（一）针对现有市场供需问题的解决方案

供需问题是决定一个行业健康发展的基础。建设一个专业驾驶人O2O服务电商解决方案，在未来市场中，打破卖方市场的规则，驾校不再为学员提供整合学习和约考服务。通过电商平台解决供需的连接，学员为学车需求方，驾培机构作为服务提供商，学员在线自由选择培训学校、教练提供服务（以学时为单位提供订单服务），培训的过程中通过移动终端全程记录，学员可随时查询自己的学车状态以及评价。驾培机构的服务、教学能力决定其竞争优势，既可以保证驾驶人的学习体验，同时可以为管理机构提供有效的监管手段。

（二）做到提高驾驶人培训质量

经过研究，有效培训一个驾驶人必备的三个条件如下。

1. 保证训练时长

驾驶培训对操作技能的要求过高，必须让学员有足够的时间进行操作养成训练，例如环境敏感性、突发情况的处置能力以及文明行为的养成。

2. 培训内容的设计

想要驾驶培训行之有效，培训内容是精髓。针对不同特点的人做专业的系统化培训内容设计和差异化教学方法，将专业的培训方案引入实际应用，形成快速有效的驾驶人培训方式。同时关注交通安全文明宣传，提高社会驾驶素质。

3. 教练员的能力培养

具备了好的培训内容和充足的时间后，教学人员的教授能力成了另外一个关键，建立教练员培训和考核机制，为驾驶教练员进行系统化的培训。同时我们将推出一种旨在提高驾校服务水平的咨询服务——驾培机构服务水平评估。这个评估会从技术和流程、人员和文化、服务和盈利等多个维度对驾校的运营做出科学的评估和比较，从而帮助驾校提高服务和管理水平。

四、智驾学车总体架构

智驾学车将以“驾驶初学者（C）”“驾驶培训机构（B）”“驾驶培训教练（C）”“管理机构（G）”为用户，是基于互联网、移动互联网平台展开的集交流、交易、资讯、信誉担保等功能于一体的驾培电子商务综合系统。它深入研究驾驶人行为分析和差异化培训标准，为具有诚信学车意愿的驾驶学员提供便捷的学车体验并且能够学到良好的驾驶技能而服务，帮助驾驶培训企业提高运营能力，为行业监管提供信息化手段。

（一）平台建设思路

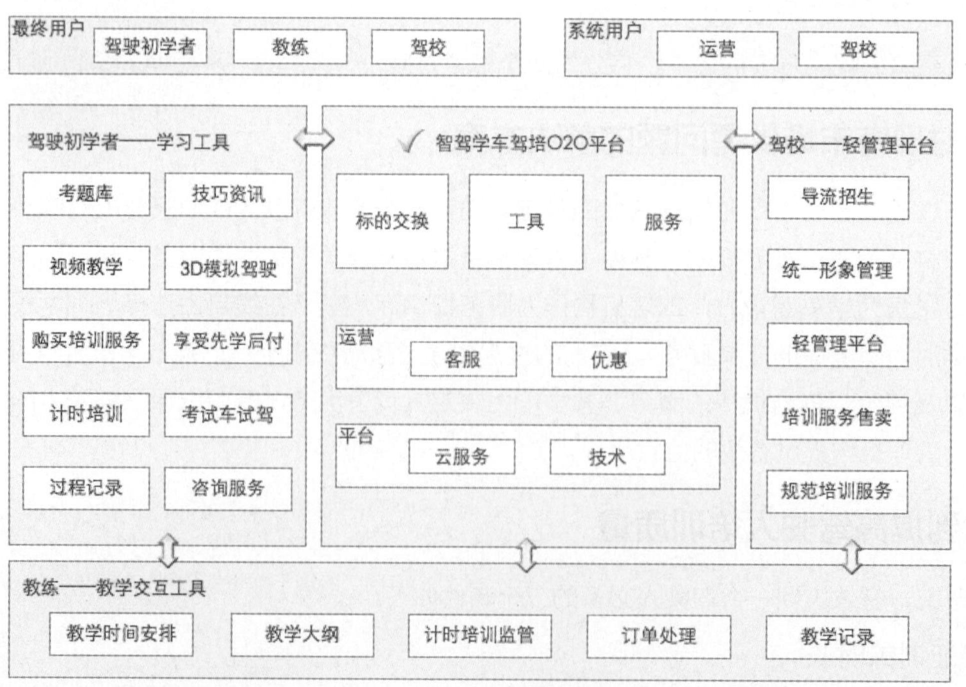

智驾学车的产品设计主要思路：一个平台+多个工具的模式。平台即驾驶人培训服务（预约及监管）系统平台。智驾学车主要倡导：

（1）实行计时收费：学员按需预约培训学时及培训内容，培训完毕再付费，并且放弃原有计时培训车载终端，通过诚信机制的引导完成计时过程，降低成本且更加行之有效。

计时及车辆验证

（2）自主预约模式：学员通过网络自主选择教练。

学员移动端界面

（3）交易评价模式：以口碑机制倡导培训的良性发展。

（二）教学辅助工具

1. 提供信息咨询服务（安全宣教）

聚集最有价值、核心的驾驶人咨询服务。提供驾驶必备、驾驶学习、驾驶考试的相关阅读知识，以及开设驾驶安全、行业趣闻和汽车与生活模块，为驾驶人提供行业文章阅读的平台，可体现交管对驾驶人的负责和良好服务作用。

2. 提供3D情景模拟驾驶工具

通过虚拟现实技术，将教练场地通过Web端或移动终端设备展示，学员可进行互动模拟车辆驾驶，真实地呈现驾驶训练场道路周围环境情况，从而使学员熟悉对车辆的操作以及培养其对环境的快速识别能力。

3. 提供分享式社交模块工具

分享与合作是社会文明的重要组成部分，在整个事业中，我们倡导大家能够成为贡献者。分享式社交平台提供分享和贡献的窗口以及学员之间、管理部门与学员间相互的交流平台。

4. 提供与考试系统互联工具

与考试系统互联：学员进入考试场后，可利用手机与考试系统连接查看考务公开情况（考试人数、考试合格率、排考表），以及个人相关的考试信息（考试成绩、扣分原因）并可保存成绩单，让考务公开更加透明化。

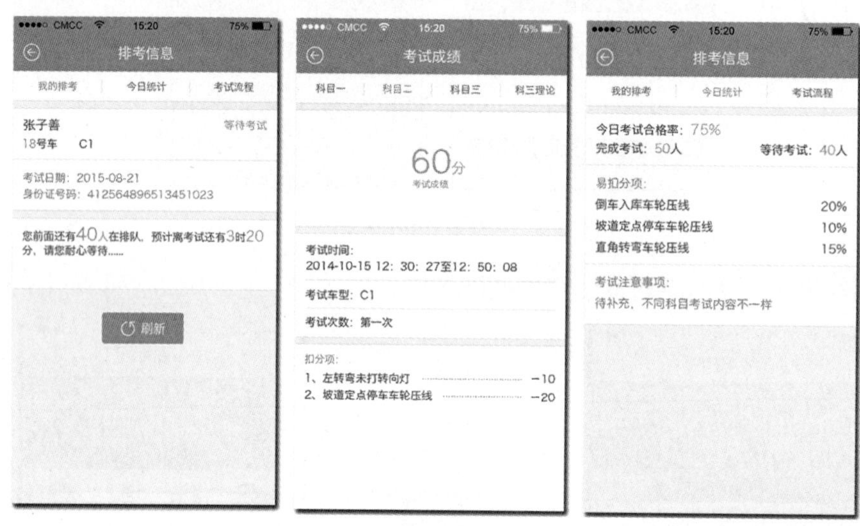

考场助手

5. 提供远程教育工具

为驾驶学员提供远程在线教育服务，针对不同考试科目提供不同形式的学习资料，为用户驾驶考试提供便利。

6. 提供培训预约服务系统平台

学员通过手机搜索或定位评价最高的驾校进行预约训练、模拟考试。预约时，学员可选择多种结算方式，如按时、按次、全部付款，训练时通过计时培训功能每次打包学员的学习时间、里程、平均速度、学习记录并反馈给学员进行参考，这样，学员通过最合适的教练、最系统的练习、最优惠的价格和最准确易用的记录统计达到了真正的自学、优学，“智驾学车”APP整合了学员的零散学车时间，让学车不拘泥于一校一教练；驾校和教练为了招收更多的学员就会自觉地提升自己的教学能力、设备质量和教学态度。驾驶人培训预约系统具有驾驶人在线选择培训机构、在线购买学时服务、手机计时培训、评价分享等功能，并具备驾校、教练用户的ERP管理功能。主要功能设计如下：

（1）通过互联网或移动终端进行驾校选择预约，可按距离、价格、教练级别等条件筛选。

（2）驾驶人预约功能改变了传统的时间预约模式，让学员可以根据自己的学车目标自由地通过手机完成培训预约。

（3）学员成功预约后，订单分别发送到学员和被预约教练的手机上，为计时培训的入口。

（4）计时培训功能，计划替代现有车载计时陪训终端，学员的培训过程通过手机完成记录。

PC端培训预约筛选界面

（5）驾校后台定价，改变传统的驾校打包定价的方式，采用按学时定价。驾校可按日期、时间、车型、教练级别设定单价。

（6）学员选购培训服务后，在线支付预付学时费，线下交易成功后通过手机确认支付。

（7）实现全市内不同驾校数据共享、学时交换的功能，方便学员跨培训机构训练，通过统一的培训标准做好衔接的问题，为学员提供最人性化、便捷的学车体验。

五、驾培市场发展趋势

（一）从学员层面分析

驾驶员是道路交通安全的第一防线，驾驶员安全意识淡薄或安全意识缺乏是引发道路交通事故的主要原因，因此提高驾驶员整体素质已成为有待解决的社会问题。推进驾驶员素质教育和安全意识教育是加强道路交通安全源头管理的最基础工作。在服务行业快速发展的今天，驾培机构依然按照最原始的方式为客户提供服务，已经无法满足人们对尊重和便捷的追求。并且人类维权意识日益提高，以及人们对健康和生命安全的更加关注，掌握优秀的驾驶技能会逐步成为每个人的学车目标，这是大势所趋。

未来的教育趋势一定是个性化、游戏化、网络化。学员可通过手机对比选择培训机构，随时利用空闲时间网上预约学车（驾校提供的学车服务就是电商平台上让学员自由选择的商品），让学员能以自己意愿体验到最优质的服务，同时学员的评价可作为他人的参考；学员的训练及考试进度可跟踪查询；可以实现本地或跨地区的学时交换（可以自由选择多个驾校的培训服务，以教学大纲为衔接），同时学员可以接受到系统化的驾驶行为分析服务与教学指导等，从而使学员快速提高驾驶技能。

（二）从驾校层面分析

在驾培市场热闹和繁荣的表面下，许多驾校未老先衰的症状已过早地出现。鼓励技术创新积极推广新技术，建立驾培服务机制，建立良好的教练评估体系，加快先进互联网手段的运用，推进驾驶培训平台化建设，努力做到经营管理和培训监管密切结合，提升培训能力，是驾校未来发展的根本目标。

“智驾学车”平台提供全方位的宣传推广服务，为驾驶培训机构品牌营销提供了便利，扩大了推广渠道，并引入定制化教学方法（通过驾培研究所的研究成果）。此外“智驾学车”提供有效、全面的驾校运营管理系统，并通过为培训机构提供场地规划指导，驾培机构服务水平评估与优化，帮助驾校维系客户关系，以及教练员规范化培训，教练车、燃油、配件团购等其他增值服务，有效控制培训机构的运营成本，并通过数据分析为驾校决策管理手段，通过电商方案优化传统的行业运行模式后，可降低驾校运营的支出。

（三）从主管机构层面分析

保障社会公平公正和商业诚信有序，保障人们生命财产安全，保障道路畅通是每一届政府的工作重点，然而目前的驾培现状已经严重阻碍了以上目标的进程，驾培机构偷工减料的结果就是把不合格的驾驶人放到马路上。“智驾学车”平台提供驾驶培训机构统一身份认证平台，规范了驾驶培训机构培训标准，可以保证驾驶人学时达到规定标准，实现驾驶培训机构公平竞争，改善了驾考行业的不良现象，增强了学员对驾驶培训的重要性认识，从而可以提高驾驶人驾驶技术水平，为道路交通安全提供有力保障。

相关法律法规不断出台，可见政府部门对驾驶人培训及考核方面的重视程度越来越高，驾驶人培训领域的发展也需要不断创新与完善。智驾学车目标是成为一个诚信的平台，运用创新的科技手段，为驾驶培训系统领域的管理运营提供高效、便捷的技术支持，帮助驾驶培训机构提升社会效益和经济效益，为有良好学车意愿的人提供完善、便捷的服务，同时顺应社会的发展与消费需求的变化，推动行业规范化发展。

破解交通违法“代扣分”执法困境

深圳市公安局交警局科技处

2013年1月1日，《机动车驾驶证申领和使用规定》（公安部令第123号）正式实施，其以多达52项的记分项目，被称为“史上最严”交规。123号令出台后，驾驶证分数迅速升值，并催热了交通违法“代扣分”市场，在网上随意搜索都发现大量驾照“代扣分”的信息，一些地方驾照代扣分1分叫价250元，一次代扣12分的叫价达5000元。“代扣分”市场的产生，一方面是部分驾驶员为了规避记分产生的惩戒性后果，有“买分”的需求；另一方面也因为在非现场执法过程中，监控设备只拍摄到了违法车辆的车牌、车型，无法拍到驾驶人的体貌特征，为“卖分”提供了可能。

“代扣分”行为目前在道路交通安全法等法律法规中并未被明确规定为一种违法行为，但从法理上分析，接近于伪造证据、提供虚假证言妨碍执法的违法行为，对交通违法“代扣分”进行打击，一直都是各级交通管理部门的重点，但也是难点。从各地查处的实际操作来看，多数以违反《治安管理处罚法》第六十条的“提供虚假证言，干扰行政机关依法办案”处理；有伪造驾驶证、行政证等情节、构成犯罪的依照《刑法》关于伪造国家机关公文、证件罪立案查办。深圳交警立足实战，以改革创新的思维，运用法治、科技、行政的组合拳，强力打击“代扣分”行为，破解交通违法“代扣分”的执法困境，成效初显。

一、立法支撑，完善记分管理制度

交通违法“代扣分”乱象出现已久，要彻底解决这一问题，必须运用法治思维和法治方式，依靠系统治理和源头治理。深圳交警充分利用特区的立法优势，积极争取深圳市人大、政府的支持，在2010年、2011年先后通过了《深圳经济特区道路交通安全违法行为处罚条例》和《深圳经济特区道路交通安全管理条例》。这两部《条例》借鉴先进的立法理念和手段，通过建立交通违法记录与车险费率、征信体系联动制度，建立累进加罚、教育激励等机制，对现行记分管理制度进行了完善。

（一）建立交通违法记录与车险费率、征信体系联动制度

为鼓励交通参与者遵守交通法规，引导驾驶人珍惜交通法规的“守法记录”，深圳的两部《条例》中明确将道路交通违法行为记录与机动车保险费率、征信体系相挂钩。《深圳经济特区道路交通安全管理条例》第四十一条明确规定“建立机动车保险费率与交通事故保险赔款和道路交通违法行为记录挂钩的制度。对于保险周期内……有多次道路交通安全违法行为记录的，保险公司收取的保险费用可以适当增加……没有交通事故保险赔款和道路交通安全违法行为记录的，保险公司收取的保险费用可以适当优惠。”《深圳经济特区道路交通安全违法行为处罚条例》第四十五条规定“有下列情形之一的，公安机关交通管理部门应当定期将机动车驾驶人和运输企业的道路交通安全违法行

为信息通知信用征信机构录入个人或者企业信用征信系统……（三）一年内违法道路交通安全法律、法规，受到五次以上罚款处罚的。”

上述制度的建立，意在通过经济和征信手段，倡导文明驾驶，逐步扭转驾驶人“交通违法记录无所谓”的错误观念，重视驾驶证记分，真正体现记分制度的原意。

（二）引进累进加罚制度

交通违法累进加罚制度，是对同一类型的交通违法行为罚款实行累进制。在新加坡等国家和地区已实施多年。深圳的两部《条例》引进了累进加罚制度，加大了对多次严重交通违法的打击力度，也在一定程度上遏制了“卖分党”的“消费冲动”。例如，《深圳经济特区道路交通安全违法行为处罚条例》第四条规定“对多次实施严重妨碍道路交通秩序、危害公共安全的违法行为的，加重处罚”，第十六条规定“驾驶机动车不按交通信号灯规定通行的，处五百元罚款。一年内有前款行为三次以上的，从第三次起每次处一千元罚款；五次以上的，除罚款外，从第五次起每次并处暂扣机动车驾驶证三个月。”

（三）实行教育激励机制

我国《道路交通安全法》中关于记分的教育激励规定较少，只有延长机动车驾驶证审验期一种，被不少驾驶人戏称为“只管堵，不管疏”，深圳的两部《条例》对此进行了有益的尝试。例如，《深圳经济特区道路交通安全违法行为处罚条例》第三十九条规定“机动车驾驶人……一个记分周期内道路交通安全违法行为累积记分未达到十二分的，可以申请参加公安机关交通管理部门组织的道路交通安全法律、法规和相关知识的学习，时间不少于六小时。经考试合格后，每次可以减少其累积记分三分，但一个记分周期内减分不得超过六分。”教育激励机制的建立，为驾驶人合法的减分提供了可能，也从源头上减少了“代扣分”的“市场需求”。

二、科技保障，优化记分管理流程

打铁还需自身硬，在完善管理制度的同时，深圳交警将改革的手术刀划向自身，依托科技手段，通过自主研发的新型违法处理窗口应用系统——窗口远程监管系统，改革传统的“一站式”窗口违法处理模式，优化流程，堵塞漏洞，实现了记分管理的职能拆分、集中审核和闭环监督。

传统的交通违法处理窗口，每一位窗口民警既要审核前来处理违法当事人的身份，又要确认其处理的违法行为事实，还负责最后开具处罚决定书，对违法记分处理可谓“一站式”解决。这一传统模式不可否认具有灵活、便捷的特点，但也存在监管不到位、自由裁量权大的隐患，这就为“代扣分”留下了灰色地带。为从流程上堵塞这一漏洞，深圳交警利用窗口远程监管系统将违法处理窗口工作流程拆分成信息采集、远程审核、做出处罚决定三个步骤。

步骤一：信息采集。由窗口民警利用网络摄像头、二代身份证读卡器、高拍仪对办理业务当事人进行现场拍照和身份证、驾驶证、行驶证等信息的采集，确认其处理的违法行为事实，并将资料上传至后台做集中审核处理。

步骤二：远程审核。窗口采集的资料上传至后台后，系统自动按上传顺序随机分配至审核席位，审核人员对采集的基础信息进行比对、审核，确认办理业务当事人与证件的同一性，行驶证、驾驶证的真实性，审核通过后，系统自动将相关信息推送至受理窗口，并解锁违法行为处理程序。

步骤三：处理违法。违法行为处理程序解锁后，窗口民警才能根据确认的违法行为事实和审核通过的身份数据，做出处罚和记分决定，打印法律文书。

新的违法记分管理流程，以信息化比对代替手工录入，大幅提升了记分管理的效率；以系统数据分析代替个人经验判断，大幅提升了分析研判的能力；以后台集中审核代替窗口自由裁量，大幅减少了人为因素的干扰。从机制上加大了监管力度，避免了窗口民警审核处理可能存在的弊端，实现记分各个环节动态实时的监管，使抽象的业务办理过程变得可视、可控、可查、可纠。更重要的是，通过数据的后台集中审核，统一了标准，完成了“人、证、车”绑定的信息采集，建立起了鲜活度和可靠度较高的信息资料库，可对全市范围各窗口“一人处理多车违法，一人多次处理违法”等异常情况进行预警，为精确打击“代扣分”行为提供了重要的信息。

三、打防并举、整治买分卖分行为

有法必依、执法必严，在不断完善保障、监督措施的基础上，深圳交警打防并举，充分用好用足行政、刑事打击手段，强力整治买分卖分行为。从2012年8月至今，深圳交警先后推出了“全面清理非法代办广告”、“实施举报奖励”、“交通违法处理有疑必查”、“成立专业打击队伍”等多项措施，查获并拘留“代扣分”人员310余人，取得了良好的社会效果和法律效果。

（一）有疑必查，违法处理窗口严格把关

依托深圳交警自主研发的窗口远程监管系统，各违法处理窗口核查岗坚持“有疑必查”：对系统提示“一车多证处理”、“一证处理多车”的必须调查；对违法信息不熟悉、处理人回答问题神情不定的必须调查；对1次处理记12分的必须调查；对当事人没有营运资质而处理营运车辆违法的必须调查。“有疑必查”实施首月，共排查重点监管对象4000多宗，制作询问笔录近500份，查处代扣分行为200余起。结合查获具有典型代表意义的案例，深圳交警在各违法处理窗口组织举办案例教育展览，同时在违法处理窗口的醒目地方，张贴“买卖分”的法律后果，警示卖分人，极大地震慑了“代扣分”人员。

（二）顺藤摸瓜，专业整治队伍深入打击

深圳交警在加强窗口核查的同时，还成立专业整治队伍，主动作为，深入打击“代扣分”链条。专业队员通过暗访各大队办事窗口，浏览社交、网购网站、巡查洗车场、修理厂、驾校报名点等重点场所，对宣称能提供“代扣分”服务的网站、电话进行追查，及时发现掌握情况，调查搜集证据，予以精准打击。通过深入打击，在各交警办事窗口公开招揽买卖驾驶证记分的“黄牛党”基本绝迹。

（三）举报有奖，社会人人参与初见成效

为发动社会各界共同打击“代扣分”行为，深圳交警专门开通了举报电话，并在微博、微信平台同步受理市民对“代扣分”行为的举报，一经查实，立即兑现奖励标准。有奖举报信息发布后，群众积极参与，仅2014年就收到微博、微信举报52宗，深圳交警迅速跟进，共计破获买卖驾驶证记分案件23宗，刑事拘留2人，行政拘留38人，查扣行驶证46个、驾驶证9个。

（四）事后追查，织密监管围栏持续打击

在加强事前监管、事中打击的同时，深圳交警织密监管围栏，增加了“代扣分”的事后追查制度，各受理点对记满12分需要参加学习的驾驶员都要详细询问、比对违法信息，对无法说清被记分的违法行为、车辆号牌的，都列为涉嫌买卖分“异常驾驶人”，进行身份信息采集，录入监管系统。录入系统之后的“异常驾驶人”，在没有进一步调查核实之前，不能在深圳进行安全教育培训学习，不能进行科目一考试，不能取回暂扣的驾驶证。2014年，深圳交警通过事后追查制度，共发现涉嫌买卖分“异常驾驶人”399人，均转由专业队伍进行跟进打击。

四、未雨绸缪，堵塞记分管理漏洞

俗话说“道高一尺魔高一丈”，在打击“代扣分”行为取得阶段性成果的同时，深圳交警清醒地看到，“代扣分”的行为虽然得到了遏制，但是防控工作永远在路上。为了持续堵塞记分管理漏洞，深圳交警未雨绸缪，推出了一系列后续措施。

（一）完善落实执法告知制度

2014年，深圳交警利用《深圳经济特区道路交通安全违法行为处罚条例》再次修订的机会，成功推动“手机号码登记法定化”和“短信通知违法记录法定化”得以实现。根据新修订的《处罚条例》，从2015年1月1日开始，机动车所有人、管理人办理机动车登记、核发检验合格标志等业务时，应当向公安机关交通管理部门提供真实有效的移动电话号码。以此为前提，在交通监控设备记录违法行为后，深圳交警将会发送短信告知违法信息，机动车所有人、管理人自违法行为发生之日起，超过四十五天未处理完毕的，深圳交警将发送短信，通知该机动车停驶，直至违法行为处理完毕，否则将予以罚款处罚。这一制度的实施，充分落实了执法告知制度，督促车主及时处理，及时纠正交通违法，避免累积分值过高，无法正常处理，被逼“买分卖分”或找人“代扣分”。

（二）加大科技支撑力度

打击“代扣分”，离不开科技的提升，深圳交警在原有基础上，持续加大科技支撑力度，一是利用高清摄像镜头改造的机会，对拍摄的像素分辨率低的视频抓拍设备进行更新、升级，及时淘汰陈旧产品；二是在系统内进行设置，窗口在处理非现场违法时，凡是从车前抓拍、能够拍摄到驾驶人的特征的照片，都能自动弹出，供窗口民警比对；三是增加特殊审批流程，对无身份证或使用香港身份证、军官证等特殊身份证进行处理的，必须通过领导审批流程进行审核，审核通过才能打单，加强对假身份证的监管，为严格实施处罚记分提供有力技术支持。

（三）加强内部管理

在加大打击力度的同时，深圳交警随时紧绷队伍管理的弦，一方面继续加强内部管理人员的廉政教育，另一方面结合风险防控的排查，深圳交警还加强了处理流程的倒查制度：对非工作时间进行处理的记录倒查、对一次处理多宗违法的记录倒查等。通过倒查，既堵塞了漏洞，也持续为全体人员敲响了警钟。

公交车专用车道违法占道自动识别记录系统

敖卓森

随着“公交优先”的理念不断深入，全国大、中城市相继设置了公交车专用车道，有效地提高了大运量公共交通的通行效率。但是，随着道路通行能力不能满足机动车快速增长的矛盾，各种社会机动车驾驶员不自觉抢占公交车专用车道的违法行为频繁发生，严重影响了公交车的正常通行。

本系统由安装在公交车前挡风玻璃内的高清摄像机，通过视频检测自动对公交车前方公交专用车道内行驶的社会车辆进行抓拍，并通过号牌识别、车型识别、车辆跟踪技术自动过滤在公交专用车道内正常行驶的公交车辆，筛选出违法占用公交专用车道的社会车辆的违法图片。违法图片存储在公交车内的控制主机中，可以通过无线传输方式传回中心服务器，如通过4G通信模块实时将违章数据回传，或者通过设立在公交站点的WiFi信号自动登入站点服务器，再通过有线专网传输到中心服务器。

公交车专用车道违法占道自动识别记录系统可以对社会车辆非法占用公交专用车道的行为进行抓拍取证管控，能有效打击占用公交专用车道的违法行为，提高公交车专用车道的使用效率。

一、系统组成

（一）系统总体架构

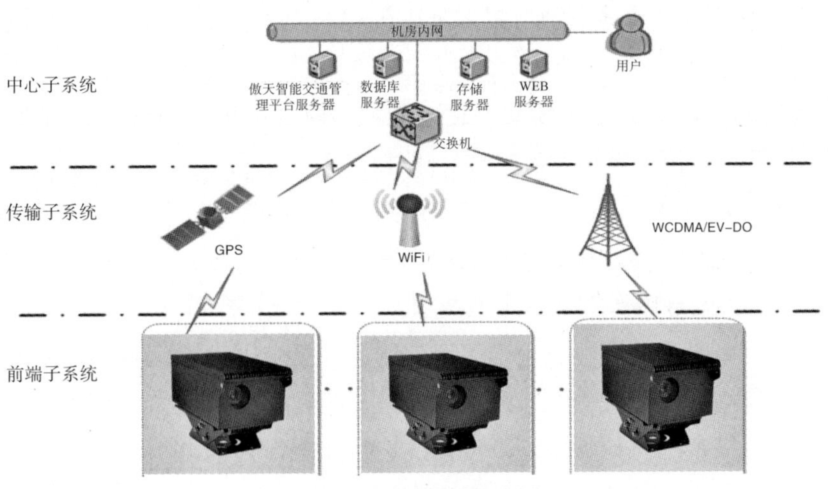

图1　系统总体架构拓扑图

系统由前端子系统、传输子系统和中心子系统三部分组成。前端子系统是社会车辆违法占用公交专用车道抓拍的核心部分，由高清智能摄像机、车辆定位模块、支持3G/4G/WiFi的无线传输模块组成，完成违法占用公交专用车道车辆的检测和抓拍取证功能；前端子系统抓拍取证到违法车辆后，通过传输子系统，将违法车辆信息和图像上传到中心子系统；中心子系统对上传的数据进行入库和存储，由授权用户对数据审核校对，形成有效的违法信息，上传到公安网六合一平台。

（二）系统组成

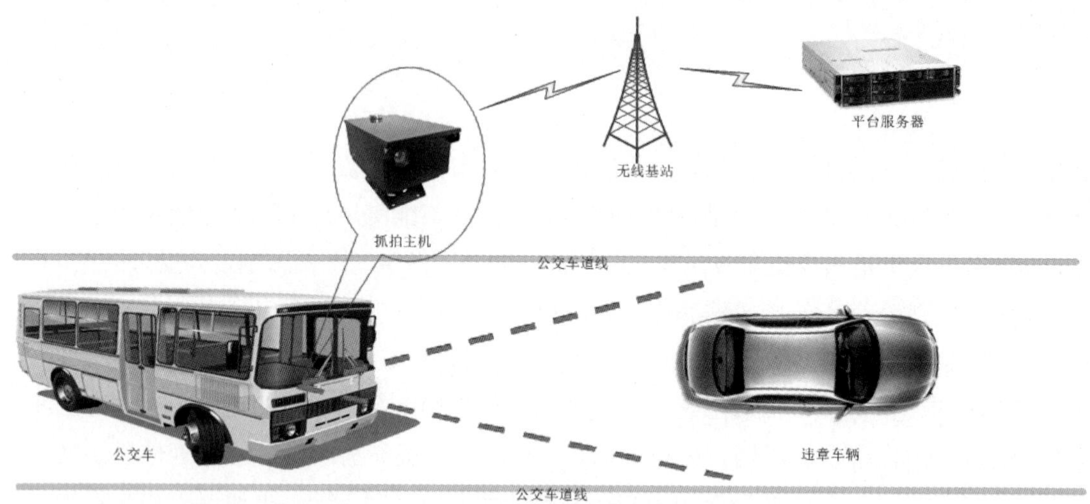

图2　系统组成示意图

二、系统功能

（1）占用公交专用道车辆自动抓拍：系统通过对高清视频流进行实时分析，判断社会车辆是否行驶在公交车专用道，并对占道车辆进行抓拍和录像取证，可自动过滤掉短时间借道车辆和重复抓拍车辆。

（2）车牌自动识别功能：系统采用国内领先的图像识别算法，对所有抓拍车辆自动进行车辆号码、车牌颜色及车身颜色等自动识别。白天车辆车牌识别率大于90%，夜间车辆车牌识别率大于85%。

（3）车辆定位/授时功能：通过GPS/北斗定位模块，对公交车实时进行定位/授时，通过定位信息确定违法车辆的位置，并保证前端设备24h内计时误差不超过1s。

（4）信息叠加及图像防篡改：系统可以在抓拍图片上叠加车辆行驶方向、经过时间、经纬度信息、车牌号码、车牌颜色及车身颜色等各种信息，并进行图片合成，在图片中添加防伪信息，具备图像防篡改功能，符合公安部图像取证的规范要求。

（5）数据自动恢复：系统前端设备来电可自启动，并具有硬件看门狗功能，如遇到因断电等意外因素导致的死机，接通电源后系统会自动重新引导进入工作状态，支持本机存储和断电续传功能。

（6）设备远程管理：系统自动监测前端设备的运行状态，并能够提示正常、异常、故障类型等信息。例如，出现故障自动报警提示，支持远程升级和配置管理。

（7）违法抓拍时间段设置：系统可根据需要设置全天候、时段、周末、节假日抓拍违法占道车辆，系统可在抓拍时间范围内自动开启抓拍功能。

（8）违法车辆信息管理：可以根据车牌、颜色、公交线路、通行时间等各种条件筛选查询违法车辆，进行校对审核。

（9）系统管理功能：系统可对授权用户、黑名单/白名单车辆、公交车线路等进行配置管理。

三、系统特点

（1）工业化结构设计，美观稳固，易于安装。

（2）超低功耗，自然高效的散热设计，适合长时间运行。

（3）车载减震设计，避免对前端设备运行的影响。

（4）GPS准确定位和授时。

（5）一流视频感知技术，自动判别车道、识别车辆，自动过滤无效记录。

（6）支持有线/无线网络传输，自动远程升级和系统配置。

（7）图片水印加密，防篡改报警，数据保密和安全性高。

（8）多时段启动、停止抓拍设置预案。

（9）系统能够对单黄线、双黄线进行有效识别。

（10）独立知识产权，拥有相应产品的发明专利。

四、主要技术指标

产品名称	公交车专用车道违法占道自动识别记录系统ODN-CE800
触发抓拍方式	双（单）公交车道标志线触发抓拍
输入视频	MJPEG 15fps@1600X1200
图片格式	JPEG
适应车速范围	0 ～ 180km/h
占道车辆捕获率	≥90%
号牌识别率	白天≥90%，夜间≥85%
记录有效率	≥90%
图像后处理	① 字符叠加；② 嵌入数字水印；③ 根据中心平台软件的命名规范修改图片名称和相关附加信息
上电自动开机	支持
校时功能	支持通过GPS、NTP自动校时和Demo软件手动校时功能
数据断点续传	支持
参数配置	带有配置软件
输出接口	2个10/100自适应以太网口，2个USB接口
工作湿度	5% ～ 95%（无凝结）
工作温度	-20℃ ～ 70℃
整机功耗	<20W
输入电源	DC 7-36V，具备过压保护功能

五、总结

本系统采用了多项具有自主知识产权的先进技术，并拥有国家发明专利（专利号：201210493883.5），技术处于国内领先水平。取证图像信息符合公安部对交通违法图像信息采集的要求，可有效解决社会车辆违法占用公交专用道的取证难题，提高公交专用道的管理水平。

一种对行人闯红灯的交通违章抓拍系统设计

辽宁天久信息科技产业有限公司　柏立军　路增喜　于谦

一、前言

随着城市道路交通的快速发展，出现了越来越多的拥堵现象，非机动车辆的不断增加和人们出行通过街道的习惯，使本已严峻的道路交通问题更加突出。由于一些非机动车辆和行人不遵守交通规则，往往使交通事故频繁出现，而这些事故的发生，大多数是由于人们忽视了交通信号灯的存在而产生，特别是“集体闯红灯式过马路”的概念，在许多人的脑海里根深蒂固。闯交通信号灯、不按交通标志和车道随意行驶、行走等现象，给本已拥堵的交通状况更增加了负担。

目前电子监控抓拍系统越来越完善，机动车在行驶过程中由于违章抓拍和监管等力度的加大，违法行为逐渐减少，但非机动车辆及行人的违章行为却日趋显著，现有的高科技电子监控设备只针对机动车辆违法抓拍取证和处罚，而对于非机动车辆和行人的违章抓拍取证，目前还没有有效的手段来进行控制。

本设计提供一种交通违章抓拍系统及方法，对非机动车及行人闯红灯的交通违章行为进行检测，将检测到的信号传递给抓拍控制系统，抓拍控制系统对非机动车辆和行人的违章行为进行语音提示和警示灯提示，对交通违章过程进行拍照取证，对拍照和记录的违章行为的视频和图像进行显示和播放。

二、行人闯红灯的交通违章抓拍系统设计

（一）系统工作原理

系统结构如图1所示。

由图1可以看出，行人闯红灯的交通违章抓拍系统主要包括被动式红外传感器、传感器信号放大及整形电路、摄像机、图像采集器、拍照补光灯、同步补光控制器、信号灯检测电路、抓拍系统控制器、警示灯、语音输出装置和视频输出装置等功能模块。

（二）行人闯红灯的交通违章抓拍系统工作原理

在行人闯红灯的交通违章抓拍系统中，先由被动式红外传感器实时探测斑马线上是否有行人和非机动车通行，并将检测到的信号输入下一端传感器信号放大及整形电路中做进一步处理，经过处理后输入抓拍系统控制器中。由高清晰摄像机实时采集斑马线区域的视频图像到图像采集器中。信

号灯检测电路将红色交通信号灯的信号输入抓拍系统控制器中。抓拍系统控制器驱动控制警示灯提示报警、语音播放等。抓拍系统控制器内部具有图像数据缓存存储器、控制程序存储器、网络数据传输控制器、系统参数存储单元。

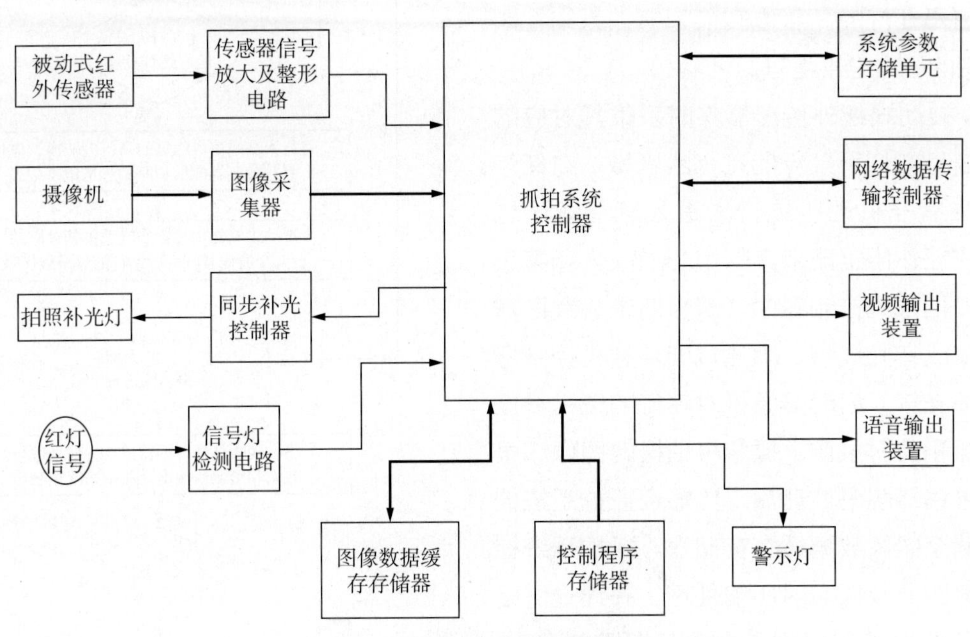

图1　交通违章抓拍系统结构框图

图2是系统实际的位置图，图3是检测、拍照单元状态图。图中，1代表摄像机，2代表拍照补光灯，3代表被动式红外传感器，4代表横杆，5代表立杆，6代表机箱，7代表交通信号灯，8代表行人过街斑马线区域，9代表非机动车道，10代表机动车道。

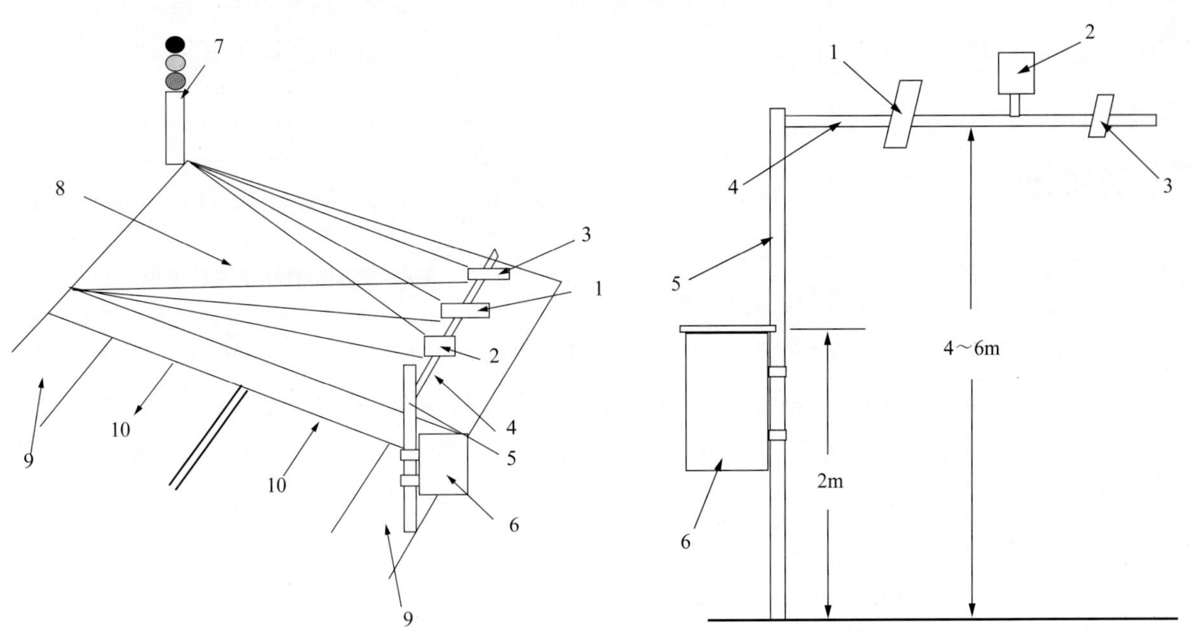

图2　交通违章抓拍系统实际位置布置图　　**图3　交通违章抓拍系统金属杆件及设备安装示意图**

由图3可以看出，被动式红外传感器和摄像机安装在金属杆件横杆距地面4 ～ 6m处，立杆上安装了机箱，该机箱内放置抓拍系统控制器。被动式红外传感器、摄像机和拍照补光灯均安装在金属杆件的横杆上，且面向行人过街斑马线区域。

抓拍系统工作原理是，由信号灯检测电路实时检测行人交通信号红灯的信号，当检测到行人交通信号红灯亮起时，则通过信号灯检测电路将行人交通信号红灯的高压电转换为抓拍系统控制器能够识别的标准电平信号。

同时，被动式红外传感器实时采集其对应的行人交通信号红灯所禁行的斑马线区域，在红灯状态时，当有非机动车或行人进入斑马线区域时，被动式红外传感器采集的信号经放大和整形后输出到抓拍系统控制器中。若当前斑马线区域环境为黑夜或者光线暗，则通过同步补光控制器启动拍照补光灯，启动摄像机对禁行的斑马线区域进行拍照和实时录像。摄像机拍摄的图像和录像经图像采集器解码处理后，传输至抓拍系统控制器并存储至图像数据缓存存储器。抓拍系统控制器可以将图像数据实时压缩处理，并通过网络数据传输控制器传输至上位机或交通指挥中心。

抓拍系统控制器可以通过警示灯不断闪烁警示非机动车或行人，通过语音输出装置播放安全提示语，通过视频输出装置实时播放摄像机拍摄的非机动车或行人的交通违章行为的视频和图像。图4为交通违章抓拍方法流程图。

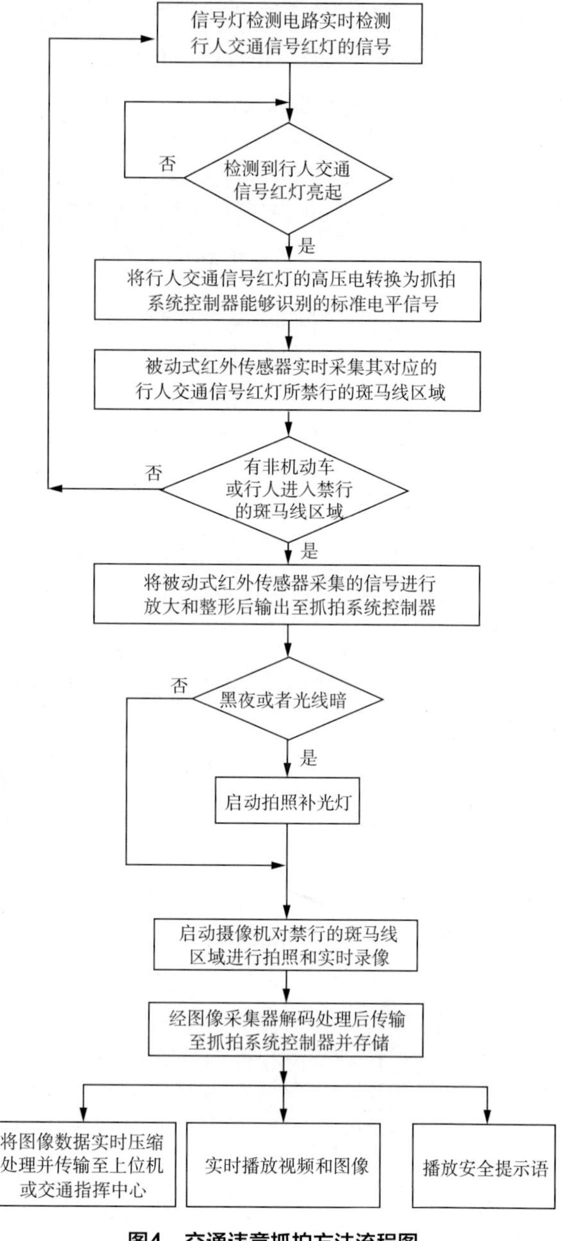

图4 交通违章抓拍方法流程图

三、结束语

本系统应用于道路交通领域，实时获取交通违章的非机动车和行人违章行为的图像和视频，适用于目前道路上的非机动车和行人等违章行为的抓拍取证，具有声光警示功能，可以对违章的非机动车和行人进行提示，并将录像和图像进行存储，便于后期的数据统计、分析和调用。本系统采用被动式红外传感器检测非机动车及行人，无论是在白天或者是在黑夜，传感器都不受光线和气候的影响，可以实时检测到目标的存在。本系统设计针对普遍存在的“集体闯红灯式过马路”的行为，将有一个很好的约束力。

本系统针对非机动车和行人在道路交通过程中产生的违章行为进行抓拍取证，采用被动式红外传感器作为对非机动车辆和行人的检测，弥补了原有只抓拍机动车而没有抓拍违章人员的系统。同时将现场违章人员的行为过程进行自动控制抓拍取证，作为事后数据处理。利用视频输出装置对违章图像和违章视频记录进行播放，以此震慑路口的违章行为和不遵守道路交通规则的人员。本系统具有语音、警示灯提示功能，可以引起任何将有违章行为人员的注意，同时具有可以利用当前的计算机技术进行网络数据交换等功能。

本设计具有社会实际效益，可以节省有限的警力资源，提高非机动车主和行人的守法意识。

以下为系统抓拍的几张图片：

G6高速视频监控系统传输方案

北京华飞时代科技有限公司

一、概述

G6京藏高速公路、呼和浩特至包头段为四改八扩建工程项目的重要组成部分，全长400多千米。该路段是G6京藏高速公路和G7京新高速公路的共线部分，改造扩建后道路变宽，由原来的双向4车道扩为双向10车道。车流量增加，高速行驶车辆多，车速快的实际情况随之而来，保障G6高速公路交通安全十分重要。建设一套智能的监控系统将是有力的保障。目前，随着我国各地的高速公路发展，视频监控传输系统已经从传统的模拟化、本地化监控传输系统逐渐演变为全数字化、多级联网化、综合化、宽带化的多业务传输交换系统。在此种情况下，高速公路视频监控通信系统全面数字化和联网化已刻不容缓。高速公路监控系统具有设计标准高、交通流量大、行车速度快等特点，通过视频监控系统尽早发现问题、排除问题对整个高速公路的安全运营起到至关重要的作用。

二、系统建设分析

（1）此段项目高速公路全长400余千米。

（2）高速公路监控系统实现道路沿线全程监控，要求把高速公路上的前端所有信息，如行车道抓拍、大车占道、高速收费站出入口匝道抓拍信息、特殊路段高清视频监控、安全行驶信息发布、收费站警务拦截报警、气象信息检测等数据上传到指挥中心。

（3）高速公司业主方只预留4芯主干光纤贯穿整条高速路，供路段视频监控项目使用。将前端的所有信息回传到指挥中心。光纤铺设在高速公路的中央隔离带位置；由于光纤资源紧张，对整个传输方案带来一定的难度。需要综合考虑各种因素，设计安全可靠、稳定运行的方案。

（4）监控指挥中心地理位置处于整条高速公路的中间位置。

三、设计方案满足以下特点

（1）可管理性：应对规模的监控，需要快速、方便地对所有监控设备进行管理；支持分级分域的管理，满足高速公路区域监控中心、路段中心，收费站等不同的监控需求。

（2）可靠性：应对公共应急事件时，需要保证监控系统可靠、快速地调阅当时历史图像。

（3）易使用：随着监控规模扩大，需要能够方便、快捷地使用。

（4）业务融合：监控业务将是作为高速公路地业务系统之一，需要能够与其他业务系统进行融合。

（5）与上层应用联动：当安全事件发生，需要能够与各种报警形成联动。

（6）可扩展性：采用开放架构，支持按需扩展。

四、系统目标

高速公路监控系统是为了充分发挥高速公路“安全、舒适、高速、高效”的功能特性，保证道路高效服务水平，实现对交通运行的宏观管理和调度而建立的，监控系统总体目标应是：

（1）通过对采集数据、视频图像信息以及运行状况的综合分析，及时了解道路实时路况、路段突发事件的情况。

（2）平滑交通流、控制车速，减少交通拥挤和阻塞。

（3）及时发现和处理交通事故，有效实施救援，减少二次事故的发生，保证道路的交通安全。

（4）实时、准确地提供道路交通参数，保证道路服务水平，减少车辆延误。

（5）及时、准确地提供交通运行数据，积累和记录历史资料，为道路使用者的决策提供可靠依据和帮助。

五、设计依据

监控系统工程的设计、制造、安装和开通必须按规范和标准进行，主要采用的标准和规范有：

《中华人民共和国国家标准》；

《电子计算机机房设计规范》（GB 50174-93）；

《电气装置安装工程施工及验收规范》（GB 50254 ～ 50259-96）；

《建筑物电子信息系统防雷技术规范》（GB50343-2004）；

《公路工程质量检验评定标准》（JTG F80/2-2004）；

《高速公路可变信息标志技术条件》（JT/T431-2000）；

《高速公路LED可变限速标志技术条件》（JT432-2000）；

《高速公路监控系统交通数据库报表格式》（GT/T456-2001）；

《微波交通流检测器设置》（JT-2005-07）；

《高速公路交通工程沿线设施设计通用规范》（JTG D80-2006）；

《公路工程基本建设项目设计文件编制办法》（交公路发〔2007〕358号）。

以上所使用的国家、部级、行业标准和规范应是最新版本的标准和规范。

六、传输系统设计

1. 道路监控传输示意图

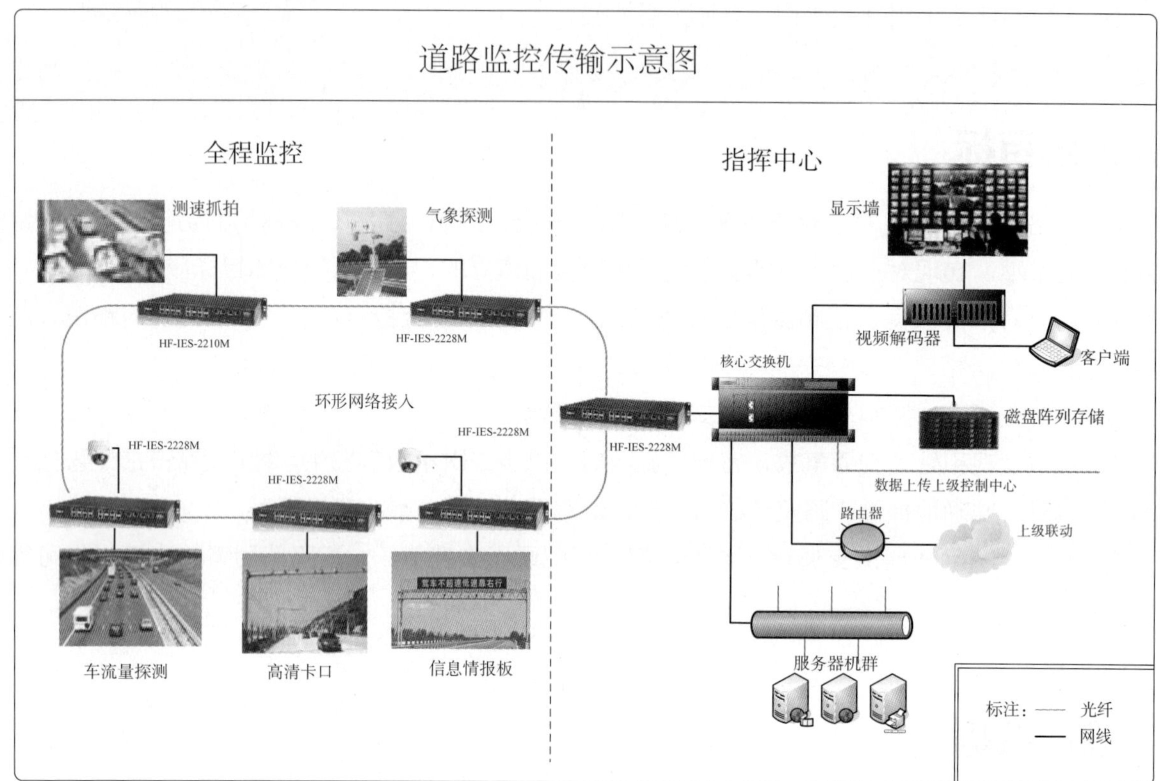

2. 收费站出入口匝道监控传输示意图

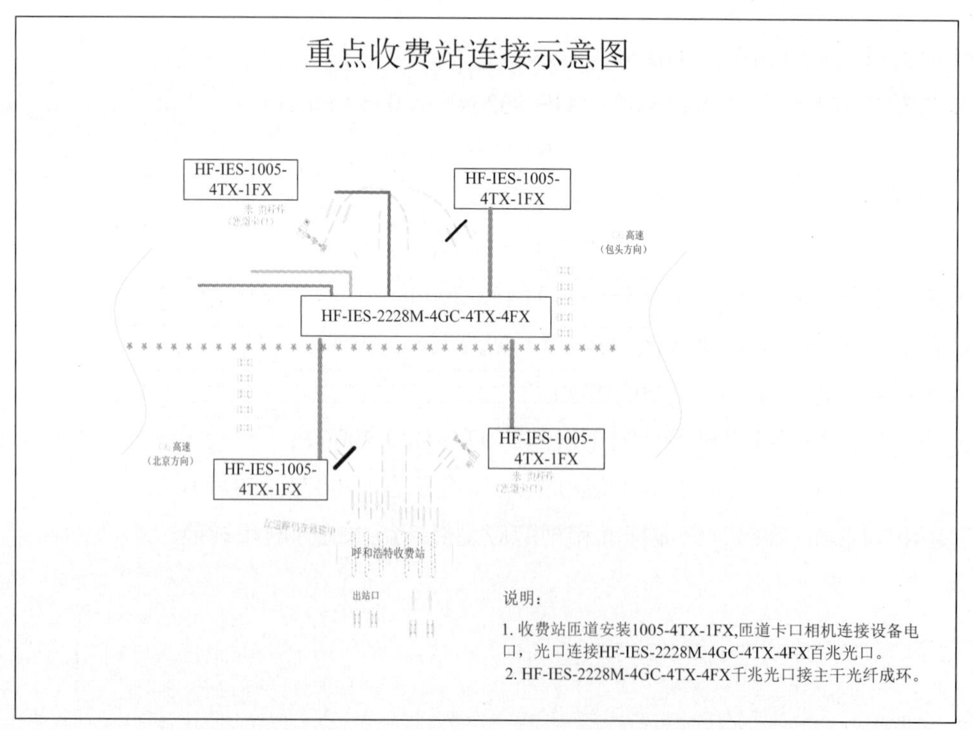

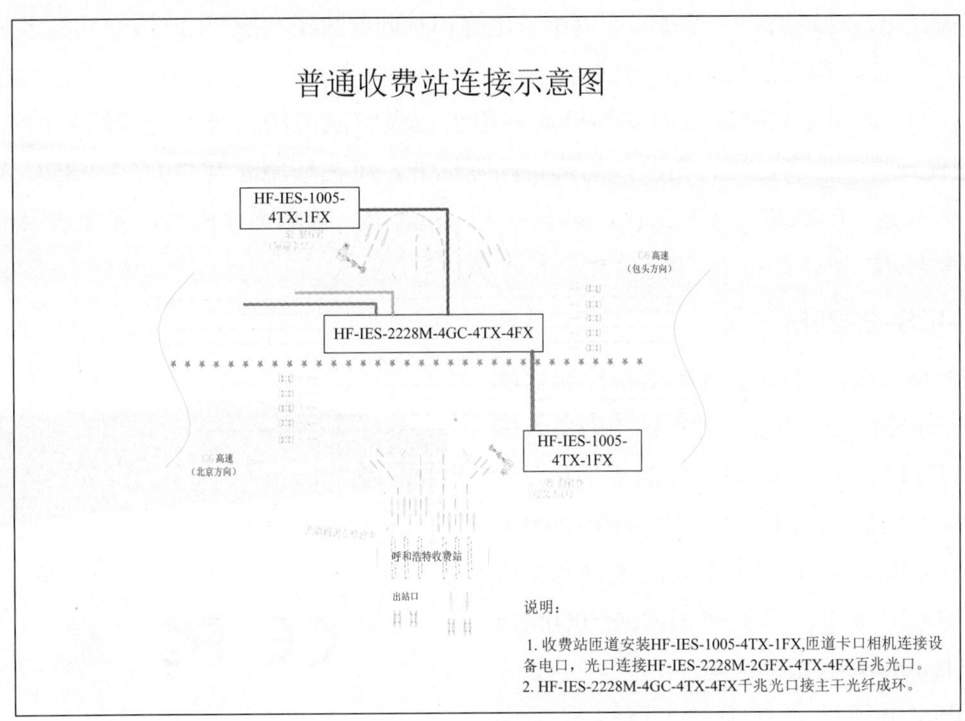

七、方案说明

考虑到呼包高速处于我国北方地区，冬天最低温度可达零下40℃，且外场风沙较大、环境恶劣，对此选用工业以太网交换机是一个必然的选择。华飞公司工业以太网交换机可在环境温度-40℃～+85℃正常工作，抗电磁干扰强，防盐雾，抗震性强。

（1）按照就近汇聚，集中上传的原则。

（2）外场道路高清视频及所有回传数据采用环网方式组网传输，保证系统的可靠性。前端采集数据接入交换机HF-IES-2228M百兆电口。HF-IES-2228M标配有4个千兆光电复用接口，使用其中两个千兆光接口、组成千兆带宽主干传输环形网络。华飞公司工业级以太网交换机采用华飞私有HF-Ring环网协议，自愈恢复时间在12ms以内，处于行业领先水平。

（3）收费站出入口匝道数据使用HF-IES-1005工业级交换机通过现场光纤就近接入主干传输设备HF-IES-2228M交换机。光纤按照施工要求铺设。

八、设备说明

1. HF-IES-1005

HF-IES-1005系列工业级以太网交换机是一款5端口100M 网络通信非网管型二层工业级以太网交换机，该系列交换机最多可提供5个网络接口，可根据需要选择不同光电接口数目的机型；所有接口均支持自动协商、10/100Mbps全双工和半双工、自动MDI/MDIX；HF-IES-1005系列工业级以太网交换机可提供导轨式或壁挂式结构、即插即用的设计使得安装

简便易行，无须进行现场调节。设备带有网络、电源和其他参数状态指示LED，可监控系统的运行状态，并且其也可选采用机架式的安装方式。

HF-IES-1005系列工业级以太网交换机均采用工业级宽温范围设计，光模块和核心电路均采用进口元器件，稳定性高，光、电接口均符合国际标准。可在环境温度-40℃～+85℃、相对湿度5～95%（无凝露）的状态下正常工作，具有防尘、防盐雾、防酸雾等性能，完全适用于工作条件更苛刻的野外环境。

2. HF-IES-2228M

IES-2228M系列产品是专为环境条件恶劣的工业应用场合而研制的Layer2+管理型工业以太网交换机，具有24个快速以太网接口和4个千兆以太网接口。其中快速以太网接口可支持10/100M自适应电口或100Base-FX光口；千兆以太网为光电复合（COMBO）接口，可支持 10/100/1000M自适应电口或1000Base-X光口。

IES-2228M采用模块化设计，可以根据项目实际需要灵活选配合适的接口模块。其中24个快速以太网接口可以按照2的基础单位，配置成10/100M自适应电口或100Base-FX光口。

IES-2228M采用自主知识产权的HF-Ring以太网环网保护协议，用于组建快速自愈环网，实现组网的环形冗余备份。IES-2228M环网自愈时间≤15ms。IES-2228M的百兆端口支持以太网供电技术（Power over Ethernet），支持IEEE802.3af-2003（“AF”）和IEEE802.3at-2009（“AT”）标准，最大可向外部设备提供13W或30W功率。

IES-2228M系列产品采用1U机箱结构设计，可安装于标准19英寸机架。IES-2228M使用金属作为外壳材料，并实现IP40的防护等级，对交通、铁路、矿山等行业的振动、冲击、防尘、电磁干扰等要素进行详细、有针对性的设计，确保网络稳定运行。

IES-2228M采用无风扇设计，能适应-40℃～+85℃的宽温工作，并具有多种供电电压可供选择。

RFID 远程电子标签系统应用

浙江广信智能建筑研究院有限公司

一、引言

从2008年开始（除2011年），公安部每年组织一次全国性的机动车涉牌涉证专项整治，以本地整治的情况看，每年的涉牌涉证专项整治工作收到了一定的效果，但其执法成本与所取得的成果不成比例。如果按每个省、市、自治区投入的涉牌涉证整治执法成本8000万元计算，每年全国投入的执法成本就超过20亿元。这巨额执法成本仅在涉牌涉证专项整治期间（2～3个月）发挥一些作用，在整治结束后，涉牌涉证违法犯罪现象迅速反弹，而且变本加厉、愈演愈烈。各地基层公安交通管理部门不间断地接到被套牌群众的投诉，要求抓住套牌者，但由于没有有效的手段，无法在群众投诉后及时抓获套牌者，对此群众意见很大。虽然公安部采取了发现套牌，受害人可以申请换牌的措施，但受害人的换牌速度远远比不上加害人的套牌速度，而且此项政策长此以往会造成大量牌照资源的浪费。有的车主在多次投诉无果又嫌申请换牌麻烦的情况下，干脆由受害者演变成加害者，也套用别人的牌照上路行驶。

如果用上述1/4的执法成本在全国的机动车检验合格标志或其他纸质标志中植入电子芯片，其效果就完全不一样。因电子芯片寄生在检验合格标志体内，根据现有法律规定，上路行驶的汽车必须在前挡玻璃规定区域黏贴机动车检验合格标志。检验合格标志电子标签具有防撕、防移、防伪（仿）造的技术特性，其自身具备唯一性的特征。以标志的唯一性检验牌照的对应性，是实时发现套用、伪造牌照的核心技术。以此技术可带动读卡器生产、销售等一系列的上下游产业，因为这种技术除服务于防止套牌、假牌的主业外，其延伸用途涉及公路收费的ETC产业、交通拥堵费收纳产业、智能停车产业、小区管理产业、重点车辆监管产业等，其市场效益可望突破500亿元/年。

二、基于RFID的交通管理需求

检验合格标志电子标签可以将RFID技术应用于智能交通领域，能充分发挥其自动识别及动态信息采集的巨大优势，有效解决城市交通信息化建设的瓶颈问题。依托检验合格标志电子标签系统所建立的庞大的车载网，是物联网在交通领域应用的现实案例。

检验合格标志电子标签系统，以促进公安、交通等系统涉车信息的平台化、服务化为目标，以电子车牌作为信息载体，以RFID技术作为基本的信息采集手段，从而实现涉车信息资源的共享，提升车辆管理的信息化水平。整个系统由信源层、基站集群层、数据层、支撑层和应用层组成，采用无源超高频产品，通过阅读器基站群对电子标签进行信息采集，将采集的数据进行处理、整合，从而构建综合的涉车信息平台，实现跨行业、跨部门的综合应用。

检验合格标志电子标签系统使用RFID技术，利用其在动态自动识别上的优势，实现对运行中车辆的动态自动识别和管理，可改进现有的静态车辆监管模式，实现车辆管理精准化。通过车辆动态监测、车牌防伪、卡口监控、肇事逃逸车辆追查、出租车治安管理、路网动态监测、交通流分析及诱导控制、车辆安全管理等，有效规范车辆使用和驾驶行为，抑制车辆违规行为，为城市发展和人民生活提供一个安全、高效、和谐的交通环境。

在本课题研究中，弃除目前市面其他解决方案提出的陶瓷标签而改为采用纸质电子标签，写入有关车辆信息，在有关交通路段的电子卡口安装位置附加设置读写器，读取电子标签信息，利用视频捕捉分析出来的号码车牌与电子标签信息进行比对，以发现套牌的违法行为。

三、机动车检验合格标志电子标签系统的关键技术

（1）机动车检验合格标志的法定黏贴位置位于前挡玻璃内侧的右上角，前挡风玻璃成了电子标签射频穿透的一道屏障，对前挡风玻璃特性的研究必然成为本课题需解决的第一个关键问题。对机动车前挡风玻璃特性的研究，目前尚无较多可借鉴的资料与数据，只能根据本课题的需要，尽可能多地收集各类车辆的前挡风玻璃，开展针对性的研究，为项目的实际应用奠定稳固的基础。

（2）在前挡风玻璃上黏贴隔热防爆的贴膜，已成为绝大多数中国车主的选择。依据现有的贴膜制造技术，前挡风玻璃贴膜均含金属材质，这种金属薄膜在电子标签与前挡风玻璃间形成新的射频穿透屏障。对金属膜的射频穿透研究，又成为本课题需突破的另一个关键问题。金属薄膜对电磁场屏蔽特性的影响，目前尚无可借鉴的资料与数据，在世界范围内该项技术尚处于空白阶段。本课题拟尽可能多地搜集各类前挡风玻璃贴膜，开展针对性的研究，为项目的实际应用提供多样性的环境适应条件和解决方案。

（3）根据本课题的技术框架，电子标签加载的媒介是机动车检验合格标志。机动车检验合格标志是法定标志，其长、宽尺寸均有严格的规定，在设计电子芯片时应充分考虑到：加入芯片后的检验合格标志应不影响其原有的外观与张贴性、打孔操作、至少三年的使用寿命。在-35℃～65℃，相对湿度95%的环境中，各类技术参数保持在稳定区间内。

（4）机动车检验合格标志电子标签的核心用途是遏制机动车套牌、假牌等违法犯罪行为的发生。如果机动车检验合格标志电子标签投入使用后，违法犯罪分子除继续套用牌照外还可套用电子标签，那么该项技术就毫无推广价值。机动车检验合格标志电子标签的防伪与唯一性技术是本课题的重要环节，是关系到本项目成败的关键。在防伪技术中主要研究标签的一次性黏贴后撕移报废技术。在唯一性技术中主要研究补办标签后前标签同时自动报废技术。在涉密算法方面遵照公安部有关管理规定预留。

（5）机动车检验合格标志电子标签是一种应用广泛的信息化感知系统，其首要功能是配合交警发现与查处机动车行驶状态下的套牌假牌违法行为，所以其适用的应用指标应满足以下条件：

①可感知的机动车行驶速度不小于0～120km/h；

②可感知的机动车电子标签的有效阅读距离不小于10m；

③对环境雨量为中雨状态下形成的前挡风玻璃水帘，电子标签系统仍能正常地工作；

④在前挡风玻璃存有霜冻与积雪的状态下，其厚度不超过1cm时，电子标签系统仍能正常地工作。

（6）机动车检验合格标志电子标签的识别数据与道路卡口系统识别的车辆实际号牌实行实时读取、实时比对，正常情况下只在系统平台记录基本数据。遇异常情况，平台自动启动警戒系统，同时向嫌疑车前进方向3 ～ 5名路面执勤民警手持的警务通发出暂扣车辆例行检查的预警，然后对相关数据进行详尽分析并形成最终结论，由系统向扣车现场民警发出放行或扣车盘查的最终指令。

四、机动车检验合格标志电子标签系统的应用实现

（一）机动车检验合格标志电子标签系统的部署

根据课题进展，机动车检验合格标志电子标签系统部署在现有城域电子卡口系统中，利用交警及治安建设的网格化管理卡点安装阅读系统，利用卡点现有通信网络，与卡口抓拍车牌信息一起实时传输至市局中心平台，通过中心部署比对软件进行数据比对分析及应用。系统拓扑示意如图1所示。

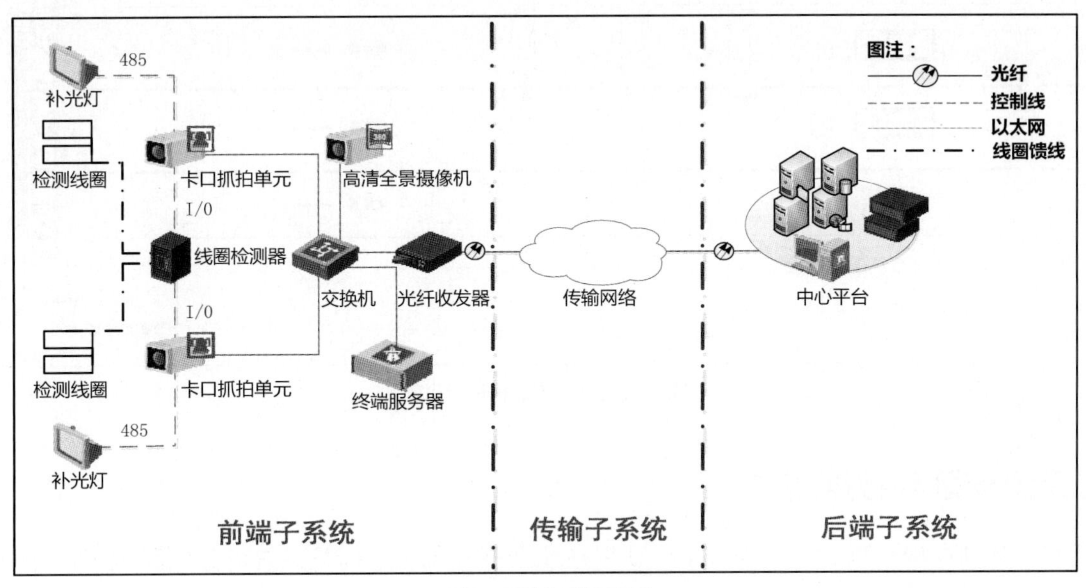

图1 系统拓扑示意图

（二）数据比对系统的模型

机动车检验合格标志电子标签系统的阅读系统部署在卡点同一挑臂上，安装模型如图2所示。电子卡口系统的抓拍距离处于22 ～ 30m（不同产品系统设置参数不同），而电子标签系统的天线-标签读写距离小于卡口车牌抓拍距离，在这个十多米的距离中，会产生数据的同步对应问题。在课题中提出了数据比对池的概念，利用数据池进行碰撞比对，识别出电子车牌和卡口车牌不一致的车辆，并按预案由系统发送至前方拦截站/点进行拦截校核/抓捕。

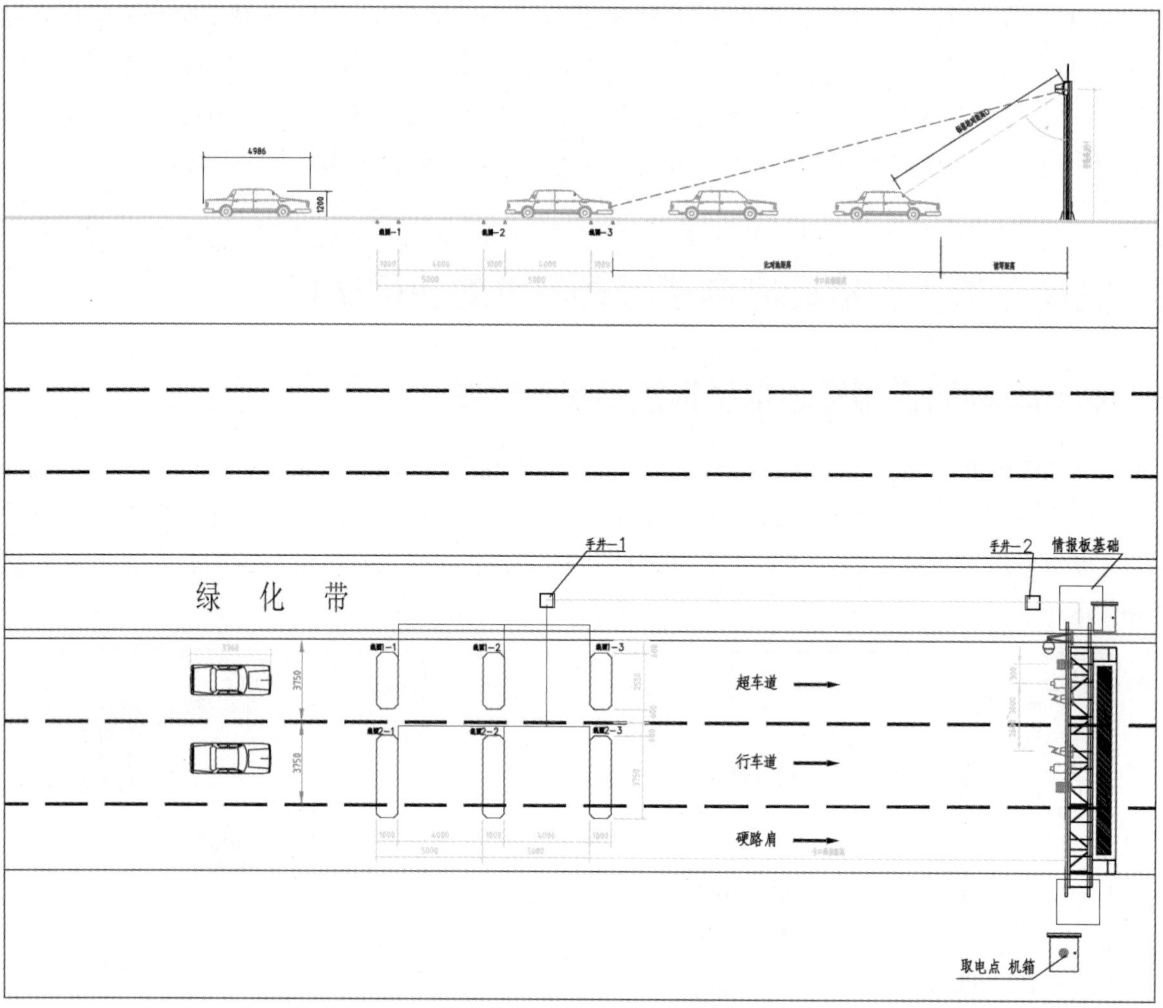

图2　比对区间安装模型示意图

（三）系统安装与数据测试

课题组分别在相关测试路段安装了机动车检验合格标志电子标签系统，分别测试了标签系统在超高频860～960MHz的最佳读写安装参数以及与电子卡口的数据比对，部分测试及安装现场如图3所示。

图3　测试与应用安装现场

五、结语

通过对机动车检验合格标志电子标签系统课题的研究，现阶段已经达到：

（1）基于铜版纸纸基的印刷机动车检验合格标志电子标签的研制，实现了无源纸质电子标签在机动车物联网领域的应用；

（2）采用机动车检验合格标志电子标签读取的数据与电子卡口车牌识别获取的车牌信息进行比对，以及采用其他辅助技术，实现了自动识别假牌、套牌、遮挡号牌、拆除号牌等伪造、变造汽车号牌的交通违法并实现按预警对该类违章的拦截。

NTCIP 智能交通控制系统

深圳市大族元亨光电股份有限公司　刘平坤　周旭

国内智能交通控制系统现状

智能交通控制系统（ITS）是一个提供交通管理、信息服务的庞大而复杂的综合性系统。目前可变信息情报板（DMS）是ITS不可缺少的重要组成部分，而DMS使用的通信协议是管理信息的关键。但是目前DMS设备提供商众多，各省份地区路段中DMS使用的通信协议各不相同，各地区的交管部门、各DMS设备提供商都使用各自的通信协议，这使得这些设备之间完全不兼容。

由于DMS设备的不兼容性会导致以下问题：① 智能交通控制系统维护升级成本高，有时更换一个设备可能导致整套系统的更换；② 资源浪费，各种厂商都花费大量人力、物力开发和维护自己的协议，而各种不同的协议没有兼容性不能相互利用。例如，2010年以前以功能机主导的手机时代，各厂家各机型的手机充电接口各不相同，有时不得不购买多种类型的充电器，而现在大部分手机具有统一的USB接口，大部分手机充电器可以互换使用。

NTCIP协议简介

为了解决国内通信协议混乱的局面需要一套统一的标准。本文主要介绍一套欧美国家经过长达10年之久而发展形成的专门针对智能交通运输行业的通信协议——国家运输ITS通信协议（NTCIP）。

NTCIP是早在1992年由美国国家电器制造商协会发起后于1995年5月在美国联邦公路局的主导下由各方代表共同完成了第一版的协议。定制协议的各方代表包含了联邦公路局、设备制造商、系统集成商、终端用户。ITS行业中从上游到下游的整条产业链都参与了协议的定制，各个代表都从自己的角度对协议进行优化，工程商注重的是安装维护简单，而系统集成商则关注各厂家设备的通用性和互换性。因此，NTCIP是一套全面而复杂的协议，由于使用标准化的特征使得运输系统的互操作性和设备的互换性成为可能。

“互操作性”反映的是多个设备的能力，通常是不同类型的设备在同一个大的整体系统下为完成一个目的而无缝地工作在一起。比如信号控制器和闸道控制器共享一个信息通道甚至共享一个控制中心软件。

“互换性”是在同一个通信系统内相同类型的设备的交换能力以及这些设备与使用基于标准功能的相同类型的设备能够相互作用的能力。比如A厂商生产的情报板和B厂商生产的情报板可以同时在一起工作，可以相互替换。

经过20多年的发展，NTCIP至今涵盖了如下几部分：

Dynamic Message Sign Messages（DMS）；

Transit TCIP（TCIP）；

Center to Center Profiles（CTC）；

Communications Profiles（CP））；

DSRC Coordination（DSRC）；

Advanced Sensor Messages（AS）；

Ramp Meter Messages（RM）；

Environmental Sensor Station（ESS）；

Actuated Signal Control Messages（ASC）；

Highway Advisory Radio Messages（HAR）；

Video Camera Control Messages（VCS）；

Transportation Sensor Systems（TSS）。

NTCIP协议中DMS的应用

从上面涵盖的内容来看，NTCIP是符合ITS发展的需求的，信息共享和互操作性是未来智能交通的基础。我们试想一下如下情景：M市的A路段发生了车祸，Transportation Sensor Systems等路边传感器会迅速捕获事故的发生，事故信息第一时间上报控制中心，利用系统的互操作性，这一事件会出发DMS引导其他车辆绕行，同时现场VSC实时监控现场情况，如有需要则利用CTC功能，将信息共享到紧急救援系统，使120救护车、110警、消防车等第一次时间得到信息并奔赴现场，这一切都是利用NTCIP的Center to Center Profiles自动完成的。未来的情况也一定是交通指挥系统、紧急救援系统、城市安全系统等重要系统组成一张网络，高效协同运行。这些系统的协同工作会使得交通事故处理、盗牌套牌、在逃人员追捕等工作提升到另一个台阶。

DMS是智能交通的一个小部分，但是承担着信息发布、交通疏导的重任。在发生紧急情况时，DMS可以引导交通，也可以发布重要的紧急通告，这比通过新闻通过网络发布信息要更迅速得多。在此本文将只介绍NTCIP中关于DMS部分的应用，至于其他部分不做阐述。

一、系统原理

下图为一个典型的DMS系统，中心计算机通过NTCIP和控制器通信，而为了降低实施项目开发中的难度，本地计算机并非要求一定要通过NTCIP来控制。

DMS系统由两部分组成，第一部分为NTCIP网关（协议转换卡）主要负责：① 接收NTCIP信令并转化为其他协议和将其他协议封装成NTCIP信令返还给NTCIP管理站；② 接收本地控制器发送过来的控制命令；③ 根据项目需要外接其他传感器或其他系统。第二部分为我公司普通的DMS控制系统，主要负责显示和监控数据的采集。从系统上我们分离了NTCIP协议部分和显示控制部分，可以方便将其他显示控制系统协议转换成NTCIP协议。

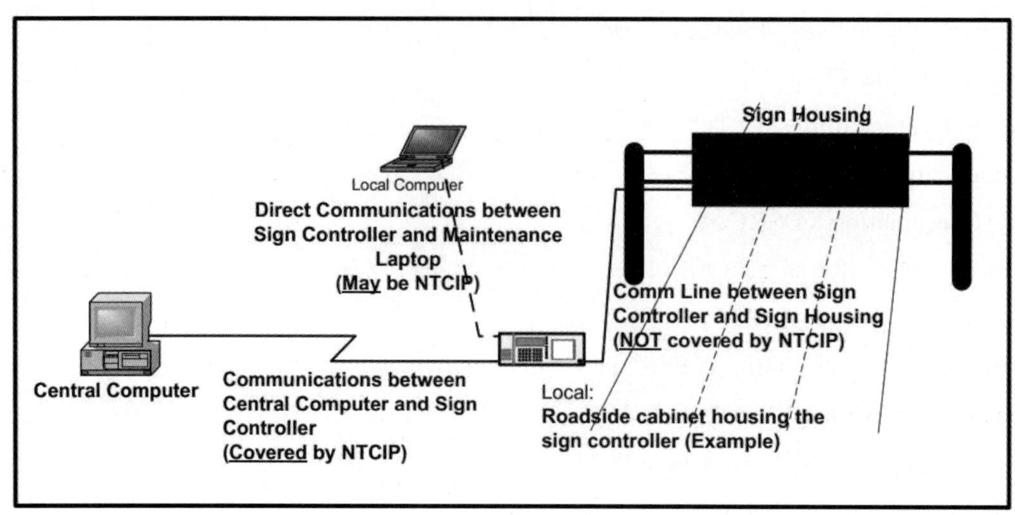

二、系统组成

（一）协议转换卡（PTC800）

以CPU为核心，加以丰富的接口电路，以实现在交通行业的应用是PTC800设计的初衷，因此我们采用了如下的系统方案：

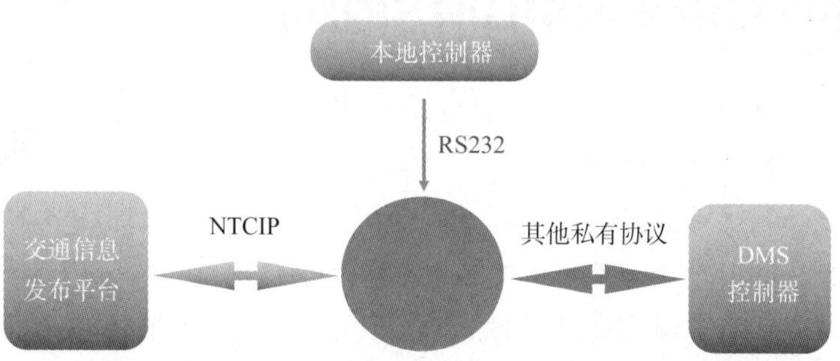

以上方案采用模块分离的方式，即由NTCIP协议转换卡PTC800负责解析NTCIP控制相关的工作，DMS控制器负责LED显示屏的扫描驱动工作。协议转换卡不依赖于某个特定的DMS控制器，它可以和其他厂家现有的DMS控制器搭配使用，使其原有的DMS控制器也能符合NTCIP规范。为了实现这个功能，在硬件上为PTC800选择了一颗强劲的CPU。

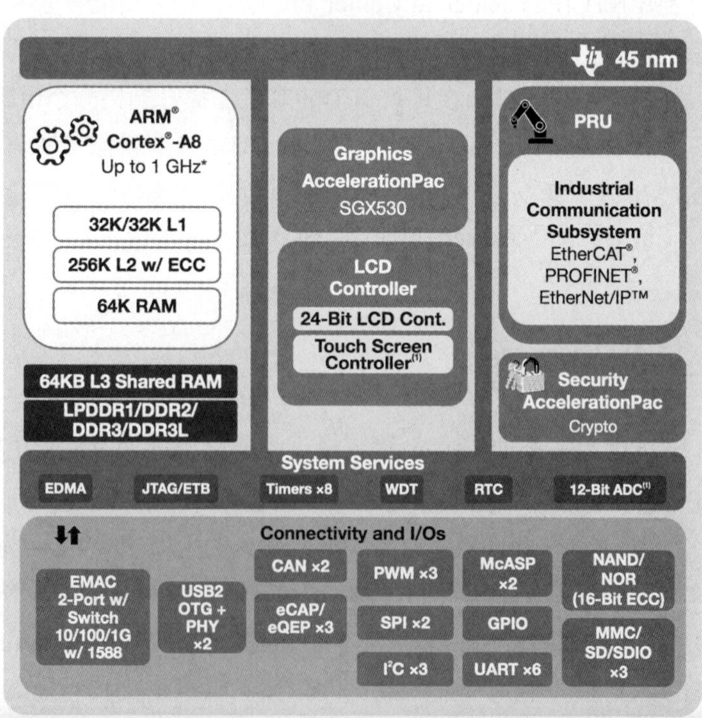

PTC800充分利用了这颗45nm制程的CPU，在硬件接口上我们实现了两路网口，可以与控制中心或其他控制器实现数据的高速传输，实现RS485、CAN、RS232可以与其他低速外设比如本地控制器、多功能卡等通信。

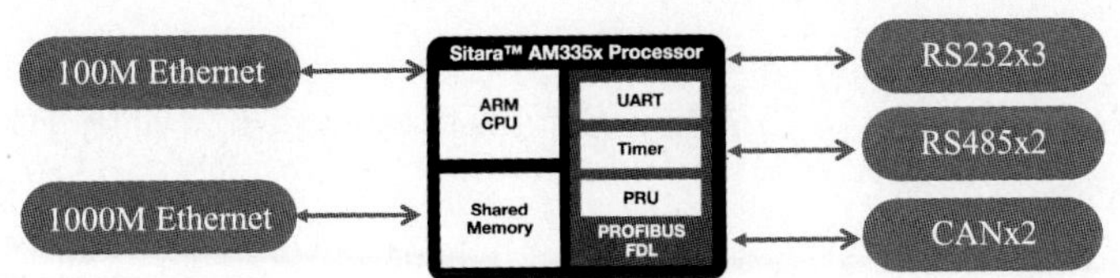

1. 硬件部分

PTC800采用Cortex-A8 处理器，具有13级流水线和先进的动态分支预测功能，具有高达2.0DMIPS/MHz的速率和java加速技术。Cortex-A8 处理器是ARM公司开发的性能最高、功率效率最高的处理器。PTC800依托于此运行速度高达800MHz ～ 1GHz的处理器，在如此强大的CPU支撑下可以运行ARM-Linux系统，具有1000M网口，3路RS232，2路RS485/CAN等多路通信接口，支持本地控制器键盘输入。这使PTC800可以同时与多种外设进行通信，PTC800硬件特性如下：

Cortex-A8嵌入式平台，800Mhz运行频率；

内置256MB磁盘；

支持3D硬件加速；

10/100M以太网，1000M以太网；

SD卡扩展存储；

2路USB OTG接口；

2路CAN总线接口；

6路rs232串口；

1路IIC通信接口；

看门狗监控电路；

内置FAT32文件系统；

Linux实时操作系统；

4.8 ～ 5.2V工作电压；

工作温度：-40℃ ～ 80℃。

2. 硬件模块设计

1）电源电路

采用APW7080KAI管理芯片实现一个简单的开关电源电路，它具有输入电压范围宽，输出电流大，耗散功率小的特点，很适合系统需要。因为系统工作电流波动较大，在重载运行中瞬间峰值电流会高达1.2A，为留有余量保证系统稳定可靠的运行，需要电源灯输出电流较大。

2）UART电路

串口是PTC800非常重要的接口，负责程序的调试和系统最初的升级等，在网口出问题或telnet服务无法正常启动时，可以通过串口登录系统进行维护。SP3232具有高效的电荷泵，在3.3 ～ 5.0V内都能正常工作。它内部的ESD保护使得驱动器和接收器的管脚可承受15kV的人体放电和IEC61000-4-2气隙放电，而且在低功耗模式下电流低于1μA。

3）CAN总线接口

CAN总线是由德国BOSCH开发的国际上应用最广泛大现场总线之一，由于BOSCH以研发和生产汽车电子而著称，所以CAN也在汽车内使用最多。由于其具有高可靠性和良好的错误检测能力，除了在汽车计算机控制系统得到广泛应用外，在环境恶劣的工业现场也有充分的市场。

4）SD总线接口

SD卡是一种容量大、体积小、可热插拔、访问简单的存储卡。可用于安装PTC800的Linux系统，存储交通标志图片图标文件等。

5）Ethernet接口

以太网是最重要的一个接口，是PTC800和控制中心通信的桥梁。

6）USB接口

USB接口为系统提供常用的高速通信接口，系统可以实现通过U盘来传输文件，接入鼠标或键盘来操作系统。在特殊项目中可以外接WiFi网卡等外设。

3. 软件系统

PTC800系统上的软件可以分为系统层和应用层，在嵌入式系统选择全球最受欢迎的开源操作系统Linux。Linux操作系统是符合POSIX标准的由C语言编写的类UNIX系统。Linus Torvalds1991年开发出该内核时就注定了这款稳定的系统今后的辉煌。它具有如下贴合我们应用场合的特点：

稳定性：Linux是一款业界公认的非常稳定的系统，可以全天候不间断工作，这非常贴合PTC800对系统对基本要求。

开放性：有大量的资源可以更好地实现NTCIP协议转换，包括网络通信、数据库、图形化界面、加密算法等。

多任务：多任务可以让PTC800更好地处理PTC800 上那么多外部接口上挂载的设备，从内核层次上很好地响应测速雷达、本地控制器等多方请求。

良好的可移植性：Linux的可移植性使得Linux可以在大到超级计算机小到微型计算机的任何平台上应用。这更加方便了我们对Linux进行裁剪和添加功能，也提高了后期升级产品到操作性。这种可以根据自己需要对系统进行裁减和添加功能非常重要。

我们这里主要说明应用软件方面，这是能实现NTCIP的关键地方。在交通应用领域，控制器除了需要稳定的性能外，在不同项目中需要面对诸如RS485、CAN、Ethernet各式各样的通信接口和协议。本文在PTC800设计之初就充分考虑了这种复杂的功能需求，并在实施研发的过程中不断优化，使其具有很高的可伸缩性。同时交通设备性能差异较大，有采用低速单片机的产品，也有采用高速处理器的设备。有低速的串口通信，也有高速的网口通信。NTCIP在设计时也考虑了这些情况，它在每层都定义了多种方式，让设备厂商可以根据实际需要选择合适的链路来实现。如下图所示，在NTCIP协议栈里：

信息层：包含数据元素、对象和被传送信息的标准。

应用层：包括数据包结构和会议管理的标准。

传输层：包括数据包细分、数据包重组和必要的路由标准。

子网络层：包括物理接口，如网卡。

实体层：由通信的物理传输媒体组成，如光纤。

PTC800根据自身的硬件特点在应用层选择SNMP 和FTP来实现NTCIP协议。

在正常运行中，服务程序随系统上电自动运行，如果服务程序不能正常启动将触发看门口电路进行硬件复位，直至服务程序正常启动并在后台运行。服务程序会在后台监听网卡传入的数据包，如果这是一个SNMP请求，则根据配置权限规则做出相应的处理和回应。

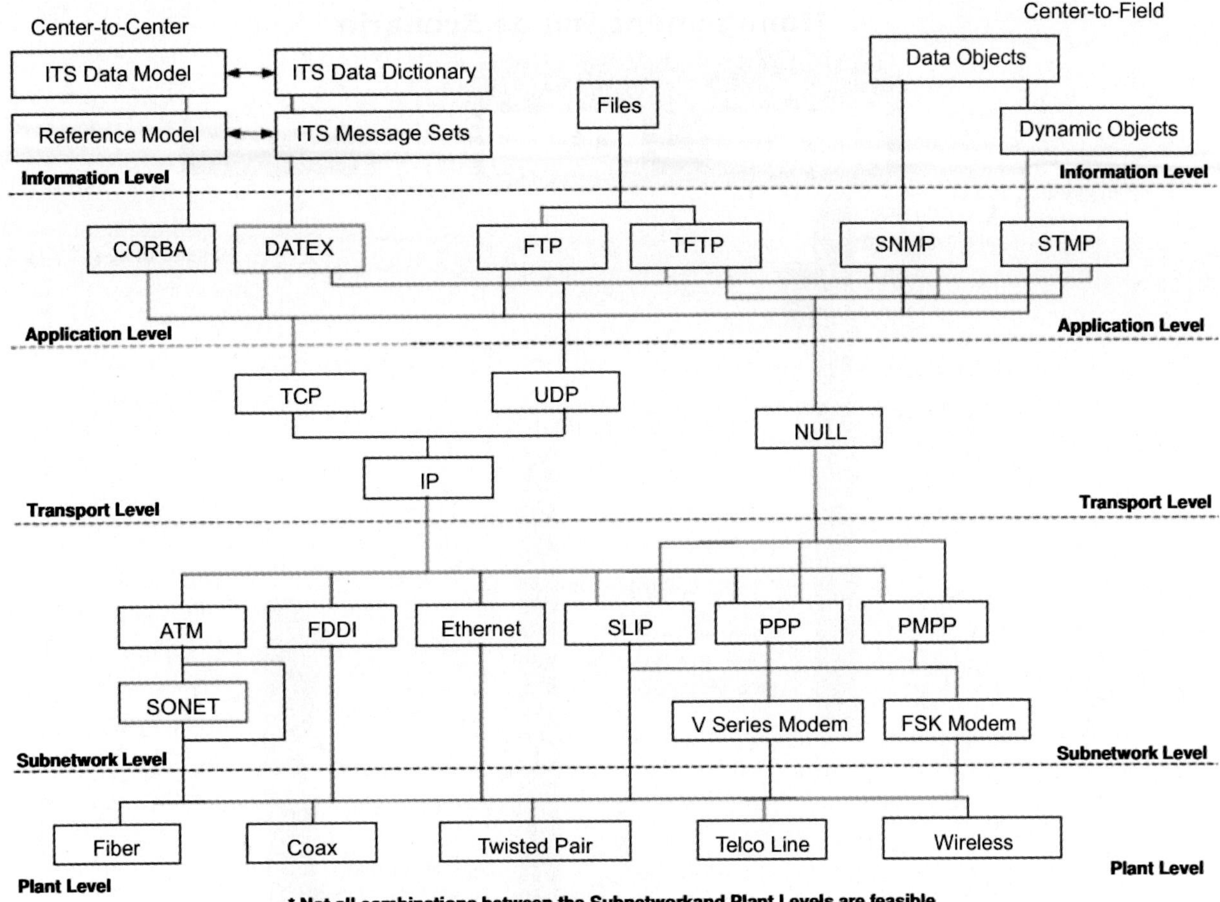

PTC800在Linux上运行着几个功能块，它们相对独立又相互协同工作。其中关键是NTCIP的实现，在文档中NTCIP对VMS的定义可以分为几大块，简单按功能分类如下：

对象名称	对象组实现的功能
vmsCfg	负责VMS配置信息，都是属性为只读的对象，包含屏幕宽、屏幕高、像素间距等
fontDefinitions	对字符表的相关属性定义，包括字符大小、字符索引等属性
multiCfg	负责对标记语言的属性定义，包括默认背景颜色。行对齐方式页对齐方式等
signControl	包含显示控制方面对象，如控制模式、重启屏体、超时显示内容、掉电显示信息等
illum	包含亮度控制相关对象，如亮度控制方式、亮度等级、亮度控制状态等
dmsSchedule	存放按时间轴定义的信息列表
graphicDefinition	图表相关信息对象，包括最大图片尺寸、图片块大小、图片列表等
dmsStatus	屏体相关状态的信息，此对象下又细分了四个小类。如当前速度、电源状态、温度亮度等传感器状态
dmsSignCfg	信息标准的相关属性，比如标志类型、显示信息的最大长度等

首先对于文件我们选择使用FTP 来实现文件管理，流程如下图所示：

首先管理站使用账号连接到PTC800，然后请求上载文件，此时PTC800会根据需要开创一个新线程来响应管理站的操作请求。请求通过权限验证则流程继续，否则PTC800向请求发起管理站返回错误状态标准后断开此次连接，并销毁该新进程释放相关资源。如果上一步通过验证则接收文件，并验证图片的格式和图片状态等信息，通过验证后将图片ID等相关信息存入链表内。

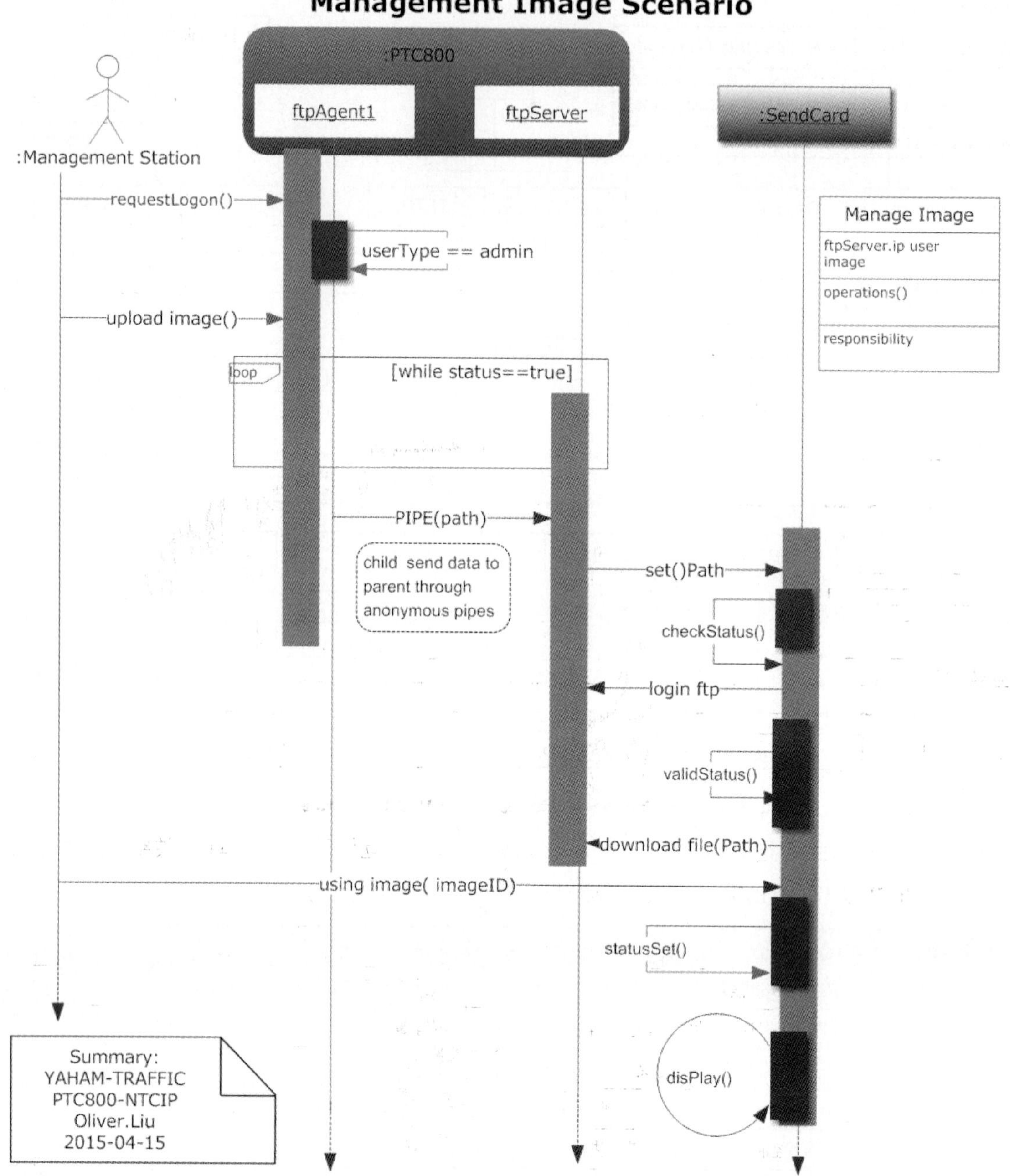

其次，对于其他数据的实现我们按照前面的分类分别由13个程序模块来实现。按照功能可以分为NTCIP协议模块、数据校验模块、通信模块、数据库模块、日志功能模块共五大块。

协议模块又可细分为多个模块，其中的dmsSignCfg模块，前面列表中我们说明了该模块是定义DMS相关属性的，以下是针对该模块的介绍。

dmsSignCfg：是一个用于描述常见DMS共有属性的对象组。成员对象包括如下几个。

1）dmsSignAccess对象组

访问权限为自读，取值范围0 ～ 255的整型。

2）dmsSignType

描述DMS类型，访问权限为只读。取值为下表：

1	other	其他信息标志
2	bos	固定信息标志
3	cms	多变信息标志
4	vmsChar	字符性信息标志
5	vmsLine	行显示信息标志
6	vmsFull	全点阵信息标志
129，130，131，132，133，134	以上6种方式的便携版本	

3）dmsSignHeight

DMS标志的高。

4）dmsSignWidth

DMS标志的宽。

5）dmsHorizontalBorder

左右边框的间距，单位为mm。

6）dmsVerticalBorder

上下边框的间距，单位为mm。

7）dmsLegend

图例，取值为1（other）2（no legend）3（legend exists）。

8）dmsBeaconType

闪灯类型取值如下：

other（1），其他；

none（2），无警示灯；

oneBeacon（3），一个警示灯；

twoBeaconSyncFlash（4），两个警示灯同步闪烁；

twoBeaconsOppFlash（5），两个警示灯交替闪烁；

fourBeaconSyncFlash（6），四个警示灯同步闪烁；

fourBeaconAltRowFlash（7），四个警示分上下组灯交替闪烁；

fourBeaconAltColumnFlash（8），四个警示灯分左右组交替闪烁；

fourBeaconAltDiagonalFlash（9），四个警示灯，对角线交替闪烁；

fourBeaconNoSyncFlash（10），四个警示灯异步闪烁；

oneBeaconStrobe（11），一个闪光灯；

twoBeaconStrobe（12），两个闪光灯；

fourBeaconStrobe（13）四个闪光灯。

9）dmsSignTechnology

标志技术方式，用一个8位字节表示，该位1表示使用该技术，如下：

Bit 0- Other；

Bit 1- LED；

Bit 2- Flip Disk；

Bit 3- Fiber Optics；

Bit 4- Shuttered；

Bit 5- Bulb；

Bit 6- Drum。

程序相关代码如下：

```
void
init_dmsSignCfg（void）
{
    REGISTER_MIB（"dmsSignCfg"，dmsSignCfg_variables，variable1，dmsSignCfg_variables_
oid）;
   mdmsSignCfg_data=（struct dmsSignCfg_data*）malloc（sizeof（struct dmsSignCfg_data））;
   mdmsSignCfg_data->dmsSignAccess=（int）4 ;
   mdmsSignCfg_data->dmsSignType=（int）6 ;
   mdmsSignCfg_data->dmsSignHeight=960 ; //wu li size
   mdmsSignCfg_data->dmsSignWidth=1280 ;
   mdmsSignCfg_data->dmsHorizontalBorder=120 ;
   mdmsSignCfg_data->dmsVerticalBorder=120 ;
   mdmsSignCfg_data->dmsLegend=2 ;
   mdmsSignCfg_data->dmsBeaconType=2 ; //noneBeacon ;
   mdmsSignCfg_data->dmsSignTechnology=1 ; //LED Technology
}
u_char        *

var_dmsSignCfg（struct variable *vp，
         oid * name，
         size_t * length，
         int exact，size_t * var_len，WriteMethod ** write_method）
{
   /*
    * The result returned from this function needs to be a pointer to
    * static data（so that it can be accessed from outside）.
    * Define suitable variables for any type of data we may return.
    */
   const int string_max = 32 ;
   static char     string[32] ;   /* for EXAMPLESTRING   */
   static long     long_ret ;   /* for everything else */
   /*
    * Before returning an answer，we need to check that the request
    * refers to a valid instance of this object. The utility routine
    * 'header_generic' can be used to do this for scalar objects.
```

```
*
* This routine 'header_simple_table' does the same thing for "simple"
*  tables.（See the AGENT.txt file for the definition of a simple table）.
*
* Both these utility routines also set up default values for the
*  return arguments（assuming the check succeeded）.
* The name and length are set suitably for the current object，
*  var_len assumes that the result is an integer of some form，
*  and write_method assumes that the object cannot be set.
*
* If these assumptions are correct，this callback routine simply
* needs to return a pointer to the appropriate value（using 'long_ret'）.
* Otherwise，'var_len' and/or 'write_method' should be set suitably.
*/
switch（vp->magic）{
case DMSSIGNACCESS：
  long_ret = mdmsSignCfg_data->dmsSignAccess；
  return（u_char *）& long_ret；
case DMSSIGNTYPE：
  long_ret = mdmsSignCfg_data->dmsSignType；
  return（u_char *）& long_ret；
case DMSSIGNHEIGHT：
  long_ret = mdmsSignCfg_data->dmsSignHeight；
  return（u_char *）& long_ret；
case DMSSIGNWIDTH：
  long_ret = mdmsSignCfg_data->dmsSignWidth；
  return（u_char *）& long_ret；
case DMSHORIZONTALBORDER：
  long_ret = mdmsSignCfg_data->dmsHorizontalBorder；
  return（u_char *）& long_ret；
case DMSVERTICALBORDER：
  long_ret = mdmsSignCfg_data->dmsVerticalBorder；
  return（u_char *）& long_ret；
case DMSLEGEND：
  long_ret = mdmsSignCfg_data->dmsLegend；
  return（u_char *）& long_ret；
case DMSBEACONTYPE：
  long_ret = mdmsSignCfg_data->dmsBeaconType；
```

```
        return（u_char *）& long_ret；
    case DMSSIGNTECHNOLOGY：
        long_ret = mdmsSignCfg_data->dmsSignTechnology；
        return（u_char *）& long_ret；
    default：
        /*
         * This will only be triggered if there's a problem with
         *  the coding of the module. SNMP requests that reference
         *  a non-existant OID will be directed elsewhere.
         * If this branch is reached，log an error，so that
         *  the problem can be investigated.
         */
        DEBUGMSGTL（（"a8Agentd"，"unknown sub-id %d in examplesar_signControl\n"，
                vp->magic））；
    }
    /*
     * If we fall through to here，fail by returning NULL.
     * This is essentially a continuation of the 'default' case above.
     */
    return NULL；
}
```

（二）DMS控制器

显示扫描部分由DMS来实现，采用现有成熟的使用方案在DMS控制器上实现播放器功能。DMS采用异步系统的架构，由发送卡+接收卡+监控卡组成。带载小时也可以省略接收卡，发送卡自带扫描功能，如下图所示：

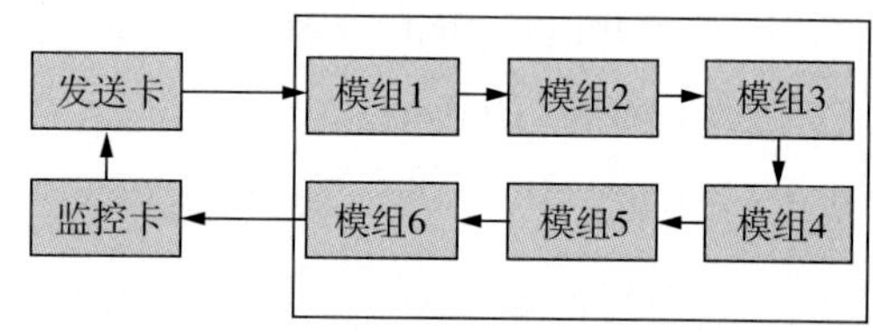

由于DMS控制器采用arm+fpga方案，和市面上异步控制系统无异，本文不再复述。在此介绍DMS控制器上的播放器。

DMS控制器采用现有基于wince6.0的平台实现，所以我们使用C#语言来实现播放器功能，C#是一种“简单、现代、通用”，以及面向对象的程序设计语言，源代码的可移植性很高，尤其是对于已熟悉C和C++的程序员而言。C#适合为独立和嵌入式的系统编写程序，从使用复杂操作系统的大型系统到特定应用的小型系统均适用。播放器的主要技术难点解析MULTI交通标记语言并实现播放，控制器上的程序主要分为播放模块、数据库模块、通信模块、升级模块、日志模块、协议管理模块、交通标记语言MULTI解析等。

程序采用分块的模式，可以同时支持多种通信协议。整体架构如下图所示：

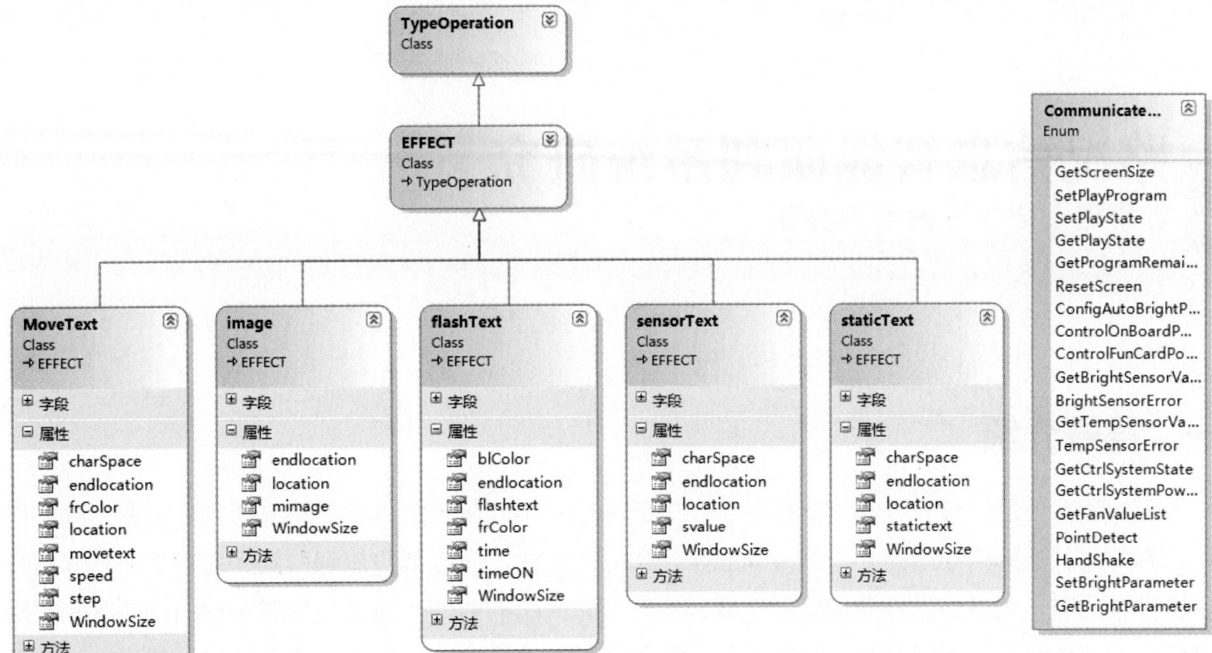
TypeOperation
Class
EFFECT
Class
→TypeOperation
MoveText
Class
→EFFECT
字段
属性
charSpace
endlocation
frColor
location
movetext
speed
step
WindowSize
方法
image
Class
→EFFECT
字段
属性
endlocation
location
mimage
WindowSize
方法
flashText
Class
→EFFECT
字段
属性
blColor
endlocation
flashtext
frColor
time
timeON
WindowSize
方法
sensorText
Class
→EFFECT
字段
属性
charSpace
endlocation
location
svalue
WindowSize
方法
staticText
Class
→EFFECT
字段
属性
charSpace
endlocation
location
statictext
WindowSize
方法
Communicate...
Enum
GetScreenSize
SetPlayProgram
SetPlayState
GetPlayState
GetProgramRemai...
ResetScreen
ConfigAutoBrightP...
ControlOnBoardP...
ControlFunCardPo...
GetBrightSensorVa...
BrightSensorError
GetTempSensorVa...
TempSensorError
GetCtrlSystemState
GetCtrlSystemPow...
GetFanValueList
PointDetect
HandShake
SetBrightParameter
GetBrightParameter

路况信息智能研判系统研究

安徽四创电子股份有限公司

一、背景介绍

国外现有大量的研究表明，信息发布和车载终端对不同年龄的驾驶员都有影响，能够不同程度地提高驾驶员选择路线的能力，通过动态路径引导的方法，可以减少旅程时间，尤其是在有非常发性事件发生时，通过信息发布和路径引导，能够节省大量的时间。另外，驾驶员在出行前获知的交通信息，对驾驶员出行时间及出行路线的选择都有很大的影响。在我国，截至2013年年底，高速公路总里程已达10.4万公里，总里程位居世界第一。随着我国高速公路的大量修建，高速公路网日益形成，我国高速公路管理部门逐渐意识到资源共享和网络化管理的意义，并开始了一些尝试，行业内的专家、技术人员也对高速公路网信息服务的建设不断进行探讨，取得了一定的成果。

本系统能够适用于城市高架及高速公路等快速道路，能够快速、有效地智能分析出路面交通信息，避免从海量信息中寻找异常信息，提高了交通管理工作人员的工作效率，降低了路况异常信息误报率，大大降低了交通管理工作人员数量，从而降低政府财政支出。

二、主要技术性能指标

（一）主要性能指标

本项目主要性能指标如下：

（1）设备工作时间能够满足全天候24小时工作，能在各种常见气候条件下正常工作；

（2）高清卡口和3D雷达通过光纤实时传输数据至后台；

（3）根据不同条件统计车流量及道路服务水平；

（4）支持录像、图片、黑名单模糊查询及实时视频播放功能；

（5）具备突发事件检测功能；

（6）实时显示当前系统时间前六个小时内的智能研判结果所对应的不同服务水平等级及相应数量，具备删除和处理功能；

（7）具备查询已处理智能研判信息及未处理智能研判信息功能；

（8）后台软件系统平台运行无异常。

（二）主要技术指标

本项目主要技术指标如下：

（1）突发事件检测率>80%；

（2）智能研判正确率>90%；

（3）3D雷达数据解析正确率及数据接受率=100%；

（4）采集数据处理分析并写入数据库时间<30s；

（5）智能研判实时刷新为30s。

三、总体设计思想

（1）根据原有设备布局，选取试验段并合理确定布局新增设备位置；

（2）根据前端设备类型，针对不同设备类型选择相应的通信方式及存储方式并设计相应的数据库；

（3）针对试验段特点及设备获取信息类型，建立路况信息智能研判数学模型，同时依据国家相关标准准划分不同等级的道路服务水平；

（4）针对不同等级的道路服务水平，选择合理发布方式；

（5）形成一套路况信息智能研判管控平台系统。

四、基本工作原理及系统框图

基本工作原理：如图1所示，通过采集信息后，完成相应算法设计，最终形成一套系统软件。

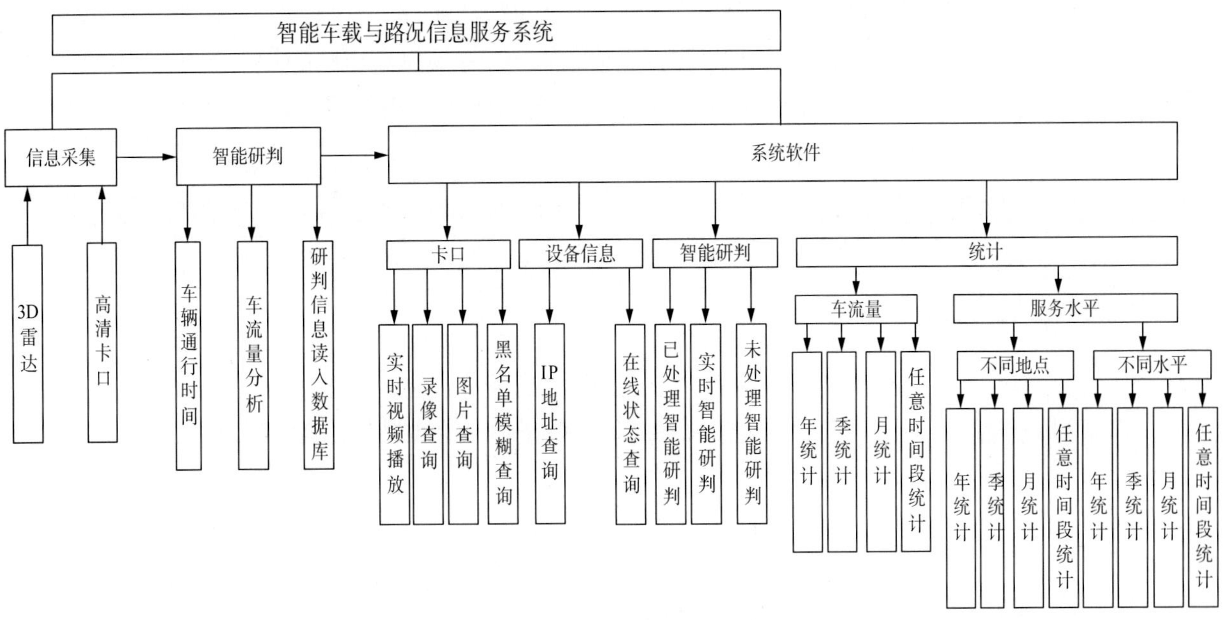

图1　智能车载与路况信息服务功能系统图

系统组成图如图2所示。

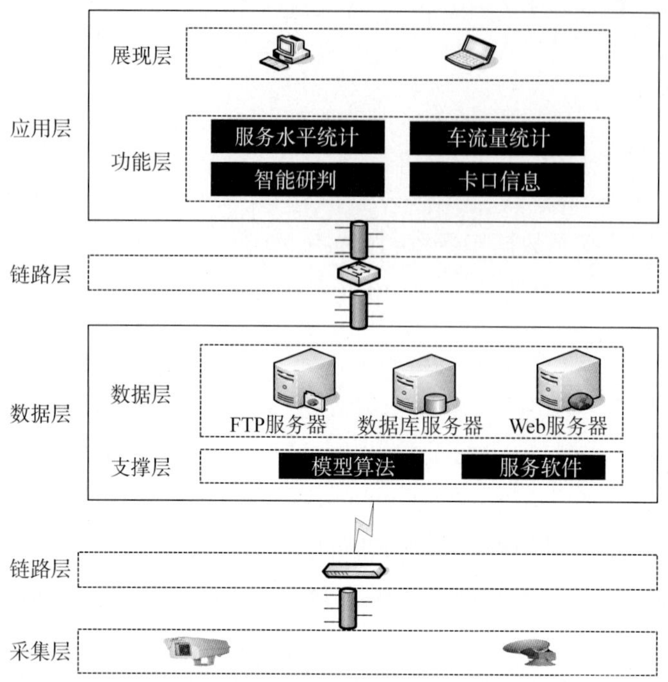

图2　智能车载与路况信息服务系统组成图

五、各分系统设计方案

(一)信息采集分系统

采集车流量：由于3D雷达数据很多，本项目只需要周期T内每个车道车流量，通过解析协议，当解析出统计车流量时，把相应信息读入数据库，流程如图3所示。

车辆通行时间：把当前系统时间前15min的卡口数据库分为上游卡口数据和下游卡口数据，通过上下游卡口比较车牌号获得车辆通过试验段的时间，如图4所示，m表示当前系统时间的分钟，s表示当前系统时间的秒。

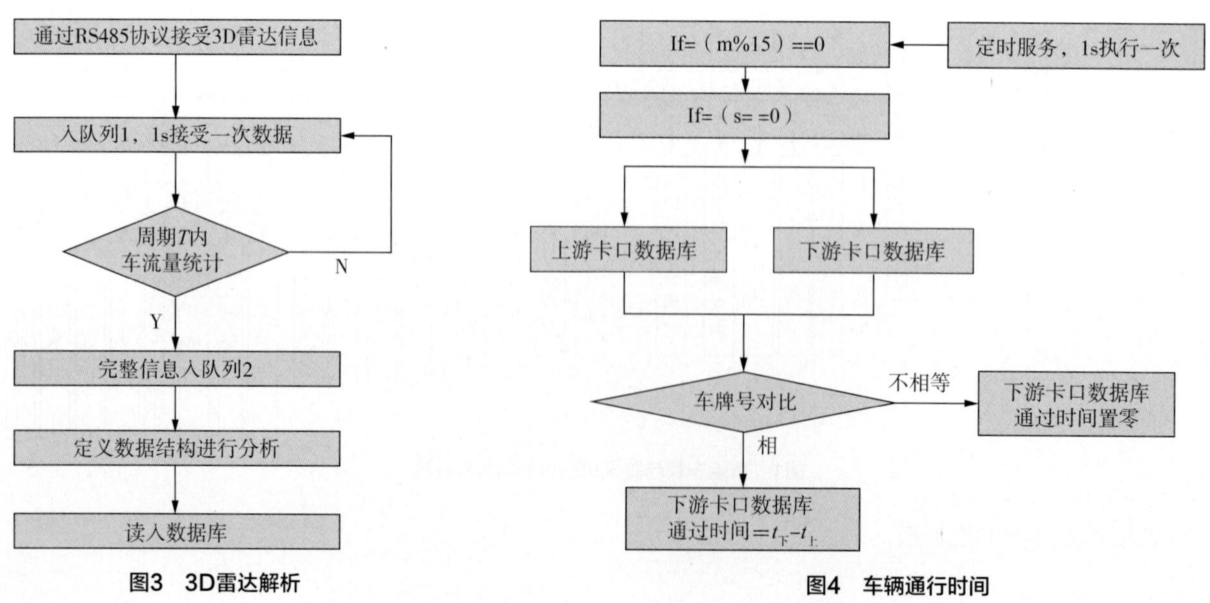

图3　3D雷达解析

图4　车辆通行时间

（二）智能研判分系统

根据格林希尔兹模型得到速度-密度数学关系和流量-密度数学关系，分别为

$$V = v_f(1-\frac{K}{K_j}) \quad (1)$$

$$Q = Kv_f(1-\frac{K}{K_j}) \quad (2)$$

本项目单向双车道，内侧和外侧设计速度分别为120km/h和100km/h。根据自由流速度定义，本项目自由流速度V_f内侧和外侧分别取110km/h和90km/h，通过公式（1）和公式（2）得到两车道的空间平均速度-车流密度-服务水平的划分，结合表1和公式（1）、公式（2），得到表2。

表1　高速公路路段服务水平等级划分

服务水平等级	V/C值	设计速度（km/h）		
		120	100	80
		最大服务交通量		
一	V/C≤0.35	750	730	700
二	0.35<V/C≤0.55	1200	1150	1100
三	0.55<V/C≤0.75	1650	1600	1500
四	0.75<V/C≤0.90	1980	1850	1800
五	0.90<V/C≤1.00	2200	2100	2000
六	V/C>1.00	>2200	>2100	>2000

注：各服务等级定义参照JTG B01—2014 公路工程技术标准。

表2　单车道空间平均速度-车流密度-服务水平划分

	120km/h				100km/h			
服务水平等级	1h最大服务交通量Q	1km路段最大车流密度K	1km路段最小车头间距hd	最小空间平均速度$\overline{V}_s$	1h最大服务交通量Q	1km路段最大车流密度K	1km路段最小车头间距hd	最小空间平均速度$\overline{V}_s$
一	750	7.24	138.12	103.59	730	8.72	114.68	83.72
二	1200	12.08	82.78	99.34	1150	14.45	69.2	79.58
三	1650	17.43	57.37	94.66	1600	21.47	46.58	74.52
四	1980	21.8	45.87	90.83	1850	25.95	38.54	71.29
五	2200	25	40	88	2100	31.04	32.22	67.65

1. 突发事件检测

（1）下游道路服务水平等级高于上游道路服务水平等级，则进行第二步；

（2）下游交通量与上游交通量之差与上游交通量之比大于40%，则进行第三步；

（3）下游道路服务水平等级为三级及以内服务水平。

2. 研判分析

本项目为单向双车道，为便于分析，将表2换算为表3所示。

表3　双车道空间平均速度-车流密度-服务水平

服务水平等级	1h最大服务交通量Q	1km路段最大车流密度K	最小空间平均速度$\overline{V}_s$	1km路段最小车头间距hd
一	1480	15.96	93.655	126.4
二	2350	26.53	89.46	75.99
三	3250	38.9	84.59	51.975
四	3830	47.75	81.06	42.205
五	4300	56.04	77.825	36.11

根据表3信息得知最低时速77.825km/h，为保证所有车辆能够通过试验段12.6km，选择时间T=10min研判一次比较合适。本项目智能研判分为上游、下游及试验段的道路服务水平等级，上下游道路服务水平等级根据表3研判如公式（3）所示。

$$\text{上下游结果}=\begin{cases}\text{一级水平} & Q<Q \leqslant 247 \text{ 且 } \overline{V}_S \geqslant 93.655\text{，防止道路拥堵}\\ \text{二级水平} & 247<Q \leqslant 392\\ \text{三级水平} & 392<Q \leqslant 542\\ \text{四级水平} & 542<Q \leqslant 638\\ \text{五级水平} & 638<Q \leqslant 717\\ \text{六级水平} & Q>717\end{cases} \tag{3}$$

步骤如下：

（1）确定是否存在突发事件，若不存在，则进行第二步；

（2）获取时间T内上下游高清卡口抓拍车牌号$C_{上}$、$C_{下}$及抓拍时间$t_{上}$、$t_{下}$；

（3）若$C_{上}=C_{下}$，则算出时间差$t_i=t_{上}-t_{下}$，同时车辆数量N加1，以此类推计算所有车辆通过试验段的时间差并相加得到总时间$t=\sum_{i=1}^{N}t_i$；

（4）由于高清卡口识别率受到天气等因素影响，若$N<15.96\times12.6\times a$，a为系数，本项目初始设置a=20%，则$N<40$，试验段道路服务水平等级为上游和下游最低服务水平等级最低者，否则跳转到第五步；

（5）通过公式（1）计算得到空间区间速度$\overline{V}_s$，按照表3进行划分道路服务水平等级，如公式（4）所示；

$$\text{试验段}=\begin{cases}\text{一级水平} & \overline{V}_S \geqslant 93.655\\ \text{二级水平} & 89.64<\overline{V}_S \leqslant 93.655\\ \text{三级水平} & 84.59<\overline{V}_S \leqslant 89.46\\ \text{四级水平} & 81.06<\overline{V}_S \leqslant 84.59\\ \text{五级水平} & 77.825<\overline{V}_S \leqslant 81.06\\ \text{六级水平} & \overline{V}_S \leqslant 77.825\end{cases} \tag{4}$$

（三）信息发布分系统

指挥中心软件平台系统每隔时间段T内显示道路服务水平等级，指挥中心相关工作人员第一时间确认道路服务水平等级后，通过数字型可变限速标志、智能车载终端发送相关信息，其中数字型可变限速标志采用文字发送，通过千兆光纤能够满足需求，智能车载终端采用3G网络发送。当驾驶员获得相关信息时，选择合理路线行驶。

高清化、智能化高速公路视频监控解决方案

深圳金三立视频科技有限公司

我国高速公路经过17年的持续快速发展，公路基础设施总体水平实现了历史性跨越。随着京沪、京沈、京石太、沪宁合、沪杭甬等一批长距离、跨省区的高速公路相继贯通，我国主要公路运输通道交通紧张状况得到明显缓解，长期存在的运输能力紧张状况得到明显改善。高速公路的快速发展，大大缩短了省与省之间、重要城市之间的时空距离，与此同时，绝大多数省份的高速公路也从单条道路跨入了纵横交错的路网化时代，而与之相适应，高速公路视频联网监控系统作为高速公路机电“三大系统”的核心之一，也取得了巨大的技术进步，目前新建高速公路几乎都已采用高清化、网络化、集成化的高清视频监控系统，而且原有的模拟视频监控系统设备也逐渐升级换代为高清视频监控系统。

金三立视频科技（深圳）有限公司（以下简称金三立）经过十多年的安防视频监控技术积累，长期专注于视频采集技术、图像编解码技术、数字视频传输技术、视频管理和显示与控制技术等核心技术的创新与发展；同时，金三立专注于高速公路视频监控行业需求，有针对性地推出了一系列行业领先、技术稳定的监控产品，为高速公路行业提供了专业化高清视频监控方案；高速公路视频监控成功案例已经遍布全国各地。

金三立高速公路视频监控方案采用全高清视频前端设备、光纤以太网视频传输系统、高清视频管理与存储系统和高清显示系统等组成高速公路视频监控系统，并在此系统上通过车牌识别、高清卡口二义型路径识别、大数据分析等技术推出智慧高速公路解决方案。

金三立高速公路视频监控整体解决方案包含收费站视频监控系统、隧道视频监控系统、沿线道路视频监控系统和监控中心视频管理系统等组成部分。总体系统架构图如下：

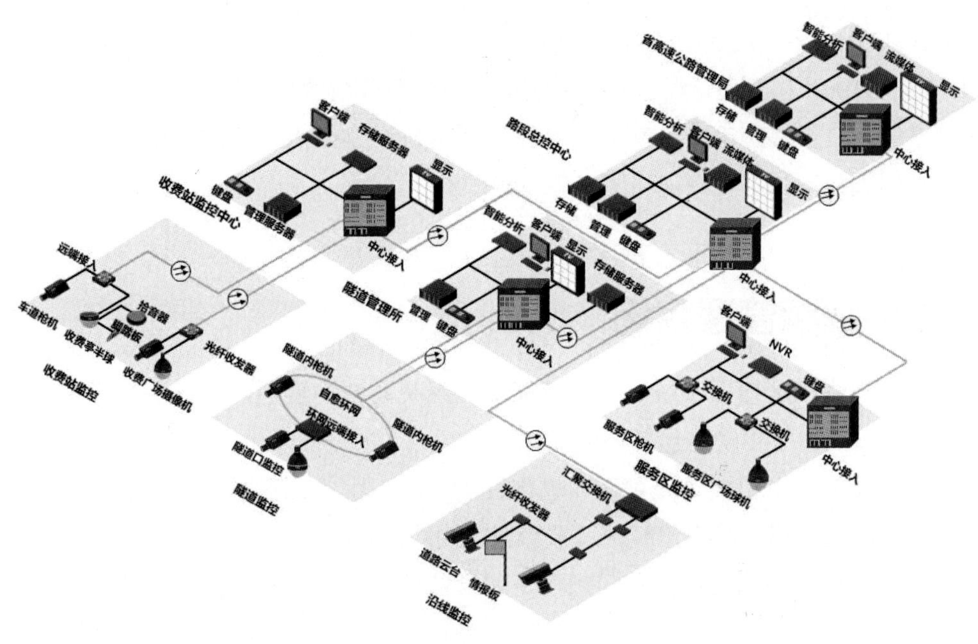

一、收费站视频监控系统

收费站视频监控系统由车道监控、岗亭监控和收费广场监控组成，其主要功能包括：

（1）视频预览及录像：收费车道视频监控系统主要将车辆通行情况实时显示到收费管理中心显示系统并录像存储。

（2）车牌识别：通过金三立车牌识别摄像机完成车牌识别、车道视频录像、收费信息字符叠加、图片抓拍。

（3）防逃费管理：通过金三立防逃费系统实现车道逃费行为检测与取证、黑名单车辆拦截；可以在常规视频监控功能基础上实现高速公路防逃费业务功能。

二、隧道视频监控系统

隧道视频监控系统由隧道内外视频监控、隧道内交通事件检测组成，其主要功能包括：

（1）视频预览及录像：通过隧道内固定枪机、球机和隧道口云台摄像机随隧道交通流和山体状况进行实时监视和录像存储。

（2）隧道交通事件检测：针对重点隧道配置交通事件检测服务器，检测隧道车流密度、排队长度、车头间距、火焰检测等交通事件，提高隧道通行效率和安全性。

三、沿线道路视频监控系统

沿线道路视频监控系统由重点路段视频监控、服务区监控等组成，其主要功能包括：

（1）视频预览及录像：沿线道路监控采用云台摄像机加固定枪机对高速公路沿线事故多发路段、互通立交、桥梁等重点场景进行实时监控和视频录像。

（2）二义性路径识别：针对多义性路径采用高清卡口系统进行路径识别，提供准确的通行路径信息供联网结算。

（3）服务区智能化管理：服务区高清卡口系统通过车牌识别对进出服务区车辆进行准确统计，对服务区停车位准确统计和管理，配合服务区情报板显示系统给通行车辆提供准确的停车服务信息。

（4）防逃费管理：沿线互通立交高清卡口系统可准确识别进入当前路段的黑名单车辆并及时预警，配合金三立防逃费系统可有效实现黑名单车辆识别。

四、监控中心视频管理系统

监控中心主要包含视频接入系统、视频管理平台系统、电视墙显示系统等视频监控系统和防逃费管理系统等业务系统。主要功能包括：

（1）系统管理功能：主要包含域管理、机构管理、应用服务器管理、视频服务器管理、电视墙管理、巡回管理、群组管理、用户管理和录像管理等模块。

（2）视频、图片预览与回放功能：视频预览包含监控系统实时视频预览、多路回放和车牌识别系统抓拍图片实时预览功能。

（3）系统联动功能：平台支持视频、报警、卡口等各系统信息的联动，支持联动录像、联动抓拍、联动预置位、联动电视墙、联动告警输出、联动E-mail等各种动作。

（4）数据检索与流量统计功能：系统提供按车辆信息检索的应用平台，按不同权限对数据库进行操作，并提供模糊查询、数据备份和数据打印输出功能。执法人员可根据车道和时段进行车辆流量统计，并得到直观明了的曲线图（或者列表）显示统计结果，及时对当前的交通状况做出调整以及处理违章车辆信息。

（5）取证信息存储及稽查功能：平台支持违章冲卡车辆检测信息、车牌识别流水、车牌抓拍图片和车辆通行视频等取证证据信息存储。平台支持高清卡口管理，可通过车牌号根据车辆通过路径识别点高清卡口抓拍信息确定车辆行驶轨迹；支持防逃费可疑车辆筛选分析、疑似逃费车辆稽查功能。

（6）网络管理功能：支持以拓扑图形式展示服务器网络拓扑结构；支持平台配置管理，可配置平台相关参数；支持系统诊断，可以针对当前服务器运行及配置情况，给予诊断报告，若有问题，给予解决方案建议；支持服务器状态管理，以图表及表格的方式给予展示，并可以自定义安全阈值，当超过阈值时在页面给予警示；支持运维控制管理，控制服务器各个模块及服务的运行、数据库的备份及导入，日志、配置文件的导出、平台软件版本的升级及管理；支持前端设备管理，可以查看当前设备的列表，针对在线设备进行控制，并可进行状态查看、版本升级、日志管理。

高速公路视频监控领域的视频转码解决方案

北京华鼎嘉业技术有限公司

一、概述

随着高速公路信息化建设的深入发展，众多厂商的高速公路视频监控系统，采用差异化的技术实现方案，已经在各项目广泛部署运营。如何将以路段为单位建设的视频监控系统，连接成覆盖全省的视频监控系统，成为目前高速公路信息化建设的一个核心需求。各路段视频监控系统或视频设备间的互联互通，需要在控制信令和视频流数据两个层面进行规范和标准化。华鼎转码服务器的产品目标定位是，在中心平台的调度下，按照需要，对各路段监控系统输出的视频流，进行标准化和统一化的格式转换。

二、背景介绍

近年来，随着我国综合实力和国民收入水平的提高，机动车每年以10% ～ 20%的速度迅猛增长，道路建设步伐加快，全国城市化水平也在不断提高，交通管理现状和需求的矛盾进一步加剧。随着全球人口高速增长和流动，高速公路成为人们出行的重要途径之一，在人员和物资的跨区域流动中承当日益重要的作用。高速公路监控系统作为高速公路实现安全、高效、节能及环保运行的重要手段，主要负责数据、视频、路况的信息采集、处理和存储，提供交通信息资源，其为高速公路快速、安全、舒适、高效提供了保障。

高速公路视频监控系统的作用是对高速公路网实现实时监控和交通控制。在现有的道路和环境条件下，通过对采集的信息进行实时分析、处理和预测，采取有效的交通控制手段，预防可能发生的交通事件、事故和阻塞；当出现突发性交通事故或道路环境变化而导致交通阻塞时，通过系统及时发现并采取有效措施进行缓解和排除，以防止对路网交通产生更大的影响，进而提高路网运行的利用效率和安全性。

各省高速公路视频监控系统建设都存在由几家或者多家厂商视频监控产品组成的情况，虽然现在推出GB28181及ONVIF等标准协议，但是在高速公路建设初期各厂家使用的均为私有协议，在新建项目时仍然会出现新老兼容，不易于升级扩容等问题。

三、需求分析

（一）不同厂商产品兼容性

高速公路视频监控系统包括收费监控系统及道路监控系统，收费监控系统包括对收费亭、车道和广场的监控，道路监控系统包括对道路沿线和隧道的监控，在统一规划、统一管理的基础上，以光纤专线为传输介质，前端采用数字+模拟、纯数字高清，存储采用本地存储加中心存储等模式来实现，要求达到统一的监控，对收费站、道路沿线和隧道进行24小时实时音视频监控与录像。如果收费和监控产品使用不同厂家的产品，要实现集中监控、集中管理就存在厂家协议对接问题。

（二）新老兼容，易于升级扩容

原高速公路视频监控基本采用前端数字编码+模拟摄像机，存储采用本地存储加中心存储等模式来实现，路段中心显示系统采用标清解码器+监视器及大屏，目前高速公路视频监控大部分已经采用高清前端设备，存在问题路段中心显示系统的标清解码器无法解高清码流。

（三）改扩建项目充分利用现有资源，保护用户投资

由于标清视频监控系统没有制定统一规范的标准协议，而不同视频监控厂家所使用的协议均为厂家私有协议，在没有做过互联互通测试的情况下会存在无法对接的可能。以甘肃省高速公路视频监控系统为例，在不同项目中使用标清视频监控设备各厂家均出现过无法对接的情况，为解决各厂家设备兼容问题耗费了大量的人力、物力，最终将标清监控设备转为高清监控设备才解决了部分厂家设备兼容问题。在扩容及改建项目时就需要考虑到原有视频监控系统的兼容性。

综合以上诸多基本需求，高速公路视频监控视频转码应具备以下几个功能：

（1）安全可靠的系统；

（2）高性能视频转码/转发能力；

（3）完善便捷的管理；

（4）灵活的策略部署；

（5）广泛的适应性。

四、高速公路视频监控领域的视频转码解决方案介绍

华鼎转码服务器的产品目标定位是：在中心平台的调度下，按照需要，对各路段监控系统输出的视频流进行标准化和统一化的格式转换。这种格式转换可以对视频流数据的三个层面——传输层、封装层、编码层进行指定功能集合范围内的格式转换。根据项目的需求和产品的完善，产品所支持的转换功能集合范围会越来越大。

如下图所示，视频流服务器对流的处理由三层模块组成，即封装、传输和编码。

（1）传输模块：支持一对一和一对多的流转发/分发服务，支持UDP（组播/单播）、TCP、RTSP等传输协议间的转换。

（2）封装模块：支持TS、ES、PS、RTP等流封装格式。

（3）编码模块：支持在不同的编码标准，同一编码标准的不同算法子集，不同的视频分辨率之间进行转换。

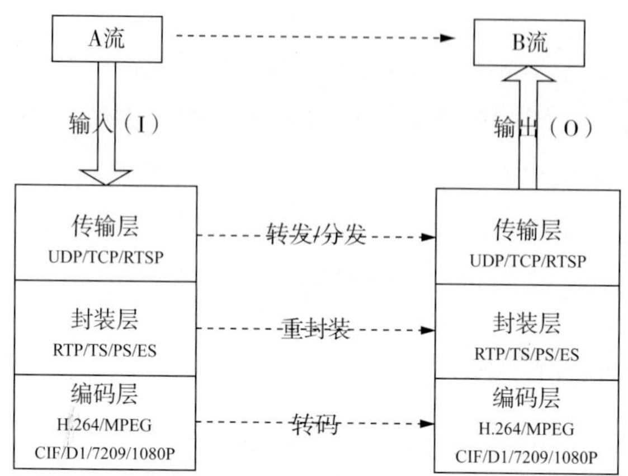

华鼎嘉业凭借其在高速公路视频监控领域的深厚积累，基于国标28181联网标准推出OVIS VM2500系列转码联网产品，对行业内各种类型的视频流进行统一化和标准化转码，以满足不同厂商系统/设备联网的需求。

典型案例一（多级平台标准化联网）

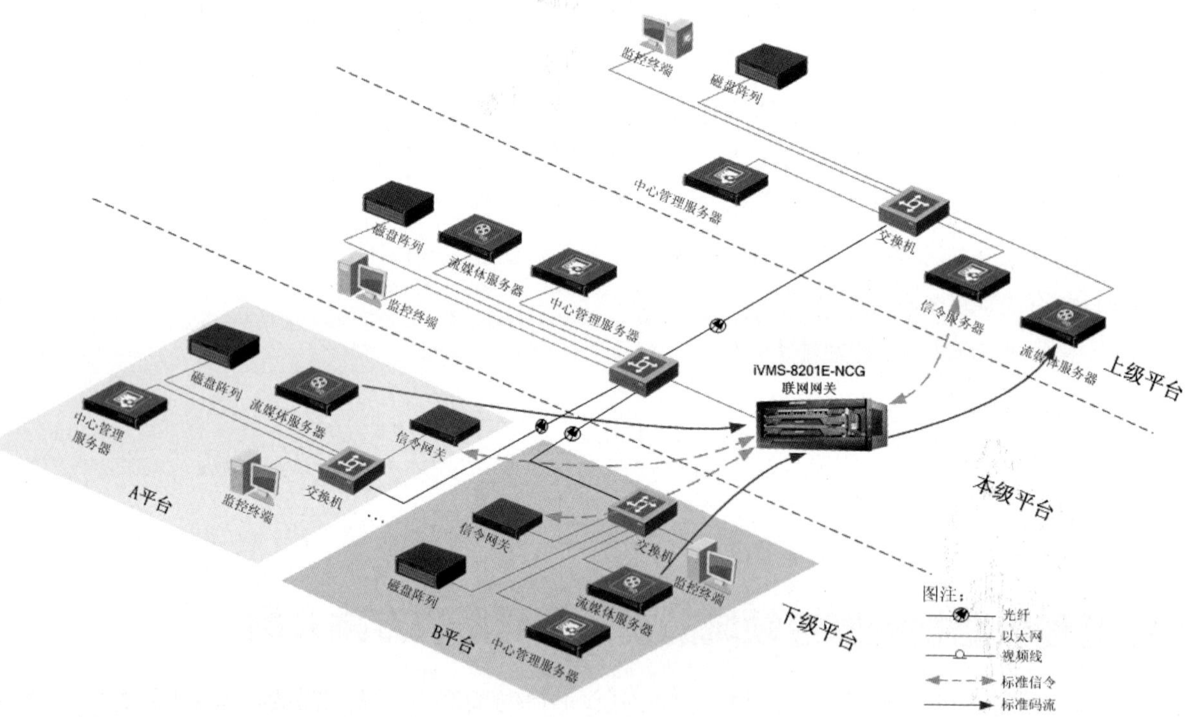

通过华鼎转码服务器可实现全省（或全市）多级、多厂商、多平台之间基于国标实现级联或互联。

下级国标视频监控平台通过GB/T 28181-2011标准协议接入转码服务器，下级非标准视频监控平台可通过SDK接入转码服务器。转码服务器通过GB/T 28181-2011标准协议对接上级平台，实现信令控制、信令交互、信令路由、视频流推送及分发功能。

单台转码服务器可同时对接多个异构平台，支持同时实现对接上级平台和接入下级平台的能力，大大降低了联网建设的成本。此外，采用转码服务器方式，也可有效屏蔽伴随GB/T 28181-2011

联网标准的进一步细化而造成对平台内部其他模块的改动。

典型案例二（非国标平台标准化改造）

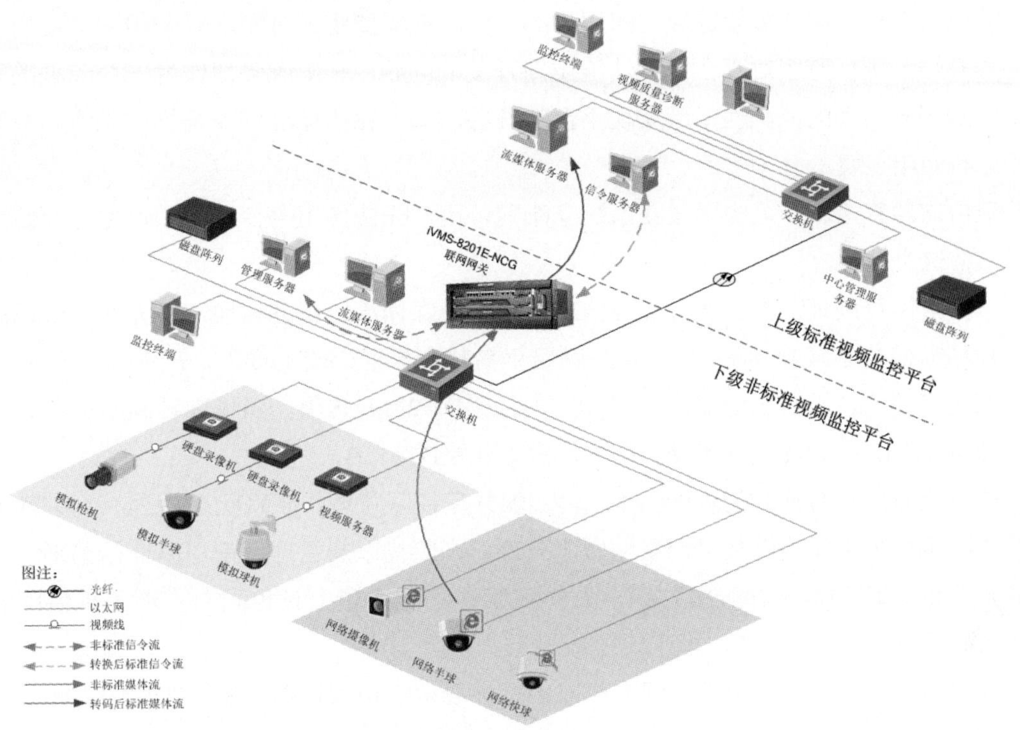

通过华鼎转码服务器可实现对非国标视频监控平台的标准化改造，将非国标的信令协议、设备ID、媒体传输协议、数据封装格式、媒体码流进行标准化转换，输出标准信令与标准码流，并无缝接入上级国标监控平台。

非国标视频监控平台可通过平台对接SDK接入转码服务器。转码服务器实现非国标信令流与媒体流的标准化，向上级视频监控平台输出标准信令和媒体流。

转码服务器信令流与媒体流的处理过程如下。

1. 向本级平台资源管理服务器获取资源数据

本级非国标视频监控平台通过SDK接入转码服务器，转码服务器从平台资源管理服务器中获取资源。

2. 向流媒体服务器获取媒体流

当转码服务器接收到上级域平台的预览或者回放请求时，解析请求并获取相关信息后，向本级平台的流媒体服务器获取流，并将流转码成GB/T 28181–2011标准的媒体流后推送给上级域平台的媒体接收端。

3. 向存储管理服务器查询录像文件

当转码服务器接收到上级域平台的查询录像文件请求时，解析请求并获取相关信息后，向本级平台的存储管理服务器查询录像文件，并将录像文件转换成符合GB/T 28181–2011标准的录像文件后推送给上级域平台的媒体接收端。

4. 向云台代理服务器发送云台控制命令

当转码服务器接收到上级域平台的云台控制请求时，解析请求并获取相关信息后，向本级平台的云台代理服务器发送云台控制命令，并将控制结果返回给上级域平台。

利用转码服务器实现标准化升级改造与平台软件直接升级改造相比较，有以下几点优势：

（1）平台软件直接做升级会导致之前用户的定制功能需要重新开发，影响用户的使用；而采用转码服务器升级，则规避了对平台定制功能重新开发的问题，转码服务器作为一个单独的子系统独立运行，屏蔽了平台间的差异性，可实现平台的升级改造，输出标准信令与标准码流，并不影响本级用户的原有使用习惯。

（2）平台软件直接做升级会导致在系统交割时，用户无法使用平台的现象产生，而使用转码服务器则不存在这个问题。

（3）平台软件直接做升级虽然可实现信令协议以及媒体流协议的转换，但无法实现码流的标准化转换（包括编码格式及封装协议），无法满足平台输出标准码流的要求。若利用一般服务器实现软转码，则性能较低，单台服务器最多只能实现几路D1/2M的转码。而华鼎转码服务器采用高性能Netra板实现硬转码，单台转码服务器转码性能高达64路D1。

（4）转码服务器具有独立的Web管理，可实现共享权限管理、联网状态管理、网关性能消耗查询等功能，将平台内部监控以及平台联网做了分离，在架构以及管理上都可以非常清晰，并能清楚定位故障点，而采用平台直接升级方案，虽然在某些功能模块上其也同时实现了平台间联网的功能，但业务功能点相互交叉，无法清晰定位故障点。

（5）转码服务器在跨域或跨级访问上可以根据需要灵活设置设备资源共享权限，访问及控制权限设置可以区分于本级用户，可以满足本级用户的管理需求，平台软件直接升级在该功能上受制于软件平台不能够提供该项服务。

五、产品特点

（一）安全可靠的系统

（1）Centos 7.0高性能图像处理服务器；

（2）GPU的图形运算能力，实现高效率转码运算；

（3）运营级ATCA机箱、双电源冗余、智能风扇自动调温，确保系统稳定、可靠；

（4）标准机架式设计，业务模块支持热插拔，易安装、调试及维护；

（5）双高速无阻塞背板设计，满足大容量视频数据高速交换的需求。

（二）高性能视频转码/转发能力

（1）支持在传输/封装/压缩编码3个功能层面进行流格式转换的能力；

（2）单机版转码服务器（单CPU+GPU），可提供28路D1/4CIF，或7路1080P的转码能力；

（3）高密度转码服务器（16颗CPU+GPU），最大可提供400路D1/4CIF，或100路1080P的转码能力；

（4）支持将1080P分辨率的视频源转码成VGA ～ QCIF的目标分辨率，以适应公众服务发布的需求。

（三）完善便捷的管理

（1）可查看转码服务器的状态、转码状态、点位在线状态；

（2）具备对接入的设备资源、监控点基本信息的统计功能；

（3）支持参数配置，参数导入导出、日志获取、设备重启等设备远程维护功能；

（4）实时监控视频流的输入/输出/分支/流速率等工作运行状态，并向平台汇报。

（四）灵活的策略部署

（1）多种设备规格可选，满足不同规模平台联网和转码需求；

（2）多台部署时支持流转发的负载均衡策略。

（五）广泛的适应性

（1）支持海康（28181）、大华（28181）、宇视、欧麦特、中威、数码、华鼎等多家主流设备厂商的视频流转码/转发/分发；

（2）支持河北、山西、重庆地方标准规范视频码流；

（3）面向平台，提供28181信令规范接口，以及设备自定义平台信令接口规范；

（4）可根据项目情况，对特殊厂商编码器的视频流进行针对性适配；

（5）可根据项目情况，对平台信令接口要求进行针对性适配；

（6）可根据项目情况，对特殊厂商的解码器（电视墙）进行针对性适配，输出该类型解码器能够回放的视频流。

技术指标

	基本参数	
产品型号	OVIS VM2500	
类型	台式小型媒体服务器	高密度媒体服务器
操作系统	Linux CentOS7	
平台接入	28181，设备内部XML信令交互，或适应客户平台接口要求	
	CPU+GPU	
处理器	ntel Core i7-4770R	Intel 第四代至强E3或Core i7/i5/i3处理器按需选配型号及数量，最大支持16颗CPU
处理器类型	第四代酷睿i7	第四代至强E3或酷睿i7/i5/i3
处理器频率	3.2 ～ 3.9GHz	3.7 ～ 4.1GHz
三级缓存	L3 6M	
显卡类型	核芯显卡	核芯显卡
显卡芯片	Intel Iris Pro5200	Intel Iris Pro5200
显卡容量	共享系统内存	共享系统内存
	接口 + 硬件参数	
主板/芯片组	100*105mm	Intel C226 Chipset
内存大小	2*SO-DIMM DDR3L slots（DDR3 1.35V）；1333/1600MHz；最高支持16GB	每路CPU支持2*DDR3 slots；最高支持16GB
硬盘接口	2.5寸SATA HDD/SSD硬盘	2.5寸SATA/SSD硬盘和SATA DOM盘

（续表）

声卡	内置声卡	内置声卡
接口	USB*4，HDMI，MiniDP，电源接口，音频输出	每路CPU提供USB*2
网口	RealTek RTL8111G GigaBit 自适应接口	每路CPU提供2*千兆电口（1个对外，1个连接内置节点交换机）
机箱规格	62mm*114.4mm*127mm	Intel Server Chassis H2216XXKR2机箱，标准机架式，2U高度，L×W×H=17.24"×28.86"×3.42"
电源	输入：AC 100 ～ 240V	输入：AC 110 ～ 240V
功耗	满负荷运行<100W	满配（16颗CPU）< 1600W
	转发转码性能	
传输层	支持UDP（组播/单播），TCP，RTSP等传输协议的转换和转发分发	
封装层	支持ES TS PS RTP 等封装协议的格式转换	
编码层	支持H.264各编码实现算法子集之间的格式转换	
转码性能	4Mbps视频流：1080P，7路 D1/4CIF，28路	4Mbps视频流：1080P，100路 D1/4CIF，400路
转发性能	支持500M数据的吞吐能力	每路通道支持500M数据的吞吐能力

智慧交通信息工程监理案例分析

深圳市艾泰克工程咨询监理有限公司

一、引言

随着国家“互联网+”行动计划的不断落地实施，云计算、大数据、移动互联网、物联网技术的广泛应用，将对与民生相关的交通行业带来越来越深入的影响。作为智慧城市建设的重要领域，智慧交通行业与移动互联网、物联网技术深度渗透融合，将对智慧交通信息工程的规划、设计、实施、监理等环节带来挑战，并将产生深刻变革。

本文以深圳市道路停车试点项目为典型案例，分析智慧交通信息工程监理的难点和解决方案。

二、案例背景

（一）项目简介

深圳市作为一线城市，交通拥挤、道路资源十分紧张，近几年车辆保有量的快速增长，交通拥堵区域逐渐由中心城区向外蔓延。与此同时，静态停车交通也面临严峻的考验，由于停车位缺口大，许多车辆长期占用道路停车，严重影响道路通行能力和市容，并且有愈演愈烈之趋势，“行车难、停车难”的城市交通问题已经成为目前深圳市可持续发展过程中面临的主要问题。为缓解停车供需矛盾，合理利用道路资源，解决片区停车难题，深圳市2012年5月正式发布的《深圳市城市交通白皮书》提出，停车政策调整是近期缓解交通拥堵的重要措施之一，而加强道路停车管理则是停车政策调整的重要内容。

本项目选择4个片区作为实施道路停车收费管理的试点片区，共计1708个泊位。目标是综合运用射频、手机通信以及泊位自动监控等技术，打造“判定精准、使用方便、结算便捷、技术稳定”的道路停车管理体系，使其达到“国际一流、国内先进、深圳质量、品质交通”的总体目标要求，从而缓解“行车难、停车难”的局面。

（二）系统建设内容

深圳市道路停车管理系统分为两大部分，前端设备及后台管理系统。前端设备由车位检测器、电子标签、手持PDA等设备组成，其中，车位检测器主要用于检测停车泊位上是否有车停靠；电子标签（以及用户手机）主要用于停车交易，用户可通过手机通信或者安装电子标签后由系统自动读取等方式实现停车扣费；手持PDA主要为巡检人员工具，巡检人员通过PDA接收后台指令，并至指定位置完成违章拍照、罚单处理等流程。

后台管理系统是道路停车管理的指挥中枢，主要负责道路停车设备管理、交易处理、清分结算、客户服务等功能，还可与交委交通运行指挥中心、市交警部门交通管理平台对接，实现数据互换与共享。下图是系统的总体逻辑架构：

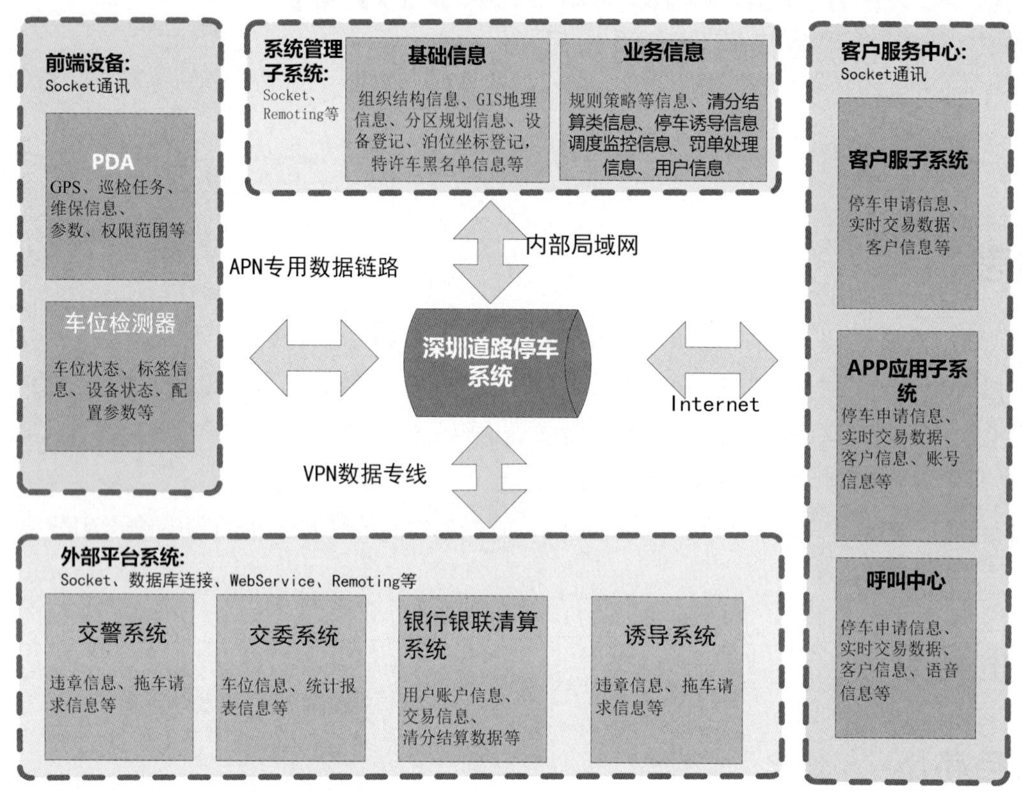

本项目的软件功能上可以分为设备通信子系统、系统管理子系统、监控子系统、决策分析子系统、客户服务子系统、巡检调度子系统、罚单处理子系统、交易处理子系统、呼叫中心子系统、清分结算子系统、数据交换子系统、手机APP应用子系统。根据道路停车管理业务流程的需要，以上各子系统分别归属为“服务功能域”、“交易功能域”、“监管执法功能域”和“安全保障功能域”四大功能域。

（三）项目难点分析

由于本项目选择的技术路线（射频+手机+车位检测器+无线网）在国内外无成功案例可借鉴，技术上存在很大的风险和难度。前期需要经过大量的设备检测及功能验证，逐步将方案落实细化。同时，由于交通停车属于民生工程，涉及收费宣传、市民教育、舆论引导等环节，整个项目团队面临巨大的压力。

项目实施和监理面临的难点主要表现在以下方面。

1. 大量新技术和新模式的采用，需要快速迭代，完善方案，变更频繁

与传统的方案成熟的信息系统工程建设不同，本项目在国内外都没有先例可循，需要创新试点、快速迭代开发、逐步完善方案。许多设备必须在实施过程中具体选型，前期设计确定的部分设备可能存在不符合项目需求的问题，因此在项目实施过程中存在大量的变更，给项目管理带来极大的挑战。同时，项目还涉及物联网、大数据、移动APP开发等诸多新技术和新模式的应用，对承建

方技术能力及监理方综合管理能力要求高。

2. 系统接口复杂，系统集成难度大

本项目系统前端有感应设备及无线网络设备的安装调试，后台有软件系统平台的支撑，还有包括支付宝、财付通、银联、微信等多个第三方接口以及电话语音服务系统、客户服务系统等，后台基础支撑平台包括机房建设、服务器存储、安全设备、网络建设等，整体系统结构复杂，系统集成难度大。

3. 项目参与方众多，管理协调难度大

本项目中标人为联合体，且部分子系统的建设内容还有分包，沟通协调的工作量巨大，增加了项目整体的管理难度。

4. 建设区域点多面广，时间紧、任务重

本项目选定了南山中心区、福田中心区、竹子林片区、罗湖田贝四个片区作为试点范围，包括泊位施划及配套设备的安装和调试，前端工程施工量大且地点分散。项目从启动到上线只有不到半年的时间，大量新开发的软件需要测试验证、接口联调等。

三、监理解决方案

信息系统工程项目监理，主要采取“四控三管一协调”的解决方案进行，即进度控制、质量控制、投资控制、变更控制，合同管理、信息管理，安全管理、组织协调等。

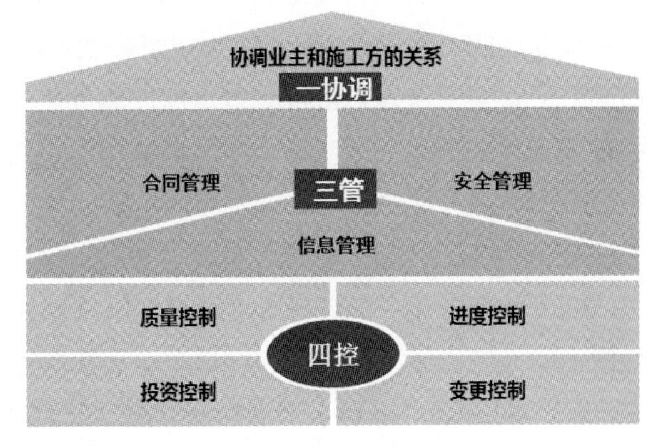

在项目的实施过程中，针对智慧交通项目的特点和难点，监理方工作除了按照四控三管一协调的方法手段外，还综合运用项目管理的各种创新手段和方法，确保项目建设在进度可控、质量可控、投资可控的轨道中正常实施。

（一）进度控制

制定合理可行的方案和计划并执行是项目成功的关键因素之一，由于本项目工期紧、任务紧，在项目启动阶段，监理方督促承建方按工期要求，制定项目计划及实施方案，主要包括了人员管理计划、进度计划、质量管理计划以及实施技术方案等，协调建设方对计划进行了评审，评审通过后以此为进度跟踪基线。本项目属延期，实施过程中，由于不利因素的影响导致项目进度计划调整，究其主要原因一是由本项目在国内外没有成功案例可借鉴，初期系统验证和设备选型方面占用了大量的时间；二是由于项目涉及大量的场外施工，受现场条件的影响，如泊位施划在白天施工，受到道路上车辆运行以及占道停车的影响，无法顺利施工，施工进度一度受阻，为了保证进度，经三方协商，一致同意白天照常施工，再利用晚上时间加班施工，减少因白天施工而受到现场因素的影响；三是需协调的部门多，如网关和集中器的安装，为了尽量少立杆影响市容，需借现有的如交警的交通监控杆、小区门口的监控杆、路灯杆等，有的顺利安装，有的需要进行大量的协调工作，如协调建设单位发函等。

在实施过程中，监理方按计划跟踪进度，及时发现问题，及时汇报，根据项目实施客观情况，协同承建方及建设方对进度计划进行了动态调整，保证项目在可控中进行。

（二）质量控制

本项目的许多设计思路需要反复试验检测才能确保其可行性，包括部分设备的选型等，因此建设单位在立项初期为了完善技术方案，做了大量的设备检测、系统验证工作，最终确定了“射频+手机+车位检测器+无线网”的技术路线，但仍存在设备选型困难的问题。为了保证设备最优选型，在建设方的主导下，监理方积极协调咨询设计单位和施工单位，对技术方案进行论证，为了验证关键设备如车位检测器的可靠性和准确性，监理方督促承建单位按咨询设计单位及专家意见和要求建立试验基地，安装待测设备，配合咨询设计单位进行检测，测试过程中对同类产品选用多品牌进行测试，确保设备选型方案最优，经过多轮测试最终确定了车位检测器及PDA等关键设备的选型，同时确定了技术方案。整个测试过程中，监理方通过审核测试方案和测试计划并报建设单位审核通过，对测试过程采取旁站监督和记录测试结果，保证测试有计划，进度有控制，结果有记录。

在软件系统建设方面，由于系统平台属于公众服务平台，对系统功能、性能、信息安全要求高，为了保证质量，监理方主要做了三项工作，一是在需求调研阶段要求和督促承建方建立需求基线，督促施工方做好需求调研，以招投标文件为基础，建立需求基线，协调建设方逐条确认，形成需求规格说明书，同时确定了系统边界，避免需求蔓延，做到了需求有记录，确认有签名，变更可追溯；二是要求承建方进行配置管理，建立代码库，对系统进行版本控制，并协调建设方，达成需求管理和系统更新管理流程，保证系统功能与需求的一致性以及版本的正确性；三是在开发阶段，督促施工方做好测试工作，包括单元测试、集成测试、性能测试等，要求测试前制定测试计划，并形成测试报告，经过过多轮反复修改及回归测试，系统功能得以正确实现，性能达到招标文件要求，期间监理方还专门调派专业测试团队对系统进行了功能、性能的测试，并提交了测试报告。上线前，建设单位还委托深圳市信息安全评测中心对系统进行了全面的测试，保证了系统的可靠性和安全性。做到测试有计划，问题有跟踪，结果有报告。

在硬件方面，严格按照验收流程进行验收，从设备到货开箱清点、配置审核、资料审核、加电测试、安装过调试、系统集成等每个环节，监理方均采用全程监理，拒收不符要求的设备，保证到货设备符合合同要求，安装调试符合建设方需求。

在机房建设及外场设备安装方面，监理方采用了旁站的方式进行监理，在机房装修方面，主要是对装修材料清点抽查以及隐蔽工程加强监督管理，检查强电施工人员是否持证上岗，监督承建方规范施工、安全施工，最终机房建设符合要求。在外场设备安装方面，由于设备安装区域分为4个片区，又有晚上施工，为了保证施工质量，监理方调派监理人员，全程旁站监理，每天编写监理日志，及时汇报实施进度及施工中出现的问题，并通过监理通知、联系函、邮件、会议等形式，协调承建方及建设方及时解决问题，保证项目顺利实施。

为了确保工程分包部分质量，在中标方与建设方达成分包意向并提出分包申请后，监理方对分包单位的资质进行了严格的审查，要求提供分包理由、分包单位资质证明文件、案例证明文件、技术力量证明文件、项目组成员个人资质等，并要求提交分包合同，以审查合同内容是否与主合同一致，经过严格审查，分包单位符合资质，并以分包商身份参与到项目建设中。

(三)投资控制

投资控制是项目管理中的重要工作，是完成项目的重要保障，也是控制项目的重要手段。在本项目的建设过程中，监理方主要是通过两个方面进行控制，一是比对合同执行情况，严格执行合同支付条款，只有在符合合同支付条件时才会受理审批款项支付手续，监理方审核通过之后才会提交建设方审批，保证每笔合同款项的支付符合合同要求；二是通过变更控制来控制投资。

(四)变更控制

变更是项目实施过程中经常遇到的事情。好的变更不但要有利于项目的实施和提高项目质量，同时又要符合相关规定，因此变更控制是项目建设中重要的必不可少的工作，而且变更控制也是控制投资预算的重要手段。

由于项目工期紧，技术方案不够完善，以至招标方案中采购清单有漏项，还有部分设备只标注了主要的功能需求及性能要求，待实施阶段选型，因此在实施过程中变更无法避免。为了有效控制项目变更，监理方在项目初期，与建设方及承建方协商达成一致，共同制定变更控制流程，按照变更流程严格控制变更事项，要求变更发起方提供充分的变更理由和支撑资料，如停产设备需提供厂家证明文件，且替代设备的规格型号及技术参数必须高过被替代设备等，在监理方审核通过后报建设单位审核，每项变更均需三方达成一致；对涉及费用增加的变更，监理方按照政府相关文件的规定执行，严格审查变更事项，协助建设方组织召开变更评审会议，确保变更的合理合规。在建设方的支持和承建方的配合下，本项目的变更既保证了项目的顺利实施，又符合政府相关文件的规定。

(五)合同管理

合同是规定项目各方的权利职责和义务的法律文件，是项目各方行使各自权利和履行义务的依据，因此，合同管理是项目管理中的重要工作。

本项目中，合同管理主要体现在两个方面：一是合同内容审核，二是合同执行审核。合同内容审核方面，监理方按照《合同法》对合同进行了严格审查，首先检查合同的完整性，如建设内容、工期、金额、付款方式、权责义务是否明确等，再核对合同内容是否与招投标文件一致，并提出合同审核意见供建设方参考。

合同执行审核方面，监理方主要是根据合同条款跟踪承建单位执行情况，如发现执行有偏差，则及时向建设方汇报，并征得建设方同意后向承建方发出整改通知书要求整改，及时修正。

(六)信息管理

项目过程中产生的文档资料是项目建设的真实记录，是项目维护、运行、升级改造、改扩建的参考和依据，也是项目审计、验收的重要依据，因此，信息管理尤其重要。

在本项目建设过程中，为了做好信息管理工作，监理方主要做了三个方面的工作：一是在文档资料的收集和整理方面，根据项目不同阶段收集不同文档资料，项目启动阶段，收集了如立项批复、招标文件、投标文件、合同等基础类文档，开工阶段收集了如实施方案、进度计划等；实施过程收集了如承建方周报、联系函、变更资料、会议纪要、监理周报月报、测试记录、安装调试记录及报告等实施类文档；验收阶段收集了如项目成果类文档、总结报告、验收申请等。二是文档格式规范方面，监理方提供了标准表格和统一文档模板等。三是文档资料管理方面，建立了文件收发、领用、移交管理制度。通过规范的文档管理，本项目文档资料齐全。

（七）安全管理

安全管理是一项重要工作，主要包括信息安全管理和施工安全管理。在信息安全管理方面，主要是要求承建方签订信息保密协议，加强账号密码权限的管理等。

在施工安全管理方面，如果项目在施工过程中出现安全事故，那么会对项目工期造成无法预计的影响，相关方还会被追责。本项目建设内容涉及机房装修、强电施工、路面施工等，为了做好本项目的施工安全管理，本项目中监理方从四个方面着手进行管理：一是要求承建方施工前的进行环境检查并报审通过后方能施工；二是对承建方施工人员的资质进行审核，要求相应工作的施工人员必须具备相应资质证书而且必须是本人才能施工，如强电施工，则要求提供电工证书供审核，与身份证核对，与现场施工人员核对，确保施工人员具备相应施工资质；三是加强施工现场安全管理，如在路面施工，要求承建方做好施工围栏、摆放施工提醒标示牌等，还要施工人员戴安全帽、穿反光背心等；四是施工完成后的路面恢复、环境的清理。本项目直至完成，未出现安全事故。

（八）组织协调

在项目建设过程中，组织沟通的作用显得尤为重要。本项目中，主要是协调项目各方之间的关系，保证各方在项目建设过程中相互支持、相互配合，共同努力，保证项目的顺利实施。

在项目启动阶段，监理方建议各方成立项目团队，明确各方责任和义务，确定项目接口人，保证信息口径统一，建立逐级汇报和沟通机制，建立项目通讯录，利用邮件、电话、面谈、函件等多种沟通方式，保证沟通渠道畅通，同时还建立了周报制度、月报制度、会议制度等，并建议建设方提供场地，项目团队集中办公等，以上方式确保建设方及时掌握项目的进度及实施情况，也便于及时解决项目中存在的问题，提高了沟通效率，避免了信息的不对称。由于本项目属联合体投标，中标方为两个主体单位，且其中外场设备安装工程及手机APP功能模块分包给两个单位，其内部关系复杂，存在沟通协调不畅，管理不善的问题，以至项目初期无法形成统一团队，严重影响项目进度，为了项目顺利实施，监理方要求中标联合体理清内部关系，成立统一项目团队，确定项目负责人，并加强自身团队管理。监理方的工作对项目的顺利实施起到了促进的作用。

四、结语

深圳市道路停车试点项目在国内外尚无成功先例的情况下，采用先进的技术和创新的思路，在相关各方的共同努力下成功上线、平稳运行，取得了明显的社会效益和经济效益。为城市路边停车管理模式提供了新的有益参考，为国内智慧城市建设和应用推广树立了成功的案例。

艾泰克公司通过参与本项目的建设和监理，进一步深化了对智能交通行业信息化发展以及智慧城市建设的认识，积累了丰富的实战经验。

长江智能航道顶层设计及应用

长江航道规划设计研究院智能航道所

长江干线航道是唯一横贯我国东、中、西部地区的水运主通道，已连续9年保持内河货运量世界第一，对沿江经济的发展和产业带的形成越来越重要。随着2011年《国务院关于加快长江等内河水运发展的意见》的出台，利用智能化技术挖掘航道自然水深资源的利用潜力，提升内河航道公共服务能力，保障航道畅通与航运安全成为内河航道研究的热点，也是当前研究的难点。

一、长江智能航道顶层设计

（一）长江智能航道的定义

在借鉴相关系统定义与分析智能航道建设需求基础上，智能航道定义如下：

长江“智能航道”（Intelligent Waterway）是指在数字航道基础上，利用智能传感器、物联网、自动控制、人工智能等技术，自动获取航道系统要素信息，通过融合处理与深度挖掘，实现航道规划科学化、建养智能化、管理现代化，为水路运输高效、安全、节能提供实时、精确、便捷的航道服务，其内涵为：全面感知、广泛互联、深度融合、智能应用、机制完善。

（二）长江航道数据业务模型

业务领域的划分涉及逻辑框架顶层结构的确定，根据长江航道局管理业务体系，将长江智能航道系统主要划分了七大服务领域，分别为长江航道信息服务域、长江航道智能助航服务域、长江航道智能应急服务域3个对外服务域和长江航道规划与建设服务域、长江航道安全管理服务域、长江航道智能机务服务域、长江航道智能管理服务域4个对内服务域。

在确定了7个服务领域的基础上，根据业务内容，确定了长江智能航道25项服务，50项子服务，从而构建“服务域—业务过程—业务活动”三级层次结构的航道业务模型。在确定服务名称和子服务名称时，考虑行政管理的需要以及实际实现的可能性。但是并没有制定具体部门，以便为将来的调整带来方便，使得部门的调整不会影响整体的服务功能。

在服务域划分的基础上，通过航道业务数据模型及数据元素识别方法，系统梳理长江航道数据，将长江航道局主题数据库划分为组织机构信息数据库、行政许可信息数据库、行政处罚信息数据库、建设项目信息库、生产计划数据库、航标信息数据库、测量信息数据库、船舶机务信息数据库、财务信息数据库、科技信息数据库等11个，包括1609个业务数据项。

（三）长江智能航道整体架构

利用系统的观点，结合长江航道业务服务域的划分、长江航道业务模型和长江航道数据模型，提炼出长江智能航道整体架构：由数据感知层、通信层、数据处理层、支撑平台层、服务应用层和制度保障层组成。其架构如图1所示。具体由船舶感知系统、航道感知系统、船-标-岸一体化信息网络，数据处理系统，通用技术平台、7大服务系统、长江航道智能管理平台、先进的长江航道综合服务平台、规范与标准保障体系组成。

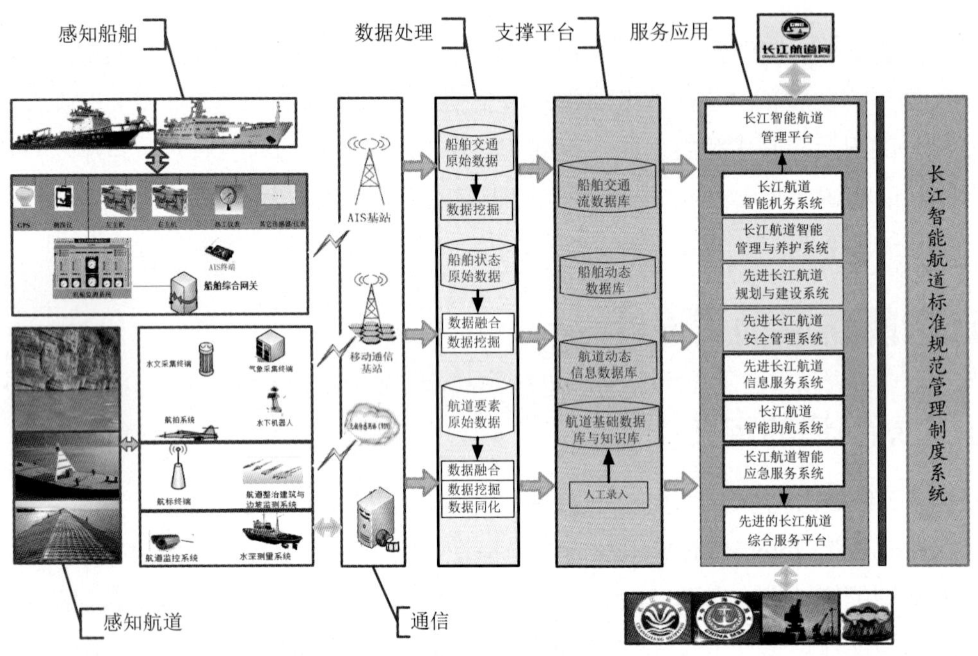

图1　长江智能航道整体框架

最后，将长江智能航道整体框架按照层次分解得到长江智能航道逻辑框架，如图2所示，并采用层次数据流图（DFD）对长江智能航道逻辑框架进行了描述。通过对长江智能航道逻辑框架层上定义的各类过程及数据流进行整合，并综合考虑功能性需求和非功能性需求，形成长江智能航道物理框架（见图3），并完成长江智能航道整体的顶层设计。

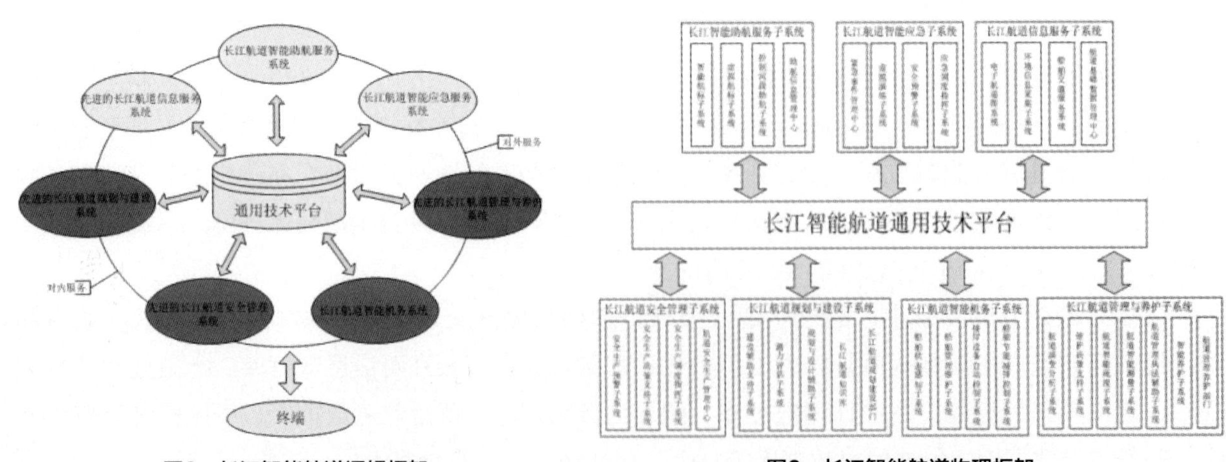

图2　长江智能航道逻辑框架　　**图3　长江智能航道物理框架**

二、智能航道关键技术

鉴于航道水位（航道水位的高低直接决定了航道尺度大小，作为航道尺度维护的重要指标，是指导船舶合理配载、保障船舶安全航行的重要参考因素）、航道航标（航道航标是航道的标示物，是航行的主要助航设施）、航道数据交互（航道数据交互是针对内河航道数据采集的密集性、数据集成的复杂性、信息交换的多样性和航道业务应用的广泛性而提出的推进航道信息系统信息准确、资源共享、运行高效的关键技术）的至关重要性，从关键技术、装备、技术标准、软件系统等方面重点突破长江干线沿程航道水位感知与预测预报、智能导助航、航道数据交互技术，为长江智能航道的工程建设扫清关键技术障碍。

（一）水位感知与预测技术

1. 长江干线航道水位变化规律分析

受自然和人类活动双重影响，长江干线航道自上而下可分宜宾至宜昌段、宜昌至大通段、大通至浏河口段，各段航道水位变化规律为：宜宾至宜昌段又可分为天然河道、变动回水区及常年回水区三段，天然河道段具有典型山区河流水位变化特点，汛期水位陡涨陡落，枯期相对平稳（见图4）；常年回水区段水位变化主要受坝前调度方式的制约；变动回水区同时兼有上述两段的特点（见图5）。宜昌至大通段水位除具有平原河流的特点外，受三峡水库泄流及江湖关系演变的影响较大（见图6）。大通以下河段水位变化同时受上游来流及潮汐的双重影响。随着大型水利枢纽的蓄水运用，由于河道冲淤的发展及径流过程的变化，从较长时期来看，库区及坝下游河道的水位均随时间呈现持续上升或下降的变化趋势。

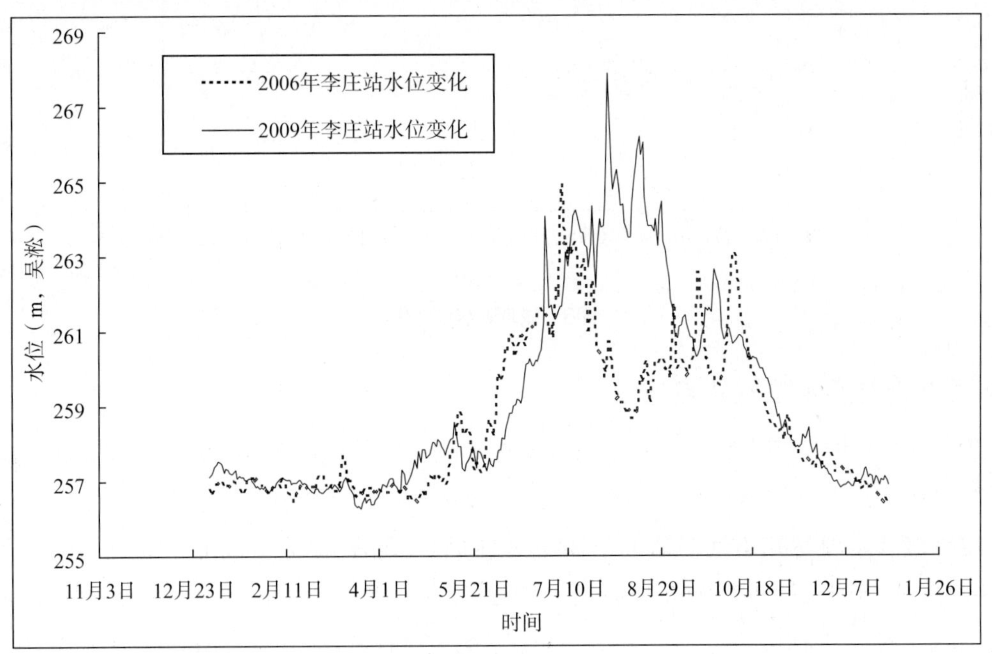

图4　李庄站水位变化

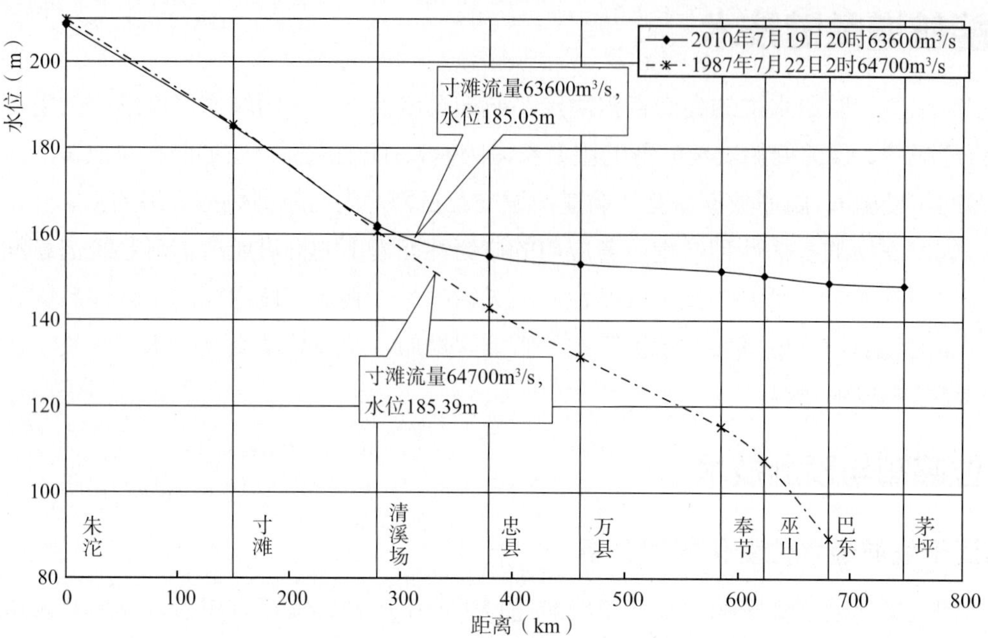

图5 库区水面线变化

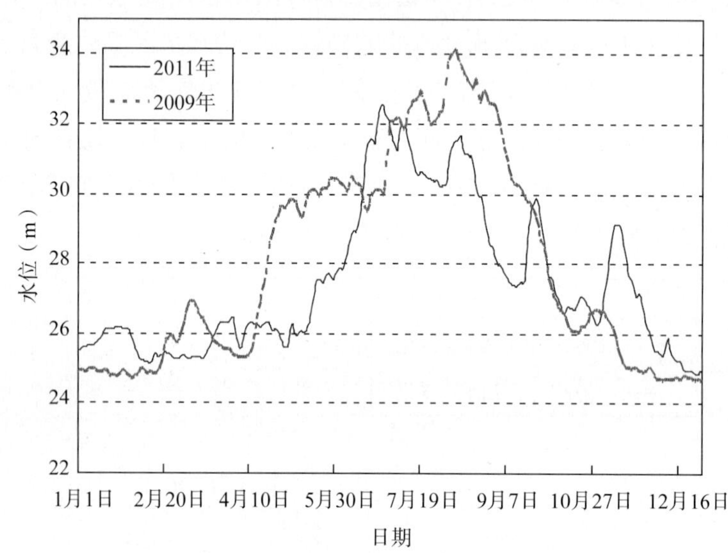

图6 城陵矶水位变化

2. 长江干线航道水位感知点布设方法

通过细致分析水位感知点数目、间距与水面线观测之间的精度关系（见图7、图8），得到了当水位感知点数目较少时，增设水位感知点可以大幅度地减小水面线捕捉精度误差；当水位感知点数目增加到一定程度（水位感知点间距缩小至20km以内后），随着水位感知点的增加，水位感知点间距减小并不明显，对于水面线捕捉精度的提升影响较小的认识。在此基础上，结合并依托长江干线77个航道处站码头及下游潮位站位置，提出了长江干线航道水位感知点布设的方法：共布置水尺169座，其中宜宾至宜昌68座，宜昌至南京段88座，南京至浏河口段13座，所布设水尺覆盖长江干线水位变化剧烈区域、分汇流口门、关键控制节点及重点险滩河段。

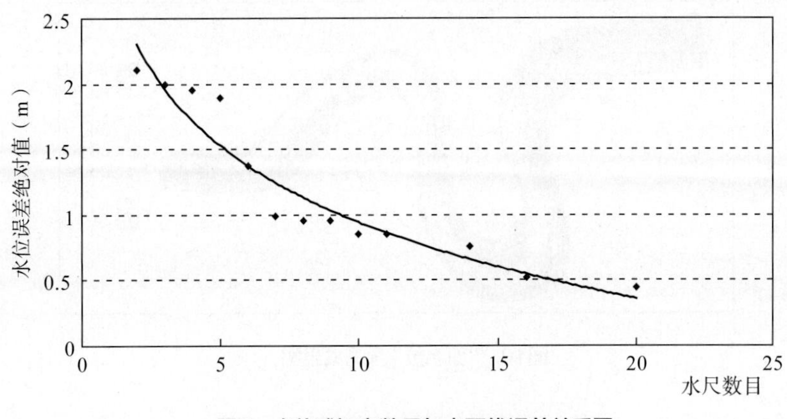

图7　水位感知点数目与水面线误差关系图

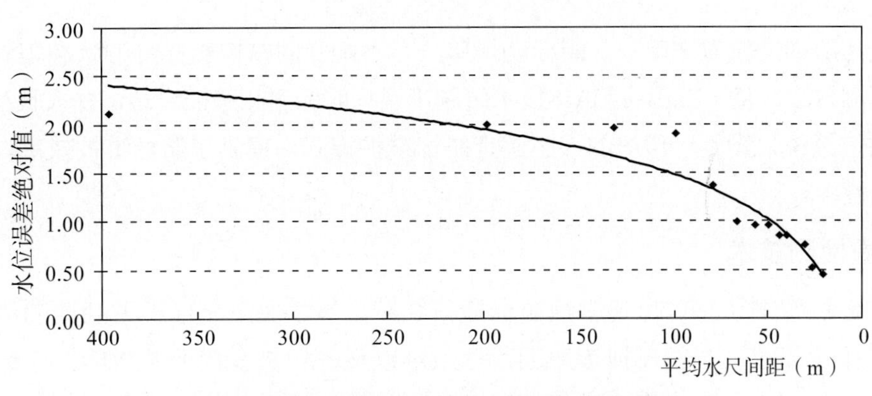

图8　水位感知点平均间距与水面线误差关系图

3. 长江干线航道水位短期预测技术体系

考虑到长江航道水位变化特点及航道部门实际资料情况，构建了完整的长江干线航道“点、线、面”水位的短期预测技术体系。首先利用干线沿程关键测站（感知点）的水位历史信息，通过传统的水文预报的经验方法，获取关键测站（感知点）的水位短期预测信息；其次利用沿程感知点的水位相关和一维模型，获取沿程各水位感知点的水位短期预测信息；最后通过平面二维模型，获取整个长江干线航道内的水位短期预测信息（见图9、图10）。通过上述分层快速、高效的预测技术，实现了江干线水位感知由点到线、由线到面的时空重构。

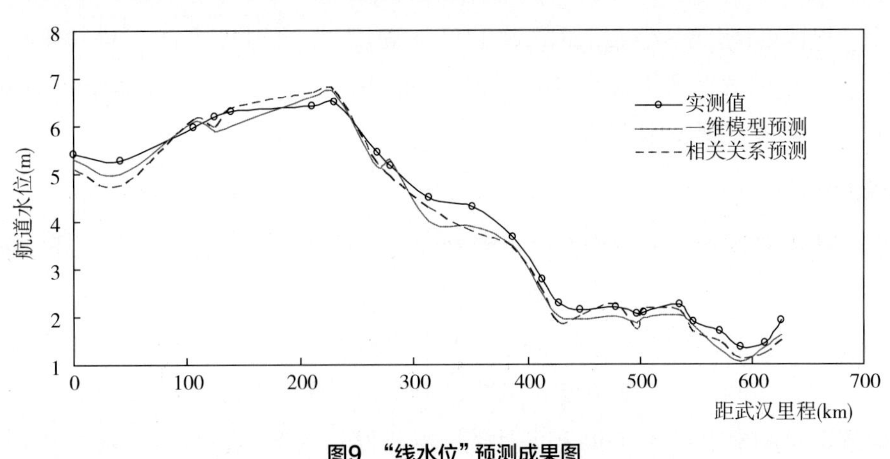

图9　“线水位”预测成果图

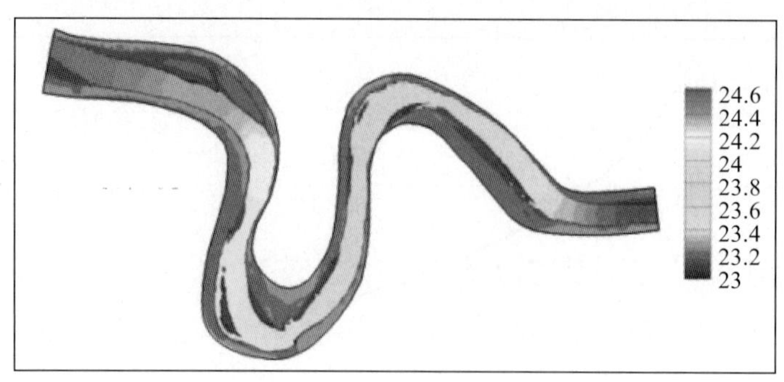

图10 “面水位”预测成果图

（二）多功能航标技术

针对当前长江航道助航方式单一、航标功能单一、不能实时掌控航标灯的状态等问题，重点研究了浮标碰撞检测方法，基于ZigBee和AIS技术研制了系列航标遥测遥控终端，并入长江电子航道图平台开发航标监控系统，转变了传统的人工巡查航标维护模式，提高了航标维护效率，推动了助航系统助航效率的发挥。

1. 浮标碰撞检测技术

实时监控航标位置与状态信息是掌控航标运行状况、科学决策航标维护活动的依据，特别是对于浮标，现实中由于过往船舶碰撞等原因，导致难以及时正常发挥助航效能。浮标碰撞实时自动检测方法成为迫切需要，而浮标受撞击的运动状态较难准确地用模型来描述，因此，只能从浮标位置漂移入手。假设浮标高度为H_1，倾角为θ，h为链条全长；H为设置航标处航道图水深，考虑GPS的测量误差r_3和基准点的位置误差r_4，则在极限的情况下，浮标位置数据偏离基准点的误差将为$r=0.8\sqrt{h^2-H^2}+H_1\sin\theta+r_3+r_4$，通过获得GPS定位坐标和航标GPS基准点坐标就可以计算出两点距离，当距离大于r时，判决浮标位置漂移，发出位置漂移报警信息。基于这一判别方法，研究采用以GPS测量浮标的速度和用三维加速度传感器测量的浮标加速度来联合判断方法，提出了三维加速度传感器与GPS信息融合的航标船碰撞监测算法（见图11），通过设计两个滑窗来对测量的速度和加速度进行滤波处理，当浮标的速度和加速度均超过设定的门限时，判定浮标被撞击，发出撞击报警信息。

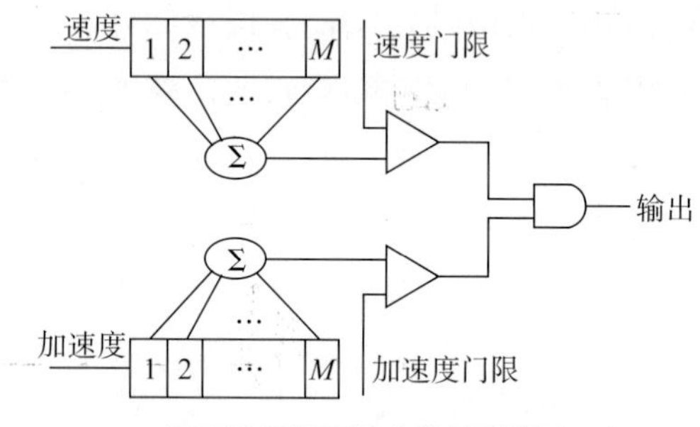

图11 浮标受撞击的判别模型

2. 多传感器集成

基于航标的多传感器集成系统是指在重点控制河段，以岸标、浮标为载体，集成采集航道及其环境信息的传感器，如水深、水流、能见度，并结合AIS/GPRS/ZigBee无线网络传输技术和航标遥测遥控技术，实现航道要素信息实时动态监测，航标功能进一步拓展的多功能航标系统。

通过在航标上安装溢油识别、能见度、风速、风向、湿度、温度、大气压强、降雨量、水流速度、水深等传感器以及AIS应答器、GPS和多功能航标终端，采集了溢油、气象和水文信息和航标位置信息并进行初步信息处理；通过GPRS或ZigBee或专网实现集成了多传感器的航标和监控中心的信息交互，通过AIS和GPRS实现监控中心和周围船舶的信息交互。

3. 航标动态监控系统

基于ZigBee和AIS的系列化内河航标遥测遥控系统的网络由航标终端、岸基中心、AIS基站、管理中心等节点构成。其中航标终端间采用ZigBee无线网络进行数据交换，将航标灯及航道气象水文信息通过航标节点构成的无线传感网路传到岸基上，再由岸基通过电子航道图服务发布，对航标与航道工作任务船进行综合管理，提高助航系统维护能力。系统可远程进行航标状态信息采集与管理，对航标船的位置监控和碰撞报警提醒。同时，可以查询与追踪航标周围船舶信息，为航标船碰撞追责提供数据。此外，系统可监测航标工作船位置信息，实现航标工作船动态调度，提升航道维护服务能力（主界面如图12所示）。

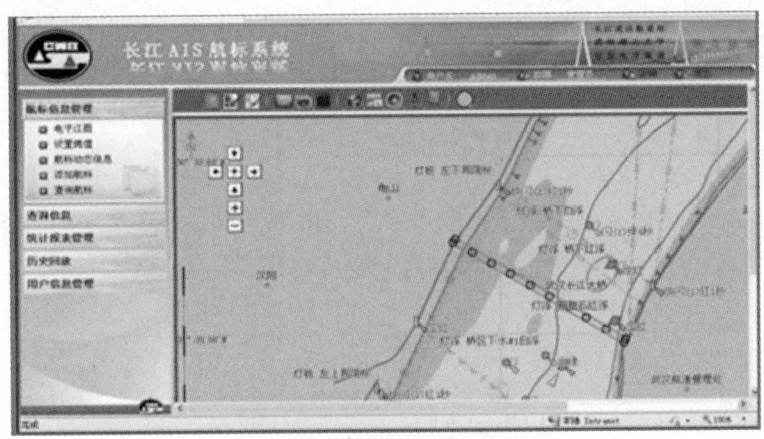

图12　长江航道局航标监控系统

(三)数据交互技术

长江智能航道是一个庞大的信息系统集成体系，其数据采集的密集性、数据集成的复杂性、信息交换的多样性以及应用的广泛性都是水运行业中前所未有的。因此，必须建立相应的技术标准，以规范各层次的系统与信息网络平台建设，保证整个体系中各系统之间数据信息的有效交换。

1. 交换数据分类

根据实际应用现状，为了便于系统的扩展和运维的方便，将所交换的数据分为管理数据流和业务数据流，并进行分离。

1）管理数据流

管理数据流包括终端的详细信息（如工作电压电流、电池信息等）、周围环境相关信息（如温度、湿度等）及通信相关信息内容（如通信设备状况、通信信号强度等）。管理数据将提供给通信管理及设备维护等专业人员使用，以确保业务数据传输的稳定性及可靠性。

2）业务数据流

业务数据流作为航道业务数据的专用传输数据流，将承载航道用户所需的航道专业业务数据，这些数据将最终提供专业的行业用户使用及对外服务发布。

进行管理数据流和业务数据流分离后，将大为简化日常维护管理作业。设备专业维护人员仅需要处理和设备相关的管理数据流，以确保设备的正常运行；而航道专业技术人员将对业务数据进行分析等操作，无须关心设备的运行状态。这将使得一个设备专业维护人员可以维护包括航标、水位、雾情在内的等不同类型的设备，从而实现智能航道建成后对维护人员的要求进行最大程度的简化。

2. 数据交换传输模式

围绕两种数据流，根据航道的具体应用形成两种传输模式：管理流–业务流并行模式和管理流–业务流分离模式。

1）管理流–业务流并行模式

主要表现在航道信息业务数据流及终端数据管理数据流都由终端发送给数据交换平台，由数据平台统一处理，再由数据平台转发给应用平台，各层业务管理人员通过应用平台获得具体的业务数据。其优点在于业务数据流由数据平台统一管理，可以较好地汇聚航道业务数据，统一管理数据交换，对应用平台的业务服务更为方面、直观。它主要运用于航灯业务数据，水位、雾情等气象信息的采集、服务管理。

2）管理流–业务流分离模式

终端管理数据流同样由终端发送给数据交换平台，由数据平台统一处理，不同于管理流–业务流并行模式，航道业务数据流不经过数据交换平台而直接与应用平台进行数据交换。其优点是航道业务数据可快速准确的发送至应用平台，数据实时性高。它主要适用于桥区视频监控信息的应用，以及区域内船舶信息的实时监测、调度。

3. 通信数据格式

借鉴国内通信行业的M2M先进技术，采用ASN1标准中的BER-TLV格式编码对数据格式进行统一规范，并利用TLV的TAG值对长江航道数据交换中航道要素数据进行分类。

通信协议采用请求应答的同步方式进行报文交互。报文结构由报文头和报文体构成。内容体由固定参数部分和可变TLV部分组成。其中T为TAG，表示该数据结构的标签；L为LENGTH，表示该TLV扩展的有效数据或参数V的长度；V为VALUE，用于存储有效数据的数值。航标、水位等终端的业务数据均存储于TLV结构中。

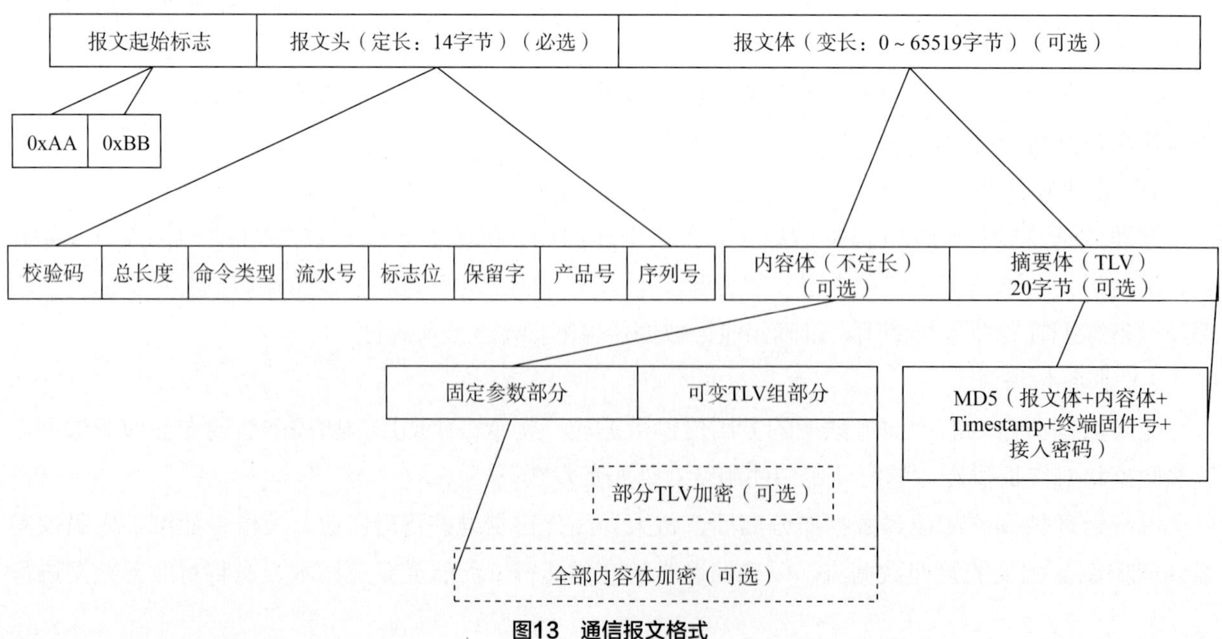

图13　通信报文格式

三、智能航道示范工程构建

按照长江智能航道框架体系，提出基于数字航道建设内容构建智能航道的分层整合方法以及实施方案，并通过评估体系的建立完成建设成效评估工作。

1. 示范工程实施方案

按照长江智能航道框架体系，提出了以长江干线（兰家沱至鳊鱼溪段）数字航道建设工程、长江干线（鳊鱼溪至大埠街段）数字航道建设工程、长江航道测量设备建设方案等工程建设内容为基础，利用航道信息化基础设施设备层、航道数据资源层、航道服务业务层等的分层整合、完善相关标准规范与运维管理体系构建智能航道的方法（见图14），制定了长江兰家沱至大埠街河段智能航道示范工程实施方案。长江兰家沱至大埠街河段智能航道总体上由两大感知平台、两个管理中心、四大服务应用领域组成（长江航道规划与建设服务、长江航道安全管理服务两大服务通过新建解决）。技术标准规范体系除国际、国家、行业相关标准规范外，主要由长江航道信息数据采集、储存、传输、应用相关标准以及长江智能航道运行维护管理的技术标准和规范，另外特别增加了工程建设廉政保障相关措施。

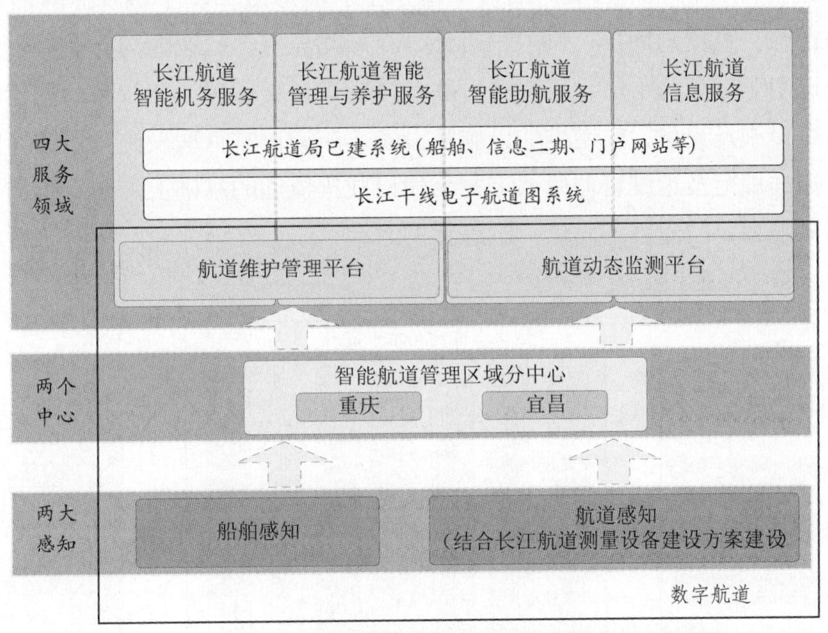

图14　长江兰家沱至大埠街河段智能航道示范工程总体整合框架图

2. 关键技术应用

利用长江干线沿程感知点的水位实测信息、构建的覆盖长江干线的航道水位预测模型获取沿程各水位感知点的水位短期预测信息。针对航道业务各服务域用户主体的需求，设计并研发了长江干线航道水位（潮位）预测预报数据管理系统（长江干线江阴以下为潮位），如图15所示。并将目前分散的水位采集、水位拟合、服务与应用系统整合集成，形成了从航道水位信息感知到预测到实时发布的综合系统，并通过长江航道局及各区域局门户网站、长江电子航道图、长江航道在线等多种途径对社会公开发布（见图16）。

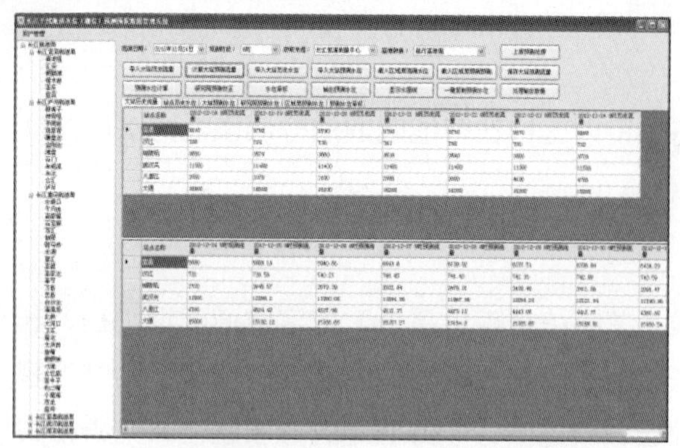

图15 长江干线航道水位（潮位）预测预报数据管理系统

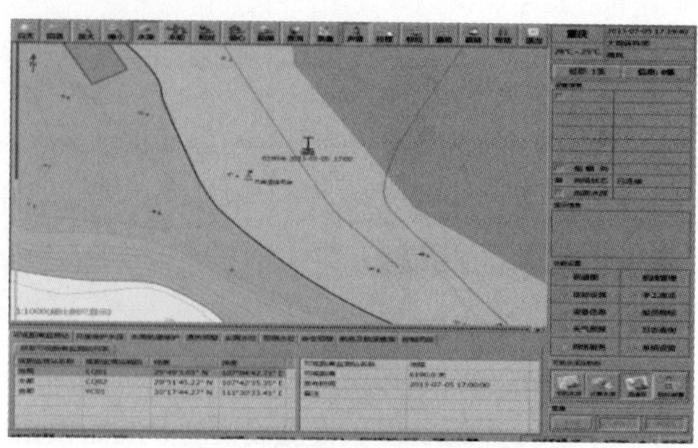

图16 长江电子航道图船舶终端

3. 建设评估体系

为全面检验长江智能航道顶层设计的可行性、完整性、先进性，组织开展了系统评价长江兰家沱至大埠街河段智能航道示范工程建设成效的研究工作。研究采用了事后评估的模式，鉴于智能航道建设同其他信息化项目一样具有建设成本不确定性、项目效益复杂多样性等共性，又具有派生性、服务性、公益性等特点。因此，结合了基于主观满意度和基于客观标准两类评价方法的优势，按照定性与定量、直接与间接、对内与对外、有形与无形、行业内与行业外、短期与长期相结合的原则，综合运用平衡记分卡法、层次分析法、模糊综合评估法，在航道动态监测基础设施及设备、通信传输网络设施及设备、航道维护设施及设备、航道日常管理设施及设备、航道信息服务设施及设备、技术标准规范及运维管理体系等方面建设成果梳理的基础上，结合航道数据资源和航道业务，从航道感知能力、航道服务质量、航道养护效率、航运安全保障水平四个方面构建了评估指标，完成了评估计算（见图17）。

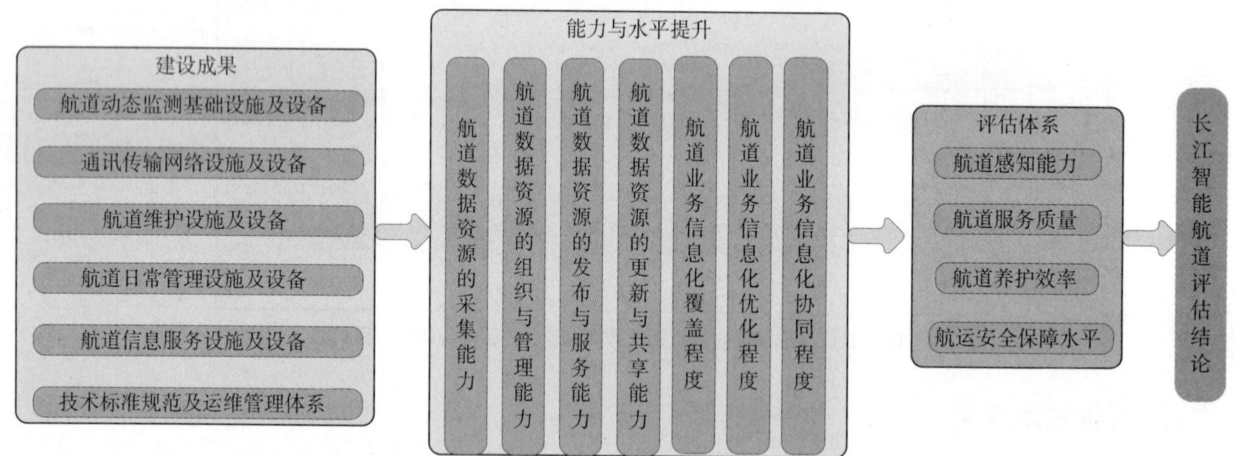

图17 长江兰家沱至大埠街河段智能航道示范工程建设成效评估流程图

四、总结与展望

本文提出了智能航道概念，构建了智能航道示范工程，引领并推进了我国内河航道现代化建设。通过水位感知、预测及信息服务等关键技术研发，使得航行船舶或港航企业能够及时、便捷掌握水位、航道尺度等航道动态，避免因为过度装载而超吃水造成船舶搁浅、陷入雾区而造成船舶碰撞等水运安全事故，减少事故对长江生态的影响，明显提高了长江水运安全保障能力，具有显著的安全性。

随着信息技术的快速发展以及与航运业务应用的融合，内河智能助航正在面临升级换代，新材料、新结构、新能源、新技术的涌现，为内河航道的发展提供了更新的技术方案，航道服务数字化、多功能化的趋势越来越明显，船-标-岸交互的内容、手段等也越来越多样化，迫切需要加大应用研发、成果转化的力度，加速推进内河航道的升级改造，适应建设畅通、高效、平安、绿色的内河水运体系的需要，为构建现代化、智能航运提供基础支撑。

长江航道规划设计研究院是交通运输部唯一从事内河航道规划、设计、研究的科研机构，以建设全国内河一流的航道科研基地为目标，业务范围包括航道工程、港口工程、水利工程、建筑工程等相关领域的规划、设计、河工模型试验、数值模拟研究，以及勘察测量、工程检测等。长江航道规划设计研究院持有国家颁发的水运行业工程设计甲级证书、工程咨询甲级证书、工程勘察（工程测量）甲级证书、测绘甲级证书，拥有一批国际国内领先的测量和检测设备，具有现代化的河工模型试验大厅和优雅的科研办公环境。近年来研究开发了数字航道、航标遥测监控等系统，同时通过与各大高等院校合作，为联合攻关长江智能航道关键技术研究搭建了平台，形成了“产、学、研”的良好发展态势。

智能交通系统管理与自适应交通控制系统研究、集成与应用

——广州市番禺区光明路干道中美首次合作试点工程

吴稼豪[1, 2, 3] 傅淳[3] Denis Wu[2]
上海海事大学[1]
W & S Solutions（美国）[2] 吴宋美加设计咨询（上海）有限公司[3]

一、引言

智能交通一体化技术不仅能起到提升交通通行能力与交通安全的作用，同时也能为节能减排做出巨大的贡献。该理念包括交通规划、交通设计、交通控制和交通管理四个方面。为有效改善城市交通拥堵问题，需要整体设计、逐步实施，并充分考虑系统的可持续性和接口的可扩展性，这样才能最大限度地发挥交通控制系统的效能。我们在调研中发现，包括标志标线在内的交通渠化设计与信号控制应很好地优化与协调。因此，有必要结合国内外交通一体化领域的理论与实践，在中国的特大城市进行试点应用。

本次试点工程是经我国商贸部批准实施的中美首次合作项目，被列为2013年7月第五轮中美战略与经济对话的成果之一，由中美两国共同支持完成。工程实施地点在广州市番禺区的2010年亚运交通控制中心，实现了先进交通管理系统与自适应信号控制系统在番禺的应用，充分展示出交通一体化技术在我国的有效应用。它在广州地区乃至全国皆具有示范效应，并在提升交通通行效率、减少车辆尾气排放等方面取得成功，得到该地区社会各界的好评，意义重大。

本项目关键技术中智能交通集成方法，可产生一定的社会与经济效益，并可通过高新技术创新与转移来形成产业链，为我国智能交通发展提供合适的解决方案，尤其在交通安全、运行效益和节能减排方面有明显效果。同时，由于高校科研团队的加入，不仅提高了本研究的技术多样性，更可为高校先进人才的培养提供良好的“产学研”平台。此外，研究成果还可为制定或完善相关行业标准提供创新经验。尽管我国在智能交通研究领域已取得许多成绩，但从交通一体化的角度看还存在明显的不足和滞后。

二、智能交通一体化技术

近年来交通一体化过程中的交通系统分析，主要是借助研究交通模型体系来完成的。在此基础上还开展了许多有益的探索，例如：①计算城市的3E评价指标体系。②对交通尾气排放进行定量估算。交通尾气排放的二氧化碳等与许多因素有关，如温度、车辆类型、车龄、冷/热启动状态、运行

速度、交叉口设计、车流量分布等。其中降低交通尾气污染物排放策略方法可归纳为车辆技术、城市规划、交通战略、交通规划与政策和交通改善计划等方面。③建立一套土地规划与交通定量分析过程与模型系统，形成一套规划模型决策系统，分析土地规划方案，降低车公里数和车小时数，提高交通可达性，平衡交通流量与土地开发容积率。④美国在2002年提出了将智能交通融入城市交通规划之中，制定国家相关规范，对近期、中期和远期规划进行有效的衔接可供我们学习借鉴。⑤近来，发达国家相继建立了大气环境与出行健康水平的关系。图1描述了交通一体化“生态系统”及其基本元素。

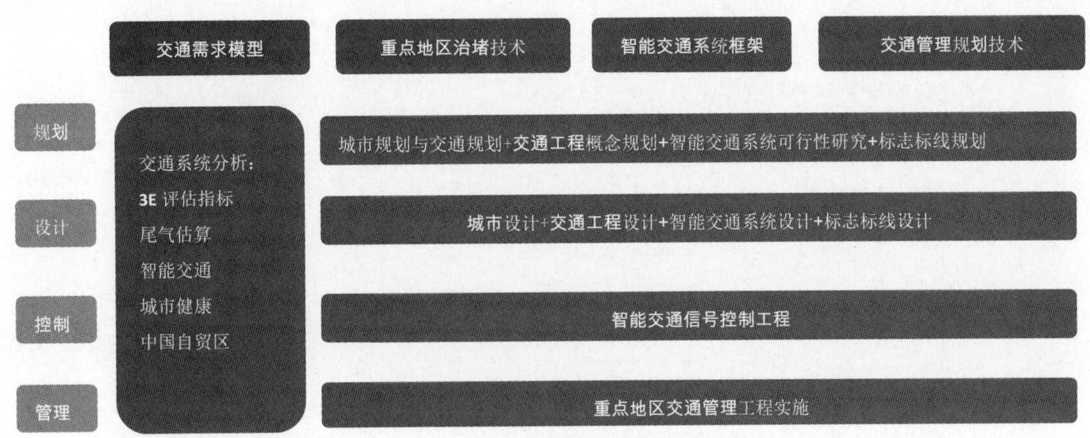

图1　交通一体化系统及其基本元素

本文将着重对智能交通系统内容与集成进行讨论。

三、广州市番禺区系统集成试点工程

智能交通自适应控制系统的实施是一个复杂的系统工程，共涉及以下几部分：集成目标、实施范围、团队组合与项目经费、系统可行性研究与时间计划、系统设备采购及验收、智能交通控制系统集、施工与安装、交通信号灯系统控制 、运行培训与系统验收测试、支持服务和保修。

（一）集成目的、实施范围与团队组合

本项目集成目标为如下：

（1）技术目标：建立有效动态评估体系与仿真系统；优化交通设计，提升交通控制系统的智慧程度。采用包括视频技术在内的先进交通数据检测与采集系统，收集包括大型货运车辆在内的分车型交通流量，并有效应用到信号控制中。

（2）产业化目标：研究成果可以为交通主管部门提供更好的交通咨询和系统集成服务，提升国内外产品与先进的智能交通系统之间的互补作用，形成强有力的硬件与系统集成的国内外产业链，促进国际技术交流。

（3）示范目标：旨在为我国特大城市推广与应用可实施方案和展示案例。建立一个现代交通监管与控制平台，解决目前控制与监控平台分离的局面，一个管理平台上既实现交通控制功能，又能够集成安防监控视频设备，将两者有机结合，优势互补。

本项目实施范围位于番禺区市桥街光明北路（东环路—禺山大道），总长约1.7km。该试点路段

共有6个交叉口，分别为光明北路—东环路、光明北路—桥兴大道、光明北路—富华西路、光明北路—康乐路、光明北路—繁华路和光明北路—禺山大道。具体项目范围及6个交叉口所在位置如图 2 所示。

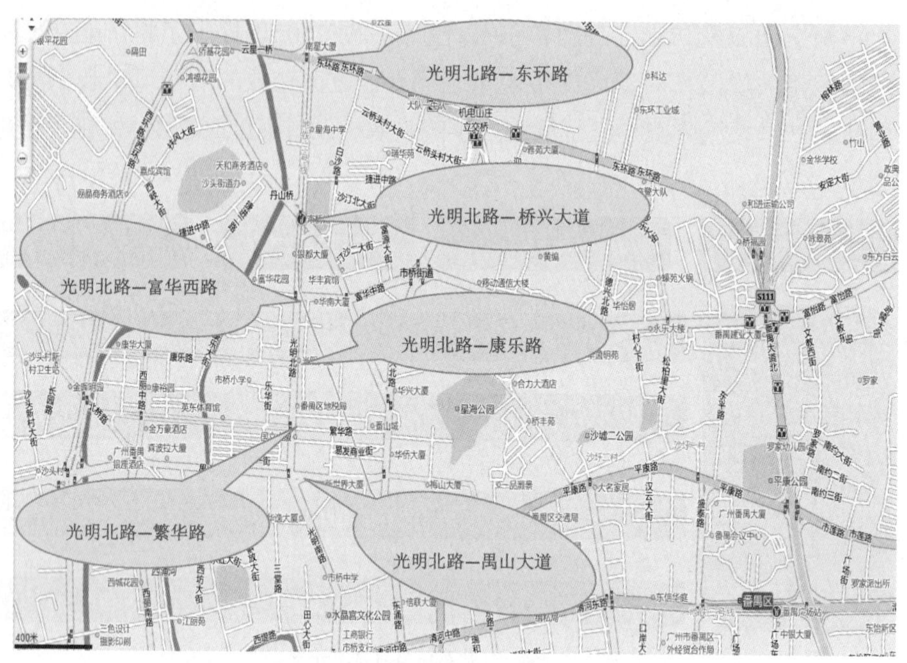

图2　番禺区光明北路试点路段6个交叉口具体位置示意图

本项目受番禺区政府委托，得到商贸部、美国贸易与发展总署（USTDA）、番禺区交通局和番禺区交警大队的积极支持。W&S项目团队［美国W & S Solutions，LLC公司、吴宋美加设计咨询（上海）有限公司、美国Econolite Control Products，Inc公司］作为项目的实施单位负责制定智能化交通系统实施方案并完成项目实施。同时成立了项目领导工作组，由区领导牵头，区交通局、区规划局、区交警大队、区经贸委等有关部门参加。其项目实施团队如图3所示。在整个项目进展过程中，工作组根据项目计划组织项目会议、制订工作日程、控制项目进度、安排具体的工作任务、预估项目实施过程中可能存在的问题及应对措施。同时，该项目得到了广州市交警支队的积极支持与指导。项目经费由中美双方共同承担。

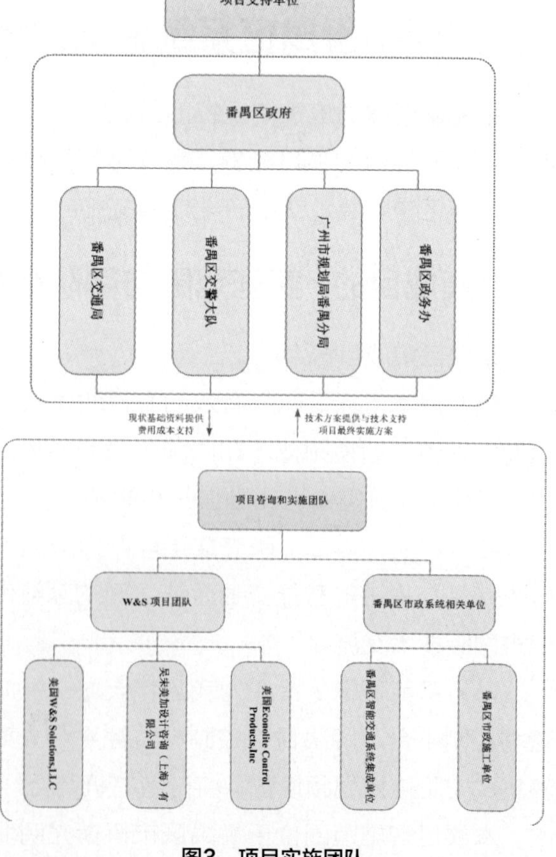

图3　项目实施团队

（二）系统集成可行性研究内容与时间计划

本项目系统集成可行性研究共有十项基本任务，包括数据采集与分析、现状ITS框架评估、试点工程（试点项目）实施、区域性的技术评估与成本估算、经济分析、财政分析、环境影响评估、社会发展影响分析、机构与法律/法规分析与实施计划。本项目用了2个月的时间完成了系统集成与试点工程实施。在半年的试运行期间，系统不断优化。试点工程的项目研究路线如图4所示。

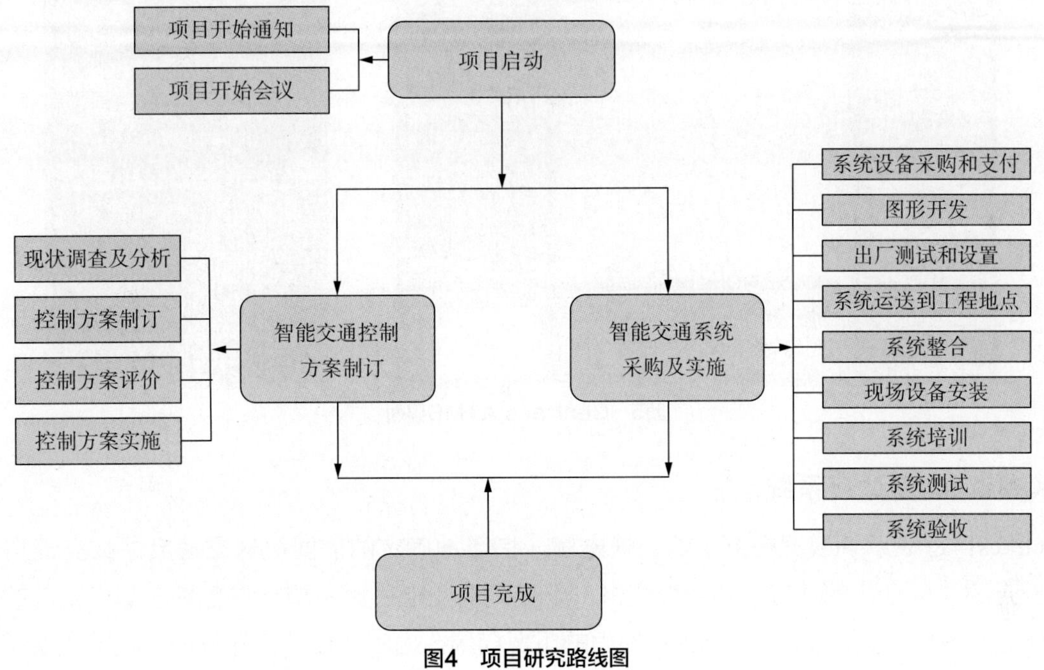

图4 项目研究路线图

（三）系统设备采购及验收

本智能交通交通管理与控制系统包括下面几个重要组成部分，且几个组成部分有机集成。

1. Centracs高级交通管理系统（ATMS）

本项目引进的Centracs是客户端–服务器的主从式应用高级交通管理系统，服务器实现数据库的维护、设备间的通信、定期的管理和控制功能，客户端提供用户界面。交通管理系统（ATMS）不仅可以提供交通信号管理功能，还集成了动态交通信息发布、闭路监控摄像头管理等功能。当需要建立自适应交通控制系统时，通常需要考虑选择能与所使用的交通管理系统兼容的方案，如图5所示。Centracs还具有其他实用的功能：

（1）直观的交通路口图形工具；

（2）以GIS为基础的系统地图互动功能；

（3）设备层次机构、分组和行政区划分割；

（4）用户可对报警级别进行定义和编程；

（5）监控交通响应、区域和联动模式；

（6）一个系统同时支持NEMA和170/2070；

（7）强大的系统不同时间控制计划程序；

（8）用户的角色和优先级别可以设置；

（9）自适应模块；

（10）高级 CCTV 模块；

（11）支持交管中心到交管中心的架构；

（12）高级 MOE 报表功能；

（13）以BlueTOAD 技术为特征的通行时间模块。

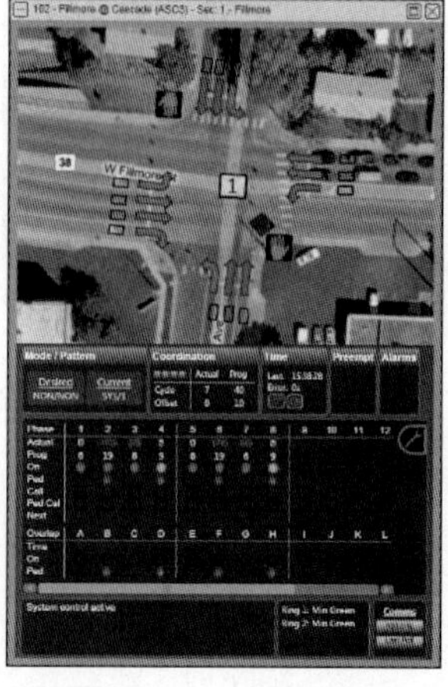

图5 Centracs ATMS界面

2. Centracs自适应系统

Centracs自适应系统根据在选定的交通走廊（指当地确定的需要得到交通反馈或交通自适应管理的关键走廊）上运行的情况，为当地提供一个高效的交通协调系统。它是基于交通走廊的自适应控制软件应用程序，是Centracs ATMS软件中的重要模块。由于其设计目标是最小化系统费用，所以与常规的或是采用ACS Lite系统的控制器均可兼容。这样一方面可以大量节省升级路口控制器的费用，还可以避免维护人员在换用控制器产品时增加额外的培训时间与费用。

3. Autoscope车辆检测设备与设备安装及调试

本项目引进的Autoscope Encore视频检测系统通过对视频图片的处理来检测道路上的车辆，通过交通控制机中的图像传感器来检测通过的车辆，并输出报告，反映当前实施检测器或警报状态（开/关）或作为当地或异地的报告中的总的交通统计数据。Autoscope Encore的通信系统采用EasyLink及Terra Interface Panel（TIP）。Autoscope流量检测设备的安装和调试对整个项目来说至关重要，整个安装和调试的过程主要分为三部分：Autoscope流量检测设备的组装，Autoscope流量检测设备的安装及位置调整，Autoscope Network Browser软件的设置。

4. DCMS数据采集检测系统

数据采集检测系统运用Autoscope车辆检测系统，是一个综合的交通数据管理系统。DCMS利用最新的互联网应用程序技术，允许用户自由使用互联网访问交通检测网络。DCMS为番禺区提供了一个交通数据解决方案的防护罩，创建了一个安全的作业环境，能够不断检测和维护番禺区的交通数据网络运行状况，使实施范围规避额外的网络开发的成本和技术风险。

5. Autoscope检测设备支架制作及安装

由于道路相关设施条件有限，本项目中所使用的Autoscope检测设备均利用现有的交通信号灯杆或路灯杆等杆件来安装。为弥补现有的信号灯杆件高度不足，保证Autoscope设备检测数据的完整性，采用在现有杆件上加高支架，再安装Autoscope检测设备。本项目从智能交通控制中心到路口交通信号控制机采用光纤通信，利用番禺区交警大队原预留的空置两芯光纤，传输模式为单模（Single Mode），连接方式为点对点，即每个路口交通信号控制机都通过一根光纤连接到智能交通控制中心，这样即使某条光纤出现问题，也不会对整个系统产生影响。

6. 控制机柜组装、内部调试、基础制作及安装

本项目共配备7套交通信号控制机（含机柜）设备，其中6套用于光明北路6个交叉口，1套作为备件。集成完成后的控制机柜如图6所示。机柜的位置设在路口人行道上，紧邻原有的信号控制机柜，方便电缆的接驳和系统转换，同时不影响行人的往来通行。控制机柜基础采用砖加水泥的结构，安全牢固，同时在水泥涂层和机柜之间加铺一层6mm厚的橡胶板，避免机柜与水泥直接接触而可能导致的腐蚀现象。

图6　组装完成后的336S控制机柜（正面）

7. 信号灯系统

本项目采用国产的智能且具有倒计时器功能的交通信号灯。对项目范围所涉及的6个交叉口内的信号灯形式做了统一，将原有的部分横列式的信号灯统一替换成了竖列式的信号灯。同时，将原有的“红灯亮时禁止右转”的禁令标志取消，替换成了右转黄闪信号灯，允许车辆在直行红灯时右转，提高了交叉口的通行能力。

8. 控制系统集成、施工与安装

所有设备均安装在番禺区智能交通控制管理中心内，用户可通过安装在服务器和工作站电脑上的Centracs ATMS高级交通管理软件实时对交叉口的交通情况进行观测和调控。控制器通过光纤网与在控制中心的Centracs系统相连，实行实时管理与控制。本系统的通信采用智能交通通信协议（National Transportation Communications for ITS Protocol，NTCIP），支持低速的串行通信。这种通信方式也是现有的交通控制器所使用的主要通信方式。该系统可以使用传统的双绞线电缆进行信号传输，当然也可以使用新的光缆技术来进一步提高系统容量，同时也支持网络通信协议和局域网链接方式进行通信。

本项目的施工是先从繁华路开始，然后依次为禺山大道、康乐路、富华西路、桥兴大道和东环路。但在总结过程中我们发现，繁华路与其他交叉口距离较近，其改进会对相邻交叉口产生较大影响，如相邻交叉口没有做相应改进，则可能影响整个系统的效率。我们的体会是：项目实施的顺序应首先选取渠化完善，条件成熟且相对独立的交叉口，比如本项目中的东环路，然后按从北往南的顺序依次施工，甚至可以考虑同时施工，并立即对其做协调控制，从而将系统更换对道路的影响降到最低。系统包括现场设备和后台控制中心两部分，其中现场设备主要包括视频流量采集设备、信号控制机柜、信号控制器、光纤连接、管线敷设和交通渠化改造等；后台控制中心主要是将现场设备接入管理软件Centracs，便于智能交通系统的实施。图7显示了智能交通系统集成元素及前端、后端与信息整合与发布元素的关系。

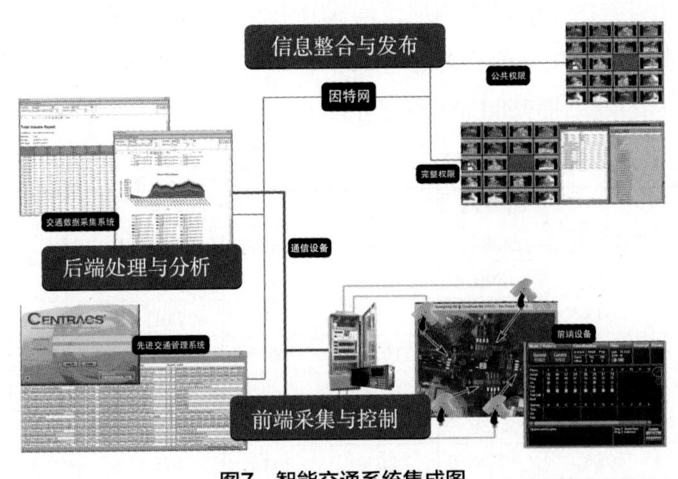

图7　智能交通系统集成图

（四）交通信号灯系统切换（Switch-over）

新的交通信号灯安装完毕后，开始进行系统切换（Switch-over），即将信号灯从原信号控制机上切换到新的信号控制机，并为其设置一个初始控制方案。所有的工作均在深夜0:00至凌晨4:00完成，这样可以最大限度地减少信号灯安装及切换过程中对交通产生的影响。

（五）系统运行培训

为了更好地帮助用户熟悉本智能交通自适应信号控制系统，我们在番禺区交警大队智能交通管理中心为用户进行了为期10天的培训，培训课程的内容包括Centracs软件、DCMS、自适应控制、控制器、Autoscope摄像头和控制柜等。培训结束后，在工程师与当地有关部门的共同监督下进行系统验收测试。

（六）效果评价

本试点工程的评价主要考虑三个指标：安全、效率和环境。评价的方法采用模型和实际观测相结合，用观测数据来修正模型，利用模型对工程实施前后运行状况，比如延误、行程时间、停车次数等指标进行相对比较，比较的时候采用同样的交通需求，同样的交通组织，仅对项目前后不同的交通控制计划进行评价。

1. 安全分析

在设计交通放行方式时，本项目完全排除了有冲突的车辆行驶相位同步放行的情况，同时确保除右转相位外的车辆与行人步行相位同步放行。例如，光明北路–禺山大道交叉口原先有相位冲突的问题，该交叉口原来南北向的直行和左转为同时放行，造成交叉口内混乱不堪，直行和左转车辆互相干扰，通行能力大幅降低，车辆无法快速地通过交叉口。因此，我们在本项目中对相位放行顺序进行调整，将南北向进口道分开放行，使整个交叉口运行井然有序，达到了很好的效果。

2. 效率分析

采用交通信号优化专业软件Synchro对整个系统进行建模并加以评估，其评估系统完全基于美国2010年版公路通行能力手册（Highway Capacity Manual，HCM）。从整条路段的性能效率方面进行分析，南向北方向的行程时间和延误在早晚高峰和平峰期间分别下降了40%和50%左右，效果非常显著，但是北向南方向在早晚高峰期间却有10%和15%左右的增加，原因还是北向南方向的瓶颈效应明显，但从整个干道来看，其行程时间和延误时间在早晚高峰及平峰时段均有不同程度的减少，平峰时候更是分别减少了26%和39%，整条干道的效率提升明显（见表1）。

表1 早晚高峰及平峰路段行程时间、延误汇总表

光明北路全路段		早高峰			晚高峰			平峰		
		改造前	改造后	对比	改造前	改造后	对比	改造前	改造后	对比
南向北	行程时间（s）	877	496	–43%	815	500	–39%	669	411	–38%
	延误（s）	680	299	–56%	618	303	–51%	472	214	–55%
北向南	行程时间（s）	560	614	10%	561	620	10%	484	445	–8%
	延误（s）	365	419	15%	367	425	16%	289	251	–13%
双向合计	行程时间（s）	1437	1110	–23%	1376	1120	–19%	1153	856	–26%
	延误（s）	1046	718	–31%	985	728	–26%	761	465	–39%

3. 环境分析

通过项目前后的比较对节能减排方面做了分析，如表2所示。从中可以看出，改造后的系统能使燃油消耗、CO（一氧化碳）、NO*x*（氮氧化物）和VOC（挥发性有机化合物）等的排放显著下降，下降幅度为23%左右。系统对能源消耗和污染物排放方面的改善效果非常显著。

表2　光明北路交叉口晚高峰改造前后环境分析

晚高峰（17:00 ~ 19:00）	改造前				改造后			
	燃油消耗（L/hr）	CO排放（g/hr）	NO*x*排放（g/hr）	VOC排放（g/hr）	燃油消耗（L/hr）	CO排放（g/hr）	NO*x*排放（g/hr）	VOC排放（g/hr）
光明北路/东环路	512	9464	1840	2194	498	9233	1797	2140
光明北路/桥兴大道	242	4459	867	1035	193	3567	692	828
光明北路/富华西路	487	8996	1751	2085	240	4439	865	1030
光明北路/康乐路	73	1360	265	315	86	1602	311	371
光明北路/繁华路	141	3912	761	908	122	2238	435	519
光明北路/禺山大道	313	5795	1127	1343	274	5037	980	1169
总计	1768	33986	6611	7880	1413	26116	5080	6057
比较					-20.08%	-23.16%	-23.16%	-23.13%

四、结论

通过本项目的研究与实施，我们在国际合作与产学研的基础上有下列几点想法与建议：

（1）发挥本试点工程的优秀智能交通系统优势。它减少了交通管理的警力投入；降低了系统维护成本；提升了系统运行的可靠性，目前系统已正常稳定运行了一年半；发挥了互联网的特长，可以进行网络管理，实施远程操作、使用简便、一目了然。

（2）采用系统工程的方法对项目整个过程进行管理与实施。它包括项目管理、智能交通系统控制方案制订、系统采购、出厂测试和配置、系统集成、系统安装与调试、技术培训、系统验收测试、项目验收与系统支持服务和保修。

（3）充分利用视频技术，发挥其高精度、维护成本低与数据总体可靠性高的特点，与包括SCATS在内的现有国内控制器进行有效对接，提升交通管理与控制效率。

（4）在自适应感应控制中，红绿灯倒计时的实施会影响交通的安全与有效性。这将是我们今后研究中的重要课题。

（5）对交通系统进行深入的分析与研究，能够有效降低信号控制周期长度，优化多模式交通环境下的交通通行能力。

（6）对自适应-感应-协调控制的大数据进行了进一步系统分析，对系统集成、实施与优化提供了有力的理论指导与实施方法。

（7）有必要建立动态交通评估系统、指标体系及技术集成系统，以供交通评估与分析。

通过试点工程的研究与实施，总结有几个问题建议进一步研究。它们是：①多模式的感应-协调-自适应控制技术在实时动态绿波带上的技术与集成；②实时动态交通大数据在干道协调控试点工程方面的分析与应用；③交通控制评价系统与指标研究、技术与集成。在此基础上提出采用多模式（机动车、非机动车、行人）和多检测技术（雷达、视频、地感线圈）的评估方案。

广东省民生警务云服务平台

广东方纬科技有限公司

一、系统背景

随着移动互联网技术的快速发展，智能手机的日益普及，手机网民的数量快速增长。截至2014年年底，中国智能手机用户已经超过5亿，移动互联网用户达到8.75亿，平均每三个中国人里就有两个手机网民，移动互联网已经深入人们生活的方方面面，广大市民对于指尖便民服务的需求日益迫切。

为了进一步适应时代的发展，深化警务服务和民生体验的方式，2013年年初，中山大学、广东方纬科技有限公司联合承建了“广东省民生警务云服务平台”，双方依托“视频图像智能分析与应用技术公安部重点实验室”，联合BAT移动互联网巨头、三大运营商，打造了一个全新的集手机应用、BAT移动互联网平台、三大运营商于一体的“广东省民生警务云服务平台”，将广大市民日常生活密切相关的交管、出入境、户政等服务，通过手机应用、短彩信、微信等多种方式提供给群众，实现与群众的有效交互，从而达到方便群众办事的效果。目前，“警民通便民服务平台”已经上线的应用包括“广东警民通APP”“广东警民通”“广东交警”微信公众号，涵盖了高速路况、违章查询、违章提醒、出行快讯、港澳通行证续签、办证进度查询等与日常生活息息相关的业务，用户只需在智能手机相关应用上完成注册后，就可以高效、安全地享用全省公安机关提供的“查、约、办、推”四位一体的便民服务，全面提高了广东公安服务公众的能力和水平。

二、系统架构与功能

遵循免费、公益、便民的指导思想，坚持统一用户服务、统一标准规范、统一身份认证、统一数据管理、平台充分结合、业务自主建设的建设原则，立足现有基础，平台从用户的角度出发，提供信息公开、信息查询、业务预约、业务网办、个性服务5大类47项综合信息服务。

三、预期建设成果

广东省民生警务云服务平台借助中山大学、BAT移动开放平台、三大运营商网络等各方优势，通过官方新闻发布会、办事窗口二维码扫描、阿里系/腾讯系/百度系产品引流、三大运营商推广等多种方式并行，大力推广，力争建成国内最大的省级民生警务平台。

- 2015年年底用户数量：达到300万，平台截至2015年8月已服务7500万人次，预计2015年服务5亿人次。
- 2016年年底用户数量：达到1000万，预期服务30亿人次。
- 2017年年底用户数量：达到3000万，预期服务60亿人次。

四、服务渠道与模式

广东省民生警务云服务平台将通过官方APP、BAT移动互联网平台、三大运营商平台等各种服务入口为全省21个地市提供民生警务服务，全面覆盖全省居民通过移动网络办理民生业务的线上途径。截至2015年8月1日，广东省民生警务云服务平台累计已经为150万用户提供了1.2亿人次的服务。

（一）官方APP

“广东警民通”APP 2.0版本已于2015年3月上线，在Apple Store、应用宝、安卓市场、91助手、百度应用等应用市场均可下载使用，“广东警民通”APP 3.0版本将于2015年9月上线，并正式推出掌上违章缴罚等15项办理类业务。

（二）BAT移动互联网平台

百度、阿里、腾讯等互联网巨头纷纷推出“互联网+城市服务”平台，在原有APP基础上，打包提供公交查询、生活缴费、医院挂号等各类民生服务。调查显示，相比独立类生活服务类APP，用户更愿意在综合互联网平台上使用生活服务。借助BAT平台（百度、支付宝、微信）在移动端的覆盖率和用户数，以及云计算和大数据等技术优势，广东省便民服务入驻这些平台，在产品体验角度，顺应用户的使用习惯，实现无缝连接。

1. 百度搜索

移动端搜索已成为用户规模仅次于社交通信的第二大应用垂类，而百度占据移动端搜索近八成的市场份额，覆盖90%的移动用户，月活跃用户已突破5亿，成为移动端最大入口。用户只需百度搜索相应便民服务关键词，在搜索页面服务窗即可快速办理。

2. 支付宝

支付宝是中国最大的第三方支付平台，也是中国最大的实名网络平台，拥有超过3亿的实名用户。支付宝钱包活跃用户现已超过2.7亿，在移动支付市场占据了80%以上的市场份额，且用户数仍在不断增长中，成为广大民众日常生活中离不开的民生警务应用。广东省警民通便民服务将在支付宝平台通过“城市服务”和“服务窗”两大入口提供民生服务。

3. 微信

微信已覆盖省内90%以上的智能手机用户，并成为人们生活中不可或缺的日常使用工具。在2015年第一季度末，微信每月活跃用户已达到5.49亿，其中城市服务、公众号是微信的主要服务之一，近80%的用户关注了至少一个微信公众号。广东省警民通便民服务将在微信平台通过“城市服务”及“微信公众号”两大窗口提供民生服务。

（三）三大运营商平台

三大运营商（移动、电信、联通）在广东省具有庞大的用户基础，其中广东省内移动手机用户1.2亿，电信：手机用户2000万、宽带用户2500万，联通：手机用户2000万，宽带用户400万。广东省警民通便民服务平台为三大运营商在移动“and和”平台、电信“天翼”平台、联通“沃”平台等其自有平台上提供各类民生警务的便民服务。

探索信息全息回放在汽车驾驶人科目二、科目三考试的应用

柳州桂通科技股份有限公司　骆星润

一、前言

公安部关于机动车驾驶证领、考过程的有关规定由之前的111号令改用123号令之后，机动车考生驾驶技能考试过程评判方法由以人工为主改成了以电脑为主，且要求整个考试过程的全部信息随时都能溯源，也就是说任何一个考生的考试过程随时都能完整地回放或复原，以便可以正确地重审或纠错。

记录一个考生在考试过程的全部信息的现有技术是采用下列技术进行集成：

（1）通过音频、视频采集与记录系统对考车内、外的音频、视频进行采集与记录。

（2）通过电脑数据库系统对考车、考生、考试员、考试时间、考试成绩、评判依据、考车行驶过程中的实时位置等信息进行记录。

（3）对考生的考试过程进行溯源时，对音频、视频信息是使用相应音频、视频播放器进行回放或复原；对考车、考生、考试员、考试时间、考试成绩、评判依据、即时时刻等信息是通过数据库查询系统进行搜索、查询与显示；对考车即时所处位置是通过数据库查询系统进行搜索与查询，然后利用虚拟技术进行模拟显示还原。

其存在以下缺点：

（1）在对考试过程进行溯源时，同时需要使用多种没有在时间问题上存在能够同时一一对应关联的系统作为手段。因此，不管理论还是实践都无法解决回放时音频、视频信息与考车位置信息、操作信息等其他多种信息的同步问题，特别是在回放视频和行驶轨迹时，尤为明显突出。其异步地描绘出来的行驶轨迹与考试车辆实时记录下来的视频信息之间的时间差是不稳定的，且无法控制，很容易引起视觉误差，在评判扣分点时，使观察者认为是一种评判错误，甚至会导致对正确性产生怀疑或纠纷。

（2）用目前的数据库技术对考车、考生、考试员、考试时间、考试成绩、评判依据、即时时刻等静态信息及考车位置的动态信息进行存储时，由于接口的通用性和技术的开放性问题，使得其安全性得不到保障，会很容易被不法分子篡改，从而破坏考试过程的公正性和公平性及信息数据的真实性。

（3）由于同一个考生的考试信息分别保存于多个不同类型的文件当中，因此查找起来费工、费时，若要求实现同步重现就更加困难，往往只能做到时差不超过10min而已。

本系统将实现提高驾考信息安全性并令其能同步重现：

（1）提高查询考生信息的便利性和速度，减少查询时间；

（2）将存储考生信息的多个相关文件数量适当合并在一起，直至一个考生只需用一个文件就可以保存其全部信息，减少存储空间；

（3）优化传统的文件存储方法，在减少存储空间的同时，也提高了篡改考生信息的难度，使考试过程的公正性和公平性以及信息数据的真实性等得到更好的保障；

（4）考生信息在考试过程中被实时地同时保存在同一个文件当中，在查询和回放时能够高度地得到同步，避免了同一时刻发生的事件和现象不能在同一时刻重现回放的非实时性问题。

二、信息采集、信息存储

记录一个考生在考试过程的全部信息包含以下多种媒体和多种信息：不少于两个通道的实时视频信息；考车内的实时音频信息；监控中心考试员与考生的实时对话信息；考车行驶过程的实时位置信息；考生考试时所使用的考试车辆的信息；负责监考某个考生的考试员的信息；正在进行考试的考生信息；考生的考试成绩及其评判依据；对考生进行扣分评定时必须记录的实时视频信息、考车即时所处位置、当时即时时刻等实时信息。

该系统采用的方法是通过把同时采集的驾考多通道的音频信息和视频信息分别转变成单一通道的音频信息HAS和单一通道的视频信息CVS；再将其与所有与驾考有关的考生信息、考试成绩、考试员信息、考试车辆信息以及国家标准或其他要求所规定的不可缺少的实时非音频、非视频考试信息，非实时考试信息一起保存在承载着考生考试过程的全部音频视频监控信息中，并以压缩文件形式形成一种包含了驾考过程各种信息的“驾驶人考试过程多信息音频视频文件DEMSAV文件”进行存储。该方法确保考试过程需记录的多种信息在考试结束后的查阅结果能够在时间和位置上都保持同步，优化传统的文件存储方法，提高了驾考信息的安全性以及查询考生信息的便利性和速度。其主要包括两个步骤：

（1）采集步骤：把多通道的音频和视频分别转变成单一通道的音频HAS和视频CVS。

通过数据采集单元将多通道的视频信息在存储前合并成单一通道的视频信息CVS。其方法是：同时采集m个通道用于监视考试过程的模拟视频摄像机或k个通道用于监视考试过程的数字视频摄像机的实时动态视频信号并进行数字化处理，最后合并成只需1个通道就能满足国家标准要求和用户特殊要求的数字视频信号CVS供后级综合处理或简单的存储记录使用；上述m、k的取值范围是：m=0，1，2，…，8，k=0，1，2，…，8，$m+k$=1，2，3，…，8。

通过模拟音频处理单元将多通道的音频信息混合成单一通道的音频信息HAS。其方法是；同时把n个通道用于监听考试过程的拾音器的实时音频信号通过模拟电路混合成只需1个通道就可以满足国家标准要求和用户特殊要求的单通道音频信号HAS输出，作为音频数字化采集和模拟音频监听器所需要的信号源，n的取值范围是：n=1，2，…，6。

（2）存储步骤：将所有采集步骤收集到的信息与实时非音频、非视频考试信息、非实时考试信息合并，形成一种包含了驾考过程各种信息的“驾驶人考试过程多信息音频视频文件DEMSAV文件”。

首先通过音频、视频混合器将采集步骤采集到的视频信息CVS和音频信息HAS进行数字化压缩处理，形成一种能满足某种压缩标准要求的承载着考生考试过程的全部音频视频监控信息、以压缩后的形式出现的音频视频信息CAVS。

然后把除考试成绩以外的考生信息、考试员信息、考试车辆信息等非实时考试信息保存在承载着考生考试过程的全部音频视频监控信息、以压缩后的形式出现的音频视频信息CAVS的开头部分，即介于考生获得开始考试的通知之后和上车进行正式开始驱动考车行驶考试过程之前；从而形成基本的“驾驶人考试过程多信息音频视频文件DEMSAV文件”的开头部分。

接着把考试车辆的实时位置值、即“坐标”值，出现考试评判扣分点时必须保存、记录的相关实时信息之实时非音频视频监控信息同步地保存在记录有CAVS信息的基本的“驾驶人考试过程多信息音频视频文件DEMSAV文件”中的对应于当时时刻的视频帧的位置。

最后考试结束后，将考生成绩保存到基本的“驾驶人考试过程多信息音频视频文件DEMSAV文件”中相应的视频帧中，使其位于考试结束后停止视频记录之前的某些视频帧中，形成最终的“驾驶人考试过程多信息音频视频文件DEMSAV文件”。

三、信息同步重现

同步重现即是将上述“DEMSAV文件”同步重现回放，确保考试过程需记录的多种信息在考试结束后的查阅结果能够在时间和位置上都保持同步。

方法是通过专用系统同步再现“驾驶人考试过程多信息音频视频文件DEMSAV文件”所记录的全部信息的方法，其主要步骤是：

（1）在重现回放过程中的开始阶段，首先通过“驾驶人考试过程多信息音频视频文件DEMSAV文件解码器”逐步地把存储着驾考信息的“驾驶人考试过程多信息音频视频文件DEMSAV文件”中的考生信息、考试员信息、考试车辆信息等非实时非音频、非视频信息一个个地分离出来，放在播放器的内存缓冲区或保存到某一指定的文件中；

（2）随着重现回放过程的不断进行，渐渐地进入考生开始考试的操作进程，此时也继续不停地同步地把非音频、非视频信息从正在回放的视频帧中分离出来，同时把考试车辆的位置坐标值用某种坐标系的对应点来描绘在指定的位置上，使其形成考试车辆的行驶轨迹图呈现在观察者眼前，供重现回放操作人员按需使用；

（3）通过非音频、非视频信息分离模块在进行对这些信息分离提取过程中，遇到出现考试评判扣分点时，能够立即通知DEMSAV文件重现回放模块，即能够提供暂停服务；

（4）用于重现回放的模块在遇到出现评判扣分点的通知时，自动地做短暂的停留等待，以期引起观察者的注意；

（5）用于重现回放的模块通过提供实时接受重现回放操作人员的操作指令等相关服务功能，以便可以更好地满足操作人员的要求，并实现暂停、放大、复制等功能和服务，为重现回放操作人员提供友好的人机界面。

为保证考生考试信息的安全可靠，增加DEMSAV文件的存储和管理的安全性，本方法还采用以下措施：

（1）为了达到满足要求的信息存储与重现的效果，在重现回放时必须使用专用的DEMSAV文件重现回放软件或硬件设备，以实现完整的数据信息重现与同步的效果；

（2）驾驶人考试过程多信息音频视频文件DEMSAV文件专用播放器只提供与重现回放相关的功能，不提供篡改等编辑功能，使DEMSAV文件在其专用播放器面前成为了一种只读文件，不允许对其进行二次写入；

（3）驾驶人考试过程多信息音频视频文件DEMSAV文件专用播放器通过使用跟踪功能，实现审核播放操作者权限和记录操作者信息的手段，防止未获得授权的人随意地使用和震慑非法使用人，从而增加DEMSAV文件的存储和管理的安全性。

四、其他技术特性

系统即时采集学员考试时的基本信息以及考试过程中的录像情况并同步存储，学员全部的考试信息脱离数据库，保证了信息的真实性、及时性，可防止人为修改学员考试信息。

采用了最新数据压缩算法，录像占用空间小，方便异地网上播放，可提供异地考试远程查询功能。据人民网消息，年内小型汽车驾驶人自学直考、自主预约考试、异地考试将展开试点工作。通过考试信息全息回放系统，公安车管部门只需通过网上点击播放器，就能异地查询学员所有的考试信息资料，对异地考试政策落地，加快学员拿证速度，减少考证腐败起到了积极的推动作用。

五、信息全息回放的应用前景

信息全息回放系统为需要同步重现视频、音频及辅助信息的产业提供了有效的技术手段，如汽车行驶情况记录、机动车检测、健康体检、工业控制等。以汽车行驶记录仪为例，一旦发生交通事故和其他需要回放行车状态的事件，全息回放系统就能将用户所需的视频、音频、汽车行驶状态信息、汽车行驶内部情况等信息同时重现出来，为处理事件提供了可靠依据。

六、结束语

在机动车驾驶人科目二、科目三考试系统正式进入市场运营的这几年里，柳州桂通科技股份有限公司研究人员对系统运用性能进行了持续的跟踪。针对驾考系统出现的学员综合驾考信息查询难度大的问题，我们对驾考过程全息回放做了深入的研究与探索，经过长期不断的研究试验，对这一环节进行了大胆的创新，打破了传统的信息与考试状态分别检索的模式，在基于成熟、稳定的科目二、科目三考试系统技术平台上，成功实现了图像数据实时传输、数据网络互联，驾训学员所有与考试相关的信息集中在同一录像文件里。工作人员在调看学员资料时，在同一界面中，就可同步观看学员基本信息和考试过程的每一步操作录像及语音。为考试机构客观的评判提供了便捷、快速的分析平台，从根本上解决了监管人员与学员发生争议的可能，充分体现了电子驾考公开、公平、公正的原则。

我们期待信息全息回放系统在各个应用领域得到广泛的推广，创造更加美好的明天！

交通违法信息智能检出系统

——不系安全带违法检测

深圳市哈工大交通电子技术有限公司

一、应用背景

随着我国社会与经济的快速发展，汽车已成为大众最主要的交通工具。据2012年WHO数据显示，随着汽车保有量不断上升，交通事故日益增多。中国交通事故死亡率为20.8人/10万人，其中因未系安全带造成死亡的人数占10.5%，即每10万人中就有2人死于不系安全带，是酒驾死亡人数的10倍。据权威机构研究数据表明，安全带在交通事故碰撞过程中可减轻驾乘人员的伤害程度，平均可减少45%～73%的人员伤亡。

当前各地道路情势复杂多变，交通安全管理日趋严峻，为切实保护人民群众交通安全，交警已采用普法宣传、上路执法、人工筛选卡口图片等方式，但上述措施覆盖面窄、驾乘人员心存侥幸，同时执法成本高、资源消耗大，效果不明显。而目前国内外交通违法信息检测主要集中在闯红灯、超速、逆行、不按道行驶等领域，很少涉及不系安全带的交通违法信息自动检测。

本系统主要目的就是解决当前对机动车驾乘人员不系安全带违法行为监管与执法时，覆盖范围小、取证成本高、工作量巨大且效率偏低、难以持续的难题，从而最终大幅降低不系安全带的比例。

二、技术介绍

（一）技术方案

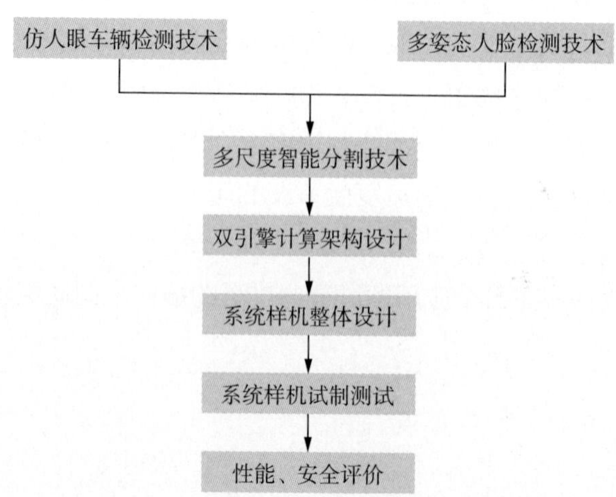

（二）技术特点

1. 全天候仿人眼车辆检测技术

系统将仿人眼的视觉检测技术和车辆运动特征检测技术有效结合，利用人眼具有的强大视觉信息处理能力，进行视觉信息采集与处理，再利用光流场车辆检车技术，可以从不同光照条件下，不同设备输出的图片中，直接将车辆识别出。

2. 全天候多姿态人脸检测技术

系统已克服人脸姿态的不稳定以及环境光照变化的影响，可以从不同光照条件下，不同设备输出的图片，头部不同姿态下，直接准确检测出头部。

3. 多尺度智能分割技术

多尺度智能分割技术从较粗糙到较精细的N个图像细节级别上将图像划分为多个区域，通过n次连续迭代为每个区域指定一个单一分割值，该分割值使得区域边界处的接缝和数据的代价函数之和为最小。此技术既维持了对图像噪音的抵抗力，也维持了运行速度，能从不同色泽、纹理、亮度的衣服上，将安全带准确、快速分离出。

4. 计算架构采用CPU+GPU双引擎架构

在常规多核CPU架构基础上扩展GPU（图像处理单元）核显硬件的双引擎计算架构，该架构可大幅提高软件的平台适应性、计算效率和整体运行性能，其计算速度比普通的CPU计算架构快1倍以上。

三、系统特点

试点验证过程中，不到4个小时即已完成测试点10万张卡口图片不系安全带检测，自动筛选出5000～6000张驾驶人和前排乘坐人的检出结果图片，在充分提升警务效能的同时，节省了大量人力资源，是科技强警战略的具体体现。

与此同时，系统还实现了卡口图片的自动化采集以及检出结果到违法处罚平台的自动上传，数据采集、分析、检测以及上传整个处理过程，完全由系统自动完成，无须人工参与。

（1）全天候检测：已实施的所有卡口点均已实现对机动车驾驶人以及前排乘坐人不系安全带行为进行7×24h不间断地自动检测与违法取证。

（2）性价比高：无须新增前端设备或改造现有网络；对不系安全带违法行为的审核人员由之前16人，减少为现在的2人；在节省警力的同时，工作效率提高80%，而处理的工作总量比之前增加了1倍多。

（3）扩展性强：系统采用灵活、开放的模块化设计，赋予结构上极大的灵活性，为系统扩展、升级及可预见的管理模式的转变预留接口模块。

例如，系统输出的驾乘人员人脸头像，预留接口模块调用统一的Web Service数据上传接口为公安治安辑查布控系统提供基础数据；与各子信息系统通过国家/行业标准协议交互方式，实现整个城市道路交通安全大平台的互联互通及信息化共享、共控与共管；另外，还可为国安、反恐、缉毒、刑侦、经侦等部门的联合破案提供有力支持。

（4）简便易用：设备的安装、调试及维护非常简便，无须复杂配置，无须专人维护，开机即可运行。

四、案例介绍

目前，河源市户籍人口349 万人，常住人口约295万人，至2015年，河源市公路通车里程将达1.6万公里，其中高速公路里程达到586.3公里，公路网密度约为101公里 / 百平方公里。每年因不系安全带造成的死亡人数据估计在90余人，由于不系安全带而造成的直接经济损失超过1亿元，间接损失则更大。

对不系安全带违法行为目前的执法方式主要有两种：人工筛选卡口图片（非现场处罚）与上路执法。上路执法效率较低，影响道路畅通，执法人员存在安全隐患，且难以持续，目前已很少采用；而人工筛选图片方式每人每天只能处理约4000张图片，仅河源市市区每天的卡口图片数量就在15万张以上，如果采取人工方式只能是杯水车薪，难以为继。

交通执法越严则不系安全带的比例就越少。据统计，未进行管理的城市，不系安全带比例一般在40% ～ 50%；只进行现场执法管理的城市不系安全带的比例约为20% ～ 30%；对部分卡口图片进行人工筛选审核的城市，不系安全带的比例在10%左右；对每一张卡口图片都进行人工审核的城市，不系安全带比例不超过1%。根据初步测算，河源市机动车驾乘人员不系安全带的比例为12%左右。

本系统自动从卡口存储服务器获取图片，经过系统分析将不系安全带的图片自动发送到非现场处罚平台，按现有流程实现自动处理。一台设备一天可处理10万张图片，合理配置设备即可实现对全部卡口图片进行“全覆盖、不遗漏”的不系安全带检测。从获取图片、分析图片、输出结果到违法处罚平台的整个过程由系统自动完成，并且具备学习功能，使用时间越久，检测精度越高。

经过不到半年对不系安全带行为的严格执法，不系安全带比例已下降至0.6%，下降20倍，即每1万张卡口图片中不系安全带数量由之前的1200例，减少为60例。换言之，系统实施后河源市交通事故人员伤亡率因此而显著下降，减少直接经济损失超过1亿元。

系统使用至今，在不增加前端设备、不改变网络现状以及不增加任何警力的情况下，极大地提高了交警部门的工作效率，真正起到了提升公安工作科技含量与装备保障能力的作用，为保障人民群众生命安全和社会和谐稳定提供了有力支撑。通过这一长效机制，在纠正驾驶人驾驶陋习，打消驾驶人侥幸心理，减少道路交通安全隐患，提升驾驶人法律与安全意识等方面起到了积极作用，实现了良好的社会价值与经济价值。

五、资质奖项

“【平安1号】——不系安全带违法检测”曾荣获公安部及所属中国警察网组织的全国各地公安机关民警共同评选的“2014全国公安系统警用装备十佳品牌”。

在2015年“第七届中国国际道路交通安全产品博览会”专业展会中，其获得公安部、交通部有关领导以及行业专家的一致青睐与好评；“哈工大交通”有幸获得“第六届中国智能运输大会暨第三届深圳国际智能交通与卫星导航位置服务展览会”智能交通展的独家冠名。

“小陋习、大民生”，我们衷心冀望通过“平安1号”的全面推广与实施，使之真正成为交通管理者的好帮手，斩断不系安全带的陋习，带来万家平安。

规范酒精测试管理

——深圳交警规范酒驾案件处理的几点体会

深圳市公安局交警局科技处

查处酒驾离不开酒精测试仪。小小的酒精测试仪，以其便携、快速的特性为基层交通民警查处酒驾、打击危险驾驶提供了必要的技术支持。酒精测试仪不大，但管理的难度却不小。随着涉酒案件查处量的持续增加，如何将遍布各基层单位的酒精测试仪及其测试数据纳入统一管理，规范酒驾案件处理流程，一直都是队伍管理中一个不小的命题。深圳交警秉承特区“敢为天下先”的创新理念，通过自主研发管理系统，规范酒精测试仪管理，通过用好“一仪”（酒精测试仪）“一网”（后台管理系统），做好“一图”（工作流程图）“一表”（数据分析表），规范酒驾案件处理流程，取得了可喜的成绩。

一、用好酒精测试仪，仪器联网，设备管理一线牵

2009年，为加大对酒后驾驶的打击力度，深圳交警开始组织代号为“猎虎”的酒后驾驶集中整治行动，不定期组织优势警力在全市重点区域进行设卡查处酒驾。从2009年5月开始至今，5年间已持续开展268次行动，猎到的“醉虎”既有“国际友人”，也有“女汉子”，既有第二天即将步入婚姻殿堂的准新郎，也有刚下飞机踏足深圳的观光客。仅2012年9月至今，深圳交警共进行呼气检测67万余次，查处涉酒案件5700余宗，取得了骄人战绩。在深圳，“猎虎”行动以其“大兵团作战，流水化作业，零容忍查处，无差别处罚”的特点，已成为“严格执法”的代称，“如果某部门能像交警‘猎虎’一样做某事，就一定能成功”已成为各种评论的经典句式。

在鲜花和掌声的背后，深圳交警敏锐地发现了存在隐患：酒驾查处离不开酒精测试仪，而酒精测试仪作为单警装备，平时由基层所队保管，战时散布在各个查车点由民警现场使用，如何才能保证每一条涉酒数据都能得到依法处理？如何才能杜绝酒驾查处过程中的“人情往来”，堵塞漏洞，保护民警？

为此，深圳交警曾进行了多种尝试，包括对设备进行临时抽查、对数据逐条核对、根据举报线索倒查等，但是由于酒精测试仪数量多、分布广、测试数据量大，靠人力抽查费时费力，效果并不理想。

在经过多次摸索和尝试后，深圳交警提出了全新的解决思路——“把设备联网”。2012年7月，深圳交警组织科研力量，自主研发了“呼气酒精测试管理系统”，并积极联系生产厂家，对民警手中的第一代酒精测试仪进行了升级改造，为每一台酒精测试仪增加了数据导出接口。通过一条数据线和安装在电脑上的采集端软件，“呼气酒精测试管理系统”就可将所有酒精测试仪内的数据导入后台数据库，从而实现了呼气酒精测试数据的集中管理。各级管理部门只需点击鼠标，即可对全支队近

2000套酒精测试仪的数据进行查看和调阅。与之配套，深圳交警制定了严格的数据导入规定：每一台酒精测试仪在使用结束后24小时内必须完成数据的导入、48小时内必须完成数据的维护（填写当事人信息），长期未使用的设备每个月必须至少接入一次系统。通过一条数据连接线，将设备联网，实现了数据的归集，做到了“设备管理一线牵”，破解了酒驾查处过程中呼气测试数据难以监管的难题，也为规范管理酒驾案件查处奠定了良好的基础。

2013年9月，在深圳交警的主导和生产厂家的配合下，深圳交警完成了第三代无线型酒精测试仪的研发，并在全国率先大规模部署应用，首批即在队伍中装备了1800台。新型的无线型酒精测试仪通过蓝牙和3G传输技术，实现了酒精测试仪数据的无线传输。现场查处过程中的每一个呼气检测数据，都实时显示在后台管理系统的页面上，既减轻了民警数据导入的工作量，也更好地刹住了酒驾查处过程中的“人情风”。

二、用好后台管理系统，数据关联，全程跟踪一信提

设备联网，数据归集，迈出了酒精测试仪系统化管理的重要一步，如果仅仅只是数据归集还远远不够。据不完全统计，深圳交警每月使用酒精测试仪测试近5万次，平均每天新增来自近100个不同中队的1700条数据。如此繁杂的数据量，如何才能保证每条数据的处理都符合规定？如果每一条都由人工进行核查、跟踪，这在警力不足的背景下，既不符合实际，也不具可操作性。数据如何有效监管才是关键所在。

为解决数据监管的问题，2012年10月深圳交警对“呼气酒精测试管理系统”进行了升级，将后台数据库与违法处理系统、公安交通综合应用管理平台、短信平台进行了关联和自动比对。后台管理系统的智能化程度大幅提升，能够自动对酒精测试的每一条数据的每一个流程进行跟踪：对超过24小时才导入系统的数据、超过48小时未维护的数据自动进行短信预警，对48小时后未能在公安交通综合应用管理平台中找到处罚记录的数据自动进行短信预警，对超过1个月未使用的设备自动进行短信预警，对检验鉴定期限将至的设备自动进行短信提醒。而且，预警短信不仅发给所在中队领导，还一并发给所在大队所有中队长、大队长和分管支队领导，将数据“摊在阳光下”，真正实现全面监督、全程跟踪。据统计，2012年10月至今，“呼气酒精测试管理系统”共对54990条数据进行了跟踪，发送预警短信20360条，各级督察、法制部门发出通报20余份，对酒驾案件的查处起到了很好的监管作用。

三、做好工作流程图，程序公开，进度结果一图显

2011年醉驾入刑后，特别是2013年新《刑事诉讼法》实施后，对醉驾查处流程提出了更高的要求。酒驾的查处，现场呼气测试仅仅是工作的开始，如果涉嫌醉驾，后续还有抽血、验血、预审、逮捕、起诉、判决、驾驶证吊销等一系列环节，涉及路面执勤、预审侦查、违法处理等众多部门。从工作实践看，要规范酒驾的查处，就必须把全过程纳入监管，疏漏了任何一个环节都可能滋生灰色土壤。而最有效的监管，就是将所有流程公开化，至于全体民警的监督之下。也只有这样，才能最大限度地杜绝“说情风”，保护办案民警。

为实现酒驾查处流程的公开化，深圳交警依托后台系统，逐步将自动化管理延伸到各个环节，2013年5月，再次升级后的“呼气酒精测试管理系统”已将现场查处呼气测试、抽血告知、血样鉴定、起诉判决、处罚和驾驶证听证、吊销等流程全部纳入其中。每宗案件的每一个步骤的交接时间、交接责任人、每一份文书的编号、每一个环节的处理结果都在一张图表上显示，办理的案件大队、警务督察大队、预审部门和违法处理部门均可实时查看、相互监督。系统升级以来，对3238宗涉酒案件进行了全程跟踪、记录，没有出现一宗错案，没有一宗投诉。

四、做好数据分析表，研判决策，趋势走向一表明

2013年8月6日晚，“@深圳交警”官微发布了一条微博：哪个星座最爱酒驾？根据2012年9月以来深圳交警查获的酒驾人员数据统计，发现天秤座共312人排行第一、处女座第二……”微博一经发布，立即引发各方关注，反响热烈。这只是“呼气酒精测试管理系统”分析研判功能的一个应用缩影。

“呼气酒精测试管理系统”发布近两年来，随着工作的不断积累，存储的数据量不断增加，深圳交警在使用后台系统规范酒驾案件查处的同时，也逐步应用大数据思维，分析研判酒驾的规律和趋势，确定下一步的查处工作重点。目前，通过后台数据库，系统可以按民警、按中队、按大队列表显示工作的战果，也可以将酒驾行为高发的时段、区域，高发的人群等以图表的方式直观展现，为考核和管理部门提供了重要的管理抓手和决策依据。

下一步，配合全国交警系统执法记录仪使用的推广，深圳交警正在着手将“呼气酒精测试管理系统”与执法记录仪相关联。届时，将会为每一宗涉酒案件建立从发现到查处全过程、多媒体的执法档案，使酒驾查处的过程记录更加具体、完善，更好地规范一线执法，更好地保护执勤民警。

解决汽车“驾驶安全”三种手段

山东海格尔信息技术股份有限公司

一、智能驾考系统

智能驾考系统是根据公安部《机动车驾驶证申领和使用规定》123号令要求，研发的符合统一监管标准的机动车驾驶人科目二、科目三考试自动评判系统。系统通过专用车载评判终端采集车辆运行信息、高精度差分GPS定位信息、音视频信息，结合考试评判项目信息进行综合评判，实现科目二、科目三考试的自动评判。

（一）系统组成

智能驾考系统主要由专用车载评判终端、数据采集传输系统、考试管理及监控平台三部分组成。

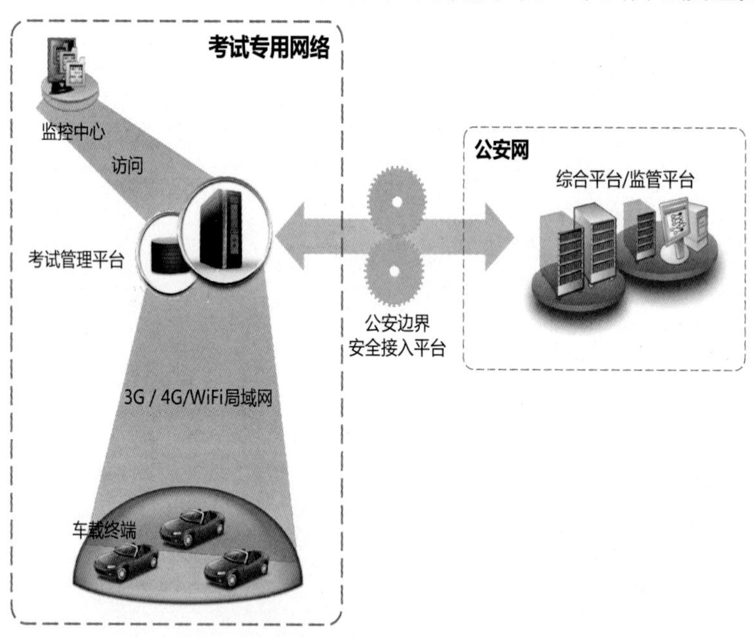

1. 车载评判终端

车载评判终端集嵌入式计算机、高精度差分GPS定位模块、车辆信息处理器、无线通信模块于一体，内置考试评判软件，适用于科目二、科目三考试的自动评判。

嵌入式计算机为ARM架构，Cortex-A9处理器，搭载Andriod系统，适配所有考试车型。

车辆信息处理器：独家研发专利技术，集成车辆状态信息、动态行驶信息采集功能，用于考试过程中采集车速、转速、三轴加速度、安全带、车门、档位状态、转向灯、远近光灯、驻车制动器、主刹、副刹等车辆信息数据；支持12路模拟量24路数字量输。

高精度差分GPS：支持北斗/GPS/GLONASS三星，定位精度±1.5cm CEP。高精度动态定位接收机：数据更新率可达5Hz以上。用于考试过程中接收车辆运行轨迹信息。

2. 数据采集传输系统

数据采集传输系统包括音视频采集模块、车辆信息采集模块、网络通信模块。

音视频采集模块：采用三台高清网络摄像机，用于考试过程操作抓拍、室内监控、行车视频记录。

车辆信息采集模块：为车辆信息处理器提供基础数据。

网络通信模块：采用3G/4G/WiFi无线网络，为数据传输提供链路服务。

3. 考试管理及监控平台

考试管理及监控平台包括考试管理平台、监控管理平台、电子地图管理平台。

考试管理平台：集成门禁签到、排队叫号、考试管理模块，完成以用户管理权限为依据的数据管理、查询、统计、分析工作，数据管理机制实时检索数据并提供预警服务。

监控管理平台：实现考试过程的音视频监控、指挥调度、数据记录存储、智能检索回放等功能。

电子地图管理平台：通过人工测绘完成考试区域地图的数字化，详细标注考试项目，并将定位系统采集到的考试车辆分布及运行轨迹实时显示在管理控制中心的电子地图上。

（二）系统简介

科目二智能考试系统实现了对小型车的侧方位停车、坡道定点停车和起步、曲线行驶、直角转弯、倒车入库共计5个考试项目的自动评判以及大中型客货车的倒车入库、桩考、坡道定点停车和起步、侧方停车、通过单边桥、曲线行驶、直角转弯、通过限宽门、通过连续障碍、起伏路行驶、窄路掉头、模拟高速公路行驶、模拟连续急弯山区路行驶、模拟隧道行驶、模拟雨（雾）天行驶、模拟湿滑路行驶、模拟紧急情况处置（前方突然出现障碍物）、模拟紧急情况处置（高速公路车辆故障）共计18项自动评判工作，并且记录考试过程中的音视频资料、考试数据，实时上传到监控中心。

科目三智能考试系统实现了科目三考试中上车准备、起步、直线行驶、变更车道、通过路口、通过人行横道线、学校区域、通过公共汽车站、会车、超车、靠边停车、掉头、夜间行驶共计16项自动评判工作，并且记录考试过程中的音视频资料、考试数据，实时上传到监控中心。

（三）系统优势

1. 高度集成

车载考试评判终端采用ARM架构，集高精度GPS定位设备、车辆信息采集设备、音视频采集设备、无线通信设备于一体，简化和方便了设备的安装、调试和维护。

2. 宽温宽压

评判终端设备在-30℃～70℃环境下均能正常工作，输入电压范围9～36V，完全适应原车蓄电池供电环境。

3. 高精度差分GPS定位技术

采用实时载波相位差分定位技术，考试车辆位置误差小于1.5cm，为计算机自动评判提供完整、准确的位置信息，保证系统评判的准确性。

4. 低功耗、节能、环保

整套设备的工作功率仅为10W，无须额外加装蓄电池、散热设备，符合节能环保的要求。

5. 混合流数据处理技术

混合流数据处理技术集多源数据的采集、存储、处理、加密和传输于一体，完成同时间轴上混合信息的同步处理，完美解决了目前业内在复杂考试环境、非理想网络环境下不能正常评判，以及音视频监控信息、车载评判信息和GPS信息不同步等问题，实现了音视频信息、考试评判信息及GPS信息的混合流数据传输、数据异步补充、数据ILBC压缩、数据统一调用管理等功能，保证了行车数据、考试数据与音视频数据的同步。

二、机动车驾驶人培训平台

（一）产品简述

山东海格尔“机动车驾驶人培训平台”采用“互联网+”的理念，系统化管理驾驶人培训过程，人性化督导培训服务质量，高效提升机构培训质量，同时结合我司科目二和科目三模拟考试系统，为学员提供全方位综合性驾驶培训服务。

“机动车驾驶人培训平台”集理论教学、自主预约、质量管控、模拟重温和资源统配于一体，结合个人驾驶行为分析和其他综合性服务，专注驾驶人，服务驾驶人。

机动车驾驶培训平台构框如下图所示。

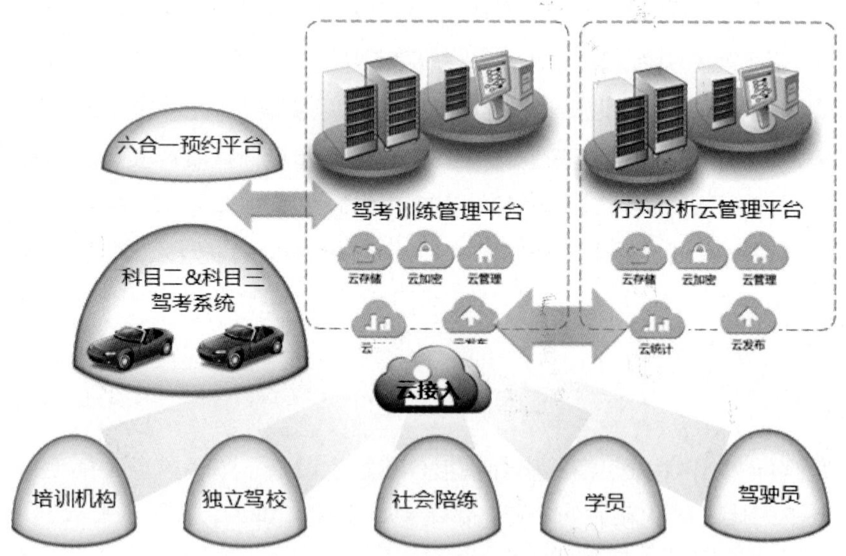

（二）亮点简述

（1）通过培训教学模块，全程将科目一至科目四的理论、实训、模拟以及正式考试智能化串联，便于学员一体化掌握驾考技能和行车技术。

（2）通过自主预约模块，全程将科目一至科目四的实训、模拟、正式考试自主性预约排配，既便于学员人性化自主预约培训和考试，同时又顺应“自学直考”的驾考发展趋势。

（3）通过质量管控模块，全程监督科目一至科目四的自学、教学和服务质量，既提升了驾培教学和服务质量，同时也提升学员考试的合格率。

（4）通过模拟重温模块，关联科目二和科目三实训和模拟考试系统，便于学员实时调阅培训视频，“温故而知新”“互联网式培训”。

（5）以“互联网+”为基础，利用移动端APP、微信平台等流行载体，顺势推出网络支付、贷款学车等相关功能，方便和促进驾驶人参与培训。

（6）通过资源统配，合理分配机构培训资源，使得机构培训低成本、高效率、高产出。

（7）采用了“互联网+”的云平台数据机制，驾校投入细微，维护成本低廉、性能功能稳定，数据安全可靠。

模拟考试系统特点如下：

（1）与实际考试车设备完全一致；

（2）产品价格比考试设备低；

（3）定位精确高达1.5cm；

（4）高度集成对车辆改装面小；

（5）军工品质；

（6）无须后台服务器，直接接入云平台，节约成本。

模拟考试车作用如下：

（1）建立内部考试评判系统；

（2）及时纠正学员的操作错误；

（3）提高考试通过率至95%以上；

（4）增加驾校的收入；

（5）消除学员紧张情绪，提升学员的考试心理素质；

（6）减少学员的练习时间；

（7）提升驾校的品牌力和美誉度。

三、驾驶行为分析系统

（一）产品分析

“驾驶行为分析系统”是一款为驾驶行为规范化提供准确、实时的参考数据的综合性云应用平台。可为用户提供涉及领域、车队、车型等在内的综合性驾驶行为分析与评价服务。良好驾驶行为的养成，可以很好地预防交通事故发生，减轻交通拥堵压力，降低车辆部件耗损和故障，从而优化道路交通运输的运营成本。

驾驶行为分析系统构架图如下。

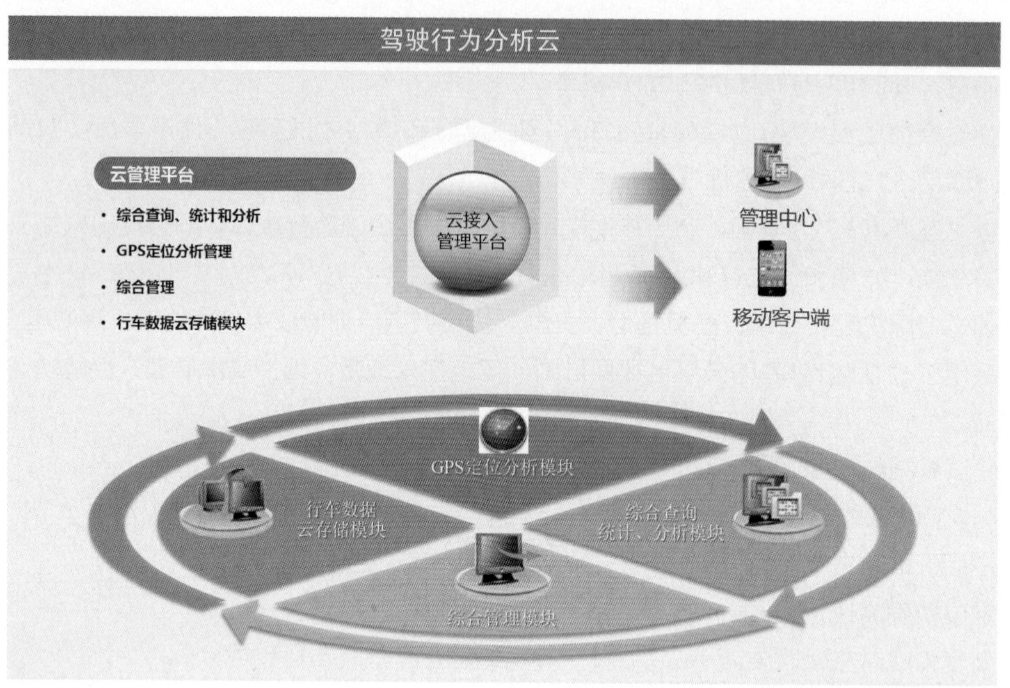

（二）优势分析

安全预防：将对不系安全带，频繁鸣喇叭，超长时间疲劳驾驶，不规范变道，急刹车，急转弯，路口不减速以及超速等进行警告提醒，降低因不规范驾驶造成的事故率。

成本减控：可以对“油耗子”，强行加减档等行为进行远程告警，降低运输成本。

定位救援：GPS定位数据可为运输提供最佳路径方案和定位救援，降低运输成本。

分析评价：可以周期性汇总驾驶行为评价，为驾驶员考核评估提供指导和依据，并且也为驾驶员提供实际驾驶资质数据参考。

大数据：可以为交通运输监管部门提供运输安全相关信息，便于相关部门制定适应性的运输方针和政策。

公安交通集成指挥平台的建设、应用及发展

博康智能网络科技股份有限公司

一、平台建设背景

目前全国各地智能交通的建设风起云涌，近几年一直保持高速增长态势，极大地促进了智慧城市的建设发展。在智能交通建设中，集成指挥平台（以下简称集成平台）的建设是核心、关键和灵魂。

从直辖市到省会城市，再到县级城市，集成平台的建设规模大小不一，建设内容也存在很大差异，但都不约而同地向实时、准确、高效、综合、智能、安全方向发展，引领智慧城市建设。

博康智能公安交通集成指挥平台（以下简称博康集成平台）在行业应用已达十多年，积累了丰富的业务经验和技术经验，可为全国各地的公安交通保驾护航。

二、平台建设思想

集成平台的建设，首先要实现大集成，即集成所有设备资源、系统资源和业务应用。海纳百川，有容乃大，一个优秀的集成平台，应该集大成，方能发挥极致应用。

集成平台不是简单、单纯的数据采集，也不是孤立的业务罗列。一个优秀的集成平台，应该能够清晰、准确地分析设备、数据、业务之间的关联，并在此基础上进行消化、融合，彼此不再封闭和孤立，而是建立关联和互动，共同携手，形成合力。

合力如何体现要看集成平台具有哪些大应用。大应用是集成平台价值的体现，也是集成平台的核心。

博康集成平台符合公安部各项规范、标准，从各个层面、多个角度，立足于公安交通，服务于公安交通，并与行业各平台携手并进，共同促进国家智能交通的快速发展。

三、平台总体架构

博康集成平台采用各种先进技术接口，将基础数据分类别、分层次深化处理，从多角度拓展和深化业务应用。

根据实际业务，平台采用分级结构进行设计，适应不同层次用户需要，总体上可分为大队级、支队级、总队级。

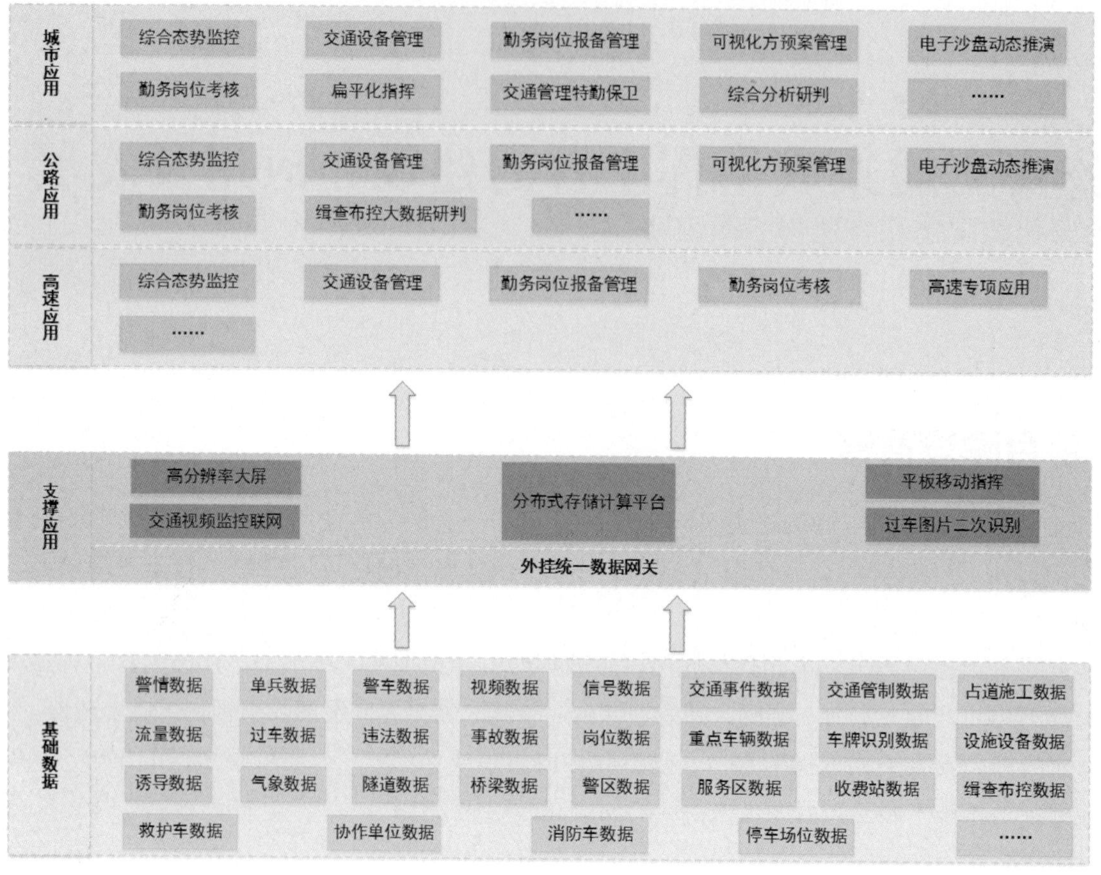

总体结构图

四、平台主要应用

（一）综合态势监控

基于PGIS技术，汇聚多种公安交通资源，对资源信息进行实时解析和动态展示，对资源态势进行研判分析和预测预警，同时凝练各资源系统中最精华、最常用功能，从而实现资源的大集成、大

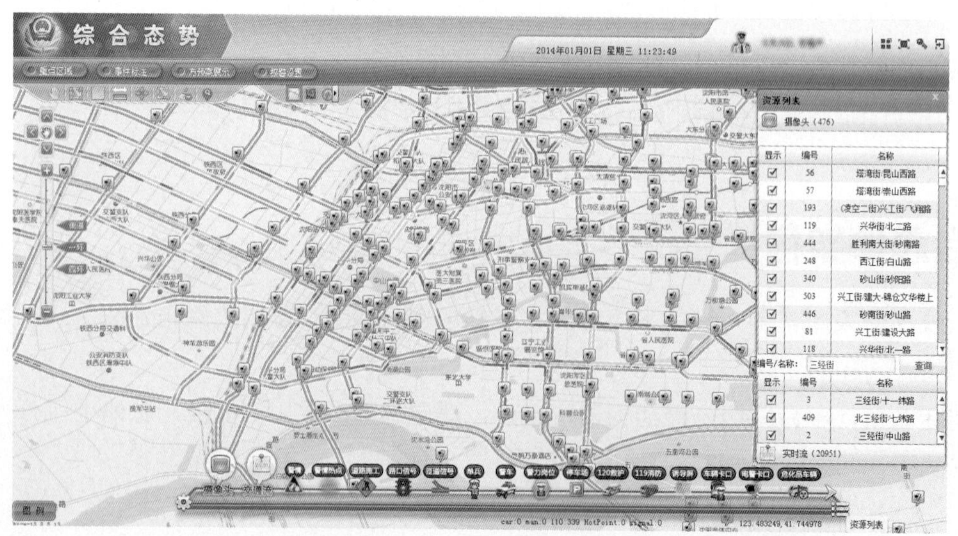

融合、大共享，实现资源的综合态势监控及可视化集成联动，辅助管理者科学、快速、高效、精确地进行指挥调度决策。

（二）扁平化指挥

基于先进的地理信息技术、位置服务技术和无线通信技术，将警情、警力、岗位、视频、信号机、交通流、诱导屏等相关资源统一集成，加强资源综合展示和相互关联，促进资源有效融合和相互辅助，纵向减少指挥层级，横向畅通指挥关系，实现了对现场警力的点对点、可视化指挥，改变了以往金字塔式的指挥模式，形成了完整的处置业务闭环流程，节省了警力资源，改进了执法手段，提高了处置效率，有利于总队、支队、大队和现场警力的多级联动和协同作战，极大地提升了综合指挥作战能力，很好地促进了整体科技办案水平，为更好地服务群众、维护治安提供了坚实、强劲、有力的保障。

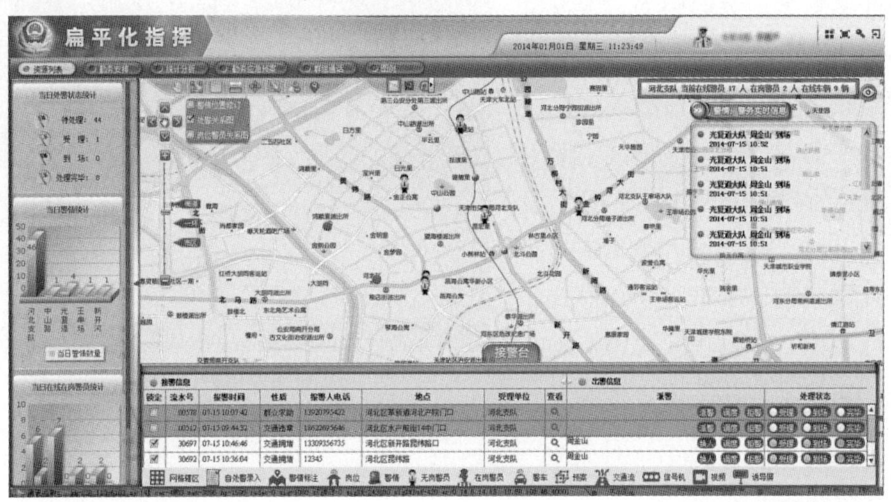

（三）勤务岗位报备管理

以Web GIS为驱动，对勤务岗位进行可视化管理，提供多种岗位类型，能够快速、准确、方便地管理岗位。提供多种警力部署方式，可进行多岗位批量警力部署，迅速制订勤务计划。自动分析警力上岗情况，从多角度动态展现警力投向投量实时态势。

（四）勤务岗位考核

勤务岗位考核是勤务管理中至关重要的一环，考核的准确性、及时性、公平性直接关系着其他环节。从宏观、微观两个层面，以自动、人工两种方式，采用科学、有效的考核方法，对执勤人员进行有效监测和监督，对勤务工作进行有效预测和预警，提高执勤人员的工作效率，辅助指挥者正确决策。

（五）交通管理特勤保卫

以特勤任务控制与调度业务功能为核心，以道路监控为手段，以特勤保障为目的，充分利用科技设备的先进性，结合交通管理特勤保卫业务特点，关联警力、电视监控、信号机、交通流等多种资源，服务于特定区域、特定路线、特定时间段的各种等级警卫任务和安保任务，可对警卫路线、保卫区域、特勤岗位、特勤车辆进行可视化设置，快速规划多区域、多路线、多车队、多方案，提供仿真推演和实战推演演练模式，提供一机双屏应用模式，真正实现集特勤方案制作、演练、实战于一体的综合智能监控保障平台。

（六）可视化方案预案管理

方案预案是公安交通业务中不可或缺的一部分，对其实现有效管理和智能应用则颇为关键。可视化方案预案管理将传统的文本描述形象化为在电子地图上的动态演示，能够适应更多应用、满足更多业务。

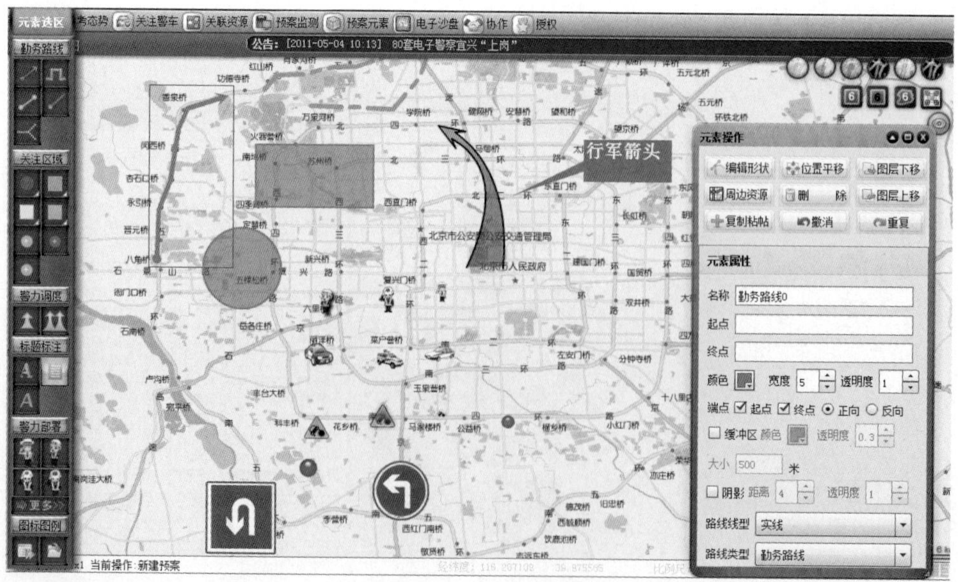

（七）电子沙盘动态推演

将公安交通业务中与GIS相关的方/预案讲解、事件过程汇报、交通保障演练等业务基于电子地图以动态推演方式进行展现，便于操作，易于理解，适合汇报。

提供基于Web GIS的电子沙盘制作工具，在电子地图上综合展示路线、区域、业务元素、文字说明等，并进行顺序模式动态推演展示。

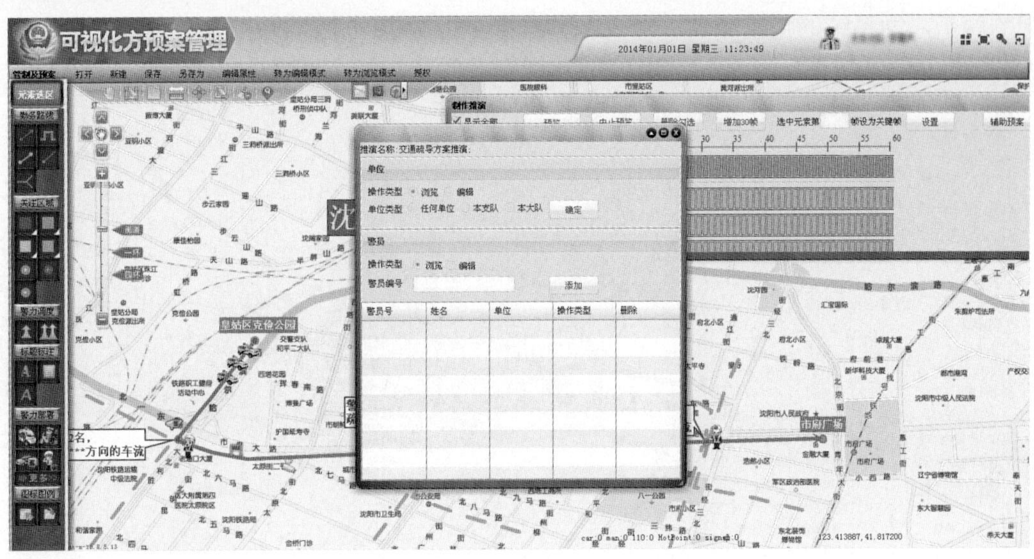

（八）平板移动指挥

公安交通行业是一个移动性、突发性、紧急性较强的行业。随着公安交通情况的日益复杂，一线民警非常需要实时与公安数据中心交换数据，随时随地获得指挥中心的支持。一线民警没有固定办公场所，道路就是办公室，移动性特点尤为突出，因此，对平板移动指挥系统的需求尤为迫切。

平板移动指挥系统以一线民警现场处置应用为主，结合各种监测监督应用，同时保持与指挥中心实时通信，上报各种公安交通业务信息。

（九）基于GIS的交通设施设备管理

公安道路交通设施、科技设备是公安交通系统建设和应用的基础，基于GIS，以交通设施信息管理为核心，汇聚各类交通设施和科技设备，进行统一管理、统一应用、统一监控，形成标准的交通设施设备信息库，保障全部公安交通平台正常、正确、高效、高质运转。

对所有的设备进行控制、管理、编辑，以及运行状态自动的监控分析，结合报表和图形的方式进行直观的展示，为系统的正常运转、对设备的维护分析提供数据依据。

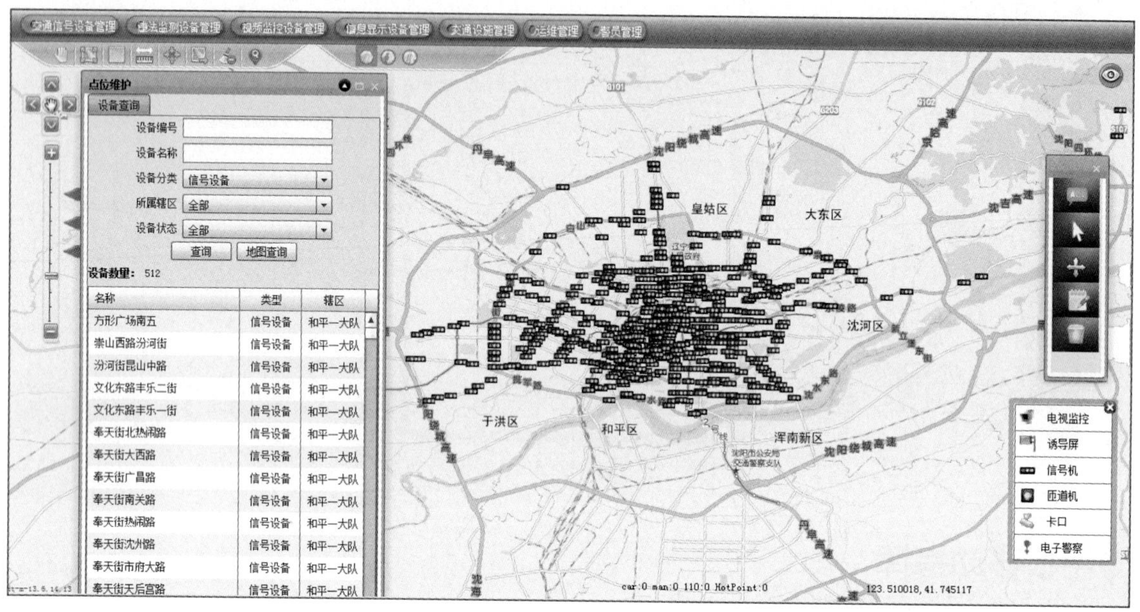

（十）综合分析研判

1. 警情分析研判

通过对公安交通业务数据进行抽取、清洗、加工转换、归集整理，并进一步进行精确分析、科学研判，萃取相关辅助决策数据，实现对公安交通警情监测、公路交通流量、道路交通运行状况的综合分析研判，从不同维度分析各类数据，实现“警力跟着警情走，领导跟着警力走”的精确指导思想，为公安管理者提供有效、准确的决策依据。

2. 交通运行情况分析研判

接入路面流量检测设备、收费站、卡口、人工采集等方式获取的交通流量、平均车速、车辆组成、大客车及外地车等信息，结合交通运行基本业务数据，对交通运行情况进行分析研判，为交通管理、规划提供准确的依据。

根据公路交通流量和车速等分析高速公路、一级公路及二、三级公路的道路服务水。

以路网平均车速为依据，分析快速路、主路、次干路与支路的服务等级。

分析路网在指定日期时间范围内的各类交通运行评价指标。

分析常发拥堵路段数，以多组折线及表格形式展示具体的路段信息。

同比分析道路交通运行指数，以多组折线展示，并以背景色块呈现交通运行指数对应的路网服务等级。

（十一）高速专项应用

高速公路应用是公安交通管理的重要组成部分，其业务具有一定的固定性、专业性和特殊性。高速专项应用根据高速公路业务特点，结合高速公路实际需求，接入高速公路系统相关资源和数据，完整、系统地进行高速公路专项应用设计和规划。

系统分为总队版、支队版，分别针对总队、支队的业务进行规划、设计和开发，从各种资源数据接入、转化、加工，到上层各种应用，信息量大、专业性强、应用点多。

系统接入的资源跨较多厅、局单位，接口复杂，但运行稳定，同时预留各种数据共享接口，增强了系统的扩展性。

（十二）高分辨率大屏

在传统的应用上，对于投大屏模式都是以桌面显示器，做映射到大屏上，这种投屏方式支持的分辨率往往依赖于桌面显卡，分辨率较低，不能完全发挥大屏优势，导致大屏上电子地图和各种业务资源及业务应用展示模糊，而如果提高分辨率后，在地图上显示的资源过多时会导致系统运行不流畅，无法充分发挥指挥中心的指挥调度职能。

本功能集提供的高分辨率大屏子系统通过高分辨率栅格图切图技术，加工高分辨率栅格图，开发专业显示功能子集，形成高分辨率大屏投屏方案，分辨率可达14000×8000甚至更高，在地图上可流畅应用，可充分发挥大屏的优势。

系统提供Web控制台，实现在浏览器内控制大屏投射内容功能。提供多套预定义的业务场景组合模式，以满足不同业务场景需求。

五、平台特色特点

经过十多年的发展，博康集成平台形成了自己的独特风格，主要特色总结如下：

（1）自有高效地图引擎，兼容PGIS地图规范，极限加载海量资源，运行稳定且可灵活扩展；

（2）集成各种交通资源，符合行业标准规范，对接众多设备厂商，深度融合完美展现；

（3）运用多种创新手段，地图、移动和语音，视频分析、大数据，智能应用处处可见；

（4）采用流行技术架构，深入一线业务实战，保障国家重大活动，成熟案例应用广泛。

六、平台未来发展

如今，随着大数据、物联网、互联网+的深入应用，博康集成平台也在与时俱进，并继续领跑，助力国家的智慧城市建设。

基于深度学习的二次识别系统

博康智能网络科技股份有限公司

一、产品概述

随着经济的快速发展，城市机动车保有量迅速增加，交通管理现状和需求的矛盾进一步加剧，与车辆相关的刑事和治安案件也逐年上升，特别是盗抢机动车辆、机动车肇事逃逸以及涉车类刑事案件，严重影响了社会治安与人民群众利益。在此情况下，各地均新建卡口、电子警察系统，通过先进的科技手段加强车辆管控。但在当前实战应用中，最普遍的应用模式仅能识别车牌信息，不足以处理套牌、无牌等特殊状况。并且早期建设的卡口系统，图片质量以及车牌识别准确率成为限制其发挥作用的瓶颈。

基于此现状以及用户的迫切需求，博康慧眼二次识别系统应运而生。依托业内领先的深度学习算法，二次识别系统可对所有卡口、电警抓拍的数据进行特征提取、特征识别的二次分析，完成车辆数据的校正，在提高了原有车牌识别的准确率的同时，丰富了识别信息，增加了车辆品牌、车辆子品牌、车身颜色、未系安全带识别、驾驶员打电话等众多业务功能，为卡口电警数据的深度应用提供强有力的保障。

二、系统架构

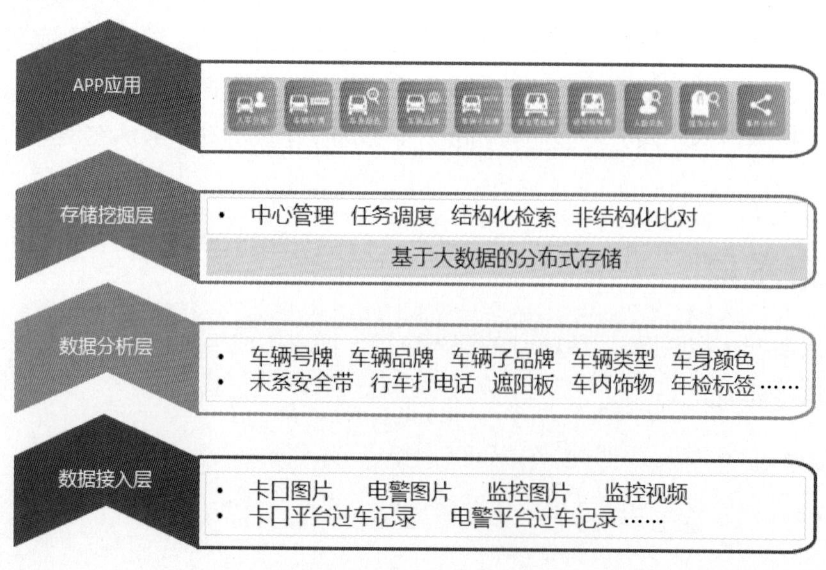

三、系统特色

相比其他厂商的二次识别系统，博康公司基于深度学习的二次识别系统具有如下特色。

（一）特色1：采用业内领先的深度学习算法

“深度学习”，简言之即建立、模拟人脑进行分析学习的神经网络，在无外界指令的自发条件下，该人工神经网络自主学习，得到目标结论。博康率先将深度学习技术应用到安防领域，利用千万级数据，训练多层深度的神经网络，每个目标区域采用上百个不同的局部区域进行特征抽取，表达目标的全局及各种局部特征，在特征表达过程中产生将近1.5亿参数，600万维度的特征，通过特征降维，选取最能表达目标特征的向量作为该目标的特征向量。

博康慧眼二次识别系统在现有深度学习模型的基础上，采集现有视频、卡口相机产生的数据，通过迁移学习，获得的模型更加贴近安防行业实际应用。

（二）特色2：车辆号牌识别支持50像素的车牌

行业内通常使用的二次识别系统都是针对卡口图片，根据GAT497—2009公路智能监测标准，标准卡口图片中车牌像素范围为[100，160]。博康慧眼二次识别系统采用了深度学习算法，可支持监控场景下的车辆特征识别，包括车辆号牌、车身颜色、车辆类型、车辆品牌以及车辆子品牌等。其中，车辆号牌识别最低可支持50像素的车牌，远高于GAT497标准中的识别指标，并且识别正确率可达到90%以上，满足实战需求。

（三）特色3：可识别车辆特征多，识别率高

传统的二次识别算法依赖于对车辆特征的建模，其识别率容易受光照条件、阴影、车辆遮挡、摄像机抖动等外界因素的影响。博康慧眼二次识别系统采用深度学习算法，机器对大量各种场景下的数据进行自主学习，可有效减少外界环境的影响，达到高识别率。博康慧眼二次识别系统可识别车辆号牌、车牌颜色、车身颜色、车辆类型、车辆品牌、车辆子品牌、前排驾驶员/副驾驶员是否系

安全带、行车打电话、遮阳板等多种特征，其中车辆号牌识别率在95%以上，其余指标识别率都在90%以上，可识别的车辆品牌达到160种，车辆子品牌达到1500多种（不包含年款）。

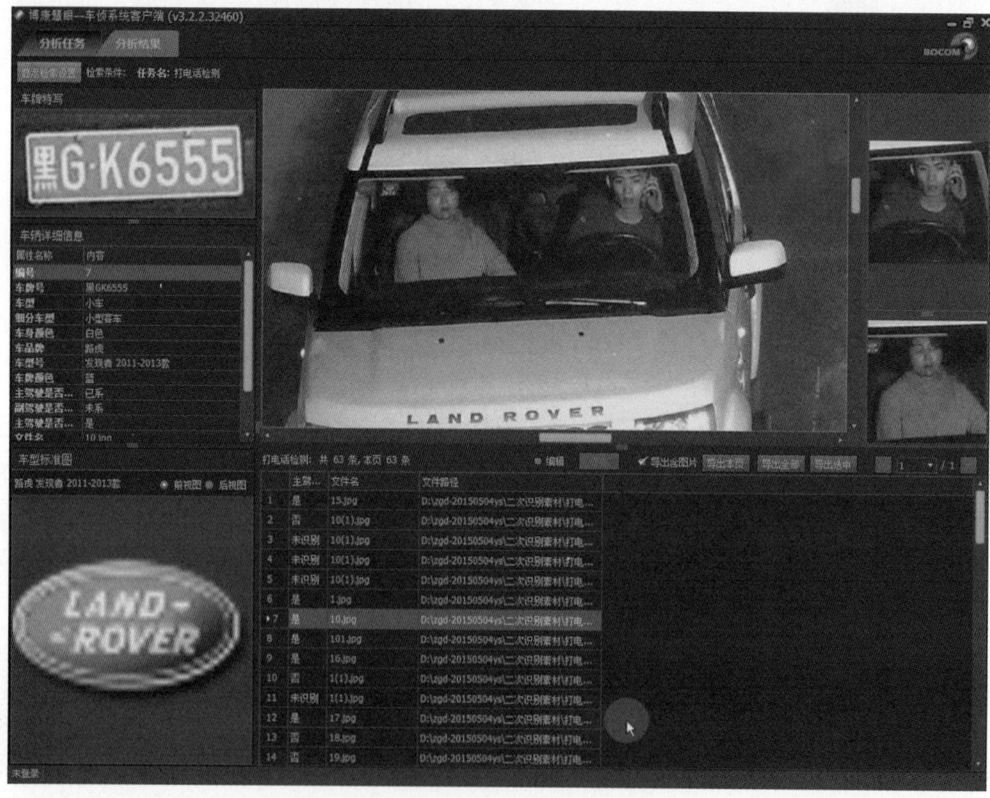

四、业务应用

（一）车辆特征以图搜图

二次识别检测器实时提取车辆特征信息，车辆特征数据集中存储到存储设备中，当发生案件或事件需要根据车辆局部特征或整体搜索车辆时，导入一张嫌疑目标样本图片，对指定时间段内的卡口/电警图片按照以图搜图方式查找目标车辆，结果以相似度从高到低排列显示，再由人工复核。

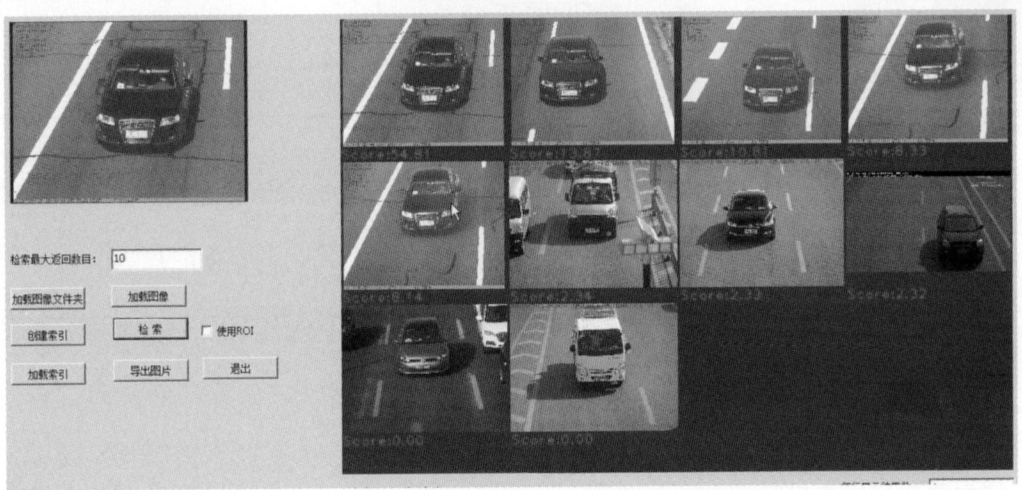

（二）假牌车辆分析

支持将系统分析出的车辆信息与车驾管系统中的车辆信息进行比对分析，如果车牌在车驾管系统中不存在，车辆标记为嫌疑假牌车，经人工确认后，进入假牌车数据库，用于系统预警。

嫌疑类型 ☑ 嫌疑假牌 ☐ 嫌疑套牌 ☐ 逾期未报废 ☐ 逾期未检验

号牌号码 ______ 号牌种类 ______ 确认状态 ______

比对时间 2014-07-11 00:00 至 2014-07-11 23:59 选择卡口 查询 关闭

号牌种类	号牌号码	比对时间	嫌疑类型	确认状态	处置状态
小型汽车	陕C86191	2014-07-11 23:36:31	嫌疑假牌	识别正确	未处置
小型汽车	陕CC1102	2014-07-11 21:59:15	嫌疑假牌	识别正确	未处置
大型汽车	陕AE9760	2014-07-11 21:58:37	嫌疑假牌	未确认	未处置
小型汽车	陕C13703	2014-07-11 21:26:01	嫌疑假牌	识别正确	未处置
小型汽车	陕CA0011	2014-07-11 20:47:09	嫌疑假牌	识别正确	未处置
小型汽车	陕C86021	2014-07-11 20:25:31	嫌疑假牌	识别正确	未处置
小型汽车	陕CA0011	2014-07-11 20:16:53	嫌疑假牌	识别正确	未处置
小型汽车	陕AA6195	2014-07-11 20:06:33	嫌疑假牌	识别正确	未处置
小型汽车	陕CP3522	2014-07-11 19:36:32	嫌疑假牌	识别正确	未处置
小型汽车	陕C86021	2014-07-11 19:35:55	嫌疑假牌	识别正确	未处置
小型汽车	陕C11900	2014-07-11 19:35:54	嫌疑假牌	识别正确	未处置
小型汽车	陕ACC514	2014-07-11 19:16:52	嫌疑假牌	识别正确	未处置
小型汽车	陕CA0011	2014-07-11 19:08:12	嫌疑假牌	识别正确	未处置
小型汽车	陕DZ1890	2014-07-11 19:07:55	嫌疑假牌	识别正确	未处置
小型汽车	陕C11900	2014-07-11 18:55:35	嫌疑假牌	识别正确	未处置
小型汽车	陕AA6195	2014-07-11 18:46:52	嫌疑假牌	识别正确	未处置
小型汽车	陕DEJ912	2014-07-11 18:37:07	嫌疑假牌	识别正确	未处置
小型汽车	陕ACS362	2014-07-11 18:25:50	嫌疑假牌	识别正确	未处置
小型汽车	陕AFN379	2014-07-11 18:25:01	嫌疑假牌	识别正确	未处置
小型汽车	陕V16389	2014-07-11 17:55:06	嫌疑假牌	识别正确	未处置

共103条 共6页 第1页 首页 上一页 下一页 末页

（三）嫌疑套牌车分析

支持将系统分析出的车辆信息与车驾管系统中的车辆信息进行比对分析，如果车辆信息不符合，车辆标记为嫌疑假牌车，经人工确认后，进入套牌车数据库，用于系统预警。系统同时支持自动提取车辆最近的行驶轨迹，以便分析行驶规律。

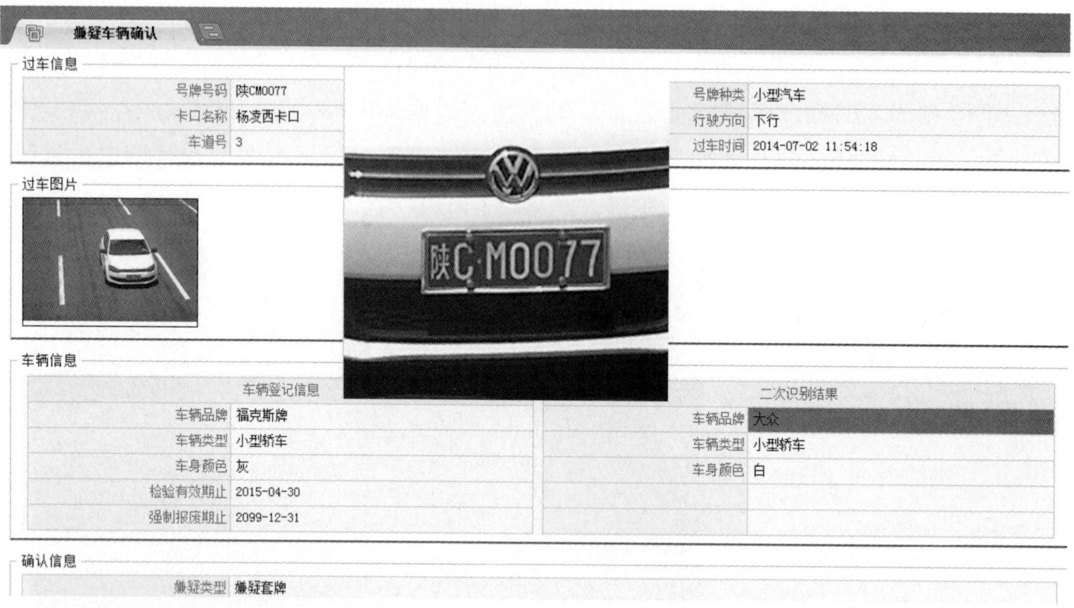

（四）交通违法行为分析

此功能主要包括货车禁行、外地车禁行、单双号限行、特定车道禁行、黄标车禁行等几种交通违法行为。

系统将分析出的车辆号牌信息与后台车辆登记信息进行对比，分析以上几种交通违法行为，人工审核后将相关图片作为后续处置的证据。

事件类型：货车禁行　外地车禁行　单、双号限行　特定车道禁行　黄标车禁行

选择的卡口

号牌号码　号牌种类　审核状态

比对时间 2014-05-27 00:00 至 2014-05-27 23:59　选择卡口　查询　关闭

号牌种类	号牌号码	比对时间	经过卡口	事件类型	嫌疑类型	审核状态
小型汽车	苏DG996C	2014-05-27 13:05:30	钱荣路卡口	钱荣路外地车限行	外地车禁行	未审核
小型汽车	沪CMK387	2014-05-27 13:05:28	钱荣路卡口	钱荣路外地车限行	外地车禁行	未审核
小型汽车	鲁D24Y37	2014-05-27 13:04:49	钱荣路卡口	钱荣路外地车限行	外地车禁行	未审核
小型汽车	鲁D651D9	2014-05-27 13:04:44	钱荣路卡口	钱荣路外地车限行	外地车禁行	未审核
小型汽车	苏B2V190	2014-05-27 13:04:25	钱荣路卡口	钱荣路货车限行	货车禁行	未审核
大型汽车	苏BA6985	2014-05-27 13:04:24	钱荣路卡口	钱荣路货车限行	货车禁行	未审核
大型汽车	苏B39682	2014-05-27 13:04:11	钱荣路卡口	钱荣路货车限行	货车禁行	未审核
大型汽车	苏B92869	2014-05-27 13:03:34	钱荣路卡口	钱荣路货车限行	货车禁行	未审核
大型汽车	苏B92869	2014-05-27 13:03:34	钱荣路卡口	钱荣路下行1车道货车限行	特定车道禁行	未审核
小型汽车	苏D2367X	2014-05-27 13:03:30	钱荣路卡口	钱荣路外地车限行	外地车禁行	未审核
小型汽车	苏D725B1	2014-05-27 13:03:22	钱荣路卡口	钱荣路外地车限行	外地车禁行	未审核
大型汽车	苏B90765	2014-05-27 13:03:10	钱荣路卡口	钱荣路货车限行	货车禁行	未审核
小型汽车	皖HB5926	2014-05-27 13:03:09	钱荣路卡口	钱荣路外地车限行	外地车禁行	未审核
小型汽车	苏E7ZP03	2014-05-27 13:02:33	钱荣路卡口	钱荣路外地车限行	外地车禁行	未审核
大型汽车	苏BB5070	2014-05-27 13:02:09	钱荣路卡口	钱荣路货车限行	货车禁行	未审核
小型汽车	苏A89L23	2014-05-27 13:01:49	钱荣路卡口	钱荣路外地车限行	外地车禁行	未审核
小型汽车	苏B72289	2014-05-27 13:01:31	钱荣路卡口	钱荣路货车限行	货车禁行	未审核
小型汽车	苏B72289	2014-05-27 13:01:31	钱荣路卡口	钱荣路下行1车道货车限行	特定车道禁行	未审核
大型汽车	苏B56711	2014-05-27 13:01:15	钱荣路卡口	钱荣路货车限行	货车禁行	未审核
小型汽车	苏HDP193	2014-05-27 13:01:07	钱荣路卡口	钱荣路外地车限行	外地车禁行	未审核

共2203条　共111页　第1页　首页　上一页　下一页　末页

（五）无牌车辆轨迹查询

系统支持无牌车识别，并可对无牌车辆的轨迹进行查看，同时可查看经过每个卡口的详细过车信息。

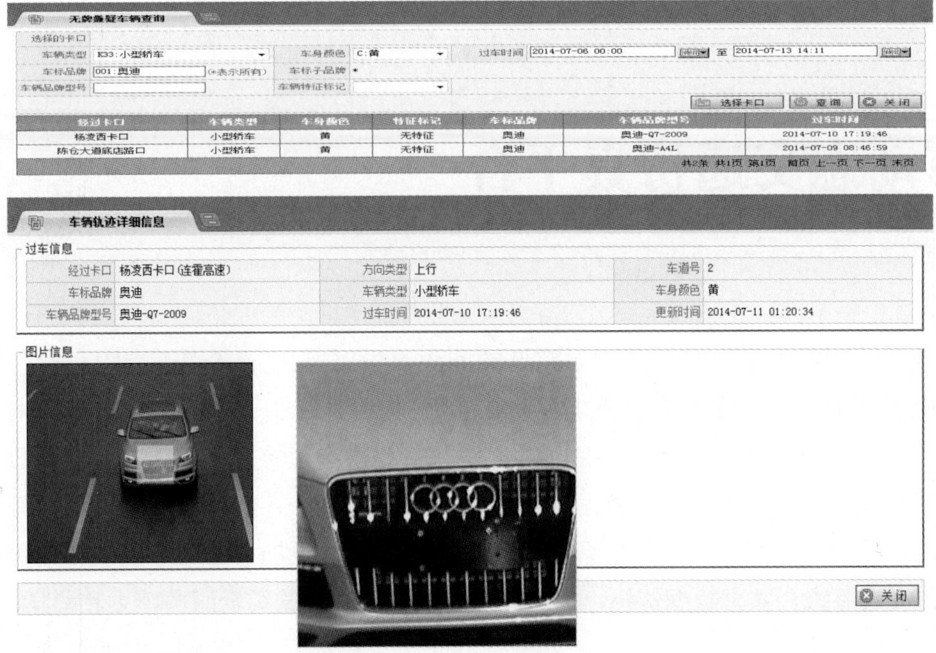

(六)车辆特征轨迹查询

系统支持对经过车辆进行综合查询，查询条件包括号牌号码、号牌种类、过车时间、车标品牌、车标子品牌、车辆品牌型号、车辆类型以及车身颜色，查询出的车辆可展示其行驶轨迹，并可查看经过每个卡口的详细过车信息。

车辆特征轨迹查询

选择的卡口
号牌号码 号牌种类 02:小型汽车 过车时间 2014-07-10 00:00 至 2014-07-11 14:20
车标品牌 027:大众 (*表示所有) 车标子品牌 POLO,朗境,朗行,朗逸,帕萨特,桑塔纳,途安,途观,Passat,领驭,高尔,宝来,捷达,迈腾,..
车辆品牌型号 桑塔纳 车辆类型 K33:小型轿车 车身颜色 J:黑
选择卡口 查询 关闭

号牌种类	号牌号码	经过卡口	车辆类型	车身颜色	车辆品牌型号	过车时间
小型汽车	陕CGX036	蔡阳大桥卡口	小型轿车	黑	大众-桑塔纳志俊-200..	2014-07-11 14:20:24
小型汽车	陕EWX083	蟠龙桥卡口	小型轿车	黑	大众-桑塔纳志俊-200..	2014-07-11 14:18:15
小型汽车	陕AN185E	杨凌西卡口	小型轿车	黑	大众-桑塔纳志俊-200..	2014-07-11 14:18:05
小型汽车	陕CBD009	蔡阳大桥卡口	小型轿车	黑	大众-桑塔纳志俊-200..	2014-07-11 14:15:11
小型汽车	陕CE1785	六校北门卡口	小型轿车	黑	大众-桑塔纳-老款	2014-07-11 14:13:36
小型汽车	浙A92J81	蔡阳大桥卡口	小型轿车	黑	大众-桑塔纳志俊-200..	2014-07-11 14:08:37
小型汽车	陕CE7739	蟠龙桥卡口	小型轿车	黑	大众-桑塔纳志俊-200..	2014-07-11 14:07:36
小型汽车	陕VSS136	蟠龙桥卡口	小型轿车	黑	大众-桑塔纳志俊-200..	2014-07-11 14:07:30
小型汽车	陕C21551	蟠龙桥卡口	小型轿车	黑	大众-桑塔纳志俊	2014-07-11 14:06:36
小型汽车	陕CK3672	蟠龙桥卡口	小型轿车	黑	大众-桑塔纳志俊-200..	2014-07-11 14:05:12
小型汽车	陕C66360	法汤立交卡口	小型轿车	黑	大众-桑塔纳志俊-200..	2014-07-11 14:04:41
小型汽车	甘E99459	蔡阳大桥卡口	小型轿车	黑	大众-桑塔纳志俊-200..	2014-07-11 14:04:18
小型汽车	陕DH2196	杨凌西卡口	小型轿车	黑	大众-桑塔纳志俊-200..	2014-07-11 14:04:05
小型汽车	陕CAY369	蟠龙桥卡口	小型轿车	黑	大众-桑塔纳-老款	2014-07-11 14:00:58
小型汽车	陕C24598	蔡阳大桥卡口	小型轿车	黑	大众-桑塔纳志俊	2014-07-11 14:00:49
小型汽车	陕C53158	蟠龙桥卡口	小型轿车	黑	大众-桑塔纳志俊-200..	2014-07-11 13:57:18
小型汽车	陕C53191	蟠龙桥卡口	小型轿车	黑	大众-桑塔纳志俊-200..	2014-07-11 13:54:07
小型汽车	陕A130V7	蟠龙桥卡口	小型轿车	黑	大众-桑塔纳志俊-200..	2014-07-11 13:53:42

五、总结

博康智能二次识别系统依托业内领先的深度学习算法，对所有卡口电警抓拍的数据进行二次分析，完成车辆数据的校正，增加了车辆品牌、车辆子品牌、车身颜色、未系安全带识别、驾驶员打电话等众多识别指标，并提供丰富的交通深度业务应用，包括车辆以图搜图、假套牌分析、违法行为分析、无牌车轨迹查询、车辆特征轨迹查询等。

城市动态交通仿真平台

吴建平

由清华大学、剑桥大学、麻省理工学院低碳能源大学联盟未来交通研究中心和科进英华（北京）智能交通技术有限公司联合开发的城市动态交通仿真平台是一个综合性的可视化城市交通疏导、管理、控制和评价系统。平台通过挖掘城市静态和动态交通数据，利用实时交通数据的智慧计算与动态交通仿真技术，对城市交通管理、路网规划、优化设计、信号控制、交通诱导和设备监测等提供全面的决策支持，连接调度指挥系统，使交通运营管理更加科学化、系统化。能够很好地整合现有的智能交通系统，共享数据资源，提高城市智能交通系统的综合服务能力和科学评价水平。

一、平台主要构成与功能

城市动态交通仿真平台主要有五大系统。

（一）多数据源融合处理系统

1. 多源数据采集

设备接入平台收集各业务系统，如感应线圈、视频监控、GPS浮动车、卡口系统、电子警察、运营车辆GPS等所采集到的数据。

2. 实时数据融合处理

系统将融合GPS、线圈、视频、电警等多源数据，采用多源数据融合模型和快速数据融合专利技术，精确反映路网交通状态。交通流量信息、交通事件信息、视频图像信息、违章报警信息等，经过综合加工处理后存储于数据库中，作为城市动态交通仿真平台的数据源。

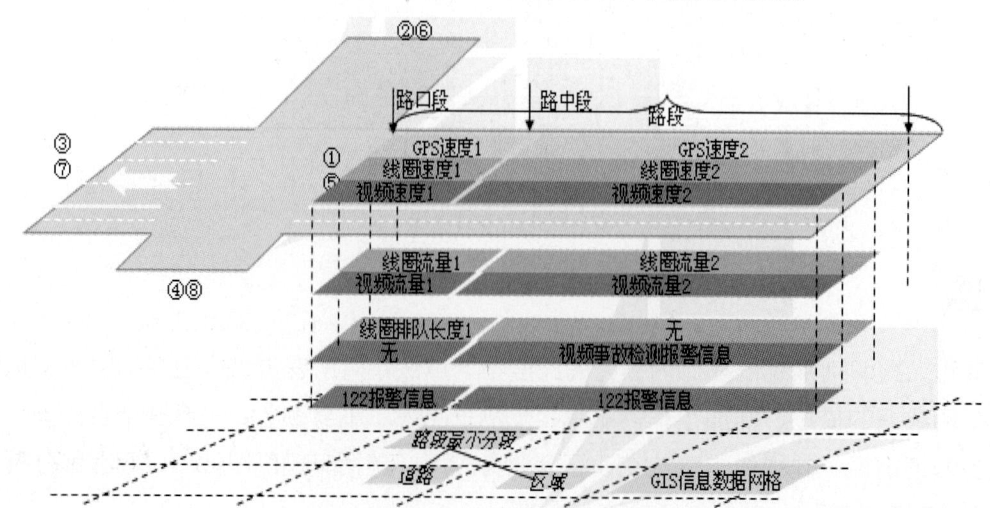

(二)交通控制与设施管理

1. 交通诱导系统

诱导发布系统即通过路边诱导屏形式、网站、移动互联网、空中电台等各种载体发布道路交通状态信息及事件信息。从管理者角度，通过诱导发布系统能够帮助管理者实现路网交通流优化，是缓解道路交通拥堵的有效途径，通过诱导驾驶员的行驶路线使得路网交通流分配达到最佳的状态，实现路网交通流的均衡分配。对于出行者，可以通过获取前方道路的拥堵状态信息及事件信息，选择合理的路线和出行模式。

2. 基于动态仿真的交通信号管理

交通信号联网控制系统通常以交叉口检测的交通流量作为信号优化的依据，即以流量为方案决策或者方案优化的基础，而没有考虑各个交叉口车辆运行的微观特性和单个交叉口控制方案对区域路网的影响。城市动态交通仿真平台以宏观和微观仿真模拟为基础，通过仿真计算确定交叉口的最优方案，能以区域路网系统整体最优为目标选择交叉口交通控制方案。

通过交通信号控制系统接口，平台将实时交通仿真优化的交通控制方案下发到交叉口信号控制器，提高交叉口控制方案与路网交通流的适应性。平台能实现以下交通信号控制功能：交通信号故障监测、交通信号运行方案监测、交通信号控制方案决策、交通信号控制方案优化。平台的实时交通控制优化功能将微观交通仿真在交通组织优化方面的功能实时化，提高了交通信号控制交叉口的通行能力。

与自适应的信号控制相比，优点一在于区域联动范围更大（目前信号自适应区域联动一般不超过5个路口）；优点二在于调整之前可以通过动态仿真进行可行性判断。

3. 设备运行实时监测

通过对接入平台所有数据的监测，当数据出现异常时，如长时间没有数据发送、同历史数据对比明显异常等，可推断出相关的设备出现异常，系统自动提示并记录，为设备维护提供依据。

不但可以基于GIS实现设备的位置、数量、型号等静态管理，还可以根据数据分析，实现设备状态的动态管理。

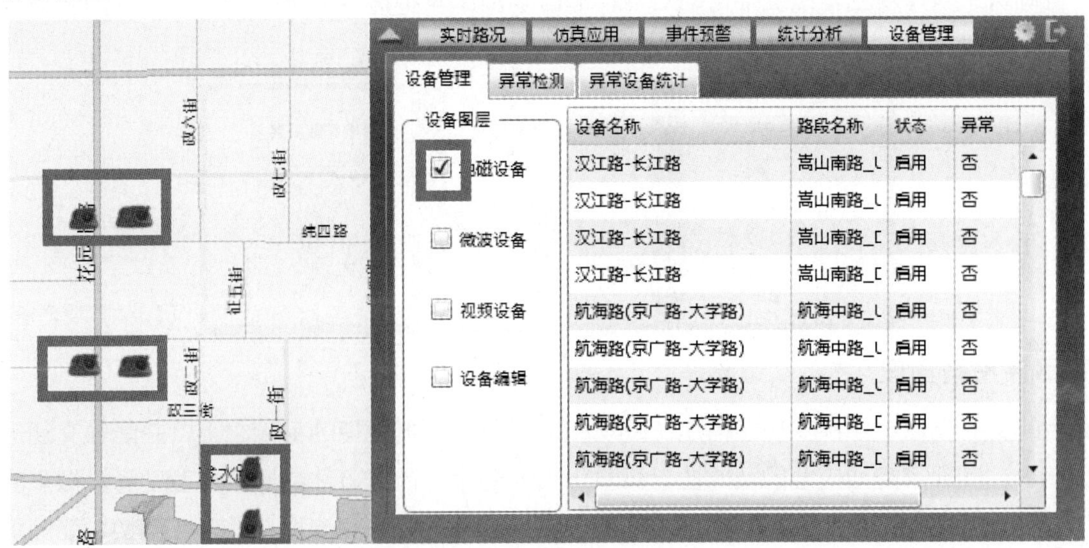

4. 多系统数据融合处理

城市动态交通仿真平台基于城市基础智能交通系统进行深层次数据挖掘分析，包含了城市基础设施系统、电子警察系统、信号控制系统、视频检测系统、大屏控制系统、卡口系统、诱导信息发布系统、指挥调度平台系统等。

（三）事件监测预警系统

平台通过将实时统计的交通流数据与历史数据对比并进行模型分析，监测路网内的异常事件并报警。与通常的交通事件预警系统不同，平台不仅可以对事件进行预警，还可以运用交通仿真技术对事件进行仿真，预测事件发生的交通影响范围，并能对应急预案进行仿真，评估预案的实施效果。在管理人员做出执行预案的决策后，系统能根据预案要求，对交通信号、交通诱导设施进行控制。

1. 事件预警

平台运行过程中，可以根据实时数据与历史数据或者仿真数据的比对发现路网中的异常事件，并自动即时报警，同时调用视屏监控系统，进行可视化调度指挥。

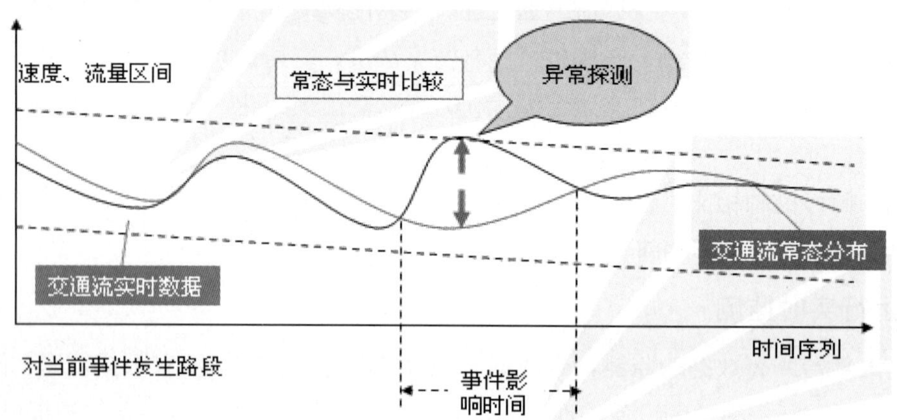

2. 事件影响扩散预测

一旦确认了事件发生，系统将自动对事件的影响范围及扩散速度进行模拟，并同时将结果输出到路网图上，或者直接跟应急调度指挥系统联动。

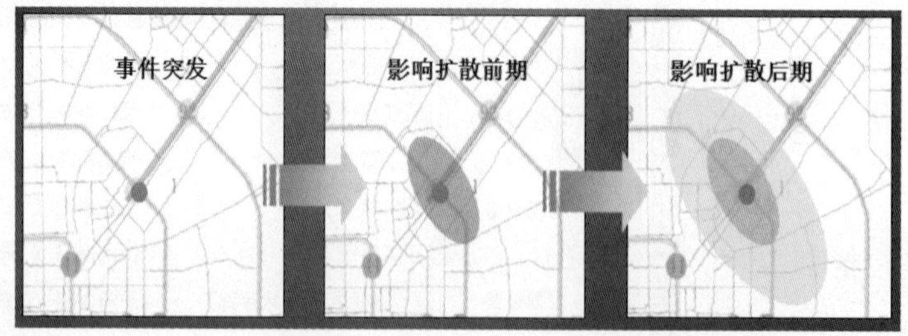

3. 事件预案管理

平台的实时交通事件预警功能构建在微观和宏观交通仿真模拟的基础之上，并能与交通应急预案进行结合，实现了交通应急的及时性、科学化和自动化。针对事件或事故多发区可以做多套应急预案，并通过多次的预案仿真评价，不断完善应急处置各项措施和流程，使得在现实中能够提供最优的救援及指挥。还可以联动应急调度中心及交通监控系统，使应急指挥实现可视化，及时掌握现场的救援情况，实现实时的远程指挥调度。

4. 事件管理

平台可以对历史事件进行管理，记录事件的位置、讫止时间、事件对周边交通影响的范围和程度以及相应的预案，可进行分类统计。

（四）路网状态分析管理系统

路网交通状态分析包括两个方面：一方面是实际路网状态分析，即通过对各系统采集及处理的各种交通流数据进行数据挖掘，利用交通工程模型、数学模型对数据进行处理，综合多种相关数据反映的交通运行特征，提供各种交通数据报表，分析路网的历史的和实时的交通运行状态和拥堵路段，为实时交通管理提供决策支撑；另一方面是路网方案分析，通过改变路网控制方案或者输入路网规划方案，利用实际交通数据和交通仿真模型，分析路网改善方案实施时的路网交通状态变化，并输出各种交通仿真报表，为路网方案决策提供数据支持。

1. 路网通行能力评估和未来趋势预测

实时采集道路交通的各种流量信息、旅行时间信息和速度信息等，通过算法模块分析出分路段、交叉路口、分区域、分时段的交通通行能力分析结果，从而研判现有路网通行能力及预测未来路网的交通运行状况，并对现有路网通行能力进行优化。

2. 交通状态评估

平台根据车辆跟驰模型、换车道模型、信号灯模型、机非混合交通模型、交通事故模型、检测器模型等，动态仿真模拟城市交通现状，并及时评估其现状。

3. 信号灯控制方案优化、评价

具有交通信号实时优化功能，并对优化方案进行仿真评价，能以路网最优的视角对联网控制的信号灯控制方案进行调整，或者自动调整。

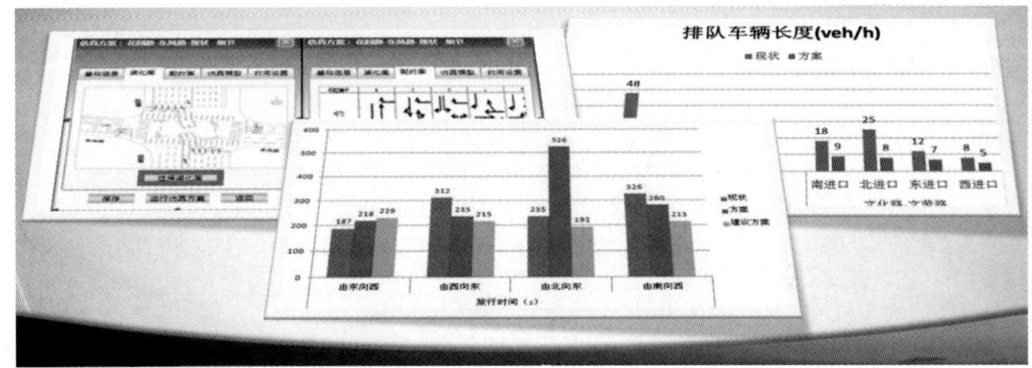

4. 区域交通仿真优化、方案评价

平台可实现区域交通组织方案的设计、仿真和评估，通过交通仿真，对区域通行能力和剩余承载力进行分析，发现区域交通瓶颈和选择区域交通管理方案。

根据选取的路口或区域，对所选的路口或区域建立动态交通仿真，运用系统建立的微观仿真模型运行交通组织优化模拟。系统依靠集成的微观仿真模型，能进行重要路口交通组织方案的设计、仿真、评估、优化功能，能对交通信号控制方案、交通渠化等进行仿真评估，输出方案的仿真评估指标，可为管理决策提供服务。

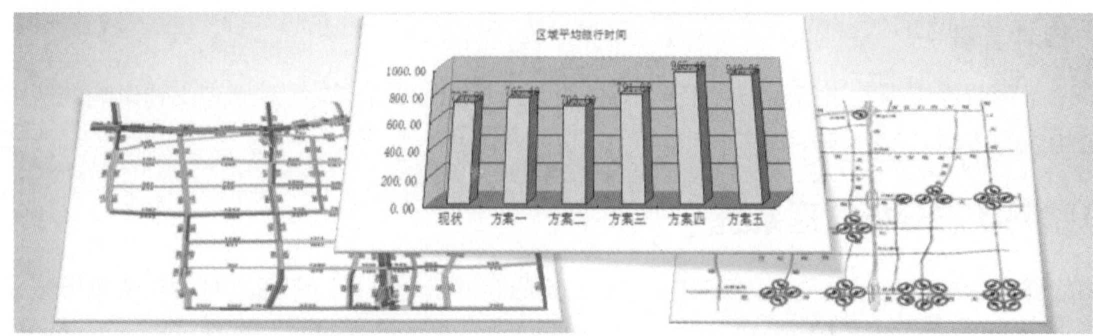

5. 事件影响仿真评价（地铁施工、交通管制、事故和大型活动等）

平台能够对施工占道（交通管制、事故和大型活动等）事件进行模拟，输出排队长度、延误等评价指标，并能对施工期间保证交通正常通行的不同交通疏导和交通管制方案进行仿真评估，输出方案的评价指标，为方案优选提供支持，避免决策的主观性，实现科学决策。

6. 路网规划仿真评价

通过实时的交通数据监测，以地理信息系统为基础，利用交通组织优化仿真与事件预警系统，再现交通流在时间和空间上的变化规律，具有路网规划评估功能，能对路网运行状况进行实时评估，并能对路网规划方案结合城市交通发展趋势进行仿真评估，提供科学决策依据。

7. 公交网络规划方案评价

平台可以就城市公交专用道和公交优先系统建设运用仿真模型进行仿真评估，为政策提供科学数据支持。

8. 智能交通系统效益评估

智能交通系统的效益评估是通过宏观和微观模型的仿真运算，科学评价智能交通系统创造的社会效益和经济效益。以交通安全、环境污染、旅行时间、能源消耗等各种因素为基础，实现智能交通系统的相关效益的评估。

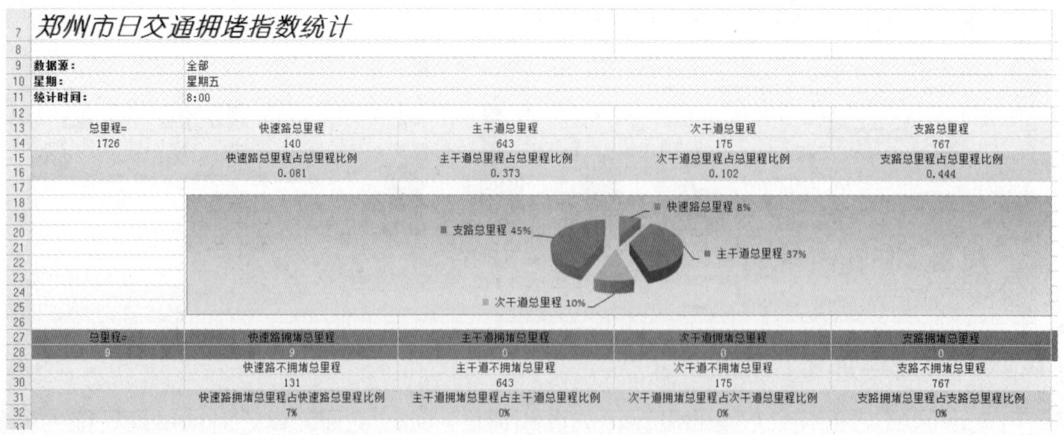

郑州市日交通拥堵指数统计

数据源：	全部			
星期：	星期五			
统计时间：	8:00			
总里程=	快速路总里程	主干道总里程	次干道总里程	支路总里程
1726	140	643	175	767
	快速路总里程占总里程比例	主干道总里程占总里程比例	次干道总里程占总里程比例	支路总里程占总里程比例
	0.081	0.373	0.102	0.444

总里程=	快速路拥堵总里程	主干道拥堵总里程	次干道拥堵总里程	支路拥堵总里程
9	9	0	0	0
	快速路不拥堵总里程	主干道不拥堵总里程	次干道不拥堵总里程	支路不拥堵总里程
	131	643	175	767
	快速路拥堵总里程占快速路总里程比例	主干道拥堵总里程占主干道总里程比例	次干道拥堵总里程占次干道总里程比例	支路拥堵总里程占支路总里程比例
	7%	0%	0%	0%

（五）综合管理查询

综合统计查询是对系统内历史数据的汇总和输出，方便管理人员对历史交通状况的分析，即交通管理人员可以对系统内的交通流原始数据、路况数据、路况诱导数据、停车静态和动态信息、可变车道诱导信息、路网拥堵节点、外场设备信息、违章信息、停车场信息等平台基础数据进行查询和输出。

综合统计查询输出的数据是历史数据的重组和再现，通过对比不同周期的历史数据，交通决策人员或者交通管理人员可以清晰地看出交通信息的发展规律，找出路网症结，并能为将来的智能交通系统建设或者交通事件处理提供重要参考依据。

二、产学研合作

清华大学与两所高等院校建立以“三校低碳联盟”的合作框架为基础，以“未来交通”为主要研究方向，以三校的教授专家为核心的世界一流合作研究和学术交流平台；与多家国际知名企业合作形成有效的机制，以产业需求带动未来交通中心的应用研究，以研究成果推动产业发展，形成良性的可持续的发展模式；与科进英华（北京）智能交通技术有限公司合作，使成果真正走向成熟化和产业化，带动成果在实际工程项目中的示范应用与推广。

该成果形成的各个阶段注重产、学、研的紧密结合，采用高校研发+行业推动+区域示范的模式，形成强大的研究、开发、示范应用一体化的先进系统，并在运行过程中体现出综合优势。清华大学着重城市动态交通仿真平台的总体框架设计、校验，智慧物联网技术、交通仿真技术、交通环境感知和调控技术、系统平台技术、预测预警技术和主要关键技术的研发；剑桥大学、麻省理工学院与清华大学共同建立以世界一流高校（清华、剑桥和MIT）为核心的开放性的世界一流的国际性的学科交叉合作研究中心和学术交流平台，吸引国际一流的专家学者开展联合研究，为成果提供有效的理论依据，且为多家国际知名企业负责ITS技术及交通仿真理论研究的硬件支持与数据支持，并负责动态交通数据的接入；科进英华（北京）智能交通技术有限公司则负责对多源异构数据的融合分析、平台物理环境搭建以及在实际项目中的产业化示范应用与推广。在成果形成的过程中，各单位保持紧密合作，充分发挥科研院校和企业的各自优势。一方面联合开展关键技术的预研工作，同时加快已有研究成果的应用示范进程；另一方面通过相互合作，进行物联网、云计算、通信和交通调控等领域的人才培养，为我国这些领域的长期可持续发展提供人才动力。

三、成果应用及推广情况

城市动态交通仿真平台的应用缓解了城市拥堵，提升了路网运载能力，以下以城市案例说明平台的应用。

（一）交通区域优化（案例：北京奥运会事件仿真分析）

城市动态交通仿真平台为北京奥运会实施了事件仿真评估与分析，针对奥运会期间的道路路网运营能力进行了数据模拟仿真，为区域限行对整个路网及区域的影响进行了分析，为紧急事件疏导、警力调配以及区域交通改善方案提供了决策依据。

（二）交通管理决策（案例：郑州市城市交通管理仿真）

城市动态交通仿真平台联动了郑州市城市基础智能交通系统，包含电子警察系统、信号控制系统、视频检测系统、大屏控制系统、卡口系统、诱导信息发布系统、指挥平台调度系统、车架管系统，实现了多源数据融合，为交通科学管理提供了数据的支持。城市动态交通仿真平台针对郑州市交通硬件（视频摄像头、卡口、信号灯等）长时间的损失率，匹配了动态的设备实时监测系统，解决了硬件设备损坏报警、维修后监测等工作中的问题，为交通管理提供了基本保障。城市动态交通仿真平台对于郑州市路网整体运营效率进行仿真优化，对区域路口交叉口的信号配时进行方案优化评价，整体提升了整个路网的运载能力。城市动态交通仿真平台针对郑州市道路施工占道、大型活动、交通事故等交通事件，实现了实时事件预警，并且针对事件造成的交通影响进行扩散分析，对事件的解决方案进行评估，为事件的解决提供科学的评价。

此外，城市动态交通仿真平台还在多个城市得到了推广应用，其中包括北京新兴桥、长虹桥、学院桥、宽街御路、景泰桥、官园桥、中关村一桥、北四环奥运、西二环区域的交通组织仿真设计评价，北京市重点区域交通仿真平台、杭州市城西区域交通组织综合改善工程方案设计项目、杭州市风起路道路改造仿真评价设计项目、迪拜出行率软件系统、南宁市交通系统管理优化研究、河南省高速公路交通流仿真应用研究、郑州市动态交通仿真平台，无锡市地铁一号线交通组织疏解方案设计及仿真评价等。

http://119.255.44.163:8888/wsPlatf
wsPlatform
文件(F) 编辑(E) 查看(V) 收藏夹(A) 工具(T) 帮助(H)
郑州市公安局交通警察支队 交通组织优化仿真与事件预警系统
用户管理
退出
实时信息
功能区
仿真方案
事件报警
辅助决策
路径诱导
区域
路口
编号 名称 描述
1 花园路区域现状交通仿真 现状
2 花园路区域优化交通仿真 优化方案一
3 金水路区域现状交通仿真 现状
4 金水路区域优化交通仿真 优化方案一
新建
删除
编辑
查看

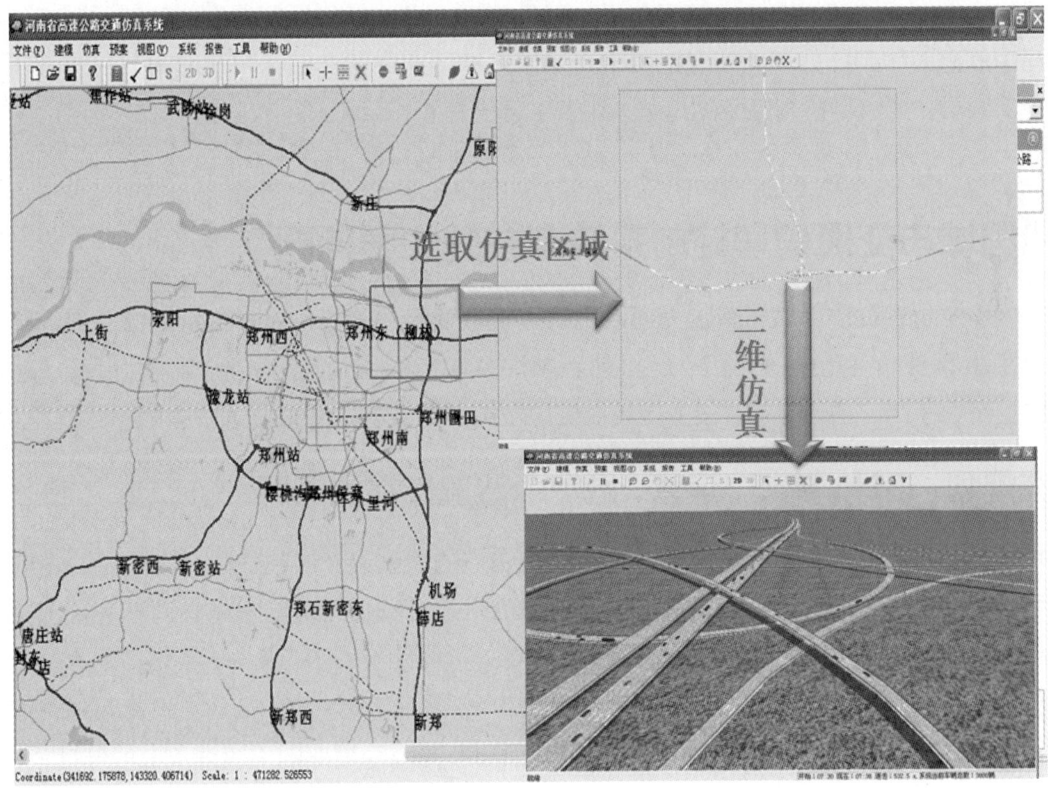
河南省高速公路交通仿真系统
选取仿真区域
三维仿真

城市交通信号系统运营与服务

北京绿通畅达交通技术有限公司

一、引言

随着我国城镇化进程的加快和机动化的快速发展，我国的城市交通拥堵已经由大城市向中小城市，甚至是县级市和乡镇蔓延，城市交通拥堵已经不仅仅是大城市的“专利”。交通拥堵所造成的资源浪费、经济损失、环境污染等问题已经日益突出。城市交通信号控制系统作为智能交通系统中的一个重要组成部分，在缓解城市交通拥堵、保障交通安全等方面具有非常重要的作用，但由于我国交通信号控制系统发展较晚、相关标准制定滞后、建设标准不一、专业人才缺乏等原因，导致我国城市交通信号控制系统建设落后、管理落后、服务落后，未能很好地发挥交通信号控制系统在城市交通管理中的重要作用。如何才能保证城市交通信号控制系统的良好运行是城市交通管理者面临的很大难题，城市交通信号控制系统的运营与服务被提上日程。

二、我国城市交通信号控制系统存在的主要问题

交通信号控制系统作为城市智能交通系统的一个重要组成部分，对于缓解城市交通拥堵、降低交通安全隐患具有非常重要的作用。但目前我国许多城市的交通信号控制规划、设计、建设、运营、维护过程中存在一系列问题，没能使其很好地发挥缓堵保畅、降低交通安全隐患的作用。

（一）在规划、设计、建设、运营、维护中普遍存在的问题

（1）城市交通信号控制系统在建设之前，缺少统一的规划设计，往往是分批建设，不同时期安装的信号机常常是不同厂家、不同品牌的信号机，信号系统和信号机的功能参差不齐，部分信号灯具不符合国家相关规范（如图1、图2所示）；

（2）城市中需要增设交通信号灯控制的路口缺少信号灯控制，存在安全隐患，部分交管部门的领导错误地认为信号灯设置越多，越容易造成交通拥堵，导致交管部门不愿意多上信号灯；

（3）交叉口信号灯、信号机在安装时缺少专业的交通工程设计，信号机、信号灯杆、灯具的位置、数量、管线及信号灯接线等设置不够规范，为后期的信号配时优化带来困难；

（4）交通管理部门往往缺少交叉口交通信号灯施工图纸、信号灯接线表、交叉口基础信息表等信息，给后期维护单位开展工作带来困难；

（5）城市的交通信号灯一般由交警负责来进行建设、运营和维护，而交警往往缺少交通专业人才和专业的科技力量，不能很好地进行交通信号控制系统的建设、运营和维护；

（6）由于种种原因，许多城市的信号机类型过于多样化，无法实现统一的交通信号系统控制，而改造所需费用较大，很多城市只能维持现状；

（7）城市交通信号控制机多以单点控制为主，联网信号机较少，即使有的城市安装了联网信号机，但是由于道路施工等原因，实际能联网的信号机并不是很多，无法实现城市交通信号控制系统的联网联控；

（8）交警队伍缺少专业的交通信号配时优化设计力量，不能很好地发挥交通信号控制系统的缓堵保畅之功效；

（9）大多数城市交通信号控制没有实现感应控制，还停留在多时段定周期控制阶段，无法根据实时的交通车流量变化而进行信号配时的自动优化和调整，路口控制效率低下；

（10）城市交管部门缺少交通信号灯巡查机制，信号灯具损毁、配时不合理等问题不能及时发现，往往是群众反映后才采取补救措施，缺少主动巡查和预防机制（如图3所示）；

（11）城市交管部门往往“重交通信号控制系统的建设，轻交通信号控制系统管理和运维”，对交通信号配时优化设计往往也是心有余而力不足，既缺少专业的信号配时队伍，又缺少专项的信号配时优化资金，未能很好地发挥交通信号控制系统的作用。

（12）交通信号系统的软硬件维护往往是不同的部门管理，硬件设施维护一般是归交警的设施科管，而信号配时优化是交警的交通科管，两个部门之间偶尔会存在沟通不畅、信息不共享、相互扯皮等问题。

图1　不符合国标的信号灯具

图2　不符合国标的交通信号灯（红黄绿都在一个灯盘）

图3　交通信号灯故障（红绿灯同亮）

（二）城市交通信号配时存在的常见问题

（1）冲突放行：表现为有左转箭头灯与对向直行信号同时放行等。

（2）信号间隔短：全红时间短或者根本没有全红时间，表现为路口清不净或绿灯期间过街的行人滞留在车道中间。由于信号间隔是固定的，所以观察最佳时期应该在早、晚高峰期间；全红时间2～8s，根据具体路口而定。

（3）信号空放：绿灯信号放行时间长，但是在观察时，绿灯放行时间要确保行人和非机动车的过街安全，即便在行人、非机动车很少的情况。

（4）相位设置过多，周期过长，造成交叉口放行效率低下。

（5）在信号配时优化时不能跟交叉口及周边道路的交通组织优化进行有效结合，有时候通过信号配时不好解决的问题，通过交叉口渠化设计和周边道路交通组织优化反而好解决。

（6）干线时间短：干线排队较长，或支线无车。适量增加干线绿灯时间或减少支线绿灯时间。

（7）行人过街时间不足：行人过街的时间，应该以步速1 ～ 1.2m/s计算，这要根据横道的主要使用对象而定；行人信号结束前应该有必要的绿闪和全红时间。绿灯时间与行人量有关，绿闪及全红应保证行人过半条街的时间。行人过街短通常有两个方面：一是机动车绿灯过长，二是绿闪时间短、全红短。

（8）协调问题：相邻两路口距离较近，造成相互影响。这种问题通常表现为：上游路口绿灯，下游路口红灯，两路口之间距离很近，造成车辆排队到上游路口，引起路口秩序混乱。这种问题的解决办法要使用系统信号机或使用一台信号机控制两个路口。

（9）信号方案少：主要针对于路口有能力实施多方案控制的信号机，但全天只运行一至两套方案。例如，某路口一天运行两个方案，23:00—7:00 运行1号方案；7:00—23:00运行2号方案。参照该区域内的信号机方案时间表，进行相应调整，为今后的信号协调工作打下坚实的基础。

（10）信号机时钟误差：信号机时钟板漏电或电池供电不足，引起信号机时钟丢失等现象。

（11）信号灯与标志标线矛盾，地面标线是直左箭头，而信号灯却是转左信号灯。

（12）信号灯具位置不合理，被标志、树木等遮挡，影响驾驶员观看。

（13）移机、装机：在信号配时调整中有一些信号机改建的路口施工人员未按移机、装机方案进行信号配置，经常发生一些以上常见信号问题：如行人过街时间短、主干线放行时间短、信号方案少等问题。

（14）设备损坏：信号机相位接线板老化或损坏，引起信号放行阶段变化，造成配时不合理。

三、城市交通信号控制系统运营与服务目的和意义

重视交通信号控制系统的运维，以小的资金投入发挥系统的大作用。

合理的交叉口信号配时是减少路口拥堵，保持路段交通有序运行，减少交叉口交通事故的重要手段。信号配时服务主要是通过调查灯控路口的交通流量、车道宽度、车种类型、车头时距等数据，对机动车通行能力、行车延误、行车速度、信号周期和高峰小时的交通需求等进行定性和定量的分析，得到交叉口的信号配时方案，使城市的信号系统运行在最佳状态。通过专业的配时设计，保证信号配时方案与各时段的交通流量相匹配，使交通信号系统运行在最佳状态，从而减少路口拥堵、保持路段交通畅通有序、降低事故的发生。

（1）查找交通信号设施存在的设置不合理、不规范、不协调或者矛盾等问题；

（2）规范城市道路交通信号灯的设置和管理；

（3）规范交叉口交通秩序，提高交叉口通行效率；

（4）预防和减少道路交通事故，降低交通安全隐患，消除交警的责任；

（5）不断提高城市道路交通信号灯的规范设置水平。

四、我国尚未建立城市交通信号控制系统运营与服务体系

国内关于交通信号控制方面的标准制定得比较晚，1993年公安部制定了我国信号机的行业标准GA/T47-93《交通信号机技术要求与测试方法》，该标准按基本功能对交通信号机做了分类，规定了交通信号机的技术要求和测试方法，是我国首个信号机标准。2002年公安部对该标准进行了修订，并改为强制性标准GA47-2002《道路交通信号控制机》。新标准对集中协调式道路交通信号机的物理通信接口、基本通信内容进行了规定，但具体通信协议、格式等内容未包含在标准中。2004年，公安部颁布了行业标准GA/T509《城市交通信号控制系统术语》，规定了城市交通信号控制系统中的专用术语。2005年，颁布了GA/T527《城市道路交通信号控制方式适用规范》，规定了城市道路交通信号控制方式。以上标准都未涉及通信协议方面的内容。2008年我国正式出台国家标准GB/T20999-2007《交通信号控制机与上位机间的数据通信协议》，该标准规定了信号机与上位机间的数据通信协议的结构及物理层、数据链路层、网络层和应用层的要求。该协议在参考美国NTCIP协议和美国加州AB3418标准的基础上，采用了四层结构，适用于交通信号控制系统信号机与上位机间的通信，此项标准的发布，对我国信号控制系统来说无疑是一大进步。2010年颁布了《道路交通信号控制机与车辆检测器间的通信协议》，规定了道路交通信号控制机与车辆检测器间的串行接口和以太网接口的数据交换规程。

近些年来陆续出台的与交通信号控制有关的标准和规范主要有以下几个：

(1)《道路交通信号控制机》GB 25280-2010；

(2)《道路交通信号灯设置与安装规范》GB 14886-2006；

(3)《道路交通信号灯》GB14887-2001；

(4)《道路交通信号控制方式第1部分：通用技术条件》GA T527.1-2015；

(5)《道路交通信号控制系统术语》GB T31418-2015；

(6)《道路交通信号控制机与车辆检测器间的通信协议》GA/T 920-2010；

(7)《城市道路交通信号控制方式适用规范》GA/T527-2005；

(8)《交通信号控制机与上位机间的数据通信协议》GB/T20999-2007；

(9)《人行横道信号灯控制设置规范》GAT851-2009；

(10)《道路交通信号倒计时显示器》GA/T 508-2014；

(11)《太阳能黄闪信号灯》GA/T 743-2007；

(12)《城市道路交叉口规划规范》GB 50647-2011。

我国在交通信号控制标准方面相对国外发达国家还是滞后，以美国为例，在美国交通信号控制的主要标准是MUTCD(Manual on Uniform Traffic Control Devices）美国《统一交通控制设施手册》。1971年，联邦公路管理局（FHWA）负责管理MUTCD，1979年开始定期更新手册，1974年以来已经更新了十几个版本。而我国在交通信号控制标准制定和更新方面远远滞后，现有的标准不管是在制定方面，还是标准的应用推广方面还有很多不足之处，有待进一步完善。

在我国交通信号控制系统的标准体系不是很健全，标准执行力度不够、不统一的情况下，对城市交通信号控制的运营与服务就显得尤为重要，而在交通信号控制配时设计方面、在交通信号控制系统运营与服务方面尚未建立起一套标准体系，制定一套适合我国交通特点的交通信号控制系统运营与服务体系还有很多工作要做。

五、对交通信号控制系统运营与服务的认识

（一）交通工程设计在信号控制中的重要性

我国很多城市道路的拥堵是因为交通工程设计不到位，信号灯控路口的设施建设更是缺少专业的交通工程设计，很多城市的灯控路口设施是由信号机、信号灯厂家（或者集成商）进行安装的，根本就没有进行专业的交通工程设计。在交通量小的情况下，这种粗放式的灯控路口建设可能还发现不了它的弊端，但随着交通量的不断增加，这种粗放式的灯控路口建设模式的弊端就显现出来了，标志标线指示不清、交叉口渠化不合理、交通组织不合理、信号灯具位置不合理等都将导致驾驶员无法高质量地完成驾驶行为，所以交叉口变得越来越拥堵，每个信号灯控路口都可能成为一个大堵点。

信号灯控路口交通工程设计是根据现有路口形状、车流量及本地区交通组织与规划，对路口进行合理、全面的渠化设计，标志标线设计，灯杆灯具设计，交通检测设备设置，通信及管线设计等交通细部工程设计，最大幅提高交叉口的通行能力，缓解交通拥堵，并为路口交通信号设施施工提供施工图纸及依据。通过对路口路段的交通标志的版面、安装位置及道路标线等交通设施进行设计，构建完备、标准、人性化的道路交通基础设施系统；对路口所需要的交通管理设备以及各类管线等进行详细的专业设计，为后续的工程建设提供准确有效的依据。考虑未来交通流变化，使设计具有前瞻性，可以减少二次施工的工程量（如图4所示）。

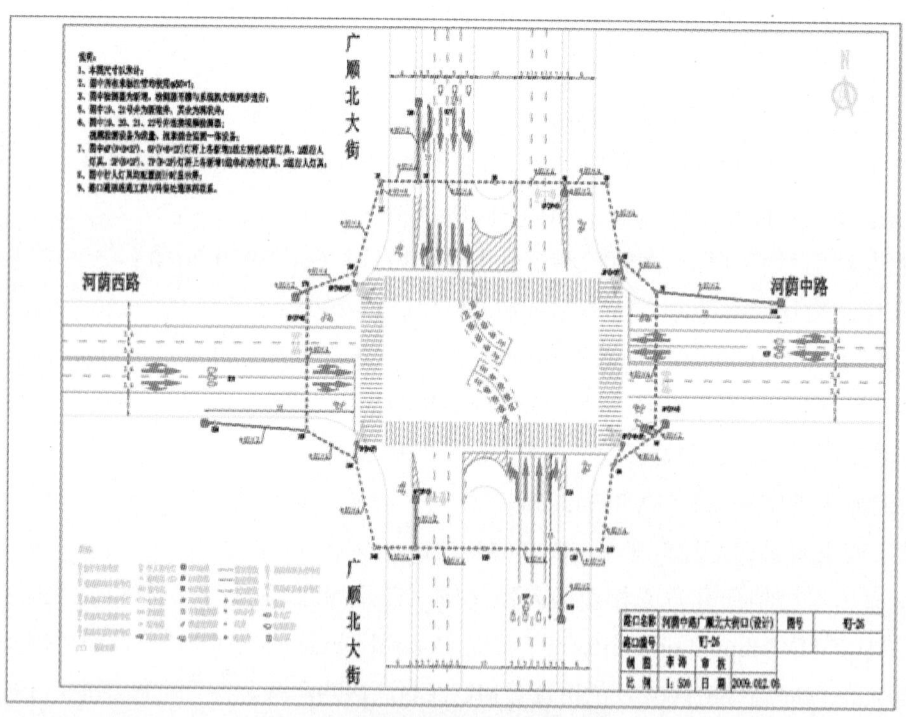

图4 灯控路口交通灯具、管线设计图

（二）交通信号控制系统运营与服务的主要内容

针对目前我国城市交通信号控制系统在建设、维护中存在的种种问题，交通信号控制系统运营与服务的内容至少应该包括（但不限于）以下内容。

（1）灯控路口基础信息采集（样表如表1所示），主要内容包括：

■ 路口情况：行人过街、路口形式、路口渠化、控制方式、地理位置、行政区域、管界队、地理环境等。

■ 信号机情况：信号机类型、信号机编号、所属系统、信号机所在路口名称等。

■ 灯杆灯具情况：灯杆灯具数量。

■ 配时方案：相位、时段划分、绿信比、周期、最小绿、最大绿、扩展时间、公交优先、放行方式、过渡时间。

■ 流量特征：工作日流量特征、周末流量特征、节日流量特征、流量变化特征。

■ 路口信号灯接线表（如表2所示）。

（2）交通信号巡视与保障，主要内容包括：

■ 信号灯具不规范。排查治理采用复合灯，信号灯排列顺序不合理；倒计时数字颜色与信号灯颜色不一致；信号灯亮度不足、色度不标准。

■ 位置、高度、角度不当。排查治理信号灯安装位置距离路口进口停车线过远或不易于观察，较大路口杆件选用不合理，安装位置超过标准高度或者被遮挡。

■ 相位及配时不合理。在一些交通流量较小、不需设置多相位分离交通流路口安装了方向指示信号灯，黄灯持续时间少于3s，人行横道信号灯配时短，行人过街时间不足。

■ 与路面交通标志标线不协调。信号灯指示信息与标志标线指示信息不一致，甚至相互矛盾。

■ 未按条件设置信号灯。在城郊结合部、工业园区、开发区等区域的交叉路口交通流量大、冲突点多，但未安装信号灯；交通流量大且有条件的路口未设置辅助灯；信号灯控制路口施划人行横道线，但未设置人行横道信号灯；未按条件设置行人二次过街信号灯。

■ 信号灯故障。信号灯不能正常显示，导致信号灯不亮、长时间显示单一颜色。

■ 配套交通标志标线缺失。信号灯控制路口、路段应当设置标志、施划标线的，没有设置或施划。

■ 信号机安装位置不合理。

（3）交通信号控制系统运行维护及配时优化调整。针对交叉口存在的配时不合理问题，提出改善方案，并进行信号配时的优化设计和调整，并做好记录。配时方案调整样表如表3所示。

（4）交通信号控制系统中心、分中心日常维护及机房管理，主要包括以下内容：

■ 系统数据库维护及相关中心设备调试。

■ 定期对系统病毒库进行升级更新。

■ 完成系统数据库的数据录入、设置及更改。

■ 进行完整的系统备份和数据备份。

■ 交通信号控制系统数据统计与分析。

■ 实时监视信号控制系统运行状态，对系统故障进行故障点判断，并做好运行监视记录。

■ 对下端信号控制设备的故障进行记录，并及时跟踪相关维护单位的维修情况。

■ 对下端设备的通信情况进行核查记录，对通信不同的点位通知相关维护单位进行维修，并对通信维修情况进行记录。

■ 填写系统调整备忘录，整理以上资料的电子、纸质文档。

（5）重要节假日、重大活动，例如，在北京市举行的大型会议，重要政治、经济、文化活动，如奥运、两会、60周年庆、2015年纪念反法西斯70周年大阅兵、APEC会议等期间的交通信号控制系统运行保障。

表1　路口基础信息调查表

路口信息调查表				序列号		2432		编号	丰14-4
静态数据		道路名称							
路口名称	宋庄	东	顺八条	西	顺八条	南	宋庄路	北	宋庄路
路口大小	小	东	1 机非棍行	西	1 机非棍行	南	1 机非棍行	北	1 机非棍行
路宽	（米）	东	10	西	10	南	12	北	12
瓶颈	（按进口方向）	无		无		无		无	
道路断面	一块、两块、三块	一块		一块		一块		一块	
行人过街	一次、两次、三次、四次	一次		一次		一次		一次	
路口形式	平面			控制方式		系统时间表			
	十字								
地理位置	三环至四环	行政区域		丰台		管界队		丰台	
地理环境	商业			行人过街	满足	等待显示		无	
信号机类型	HSC	编号		丰01-026		所属系统		海信	
控制路口数	一带一	一带二A		一带二B		信号机所在路口名称		宋庄	
	√	（本地主机）							
调查人	吴阳	联系电话		18701458672					
信号数据									
灯具	主路方向	东		西		南		北	
	南北	3	1圆2行人	3	1圆2行人	3	1圆2行人	3	1圆2行人
		东		西		南		北	
最小		S30		S30		S30		S30	
最大		S30		S30		S30		S30	
扩展时间		无		无		无		无	
公交优先	无	无		无		无		无	
旅行方式	两相位	过渡时间	6	绿闪	无	黄灯	4	全红	2
工作日流量特征	南北宋庄路车流量大								
周末流量特征	南北宋庄路车流量大								
节日流量特征	南北宋庄路车流量大								
旅游影响	无			受影响日期		无			
现场观察数据									
巡视公司				到达日期时间			运行方案号	4	
存在问题的时段到达	否								
过渡间隔	合适					备注			
冲突	无	备注							
需求顺序		东	4	南	1	西	3	北	2
排队顺序		东	4	南	1	西	3	北	2
周期通过量		东	6	南	16	西	8	北	10
配时与需求是否一致	一致								
行人过街时间	合适	备注说明							
协调方向	方向一				方向二				
调整信息									
	来源	内容描述：							
调整意见									
调整处置									
调整日期		调整公司							
调整效果									

表2 路口信号灯接线表（样表）

路口信号灯接线表

												编号			
路口名称				所属区域						地理位置					
路口类型				信号机类型						信号机编号					
相交道路	东							南							
	西							北							
控制方式		系统					本地					单点			
检测器	方向	东			西			南			北			备注	
	类型	系统	感应	信息	系统	感应	信息	系统	感应	信息	系统	感应	信息		
	数量														
信号灯接线表		方向				信号灯类型									
	序号	东	西	南	北	左转	直行	右转	调头	左转二次	圆灯	复合控制	可变标志	自行车	行人
	A														
	B														
	C														
	D														
	E														
	F														
	G														
	H														
	I														
	J														
	K														
	L														
	M														
	N														
	O														
	P														
	Q														
	R														
	S														
	T														
	U														
	V														
	W														
	X														
	Y														
	Z														
	A1														
	B1														
	C1														
	D1														
说明															
填表单位				填表人					填表日期						

表3　路口信号配时方案设计与调整表（样表）

路口名称		百亭（杨家庄桥）			所属区域				海淀区		地理位置			五环外			
路口类型		平面十字			信号机类型				MCU-6		信号机编号			无			
相交道路	东	道北路			进口	施工	出口		南	白家咀路				进口	3	出口	2
	西	道北路			进口	2	出口	1	北	稻香湖路				进口	3	出口	2
调整前									调整方案								
阶段	1	2	3	4	5	6	7	8	阶段	1	2	3	4	5	6	7	8
图示	→ ←	↑↓							图示	→ ←	↑↓						
									绿闪								
									黄灯	4	4						
									全红	2	2						
									红黄								
时间表	时间				方案号				时间表	时间				方案号			
	00:00:00—05:00:00				1					00:00:00—05:00:00				1			
	05:00:00—07:00:00				2					05:00:00—07:00:00				2			
	07:00:00—08:30:00				5					07:00:00—08:30:00				5			
	08:30:00—11:30:00				4					08:30:00—11:30:00				4			
	11:30:00—13:30:00				3					11:30:00—13:30:00				3			
	13:30:00—16:30:00				4					13:30:00—16:30:00				4			
	16:30:00—19:30:00				6					16:30:00—19:30:00				6			
	19:30:00—22:00:00				3					19:30:00—22:00:00				3			
	22:00:00—00:00:00				2					22:00:00—00:00:00				2			
配时方案	1	2	3	4	5	6	7	8	配时方案	1	2	3	4	5	6	7	8
1	36	24							1	36	24						
2	36	24							2	36	24						
3	42								3	40	32						
4	42								4	40	32						
5	50								5	50	40						
6	50								6	50	40						
7									7								
8									8								
最大绿									最大绿								
最大绿									最大绿								
审核意见												签字确认					
设计单位									设计人			设计时间					

（三）交通信号控制系统运营与服务工作流程

交通信号控制系统运营与服务工作流程简单描述如图5、图6所示。

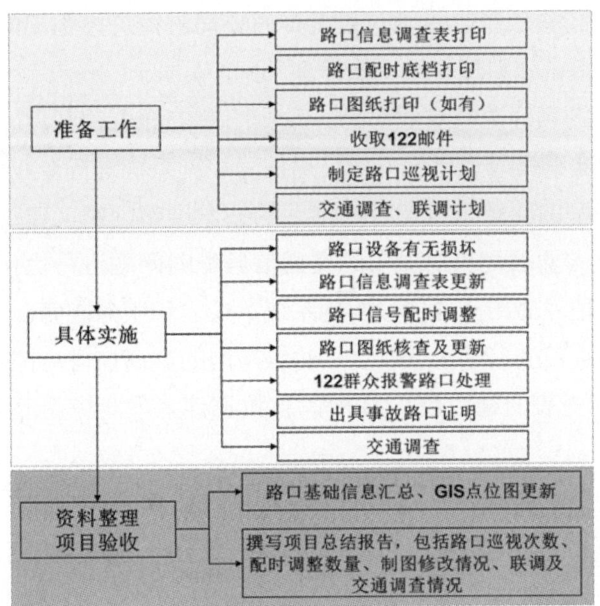

图5　项目实施流程

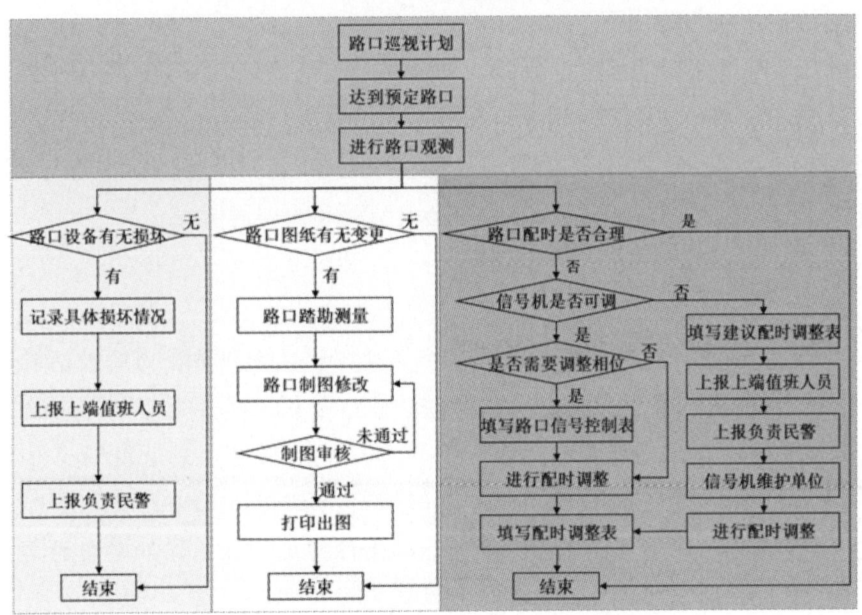

图6　路口巡视、制图变更、配时调整工作流程

六、城市交通信号控制系统运营与服务改善建议

针对城市交通信号控制系统在规划、设计、建设、运营、维护中普遍存在的管理层面问题，建议有关交通管理行政部门能够尽快制定城市交通信号控制系统规划、设计、建设、运营和维护的相关规定和规范。

（1）对城市交通信号控制系统进行统一规划，明确信号控制系统、信号机、信号灯等主要设备的功能、接口及重要技术参数。

（2）邀请交通专业设计单位对新建和改建灯控路口进行专业化的设计，使灯具设置更合理。

（3）让具有丰富施工经验和专业资质的智能交通公司进行灯控路口的标准、规范化建设，并将竣工图、信号灯接线表等基础资料移交给交通管理部门。

（4）对交通管理部门的领导进行专业培训，改变旧有的理念和观点。培养交管部门专业化的运营和维护管理人员，向社会购买专业化服务对交通信号控制系统进行专业化的运营和维护。

针对城市交叉口信号配时比较常见且容易出现的技术层面问题，建议邀请具有丰富交通信号控制系统维护经验的社会化专业公司来对城市的交通信号配时问题进行优化设计。通过多年的工作经验，建议从以下几个方面建立城市交通信号控制系统的运营和服务制度：

（1）建立交通信号系统设施日常巡查制度，对城市内的交通信号灯控路口进行全面巡查。

（2）填写路口信息调查表，建立路口基础信息数据库，发现实际情况与路口档案不符的及时更新。

（3）考察路口信号配时的合理性，包括周期、绿信比设置是否合理，行人过街时间设置是否规范，对于系统协调控制路口，还需考察相位差设置是否正确，分析偏移原因。对配时不合理的路口进行相位、相序、间隔和绿信比的及时优化。

（4）观测安全隐患问题，对涉及安全隐患的问题，如全红时间过小、行人过街时间短、冲突放行及绿闪和黄灯时间不规范等问题及时修改。

（5）对群众122反映的路口信号配时问题，与报警人联系，核实情况，需要实地考察的，须实地考察、调整，回复报警人并上报相关信息。

（6）如遇到重大活动及特殊事件的情况下，建议成立专门的“特殊事件维护小组”，用于处理重大特殊紧急事件，配合交通管理部门做好节假日及大型活动的交通保障。

北京绿通畅达交通技术有限公司专注于城市交通工程技术服务，同时吸纳引进国际同行业先进技术，致力于缓解城市交通拥堵、排除交通安全隐患、改善交通出行环境，努力打造安全、有序、畅通、便捷、绿色环保的城市交通出行环境。公司以交通规划设计为先导，以交通组织、信号配时优化为手段，以缓解城市交通拥堵为目标，正努力发展成为一家专业的交通咨询服务公司。独具特色的专业服务，处处体现着深厚的专业基础和丰富的实践经验。良好的科研氛围和极具挑战的实践机会，打造了一支既有理论水平又有丰富实战经验的交通工程师团队。公司长期为交通管理部门提供一流的城市交通拥堵综合整治方案和交通专业技术咨询服务，主营业务有：交通规划与政策研究、智能交通系统规划设计、交通信号控制系统运营与服务、区域道路交通组织优化、交通工程设计、公交优先设计、交通仿真等咨询服务。

道路交叉口设计优化及案例分析

天津市智能交通技术工程中心

天津市智能交通技术工程中心于2014年4月由天津市科学技术委员会批准设立，中心牵头单位为天津职业技术师范大学，合作单位包括天津易华录信息技术有限公司、天津市公安交通管理局科研所和天津市天通司法鉴定中心。中心专兼职人员共45人，其中博士20人，正副教授、正副研究员、高级工程师20人，高级技师2人，天津市特聘教授1人，特聘讲座教授1人。中心研究方向包括区域交通协同控制与优化、车辆安全性能检测与鉴定、智能交通应用运营服务、新能源汽车运用技术。2014年，中心在天津市武清区汽车产业园区有限公司成立成果转化中心，在天津职业技术师范大学津南研究院设立了成果转化分中心，服务11家科技型中小企业，10名科研人员入驻企业，创造经济效益4000余万元，获天津市科技进步3项。

中心充分发挥合作单位之间的优势，协作参与了“天津市中心城区交通信号区域协调控制系统”项目，项目的主要内容是在原有SCATS 交通信号区域协调控制系统基础上，在天津市中心城区（外环线内）扩建300 个路口，并进行SCATS 交通信号控制器、交通信号控制系统软件的建设。此外，为了适应天津市交通特点，对SCATS 系统进行改造，包括智能信号机箱、协调控制接口、红灯输出接口、信号机逻辑保护器、交通流适配器等设备。为了使原有的交通倒计时等满足信号感应控制、公交优先等功能，同时还进行了交通倒计时信号灯的改造。

一、项目概况

（一）项目背景

随着天津市经济和社会的快速发展，原有系统已经不能满足天津市道路交通快速发展的需要。近年来天津市机动车保有量每年以10%左右的速度递增，截至2014年年底，天津市机动车保有量已经突破了258.9万辆，同时以年均8% ～ 12%的速度递增，天津市的交通运行状况面临严峻的考验。为了提高中心城区路网的通行能力，减少道路拥堵，缓解交通压力，减少旅行时间，急需对中心城区交通信号区域协调控制系统进行扩建，以满足日益严峻的道路交通形式。

本项目为2013年天津市政府的二十大民心工程之一，也是天津市为迎接东亚运动会，改善市民出行及市区道路行车交通状况的一个重要项目。

（二）项目概况

本项目将在原有SCATS交通信号区域协调控制系统基础上，在天津市中心城区（外环线内）扩建66个路口，并进行相应的系统建设。该系统具有自适应协调控制功能，可根据实时交通参数或预设方案协调控制路口信号灯，实现提高中心城区路网通行能力，减少停车延误和旅行时间等目标，并为交通决策提供必要的分析研判。

（三）项目总体目标

1. 提高区域通行能力

交通信号区域协调控制系统建成后将大大提高建成区域及辐射区域的道路通行能力，系统规划实施后在系统控制区域内应达到以下设计要求：

（1）停车次数减少15% ～ 20%；

（2）行车延误减少10% ～ 15%；

（3）平均旅行时间减少10% ～ 15%；

（4）行车速度提高10% ～ 15%。

2. 有效均衡交通压力

交通信号区域协调控制系统建成后应有效均衡路网交通压力，通过交通信号控制系统数据平台与天津ITS平台的数据交互，实现交通信号控制系统、交通信息采集系统以及交通诱导发布系统的信息共享，有效诱导交通流量，实现均衡流量的目标。

3. 实现交通信号集中控制

交通信号区域协调控制系统建成后将实现66个路口的交通信号集中控制，实现包括警卫路线、突发事件等情况下的交通信号集中管控。

二、项目研究内容

本项目主要覆盖天津市河西区、红桥区等区域，其中河西区实现SCATS控制路口54个，红桥区实现SCATS控制路口11个，还包括友谊路围堤道交叉口交通仿真评价、解放南路—围堤道交叉口交通仿真及评价。具体为：

（1）每个交叉口交通组织现状图，包括交叉口现状测量、交通工程制图、交通组织现状分析；

（2）每个交叉口交通信号配时优化设计，包括信号配时现状调查、数据分析、优化设计、交通工程制图；

（3）每个交叉口的交通组织渠化设计，包括交叉口现状测量、交通工程制图、交通组织渠化设计；

（4）针对甲方指定一个交叉口进行三维交通微观仿真评价，包括交叉口交通量调查统计与分析、三维微观仿真建模、渠化设计方案对比分析、仿真评估报告撰写。

（5）维护期交叉口交通渠化优化设计图，具体涉及交叉口运行情况确定，包括在每个交叉口信号灯及信号机施工完成后进行配时调整与渠化优化设计，维护期为交叉口施工完成之后至2013年9月1日。

三、项目实施情况

(一)信号系统安装及配时优化情况

本着增加通行效率、减少浪费时间的原则，本项目对所有路口信号配时进行优化，通过上述路段的协调控制有效减少了天津市市民行车等待时间和次数，提高了道路通行能力，如图1所示。

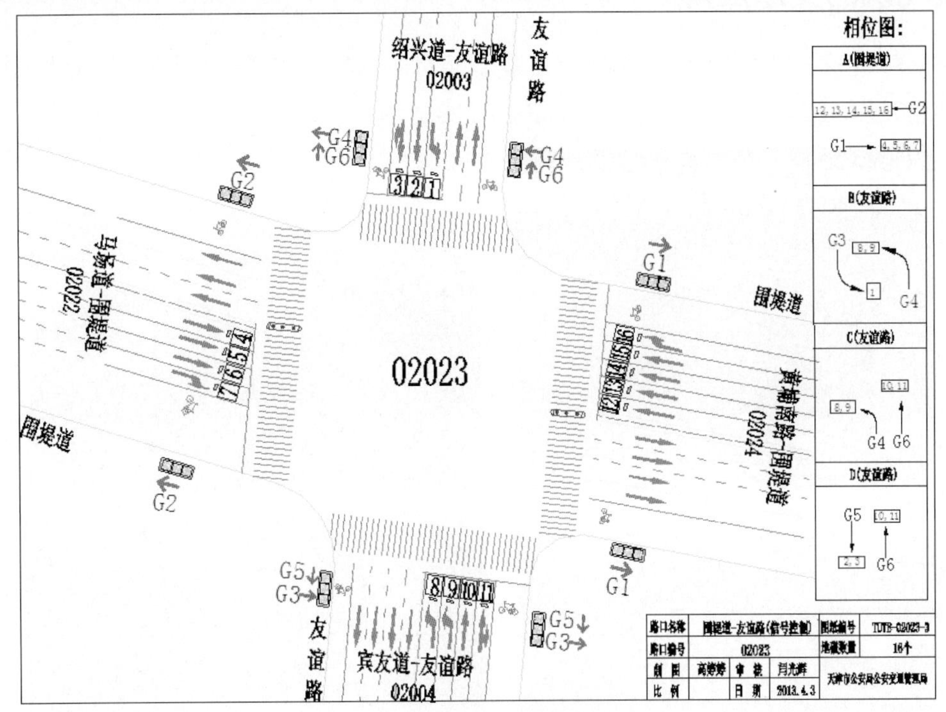

图1　交叉口信号控制图

(二)交通微观仿真评价

本项目开展了友谊路围堤道交叉口交通仿真评价、解放南路一围堤道交叉口交通仿真及评价。通过现场的交通量统计与实地调研，全面分析了交叉口交通现状，针对现有信号配时方案和协调运行配时方案等进行了微观仿真优化，并最终提出了可行的合理化方法和建议，如图2所示。

图2　交叉口交通微观仿真

（三）路口交通渠化设计及后评估情况

交通渠化设计工作共完成了66个路口的渠化设计，2个路口的交通仿真设计，并进行了后评估。通过交通组织优化，提高了区域通行能力，有效地均衡了交通压力，缓解了交通拥堵状况，交通组织优化的效果明显。

（四）无人飞机的交通应用

由于道路交叉口设计优化涉及道路渠化等基本信息的采集，项目中使用了无人飞机技术进行了道路交通信息的采集工作。无人飞机的交通监控如图3所示。

图3　无人飞机的交通监控

呼气酒精检测点火锁定装置及国内预防酒驾技术应用探讨

深圳市威尔电器有限公司

一、引言

现代交通的发展与汽车的普及，极大地拓展了人们的生活空间，促进了人与人之间的交往。而酒作为一种特殊的文化载体，在人与人交往中发挥着重要作用。驾车赴宴方便了行程但又不希望扫了酒兴，此时总会有一些人抱着一种侥幸心理，带着酒意去发动引擎，最终酿成惨剧甚至付出生命。这并非危言耸听，据统计世界上每年因酒驾引起的交通事故多达数十万起，造成的损失更是触目惊心。长期以来，各国都把酒驾作为重点交通违法来整治，采取各种办法遏制酒驾行为发生。目前我国酒驾治理主要依靠路面检查，通过对驾驶人酒驾行为进行惩戒与责任追究，而达到威慑预防的目的。严格来讲，这种检查针对的是已在路上行驶的车辆，制止的也是正在进行的酒后驾驶行为，比较酒驾引发事故的概率及危害，某种意义上讲这已是一种迟来的处理了。如果我们能将酒驾行为制止在车辆启动之前，让饮酒者无法开动车辆，这就能从根本上杜绝酒驾发生。这里我们要探讨的就是这样一种预防酒驾新技术。

二、呼气酒精检测点火锁定装置

呼气酒精检测点火锁定装置（通常简称为汽车锁，在美国称为Breath Alcohol Ignition Interlock Devices，缩写为BAIID。欧盟称为Alcohol Interlocks，下文统称为BAIID）是一种预防酒后驾驶行为的车载装置，它由一个酒精检测模块、一个汽车点火控制模块和相应的连接线缆组成。BAIID以酒精检测技术为核心，并与汽车点火系统连接，BAIID检测到汽车点火开关处于准备点火状态时，提示驾驶人进行吹气检测，当酒检模块检测驾驶人体内酒精浓度低于预先设定的安全标准时，BAIID解除点火锁定，汽车可以正常启动。否则，BAIID保持点火锁定状态，汽车无法启动，从而避免酒驾情况发生。

三、呼出气体酒精检测技术

国家标准《车辆驾驶人员血液、呼气酒精含量阈值与检验》（GB19522-2010）规定了车辆驾驶人饮酒后及醉酒后驾车时血液、呼气中的酒精含量值和检验方法，明确了车辆驾驶人呼气酒精含量与血液酒精含量的比例换算关系，为驾驶人员进行呼气酒精检测和换算得到血液酒精含量提供了依据。目前呼出气体酒精检测技术已广泛应用于驾驶人体内酒精含量的检测。常用的呼气酒精检测技术有以下五种：半导体技术、电化学型燃料电池技术、红外光谱技术、气相色谱分析技术、比色型酒精检测技术。根据各自采用的技术方案的不同，各具优缺点。

（1）半导体技术：半导体酒精检测采用氧化锡等半导体作为传感器，这类半导体器件具有气敏特性，其导电性能会受到其表面吸附敏感气体浓度影响，当酒精气体与半导体传感器接触时其电阻率会发生变化，半导体型酒精测试仪就是利用这个原理来进行酒精检测。这种半导体在不同工作温度时，对不同的气体敏感程度是不同的，因此半导体型呼气酒精测试仪中都有加热元件把传感器加热到一定的温度，在该温度下传感器对酒精具有最高的敏感度。可以看出，半导体传感器不单对酒精起作用，而且极易受其他敏感气体干扰。但由于其价格低廉，仍然具有一定的市场空间。

（2）电化学型燃料电池技术：电化学型燃料电池技术是采用燃料电池酒精传感器作为气敏元件，利用酒精气体与传感器内部电解材料发生电化学反应，直接把可燃酒精气体的化学能转化为电能，传感器输出电压与酒精浓度成比例关系，通过测定电压的大小就可以确定气体酒精浓度。燃料电池型酒精测试仪具有较为明显的优势，主要表现在：只对酒精气体具有高度敏感性，抗干扰强；分析精度高，尤其是在酒精浓度比较低的时候；在不同检测范围内对酒精气体反应都呈线性；使用寿命长，在各种使用环境下，都具有较高的稳定性。因此，燃料电池型酒精测试仪得到了各国交警部门的广泛认可，也是目前国内交警查处酒后驾驶中使用最为普遍的一种设备。

（3）红外光谱技术：不同有机物质气体吸收红外线的波长是不同的，某有机物质气体对相应波长的红外线吸收程度则取决于该被测气体的浓度，分析被测气体吸收光谱即可得出被测气体的浓度。红外光谱酒精测试仪就是利用该原理进行工作的。红外光谱型酒精测试仪的主要特点为：可描绘呼气中酒精浓度变化，抗干扰强，精度高。但价格昂贵，体积庞大，不适合手持式使用。

（4）比色型酒精检测技术：比色型酒精检测技术是利用酒精气体在重铬酸钾的酸性溶液中发生反应导致溶液颜色变化，通过观察溶液颜色变化程度来判断酒精浓度。采用此方法检测精度比较差，通常不能作为酒后驾驶定量检测，只能作为定性判断依据。

（5）气相色谱分析技术：气相色谱分析是根据不同物质在两相构成体系中具有不同的分配系数，当两相做相对运动时，这些物质也随流动相（这里说的流动相为气体）一起运动，由于分配系数的不同，各组分移动速度上会产生很大差别，从而使各组分达到完全分离。分离后的组分先后流出色谱柱进入检测器，产生的离子流在记录器上描绘出各组分对时间的色谱，利用色谱图上各组分的色谱峰保留时间与样品相对照进行定性，用其峰面积加一定校正值来进行定量。

下表是对几种酒精检测技术比较分析。

技术方案	优　点	缺　点	应用情况	BAIID技术方案选择
半导体	体积小，灵敏，价格便宜	线性不好，对酒精敏感度受温度影响大，易受温度限制，抗干扰能力差	一般性的饮酒定量分析。不能做为证据使用。正式场合使用较少	抗干扰能力及测量稳定性差，不推荐使用
燃料电池型	精度高，稳定性好，抗干扰能力强，仪器体积小，使用方便，价格较低	有时间和温度漂移，需要定期校准	广泛应用于交警执法。可做证据使用	技术成熟，国外已被广泛使用，推荐使用
红外型	精度高，稳定性好，抗干扰能力强	价格昂贵，体积大，不方便手持便携使用	携带不便，适合固定地点使用，目前实际使用不多	体积大，价格昂贵，技术不成熟，不推荐使用

（续表）

技术方案	优　点	缺　点	应用情况	BAIID技术方案选择
气相色谱分析	灵敏度及精度都很高，分析速度快，运行稳定	价格昂贵，体积大，携带及使用不方便	适合鉴定机构室内固定地点使用，携带不便，交通现场较少使用	不推荐使用
比色型	—	准确度低，主观判断结果，不能定量，只能作为定性判断	只能简单筛查是否存在酒精，很少使用	不推荐使用

受制于成本、使用环境、使用便捷性等因素影响，目前比色型酒精检测技术和气相色谱分析技术不太适合交通现场使用。半导体技术由于存在抗干扰差，测量结果不稳定等问题，也基本上被排除在交通应用之外。红外光谱技术设备由于体积大，便携性差，价格昂贵，曾有人提出考虑不用吹管去测量驾驶人肺部深处的气体，但目前仍无成熟的解决办法，国际上也尚未见到该技术在BAIID上的应用案例。相比而言，电化学型燃料电池技术更加成熟，符合国家标准GB/T21254-2007的燃料电池型酒精测试仪作为国家认可的法定计量器具，目前已得到广泛应用。国外比较主流的BAIID产品也都采用燃料电池技术，在气样采集、压力控制、预防作弊等方面都有成熟的解决方案借鉴。综上所述，笔者认为电化学型燃料电池技术最适合作为我国未来BAIID的推广方案。

四、国外防酒驾技术的发展

近年来，为减少酒驾驶所带来的伤害和损失，各国都在积极探索研究、推广适用的预防酒驾汽车智能控制技术。从2000年开始，每年都有一次关于BAIID的国际论坛，与会者包括各国政府相关部门、研究机构、道路交通安全方面的专家以及各主要生产厂家，极大地推动了BAIID的发展。瑞典早在20世纪90年代就开始了酒精检测汽车锁的使用尝试，要求商业营运车辆必须安装BAIID。美国和欧盟在2008年就已经完成了BAIID产品相关标准的修订。同时美国也是最早通过立法使用BAIID的国家之一，美国新墨西哥州等六州早在2009年1月1日起，便通过立法强制要求有酒驾记录的司机为自己的汽车安装BAIID，到目前为止，美国大部分州都制定了类似法例。就在2015年年初，澳大利亚新南威尔士州刚制定了一项新规，要求从2015年2月起，任何被发现血液中酒精浓度在0.15%以上的酒驾者或酒驾屡犯者将被责令自费在私家车上安装酒精锁，为期至少12个月。瑞典、比利时也已经制定了类似的法规。BAIID不仅在欧美、澳大利亚得到了日益广泛的使用，在亚洲，日本、韩国以及我国台湾地区也一直在致力于酒精锁的研究推广，并正在着手制定与之相关的法规。来自密歇根大学的研究表明，如果为每一辆汽车安装“酒精检测点火锁定装置”，未来15年的时间里美国将有59000人的生命能够被挽救，除此之外，酒后驾车引发交通事故所造成的损失也能减少3.43亿美元。可见BAIID能非常有效地预防交通事故的发生，减少人民生命财产的损失，有效弥补现有酒驾查处方式的不足。

五、在我国发展预防酒驾技术的探讨

近年来，公安部门打击酒驾行为的力度越来越大，驾驶人酒驾成本越来越高，酒驾率总体呈下降趋势，但随着我国经济飞速发展，人民生活物质条件普遍得到提高，驾驶人数量与机动车保有量都迅猛增长，驾驶人驾车机会倍增。据公安部交管局统计，截至2014年年底，我国机动车驾驶人数量已突破3亿人，机动车保有量达2.64亿辆。形势依然严峻，适时引入先进的技术及管理方法，预防与监管相结合，将会大大减少酒驾行为的发生。笔者认为现在是我国认真考虑推广BAIID的时候了。

目前我国有部分厂商已进行BAIID相关研究及开发多年，已有近万台此类设备出口到美国及北欧部分国家，技术也相当成熟，但在国内仍鲜见真正使用的案例。偶尔有个别地方运输企业小范围试用，但由于缺乏与之相关的行业标准、使用规范、配套法规作为支持，设备的使用与监管无章可循，无法可依，使用的效果也无法充分体现。目前BAIID在国内仍属于新兴事物，近年有关BAIID的讨论偶尔也见诸于报端，但还远不为大多数普通车主所了解，也没有得到相关部门的重视和支持，想要在我国推广此项技术依然困难重重，为此笔者提出以下几点建议：

（1）首先要积极做好相关宣传工作。目前公众对拒绝酒驾意识不强，部分驾驶人员素质不高，宣传工作不仅是要让更多的人了解BAIID类产品，更应该培养公众树立珍爱生命、拒绝酒驾的意识，让大家认识到酒驾的危害性。应丰富宣传形式，即可以通过广播、电视、报刊、网络常规媒体宣传，还可以举办图片展、酒精测试体验等专题活动，或通过明星艺人、公务人员等率先试用，起到示范带动作用。

（2）其次要尽快研究并制定预防酒驾类产品相关的技术标准。BAIID作为一款汽车安全电子产品，其检测方式、安装方法、使用规范、可靠性、安全性等，都需要有明确的技术标准来规范。目前欧洲、美国等都已经制定了完整的标准，我们可以借鉴这些成功经验，制定符合我国国情的标准体系。有关部门应尽快推动相关工作展开，尽早引导、规范相关行业的发展。

（3）另外应加快配套法律法规建设。对于酒驾的危害性我们已有相当认识，因此作为一款限制酒驾的安全类产品，其安装使用应具有一定的强制性，这种强制性并非要遍及整个社会，但对其安装范围、使用监管等必须要有严格的规定，对不按规定安装、使用作弊、协助作弊、私自拆卸等行为应给予严厉的处罚，这些都需要有明确的法律法规作为依据。当然，法律的制订需要国家层面的规划，尽管难度很大，但我们应该认识到发展BAIID的必然性。我们可以由易到难，逐步推动。有关部门可针对某些特殊行业，例如运输行业制定行业规定，在行业内部试行推广使用BAIID。或先行在某些省市制定地方性条例规定，进行小范围试点，对有酒驾前科的驾驶人进行安装使用，最终推动制定出适合我国国情的法律法规。

（4）发展BAIID还需要在政策上大力支持。主管部门需要对相关行业给予大力支持，让更多的研究机构及厂商参与到相关研究中来，进一步完善相关产品，降低生产成本，提高这类产品的技术水平。目前此类产品使用成本都比较高，由于安装BAIID需要有较大经济支出，个人安装的主动性被消弱，国家有关部门应制定相应的鼓励政策，对主动要求安装BAIID的车主，给予安装优惠或补贴。

总体而言，我国对酒驾预防方面的研究还比较滞后，本文在此仅作粗略讨论，希望以此吸引更多人了解和关注预防酒驾技术，并促进BAIID在我国的推广与应用。

激光车辆检测技术的应用

深圳市哈工大业系统技术有限公司　汪国钢　吕务骈

一、前言

世界及中国智能交通的蓬勃发展催生了车辆检测技术的不断创新，深圳市哈工大业系统技术有限公司（以下简称哈工大业）顺应中国创新大潮，采全球激光检测技术之精髓，秉哈工大军工制造之传承，研发出完全自主知识产权、高性价比、高稳定性，并贴切中国国情的"激光车检器""激光触发器""激光分车器""激光车型检测仪"等系列激光检测类产品，在经过一年的全天候道路实测后，一经推出，即获得市场的良好评价。目前，在广深高速、惠盐高速、广州机场高速、苏州绕城高速、广西南宁外环高速、广西沿海高速、河北京张高速、中山市高清卡口、长沙宁乡高清卡口等项目上均显现"哈工大业"激光检测设备的身影。我们完全有理由相信，在未来1～2年内，激光检测产品在智能交通领域的应用将成几何级数增长，"哈工大业"无疑将成为该细分领域的领头羊。

二、激光车辆检测器的特点

激光车辆检测器与线圈、视频、微波、地磁等检测方式相比，具有高精度、高可靠性、非接触、易维护等特点。

欧美国家将激光检测技术应用于智能交通领域有近十年的历史，但由于成本居高不下，导致应用场景较少，在国内尤为鲜见。"哈工大业"的激光车辆检测产品在性能上不输进口产品，并充分考虑了国内市场的承受能力，定价与微波检测产品基本持平，为国内大规模应用扫清了成本上的障碍，必将成为未来车辆检测市场的主力军。

哈工大业激光车辆检测器是一款融合国外先进技术、充分适应国内应用环境，专为智能交通领域研发、设计、制造的车辆检测器。其准确的抓拍位置和精准的测速测量，为各类高清卡口提供基础器件。由于其具有安装简单（不需破路、封路，安装方式同摄像机一样）、使用寿命长（5万个小时）、维护量小（更换只需10分钟）、性价比高等特点，因此在未来可广为智能交通行业领域应用。

哈工大业激光车辆检测器具有以下特点：

■ 车头捕捉准确，误差小于正负0.25m；

■ 车辆捕捉时间短，只需0.1ms；

■ 车速测量精准，误差为±3km/h；

■ 捕获率高，超过99%；

■ 非接触式测量，无须封路、破路；

- 安装使用简单，顶置安装只需对准车道中心；
- 达到IP66防护标准，无须加装任何护防装备；
- 支持RS232、RS485、RS422等多种输出；
- 具备组网功能：支持多台激光车辆检测器向一台摄像机提供触发等信号（支持单台摄像机多车道抓拍）。

三、激光检测车辆的原理

激光检测采用一级人眼安全激光，属于近红外不可见光谱，对人体健康无害。激光检测设备采用红外线半导体激光二极管发射出一定频率极窄的光束精确地瞄准目标，以光速到达目标物后反射回来被接收单元接收，通过测量红外线光波在激光检测设备与目标之间的传送时间来决定与目标物的距离，进而由连续测量的距离得到车辆的位置和速度。如图1至图3所示，当车辆通过激光车辆检测器的检测区域时，激光传感器将以一定的频率（不同厂家频率可能不同，目前国内先进水平可以达到1.5万次/秒）对在道路上高速行驶的机动车连续进行距离测量，通过距离变化的探测来准确判断车辆位置，当连续变化达到设定次数时，激光车检器可判断出车辆通过的状态，同时通过通信接口（RS485、RS232或IO口）向摄像机发出抓拍信号，使摄像机准确捕获车辆照片。

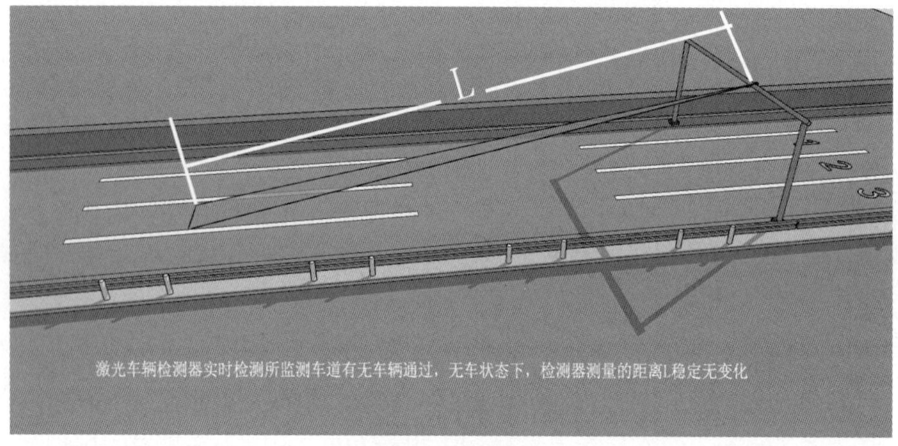

图1　无车状态

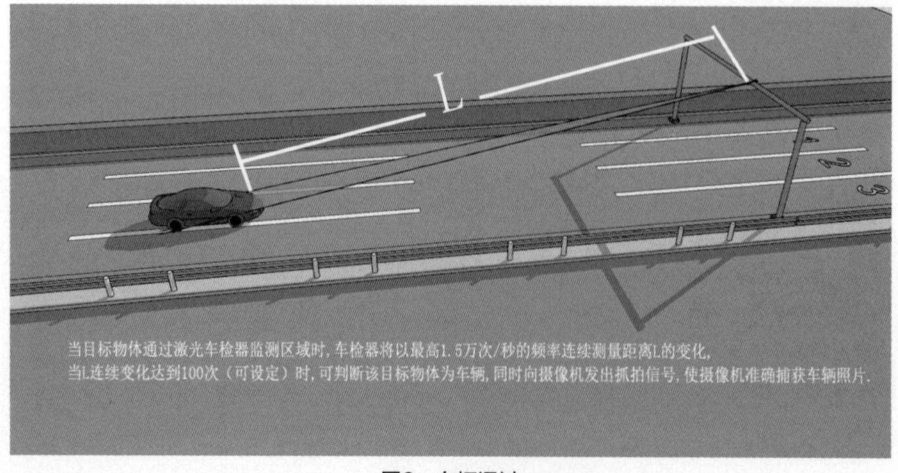

图2　车辆通过

图3　车辆离开

四、激光在车辆检测领域的应用

在智能交通中车检器到处都用到，主要是通过车检器给智能交通系统提供车辆通过一个路段截面车辆的信息，如车牌号、车速、车型、车流量等信息，从而给交通量统计和交通调度、交通执法、公路计费提供最基础的数据。

目前对车辆检测的主要手段有地感线圈、视频和雷达，但这些手段在实际使用中都存在许多问题。地感线圈施工难度很大，需要封路对路面进行切割，影响路面寿命，易被重型车辆、路面修理等损坏，维护工作量大，一般使用2～3年就需要更换，并且许多浅路面有钢筋如大桥等无法安装。而视频车辆检测虽能克服地感线圈的问题，但是精度不高，容易受环境、天气、照度、干扰物等影响，对高速移动车辆的检测和捕获有一定困难。雷达虽然能较好地解决上述问题，但仍然存在相邻车干扰、车头捕获不准导致车牌识别率低等问题，特别是在交警对超速车辆执法时最少需要两张照片，第二张照片无法准确提供，加大了执法难度。

激光检测为非机械接触测量，避免了车辆轮轴挤压而造成的线材损伤，保证了传感器的精度，同时激光检测为点测量行为，车辆捕获时间短，车头捕捉准确，误差小于±0.25m，大大地提高了车牌识别率。激光检测综合了地感线圈检测和视频检测的优势，为高速公路车辆检测提供了一种可行的方案，如图4所示。

哈工大业的HITSYS-LA20-C0C系列激光车辆检测器在广东惠盐高速、苏州绕城高速、南宁外环高速等路段得到了成功的应用并取得了良好的效果，其运行稳定，支持恶劣天气工作，解决了以往视频车检器受光线影响大、线圈车检器寿命短破路封路成本高、雷达车检器触发位置不准等问题，且捕获率高、车头触发位置精准，大大地提高了车牌识别率。以惠盐高速统计的车牌识别率为例，如表1和表2所示，车辆捕获率高达99.89%，平均车牌识别正确率达到99.1%。

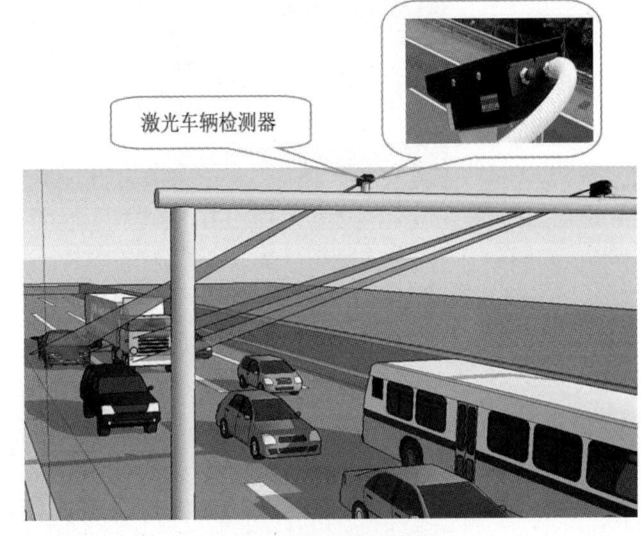

图4　激光车辆检测器

表1　广东惠盐高速某高清卡口车辆捕获率统计表

路段名称	卡口名称	方向/桩号	摄像机IP	统计时间段	抓拍车辆数量 A	实际过车数量 B	捕获率 A/B
惠盐深圳段	荷坳收费站	往深圳方向	10.44.250.121	12月19日 17:00—17:30	505	505	100.00%
				12月19日 10:00—10:59	684	685	99.85%
			10.44.250.122	12月19日 19:00—19:59	1024	1026	99.81%
				12月19日 11:00—11:59	628	628	100.00%
			总计		2841	2844	99.89%

表2　广东惠盐高速某高清卡口车牌识别率统计表

路段名称	卡口名称	方向/桩号	摄像机IP	测试时间段	抓拍数	误拍数	抓拍不全数	污损车牌数	识别错误数	识别正确数	有效号牌数	有效号牌识别准确率
					E	B	D	C	A	E-B-D-C-A	E-B-D-C	(E-B-D-C-A)/(E-B-D-C)
惠盐深圳段	荷坳收费站	往深圳方向	10.44.250.121	12月19日 17:00—17:30	505	0	9	2	7	487	494	98.6%
				12月19日 10:00—10:59	684	0	6	6	13	659	672	98.1%
			10.44.250.122	12月19日 19:00—19:59	1024	0	1	7	4	1012	1016	99.6%
				12月19日 1:00—11:59	628	0	0	3	2	623	625	99.7%
			总计：		2841	0	16	18	26	2781	2807	99.1%

图5　广东省惠盐高速公路激光车辆检测器应用实景

五、激光在车辆分离领域的应用

在收费站计重收费系统中，需要将车辆进行可靠分离，保证称重检测数据与车辆的一一对应关系。目前较为常用的是红外光栅式车辆分离器，由红外线发射器、接收器和信号控制器三部分组成，原理是通过线性排列的红外光发射和接收来实现对车辆的同步扫描，并将光信号转换为电信号，从而实现对车辆数据的综合检测。激光分车器则是通过发射安全激光光幕对经过计重收费车道的车辆进行逐辆分离，通过I/O或485数据接口向动态称重设备发送车辆信息，但与光栅分车器相比，激光分车器在施工简易性和环境适应性方面有着明显的优势，两者的对比如表3所示。

表3　光栅分车器和激光分车器对比表

对比事项 \ 分车器类型		光栅分车器	激光分车器
分车精度		＞99%	＞99.6%
施工安装	安全岛上安装分车器	需设置重型护栏，施工难度大，受现场环境制约，整车称重改造项目或需切割岛头	无须设置重型护栏施工简易、安装快捷，可根据现场情况调整立柱高度与角度，不受现场环境限制
	两条车道中间无安全岛	需要双边对射，无法安装	单边侧装方式，轻易解决
维护		相互对准精度要求高，稍有刮碰，亟需维护或更换	体积小、重量轻、结构精巧，不易被车辆剐蹭；轻微移位不影响分车检测
成本		设备成本低于激光分车器，但施工和维护成本偏高	设备成本高于光栅分车器，但综合成本（含施工安装、维护）低

哈工大业HITSYS-LA20-A0S激光分车器成功应用于计重收费车道的车辆分离，经广深高速北栅、南头、宝安、福田、新桥等收费站实际安装应用，不仅分车精度大于99.6%，拖挂车不会判为两辆车，而且环境适应性强，在各种天气状况下均能稳定、可靠地工作。另外，HITSYS-LA20-A0S激光分车器安装简单，既可侧装、亦可顶装，无须特别防护，尤其是在计重车道改造过程中优势更为明显。与目前常用光栅分车器相比，不仅技术指标超越，土建施工费用也大大降低。

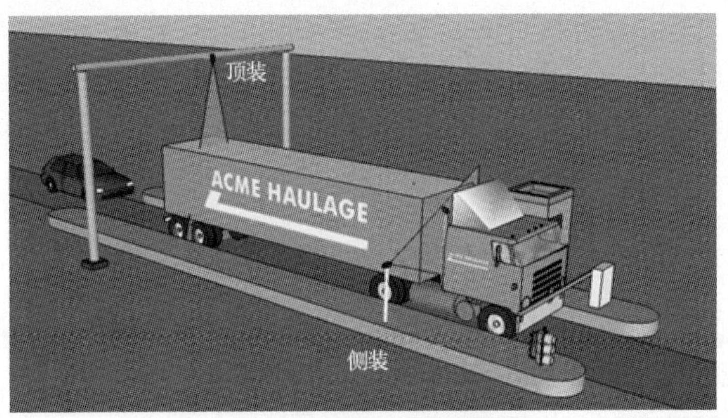

图6　激光分车器顶装模式和侧装模式

图7　广东广深高速北栅站计重收费车道——激光分车器顶装实景

图8　激光分车器侧装实景

哈工大业HITSYS-LA20-A0S激光分车器在不停车电子收费系统（ETC）中也得到广泛应用。我们知道，ETC为提高过车速度和车道通行能力，要求对通过的车辆进行准确分离，在不停车通行状态下，车辆通过时保证准确确定车辆数及顺序，不能出现乱码情况，需要进行车辆的分离及提供开始、结束等信号。HITSYS-LA20-A0S激光分车器采用IP66防护等级，产品可在雨雪、高温、寒冷、潮湿等恶劣环境下可靠、稳定地运行，可以实现车辆自动分离、计数、存在检测、分类检测、确定车头时距。产品在广东省广州机场高速得到应用并成功与中创ETC进行对接，分车精度大于99%，完全消除了跟车现象，可将半挂车、全挂车、单车可靠分离，且运用独特模型分析算法可以有效避免飞鸟、蚊虫、人等非车辆物体引起的误动作，解决了地感线圈无法有效分离跟车、光栅易受非车辆物体干扰及安装难度大等问题。

图9 广州机场高速机场站ETC激光分车器安装实景（侧装）

六、激光在交通流量调查中的应用

这种应用方式一般固定到公路的龙门架上，激光检测设备垂直地面向下，对准一条车道的中间位置，形成前后两束光幕，光幕之间的距离是能够精确测定的，当车辆经过第一束光幕时激光检测设备精准测出车辆的触发时间、车高信息，当车辆到达第二束光幕时，系统通过前后间隔两束光幕进一步计算出车辆的行驶速度、车长，当车辆完全通过激光的检测区域时，系统就可以精确重构车辆轮廓，并根据车高、车长，再配合车轮廓模型算法分析，按交通运输部Ⅰ、Ⅱ类车标准对机动车进行自动模型比对精确分型，将流量、地点车速、车头时距、跟车百分比、车头间距、时间占有率等数据发送至中心端。

图10和图11是激光交通流量调查系统通过车轮廓模型算法对机动车分类特征均为“6m≤车长≤12m，2轴”的车辆进行大客车和中型货车区分。

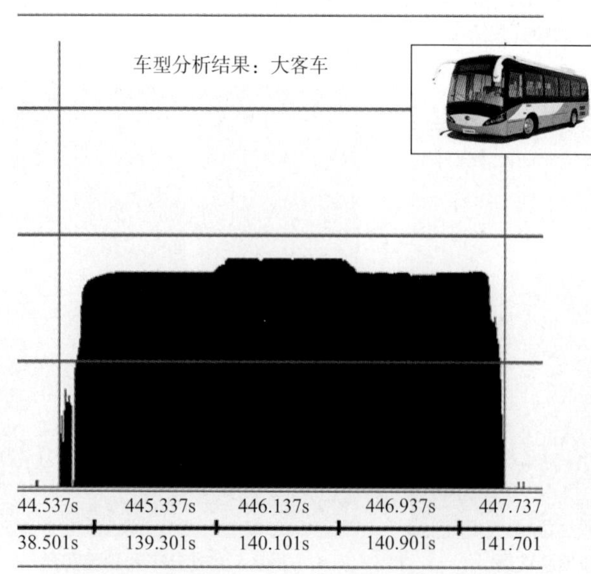

图10 大客车（6m≤车长≤12m，2轴）轮廓图

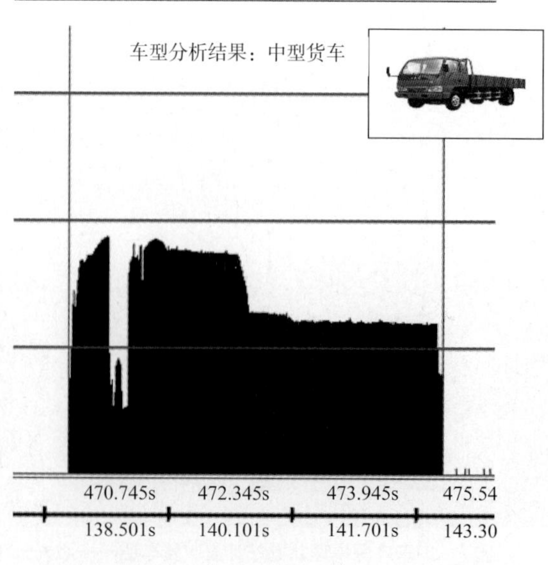

图11 中型货车（6m≤车长≤12m，2轴）轮廓图

哈工大业激光交调系统是由每条车道两台快速激光测量传感器，加上专用的嵌入式软件组成的激光交通流量调查系统。安装方式简单，将两台相距1m的快速激光测量传感器垂直于地面顶置车道中间距地面6 ～ 8m高处即可。该系统具有以下特点：

- 采用先进的激光技术，检测精度高，最大限度地降低了雨、雾天气和夜间对检测精度的影响，可以精确统计出车型、车速、车流量自然数等交通量数据。
- 采用快速激光测量处理技术，通过车辆轮廓模型算法，将复杂的车辆信息提取出来，使得车流量等交通信息可以实时、精确地被检测。
- 设备能够在不中断交通，不破坏路面的情况下方便地安装和维护。
- 非接触测量，可靠性强；异常情况下，具备交调数据自动补数功能。
- 采用免维护设计，全密封，可靠性高。用户界面友好，具有可视化的交通数据的实时观测功能。
- 依据交通运输部规定的通信协议，可支持有线或无线（3G/4G）传输。

七、结论

当前我国的高速公路不断发展，汽车的普及率也越来越高，高速公路的交通管理加重，迫切需要对高速公路中行驶的车辆有一个有效且稳定的检测手段。激光检测为非机械接触检测车辆提供了一种可行的方案，其适用范围广阔，应用前景光明。随着硬件技术的飞速发展，激光检测设备成本也将不断下降，激光检测技术必将在ITS领域得到广泛的应用，并代表车辆检测技术的发展趋势。

科技提升警力，创新引领安保

——谈南宁市公安局交通警察支队服务第四十五届世界体操锦标赛交通安保科技应用

南宁市公安局交通工程科学研究所　苏红帆　杜荣义　陈宇　潘毅　黄雁

南宁市公安局交通警察支队（以下简称南宁市交警支队）通过提升智能交通软硬件设施，发挥智能交通系统功能协同、业务联动的巨大潜力，圆满完成了第四十五届世界体操锦标赛交通安保的各项安排任务。此次安保展示了南宁交警多年狠抓智能交通系统建设所取得的成果，也充分体现了科技强警的必要性和优越性。

2014年10月3日至12日，2014年南宁世界体操锦标赛（Nanning 2014 Artistic Gymnastics Championships）暨第45届世界体操锦标赛（The 45th World Artistic Gymnastics Championships）在广西南宁举行，来自世界80多个国家（地区）的成千上万名体操健儿共聚美丽的“中国绿城”南宁上演了一场体操竞技盛会。

南宁市交警支队作为承担第四十五届世界体操锦标赛交通安全保障工作最重要的一支力量，为确保世锦赛期间交通管理、交通安全保障工作的顺利开展，借助强大的科技创新实力，围绕“实战化、实用化、高效率、高水准”的总体目标，经过全体民警近半年的全力以赴、克难攻关，取得了一系列成果。

为确保世锦赛期间交通管理、交通安全保障工作的顺利开展，南宁市公安局交通警察支队开展了赛事交通概况与需求预测、南宁交通运行现状情况分析、赛事交通政策研究、赛事通道保障、专用车辆与公共交通保障、场馆与重要地点交通组织运行和方案实施保障、配套措施七项工作，引入了高清监控、北斗定位、车辆图传、射频识别、无人机等多种新技术、新设备，重点从加大智能交通基础设施建设和完善智能交通系统平台建设与应用等两个方面来提升世锦赛交通安保效率和质量，从而确保世锦赛期间交通文明、通畅、有序、高效地运行。

一、完善智能交通基础设施及系统平台，打好基本功

工欲善其事，必先利其器。为扎实做好本次世锦赛的交通运行保障，南宁市交警支队夯实智能交通基础设施建设，启动“南宁市重点区域交通服务保障工程”和“南宁市专用车辆优先及专用车道管控工程”两个服务世锦赛专项项目，总投资7500万元，南宁市公安局交通警察支队在赛场、驻地等重点区域周边和赛事专用车道、优先车道沿线实施十大基础工程，重点完善视频监控系统、提高电警覆盖率、加强诱导信息屏建设、提升重点路口信号控制以及改善机房供电、通信及存储等条件。其中，南宁市交通监控目前已初步形成了集路口普通监控、12m高杆、高层建筑楼顶高空监控和无人机空中移动监控于一体的四维高清立体监控体系。

高屋建瓴，方能把握全局。运筹帷幄，才能决胜千里。面对世锦赛期间复杂多变的交通形势和状况，南宁市交警支队狠抓智能交通系统建设，通过系统运作让交通安保工作更从容自如，方便快捷。本次服务世锦赛启用了数款智能交通系统，主要包括：南宁交警智能勤务管理系统、南宁交警多任务智能监控平台、南宁交警非现场执法综合业务平台、南宁市信号控制系统、南宁交警城市主要道路动态交通管控平台、北斗定位/图传系统、南宁交警高清视频监控系统以及南宁交警智能交通诱导系统。其中，智能勤务管理系统和多任务智能监控平台是利用GIS地图，通过GPS/北斗实时定位、视频智能联动等技术，实时掌握所有监控车队运行状态，动态了解沿线交通路况，并通过实时的警力部署、调度实现“两会一节”“世锦赛”等重要活动期间多任务、多车队运行线路的安全、有效的交通保障。

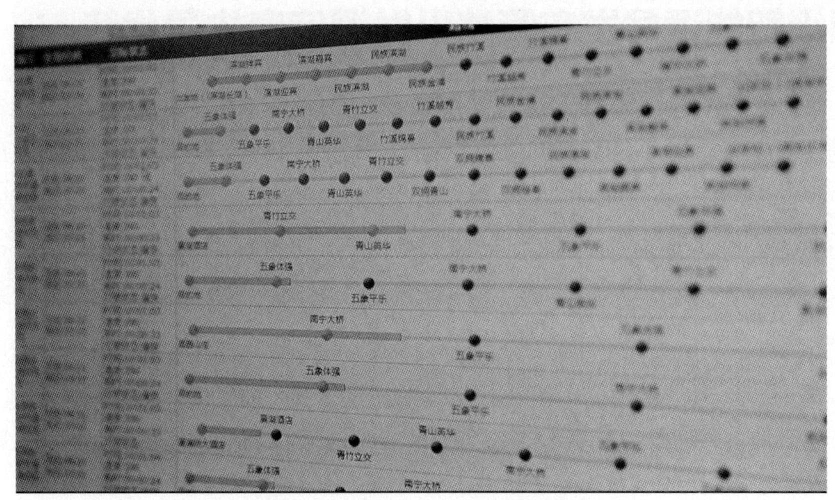

图1　多车队交通运行状态实时监控

二、构建三级交通智能指挥体系，保障警力有效调度

一切行动听指挥。在交通运行保障中，相关指令的传达起着至关重要的作用。为确保世锦赛期间各项交通指令能够快速、有效地传达和执行，南宁市交警支队建立了完善的三级交通智能指挥体系，三位一体，为交通指令的高效运行提供了强大保障。

（一）交警支队指挥中心总部

南宁市公安局交通指挥中心于2004年建成，现中心系统综合应用计算机、电子、通信、信息等高新技术，将交通信息控制系统、电视监视系统、交通信息管理系统、交通诱导、违法处理、事件自动检测、事故报警及快速处理系统、进出城及主干道流量检测系统等有机结合为一个整体，建立了基于网络环境的、实时的、可视化的交通管理信息服务平台，具备了较强的城市交通管理数据采集、处理、决策、组织协调等功能，可以实时对城市交通进行监视、指挥，实现自动控制、紧急控制和预案控制各层次的城市道路交通管控。

（二）服务世锦赛交通安保前线指挥部

为分担交警支队指挥中心的压力，进一步加大“两会一节”和世锦赛的交通安保前线指挥力度，南宁市公安局交通警察支队在南宁市体育中心搭建了交通管理前线指挥部。前线指挥部建设内容包括拼接屏显示墙、LED屏、机房设备等。

（三）流动指挥车系统

南宁市交警支队配备有指挥车系统，可以实时开赴重要区域、路段、路口，实现前沿现场警力调度、通信保障、视频监控与回传等功能。与支队指挥中心、前线指挥部一起形成三级指挥体系，极大地提高了南宁市交警支队快速反应、统一指挥、协调联动的能力。

三、制定四级智能诱导发布策略以发挥信息先导优势

科技支撑，信息先导。为了发挥信息先导的优势，南宁市交警支队借助南宁交警智能交通诱导系统平台，利用道路诱导屏、路况屏等道路前端信息发布设施实现对交通诱导信息、交通管制系统、停车信息、交通事故信息、违法信息、路况信息等信息的实时发布。同时，南宁市交警支队制定了四级诱导方案，以配合世锦赛期间的交通有序进行，以及保障赛事优先道、专用道的有效使用：一是围绕赛事专用道、优先道及体育中心赛场周边诱导屏和信息屏，以提前诱导和提示为主线；二是赛事优先道上的诱导屏和信息屏，以占用提示为主线；三是赛事优先道上的诱导屏，以违法占用警告为主线；四是赛场周边诱导屏和信息屏，以行车诱导和停车诱导为主线。截至2014年10月12日，共发布用于服务世锦赛交通保障的信息44356021频次，为赛事车辆交通保障提供了强有力的诱导信息服务。

四、建设世锦赛专道，多系统协同，全方位保障世锦赛交通

为最大限度地保障赛事车辆通行顺畅，结合我国大型赛事活动交通组织经验和南宁市实际情况，南宁市交警支队在民族大道、竹溪大道、青山路、南宁大桥、平乐大道、五象大道至体育中心约20km赛事车辆集中过路段双向各取一条机动车道设置为赛事专用车道。在赛事期间每日6:00至22:00只允许赛事专用车辆、公交车通行，同时还在滨湖路、双拥路设置了赛事优先道，保障赛事车辆的优先通行。除此之外，科研所还充分利用科技手段，采用多智能系统协同工作、多功能联动，为世锦赛多任务、多车队提供了全方位强而有力的安全保障。

（一）GPS/北斗定位和视频追踪联动实现车辆/车辆全方位跟踪监控

世锦赛期间，车队跨度区域大、车队出发时间密、警卫对象多、勤务覆盖面广，为此南宁市交警支队首次启用了多任务智能监控系统和北斗定位系统，通过为重要车辆安装北斗/GPS双模定位设备，实现对这些车辆的实时定位，同时利用车辆安装的图传装置可在指挥中心实现远程360°全方位旋转控制，车辆行进过程中的周边视频图像可实时传回指挥中心，从而可以远程掌握车辆运行周边的路况，为车辆的运行及其行进过程中可能发生的意外情况实现远程实时跟踪了解。同时，通过在智能勤务系统和多任务监控平台接入道路高清视频，在实时掌握重要车辆/VIP车队行进进度的同时，通过智能联动相关视频，从而对多个任务进行全程定位和视频跟踪，使得指挥中心的指挥人员

可以全面、实时地掌握所有车队运行状态，动态了解沿线交通路况，实现交通安保零误差、零失误的工作目标。

（二）RFID车辆识别系统和信号控制系统、诱导发布系统的联动

RFID（Radio Frequency Identification）技术，又称无线射频识别技术，是一种通信技术，可通过无线电信号识别特定目标并读写相关数据，而无须识别系统与特定目标之间建立机械或光学接触。射频识别系统最重要的优点是非接触识别，它能穿透雪、雾、冰、涂料、尘垢和条形码无法使用的恶劣环境阅读标签，并且阅读速度极快，同时具有信息获取准的特点。本次世锦赛，南宁市交警支队为赛事专用车辆安装RFID电子标签（电子车证），当其经过路口时，道路RFID阅读器（天线）将识别赛事车辆，并触发信号机为赛事车辆提供VIP优先相位通行服务，从而使得赛事车辆路口等待时间控制在15s内。

此外，当赛事车辆进入赛场周边道路区域，RFID系统根据识别的赛事车辆类型，分别进行行车方向、车道、入口等诱导以及停车诱导。例如，当赛事车辆进入赛场周边道路，车辆前方诱导屏将显示“×××（车牌），请右转进体强路，进赛区”或“×××（车牌），请走左车道，左转进西一入口，停C区”。

（三）电警系统与诱导系统联动

卡口将对所有进入世锦赛优先道、专道的车辆进行识别，并根据车辆类别，实时通过诱导系统在道路前方诱导屏上显示不同信息。例如，当非赛事车辆和非公交车进入优先道时，车辆前方诱导屏将显示“×××（车牌），你已占用世锦赛赛事优先道”；当非赛事车辆和非公交车占用专道时，车辆前方诱导屏将显示“×××（车牌），你已被抓拍，请立即驶离世锦赛专道”。截至2014年10月12日，通过诱导系统向道路诱导屏共发布电警抓拍的车辆非法占用赛事专道的提示信息达162421条。

图2 诱导屏自动发布车辆非法占用赛事专用道信息

正是借助智能设备和智能系统之间的互相联动，通过分层诱导、多维跟踪、全程管控，使得赛事车辆在约20km专道上最短通行时间降为12min，进而为世锦赛期间的交通有序进行以及赛事优先道、专用道的有效使用提供了强有力的信息支撑。

五、结语

所谓台上一分钟，台下十年功，正是在各级部门、各层领导的重视与努力下，通过一代代致力于交通保障科技化应用提升的科技民警的不懈努力，才为此次世锦赛交通保障智能化、信息化添上了亮丽的一笔。此次世锦赛赛事车辆安全率100%、准点率100%，赛事期间各项交通管理工作平稳推进，城市道路交通有序运行，是一届高规格、高水平的世界体操锦标赛。

“以服务为宗旨，以科技为核心，以创新为引领”，这是南宁市交通警察支队不断前进的法宝。如果说“两会一节”交通安保是一次热身赛，那么此次世锦赛交通保障绝对称得上是对南宁市交警支队交通科技保障的一次正式、全方位的检验。与其说科技提升警力，不如说科技就是警力，而且我们相信，只要不断创新，不断实践，不久的将来科技将会是第一警力。

深度学习下的智能车辆识别技术在智能交通管理中的实际应用

北京精英智通科技股份有限公司

一、概述

北京精英智通科技股份有限公司（以下简称精英智通）成立于2005年，是国内领先的专业提供智能驾考、智能交通视频应用、驾驶人互联网服务的创新型高新技术企业，是中关村高成长TOP100企业。

多年来，公司坚持“智能驾考、智能监管、智慧驾培”三大领域齐肩并行、循序发展，不断创新理念、优化技术，致力于深入挖掘智能交通行业的发展需求。通过将技术、产品、行业需求三者有机融合，公司为交通管理提供了更具创新性、有效性的综合解决方案，为刑侦、治安、反恐等提供了强有力的支撑。

二、技术特点

(一)大倾角识别技术

精英智通拓展传统对车牌辨识的方法，采用基于数学与统计模型的高精度的浮点算法，实现大范围车辆无序状态的超大倾斜角度车牌识别以及对车辆车型特征的准确识别，可对不同角度的车牌加以还原矫正，在140°空间角度内准确识别车辆号牌。

同时，辅以自主研发的交通事件检测分析技术、云计算与数据分析等智能算法，解决了大范围车辆自动跟踪识别的困境，实现了违法停车智能抓拍、静态车辆数据采集、手持移动违法取证等系列智能交通解决方案。

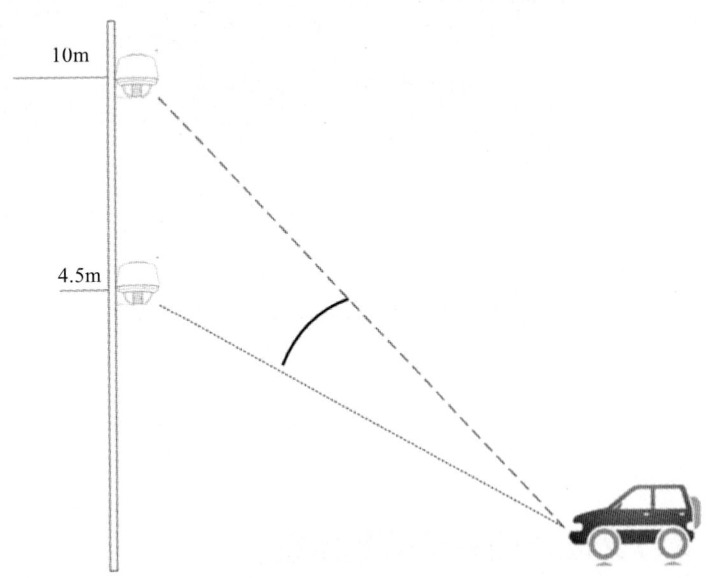

图1　号牌识别角度：水平全角140°/垂直70°

（二）基于深度学习的视频监测技术

精英智通对当前人工智能方面的领先技术“深度学习”进行了大量的投入。深度学习的概念源于人工神经网络的研究，是机器学习研究中的一个新的领域，通过组合低层特征形成更加抽象的高层表示属性类别或特征，以发现数据的分布式特征表示。

精英智通率先将这一先进技术应用在针对车辆的特征和车牌的识别中，再次刷新了在复杂场景和大倾斜角度时车牌识别的准度和精度，使得以往依靠视频识别不实用的情况得到了很好的解决，做到了精准定位车辆、智能识别信息、综合处理数据、实时动态监测。

三、产品应用

为有效解决城市道路交通管理问题，公司通过高度整合已有的道路监控、治安监控和违法抓拍设备等实现高效信息系统的建设，对道路车辆信息进行采集，并在总队建设大型综合管理平台和数据中心，面向道路安全防控需要，对大数据进行深度挖掘，寻求更科学的道路交通管理模式，提高道路安全防控治理水平。

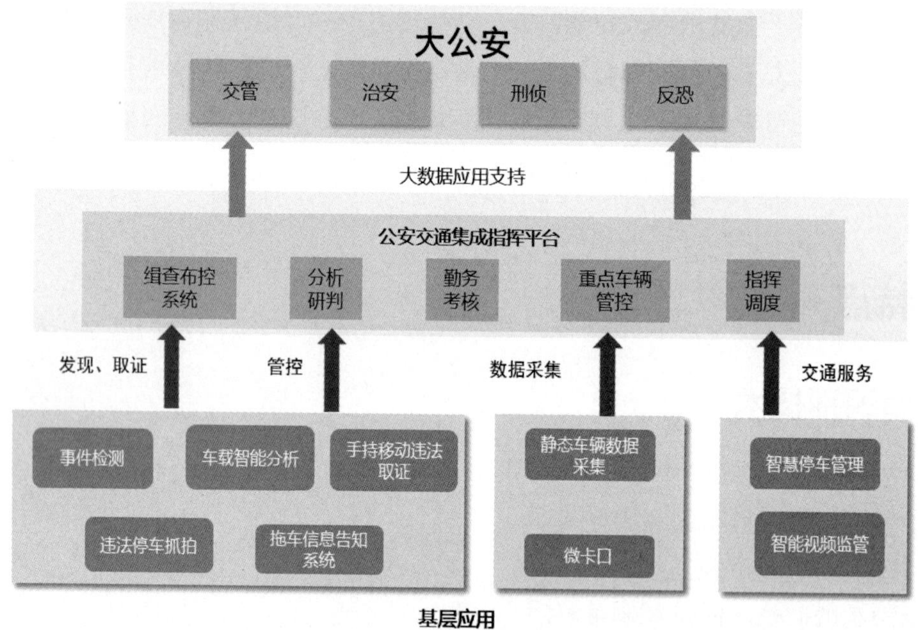

图2　精英智通产品应用

（一）缉查布控前端采集系统

通过新增或者利用原有治安监控摄像机，加入智能分析系统，对通行车辆或者静态车辆进行识别采集。由于不需要龙门架或者飘杆，利用路侧的普通球机即可达到卡口功能，因此可以实现高密度的覆盖，大大增加了缉查布控的实用性。

（二）交通管理数据采集系统

可以利用普通球机对路段的车辆通行情况以及车速进行评估，为城市道路交通管控起到非常大的作用。

（三）智慧停车管理系统

通过视频识别技术、多传感器的结合和互联网的应用，为智慧停车提供前所未有的体验，真正做到想停就停、想走就走的便捷。

四、智能交通综合解决方案

（一）静态车辆数据采集解决方案

统计数据表明，一般车辆处于移动状态的时间不到20%，多数情况下是处于静止状态。采集静态车辆信息并进行实时分析，与传统电子警察、传统卡口形成信息互补，从而补充、丰富缉查布控数据源，是精英智通推出静态车辆数据采集解决方案的根本出发点。

静态车辆数据采集解决方案紧密结合实际需求，利用现有的摄像机或新增摄像机，对出现在周围路段、路旁临时停靠区域、停车场等监控有效范围的静止车辆进行抓拍，将以往的“傻录”式的视频记录，通过视频分析提取结构化数据，并自动识别车辆的时间、地点、车牌等信息，为数据应用平台提供大量有用数据和数据采集点。

（二）违法停车智能抓拍解决方案

精英智通提供的违法停车智能抓拍解决方案，通过智能、准确地搜索路面违法乱停车辆，实现了全自动违法停车非现场执法取证，替代了以前交警通过现场DV抓拍、贴条对违停车辆的查处行为。

在有限的警力下，它对道路交通监控有极好的监管补充作用，可以使道路通行状况获得根本性改变，从而取得良好的缓堵保畅效果，可广泛应用于高速公路、医院社区、学校、商场等车流量密集区域道路两侧非机动车道内，机场、火车站临时车辆停靠港湾内，以及其他现场执法难度大、容易造成拥堵及事故多发路段。

图3 违停拍抓拍效果

（三）低成本高密度卡口解决方案

用于城市支路交通管理的低成本高密度解决方案适用于城市、国省道时速100km以下的路段，通过普通球机实现卡口功能，将传统的卡口模式拓展到城市的支路与辅路，解决了以往卡口安装工程量大、对安装环境要求高、成本高、无法做到高密度覆盖等问题，为后续支路建设与管理提供了数据支持与理论依据。

一方面，支路卡口可以作为道路交通情况的监控，实时采集所有经过断面的车辆照片，不做违法处理，对道路车辆行驶数据进行采集，为交通管理的数据密度进行补充，疏通交通微循环；另一方面，能对缉查布控的采集密度进行有效的补充，可以先期预设涉嫌违法犯罪车辆、盗抢车辆等信息，卡口在日常监控中遇到类似车辆时，会在公安云端自动进行对比，通过报警方式通知指挥中心。

图4　微卡口工作场景

（四）手持移动违法取证解决方案

精英智通借助先进的大倾斜角车牌识别、手持移动车辆检测、背景建模和深度学习智能算法等多领域的技术，为公安和交警部门提供了操作简洁、适用性强的手持移动违法取证解决方案。

该方案基于安卓系统，改变了目前完全依靠警力录入车牌的重复繁琐工作方式，由移动设备自动完成执法取证过程。一键拍照后，系统可自动识别车牌号、时间、地点等关键信息并上传至大数据应用平台，通过数据分析，实现后台统一动态实时处理警情，提升警务督察效率。

图5　手持APP实际抓拍效果

（五）车载移动执法取证解决方案

依托公安信息网，采用车载移动执法取证解决方案的警用车辆能够快速地对任意路段的车辆进行布防、查控，从而有效地解决卡口点覆盖空白路段的车辆缉查问题。

警车在静止状态时或正常的巡逻过程中可以全自动捕获识别车牌，并自动获取当前时间、地址等结构化信息，后台系统可根据以上数据信息进行查询、检索、筛选、汇总、导出等，并实时与黑名单数据库进行比较，一旦发现黑名单车辆，系统将实现实时报警。

（六）应急车道违法取证解决方案

结合监控环境特点及实际取证需要，精英智通推出了应急车道违法取证解决方案，全方位对占用高速应急车道、立交桥导流车道等专用车道的违法车辆进行非现场全自动取证。

不需要安装飘杆，通过一个普通的球机即可覆盖上下行双方向200m的范围，并对占用专用车道的违法车辆抓拍取证，多个预置位灵活配置，按照规则轮询，避免违法者躲避监控点。

（七）道路交通事件检测解决方案

精英智通道路交通事件检测解决方案，核心价值在于对违法停车智能抓拍的延伸与补充，能够在各种突发的道路违法驾驶行为中进行现场视频、图片信息采集，以进行实时研判和快速处理。

该方案主要针对城市道路、高速公路、隧道等场景实时检测多种交通事件，如逆行、倒车、违停、应急占道等，同时具备道路交通参数采集功能，并能够对检测到的事件进行图片抓拍、车牌识别、片断录像取证，内置的巡航检测功能和球机配合使用，可有效扩大检测范围，并同时兼顾到普通监控的所有功能。

（八）城市智能停车管理解决方案

精英智通城市智能停车管理解决方案，利用智能自动识别解决目前传统咪表耗用人工过多、实用性不高的问题，并可通过设备联网在线实现设备复用做违法停车执法设备。

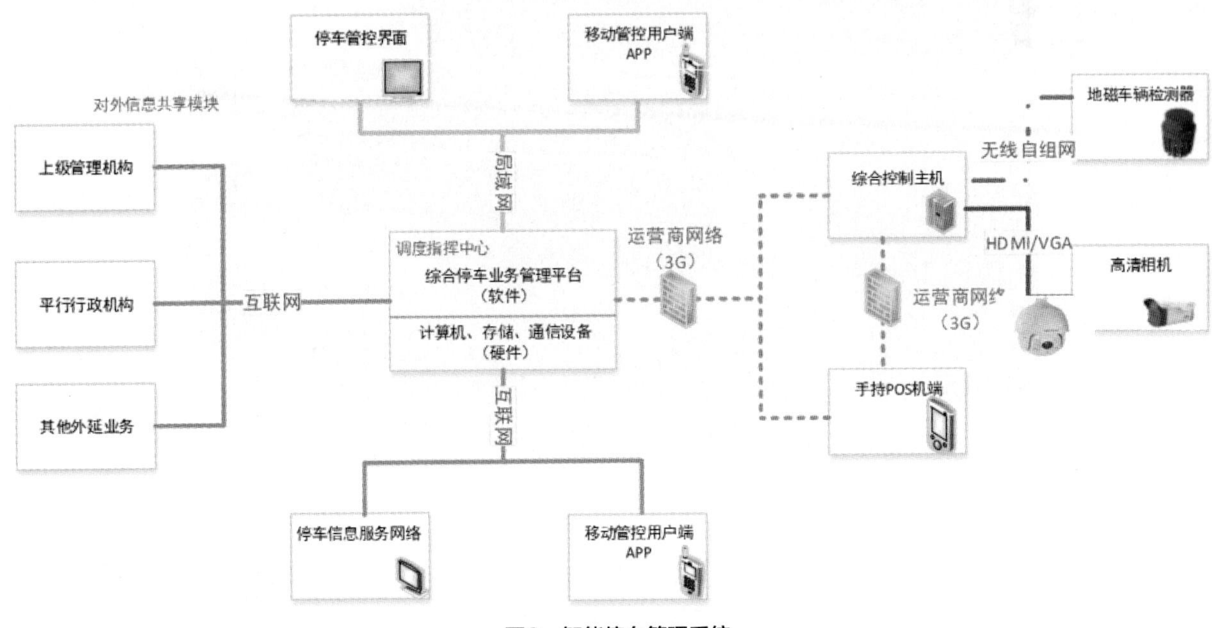

图6　智能停车管理系统

该方案可自动实现路内停车计时收费管理，通过摄像机对路边占道停车进行识别、计时、收费，证据保存全自动完成；可在停车资源紧张地段进行规划，实行夜间借道停车，并自动收费；可灵活与城市其他管理系统（如导航系统、诱导系统）对接；可通过大数据分析，为驾驶员信用体系提供有力支持数据，为城市发展、管理提供综合数据。

五、典型案例

精英智通在深圳的违法停车智能抓拍项目整体分为两个部分：广深沿江高速公路深圳段和深圳北站，两个项目分别于2015年4月1日和8月1日正式启用。目前设备都处于稳定运行中，设备安装路段的违法乱停车现象得到了有效治理，有效保障了道路的通畅和安全。

图7 违停拍实际抓拍效果（广深沿江高速）

图8 违停拍实际抓拍效果（深圳北站）

厦门市上古街公共停车楼
——梳齿式新型垂直升降停车设备成功运用的经典案例

深圳怡丰自动化科技有限公司

2013年12月，厦门市政府的重点民生工程——厦门市上古街公共停车楼正式投入使用，对社会全开放，这是目前国内规模最大的垂直升降式立体停车库项目，坐落在厦门市最繁忙的医院——厦门市第一医院前。

上古街公共停车楼共有798个车位，由11个梳齿式新型垂直升降立体停车库组成，停车楼投用后，给来医院看病、到周边企事业单位办事的车辆提供了充足的停车位，同时也极大地服务了周边居民夜间的停车需求，社会效益显著。下面将简要介绍一下停车楼的各组成系统和技术特点。

一、停车设备系统

上古街公共停车楼位于厦门市第一医院院前西侧，镇海路东侧，上古街东北侧，上古巷西南侧，该地点位于厦门市老市区，长期以来医院及周边的停车位配备严重不足。厦门市第一医院是三甲医院，也是闽南地区最大的医院，不但厦门本地人首选到第一医院看病，周边的泉州、漳州地区慕名而来看病的人也是络绎不绝。停车楼投用前，每天上午前往医院看病就诊的车辆经常会因等待停车位而造成医院前面的镇海路双向拥堵，最长的堵车时间有时可达近一个小时才能进入医院，而往往到了医院还是没有空余车位，不得不再到附近路段寻找停车位。同时该时段前往医院对面的公安局出入境管理处办事的市民同样也存在无处停车的现象，每天上午镇海路两侧停满了违章占道的车辆。到了夜间，附近居民的车辆同样也没有停车位，只能选择违章占道停车过夜。

为了解决这长期以来困扰厦门市民的停车难问题（引申出看病难问题），厦门市政府将建设上古街公共停车楼列为重点民生工程，并积极推进采用占地小、容量大、建设快的机械式立体车库。经设计研究，对比平面移动、巷道堆垛、垂直升降等多种仓储式停车设备方案，最终采用了项目整体容车率最高、进出库效率最高、技术最先进的梳齿式新型垂直升降停车设备方案。该项目的主要技术特点简要介绍如下：

（1）在满足建筑日照条件、尽量不深挖地基的前提下，在规划允许的高度范围充分利用立体空间，最大限度地多设置车位，停车楼在平面布置上设计了11个新型垂直升降式立体车库，其中9个并排为一组（A库和B库），另2个并排为一组（C库）。这样的设计，充分利用了地形，提高了土地利用率。

（2）为有序组织车辆进库、出库交通，避免车流交叉带来混乱而导致项目整体运行效率低下，项目在设计时充分利用了地形的自然高差将进车路线与出车路线错层分开；同时每个立体车库均提供2个入口室和2个出口室，最大限度地减少了存车、取车的等待时间，其中因结构强度需要最边上的车库各设置1个入口室和1个出口室，这样项目建成后共有19个入口室和19个出口室。

（3）为方便取车，出库时将车头朝外，升降机平台上集成了旋转装置，实现了升降机平台具备上下升降、左右横移、360°旋转以及进出库搬运的四维运动功能。

（4）为提高设备的运行效率和可靠性，设备采用梳型交换方式，且运用了自动对中机构，在快速、可靠搬运车辆的同时，纠正了车辆停放偏差，进一步确保车辆不会因歪斜而刮擦、甚至磕碰出现事故，提高了安全系数。

（5）对进库车辆进行长、宽、高及重量的检测，禁止超限车辆入库，保障了车库的安全运行。

（6）设备采用了自动感应抬升车库门、入库后声光引导车辆就位、司机离库语音安全提示等人性化的停车指引系统，方便车辆入库。

（7）为使取车有预期提示，消除高峰期取车时等待的焦虑心理，采用了取车排序信息实时显示方式，使取车的用户能够清晰地了解有几辆车在排队取车。

（8）为尽量减少存车、取车高峰期的等待时间，设备采用了智能化群控技术，合理调配各车库的存车、取车的优先权，例如，存车高峰期，存车、取车时间分配比为3 : 1；取车高峰期，存车、取车时间分配比为1 : 3，平峰期则按请求顺序排序。

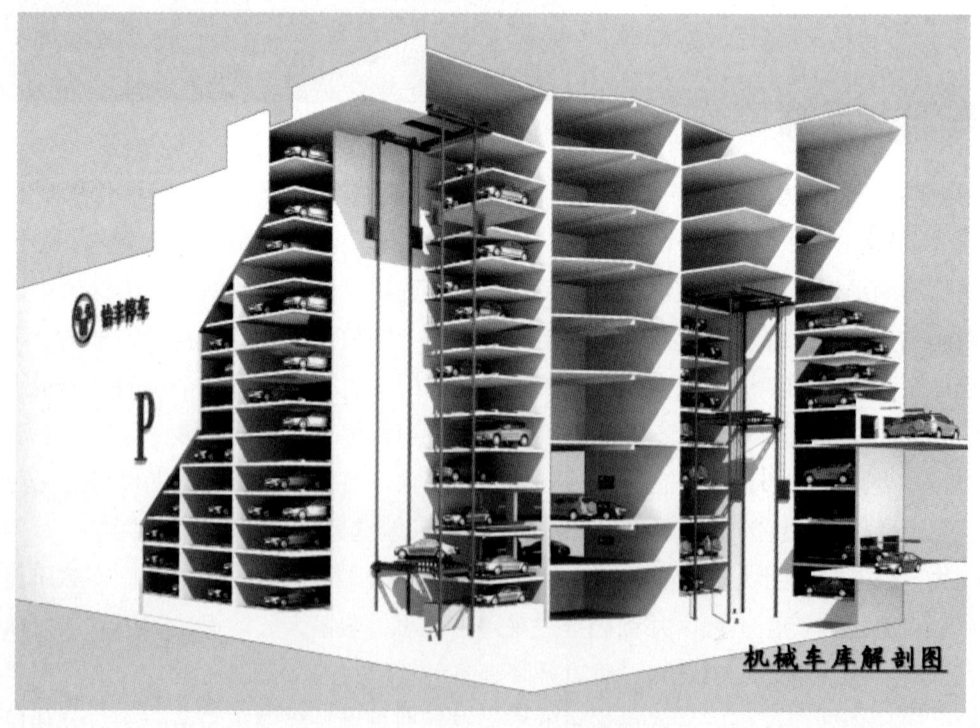

机械车库解剖图

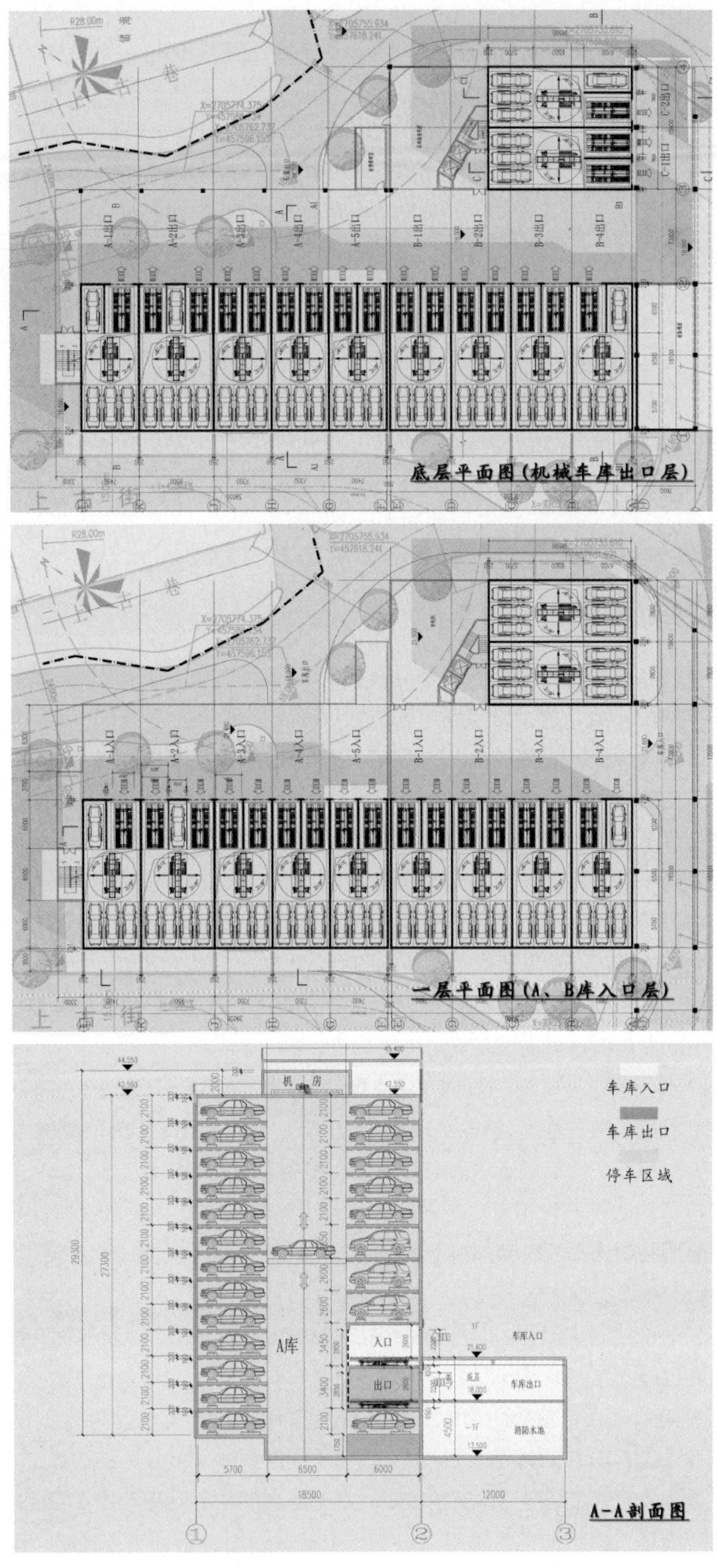
底层平面图（机械车库出口层）
一层平面图（A、B库入口层）
车库入口
车库出口
停车区域
机房
A库
入口
出口
车库入口
车库出口
消防水池
A-A剖面图

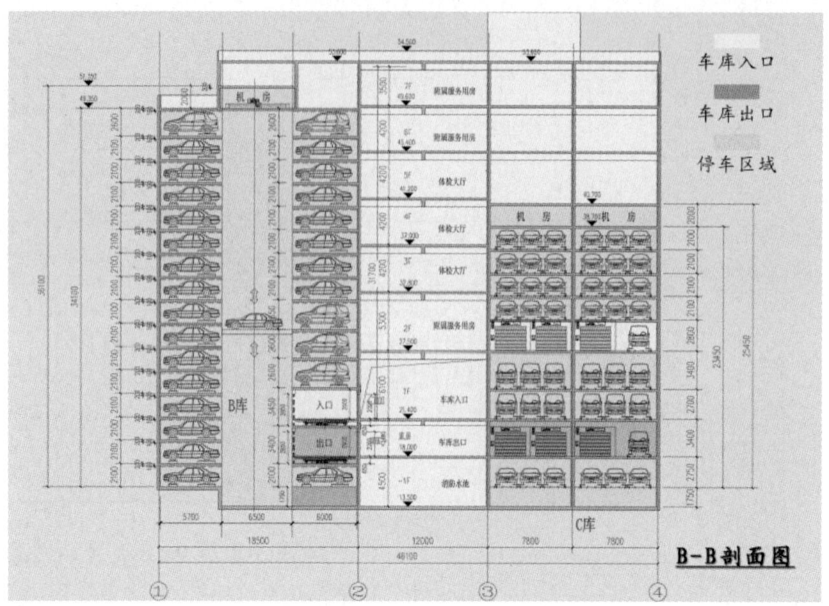

二、梳型交换技术

新型垂直升降式停车设备采用的梳型交换技术，诞生于20世纪90年代，是结合现代电气技术、计算机控制技术的新产物。梳型交换通过智能搬运器上梳型架的垂直升降运动和搬运器的纵向、横向运动，实现了在入口室、升降平台、车位架，以及出口室之间的车辆交换。

梳型交换的存车动作流程如下：

（1）升降平台上下移动，其导轨与入口室导轨平层对齐。

（2）升降平台上的梳型智能搬运器沿导轨纵向移动到入口室的梳型架下方，到位后垂直升起，经过两组梳齿的间隙交错，将入口室梳型架上的车辆托起到搬运器的梳型架上，同时搬运器上的自动对中机构从内向外张开，将车辆对中摆正的同时，牢牢固定住车轮。

（3）智能搬运器带着车辆沿导轨纵向移动回到升降平台上，升降平台垂直移动到存车的楼层，同时升降平台上的搬运器也横向移动到对应的车位。

（4）当升降平台导轨与车位导轨对齐后，搬运器沿导轨纵向移动到车位的梳型架上方，到位后对中机构向中间收回放开轮胎，智能搬运器垂直下降，经过两组梳齿的间隙交错，将车辆交换，停放在停车位的梳型架上，然后搬运器再沿导轨纵向移动回到升降平台上。

取车时与存车的动作流程相反，还在升降平台上下移动过程中增加了旋转180°的动作，使取车时车头已经提前调头朝外，而不额外浪费时间。

本项目采用的梳型交换方式具有以下技术优势：

（1）无多余的往复回程动作，运行简便快捷，动作最少，对比其他车辆交换方式效率最高，因此存取车的速度也最快。

（2）结构最简单，入口室、出口室、智能搬运器和车位上的梳型架由型钢组焊而成，结构简单，强度高、不易变形，结实耐用，维护成本较低；同时整体刚度高、结构稳定，安全系数也较高。

（3）梳型交换式的机械结构整体重量较轻，又无多余的往复回程动作，因此能耗方面大为降低。

（4）梳型智能搬运器纵的电机采用进口子母电机，一用一备，可靠性高，能长期安全、稳定地运行，维护量少。

（5）与其他交换方式相比，梳型交换可以安装自动对中装置，不但能将歪斜的车辆自动校正对中，避免车辆出现刮擦或磕碰，同时在车辆搬运过程中一直将轮胎紧紧夹住，使车辆不会出现晃动和偏位，安全系数进一步提高。

（6）梳型架安装快捷方便，还可以对高度灵活调整，与其他交换方式相比，对土建的要求不高，有利于降低土建成本和设备安装成本。

凭借着简洁、高效、稳定、安全、节能、易于维护等特点的梳齿交换技术在上古街公共停车楼的运用，使得停车楼最大限度地发挥出了社会效益。

梳型智能搬运器

自动对中装置

三、停车楼的交通组织

上古街停车楼以服务厦门市第一医院的停车需求为主，同时提供周边出入境管理处等单位和居民的停车服务，是社会化的公共停车楼。如何组织好停车楼周边的交通组织，并结合设计好停车楼内部的交通流，是项目成功与否的关键。

除了原有进入第一医院地下停车库、第一医院急诊部的2条车流线外，增加了进入半地下层A、B库9个车库入口层的主入口车流线、由地上一层经急诊部后进入C库2个车库入口层的次入口车流线，以及地下一层11个车库的出口层出车车流线。

原来停车楼前的道路（上古街）只有2个车道，即双向单车道，建设公共停车楼时，将进入停车楼的道路拓宽为单向4车道，同时将停车楼北侧原来的小巷（上古巷）改造成双车道作为出车道路，最大限度地增加了车辆通行能力，而且将进车、出车分开到2条道路上，不再出现车辆交错通行现象，大大提升了道路的通行效率。

事实证明，合理、有效的交通组织对大型公共停车项目具有重要意义，以上分层进出车、拓宽道路的两大改善措施，为停车楼建成后增加的798个车位提供了交通保障。上古街停车楼投用后，高峰期从进入镇海路到第一医院的道路通行平均时间平均从25min缩短到5min内，大大减轻了镇海路的交通压力，这不仅得益于停车楼极高的短时容纳车辆入库停车的能力，合理的车流交通设计和车道通行能力也起到了十分重要的作用。

为避免高峰期车辆在入口库门前拥挤而造成停车效率低下，在车辆进入等待区前就进行车流量控制，采用自动诱导和人工引导相结合的方式，有效疏导、放行车辆进入入口层，再分配到各个车库入口室等待入库，使每个车库的存车量得以平衡，最大限度地发挥每个入口室的作用，使整体的存车效率提升到最佳水平。而取车则创新地采用先缴费、再取车的方式，车辆取出后没有道闸限制，可直接离开，出车十分顺畅，高峰期也不会出现拥堵现象。

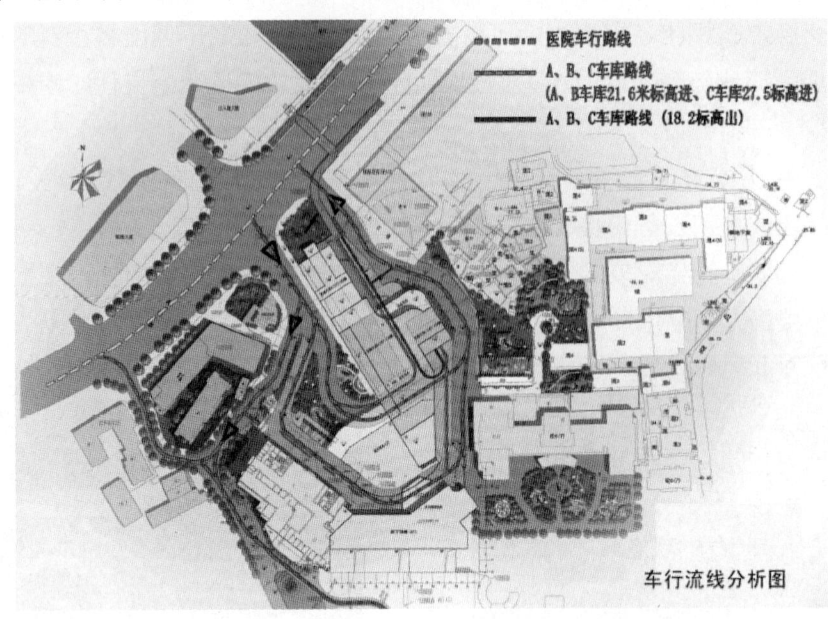

四、停车设备与建筑结构的结合

上古街停车楼与厦门市第一医院的体检中心合建，采用钢筋混凝土结构。建筑主体部分标高为35.85m，占地面积6038.60m^2，总建筑面积为21086.03m^2，其中机械车库建筑面积为11292.74m^2；车库部分地下一层，地上最高14层。

在建筑上，须整合停车设备的停车单元、出入口室、机房、监控管理室、进车层和出车层的车道、收费管理室、变电所、电缆间、消防监控室、消防水池、消防水泵房以及物业管理室、客梯和楼道的布置，在达到停车设备的使用功能要求的基础上，满足规划的平面和高度要求，同时兼顾交通组织和绿化的合理布局。

在结构上，须考虑停车单元、出入口室、升降机、机房等静荷载和活荷载等的合理分布，在满足结构强度足够的基础上，达到尽量压低结构梁、板的厚度，腾出最大的空间给停车单元和出入口室，以降低建筑工程的成本，同时还要考虑设备安装时的结构需求。

例如，为释放更多的停车高度空间，最大限度地压缩楼板厚度，原停车层设计为有预应力的无梁楼板，因安装梳型车位架时需要在楼板上打取孔后用化学锚杆和膨胀螺钉固定，这会对有预应力的钢筋混凝土楼板造成结构性破坏，有可能造成楼板承载能力大幅下降而无法再停放车辆，有较大的安全隐患。经设备厂家、建设单位、设计院双方多次研究各种方案，在保留原楼板厚度不增加的情况下，采用无预应力的密集井字梁楼板结构，很好地解决了设备功能、建筑高度、结构强度等相互之间的矛盾，同时还降低了土建的施工难度、缩短土建施工工期，也进一步节约了土建成本。

与停车设备配套的强电、弱电综合布线设计，以及停车楼的消防水电、通风排烟、排水、监控系统、智能化管理等综合布线工程的设计，须与建筑、结构一起统筹考虑各种管线的走向及安装。

在项目前期的方案设计和中后期的施工图设计，停车设备如何与建筑、结构，以及强弱电、暖通各专业的有机结合十分重要，这是项目最终成功与否的基础。

五、停车楼的智能群控系统

上古街停车楼的存车、取车量与第一医院的门诊存在着紧密的关联，因此潮汐现象十分明显，也很有规律。由于医院的门诊一般集中在上午，因此工作日的每天上午7:30到10:30为存车高峰期，而10:00至12:00为取车高峰期，中午几乎没有存取车，到了下午及晚上的存取车则比上午相对少很多。

上古街停车楼的11个立体车库每个车库均有独立的设备控制系统，正常的存取车是按照刷卡后的需求指令先后顺序进行排队，即无论是存车或取车，依照刷卡先后次序进行存车或取车的操作。在只有1个车库独立运行时，这种运行方式是可行的，存取车之间的需求矛盾不会太尖锐。而当多个车库同时运行时，则必须考虑车库之间存取车的动态调配，以平衡各车库和整体的存车量和取车量，达到每个车库都能充分发挥作用，避免个别车库受地形或交通等因素影响排起长队存取车、而其他车库却闲置待命，这样也可以缩短车主的平均等待时间，改善车主体验，同时提高停车楼的整体运行效率，增加业主效益。

为达到上述效果，停车楼采用了智能化的群控技术，对11个车库的存车、取车排序优先权进行动态控制。在存车的高峰期，将存车、取车的优先权调配为3∶1，即每存车3辆才接受1辆取车的请求；在取车的高峰期，将存车、取车的优先权调配为1∶3，即每取车3辆才接受1辆存车的请求；而在平峰期则按请求顺序排序。

此项智能群控技术采用前后，存车高峰期在车道上排队的平均等待时间可由20min降到5min，取车高峰期在车库门口刷卡后排队的平均等待时间可由45min降到10min以内，效果十分显著。上古街停车楼投入运营以来，工作日每天的停车达到1700次左右，单车位的平均日周转率达到2以上，达到比较好的效果。

通过对立体车库停车系统进行集群智能化控制，实时合理引导车流、削峰填谷，消除局部瓶颈，平衡各节点的流量，提升整体效率达到最佳化，是提升多车库系统的大型公共停车楼的效益最有效的手段。

六、停车楼的停车诱导系统

如何从市政主干道一直到车库入口室进行不间断的可视化动态停车诱导，使司机能提前知悉前方的道路情况、车库内的剩余车位情况，预先判断入库的最佳路径，以减少等待时间、提高通行效率，在上古街停车楼的前期方案设计时就已进行了详细的规划。

目前镇海路两侧的来车方向设置了大屏幕的LED显示屏，动态显示了停车楼的车位信息，提示车辆提前变道进入停车楼，以避免到路口临时压线变道导致违反交规，这对初次来到停车楼、尤其是对道路不熟悉的外地车主十分有帮助。同时大屏幕LED显示屏还循环播放进入立体车库停车的安全提示和操作指导，在车主候车时就能提前对立体停车的安全操作有所了解，这对初次进入立体车库停车的司机来说不但加强了安全意识，同时也缩短了实际的操作时间，从而减少了后面车辆的等待时间。

在进入停车楼前有醒目的停车楼专用车道、急救车道、门诊车道、地下车库车道指示牌，使车辆能提前分流，有序而高效地通行，避免临时乱变道导致车流混乱拥堵。进入停车楼前有限高栏，提前引导超限高的车辆离开；每个车库门前有红绿黄交通灯（绿灯为待命状态、黄灯为存取车运作状态、红灯为检修状态），每个车库门上方都有大屏幕的LED显示屏，实时显示大、小车位的剩余数量。车库前的车道上方还有大、小车位空余状态指示灯，方便司机从较远处既能判断哪个车库有剩余车位，避免达到车库门口才发现没有车位车。

当车辆达到入口层停车楼A库、B库的下客区时，引导员会示意乘客先下车，再引导车辆到亮绿灯的车库入口室前，入口前的地感线圈感应到车辆后即快速自动升起库门，司机在入口室内的镜子里看到自己车辆的车轮，能够直观地调整车轮沿着轮槽笔直地缓缓将车辆驶入；在车辆前轮到达定位凹槽时车头略微向下触碰到限位开关，灯光指示盘的黄色导向箭头灯即熄灭、绿色“OK”指示灯亮起，同时语音提示司机熄火、拉手刹、取卡刷卡等。

而经急诊车道送急诊或门诊病人的车辆需要停车的，在急诊部车道的前方，就有指示牌引导车辆进入停车楼的C库，车库门口同样配备红、绿、黄交通灯和LED显示屏，实时显示车位信息。

取车时司机按出口方向指示，能很方便地驶离立体车库进入市政道路。

通过一系列的车位信息发布系统、路口停车引导指示牌、车库前车道的车位信息指示牌、车库门上方的剩余车位显示屏和交通灯，组成了一个人性化的停车诱导系统，一路引导车辆快速入库存取车。

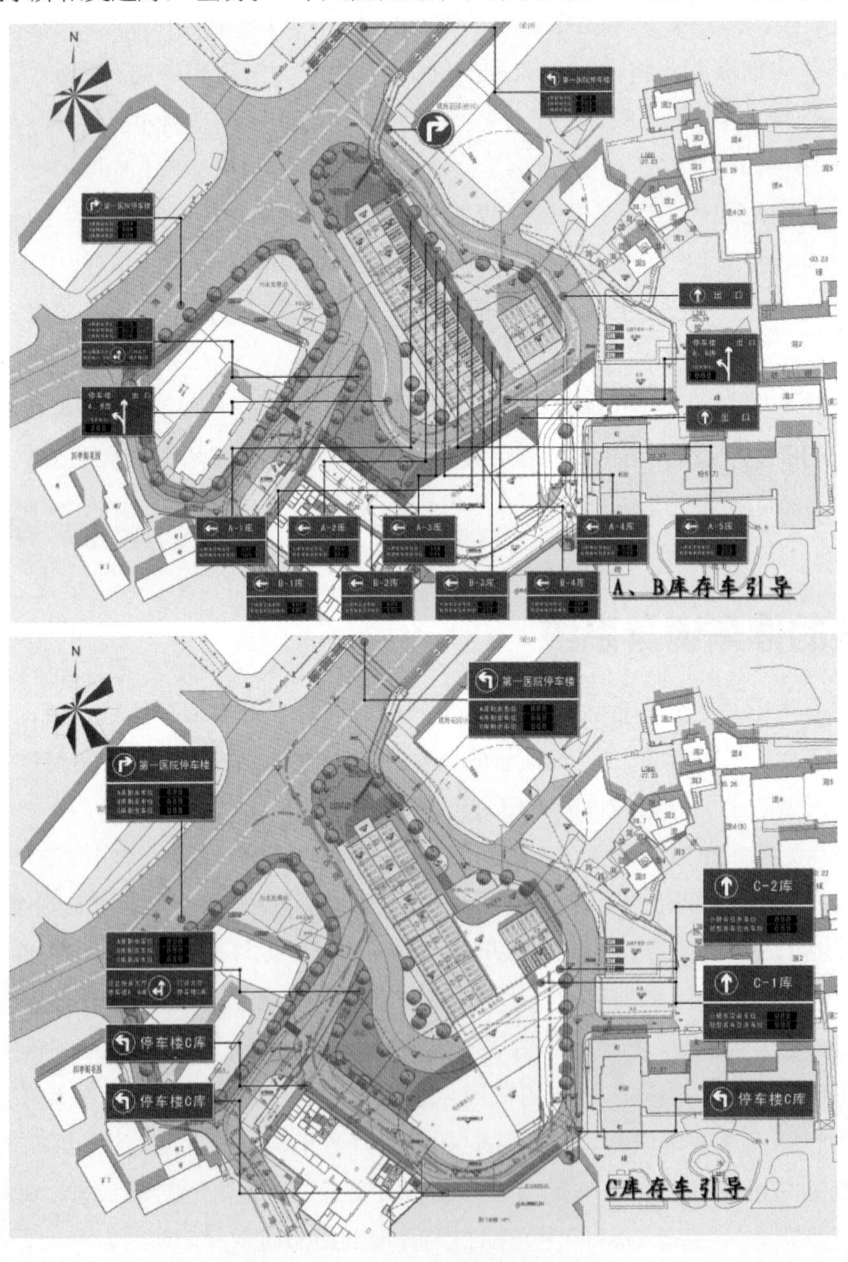

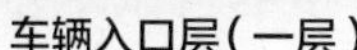
车辆入口层（一层）

车辆出口层（负一层）

七、停车楼的收费管理系统

在前期的方案设计阶段，就已经对大型的公共停车楼收费模式及架构进行了深入的研究和预测。

目前大部分的立体车库收费方式为先取车、再到出口处的收费岗亭缴费、道闸打开放行的方式。本项目的11个车库的出口室均集中在地下一层的出口层，若采用先取车、再缴费的模式，则11个车库的出库车辆会在车道上排队等待通过收费岗亭缴费后放行，从19个出口室的出来的车辆若汇集到2个收费岗亭等待，会大大降低车道的通行效率。出口层位于地下空间，通风不畅，排队等待收费的车辆尾气容易淤积在出口层内，给司机和乘客的健康带来危害，而且高浓度的机动车尾气将会让人难以忍受，尤其是来看病的病人。

经多方研究论证，该项目最终放弃传统的收费放行模式，而创新地采纳了先缴费再取车的收费管理模式。即存车完成时，司机到车库门口的取卡机上取卡、刷卡，开始计时；取车时，司机先到收费管理室刷卡、结束计时、缴费，再到车库出口室将卡插入收卡机，收卡机将卡收回，即进入取车排序等待取车。若车主超时15min，收卡机会提示车主再补缴停车费。

若车主超出缴费的计时段15min之后才到出口室插卡取车，收费系统识别出超时信息，收卡机上会显示超出计时段，并提示车主补缴停车费。

在每张停车卡上均印有库位编号，以引导司机在车辆停在哪个车库里。

采用先缴费再取车模式，车主取车后不必再有道闸限制，可十分迅捷地驶离停车楼，出口层车辆滞留极少，大大减少汽车尾气的淤积。同时车库管理方厦门市政置业有限公司还在车库出口层等候区设置了靠背椅、饮水机、电视、电风扇等设施，给等候取车的车主、等候上车的乘客们营造人性化的候车环境。

八、停车楼的消防系统

国家有相关的标准规范停车库的防火设计，目前执行的是《汽车库、停车库、停车场设计防火规范（GB50067-97）》。

由于上古街停车楼是和第一医院的体检中心合建，存在着如何有效进行防火分隔的问题。且每个车库的车位数均超过50个，如何在充分停车利用空间的同时，满足防火规范要求？

为了这项厦门市的重点民生工程能有完善的防火设计，经国家级消防研究所进行防火设计性能化研究，编制了《性能化防火设计报告》，建模分析各种火情及其发展趋势，提出了有效防止扑灭初始火情、抑制火情蔓延的措施。之后由省级消防防火部门组织专家进行会审，形成了专家评审会会议纪要，提出了解决措施及建议，并最终通过消防部门的审核。例如，“每个防火分区允许存放的车辆数最大不超过100辆，每个车库存车单元停放车辆数不应超过3辆”；“车库入口处应采用特级防火卷帘与其他部分进行分隔”；“相互连通的检修通道上应设置甲级防火门”；“在汽车油箱附近设置凹槽、或在存车单元外边缘设置凸起边缘、或停车楼板向内找坡等防止油品流散的设施，防止漏油后发生流淌火灾”；“闭式灭火系统建议采用泡沫-水喷淋系统”；“停车楼的机械动力用电采用一类负荷供电，双路电源末端自动切换”；“停车楼内所有消防用电设备的配电线路和升降机的动力电缆应采用矿物绝缘类不燃电缆”等等，还有其他对通风、排烟、排水、疏散、救援、防火间距、应急照明、火灾报警联动和消防应急预案、火灾危险源管理等方面的详细的指导建议。

停车楼和体检中心的消防系统为一个整体，共用消防水池、泵房、火灾报警系统、消火栓系统、水喷淋系统、通风排烟系统，立体车库部分还加装了泡沫系统和雨淋系统。

上古街公共停车楼的消防设计，为类似的大规模机械车库的消防提供了可以借鉴的完善的解决方案，对立体车库今后朝大型化发展具有重要的指导意义。

九、停车楼的施工管理

上古街停车楼的基坑施工结束后，建筑主体的土建建设从2012年的7月开始，2013年的3月设备开始分批进场安装，2013年8月首批5个车库试运行、9月全部车库完工对外试运行，12月所有11个车库完成并对社会开放。

设备安装的施工期间土建收尾仍在穿插施工中，同时配电、弱电、水电、排风等专业工程同步推进施工，各施工单位、各专业工序的协调十分复杂，但是现场的设备工程师们合理计划、统筹调配各项人力、材料、工具，制定周密的施工计划并着实推进，在最短时间内完成了停车设备的安装、联合调试，确保各配套工程的及时投入使用，这也体现了设备供应商应具备的全方面的施工综合管理和协调能力。

本项目的成功，需要有全方位的前期方案设计，还需要有足够的停车设备设计、制造、安装能力和新技术运用能力，能深入了解项目及周边情况并进行调研，与建筑设计、结构设计进行充分研讨，积极探索改进以达到车库宏观运作效益最佳化，同时采用先进、安全、可靠、高效的停车设备车辆交换技术，设计完善的消防方案解决等，缺一而不可。上古街公共停车楼成功经验的总结，为机械车库行业提供了现实版的经典案例，也对整个机械车库行业的发展提供了指导和帮助。

厦门上古街公共停车楼项目的成功，集合了全方位的前期方案设计，足够的停车设备设计、制造、安装及新技术运用能力，深入了解了项目及周边情况并与建筑设计、结构设计进行充分研讨，积极探索改进以达到车库宏观运作效益最佳化，同时采用先进、安全、可靠、高效的停车设备车辆交换技术，设计完善的消防方案解决等，这些缺一不可。

新能源智能交通解决方案

武汉中原电子集团有限公司中原科创电子分公司　张东华　王缵　朱芮伶

一、新能源汽车电池管理系统解决方案

本公司可以针对不同的新能源汽车，以及所配电池的不同规格，根据不同需求提供全方位的BMS解决方案。生产设计的BMS主要功能包括：电压检测、电流检测、温度检测及热管理、绝缘检测、SOC/SOH估算、充放电管理、均衡管理、CAN接口通信、RS232接口通信、系统自检及故障诊断、系统监测等。

1. 电压检测

针对*N*节电池进行电压采样，并充分考虑充电时电网的交流纹波影响，有效解决共地问题，避免累积误差，同时对不同温度下测量IC的漂移进行修正，检测结果包括单体电压和总电压，单体电压检测精度≤±5mV，总电压检测精度≤0.5%。

2. 电流检测

采用全范围、等精度的传感器和高精度专用集成芯片，满足电流检测和能量积累的需要，电流检测精度≤1%。

3. 温度检测及热管理

包括温度测量、电池箱加热和风冷控制。根据电池箱内部温度场典型分布安装，针对电池管理系统自身温度，进风口、出风口等温度点进行测量，并实时判断电池箱过温、低温或温差过大等故障，根据电池箱温度情况进行加热或风冷控制方面的热管理。

4. 绝缘检测

包括电池绝缘测量和绝缘故障报警，按照国家电动汽车相关标准进行绝缘状态检测及报警。

5. SOC/SOH估算

根据电池组电压、电流和温度等采样数据进行动力电池剩余荷电值（SOC）和动力电池寿命（SOH）估算。

6. 充放电管理

估算动力电池最大允许充电/放电电流值，并根据充电策略进行充放电管理。

7. 均衡管理

电池组完成串联充电后，通过控制容量平衡电路对各个电芯模块分别进行补充电，实现被动均

衡功能。

8. CAN接口通信

符合CAN2.0B协议的CAN总线，车辆运行过程中，BMS能将车辆运行必需的数据送整车控制器，同时将电池的详细数据送至组合仪表进行显示。电池充电过程中，BMS能实现和充电机之间的通信，使得充电机能充分地了解电池的当前状态，保证充电安全。

9. RS232接口通信

通过RS2323接口用程序下载器可直接给主从板下载和升级程序，为维护人员提供BMS检查接口。

10. 系统自检及故障诊断

系统上电后对电压、温度、通信、存储器等部件进行检测，保证系统自身的工作正常。

11. 系统监测

BMS对整车电池的离散性进行分析并根据不同故障类型进行报警，同时对电池充放电次数以及历史数据进行记录，以便进行系统诊断及性能优化。针对不同型号电动汽车需求，定制不同特点的BMS解决方案。

二、北斗车载信息系统解决方案

ZY-6000型车载信息终端是武汉中原电子集团创新探索车联网，融合卫星定位导航、无线通信、信息采集、图像处理、远程监控等军民技术在商用车领域研发的车载电子设备，能够为公务车、客运车、物流运输车、出租车、危险品源车辆、信贷/租赁行业车辆等行业用户提供丰富的解决方案，可根据不同的功能需求对所有车辆的运行状态进行有效的监管和提供综合服务。

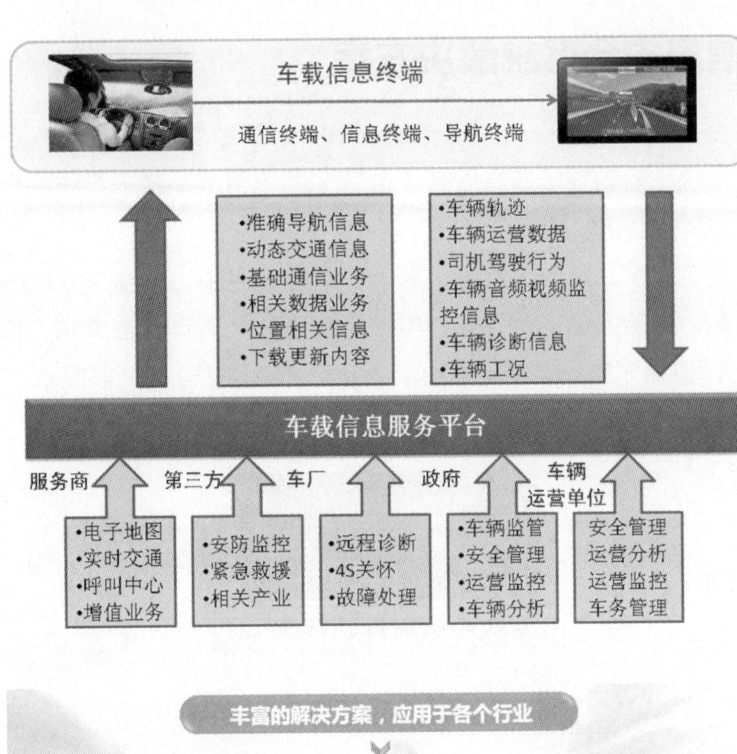
车载信息终端
通信终端、信息终端、导航终端
•准确导航信息
•动态交通信息
•基础通信业务
•相关数据业务
•位置相关信息
•下载更新内容
•车辆轨迹
•车辆运营数据
•司机驾驶行为
•车辆音频视频监控信息
•车辆诊断信息
•车辆工况
车载信息服务平台
服务商
第三方
车厂
政府
车辆运营单位
•电子地图
•实时交通
•呼叫中心
•增值业务
•安防监控
•紧急救援
•相关产业
•远程诊断
•4S关怀
•故障处理
•车辆监管
•安全管理
•运营监控
•车辆分析
安全管理
运营分析
运营监控
车务管理

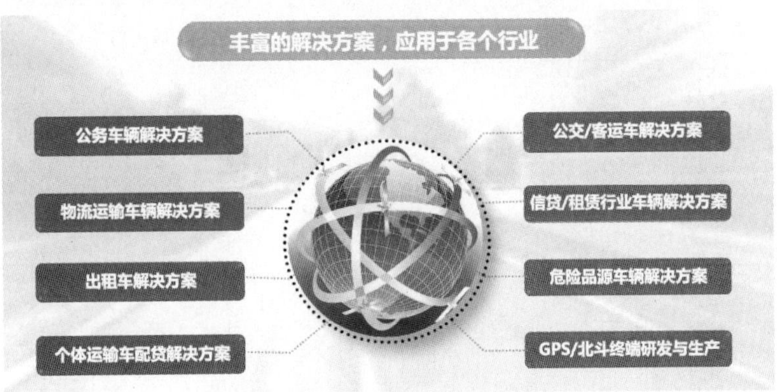
丰富的解决方案，应用于各个行业
公务车辆解决方案
物流运输车辆解决方案
出租车解决方案
个体运输车配货解决方案
公交/客运车解决方案
信贷/租赁行业车辆解决方案
危险品源车辆解决方案
GPS/北斗终端研发与生产

北斗/GPS
出行信息
电子不停车收费系统
导航定位
在线多媒体娱乐
CMMB
个人用户
远程监控
ETC
驾驶行为分析
车载信息终端
远程诊断
语音通信
INTERNET云
3G通信
OBD诊断
视频监控
传感器

三、水上航运信息安全系统解决方案

水上航运信息安全系统由船舶自动识别系统（AIS）、船舶交通管理系统（VTS）、应急与搜救系统、航标遥测遥控系统、船舶智能信息服务平台等子系统组成；各子系统综合构成了一套完整的船、岸、标、水上感知及信息化服务平台。

该信息化系统形成了水下、水中、水上、船上、岸上、空中、太空全方位的多维立体信息化体系，实现航道状态感知、遇险人员位置感知、船舶状态感知、货运状态感知、指挥调度监管、水上信息服务等各种功能，覆盖了航道疏通、出入港引导、航行引导、应急搜救、船舶避碰、船舶调度、油耗监控、物流周转、通航安全保障、水上执法监管、出行服务等各类水上应用需求。

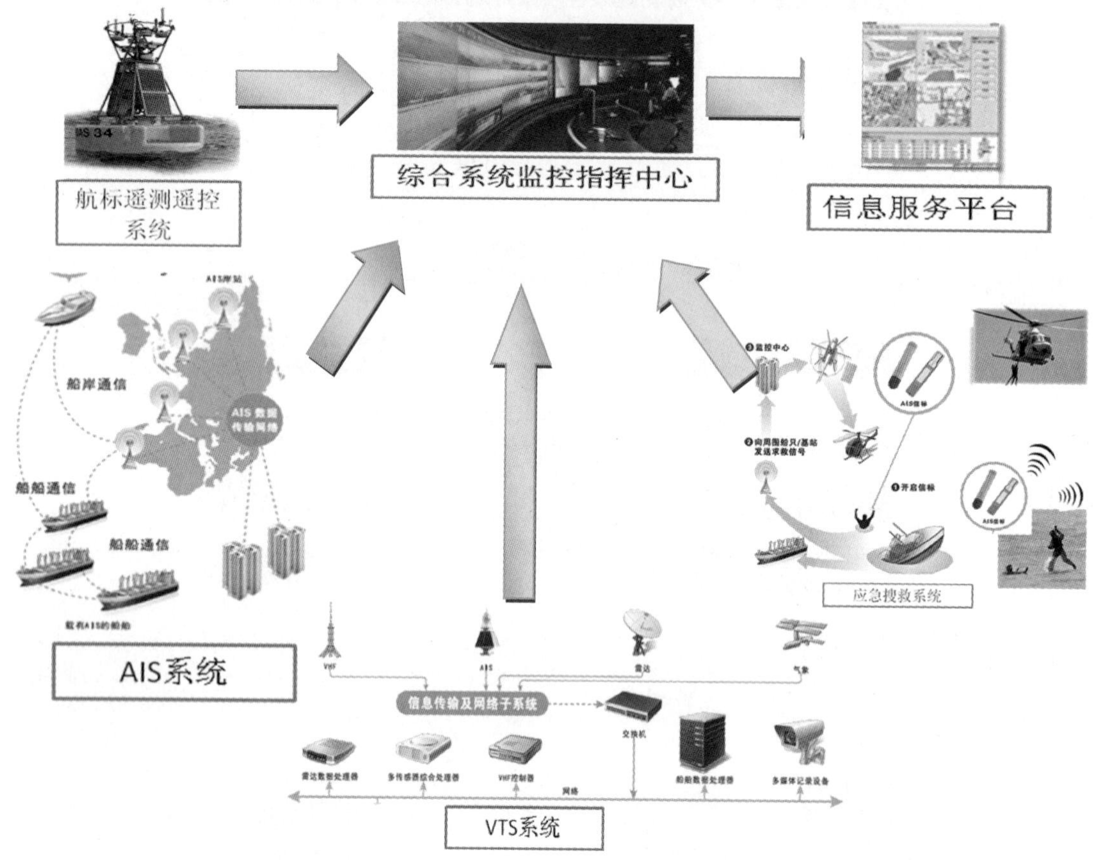

水上航运信息安全系统可以满足各类水上应用需求。

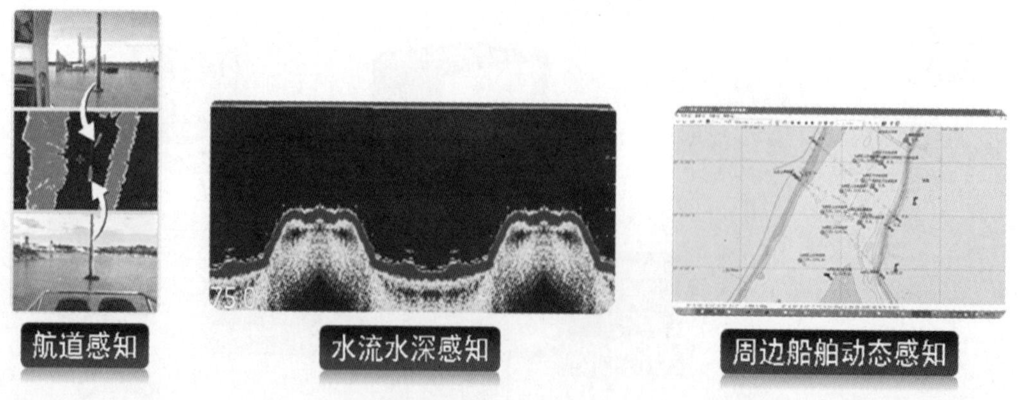

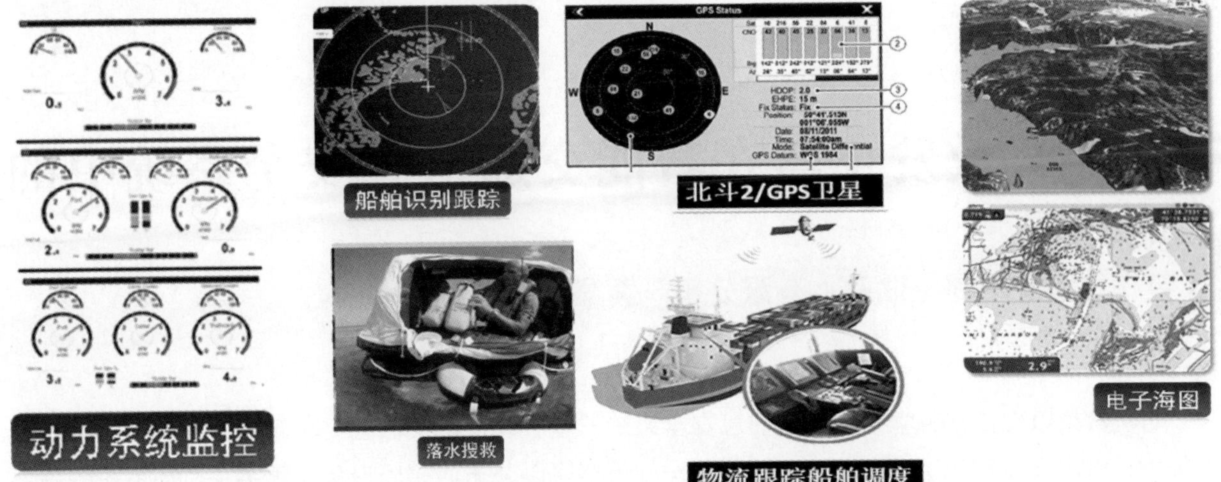

武汉中原电子集团有限公司中原科创电子分公司是武汉中原电子集团有限公司［国营710厂，隶属于中国电子信息产业集团（CEC）］的分公司，具有国有大型军工企业雄厚的技术实力和物质资源。武汉中原电子集团有限公司现有员工3000余人，国家及省部级专家30余人，公司投资10亿元，建设了1000亩的产业园基地。中原科创电子分公司是集研发、生产、销售和服务于一体的国家高新技术企业。主要致力于水运智能交通系统、北斗通信系统、新能源汽车电池管理系统、动力电池充放电系统、电动汽车充电基础设施、新能源汽车车载信息终端等产品的开发、生产、销售和服务。

公司坐落于中国光谷——武汉东湖新技术开发区，占地面积 23000 余平方米，拥有现代化的生产厂房和开发设备完备的研发基地。公司的各类成熟产品已在华北地区、湖北、安徽、重庆、四川、广东、河南、广西、山东、江苏、江西、贵州、青海、新疆等地投入运行，取得了很好的经济效益和社会效益。多个产品及项目被列入国家重点新产品和国家重点技术创新项目，并多次获得省、市科技进步奖。

真随机数发生器在智能交通信息安全系统中的应用

英飞凌集成电路（北京）有限公司　黄显明

随机数是以现代密码学为基础的信息安全系统的基石。在现代信息安全智能交通和移动支付等系统中，密码体制和算法本身可以被公开，访问策略可以公布，密码设备可能丢失，而系统的安全性要求不受影响。整个系统的安全性完全依赖于随机数序列的生成效率和质量。

图1所示是一个随机数发生器在安全控制器内部的典型应用，随机数被用来产生动态密钥对数据总线和外设寄存器进行动态加密，使得在CPU和外设间实现数据加密传输，整个过程没有明文存在。

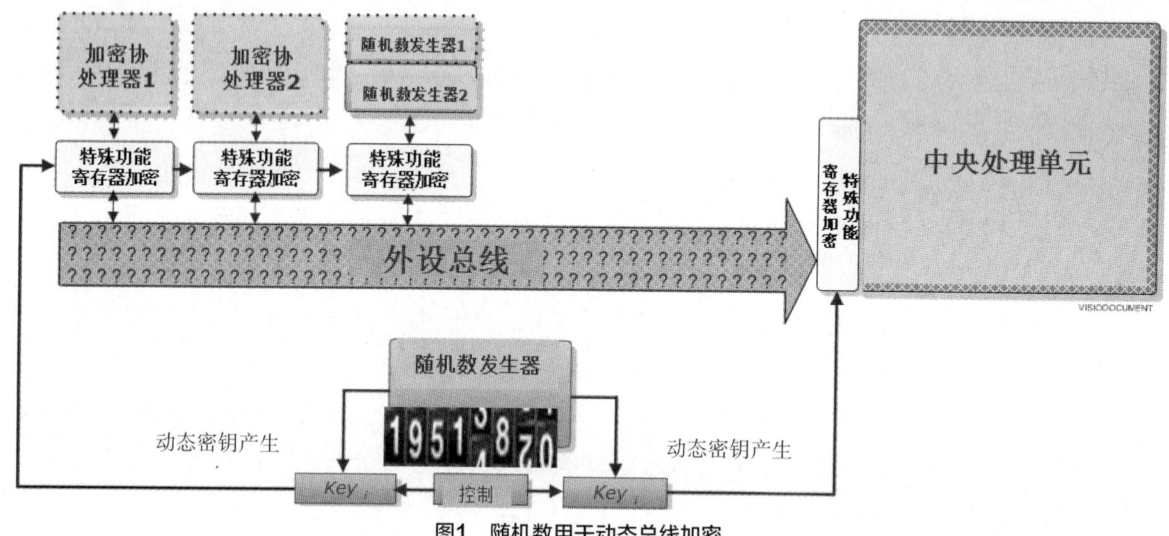

图1　随机数用于动态总线加密

因此，高质量的随机数在智能交通信息安全系统中的作用举足轻重，如果随机数的随机性不够安全，整个系统极有可能被攻击者攻破。

智能交通信息安全系统中的随机数序列要求具有足够的长度和周期，以及尽可能高的熵值，即具有高度的随机性和不可预测性。

随机数序列的产生方法不外乎两种：伪随机数和真随机数。

作为常识，每个程序员在入门学习时，都会被老师谆谆教导：我们用的编程语言中的随机函数，只能产生出伪随机数。它有其自身的内在规律，只能作为对外部世界的随机事件的近似模拟。目前最常见的伪随机数序列产生方法，是基于某一事先确定的序列生成算法（主流伪随机数生成算法大都是乘/加同余法及其变体，就是利用整数加法和乘法之间关系的高度不协调），依赖一个由选定的随机数“种子”来产生随机序列。这样生成的伪随机数，在一般的应用中（主要是模拟计算），已经足够了。

图2是一个被业界广泛使用的典型伪随机数发生器，显然，整个多项式产生的随机数序列依赖于

“种子”的输入，并且，随机序列的周期性也直接依赖于多项式的阶数。目前，比较好的伪随机数发生器的序列重复周期已能达到2的160次方，在中低安全型需求的应用场合已经完全够用。

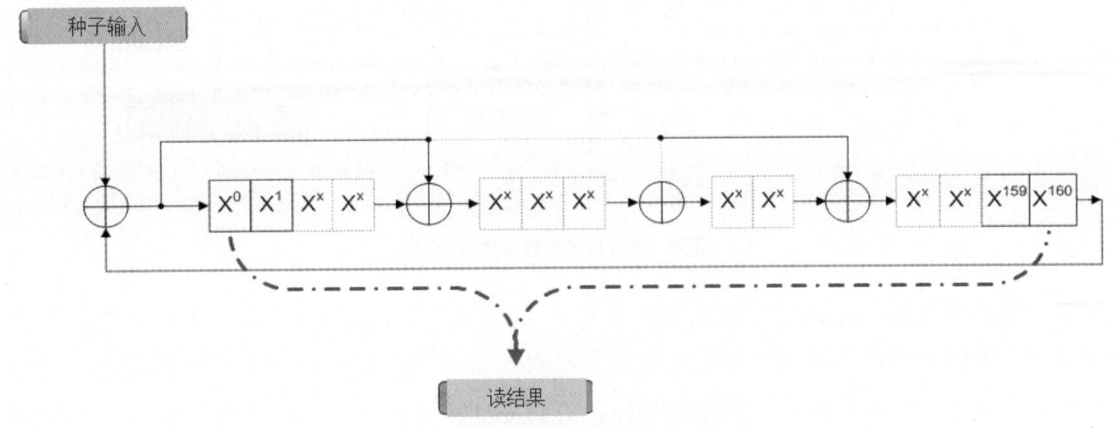

图2　一个典型伪随机数发生器示意图

对于伪随机数发生器，如果已知“种子”和算法实际上也就无“随机性”可言了。从理论上讲，任何算法所产生的伪随机序列都是可以被预测的，即具有较高概率的数字序列重现性，这就为信息安全系统带来了重大隐患。因而，这类伪随机数只能用在对安全性要求不高的场合。

真随机数的产生，则要借助于工程设计良好的数字物理乱源，即利用一些物理过程的随机性质。但并不是物理过程（硬件）产生的随机数就是真随机数，其中一些物理过程是否真正随机也很难说，更有些系统仅仅采用硬件固定逻辑来加速伪随机数的产生。

图3是一个被广泛采用的硬件随机数发生器原理，这种基于直接放大器结构的随机数发生器，虽然属于硬件发生器，也能产生出比基于数学运算原理的发生器更高质量的随机数序列，但由于其本身结构原理，虽易于实现，但其极易被外部信号干扰，导致其随机数序列的熵值波动性很大。这种硬件随机数并不能被称为真正意义上的真随机数。

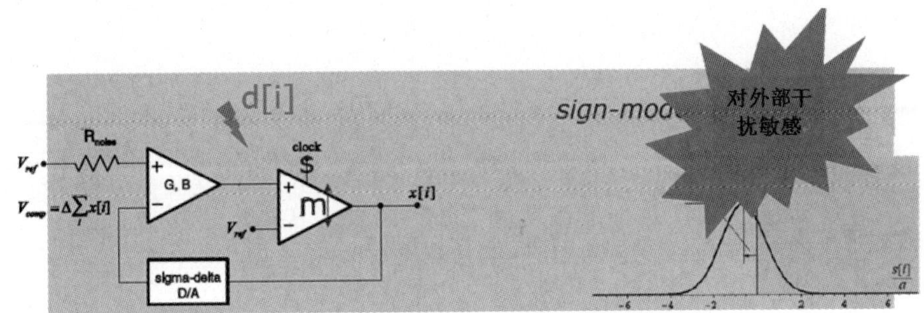

图3　一种典型的硬件非真随机数发生器

这就存在一个随机数质量检测的问题。在所有随机序列质量检测方法中，以美国国家技术标准局NIST发布的关于密码系统的信息安全标准FIPS 140-2和德国联邦资讯安全办公室BSI发布的AIS-31测试标准最为著名。这些标准中指定了多种测试方式对随机数序列的质量指标进行测试，以取代常规的随机性统计检验。与同类标准相比，FIPS140-2和AIS-31的合格标准更加严格。

英飞凌的智能卡安全控制器，采用最新专利科技集成了硬件高速真随机数发生器（见图4），利用专利科技噪音源产生出极大带宽的数码流，硬件后处理器可增加熵值，符合AIS31标准的质量检验控制可以保证从此随机数发生器出来的随机数序列已能满足和通过符合AIS31 P2类别的真随机数质量测试。

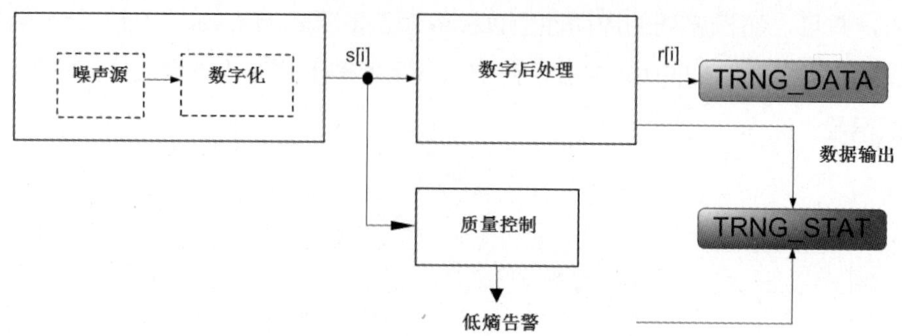

图4 硬件真随机数发生器原理

该发生器能达到极高的真硬件随机数发生速率，使得英飞凌的智能卡安全控制器能够实现极高的加密运算性能，而且该发生器还具有很好的鲁棒性，其产生的随机序列在不同的温度、电压、频率等外部条件波动时也具有极高的不可预测性和不可重复性，并且已通过FIPS140-2和AIS-31安全测试认证，适用于高安全性要求的各种应用，比如智能交通在线、离线交易和金融支付系统。

有了这一高质量的安全控制器的核心保障，英飞凌的安全控制器现已通过了由德国联邦信息安全办公室（BSI）主持的历时数月的周密评估与测试，成功通过了全球最严格的智能卡应用安全测试CC EAL6+。CC EAL6+测试以智能卡集成电路平台保护规定（BSI-PP-0035）为基础，英飞凌使用新的 PP00035 来获得认证。

英飞凌将一直持续这种战略，将最新科技应用于其安全控制器解决方案中，为其安全芯片取得公认的安全认证，也为帮助客户构建健壮的高安全信息系统提供有力的技术基础和支持。

低能见度环境下道路交通安全主动保障技术初探

——智能雾区引导及防撞预警系统实际应用技术方案

杭州博达伟业公共安全工程有限公司

一、背景

公路交通运输行业属于气象敏感行业。据公安部门统计，每年雨、雪、雾等不利天气条件下发生的道路交通事故在10%以上；约50%的交通事故和事故伤亡人数是发生在能见度小于200m的环境下。大雾天气已成为高速公路上连环追尾多车相撞重特大交通事故的主要致因，例如，2012年4月和6月在沈海高速公路发生两起大雾导致的重大交通事故，分别造成12死26伤和11死19伤。据交通运输部门统计，全国干线公路约有1/3的阻断事件由恶劣天气导致，其中60%～70%是由大雾天气造成的。2014年1月公安部交通管理局发布了全国1468处高速公路团雾多发路段，累计里程超过1万公里。

由此可见，由于大雾、霾、短时强降雨、沙尘暴、风吹雪等天气现象造成的低能见度视程障碍，给公路交通安全和公路网的正常运行带来了严重影响，在全球气候变化，极端异常天气事件频发的背景下，应对气候变化和不利天气已成为公路运输行业面临的一项重大挑战。大雾等低能见度条件下的公路运营安全问题首当其冲，尤其是在我国高速公路网络日益发达、公众对出行安全与服务质量日增提高的背景下，改善和保障低能见度条件下行车安全是公路交通安全运营管理中的难题，也是提升我国公路交通安全水平的主要突破点。

二、国内外技术开发与应用情况

在应对低能见度条件下公路行车安全问题方面，国内外的研究人员、工程技术人员、公路运营管理人员基本上是围绕着雾的监测、预测预警、车辆在途安全保障设施、车辆在途安全保障管理等几个方面展开。

在雾的监测方面，从技术经济角度分析，当前国内外公路沿线的低能见度监测均以前向散射式能见度仪为主，视频能见度技术国内外均有科研人员探索，即通过对图像的特征提取分析来获取能见度状况或数值，但主要技术瓶颈在于全天候可靠检测、该技术手段实施的便利性等方面，当前并未见规模化应用。

雾的预测预警技术属于大气科学范畴，具体属于气象部门的天气预报业务，但从全世界范围来看，对公路交通产生明显影响的、能见度小于500m雾的预报属于世界性难题，对于局地性气候特征突出的小范围或团雾的预测更加困难，雾预报准确性及时性的提高取决于雾机理研究、预报模型与模式、监测网络等多方面因素的改建或完善。

关于雾天交通安全运营管理，国内外研究与应用基本类似，主要是从雾天限速管理、通行管理、信息发布等方面采取对策，这些对策的应用主要以公路监控系统为载体，系统主要包括三部分，即气象监测、交通流监测、事件检测等相关信息采集设施设备；包括恶劣天气条件下运营管理策略和相关交通模型算法在内的信息处理系统；包括公路沿线可变信息标志、沿线交通广播，以及APP应用、政务微博等新媒体在内的信息发布手段。以美国田纳西州某州际高速公路一个30km大雾多发路段为例，管理部门在这一路段上高密度地布设2处交通气象站、8套前向散射能见度仪、44个车辆检测装置、2处高速公路广播站、10块可变情报标志、10个限速标志、6块闪动的静态标志，以及控制中心和决策支持系统共同构成了雾区监测预警系统。我国在雾区路段安全保障方面也借鉴了欧美这一思路与方法，取得了较好的效果，但是鉴于国内外的车辆技术状况、交通安全法规、驾驶人驾驶行为、监控与发布设施布设密度等方面的差异，以高密度布设监控设施为主要特点的应对雾区路段安全问题的这一思路，在国内进一步提升道路交通安全的空间已经不大。

在车辆在途安全保障设施研发与应用方面，国内与国外相比有所创新和突破，大约在2005年前后，国内陆续出现了雾灯、主动发光突起路标、主动发光轮廓标、主动发光线形诱导标等主动发光设施，这些基于主动发光设施的雾区诱导系统研究和应用取得了快速发展并成为热点，随着技术发展，雾区主动发光诱导设施由早期电网供电、有线控制、单一模式向太阳能供电、无线控制、多种模式、组合应用方向发展。主动发光诱导设施与针对雾区路段特别设计的交通标志、标线等传统交通安全设施相结合应用，成为当前我国应对雾区路段行车安全的主要特征。主动发光雾区诱导设施的发展和应用在提升低能见度下行车安全方面发挥了积极作用，同时，也促进了交通安全设施行业的转型升级。但是，当前的雾区行车安全诱导系统主要是借助主动发光设施来提高道路轮廓的可视性，以及通过频闪工作方式警示驾驶人，对于防止车路驶离车道具有较好的作用，但是无法做到动态提示车路前后间距，以主动预防大雾等低能见度条件下最为致命的追尾事故。

三、雾天事故成因及对策分析

大雾等低能见度条件下的事故形态主要有追尾事故和驶出路外两类。根据公开报道及高速交警提供的数据显示，排在雾天高速公路事故榜首的是追尾，造成追尾事故的现象比较单一，后车失去足够的安全预视距离，当前车减速或停车时后车没有时间及距离停车，导致追尾事故的发生；在道路环境有团雾存在时这种现象尤为严重，经常会演变成连续追尾事故。据统计，我国高速公路上发生的追尾事故中，有85%的群车事故都发生在雾天。另外，高速公路环境下自行驶出路外的情况不太多见，但在浓雾环境下此类现象时有发生，主要是低能见度环境下无法看清道路走向；另外就是雾天突然发现前方事故后，由于距离过近不得已主动驶出路面。上述事故类型主要是由于安全预视距离不足所致。

通过对交通事故资料的调研、统计和分析，雾天高速公路交通事故致因主要如下：

（1）视认影响——由于雾使光线发生散射，并能吸收光线，视认能见度下降，驾驶员看不清前方和周围的情况，致使驾驶员对车距，车速判断失误，对交通标志、道路设施等识别产生困难，容易造成追尾事故。

（2）生心理影响——雾气朦胧给驾驶员心理造成紧张感，根据调查发现，有70%左右的驾驶员在进入雾区时心理过度紧张，有85%左右驾驶员在雾天开车易感疲劳，有87.5%驾驶员驾驶姿势会发生变化。

（3）路面抗滑性能影响——雾天有时伴随着雨、雪，使路面摩擦系数减小，从而导致制动距离延长、行驶打滑、制动侧偏等现象发生，使雾天发生车辆追尾事故的可能性和事故严重度增加。

（4）雾发时段因素——雾天交通追尾事故一般发生在秋冬季节的凌晨时段，驾驶员注意力下降，且交通管理部门未能及时采取有效的交通管制措施。

（5）视线断层因素——由于雾的浓度不均，分布不一，特别是当出现团雾时，驾驶员突然驶入能见度极低的雾团中，会造成驾驶员高度紧张，并产生“停车”与“正常行驶”的双重困境。

从上述雾天主要事故形态和成因分析可知，提升低能见度条件下的行车安全性，除及时向驾驶员发布预警信息外，还应重点解决两方面问题：一是提高公路轮廓的视认性，告知驾驶员道路的边界，降低车辆驶出路外的风险，同时，也有助于缓解视认能见度下降所带来的驾驶员心理紧张；二是提示前方车辆的存在与状态，如果能够采取某种方式告知驾驶员前方是否存在车辆，以及前方车辆的速度快慢、行进停驶等状态，将能够显著降低雾天追尾事故或二次连环追尾事故。

雾灯、主动发光轮廓标、主动发光突起路标等雾区主动发光诱导设施，虽能提高低能见度条件下的道路轮廓视认性，降低车辆驶出路外事故，但在预防追尾事故方面效果有限，因此，亟须研发能够提示前方车辆的存在与状态的新型智能化设施，以突破低能见度条件下在途车辆安全保障的技术对策瓶颈。

四、交通安全主动保障技术方案

低能见度环境下道路交通安全保障难以采用单一技术得到解决，而雾天最重要的是要尽可能使在途车辆避免追尾，基于此，提升大雾等低能见度条件下的行车安全性，应对传统技术进行技术革新，研究新型的智能雾区引导及防撞预警系统，这一系统应具备两项核心功能：一是路形引导功能，该功能的重点是让在途车辆能够在低能见度环境下“看清”前方道路走向；二是防撞预警功能，该功能重点保障低能见度环境下的在途车辆避免追尾事故的发生。具体技术方案如下。

（一）路形引导功能

在道路两侧成对等距安装诱导装置（内含黄色诱导灯），这些诱导装置根据能见度数值调整诱导模式，具有同步慢速闪烁、同步快速闪烁、常亮等不同引导方式，这些诱导信号灯形成强化的道路轮廓，以实现在不同能见度数值下对在途车辆进行“指路”或警示，如图1所示。

（二）防撞预警功能

防撞预警功能是在车辆行进过程中对车辆进行实时检测定位，并在车辆行驶过程中触发车辆后部一定长度的红色警示灯，这些红色警示灯随车辆行进同步移动，形成动态尾迹，动态尾迹的长度可以依据不同能见度条件或交通条件进行调整，以提供更好的防撞预警功能。尾迹末端与实际车辆位置具有距离差，后车看到尾迹时与实际车辆位置尚有一段安全行车距离，可保障后车不会与前车发生追尾，如图2所示。

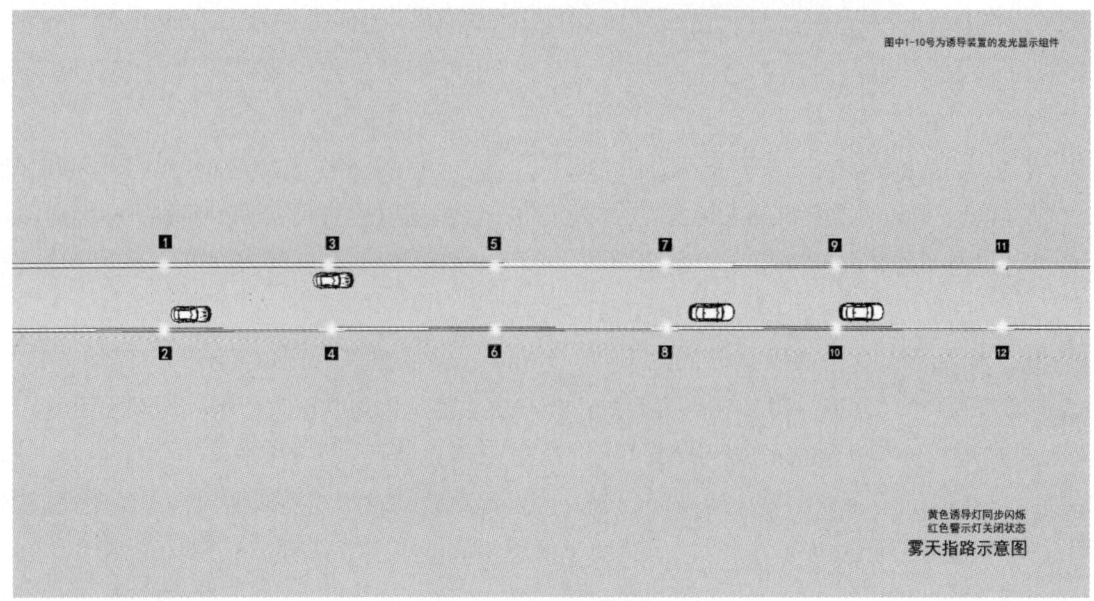

图1　路形引导工作模式

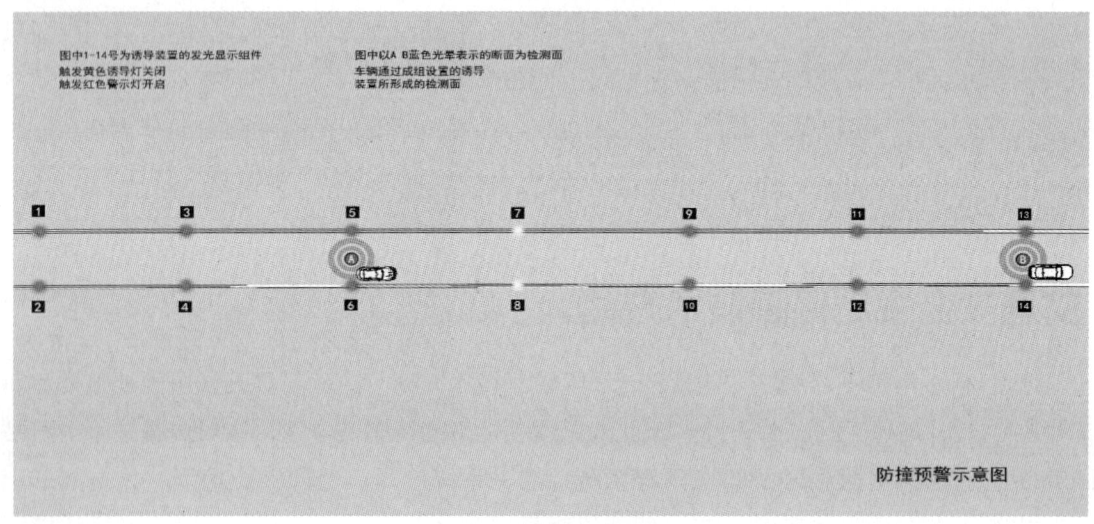

图2　防撞预警工作模式

五、国内技术研发与工程实践情况

我国在新型智能雾区引导及防撞预警系统的研发和应用方面处于世界领先水平。2009年科技部“十一五”国家科技支撑计划“重特大道路交通事故综合预防与处置集成技术开发与示范应用”项目“山区公路网安全保障技术体系研究与示范工程”课题（2009BAG13A02）中的恶劣气象条件下公路安全保障技术专题，专门对此项技术进行研发与示范验证应用，交通运输部“庐山西海高速公路安全绿色交通科技示范工程”、安徽省交通运输厅“大雾条件下高速公路安全保障技术研究”等多项部省级项目也相继对该项技术进行了深化研究，技术成果达到国际先进水平，并通过“产学研用”模式形成了产业化应用。

智能雾区引导及防撞预警系统于2011年在国内进行了首次国家级科技示范应用，近几年分别在我国浙江、安徽、山东、河北、湖北、河南等地的近30个路段进行示范应用及商业化应用，据交通运输与公安交警部门不完全统计，安装本系统后同比事故率下降60% ～ 80%。2015年3月22日，中央电视台新闻频道对该项技术应用进行了特别报道，社会经济效益显著，为解决发展平安交通中的热点问题提供了治本的措施，如图3 ～图6所示。

图3 江西应用实例

图4 湖北应用实例

图5 安徽应用实例

图6 山东应用实例与央视报道

六、展望

大雾多发路段特别是团雾路段的行车安全保障是世界性难题，智能雾区引导及防撞预警技术的实施不需要车路通信，单纯依靠路侧设施便可以实现具有物联网技术特点的主动安全应用，是一种非常实用的、处于当前传统安全保障技术与未来车联网自动驾驶技术间的过渡解决方案。据智能雾区引导及防撞预警系统实施情况看，一次性实施成本约为普通路段高速公路建造成本的0.3% ～ 0.5%；此外，公安部交通管理局公布的统计数据显示，我国高速公路团雾/大雾多发路段累计里程超过1万公里，因此，从技术经济与实际需求角度分析，智能雾区引导及防撞预警技术具有非常广阔的应用前景。智能雾区引导及防撞预警技术的核心标准——《雾天公路行车安全诱导装置》交通运输行业标准已于2012年获得立项，据悉该标准2015年已经报批有望年内发布实施，该标准在全球雾条件下道路交通安全保障领域开创了先河，并且对雾区引导及防撞预警技术的功能及技术指标进行了规范，可以预见标准发布实施后，国内智能雾区引导及防撞预警产品与系统的市场将进一步规范化、有序化，市场规模也将得到井喷式发展，这无疑将助力交通运输行业“四个交通”的深入持续发展。

中心城市交通状态感知与信息分析

中山大学智能交通研究中心

一、概述

路网交通运行状态的全面掌握是实现城市交通信息深层化与精细化应用的基础。其中，基于车辆GPS监控数据的浮动车分析技术，被认为是有效的解决办法。近年来，虽然大中型城市浮动车原始数据量已迅猛增长，但是无论是政府部门业务系统或是商业应用系统，其在信息准确性、覆盖率及其以路段路况为主要分析结果等各方面均存在问题。其原因在于：①大中型城市高架林立等复杂路网与交通管理组织条件下，难以掌握车辆实际运行状态并反映交通流实际运行情况；②路网运行分析结果往往仅以基础的路段路况分析为主，难以满足交通管理与出行对于路网信息的多类型需求。因此，急需研究车辆运行状态、各车种行驶时空规律及其与整体交通流的关系，综合考虑全时空交通流信息，实现面向基础路段和路口的城市路网交通运行状态感知与信息分析。

二、面向复杂路网的在线地图匹配技术

浮动车数据采样率低，无法满足传统地图匹配算法的高采样率要求；城市路网复杂，路网密度大，特别在大城市中，有许多复杂的交通基础建设，例如复杂的立交桥，高架路。这些是在线地图匹配技术必须解决的问题。

面向复杂路网的在线地图匹配技术结合置信点和最大延时约束动态时间窗，解决了浮动车数据采样率低的问题。针对高架路与其下层道路在电子地图上几乎重合；隧道/跨线桥与周边辅道平行的问题，通过分析出租车行为特征，采用高架桥车辆行为模式权重解决高架路与其下层道路的地图匹配问题，采用隧道/跨线桥车辆行为模式权重解决隧道/跨线桥与周边辅道的地图匹配问题。

在对比测试实验场景中，GPS数据采样间隔设定为30s，以简单点到线匹配算法（PTC）、增强匹配算法（INC）、隐马尔科夫匹配算法（HMM）与面向复杂路网的在线地图匹配算法（PRO）进行对比分析，选取3条不同复杂度的实验路径，评判提出算法的精度。4种算法在简单路网（全部由下层普通道路组成）的匹配精度都很高（94%以上），但由于PRO算法采用基于置信点和最大延时约束动态时间窗的框架，并引入对复杂道路的车辆行为特征加权原则，使得PRO算法在复杂路网（由普通道路、高架路及其下层道路组成）体现出明显的优势，精度比其他算法高出20%。

三、样本特征自适应的路段速度估算技术

针对出租车GPS数据样本采样间隔大，时空分布差异较大的问题，提出样本特征自适应的道路速度估算技术。其基本思想是根据地图匹配后的浮动车GPS数据在道路的分布特征，选取适当的速度估算模型估算路段速度。整体技术路线如图1所示。

广州市东风东路和新滘西路两条主干道实地测试实验数据表明，本技术方案融合了四种模型，在保证速度估算精度的条件下，有效提高了GPS数据的利用率。对于四种模型的精度对比，车辆跟踪模型具有明显的优势。

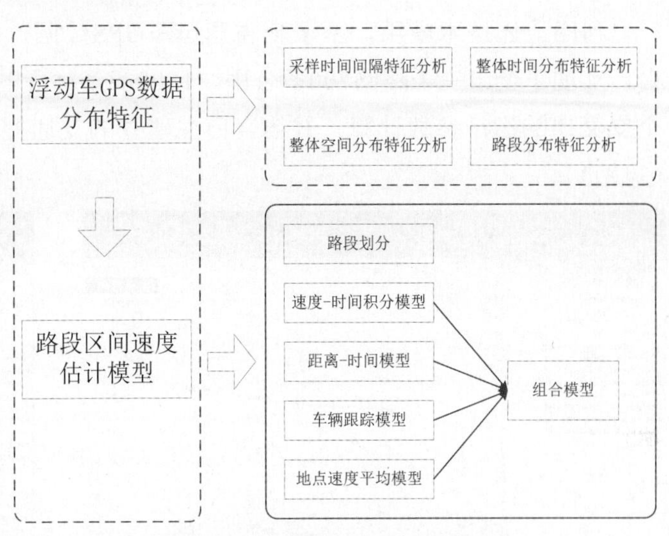

图1　样本特征自适应的路段速度估算

四、基于浮动车数据的交叉口运行参数检测技术

针对交叉口运行状态感知问题，提出了排队长度、交叉口延误、二次停车及停车时间比率四项交叉口运行参数检测指标；在排队长度估计方面，针对浮动车数据采样率低、难以获取浮动车停车、启动时刻的GPS数据等问题，假设车辆经过交叉口时完成减速、停车和加速离开三个阶段，分别对车辆在不同阶段的运动进行建模。对于无信号交叉口，提出了固定时间间隔式排队长度估计方法；对于信号交叉口，结合实时信号灯数据，提出了周期式排队长度估计方法——排队修正模型和排队重构模型。基于排队长度能够被准确估算，提出了交叉口延误、二次停车及停车时间比率三个指标的计算方法，如图2所示。

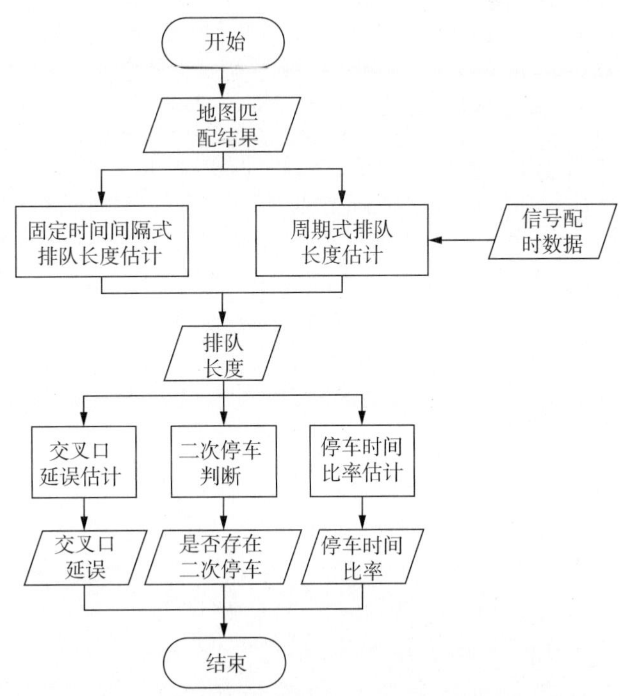

图2　基于浮动车数据的交叉口运行参数检测技术框架

五、中心城市交通运行状态评价与辅助决策系统

利用上述技术成果，基于全省营运车GPS数据，研发了中心城市交通状态感知与分析集成平台，实现了全市主干路网700多公里、1800多条路段的平均行程车速实时计算和预估，以及1200多个交叉口的运行参数计算，并结合自主建立的交通拥堵指标体系，实现了区域交通拥堵评估分析（见图3）。

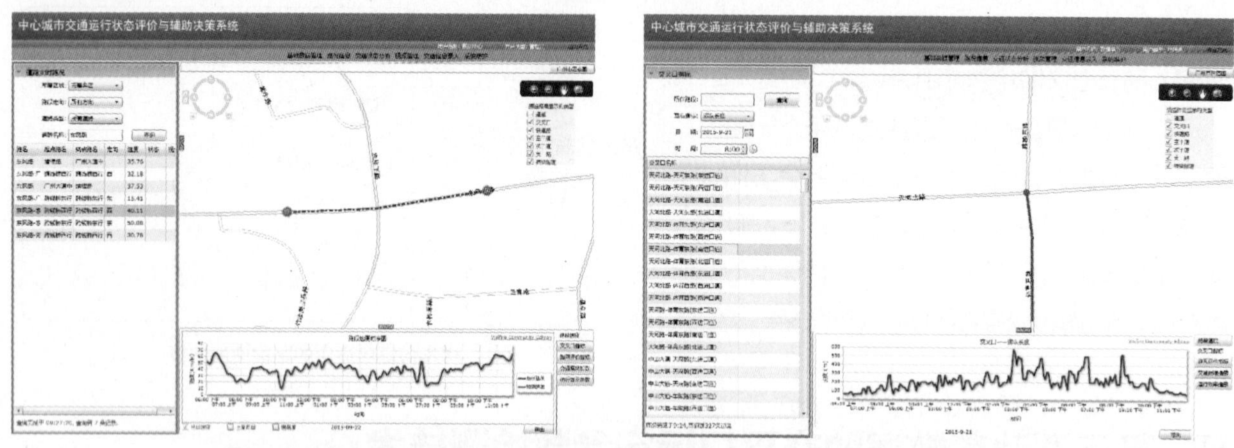

图3 中心城市交通运行状态评价与辅助决策系统（路段速度和进口道排队长度计算）

智能交通在特种运输中的应用

浙大网新科技股份有限公司

随着物联网、大数据等新兴技术的蓬勃发展，交通运输业正面临着一次巨大的变革和机遇。以先进传感器、物联网中间件以及平台化的数据服务为技术代表的先进物流运输技术、服务以及应用体系正在慢慢形成。浙大网新一直在引领“物联网”相关的前沿技术的发展，立足智慧城市的战略部署，已经在交通运输领域获得了巨大的成就。在由浙大网新开发实施的诸多项目中，特种运输物流一体化应用平台就是在物流运输领域中典型的“物联网”式应用模式。

特种运输物料涉及铁路、公路、水路、民航等多种交通运输方式，不同的特种运输物料对运输过程中的环境因素，比如振动、冲击、温度、湿度、气压、辐射等各自有不同的要求，需要状态监控设备能灵活地适应各种运输方式和监控各种环境因素；同时特种运输要求信息传输、处理、存储的高可靠性、保密性，也是整个系统的重点和难点。

特种运输物流一体化平台主要包含三个部分：特种运输实时监控平台，特种运输路径规划平台，特种物资管理与运输应急保障平台。实时监控平台的目标是建立国家、省、地区三级实时监控平台，对特种运输进行全程实时监控，获取物资运输状态、监控路径和节点的实时情况，从而达到快速响应的机制；在获取众多状态数据的同时，特种运输路径规划平台结合地理信息系统与可视化手段，实现运输路径的优化，保障路径的通畅性以及减小事故与灾害发生概率，目的是提高运输的效力与安全性。与此同时，物资管理与运输应急保障平台则提供了物资出入、检验、配置的智能化管理模式；另外能够应对各种突发状态，迅速调集优势资源，实施高效可靠的应急救援措施。

任何形式的物流运输体系中，运输前端最为关键的技术就是路径规划与实时监控。路径规划能够有效提升物流效率。当出现多个目的地点时，需要路径算法规划出物流运输的运行途径，并依照交通道路实时状况、交通规章、运输车辆管理规范等进行调整、修正与优化。实时监控在特种运输中扮演着十分重要的角色。对于运输的物品进行振动、温湿度、明火、易燃易爆、有毒有害气体等环境的综合监测，从而达到全程安全监控的目的。对于发生的灾害、潜在危险，以及长期趋势性恶化等问题能够进行实时分析与报警，能够有效避免灾害的发生，并在极端情况下，可以及时有效采取应急保障措施。在服务端，所有货物的电子化录入、维护生命周期管理，目的地配送线路管理，运力协调调度，运输应急保障等方面，也是确保运输便捷和安全的重要支撑体系。因此，物资管理平台能够有效解决特种货物的订单、运输、存储、调度的综合应用，提供智能优化配给方案、线路方案、运输模式方案等，汇聚各地提交的管理和运输请求，综合大数据分析，合理配置各种资源。而应急保障，则是在事故和灾害发生前、发生时以及发生后，能够立即有效地组织起救援和保障力量，预防灾害发生，遏制灾害发展，减轻灾害后果，并有效防止二次灾害。

显然，这些部分必须有机结合起来，才能将前端采集到的数据更好地服务于整个运输过程，保障运输安全，提升运输效率，实现节能减排。因此，特种运输物流一体化应用平台总体的技术方案如图1所示。

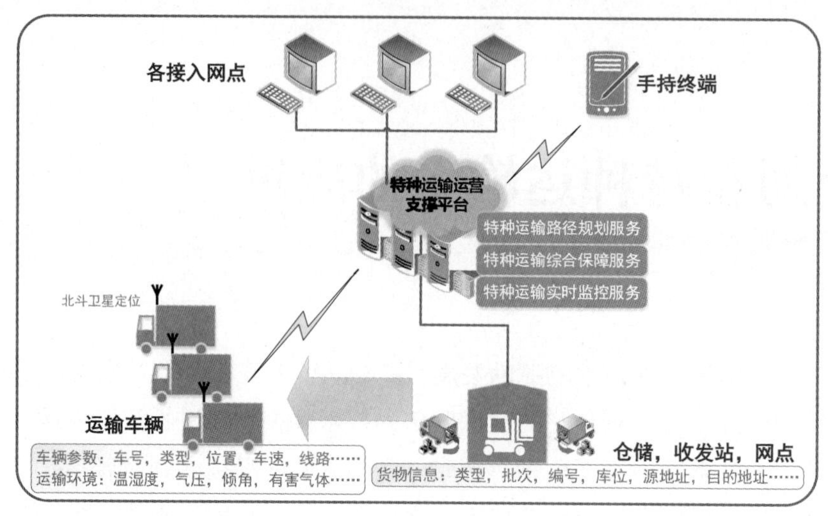

图1

一、高效一体化终端设备

为了提供可靠的路径规划，实现运输安全保障，需要对运输过程的各个环节进行有效监控，因此，高可靠性的高效一体化车载终端成为整个系统的数据来源。该设备是基于北斗的小型化手持型车载终端设备，组成包括：北斗模块（内置和外置）、ZigBee模块、RFID模块、拍照模块、WiFi模块（预留模块）、天线、供电模块、显示模块、CPU及外设接口模块。终端设备框图如图2所示。

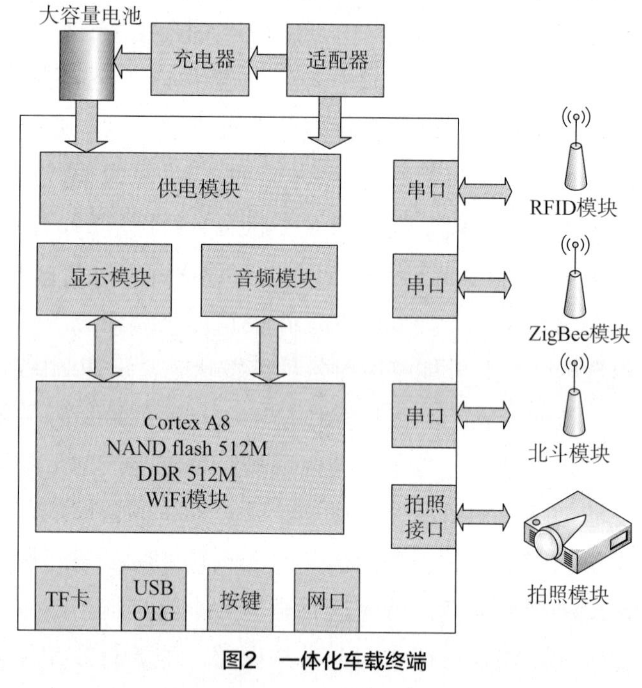

图2　一体化车载终端

车载终端必须涵盖丰富的通信手段、数据感知手段以及强大的数据处理能力，能够应对特种运输中各种恶劣的气候和环境条件，能够进行必要且充足的运算与智能化功能，实现在极端条件下的可靠性与稳定性。一体化终端安装在车辆上，可以实现车载传感器监控，北斗导航与路径跟踪；在收发站，则采用RFID手持终端，进行对于运输单据、货物类型数量等信息的录入和管理；在运营管理中心，可以随时调用同步数据库数据，查看车辆运行、货物运输情况。因此，该设备具有高集成度，应用功能广泛的特点，可以在特种运输的各个部门、层级，以及运输过程的各个环节进行高效监管。

车载监控终端主要分为北斗RDSS和RNSS、ZigBee、RFID、拍照、供电、通信、存储和处理等功能模块。

（1）北斗模块工作在RNSS和RDSS两种模式，结合GIS系统，实现定位、短报文通信、位置报告等功能。

（2）ZigBee模块通过无线传感网，获取车载传感器检测的物料状态数据，管理传感器状态。

（3）RFID模块通过扫描标签方式，获取物料和传感器相关信息，并通过登记这些物料和传感器的方式，配置一体式检测终端的检测内容。

（4）拍照模块通过500万像素摄像头，拍摄照片或二维码，进行照片存储和二维码识别。

（5）供电模块负责整机供电，包括适配器、满足北斗发射的大容量电池、充电模块和电源使用管理策略。

（6）通信、存储、处理模块包含：Cortex A8核心板、TF卡接口、UART接口、USB接口、网络接口、通用输入输出接口等，是整个手持式监控终端的控制中心。

车载一体式检测终端和各种传感器是通过ZigBee网络连接的，一体式检测终端负责管理各种传感器的入网，配置传感器采集数据，接受传感器上传的传感器原始数据。一体式终端装置可工作在主从模式，主一体式检测终端和从一体式检测终端是通过433M短距无线通信网络连接的，主一体式检测终端负责接受从一体式检测终端上报的处理后传感器数据，并汇聚传感器数据。

手持式移动终端和一体式检测终端通过433M网络连接，移动手持终端负责将登记后物资需要检测的传感器和相关特种运输任务配置下发给一体式检测终端，启动和停止一体式检测设备上报传感器数据，并查询一体式检测终端上本地保存的传感器数据当前和历史数据，接收一体式检测终端上报的紧急事件。在433网络不可用或者需要接收较远距离的主一体式检测终端发送的传感器数据，移动手持终端也可以通过北斗通信网络接收一体式检测终端上报的传感器数据和紧急事件。一体式检测终端和数据中心通过北斗短消息上报传感器实时监控数据。

同时，手持移动终端作为任务的开始和结束命令的发起者，在各个收发节点和数据中心通过北斗短消息进行连接，移动监控终端负责上报特种运输任务开始消息给数据中心，数据中心下发许可后，将收集包含在相应运输任务中的车载一体式检测终端所发送的传感器数据。等到运输任务结束后，移动终端负责上报特种运输任务结束。在特种运输执行过程中，移动监控终端通过北斗短消息负责上报运输异常事件和具体事件情况描述，并接收数据中心下发的辅助决策指令。

移动监控终端、一体式检测设备和传感器均采用锂电池供电。在利用北斗卫星信道进行数据通信时，通信协议和数据量需要考虑北斗卫星系统的带宽对数据传输的限制。

二、安全可靠的智能化服务平台

在具备良好可靠的数据采集与通信手段以后，智能化服务平台才是智能交通运用的关键点，包括据汇聚、存储利用与分析决策。一体式终端通过各种方式组网通信，并与智能化服务平台进行数据交互，形成了一套完整的运输管理与服务系统。

特种运输过程中，移动监控终端采集的各种信息通过北斗卫星导航系统的短信功能发送至后台系统，并由系统统一下发到相关单位的监测站，由接收单位的监测站通过监控代理获得移动监控终端数据。由于当前网络安全限制，获取的监控终端数据通过特殊方式将其导入监控信息展示系统的数据库，由监控信息展示系统进行监控信息的展示。对于交通保障信息，在国家交战办通过监控代理获得移动监控终端数据，导入国防交通信息专网中的监控信息展示系统数据库，在国家交战办服务器中部署监控信息展示系统，国家交战办、省级交战办通过国防交通信息专网访问监控信息展示系统。

系统主要实现了以下三个方面的功能。

（一）特种运输实时监控

基于安装在运输车辆、道路以及其他设施上的传感器、图像、影像采集等设备，实现对整个运输过程的传感器数据监控。由于特种运输对运输条件的要求，许多特殊货物在运输途中必须实施完善的监控，以防造成严重后果。在运输车辆上布置了倾角、振动、温湿度、有害气体、光照、气压等多种参数的传感器，同时还具备安全摄像与拍照设备，在特殊条件下能够捕捉事件或灾害的发生、发展与后果评判，对于应急处理功能提供有效的数据保证。

1. 输入

启动/停止触发事件，用于描述启动/停止检测任务，从移动监控终端机通过北斗卫星网络上报给数据中心。启动/停止上报事件是当移动监控终端收到允许接入的响应后，下发给各个一体式检测终端开始/结束上报传感器数据。

2. 上报申请监视请求

移动监控终端在接收到启动命令后，发送申请监视请求给数据中心。指挥机通信的模块负责将上面的分片数据接收完整后，根据报文中物理量数量，如果所有物理量描述全部接收到，认为接收完整，然后提交给数据中心，数据中心在接收到完整数据后，返回给移动监控终端响应请求。

3. 检测接入请求处理

监控用户对数据中心上报的接入请求消息，根据预设策略和规则，发送连接允许或者拒绝的消息，并由数据中心统一发送允许的消息。

4. 预处理传感器数据和上报传感器数据

一体式检测设备定时上报数据，数据中心接受一体式检测设备上报的消息，将数据保存到数据库中，并根据预设的规则库，生成对应的数据和事件。传感器上报数据包括军运任务动态信息和传感器数据列表。

通过以上流程的处理，各个终端站通过授权与安全隔离，可以调用权限以内的数据进行访问，使得整个运输体系、监管体系变得紧密而可靠。同时，任何相关点位和部门，通过授权也能够获取第一手资料，在特种运输领域，能够极大地提升物资和部队调动的机动性，赢得应对各种情况的主动权。

（二）特种运输路径规划

在特种运输过程中，很多场合都并非在城市化的优质公路、铁路、主航道等途径进行运输，因此必须面对各式各样的突发性事件和运输环境的突发性改变。对于运输道路情况的突然改变，通过传感器与视频图像获取数据，并将数据通过北斗卫星通信传输到特种运输服务平台上。特种运输路径规划系统利用GIS体统数据库，对路径权重参数进行修正，优化路径配置，然后下发新的路径规划给当前以及后续车辆。通过这种方式，能够使得特种运输在过程中，能够应对各种突发的道路、环境变化，大幅度改善和提高运输效率。

1. 触发上报事件

在特种运输任务发生事故等异常情况下，由押运员通过移动监控终端通过北斗上报事故事件，并传送佐证数据。

2. 发送上报事件

根据用户填写的内容加上事件时间信息（从北斗同步的当前时间），事件位置（从北斗获取的地理位置信息），当前军运号，生成新的事件序列号，通过北斗短消息发送给数据中心。

3. 保存上报事件

数据中心通过事件序列号和军运号查询数据库是否已经存在，如果存在就更新到旧的事件的消息序列中，如果不存在，就生成新的事件。

4. 推送监控事件

数据中心将收到的消息或产生的新事件发送给监控界面。

5. 刷新监控事件

监控界面收到新事件就显示有新事件，如果不是新事件，就更新原有事件的消息列表。

6. 发送更多消息

监控用户根据收到的消息，如果需要辅助决策就查询辅助决策该事件推荐处理过程，如果需要查询历史案例就查询案例库获取历史类似事件处理过程，如果需要更多信息，就要求押运员上报更详细的信息，这些最终都是通过北斗短消息来发送和接收的。押运员收到要求更多描述后，补充描述原有事件的信息，并在最终事件解决的情况下，需要上报事件已经处理完毕，监控用户根据收到的信息和其他信息，确认事件消除。

7. 确认事件消除

当监控用户认为事件已经处理完毕，通过界面确认消息，数据中心将保存事件状态为已确认，当前事件列表中不再更新和显示这个事件，只能通过查询历史事件才能看到事件情况。

可见，整个事件的处理过程十分清晰，因此在特种运输过程中，能够有效避免以简单语音通信方式获取严重事件信息，通过可视化手段以及调用其他传感器参数数据，可以对事故应急处置提供有效的支撑，同时高度信息化和智能化的运作体系，有助于提升信息响应速度，能够在异常发生与结束时获取第一手资料，合理规划和实时调整运输的线路、强度与组织方式，从而在不同环境下都立于不败之地。

（三）特种运输应急保障

在特种运输过程中，应急保障资源永远都是有限的，应急保障的实施、救援受到地域、交通、环境的巨大影响。因此，如何较好地利用所获取的信息来进行妥善安排与合理调度，在特种运输中有着十分重要的意义。首先，需要明确事件处理流程，主要分为在收发站与运输过程中两种不同的处理方式。因为在货物收发站，应急保证资源较为完善，响应处理相对迅速，组织有效的防控措施也较为便利；但是在运输途中，在无法保证可靠的常规交通的地区、地形环境、气候环境条件下，采用基于北斗卫星通信的处置手段，将会起到十分明显的效果。

1. 物资登记阶段执行过程

1）检查物资情况

押运员使用移动监控终端盘点贴在物资表面的RFID标签，根据标签盘点到的物资名称和物资描述，确认是否是待运输物资和是否在本车厢物资，确认后将物资保存到移动监控终端数据库表中。

2）检查检测设备和传感器情况

押运员使用移动监控终端盘点贴在设备和传感器表面的RFID标签，根据盘点到设备、传感器名称和描述，确认是否是安装在本车厢的检测设备和传感器，确认后将检测设备和传感器信息保存到移动监控终端本地数据库表中。

3）生成运输任务请求接入消息

根据运输物资的检测需要和实际传感器能力，将所有检测物资的传感器物理量和属性类型等数据按照安装位置顺序依序组合，最后形成了检测物理量列表，作为检测参数发给数据中心。

4）生成运输参数配置

根据传感器安装位置和检测物资的安装位置，将运输参数配置通过433M模块下发给检测设备，主要参数包括：军运号，数据中心指挥机接受ID，每一个检测设备序号，检测物理量列表，移动监控终端设备北斗接受ID，接入传感器设备描述（传感器物理编号，传感器通道属性等信息）。

5）处理运输参数配置

检测设备根据收到运输参数配置，允许配置的传感器接入，并生成传感器采集任务给传感器，接收和处理传感器上报原始数据。对数据进行过滤、压缩和加密处理后通过北斗模块发给数据中心，如果是紧急数据，通过北斗和433M模块发送给移动监控终端。

6）异常处置

在初始化配置结束时，如果发现传感器数据出现异常，或者其他异常状态，需要进行故障分析与确认，直到数据正常以后才下发开始指令。

2. 运输阶段执行过程

1）上报传感器异常事件

这个过程在事故上报中已经有过详细描述。

2）查询传感器数据

移动监控终端可以通过433M模块查询检测设备当前传感器数据和历史一段时间数据，检测设备查询保存的传感器数据库，返回对应的数据。

3）决策措施

根据传感数据，在系统中搜索类似事件处置方式，进行模糊匹配，提出应对方案；同时，记录当前数据模版，作为将来应急处置参考。在匹配完成后，进行应急划分归类，同时采取相应的措施，经过人工审批与确认后，下发应对措施方案与调整数据到车载终端。另一方面，决策结果与异常事件参数，同时被转发到相应的应急救援保障单位，以便其立即采取有效的措施应对。

很明显，应急保证措施的正确实施和及时处理，还是根源于前端数据的采集与大数据的共享处理。而所有的决策过程以及事件模型，除了人为录入以外，还会随着事件的出现和处理经验的累积，进行优化和改善。因此，这是一个长期的过程，保障能力在实践中不断得到提升。

三、总结

特种运输实时监控与综合保障系统由浙大网新开发并实际在多个单位进行示范应用，是基于一体式智能化的车载、便携式终端装置，以及各类安装在运输载具上的传感器和监控技术，特种运输综合服务平台可以及时、有效地获取各种信息与参数，通过不断地自我完善，从而达到和实现一定程度上不依赖人为决策的智能化管控的交通运输体系。这是一种典型的基于“物联网”理念的技术架构，通过安置在运输环节中的各个传感节点，将源源不断的数据汇聚到平台中心。综合服务平台具有强大的运算与处理能力，并连接着各种处置和服务模块入口，使得整个传感网络成为一个有机的整体，如同大脑一般精准掌控着所有的触点。

这是智能运输体系的典型应用，当然，节点的布设和网络的构建代价也是十分巨大的，因此暂时还无法在所有的常规运输领域进行全面铺开。但是，随着技术的日新月异，工艺、材料、集成芯片、微机电等基础技术将在近些年内获得飞速的发展，因此浙大网新有理由相信，智能化、网络化、信息化的交通管理和保障模式，在不久的将来，所有的交通运输都将实现。

基于手机大数据的客流云图系统研究

上海美慧软件有限公司[1] 上海市城乡建设和交通发展研究院[2]
崔娟[1] 邵莉欣[1] 彭敏[1] 高大震[1] 顾承华[2] 张扬[2] 翟希[2]

一、手机大数据与客流检测

随着社会经济快速发展和人民生活水平的不断提高，交通越来越便利，人员出行方式和出行量大大增加，如何更有效地进行客流信息采集处理与信息发布，辅助管理者进行客流管控与决策显得十分迫切和重要。

当前国内移动手机普及度高，基站建设完善，根据基站定位方法，可以对用户出行行为进行检测，因此手机已成为新型的交通信息采集工具。手机可以为交通调查、交通规划管理提供大量、实时的数据支持，已经在国内陆续开展了应用研究。例如，上海市第五次交通大调查使用了手机数据作为重要的数据源。

通过使用手机采集交通信息，根据手机数据处理与分析技术，结合GIS空间分析模型，实现对区域人口密度的空间分析展示以及对自定义区域内客流量进行统计计算的功能。同时在时间维度上，能够翻看历史客流云图的动态变化，也可以自定义拖动时间轴，查看自定义时间段的人口密度分布。随着数据的积累与深入的分析，对交通规划、城市规划也具有重大的数据支撑意义。

手机已成为现代人必备的通信工具，为保证手机用户的通信质量，手机基站已经基本覆盖城市与郊区。将手机作为信息采集的手段，具有样本量大、覆盖范围广、数据稳定可靠、信息采集成本低等优点。

二、基于手机数据的客流特性研究

（一）移动网络覆盖与交通网络匹配技术

为了保证为移动用户提供连续的移动通信服务，移动网络信号需要覆盖到城市空间上每一片区域，减少盲区，同时还需要考虑以最小的成本为更多用户提供服务。因此，移动通信网络覆盖逻辑上被设计成由若干正六边形的基站小区相互邻接而构成的面状服务区。移动用户总是会定期或不定期地，主动或被动地和其中一个基站小区保持联系。

如图1所示，正方形方框为交通小区示意，方框之间的区域即道路网络。可以看到，交通网络中的道路和交通小区与移动蜂窝网络中的基站小区，在空间分布上有规则地对应着。因此，只要建立特定的匹配规则，处理好一对多、多对多、多对一的关系，就能根据移动用户在移动蜂窝网络中的出行情况，推断出移动用户在交通网络（道路、交通小区）中的出行情况。

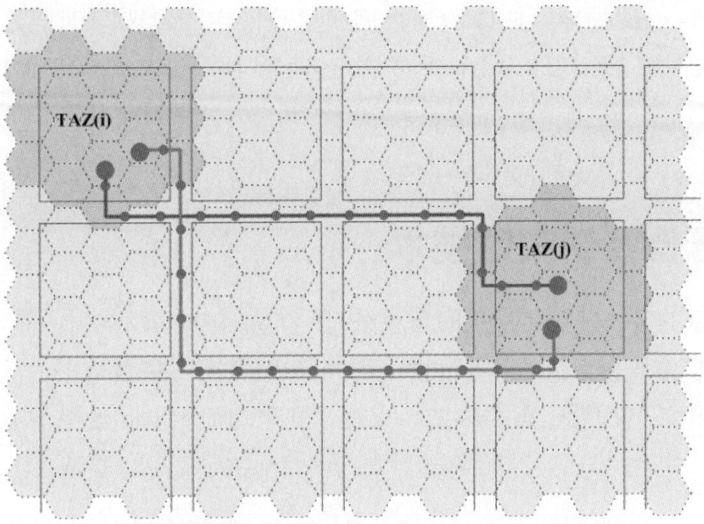

TAZ(i)

TAZ(j)

图1　移动网络覆盖与交通网络（道路、交通小区）匹配示意

（二）基于手机数据的出行链划分技术

利用时间序列的手机数据，能够直接分析得到各个移动用户的出行链信息。而最终的各项出行特征分析，必须基于“出行链”中的每次“出行”，即需要将“出行链”划分为各次单独的“出行”，才能进行具体统计与分析。

在手机数据的准备过程中，采用了寻找次级出行链并通过定义空间阈值和时间阈值，识别出用户停留位置的方法。在分析中，首先以空间阈值为基础，将出行链划分为次级出行链，然后在次级出行链的基础上，根据时间阈值和空间阈值，查找出用户的停留地点，分析统计手机用户的出行链。

（三）区域客流检测方法

基于各个移动用户时间序列的手机数据，利用移动网络覆盖与交通分析区域的匹配关系，判断移动用户进入、离开、逗留在各个交通分析区域的情况，并能分析任意时间片段范围内，所有交通分析区域内移动用户的存量，从而推算得到人口在空间上的分布情况。

在综合考虑区域的土地利用性质与附近移动网络的覆盖范围后确定分析区域范围。而在分析区域交通流集散时间分布特征时，关键在于能有效识别出各移动用户在该分析区域内的停顿情况，从而确定各移动用户进入该区域的时刻（前一次出行的结束时刻）和离开该区域的时刻（后一次出行的开始时刻），进而分析得到不同时间段吸引、产生交通流的规律。

（四）数据扩样

传统的调查方法，其抽样是面对具有一定代表性的人群，而手机用户的样本不同于此，它具有覆盖量大、年龄段较广等特点。由于并非所有人（如部分小孩或老人）都持有手机终端，同时由于人们使用手机的行为或习惯，如手机关机、手机通话较少，导致基于手机数据的出行行为分析针对的人群与总体人群并不一致，而是对总体人群的大比例抽样。因此，需要将基于手机数据的大比例抽样数据扩样至总体人群的出行数据。

将手机用户群体出行特征数据扩样成总人口出行特征数据时，为保证调查结果的可靠性，可对手机用户进行一定比例的抽样（抽样率与数据质量及设定的筛选原则相关，一般为手机用户的30% ～ 80%）。若仅关注调查结果的总量，则需进行多层扩样（运营商手机用户扩样、全体手机用户扩样、总体群体扩样），部分扩样系数可通过入户问卷调查方式一并采集。

三、手机客流云图系统关键技术

基于地表空间信息的客流云图可视化服务系统是一款基于Web GIS的信息服务平台，它可以为广大用户提供方便、快捷的服务，用户可以通过系统了解区域人口密度分布。同时该系统也是一款辅助管理及决策系统，相关管理部门需要高效、直观、安全的地图空间数据信息用于对规划管理做出科学分析。

（一）系统架构

系统通过建立空间数据库与属性数据库之间的关联实现数据的共享、交换，统一对外提供数据访问接口。在搭建GIS应用时，采用.Net技术作为平台开发，实现面向服务的技术架构，设计和实现统一的应用程序界面。通过ArcGIS提供B/S的GIS服务模式，对实时数据、历史数据结合GIS数据的展示方式进行管理和分析（见图2）。

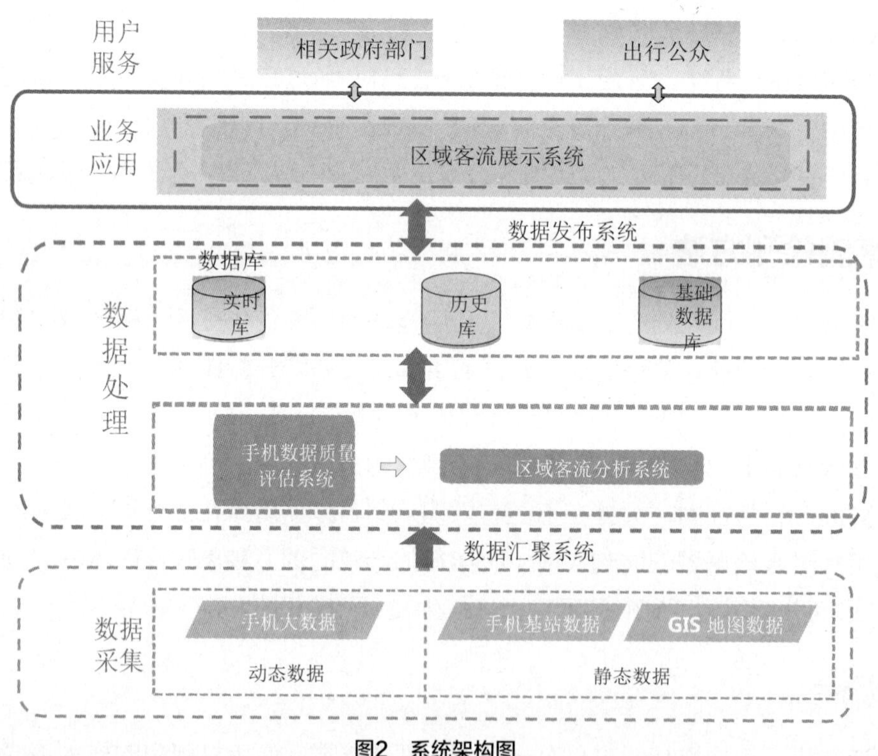

图2　系统架构图

1. 逻辑架构

可视化系统的开发框架采用B/S结构，用户可以在任何地方进行操作而不用安装任何专门的软件。在浏览器和服务器结构下，主要事务逻辑在服务器端（Server）实现，用户工作界面是通过浏览器来实现，极少部分事务逻辑在前端（Browser）实现（见图3）。

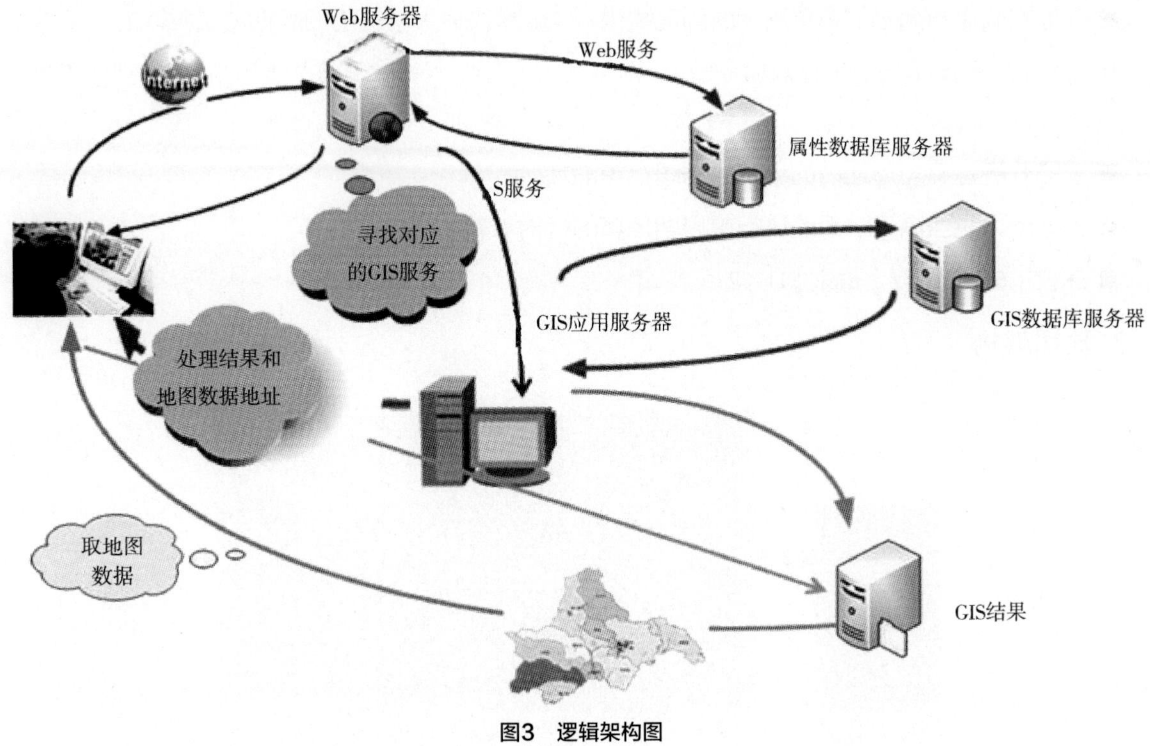

图3 逻辑架构图

2. 物理架构

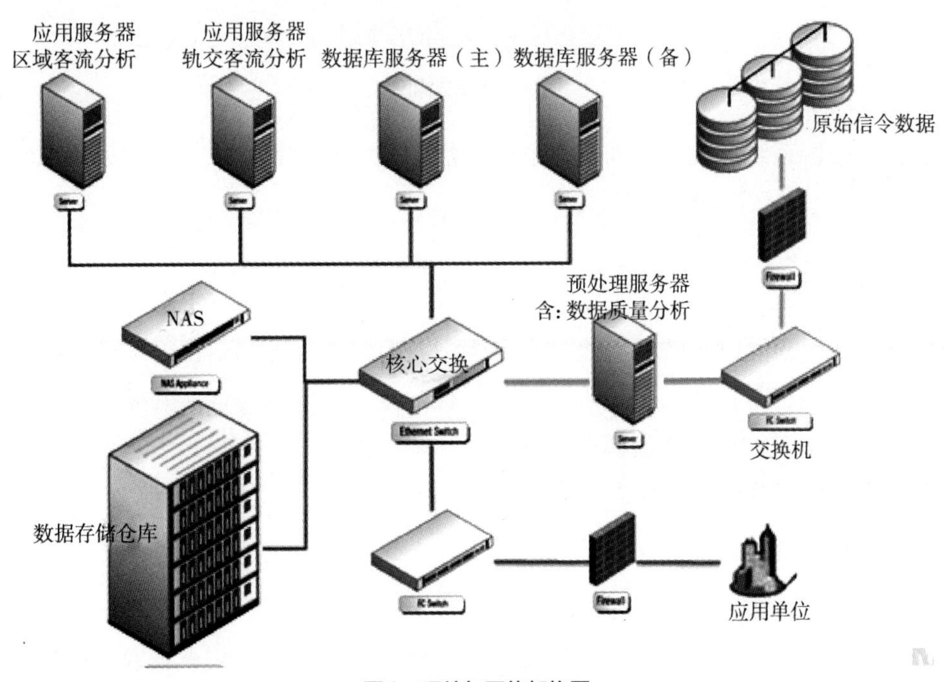

图4 硬件与网络架构图

将区域客流分析系统部署在一台虚拟机上，实现高安全性和高可用性，保证持续运行的稳定性。原始手机数据接入与数据发布展示通过不同的子网，更安全且易于管理控制。

设备要求如下。

1）存储

■ 7天的手机数据（根据现有算法）+数据库空间+应用软件+操作系统资源。

■ 存储空间应当满足：单个周期时间范围内，运算模块输入与输出的数据总量乘以2。

■ 采用若干块4TB磁盘进行数据备份。

2）CPU与内存

■ 客流分析运算与周期内的手机数据缓存等消耗。

■ 处理能力应当满足：系统执行单周期运算的耗时≤输出周期÷2。

■ 建议：64GB内存，8核CPU×2。

3. 数据架构

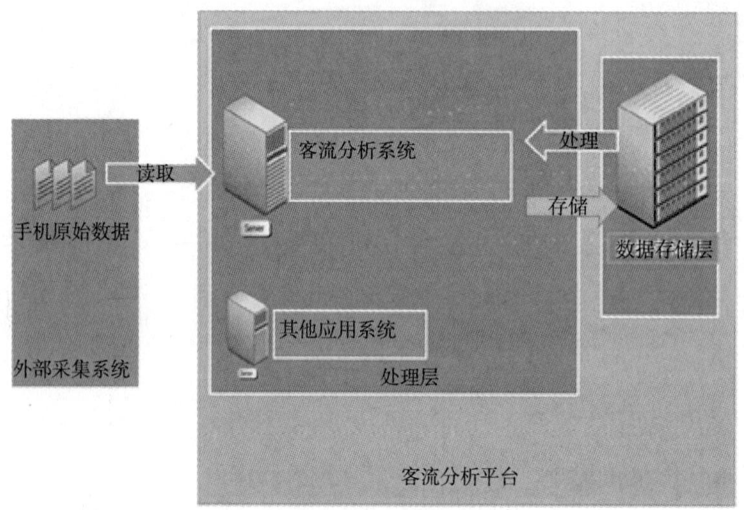

图5 数据架构图

主要关注客流分析系统的数据流向，将原始手机数据文件作为输入，经过处理后将结果数据输出到数据库中，其中闸机数据作为验证。

（二）技术路线

客流密度云图利用不同颜色的区块叠加在地图上进行客流的分布、密度和变化趋势实时展示，其中本系统采用海量手机数据作为数据源。基于手机数据分析交通出行，并以可视化云图方式展现的关键技术包括手机客流模型、插值模型选取、云图模型搭建、自定义区域客流量统计模型、地理处理服务发布与调用和开发框架选取。

1. 绘制区域fishnet

计算区域手机客流分布密度，需要在已有样本数据的基础上，对整个研究区域的出行数据进行均匀有效插值。为此需要创建合理的覆盖研究区域的格网图层，格网起点选取为区域起始点。兼顾插值准确性与运算，设置格网单元大小，创建区域地图格网。

2. Kriging插值模型

基于手机数据分析计算出的手机客流数据，存在着一定的区域分布特征，为了更直观、更严谨地展现区域整个范围的手机客流密度分布，选用Kriging（克里金）插值模型进行计算。

Kriging插值模型是一个多步过程，它包括数据的探索性统计分析、变异函数建模和创建表面，还包括研究方差表面，不仅具有产生预测表面的功能，而且能够对预测的确定性或准确性提供某种度量。

Kriging插值方法是基于包含观察值统计关系的模型，通过采样点之间的距离或方向，反映可用于说明表面变化的空间相关性，可将数学函数与指定数量的点或指定半径内的所有点进行拟合，以确定每个位置的输出值。其计算公式如下：

$$\hat{Z}(S_0)=\sum_{i=1}^{N}\lambda_i Z(s_i)$$

其中，Z（s_i）为第i个位置处的测量值；λ_i为第i个位置处的测量值的未知权重；S_0为预测位置；N为测量值数。

在普通Kriging法中，权重λ_i取决于测量点、预测位置的距离和预测位置周围的测量值之间空间关系的拟合模型，因此计算手机客流密度时采用该方式是比较合适的。通过创建变异函数和协方差函数以估算取决于自相关模型（拟合模型）的统计相关性（称为空间自相关）值，找到依存规则，从而对研究区域表面进行预测。

3. 利用ArcGIS绘制客流云图

为了连续、高效地将数据库里的手机客流数据绘制输出客流密度云图，采用GIS软件里的模型构建器，将一系列地理处理工具串联在一起，并将其中一个工具的输出作为另一个工具的输入，用来创建、编辑和管理模型的应用程序。

实现云图处理的模型搭建如图6所示。模型包含工具有：创建XY事件工具、要素转点工具、Kriging插值工具和栅格剪裁工具（剪裁出上海市内的客流分布）。

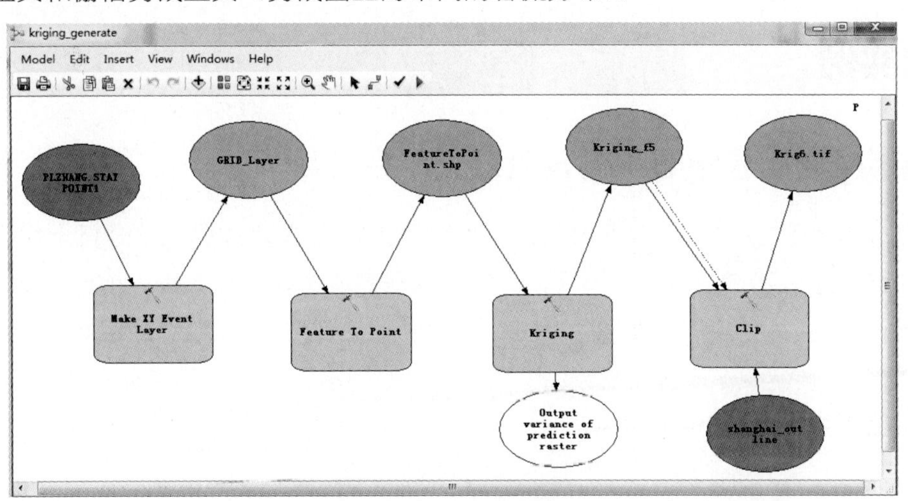

图6 客流云图系统模型

模型流程由一个工具和连接到此工具的所有变量组成。连接线用于表示处理的顺序。左上和右下的椭圆框分别表示输入数据，中间的矩形框表示内置工具，其他椭圆框代表派生或输出数据。

该模型以上海市格网点分布的到达客流量为开始，应用XY坐标值字段创建XY事件点图层文件，将事件点图层转化成要素点图层，然后使用Kriging插值法对格网表面进行整体插值，最后用上海市域图对生成的云图进行修饰处理，输出上海市到达客流密度云图。

4. 自定义区域客流统计、分析

自定义区域客流计算功能是本系统的一个亮点，用户可以根据自己的需求在地图上绘制区域范围，后台处理系统将实时处理计算该区域内的客流量。实现这一功能的模型如图7所示。模型包含工具有：创建XY事件工具、要素转点工具、兴趣区域剪裁客流图层工具和统计客流量工具。

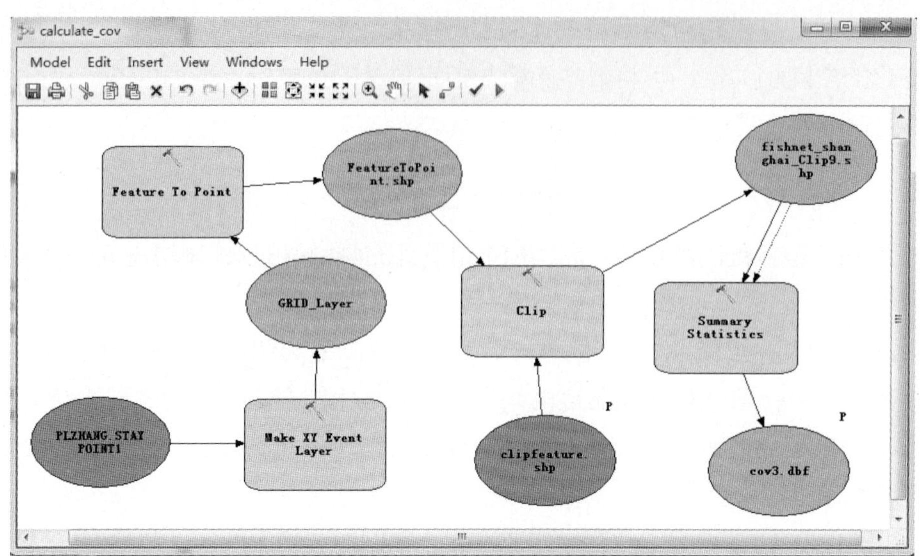

图7　自定义区域客流量计算模型

该模型以上海市格网点分布的到达客流量为开始，应用XY坐标值字段创建XY事件点图层文件，将事件点图层转化成要素点图层，然后使用自定义区域剪裁提取要素点图层，并将自定义区域内的客流量进行统计求和，输出客流量总和数据。

四、应用实例

（一）上海市交通信息中心手机客流云图平台介绍

结合上海市交通信息中心大数据项目，以手机数据作为主要数据源，分析上海市域内客流情况，并将分析结果以云图的形式动态呈现，开发网络信息服务可视化系统，前台功能模块主要提供以下几种功能:地图工具栏操作（如地图漫游、全局展示，视图追溯等）；地图操作（如图层控制操作、图例等功能）；自定义区域客流量计算；实时客流量展示、区域离开客流量展示、区域到达客流量展示。客流云图系统用户界面如图8所示。

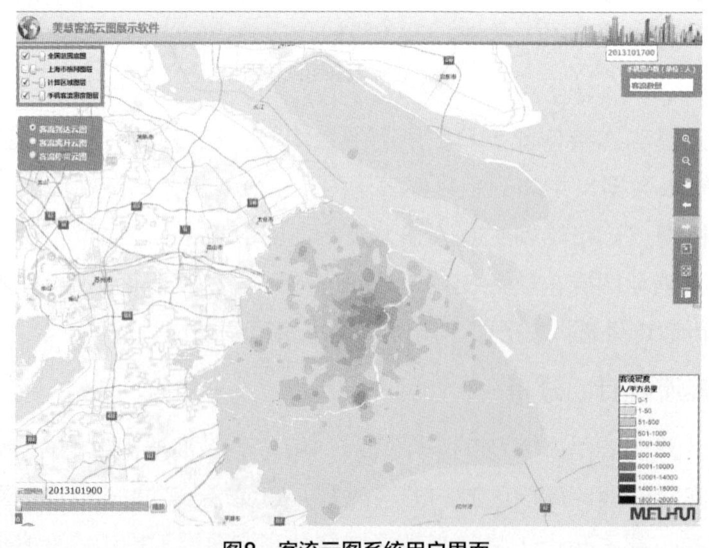

图8　客流云图系统用户界面

（二）区域实时客流量展示

选取2013年10月14～20日共7天的上海市移动手机数据，通过分析处理计算上海市客流密度空间分布情况。2013年10月19日9:00—10:00的客流停留客流分布如图9所示。

图9 客流停留空间分布图

结合系统右下角图例，颜色越深人口密度越大，可以看出上海市在周末早高峰时间段越是靠近中心城市区，人口密度越大。

（三）区域实时进、出客流量展示

选取客流到达云图功能，系统展示到达当前区域内的客流密度空间分布情况。区域到达客流选择时间段分别为2013年10月19日4:00—5:00和9:00—10:00，如图10和图11所示。

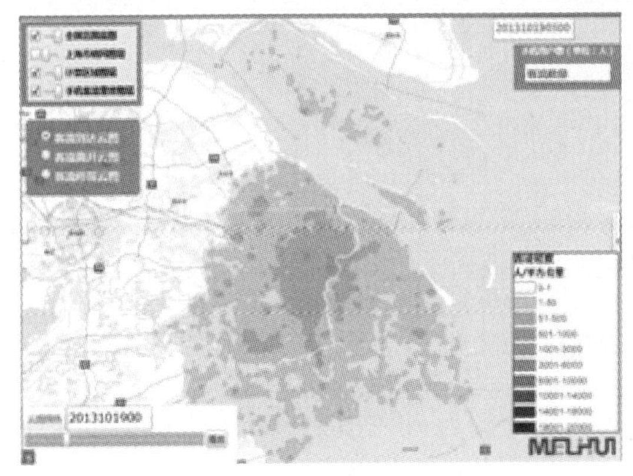

图10 区域到达客流（4:00—5:00）

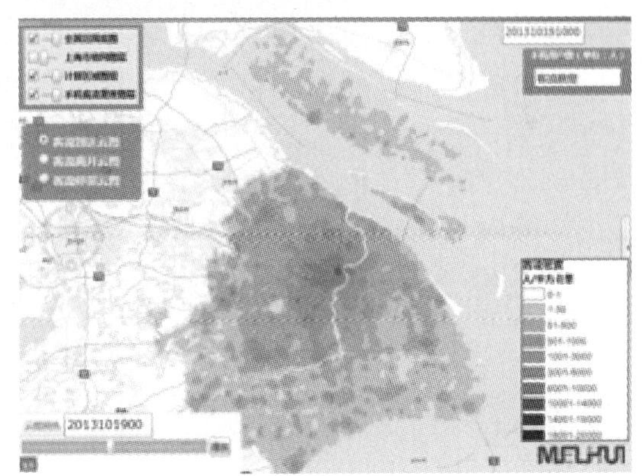

图11区域到达客流（9:00—10:00）

从上面两幅图中的云图颜色分布可以看出，上午9:00—10:00到达中心城区的客流量明显多于凌晨4:00—5:00的客流，从侧面反映出人们的行为习惯，从凌晨到早上，人们逐渐苏醒，开始外出活动，到达比较繁华的中心城区的人越来越多。

选取客流离开云图功能，系统展示离开当前区域内的客流密度空间分布情况。区域离开客流选择时间段分别为2013年10月19日16:00—17:00和22:00—23:00，如图12和图13所示。

从下面两幅图中的云图颜色分布可以看出，下午16:00到17:00离开中心城区的客流量明显多于夜晚22:00—23:00的客流，从侧面反映出人们的行为习惯，从下午到夜晚，人们逐渐离开主城区，向周围郊区消散。

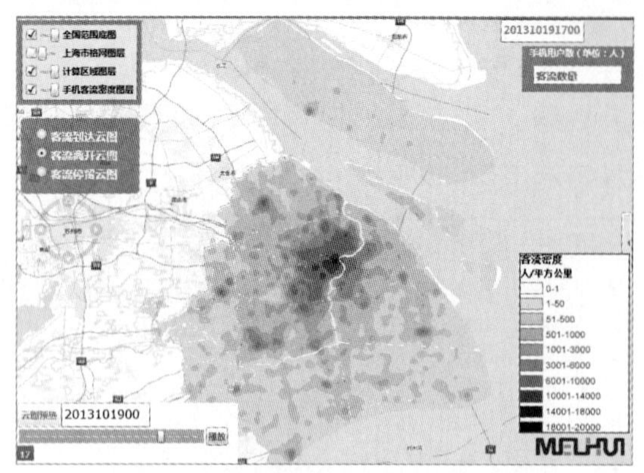

图12　区域到达客流（16:00—17:00）

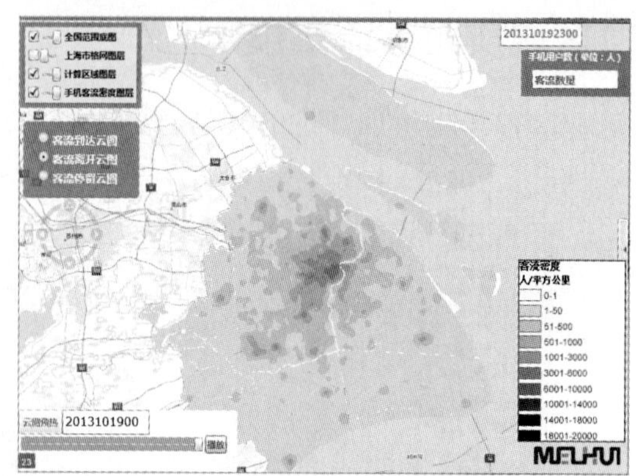

图13　区域到达客流（22:00—23:00）

（四）自定义区域客流统计分析

选用自定义区域客流量计算工具，在上海市范围内选取自己感兴趣的区域对区域内的客流量进行计算，获取区域内的手机客流量。

点击“客流量计算”工具，在地图上绘制自定义区域，如图14客流量计算界面中的矩形区域，计算得到的该时段到达的客流量为2597。

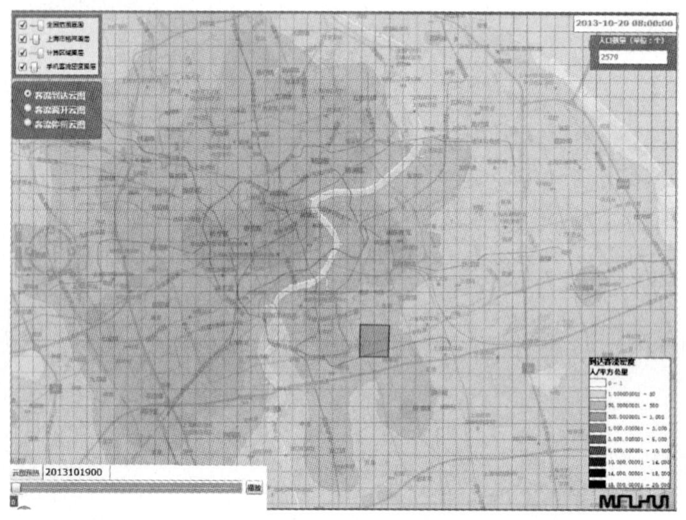

图14　客流量计算界面

图14中矩形区域包含了4个格网，覆盖的云图颜色（灰度）对应的密度为500 ～ 1000，计算出一个小时到达该区域的客流量范围为2000 ～ 4000。

五、总结与展望

本系统以上海市为背景，利用手机数据和三大手机客流分析模型进行了市民出行研究、客流量分析研究，进而挖掘出上海市不同区域的出行客流信息。作为交通领域客流研究的新尝试，利用手机数据分析区域客流信息取得了非常不错的效果。

同时，为了便于用户能够实时、动态地直观理解客流变化特征，本研究结合GIS技术研发了基于手机数据客流密度云图与客流统计分析系统，可实现到达客流量、停留客流量、离开客流量的云图展示与统计分析。系统不但能够基于网格的客流量统计模型统计自定义区域内的客流量，并且还可以通过云图的形式，实时地呈现客流的变化情况，便于用户实时、准确地掌握特定区域的客流变化情况。客流分析模型算法训练、云图模型研究、系统开发技术研究三大过程都是相对独立的，可以根据应用需求输出相应的云图，功能扩展性较强。系统利用手机数据有效地跟踪和展示了上海市不同区域的客流变化情况，并且能够进行统计分析，系统实用性强。

随着人口的增长、经济的高速发展，人群高密度聚集已经成为常态，例如大型会展、热门景区、重要商贸等场合。人群过度聚集给现场带来了巨大的安全隐患，也对各级管理部门提出了更高的管理要求。当人群数量超过一定指标时，管理部门需要采取限制人群入场以及人群疏导等预案措施。通过手机数据，将本系统分析区域定位到需要研究区域，可以实时监测客流和对历史客流进行分析、总结规律，便于指导人群疏导等工作。

采用大规模的客流密度与分布检测技术，可以实时、准确地掌握检测区域的客流数量、方向以及变化规律，准确掌握客流量大的出入口信息，及时掌握客流密度情况，为采取限流等措施提供科学决策依据，避免发生因大型活动集聚所导致的交通拥堵现象，为应急处置提供决策依据，有效保障客流集散安全。

城市机动车排放清单及污染防治决策系统及示范应用

南开大学　毛洪钧　吴琳　荆博宇　何建军　张意

一、引言

近十年来，随着经济的高速发展，我国机动车保有量呈“井喷”式增长。机动车产业在快速发展的同时，也带来了严重的环境污染问题。中国城市污染已经由传统的煤烟型污染转变为煤烟型和机动车尾气的复合型污染。截至2013年年底，我国机动车保有量已经达到2.32亿辆，汽车尾气排放已经成为我国大中型城市空气污染的主要来源，是造成光化学烟雾污染以及灰霾的重要原因。机动车排放的污染物包括NO_x、细颗粒物、CO、VOC 等，是直接影响城市和区域大气环境质量的重要污染物，有效控制机动车污染已成为大气污染防治工作的重中之重。

针对机动车排放污染防治问题，我国建立了新生产机动车环保型式核准、环保一致性监管、在用机动车环保检验、环保合格标志核发和“黄标车”加速淘汰等一系列环境管理制度，相关法律、法规、标准体系不断完善，机动车污染防治体系和监管能力基本形成。为解决日益严峻的机动车尾气排放问题，我国采取了多种机动车尾气防治措施，如通过发动机改造、加装催化转换装置、燃油改造等方法控制机动车单车排放量，利用交通规划、控制等方法控制尾气排放，增加街道洒水频次等方法和措施。然而，我国管理部门一直缺乏有效的量化评估手段和科学工具，对机动车在大气污染中的贡献以及政策法规实施后的环境改善效果进行评估，难以制定有效的机动车污染防治措施及政策。

机动车排放清单不仅是开展空气质量数值模拟、空气质量预报和评估的重要依据，也是制定大气污染物优化减排方案、环境空气质量达标规划和重污染天气应急预案的重要基础和科学依据。为提高空气质量数值模式模拟准确率、评估机动车尾气排放对城市空气质量的影响、制定合理的交通规划方案以及开展机动车尾气排放的靶向治理等，首先需要建立精细的机动车排放清单。而目前大部分研究获得的机动车排放清单缺乏细致的时间和空间排放信息，无法满足空气质量数值模拟和开展区域联防联控和靶向治理的需求。因此，建立城市街区尺度的机动车区域排放清单（包括较精确的时空排放特征）就显得尤为重要和紧迫。本系统建立的高时空分辨率的机动车排放清单，能够精准地模拟城市机动车的时空排放特征、评估机动车排放对空气质量的影响。在机动车排放清单建立的基础上，通过对机动车污染防治措施实施效果进行评估，从改善空气质量的角度向决策者提供一个科学有效的量化工具系统，科学地指导开展机动车污染防治工作，具有十分重要的研究意义。

二、系统介绍

城市机动车排放清单及污染防治决策系统包括多源异构交通数据的获取、排放因子模型、机动车排放清单模型、空气质量模型耦合和机动车污染防治决策支持系统，系统流程如图1所示。

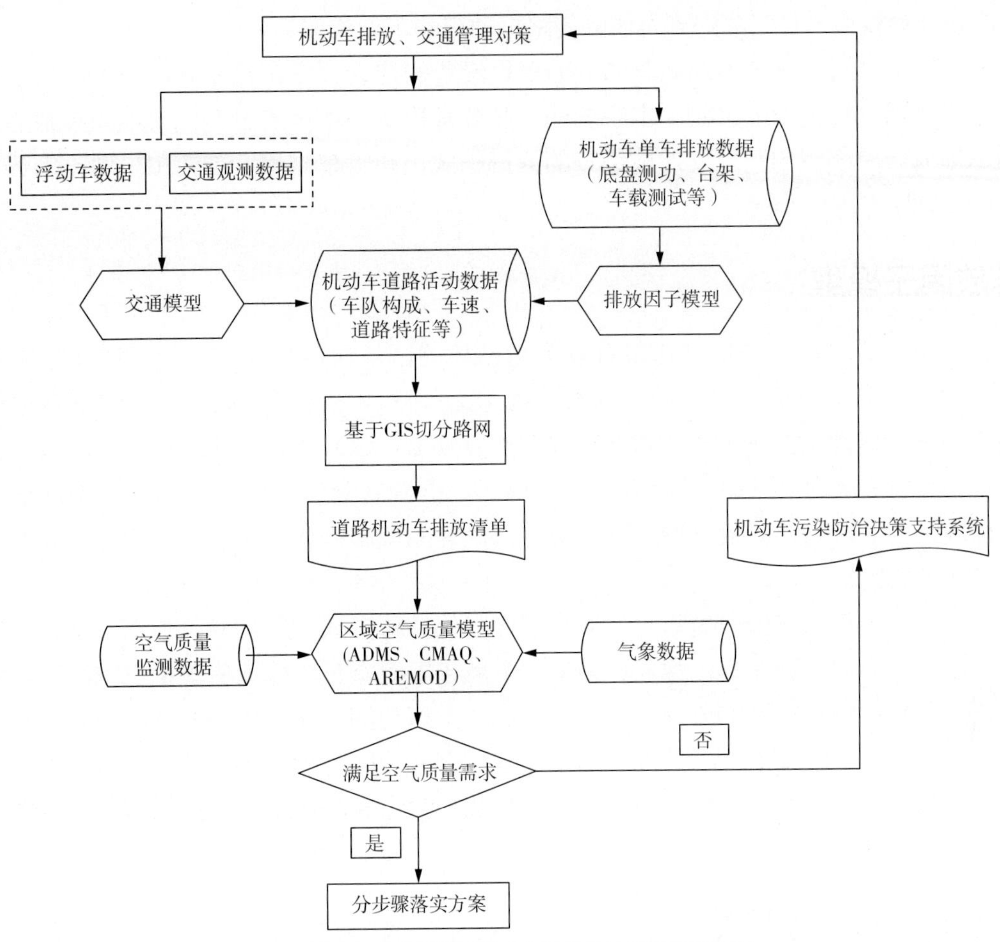

图1　城市机动车排放清单及污染防治决策系统流程图

（一）多源异构交通数据的获取

机动车排放清单模型计算所需的交通数据包括道路车流量、车速与车型构成比例。目前，城市道路交通数据的获取方法主要包括固定型和移动型交通信息采集技术。

固定型交通信息采集是通过安装在固定地点的交通检测器设备采集交通流数据，主要包括磁频采集设备（环形感应线圈、磁力检测器等）、波频采集设备（微波检测器、超声波检测器、红外线检测器等）、视频采集设备和射频采集设备。该技术的优点是数据真实、准确，可以得到实时的道路行驶机动车的车流量、车速和车型分类等数据。缺点是交通观测的覆盖范围和数据准确性受限于检测器设备的安装点位，一般只能覆盖车流量较大的城市主干道，在推广到城市全部路网时会引起不确定性。结合机动车环保车型分类体系，建立起用于识别车型的车型分类数据库，进而获取实时的道路单车车型数据信息和某一时间区间内道路累计的交通流信息（包括车流量和平均车速）。

移动型交通信息采集技术目前应用最为广泛的浮动车技术，是近年来国际智能交通系统中所采用的获取道路交通信息的先进技术手段之一。浮动车一般是指安装了车载GPS定位装置并行驶在城市道路上的公交汽车和出租车，通过记录其行驶过程中的车辆位置、方向和速度，运用GIS手段与城市道路在时间和空间上关联起来，最终得到浮动车所经过道路的车辆平均行驶速度以及交通拥堵信息，使用车流量计算模型计算出平均车流量。因此，通过大量的动态浮动车数据，可以得到分配到城市路网的高时空分辨率的道路机动车的车流量和平均速度。浮动车数据的优点是覆盖范围广，时空分辨率高，能够得到城市内大部分道路行驶机动车的车流量和平均速度。缺点是车流量的准确性依赖于车流量计算模型，且无法得到具体的道路机动车的车型构成。

由于不同城市之间、城市不同道路的交通采集设备的建设程度存在差异，通过交通信息采集技术获取的交通数据具有很大的区别。本系统通过多源异构交通数据的融合，将不同来源的交通数据按照机动车排放清单模型的需求处理成统一的数据格式，并将车流量、车速和车型比例数据传递给机动车排放清单模型进行计算。

（二）排放因子模型

基于平均速度的排放因子模型通过开展大量台架测试（包括整车和台架）和实际道路车载测试，获取机动车冷启动排放、热启动排放及热稳定运行排放的测试数据，然后将三者进行加权平均，得到机动车在标准工况下的基准排放因子（包括NO_x、CO、HC、PM2.5等），然后根据实际条件与标准测试结果的差别对基准排放因子进行修正，得到实际运行状况下不同车型规格、燃料类型、排放标准、驾驶行为、车辆维护水平、道路属性等的单车排放因子，进而建立不同城市本地化机动车排放因子数据库。

排放因子库中涉及的车型分类紧密结合我国环境保护和交通管理需求，包括大型、中型、小型和微型、小型、中型和大型客车，微型、轻型、中型和重型货车，低速货车和三轮汽车，普通和轻便摩托车，还有需要特殊控制的公交和出租车；燃料类型包括汽油、柴油等，同时为新燃料车预留扩展接口；排放标准从国I前覆盖到国V。为了使排放因子能够更加准确地反映本地城市机动车的排放特征，在排放因子库建立的过程中利用在用车检测、路边遥测等本地排放测试数据的统计分析结果，对排放因子进行修正。

（三）机动车排放清单模型

在研究区域的路网图层上，利用GIS手段对道路按城市规划、道路等级、机动车行驶工况特征来进行筛选和切分，建立用于机动车道高分辨率机动车排放清单的路网层。将交通观测和浮动车技术得到的高时空分辨率的道路行驶机动车的车流量、平均速度和车队的车型构成，以实测与统计模型相结合的方式映射到路网上，使它们在时间和空间上关联起来。利用道路机动车排放清单模型建立具有高时空解析度的道路机动车排放清单。此外，将城市区域道路上机动车的排放清单在GIS地图上显示出来，直观、动态地展示城市区域和道路的机动车污染物排放规律和特征，从改善空气质量的角度向决策者提供一个科学、有效的量化工具系统，为提高城市机动车污染的控制水平提供一条十分有效的途径。

（四）空气质量模型耦合

空气质量数值模拟是开展空气污染预报、污染机理研究、污染防治对策研究的重要方法。空气质量数值模式系统一般由气象模式、排放源处理模式和大气化学模式组成，包括污染物的传输、扩散、迁徙、转化等物理和化学过程。其中对污染物排放的处理是空气质量预报成功与否的关键因子之一。机动车排放清单模型生成的排放清单，是基于道路的机动车排放清单，可以根据空气质量模式分辨率的要求将道路排放清单切分成任意尺度的网格化排放清单，使其可以与空气质量模型进行无缝耦合，为其提供直接的污染物排放输入数据。

（五）机动车污染防治决策支持系统

在本地及区域机动车排放清单的基础上，开发建立机动车污染防治决策系统，主要实现防治措施评估、应急管控决策、交通道路优化和在路车辆管理四大功能。

（1）防治措施评估：针对不同的机动车污染防治措施，例如，限行限号、低排区建立、油品升级、排污阶梯收费、老旧车淘汰、低排区建立、新能源车辆使用等污染防治措施，通过机动车污染防治决策支持系统对控制措施实施前后机动车排放变化进行模拟，结合空气质量模型量化评估控制措施的环境改善效果，为决策者科学的开展机动车污染防治工作提供有效支持。

（2）应急管控决策：利用污染监测数据和实施交通流数据，结合气象参数，为重污染天气应急管控提供决策支撑。

（3）交通道路优化：利用排放和交通数据，开展以空气质量改善为目标的智能交通优化，实现治污与治堵的共赢。

（4）在路车辆管理：平台可集成高排放车辆的遥感监测系统、黑烟车视频抓拍识别系统、在用车检查/维护（I/M）信息以及路边监测站点机动车排放贡献水平模拟，实现对整个路网高污染车辆的识别、监督和管控。

三、应用示范

（一）北京

“北京市机动车道路排放清单模型及控制效果评估系统”基于北京市机动车排放管理中心实际工作中对机动车污染控制和定量化评估的要求，通过开发道路机动车排放模型，依托GIS的拓扑技术，建立满足不同监测、管理需求的机动车排放量的计算统计方法，完整描述整个城市尺度内道路上所有机动车的排放。该系统根据北京市机动车污染防治的日常监管工作和政策减排措施，将实际排放与相关的排放控制措施、政策之间建立相关关系，能够对日常监管（如油品监察、车辆定期检测、路检路查等）和政策减排（如油品升级、限行限号、老旧车淘汰、低排区限行等）的措施实施效果进行科学量化评估，如图2所示。

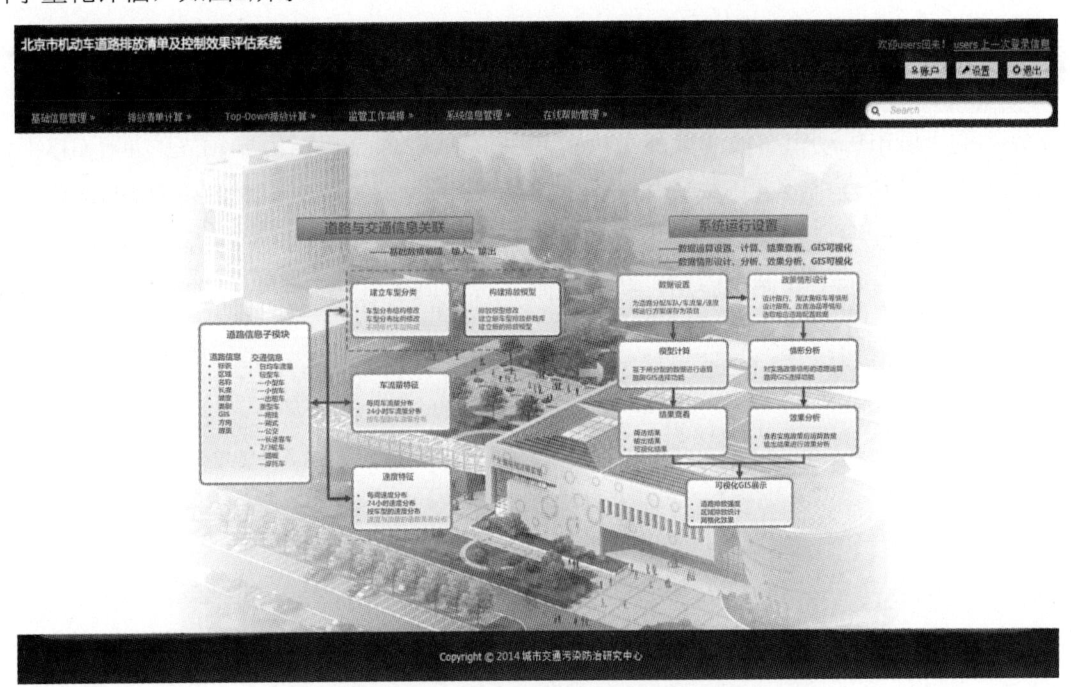

图2　北京市机动车道路排放清单模型及控制效果评估系统

（二）南京

“南京市道路机动车排放清单与决策系统”以南京市RFID（我国首例城市尺度RFID机动车信息实时监测网）采集的断面交通流观测数据为基础，结合浮动车数据以及部分路段实时采集的交通流数据，应用交通流数值模拟和自主研发的开源GIS系统等技术，建立了基于实时交通流的南京市道路机动车高分辨率动态排放清单，如图3所示。形成了可耦合空气质量模型的排放清单数据库和GIS展示系统，用于模拟城市区域和街道的机动车污染物排放规律和特征，并通过干预交通流实现污染物减排和空气质量改善的技术方法和控制措施，建立控制措施减排效益定量核算方法和为政府决策服务的城市机动车实时监控和管理平台，为南京市道路机动车污染防治工作的开展提供了一个科学、有效的量化工具。在南京市青奥会期间，该系统为青奥会环境保障工作提供详细、实时的机动车排放清单和污染解决方案。

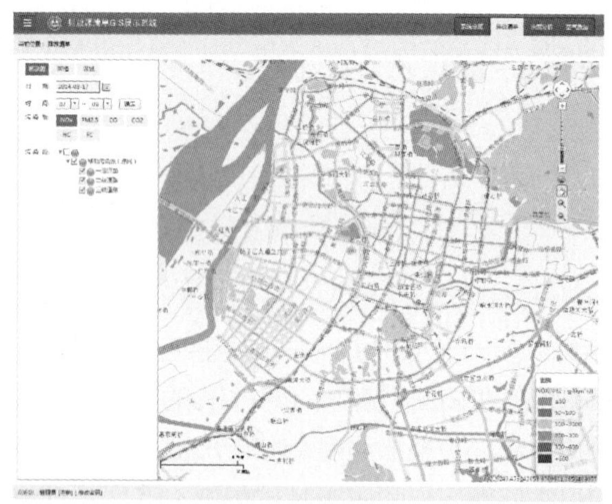

（a）道路排放清单

（b）网格化排放清单

图3　南京市道路机动车排放清单GIS展示

四、结束语

本文介绍的“城市机动车排放清单及污染防治决策系统”，是目前世界领先的基于GIS平台针对城市尺度道路交通污染物排放进行统计与分析的系统，可进行机动车排放控制措施的设计、评估及优化，同时也可以为空气质量模型、雾霾预警预报系统提供高时空解析度的机动车排放清单。该系统目前正在我国及英国的一些城市应用，将为我国“智慧城市”建设中的机动车污染解决方案提供直接的技术支持。

武汉理工大学智能交通系统研究中心技术成果

武汉理工大学智能交通系统研究中心

一、基于海事仿真技术的应急处理决策支持仿真平台

（一）系统概述

海事应急处理决策支持仿真平台（Simulation Platform of Maritime Emergency Management and Decision Support）可模拟由于自然、人为或偶然因素等方面造成的水路交通安全事件以及相应的应急互动处置和演练过程。本仿真平台以实际搜救案例为基本背景，以实际搜救过程及阶段为时间发展顺序，动态生成交互式虚拟事故全景或局部场景，面向各个终端提供事故发生、报警、船舶调度、人员调度、搜救资源调度、现场事故搜救处置、事故处理后处置等指挥操作环节的训练功能。

图1　多人操作平台

图2　火灾事故模拟

（二）主要技术及特点

1. 多人、多角色、多任务的交互式海事应急演练协同技术

针对典型的水上交通事故易发水域，形成多人、多角色、多任务的交互式海事应急指挥演练系统。利用视景仿真技术搭建三维通航环境场景、事故场景以及海巡艇救助等，通过模拟水路交通安全事件及应急互动处理和演练过程，提高相关人员在复杂现场确定救援策略的能力，强化整体救援的技能。

2. 支持虚拟模式与真实模式的数据切换

系统提供虚拟模式和仿真模式的运行环境。仿真模式中，交通流、事故场景根据历史数据经过提炼而来，并形成丰富的训练案例库，供受试人员训练和测试；实时模式中，交通流直接来自真实的现场数据，为用户提供3D可视化的船舶交通流。

3. 多人合作行为的智能化统计和评测方法

系统为多用户进行合作训练提供了丰富的人员行为统计参数，利用工作流建模技术，基于虚拟场景的变迁和事故的演化过程，对多人的合作行为进行测量和分析，为用户组的每次受试样本给出测试评估报告，并指出改善的措施和训练的侧重点。

（三）应用业绩

（1）长江船员考试中心“长江武汉水上监管和应急综合训练系统工程”建设。

（2）国家科技支撑计划“复杂航段安全驾驶与应急能力提升技术及应用”的工程化示范应用。

二、汽车驾驶模拟器综合实验平台

（一）系统概述

汽车驾驶综合模拟器（WUTITS-HD）是本中心自主研发的新一代汽车驾驶模拟器。该模拟器面向道路交通研究，集驾驶员培训与考核、驾驶员驾驶行特性研究、汽车自动驾驶仿真研究和交通诱导研究于一体，可为交通类学校、交通研究、管理或设计部门提供一个在实验室可控条件下研究道路交通或运输问题的工具。

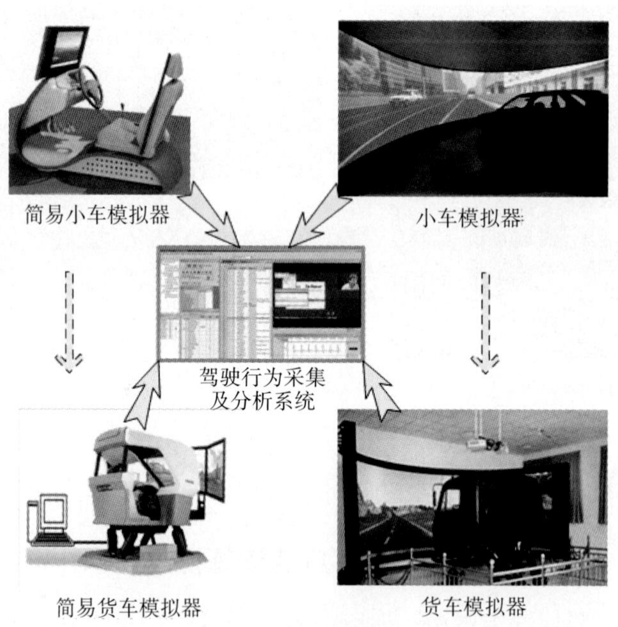

图3　多模拟器平台

（二）主要功能

1. 驾驶行为特性实验模块

该模块用于研究驾驶员疲劳、分神、对交通信息的反应及不同驾驶群体的特性。由驾驶员行为特性采集系统、驾驶员生理心理采集系统、眼动仪、行为特性分析软件组成。可以对不同的驾驶员进行培训、测试，分辨驾驶员操作的数据，并进行合理分析，既可以帮助驾驶员提高驾驶水平，又可以用作理论研究。

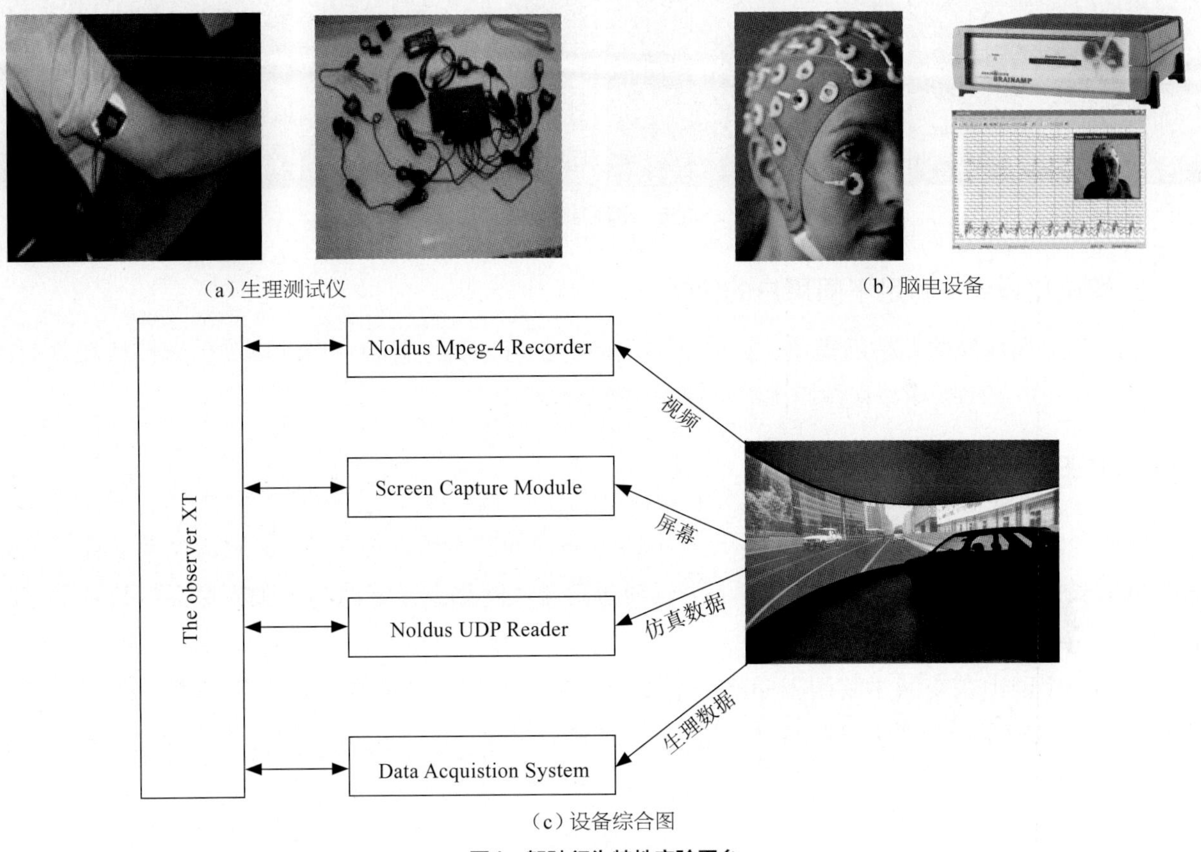

（a）生理测试仪　（b）脑电设备

（c）设备综合图

图4　驾驶行为特性实验平台

2. 道路交通安全评价模块

该模块通过自主编制的场景编辑器，快速建立拟评价道路的虚拟场景，运用多个驾驶员模拟实验，采集驾驶员在驾驶过程中的转向、油门、离合档位等操作信息、车速信息、车道横向偏移距等数据及驾驶员的心理、生理数据，进行综合分析，为评价道路设计线形、标志、标牌等安全性提供理论支撑。可用于对黑点道路定量分析与评价。分析及评价的范围包括：平纵线形及视距，横断面，出入口设计以及接入管理，标志、标线、信号，路侧处理，驾驶负荷分析等。

3. 道路交通事故致因分析模块

可以定量分析驾驶员、道路、车辆及环境等不同因素对交通事故的影响。

4. 汽车安全辅助驾驶产品的评价模块

对车载导航、安全辅助驾驶产品进行驾驶安全性评价。

（三）技术创新点

1. 高清晰、高逼真度的视景

视景建模设计选用OGRE作为视景开发平台，基于图形的模型设计、场景构造、纹理制作、音效设计、特效设计，构造出逼真的环境，路网及道路的设计，房屋建筑的树木、花草的真实再现，整`个系统运行完整而高效。

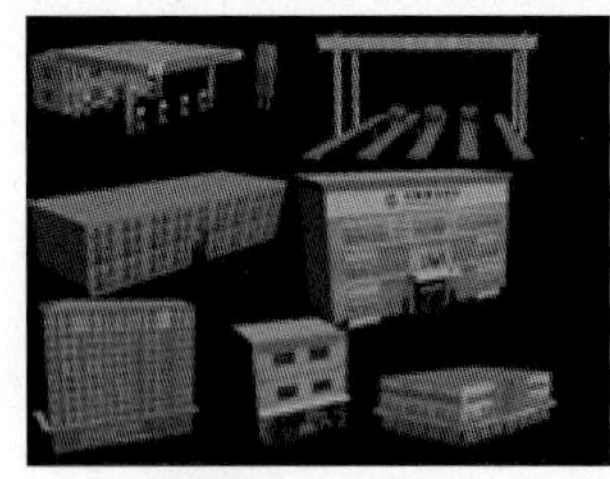

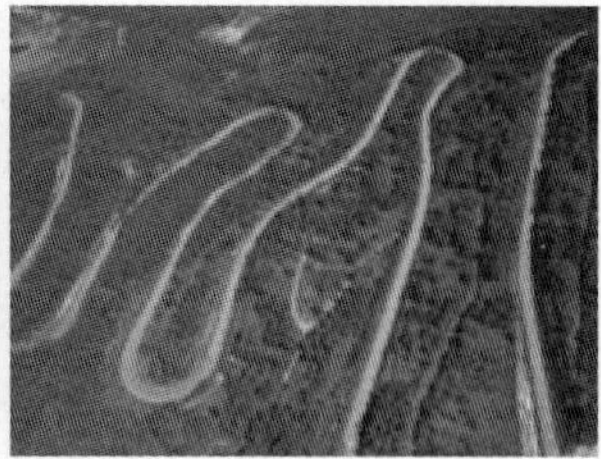

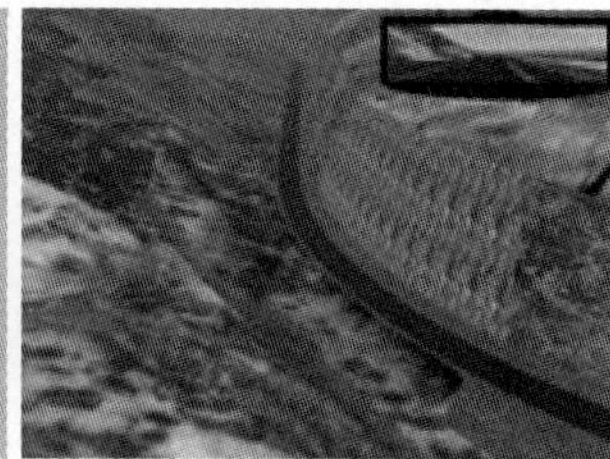

图5 多种道路场景

2. 模块化设计，满足不同用户的需求

系统分为基本模块和扩展模块，扩展模块包括驾驶行为特性模块、自动驾驶仿真模块和交通诱导研究模块，扩展模块可以根据用户需求独立定做、选取。

（四）应用情况

（1）为国家863计划项目“基于多元方法的道路交通安全致因分析”、交通运输部项目“长途客车驾驶员疲劳检测系统”、武汉市中小企业创新基金“网络交互式汽车驾驶模拟器”等提供了实验服务。

（2）推广到山东交通学院用于道路交通安全研究，推广到安徽交通建设集团投资公司用于对“六安至武汉高速公路”的安全性评估，推广到中交第二勘察设计院用于对“云南省大理至丽江高速公路”的安全性评估。

三、大型车辆驾驶行为监控预警平台

（一）系统概述

以大型车辆中常见的危险驾驶状态为研究对象，在对1万多例交通事故案例进行多元致因分析的基础上，利用基于动力学建模与驾驶模拟实验的方法建立危险驾驶状态知识库；从车辆中获取其运行状态信息，融合CCD/CMOS摄像机、毫米波雷达、超声测距等传感器信息，结合GPS/GIS技术，获得驾驶员操作、驾驶员姿态、车辆运行和车外环境信息；应用图像处理技术、数据融合理论等对驾驶员的意图（超车、换道、停车、跟驰）进行识别，操作行为进行预测，进而对危险驾驶态势进行评估；针对不同的危险类别及等级设计合适的方式进行预警，减少事故的发生。

图6 大型车辆驾驶行为监控预警示范车

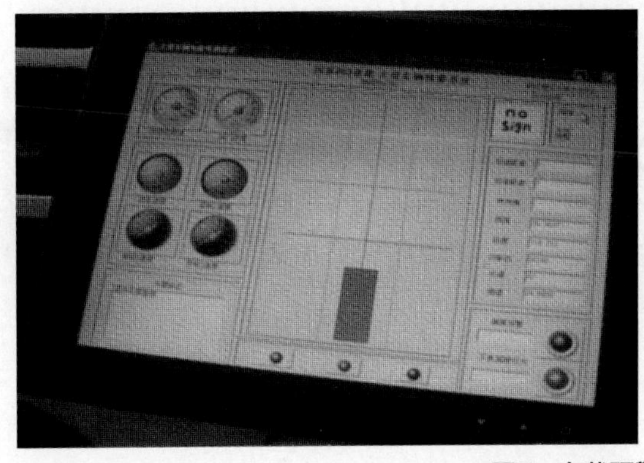

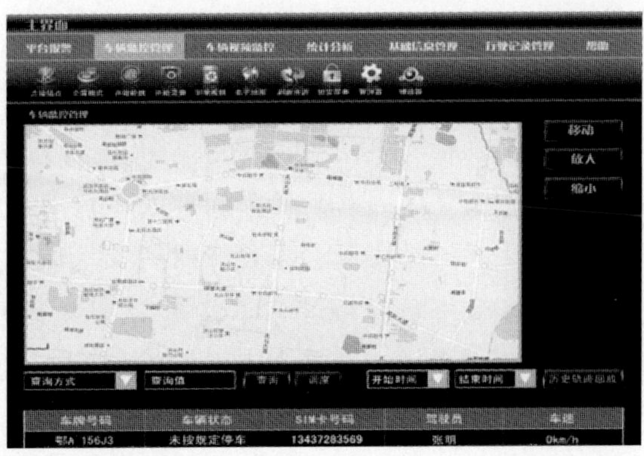

图7　车载预警装置和中心监控平台

（二）主要技术创新点

（1）运用logit、probit回归模型、粗糙集方法，通过驾驶行为序列特征对驾驶意图进行识别，从而准确预测驾驶员操作行为，以提高预警的实时性和有效性。

（2）基于图像非正常运行环境（低能见度、湿滑路面）的预警技术。

（3）利用人机工程学理论，通过大量驾驶模拟实验，设计对驾驶员不产生干扰的预警装置方式。

（4）通过大量（1万多例）交通事故案例分析，运用事故再现与模拟手段，建立危险驾驶状态知识库。

（5）运用模块化思想设计危险驾驶行为监测预警系统，各模块既可以单独运行，也可以综合应用，系统鲁棒性强。

四、系列化内河AIS产品

中心与武汉南华工业设备工程股份有限公司、武汉中原电子集团有限公司等单位通过产学研合作转化科技成果10多项。中心自主研发的船舶自动识别系统（AIS）、船用导航雷达、渔民救生器等产品已经批量生产和销售，在长航凤凰集团有限公司、南京油运公司等单位以及南通地区大批渔船上推广应用，总量已达到1000多台套，总销售收入120多万元。

（a）AIS双模应答机

（b）B级AIS船台

（c）船舶ECS

图8　系列化内河AIS船载导航终端

图9　渔民救生器

武汉理工大学智能交通系统研究中心于2000年8月成立。中心主要开展交通安全技术与设备（包括交通行为机理、交通安全保障技术与装备、交通事故致因分析技术、交通事件自动检测技术与应急管理、汽车安全辅助驾驶技术、危险品运输与组织等），交通环境与节能（包括交通排放、噪声控制技术、交通照明新技术等），交通信息工程及应用（包括交通工程信息采集技术、道路性能参数检测技术、交通仿真诱导与控制、车路协调技术、船-标-岸一体化技术）等方面的工作。下设交通感知与控制研究所、风险评价与应急研究所、综合交通规划与安全研究所和交通信息与安全研究所。中心现有国家千人计划专家、湖北省百人计划专家、湖北省楚天学者、教育部新世纪人才等多名高层次人才。2010年中心被交通运输部授予“交通运输行业优秀科技创新团队”称号。中心现任主任由吴超仲教授担任，党委书记由黄明副教授担任，学术委员会主任及首席教授由严新平教授担任。

城市综合交通枢纽智能化系统解决方案

青岛海信网络科技股份有限公司

一、行业问题及需求

随着我国社会经济文化的快速发展，出行客流急剧增长，给城市交通运行带来了巨大压力，全国各大城市先后完成大型综合交通枢纽的基础设施建设，从物理空间上实现了零距离换乘和无缝化衔接，但在信息化建设方面主要以大型系统集成为主，枢纽运行监测和安全预警能力较弱，协同指挥和信息服务水平较低，主要体现在：

（1）信息采集手段单一，数据采集质量不能支撑管理需求；

（2）各交通方式信息共享不通畅，缺少有效的协同管理手段；

（3）突发事件监测手段匮乏，应急响应及处理效率低；

（4）旅客信息服务内容和发布手段单一，智能化程度低；

（5）综合开发能力弱，未能有效挖掘其商业价值，难以支撑枢纽可持续发展。

二、解决方案概述

依托海信网络科技的雄厚科研实力和强大人才储备，秉承创造“享你所想”产品的设计理念，以国家工信部电子发展基金项目为契机，深刻把握城市交通枢纽业务变革，综合运用物联网、大数据、云计算等新一代信息技术，历经三年潜心研究与持续完善，海信全新推出了引领行业发展的城市综合交通枢纽智能化系统解决方案。

（一）设计理念

该方案面向枢纽管理者、旅客、车辆的监测与协同、安全与应急、辅助决策和信息服务四方面的业务需求，突破以事件驱动为导向的一体化监控、基于客流预测的多交通方式协同管理、室内定位导航、大数据分析等关键技术，实现常态下旅客满意度最高和应急状态下系统效率最优的业务目标。

（二）系统架构

1. 枢纽运行监测与协同管理系统

本系统通过智能视频、RFID、WiFi、传感器、系统对接等多样化采集手段，以事件驱动和安全预警为导向实现对综合交通枢纽一体化监控，结合无线对讲、视频会话、信息报送等信息协同手段，全面提升枢纽全局监控和协同管理能力。

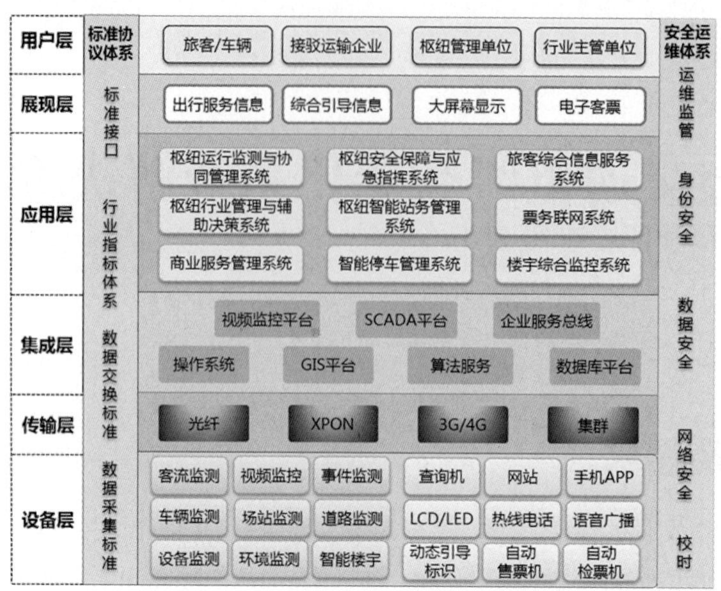

图1 系统架构

2. 枢纽安全保障与应急指挥系统

本系统实时感知区域客流聚集、设备运行故障、突发火灾报警等突发事件，基于预定规则自动研判事件等级，辅助管理人员通过“事件一键定位、信息一键发布、资源一键调配”等手段快速调取应急预案和应急资源，全面提高枢纽安全保障和应急处置能力。

3. 枢纽旅客综合信息服务系统

本系统借助电子信息屏、手机APP、自助查询机、出行网站及语音广播等信息服务手段，提供枢纽运营动态、综合换乘规划、室内定位导航、智能停车/寻车、商业营销资讯等多样化信息服务，为旅客创造安全便捷、高效舒适的出行换乘体验。

4. 枢纽行业管理与辅助决策系统

本系统从交通需求、交通供给、运营效率、服务保障、换乘效率、安全运行六大方面构建科学、合理的枢纽运行指标评价体系，利用数理统计、大数据分析等技术手段深入挖掘枢纽运行规律，科学预判运行态势，为多交通方式协同调度、枢纽客流组织优化、商铺精准营销提供决策支撑。

5. 枢纽智能站务管理系统

本系统面向航空、铁路、长途客运主枢纽，满足枢纽站务管理需求，实现旅客售检票、行包托运、小件寄存、安全检查、车辆调度、费用结算、信息服务等业务，并与枢纽管理系统进行信息共享和系统对接，提供“一站式”旅客换乘服务。

6. 智能停车管理系统

本系统满足综合交通枢纽公交场站、长途场站、出租蓄车池、社会停车场、旅游大巴停车场以及枢纽周边临时停车带的进出口车流量、车位使用情况的实时监控，并为车辆提供行车诱导、停车引导、反向寻车等信息服务。同时，针对收费停车场站，提供按时段计费、收费，支撑现金、一卡通、银行卡、支付宝、微信等多种支付方式。

7. 楼宇综合监控系统

本系统满足综合交通枢纽大型建筑物的楼宇综合监控需求，将建筑物或建筑群内的冷/热源系统、空调系统、给排水系统、送/排风系统、变配电系统、照明系统、电梯系统、消防系统、保安系统等众多分散设备的运行、安全状况、能源使用状况及节能管理实行集中监视、管理和分散控制，并能与枢纽协同应急管理进行联动控制。

8. 商业服务管理系统

本系统满足综合交通枢纽广告投放、店铺租赁、旅游服务等商业服务管理需求，并提供广告位管理、合同管理、店铺招商、铺位管理、会员管理、收费管理等功能，支撑枢纽商业运营服务及可持续发展。

9. 票务联网系统

本系统满足综合交通枢纽旅客“一站式”购票服务需求，实现整个城市的长途客运联网售票，并提供长途客运自动售取票机、铁路自动售取票机，以及民航代理售票服务。

三、技术优势

（1）面向两大应用场景、四种业务管理模式的枢纽行业管理体系；

（2）面向实时监测和管理决策的枢纽评价指标体系；

（3）基于信息采集、组态开发技术的一体化管控平台；

（4）基于客流预测技术的多交通方式协同管理平台；

（5）基于业务场景化、智能辅助决策的枢纽应急指挥平台；

（6）基于室内定位技术的旅客信息服务。

四、方案亮点

（1）改变业内管理系统分散割裂、人工监控为主的现状，实现以“事件驱动”为导向的一体化管控，事件发现及时，人员投入少；

（2）针对频繁发生的轻量级事件，现场处置工作量大且顾“点”不顾“面”问题，实现全局出发的综合诱导，减少现场处置次数；

（3）解决枢纽大客流事件运力计划不合理、现场安全隐患大问题，提供以准确客流预测为基础的保障方案，实现安全防范有效、旅客疏散及时的目标；

（4）突破业务场景化、智能化辅助决策等关键技术，实现工作台更专业、管理更高效的枢纽应急指挥平台，缩短人工研判时间，提升事件响应速度；

（5）建立多层次、多维度的枢纽行业监管与评价指标体系，通过指标计算和预警分析来监管枢纽整体运行状况，为枢纽运营效率和服务水平的评价提供有效数据支撑；

（6）综合考虑枢纽内步行时间、候车时间，为旅客提供最优换乘规划，并通过室内导航让旅客少走冤枉路，节约换乘时间；

（7）解决枢纽大型停车场找不到车位或者下车步行距离远、找车难等问题，实现自助式的停车导引和快捷的寻车体验；

（8）改变出租车司机进蓄车池犹豫、盲目等待、排队辛苦的现状，通过时间预测服务提升出租车司机候客体验。

平安城市解决方案

海信网络科技股份有限公司

一、方案概述

自2005年全国首批3111试点城市监控系统建设以来，我国平安城市的建设步伐已经进入到平稳阶段。但同时我们也应该清晰地认识到，平安城市的前期建设还存在不足，制约了“平安城市”建设系统新建扩建、视频资源的共享和应用业务的整合，制约了社会治安防控体系技术水平的提高，主要表现在以下几个方面：

（1）不能有效共享智能交通视频资源问题，存在只能监视不能控制的难题；

（2）行业内平安城市建设安装了大量的监控摄像机与卡口，由于缺乏智能化的技术手段与海量数据，带来了检索困难的问题；

（3）预案方式落后，应对突发警情效率较低的问题；

（4）监控设备在线率低，系统稳定性差，运维不及时，设备故障经常导致案件发生后无法获取案件相关视频；

（5）治安监控布设点位较少，监控范围有限，无法支撑案件需要。

目前，建设城市视频监控应用系统是实现城市安全和稳定的重要基础，是“平安城市”建设的重要组成部分，更成为“智慧城市”的重要载体，它不仅可以满足治安管理、城市管理、交通管理、应急指挥等需求，在预防、发现、控制、打击违法犯罪，提供破案线索，固定违法犯罪证据等方面也发挥人防、物防所不可替代的作用，对于提升城市可视化管理水平和政府应急处置能力，维护城市公共安全具有十分重大的意义。

平安城市解决方案是海信网络科技针对城市治安建设推出的一整套解决方案，以整合现有城市报警与监控资源为基础，密切联系公安实战应用需求，通过运用高清监控技术、GPS/GIS技术、智能分析技术、业务系统集成技术、物联网技术等先进安防技术，最大限度地实现现有平安城市监控应用系统的技术升级、应用升级和功能升级。

平安城市系统架构如图1所示。

数据流图如图2所示。

方案实现业务功能图如图3所示。

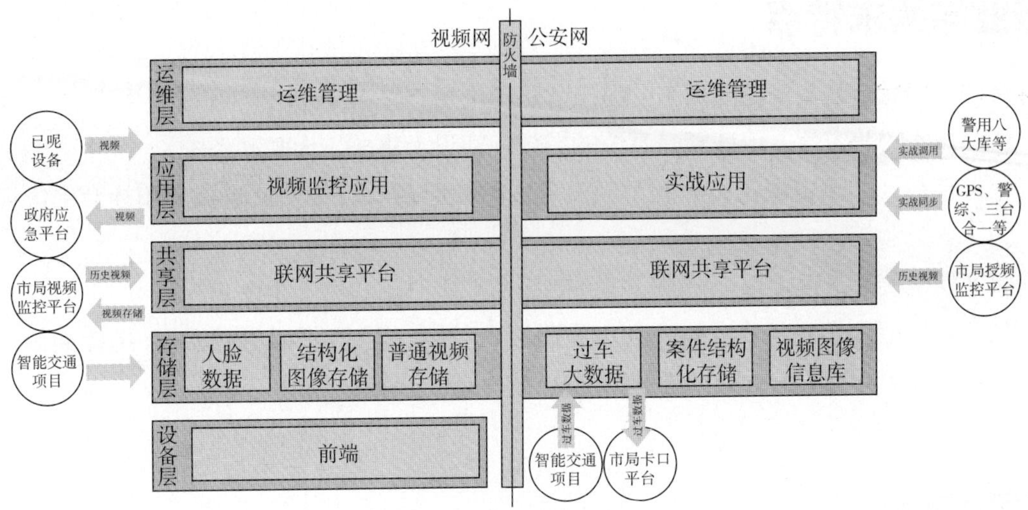

图1　平安城市系统结构

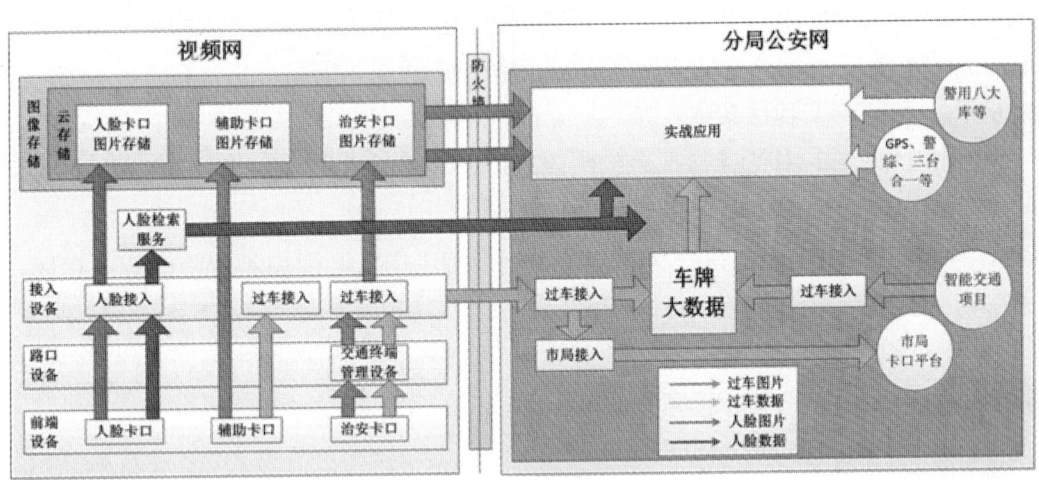

图2　数据流图

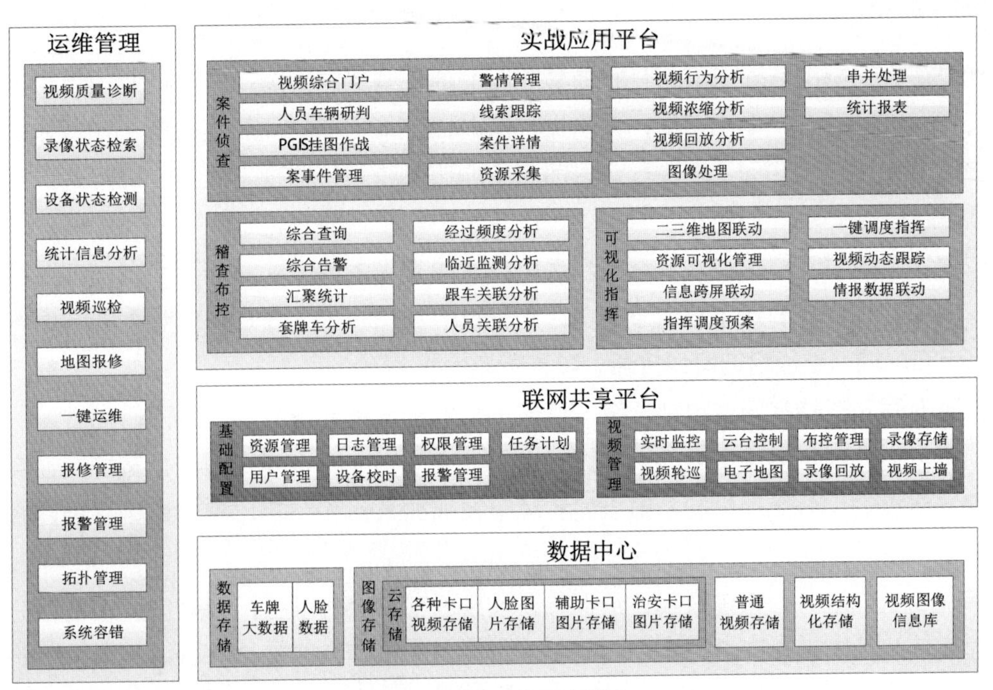

图3　方案实现业务功能图

二、行业与需求特点

（1）合理布局城市监控，更加严密的城市化防范；

（2）新旧技术的兼容性，保证原有系统的有效，建设大集成、大联动系统；

（3）统一平台，共享资源，充分利用现已建成的政府各部门视频图像资源和社会单位视频图像资源；

（4）保证安全接入，设定安全措施，确保各级监控中心的数据安全性；

（5）与公安实战应用相结合，充分利用先进技术手段，全面支撑情报研判、指挥通信、侦查破案、治安防控、社会管理、维稳处突等业务应用。

三、方案描述

（1）建设一套多级化防控、覆盖范围广、智能化高、实战性强的前端监控系统，包含高清治安监控系统、高清智能卡口系统、道路智慧监控子系统、高清电子警察系统、高清移动监控系统（移动车载取证系统、移动单兵执法系统）等；

（2）建设视频传输专网作为图像信息的传输通道，为图像信息的采集传输和应用提供强有力的支撑；

（3）建设视频云存储系统，充分利旧，实现建设范围内可利用视频资源的统一存储、统一管理、统一调阅，避免重复投资；

（4）依托于公安实战业务，建设实战业务平台，实现已建视频监控资源、新建视频监控资源、社会资源的统一管理、统一分析，提高侦查工作效率，实现扁平化指挥调度。

四、方案亮点

（1）解决在平安城市系统中不能有效共享智能交通视频资源问题，并在行业内首次实现平安城市与智能交通实时联动与一体化布控，大幅提升实时监控能力与资源利用效率；在行业内首次实现与智能交通信号控制系统联动，解决行业目前平安城市系统只能监视不能控制的难题，达到1h关门堵控，提高应急堵控能力。

（2）破解人工实时监控效率低下难题，采用行业内领先的智能化分析技术，实现监控视频的智能化监视，大幅提高监控的效率与效果；在百亿规模的海量数据下实现行业领先的实时缉查布控，可在8s发现可疑车辆与定位附近警力资源。

（3）行业内领先的特定场景定制预案，将通过文本预案手动查找相关资源，提高为一键启动监控与堵控预案，自动锁定关注区域，大幅提升应急处突能力；融合平安城市与智能交通资源，建立业内领先的城市级的积分管理机制，重点关注风险较高的人员和车辆，深度挖掘并提高资源的使用效能。

（4）管家式运维服务，系统效果持续保障，实现在线率98%以上，领先行业20个百分点；设备故障做到提前预防，实现设备故障半小时响应；客户随时掌握系统的运行状态、故障的维修进展，对服务的情况一目了然。

中小城市道路动、静态交通实时诱导控制系统

包头市公安局　安锐

包头市公安局交通管理支队大力实施科教强警战略，坚持走科技强警、科技强交通管理之路，紧紧围绕“打造数字化警员、数字化警车、数字化警队、实现数字化指挥”的目标，积极推动公安交管勤务模式和队伍管理规范化由传统初级向现代高效转变。包头市已连续两次被公安部、住房和城乡建设部评为实施“畅通工程”一等管理水平，成为我国西部地区唯一获此殊荣的城市。

随着城市规模的不断扩大，城市交通流量迅速增长，城市的交通问题成为制约城市快速发展的瓶颈。提高道路通行效率、减少交叉口停车的油耗与排放、保护城市环境势在必行。在美国、德国等交通发达国家都对此进行了大量的研究，通过使用停车诱导系统，大大缓解了城市交通拥堵状况，减少了道路占用，降低了车辆尾气排放和噪声，而且显著提高了原有停车设施的利用率，取得了良好的社会效益和经济效益；而在国内“行车难”“停车难”问题也日渐显现，很多车主因为寻找停车位而行成无效交通流，加剧了城市的交通拥堵，交通拥堵问题严重制约了城市的快速发展。

本着优势互补、产学研用结合的原则，包头市交管支队联合北京易华录信息技术股份有限公司及北方工业大学智能交通系统研究所组成课题组，共同对“中小城市道路动、静态交通实时诱导控制系统”进行联合攻关研究。经过多年来的潜心研究，在交通组织渠化设计、交通信号控制、交通诱导、交通仿真、系统集成、平台研发等方面取得了一系列科研成果。

该系统围绕“优化配置道路资源，提高公众出行效率，保障交通顺畅、规范停车秩序及便民化服务”的总体目标，利用移动互联网、车联网、物联网、大数据、云计算等技术，通过移动终端向驾车者实时提供行车路线、行车速度、旅行时间、停车场地理信息、停车泊位使用状况等信息，引导驾车者合理行车、停车，减少驾驶员在行车及寻找车位过程中无谓的道路资源占用和时间消耗，从而降低车辆行驶所引起的尾气污染、道路拥挤，合理利用城市道路资源，提高道路通行效率，达到旅行不停车的目的。

城市道路动静态交通实时诱导控制系统、动态子系统、静态子系统、交管综合信息发布子系统：

动态子系统主要负责信号机信号灯的控制，能够与与城市道路动静态交通实时诱导控制系统、交管综合信息发布子系统的实时交互。

静态子系统主要闸道、车位管理及三级诱导，能够与城市道路动静态交通实时诱导控制系统、交管综合信息发布子系统的实时交互。

交管综合信息发布子系统，将综合信息反馈到手机用户端，实现路线的导航绿波带（路口不停车）导航。

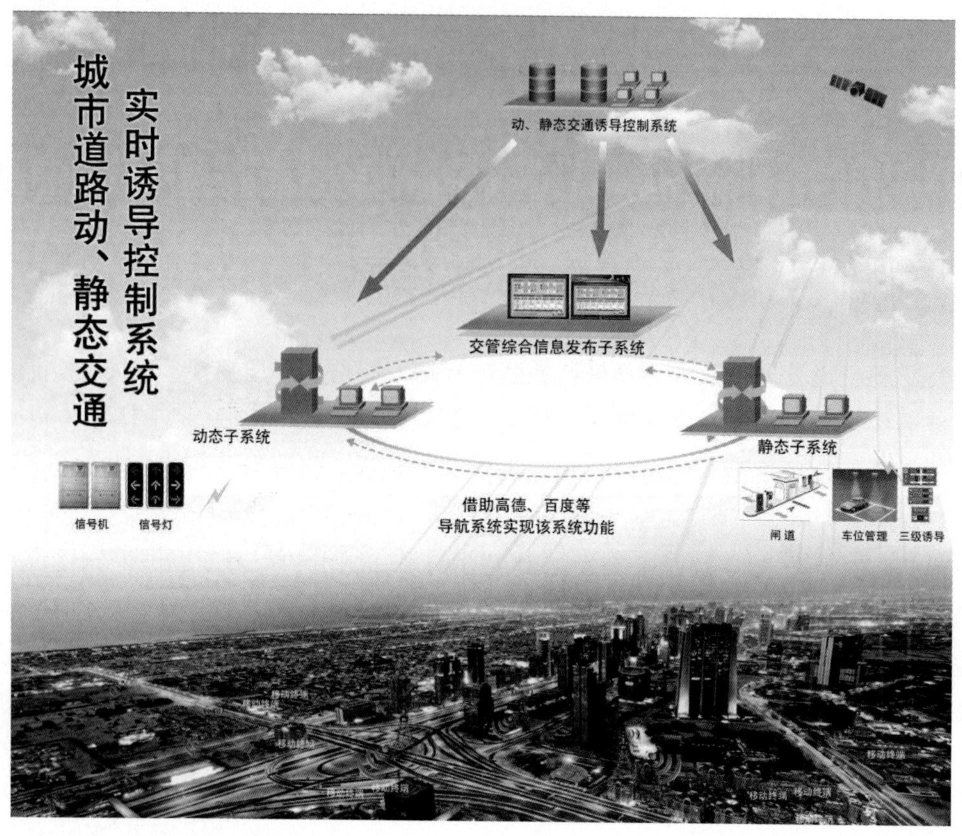

课题主要解决的关键问题如下。

基于信号灯配时的不停车导航技术

以北斗卫星精确导航技术及交叉口不停车策略为依据，实现对车辆行驶速度实时预告调整功能；以组成交通流的车辆为研究对象，以目标车辆到达交叉口不停车为目的，基于交通流理论对车速调整策略进行研究，分析车辆的车速调整策略，将道路上的车流调整为"方阵型"通行模式（已申请发明专利"方阵型道路交通诱导方法和诱导系统——201410077850.1）并与地面控制系统实时调整，实现交叉口不停车。交叉口不停车车载信息系统利用智能手机移动终端实现基于位置服务（Location Based Service，LBS），向驾驶员推送车速调整策略，避免遇到红灯停车，破解城市道路交叉口拥堵的难题。

基于移动互联网的车位预定与移动支付技术

该技术是基于物联网在智慧城市建设中的一个应用，通过大量智能传感器利用、无线传输技术组建城市智能网络，把城市的每个停车位信息集中到服务器，用户利用手机等移动设备进行查询。通过手机的定位系统为用户推荐离其最近的空余停车位。通过手机进行停车位的查询与停车位的预定，同时建立独立的付费平台收取停车费用。与现有的商用停车场合作，为停车场引导更多的车辆，为停车场进行创收，减少路面寻找停车位带来的无效交通流，引导驾驶员便捷停车，保障城市交通的有序运行。

基于区域交通状态的多系统协作技术

以获得路口信号机配时数据为基础，分别建立路段和交叉口信号灯状态判别模型；考虑不同路段和交叉口对区域路网整体交通状态影响程度的差异性，建立路段和交叉口交通状态的权重计算模型；在此基础上建立区域交通状态的综合判别模型；并分析状态指标与路网中车辆平均行程速度的相互关系，确定路网状态指标所表示的交通状态级别，最终通过交管综合信息发布子系统进行车速诱导，引导驾驶员智慧的行车和停车。

该系统在包头实际运行后，实现智能手机使用APP进行出行引导、线路规划、车速提示、车位预定与移动支付及车驾管业务、便民等服务，减少因为路口停车、寻找停车位而行成的无效交通流，节省市民出行时间在10%以上，提高了出行效率，缓解了城市交通拥堵；该系统与城市交通信号控制系统实现实时交互后，能够实时获取交通信号灯状态数据，对行驶车辆进行车速诱导，减少车辆停车次数10%以上，提高了道路通行效率。

“中小城市道路动、静态交通实时诱导控制系统”旨在从多源交通信息服务整合角度出发，为公众出行全程提供动态、个性化、智能化的交通信息服务，着重研究混合交通背景下，公众出行信息需求的辨识、综合交通信息服务匹配、合成及交付技术。该研究有利于提升我国交通信息服务业的技术水平和发展，更好地满足公众出行多样化、全程化、个性化的需求。

列车避碰技术的研究及其应用

上海埃威航空电子有限公司

一、背景介绍

随着全国铁路进行多次大面积提速，我国已经融入了世界铁路提速的时代潮流，提速推动了铁路基础设施的改善。但随着铁路提速战略的实施，行车安全的问题已经凸显。铁路高速度、高密度运输的发展，必须依靠先进的铁路通信信号系统来进行控制和管理。固定自动闭塞系统在铁路信号系统中一直占据统治地位，但渐渐不能满足速度提升、运输密度加大的需求，对列车的类型以及环境的适应性也不强。

目前，世界各国的轨道交通都是依赖信号系统进行安全运营和维护，如高铁动车组采用的是一套"自动闭塞系统"+列车自动防撞系统（ATP）来进行防撞避碰，而它们的核心是基于列控信号灯指示系统来进行各种业务操作流程，货运轨道交通也采用了类似的信号灯指示方式进行避碰、安全运营。如何在信号系统缺失的极端条件下保障行车安全和人身安全，是目前智能交通领域研究的热点之一，尤其在如今物流行业大发展、人们出行进入高铁时代，更是如此。

移动自动闭塞系统是最近几年各国研究的重点，该系统运用了现代化的通信手段和计算机自动控制技术进行列车运行状态的控制，从根本上改变了固定闭塞系统对列车运行的控制方法，有效地压缩了追踪列车间隔时间，提高了区间通过能力，是一种先进的列车运行控制系统。研究移动自动闭塞系统就必须提出整套无线通信系统和信息组网技术的解决方案。

二、系统简介

该列车防撞系统利用卫星定位、位置测距等传感技术结合无线通信和互联网技术来实现车车通信和车地通信，系统还具备信息转发功能，能把自组织网络内的数据通过该功能进行更大网络的信息覆盖，同时该系统不仅能自主上报本机车的静态信息和实时动态信息，同时还能感知周围机车的运行态势，还能利用互联网技术在网络内实时推送和加载列控信息数据，网络内的各种信息，无时无刻，尽在掌握。机车操作人员可以对相关数据进行综合分析，在日常和紧急状态下准确地做出判断，合理地操作机车，从而更好地提高机车运行的安全性。

该系统采用自组织、时分多址的系统接入和相互通信模式，无须人为干预，不基于目前铁路运营系统的相关数据或子系统能够独立运行。该系统并不是为了取代现有的铁路线安全系统，而是作为铁路安全运营的补充措施。此外，它还可以应用于安全措施比较薄弱的支线、工业用轨道线、施工或列车调轨路段等。

三、系统组成

该系统由车载移动台、地面基站台、地面控制中心以及一些安装天线、配套线缆几个部分组成。地面控制中心主要完成列车进站、出战管理、列车异常运行管理、列车监控等功能，车载移动台完成日常的列车行车控制，接收附近列车的行车信息和地面基站的控制命令，根据接收数据计算得到行车间的最小间隔。地面基站台主要完成数据的无线传输和列控数据的转发。

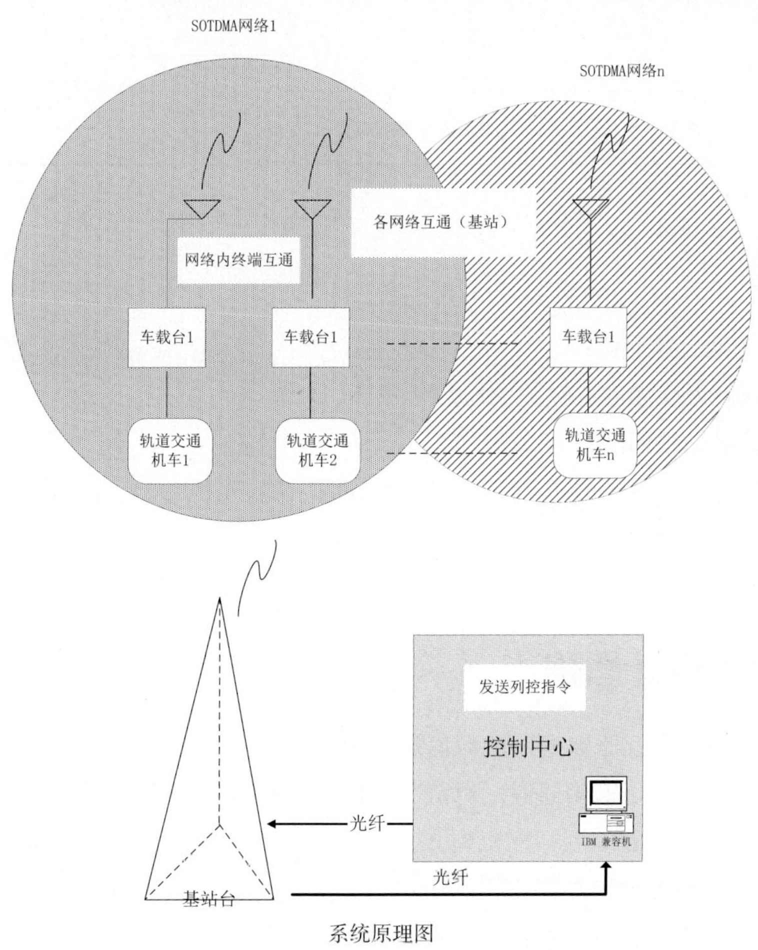

系统原理图

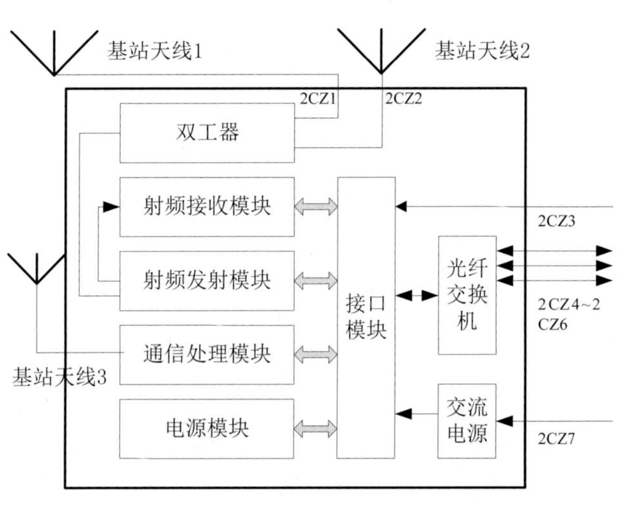

车载台通过无线通信技术实现信息的实时交互，同时车载台的职守通道还和基站进行信息交互，时刻监听来自基站的列控指令；多个SOTDMA网络通过基站的转发功能实现大范围的覆盖组网，各分控制中心通过和基站的光纤通信能实施远程监控。在组网过程中，按照网络的数据容量和通信距离在一些铁路沿线安装一定量的基站进行互联互通。数据组网后，该系统就能在各种智能交通领域中发挥作用，例如，为提高列车运行效率又能保障列车安全运行，采用动态自动闭塞系统。

地面基站设备框图详见左图。

地面基站设备组成表

序　　号	LRU名称	数　　量	代　　号	SRU名称	数　　量	代　　号
1	地面基站	1	BRAD	射频接收模块	1	RFRM
				射频收发模块	1	RFTM
				通信处理模块	1	CMM
				接口模块	1	IOM-B
				电源模块	1	PSM
				交流电源模块	1	ACPSM
				双工器	1	COMB
				光纤交换机	1	SWIT
2	基站天线	3	BANT	UHF天线	2	
				GPS有源天线	1	

四、基本功能

（1）车车之间双向无线通信；

（2）车地之间双向无线通信；

（3）列控信息数据加载和推送；

（4）行车信息数据的加载和推送；

（5）地面设备中继转发功能。

五、基本原理及设计思路

通信模块通过采集各传感器数据，进行信息汇总，再按照一定的报文格式进行链路层数据的格式转换，为保证数据的可靠传输和通信，对链路层数据进行纠错编码，该系统采用时分多址的系统接入方式，在侦听一个标准时间后，择机进入系统，通信的数据速率为19.2Kbps，采用GMSK的信道调制方式，通过射频收发模块在UHF频段上进行无线通信；该系统内置一个高精度GPS接收机，同时具备自授时功能，即在GPS信号丢失的情况下，能协调、纠正网络内的时间片，达到网络内实时互通的能力，在无线收发链路方案设计上，采用高抗干扰性能，高动态范围，高ACPR、高线性度的设计理念；统一系统的频率参考源，采用DDS+PLL+VCO的频率合成技术，保证对时间片和频率源的统一管理，为保证对系统中基站信息的及时响应，在主机内增加了职守信道，时刻侦听和响应列控信息等关键命令。

六、工作参数

（1）无线通信子系统试验频段暂定为433 MHz。

（2）无线通信子系统信道带宽为25 kHz。

（3）无线通信子系统设备实际使用信道数为3，其中一个信道与另外两个信道的频率间隔应大于0.6MHz，另外两个信道的频率间隔以25 kHz为基数，配置时信道数需要有一定冗余度，软件可设置，信道设置应保证信道间干扰不影响数据准确收发。

（4）无线通信子系统采用GMSK调制方式，BT值为0.3和0.5可选，软件可调。

（5）无线通信子系统信道编码方法为RS级联编码。

（6）无线通信子系统信号格式为：

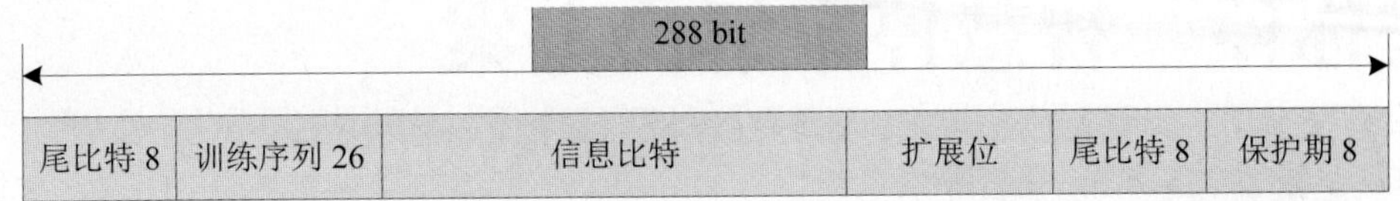

其中，尾比特和训练序列用于系统各项同步，训练序列同时用于信道估计和均衡。

（7）串口通信速率：38400/19200/9600/4800 bps，可调。

（8）无线通信子系统数据无线传输速率：19200/9600bps，可调。

七、技术指标

（1）功率：

车载电台：1 ～ 10W可配置；

地面基站：25W可分段设置。

（2）车载电台设备启动时间≤10s，地面通信设备启动时间≤15s。

（3）车载电台发射机启动时间≤1s，收发切换时间小于1ms。

（4）车载电台能够以小于15ms的时间将36个字节的数据广播出去。车载电台能够以可变周期发送数据，收发延时为μs级；地面通信设备能够以1s的周期发送数据，收发延时为μs级。

（5）无线通信子系统设备容许列车绝对运行速度不低于350km/h，相对运行速度不低于700km/h。

（6）无线通信子系统设备的接收灵敏度应优于-110dBm。

（7）无线通信子系统设备频率稳定度优于±1.5ppm。

（8）无线通信子系统采用卫星授时和电台自身守时结合的方法，无线通信子系统的授时精度不低于50μs，电台自身守时应保证在30min内时钟漂移不超过1比特时间。

（9）无线通信子系统通信距离：

① 空旷地，车载电台之间直接通信，距离大于7.5km；

② 空旷地，车载电台与地面通信设备通信，距离大于10km。

（10）无线通信子系统误码指标：误包率<10%。

“任你停”智慧停车解决方案

中兴智能交通股份有限公司[1]　江苏中兴新泰物联网科技园有限公司[2]
黄溅华[1]　常向魁[1, 2]　戴涛[2]

一、行业背景及现状分析

（一）行业背景

随着经济的持续发展、产业结构的调整、城市化进程的加快，“停车难”问题日益成为制约我国大中型城市经济发展的“瓶颈”。近年来人民生活水平的提高以及城市人口的不断攀升，城市机动车特别是汽车保有量也迅猛增长，截至2014年4月，全国机动车保有量为2.56亿辆，其中，汽车1.44亿辆。这些快速增加的机动车数量使得国内的很多城市都出现了各种交通方面的问题，如停车困难、交通拥堵、交通事故、车辆安全、停车纠纷、环境污染等，且国内很多大中型城市主干道停车位日趋饱和，难以完成泊车周转的需要，也使得“行车难”“停车难”问题日益锐化。修建停车场和交通设施，能解决部分问题，但费用高昂且建设周期长，还受土地使用及城市规划等诸多因素的制约。

有限的城市公共停车资源和剧增的机动车保有量之间的矛盾日益尖锐，建设科学、规范、高效、智能的停车管理系统已经成为行业发展的创新课题，进而提高停车效率，提升停车泊位利用率，以及高效、快速地对停车场进行定位，避免车主寻车位过程所造成的资源浪费。

（二）现状分析

目前，从国内现有的停车管理系统来看，主要存在以下问题：

（1）停车场配套措施单一，管理效果差；

（2）小区配套服务设计管理不规范；

（3）安全效果差，空置率高，周转率低；

（4）服务水平较低；

（5）停车收费的手段落后；

（6）收费不规范，导致区域拥堵，区域空置。

因此，针对目前停车行业的现状，中兴智能研制出以“物联网、云计算、互联网+”为特点的“任你停”智慧停车整体解决方案。

二、"任你停"智慧停车解决方案

(一)技术创新

1. 物联网技术的创新

"任你停"智慧停车系统，通过物理网中的信息采集设备和信息发布设备的"物物互联"技术，将RFID技术、无线传感器网络技术、移动通信技术、数据库技术、嵌入式技术、语音播报引导、远程网络监控等技术综合运用于一体，实现整个系统的全面感知、可靠传输、智能处理。该系统有效地实现了用户车位预约查询、停车场车位具体位置、环境参数等信息实时上传、车辆身份自动识别认证、停车路线图交付并导航引导、收费计时等"无人化"管理，最大限度地降低了停车行为消耗的成本，有效地解决了车位的紧缺与浪费等问题。

"任你停"智慧停车系统实现两个层面的物联网技术创新：MAI（M2M Application Integration）、MaaS（M2M as a Service）。

2. 云计算技术的创新

"任你停"智慧停车系统实现了物联网和云计算的融合创新，采用虚拟化云计算技术、SOA等技术的结合实现互联网的泛在服务：TaaS（Everything as a Service）。平台层为应用层提供支撑，提供应用层与各种感知层设备的交互支持、集中控制，集中管理。应用支撑负责完成下层各类设备上报信息的采集汇聚、完成各类数据的持久化以及为上层应用提供各类应用支撑功能。应用层直接面向客户（政府管理部门和社会公众），为客户提供机动车出行停泊公共服务。

(二)系统总体结构

"任你停"智慧停车系统主要分为智慧停车管理平台和公共服务云平台，智慧停车理平台分为开放式（道路）停车场建设系统、封闭式停车场管理系统和立体车库停车场管理系统。智慧停车公共服务云平台主要为运营单位、道路出行者、交警城管等政府职能部门提供综合的信息服务。具体详见下图。

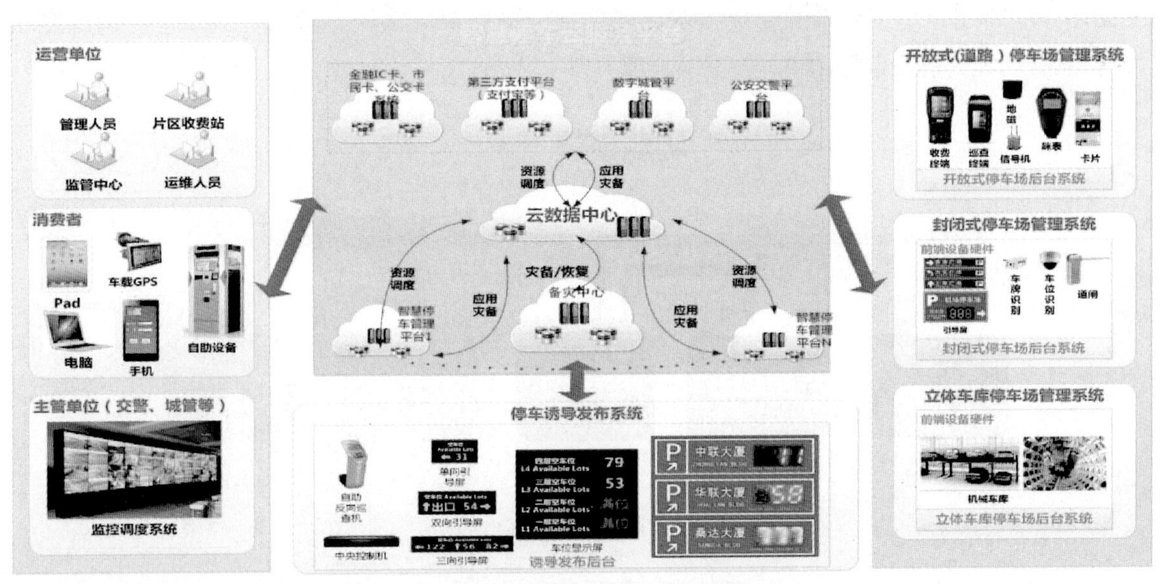

"任你停"智慧停车系统总体结构图

（三）智慧停车管理系统

1. 智慧停车管理系统的功能图

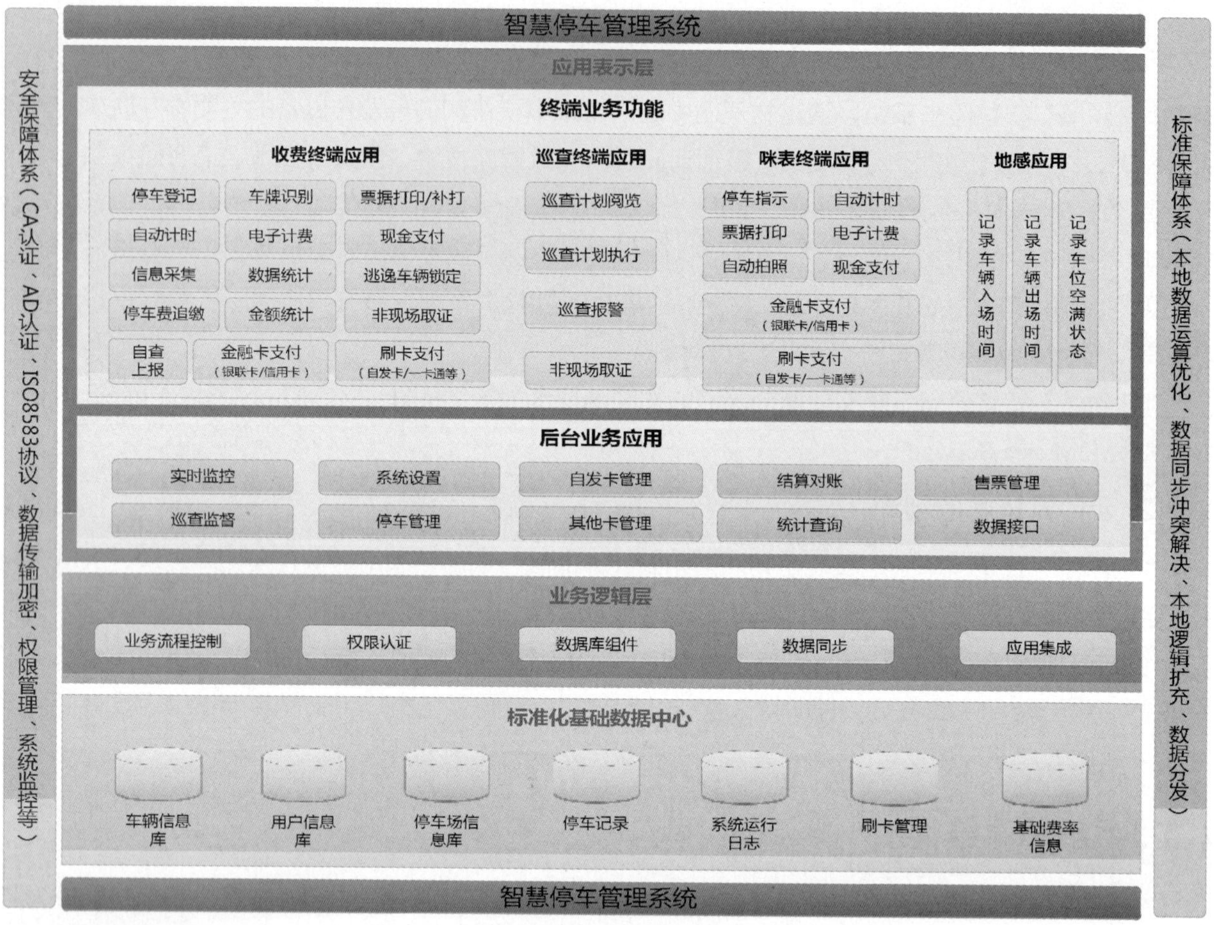

智慧停车管理系统
应用表示层
终端业务功能
收费终端应用
停车登记
车牌识别
票据打印/补打
自动计时
电子计费
现金支付
信息采集
数据统计
逃逸车辆锁定
停车费追缴
金额统计
非现场取证
自查上报
金融卡支付（银联卡/信用卡）
刷卡支付（自发卡/一卡通等）
巡查终端应用
巡查计划阅览
巡查计划执行
巡查报警
非现场取证
咪表终端应用
停车指示
自动计时
票据打印
电子计费
自动拍照
现金支付
金融卡支付（银联卡/信用卡）
刷卡支付（自发卡/一卡通等）
地感应用
记录车辆入场时间
记录车辆出场时间
记录车位空满状态
后台业务应用
实时监控
系统设置
自发卡管理
结算对账
售票管理
巡查监督
停车管理
其他卡管理
统计查询
数据接口
业务逻辑层
业务流程控制
权限认证
数据库组件
数据同步
应用集成
标准化基础数据中心
车辆信息库
用户信息库
停车场信息库
停车记录
系统运行日志
刷卡管理
基础费率信息
智慧停车管理系统
安全保障体系（CA认证、AD认证、ISO8583协议、数据传输加密、权限管理、系统监控等）
标准保障体系（本地数据运算优化、数据同步冲突解决、本地逻辑扩充、数据分发）

智慧停车管理系统功能图

2. 系统核心功能

“任你停”智慧停车管理系统功能模块主要包括：信息采集功能、通道控制功能、诱导发布功能、计费缴费功能、路况监控功能。

功能模块
信息采集
车位、车辆
通道控制
入口、出口
诱导发布
车位、车辆
计费缴费
车主、管理者
路况监控
停车场周边

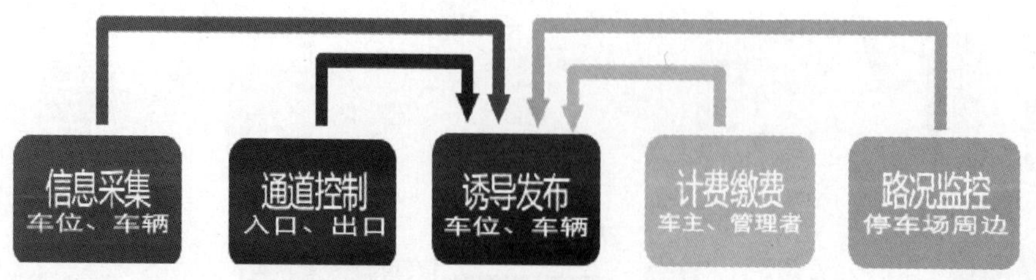

1）物联网采集功能

车位检测传感器采用国外技术检测周边地球磁场的变化，并结合其他检查手段，提高检测精度，可自动适应周围磁场变化。自动检测车辆等大型铁磁性物体进入后引起的磁场变化，当磁场变化超出阈值时传感器判断车辆到达、驶离，并以无线方式上传。阈值可调，满足检测不同大小车辆的要求。采用地埋方式安装于泊位中央，与地面齐平，无视觉障碍，完全不影响行人通行。

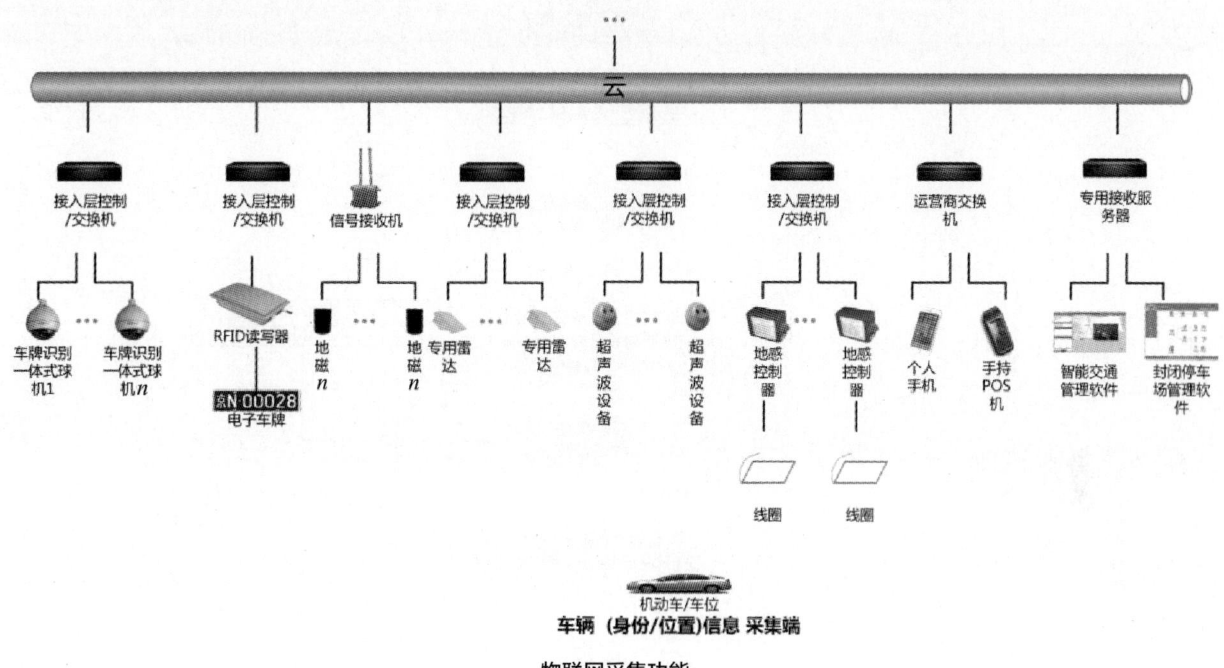

物联网采集功能

2）通道控制功能

通道控制系统（Access Control System，ACS）是采用现代电子设备与软件信息技术，在出入口对人或物的进、出，进行放行、拒绝、记录和报警等操作的控制系统，系统同时对出入车辆编号、出入时间、出入门编号等情况进行登录与存储，从而成为确保区域的安全，实现智能化管理的有效措施。系统中用到的硬件主要有道闸、车位锁、逻辑通道（出入口）。

3）诱导发布功能

按照国标《公共停车场（库）信息联网通用技术要求》，诱导发布功能对停车信息平台采集或汇集的停车场信息进行存储、处理、统计分析、转发，通过手机、网站、电话、停车信息发布屏、车载导航等多种方式为公众、停车场经营者、政府决策者提供信息服务。

4）计费缴费（收费）功能

（1）应用场景之一：刷卡支付业务流程

刷卡支付业务流程就是车主自带业主发行的停车卡（或其他卡）进行支付。

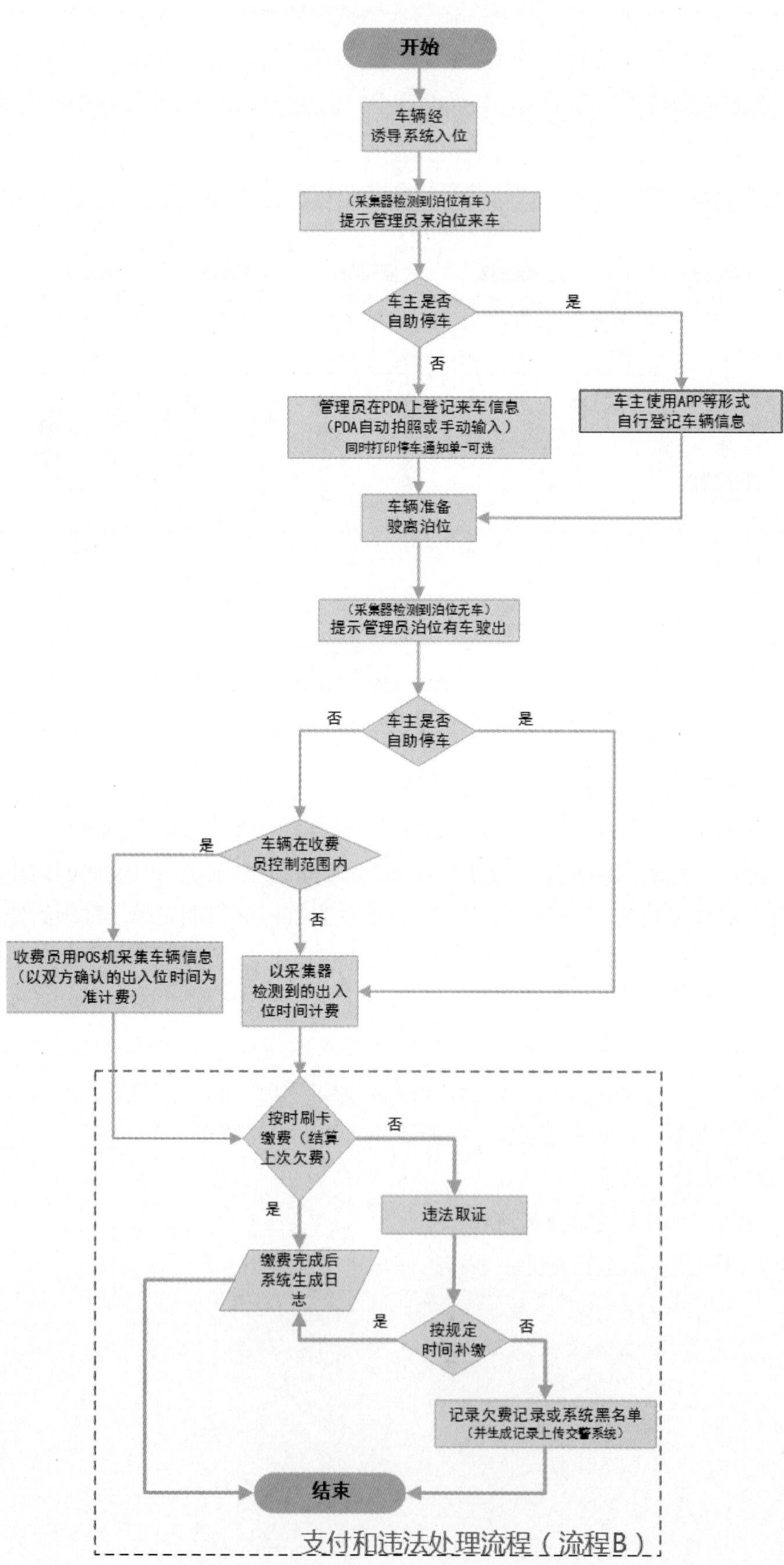

传统流程有采集器刷卡
开始
车辆经诱导系统入位
（采集器检测到泊位有车）
提示管理员某泊位来车
车主是否自助停车
是
否
管理员在PDA上登记来车信息
（PDA自动拍照或手动输入）
同时打印停车通知单-可选
车主使用APP等形式自行登记车辆信息
车辆准备驶离泊位
（采集器检测到泊位无车）
提示管理员泊位有车驶出
车主是否自助停车
否
是
车辆在收费员控制范围内
是
否
收费员用POS机采集车辆信息（以双方确认的出入位时间为准计费）
以采集器检测到的出入位时间计费
按时刷卡缴费（结算上次欠费）
否
是
违法取证
缴费完成后系统生成日志
按规定时间补缴
是
否
记录欠费记录或系统黑名单
（并生成记录上传交警系统）
结束
支付和违法处理流程（流程B）

（2）应用场景之二："现金+PDA"支付业务流程

针对部分车主没有停车卡等支付卡的情况，在缴费支付时，收费员将代其用自己的代缴卡缴费，避免了清分结算的困难。

（3）应用场景之三："全自助化APP收费模式"业务流程

全自助化收费模式主要基于APP，无须收费员监管，车主采用预付费的支付模式，预付费不足，则续费。

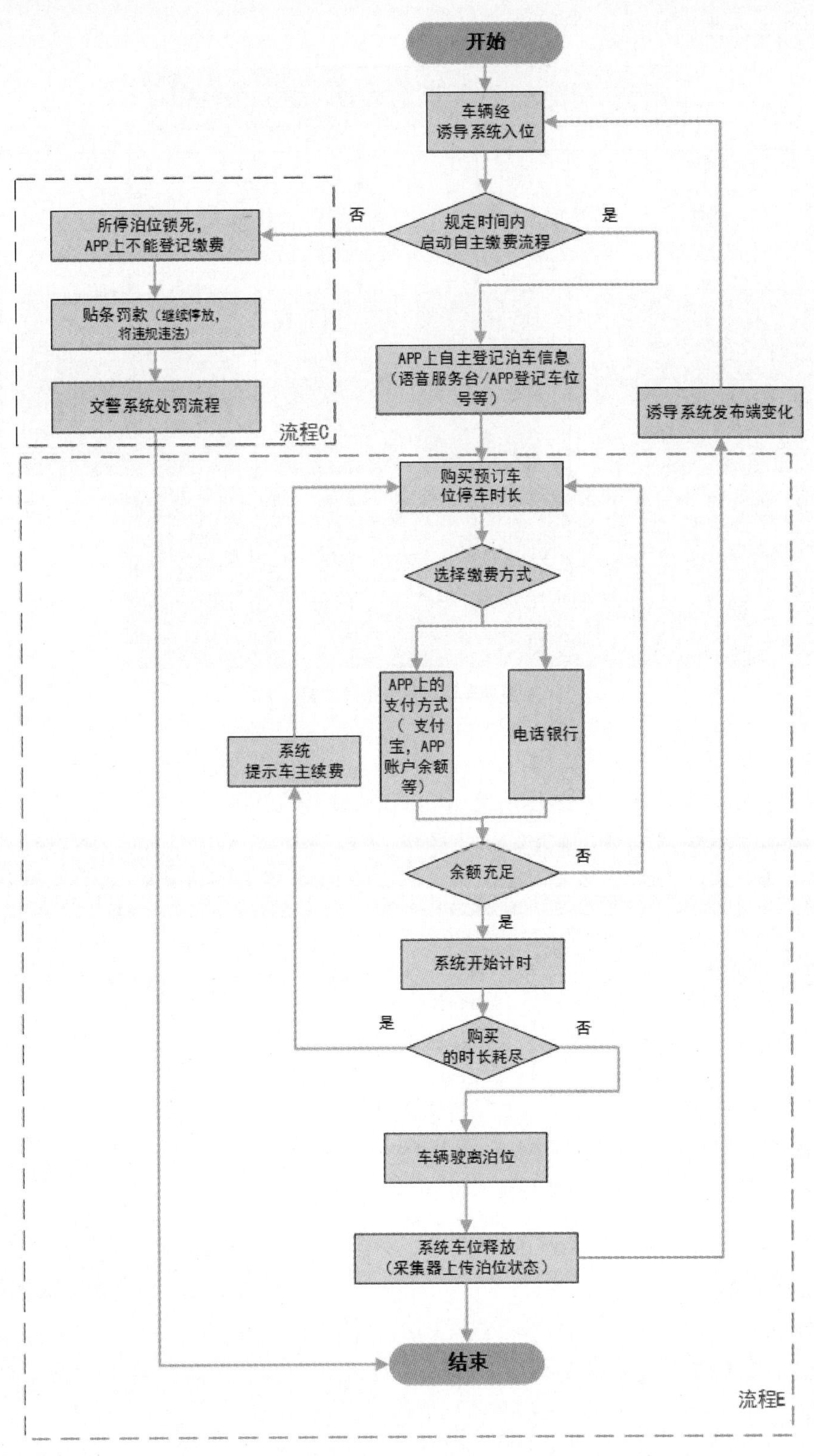

（4）应用场景之四："半自助化APP收费模式"业务流程

停车APP模式，可以实现自助缴费（无人值守收费），也可以在有收费员监督的情况下使用，即实现半自助化缴费模式。

5）管理平台功能介绍

系统平台功能包含实时监控、巡查监督、停车管理、自发卡管理、结算队长、统计查询、数据接口、系统设置等功能。

智慧停车管理系统平台功能如下图所示。

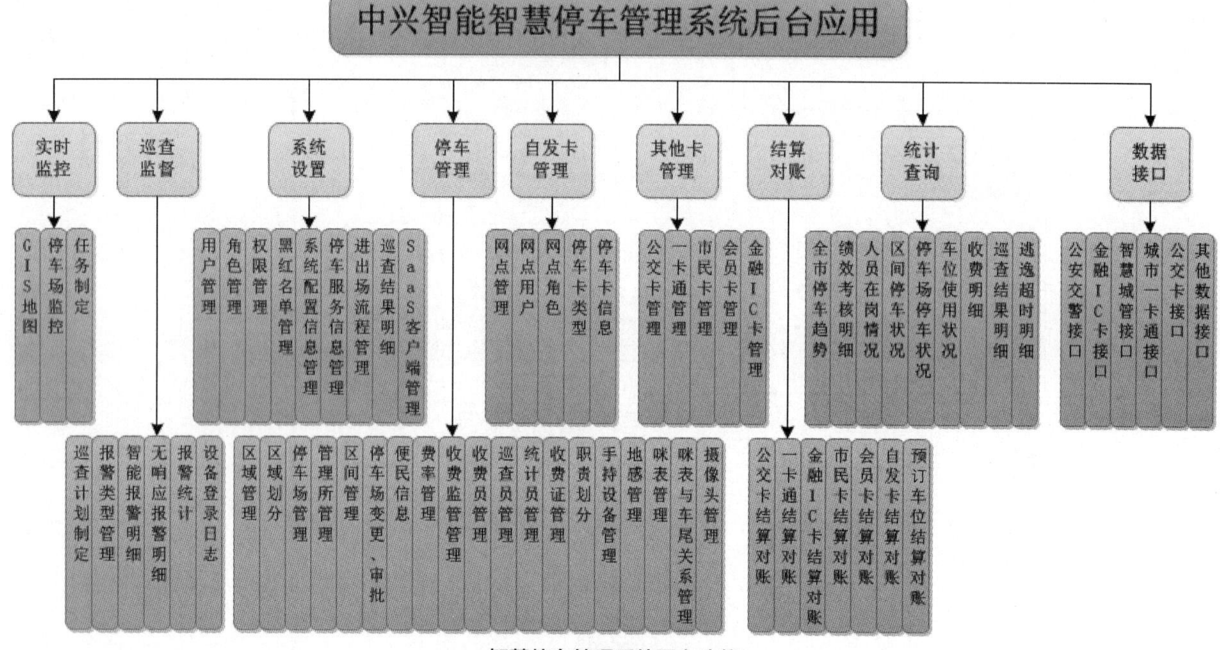

智慧停车管理系统平台功能

（1）实时监控

实时监控包含了停车场监控、在线用户监控、泊位监控等功能。

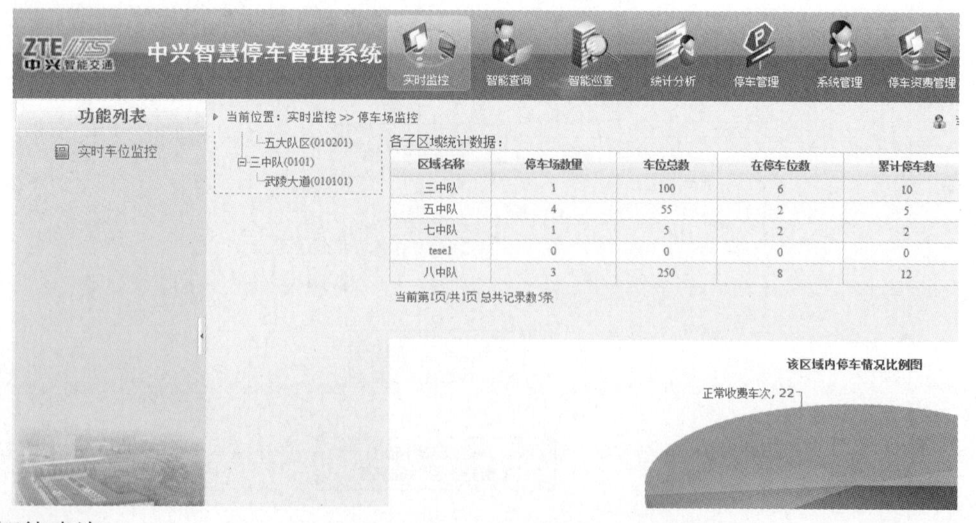

区域名称	停车场数量	车位总数	在停车位数	累计停车数
三中队	1	100	6	10
五中队	4	55	2	5
七中队	1	5	2	2
tesel	0	0	0	0
八中队	3	250	8	12

（2）智能查询

智能查询包含了各项关联数据查询，如车辆轨迹查询、收费员报警查询、费用查询、车辆逃逸、超时查询等。

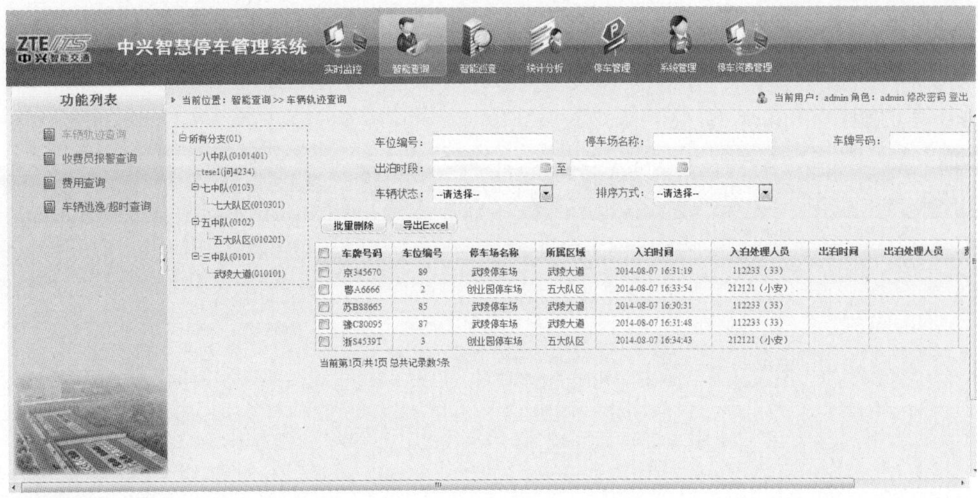

（3）巡查监督

巡查监督主要是安排巡查人员对各停车泊位场所进行巡查，及时发现问题、纠正问题，其主要功能包含巡查员管理、巡查任务管理、巡查报警类型管理、巡查报警明细等。

（4）统计分析

统计分析部分主要是统计各项业务数据，如按照停车场统计收入分析、按照区域统计停车收费金额、按照收费员统计收费金额等。

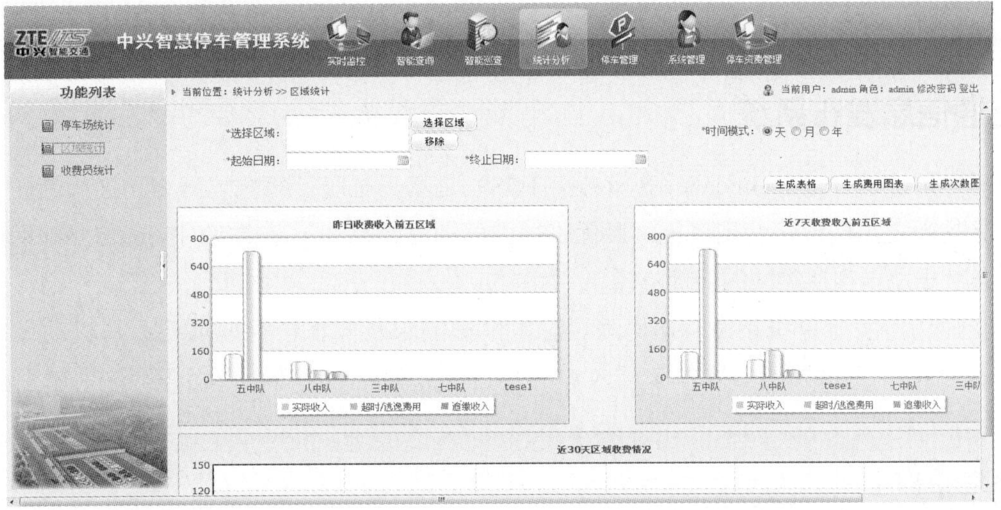

（5）停车管理

停车管理是整个平台的业务核心，包含了停车区域划分、停车场管理、收费员管理、设备管理、职责划分等功能。

（6）停车资费管理

停车资费管理是用于设置分时计费的功能，包含了停车费率、包月费率、节假日费率、包月用户管理、节假日管理等功能。

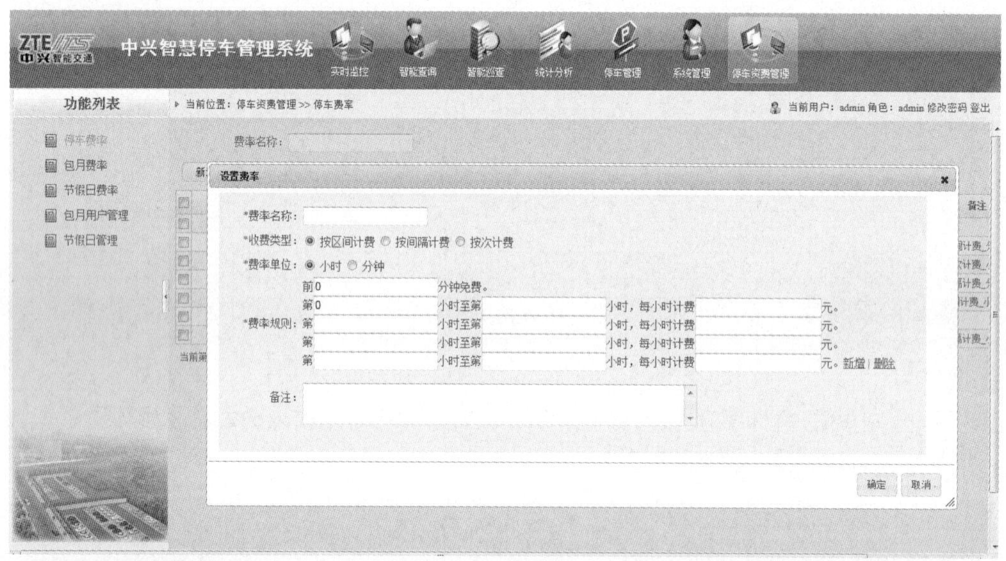

（四）交通信息发布系统

交通诱导系统（Traffic Guidance System，TGS）是基于电子计算机、网络和通信等现代技术，根据出行者的起讫点向道路使用者提供最优路径引导指令或是通过获得实时交通信息帮助道路使用者找到一条从出发点到目的地的最优路径。

静态交通诱导发布系统参照TGS，满足车主停车需求及停车场管理需要，从机动车车主寻找空闲停车位开始，到驾驶到具体停车场入口的全过程（暂不含停车场内引导），为车主提供全方位引导。

1. 系统结构

停车诱导系统包括车位（以下简称泊位）采集管理、信息发布管理、后台三个子系统，系统内部车位采集子系统、后台服务器以及车位发布诱导屏相互之间以无线（包括电信运营商、WiFi等形式）通信方式为主，有线（双绞线、EPON等）通信方式为辅。

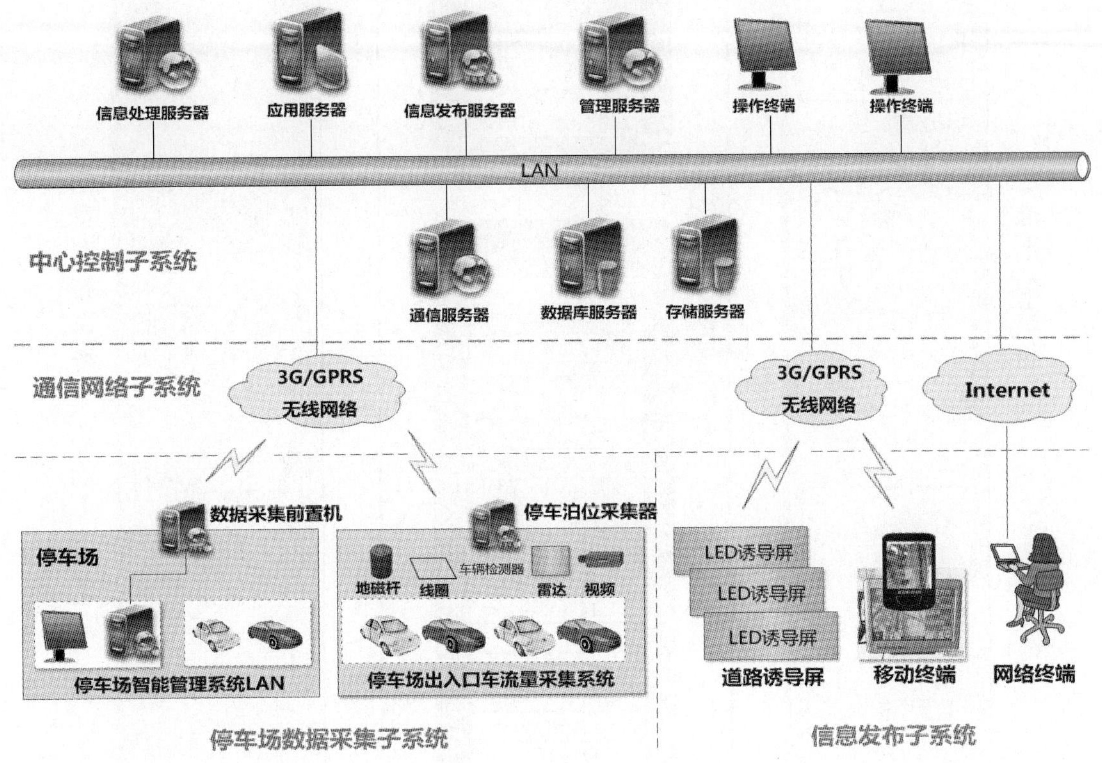

2. 停车诱导信息发布核心管理子系统

停车诱导发布管理系统采取B/S体系架构，由通信服务子系统、监控管理子系统构成。监控管理子系统又可分为管理、监控及控制三个功能模块。服务子系统又可细分为分为通信和接口、数据处理两大功能模块。

1）监控管理子系统（中控系统）

监控管理子系统又称中控系统，位于整个平台架构最外层，基于GIS技术，提供一个人机互动的界面，实现对管理用户的建立和权限分配，实现街道、停车场点位、诱导屏点位等地理信息数据的管理，建立场外设备（车位采集设备和车位发布设备）与点位（停车场、诱导屏）的对应关系，对场外设备进行参数设置和控制管理，实时监控场外设备以及通信网络的工作状态。

2）通信服务子系统（片区分控系统）

通信服务子系统又叫片区分控系统，包括通信接口、数据处理两大模块。通信接口模块负责平台各子系统间的通信工作以及静态、动态交通信息的采集、处理和发布工作，主要功能包括通信链路管理及数据的接收、发送和与外部系统的数据接口处理。外部系统平台通过接口与平台进行数据交互，接口采用标准协议，利用Web Service、Socket和Remoting等多网络通信技术，根据各平台的实际需求配置通信接口，提高兼容性与可扩展性。通信接口模块将接收到的数据提交给数据处理模块处理，同时数据处理模块处理后将需要发送出去的数据发送到相应系统平台。

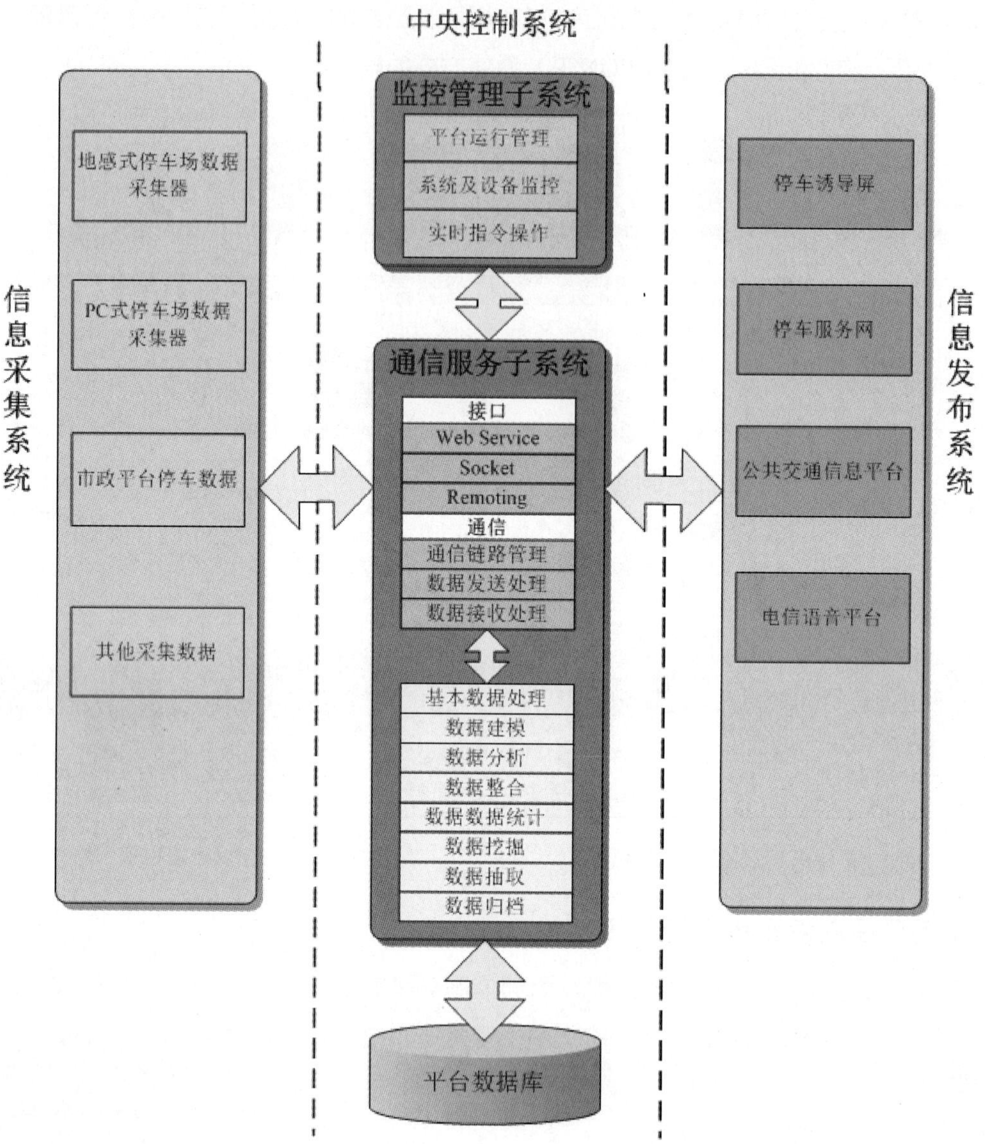

中央控制系统
信息采集系统
地感式停车场数据采集器
PC式停车场数据采集器
市政平台停车数据
其他采集数据
监控管理子系统
平台运行管理
系统及设备监控
实时指令操作
通信服务子系统
接口
Web Service
Socket
Remoting
通信
通信链路管理
数据发送处理
数据接收处理
基本数据处理
数据建模
数据分析
数据整合
数据数据统计
数据挖掘
数据抽取
数据归档
平台数据库
信息发布系统
停车诱导屏
停车服务网
公共交通信息平台
电信语音平台

（1）监控管理子系统

监控管理子系统功能结构图如下所示。

控制管理子系统
GIS地理信息管理
区域街道定义
停车场管理
设备管理
发布设备管理
停车场设备管理
SIM卡管理
设备运行控制
发布设备参数控制
停车场设备参数控制
信息发布和审核
系统监控
网络点位监控
发布设备监控
停车场设备监控
统计报表
停车场空位统计
设备故障统计
网络点位故障统计
用户管理
用户管理
更改密码
权限设置
系统日志
操作日志
设备日志
系统帮助

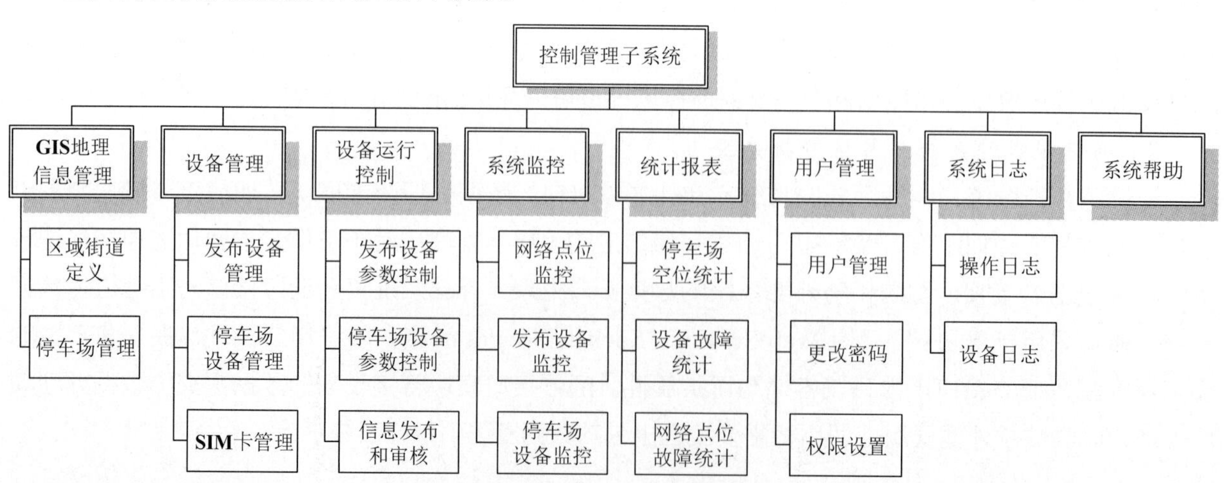

根据功能结构图所示，控制管理子系统有GIS地理信息管理、设备管理、设备运行控制、系统监控、统计报表、用户管理、系统日志和系统帮助8个功能模块。

（2）通信服务子系统（片区分控系统）

片区，即按管理需求来划分的一处封闭式停车场或开放式停车区域，整个城市的停车位可视作一个大的停车场，按需求划分为n个片区。

片区分控系统建议采用Windows后台服务模式，片区分控系统是管理中心与场外设备进行通信的中间件，管理中心对场外设备的参数设置和指令控制通过片区分控系统下发到场外设备，而场外设备的数据信息或指令结果将通过片区分控系统上传到管理中心。

（3）图形化仿真终端管控子系统

图形化仿真终端管控子系统主要是管控室内各相关诱导发布系统终端（诱导屏）的运行、安全状况、能源使用状况，实现发布内容手动、自动更新等综合自动监测控制与管理，并使之达到最佳状态。

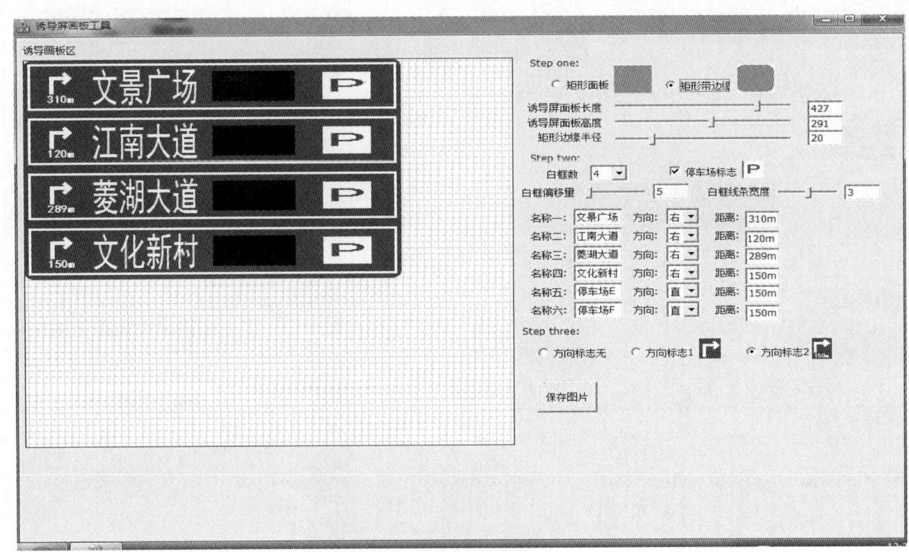

图形化终端管控界面

（五）智慧停车公共服务云平台

“任你停”智慧停车云服务平台是一种基于各级停车管理系统集中管控的平台，它是运用各种最新的技术手段，将GPS技术、GIS技术、智能终端技术、大型空间数据库技术、网络通信技术等集成于一体。

通过无间隙覆盖的GPRS/2.xG/3G/4G/WiFi/自组网等无线网络将各级停车场停车系统采集的数据，实时统一汇总至云数据计算中心统一管理，并经中心数据库处理后，形成有效、及时和全面的参考指导决策数据，对县区域级、地市级、省级、大区级乃至全国及跨区域交通及停车状况进行分析指导，为政府、主管部门、经营单位提供停车远程监管、数据统计分析和展现、决策支持分析等信息；同时可面向公众提供多渠道交通即时讯息，即公众可通过车载GPS、智能手机、互联网、停车诱导牌、声讯电话、短彩信、微博、微信等各种方式查询到所需交通和停车信息，以便规划自己的出行。

1. 云服务平台网络拓扑图

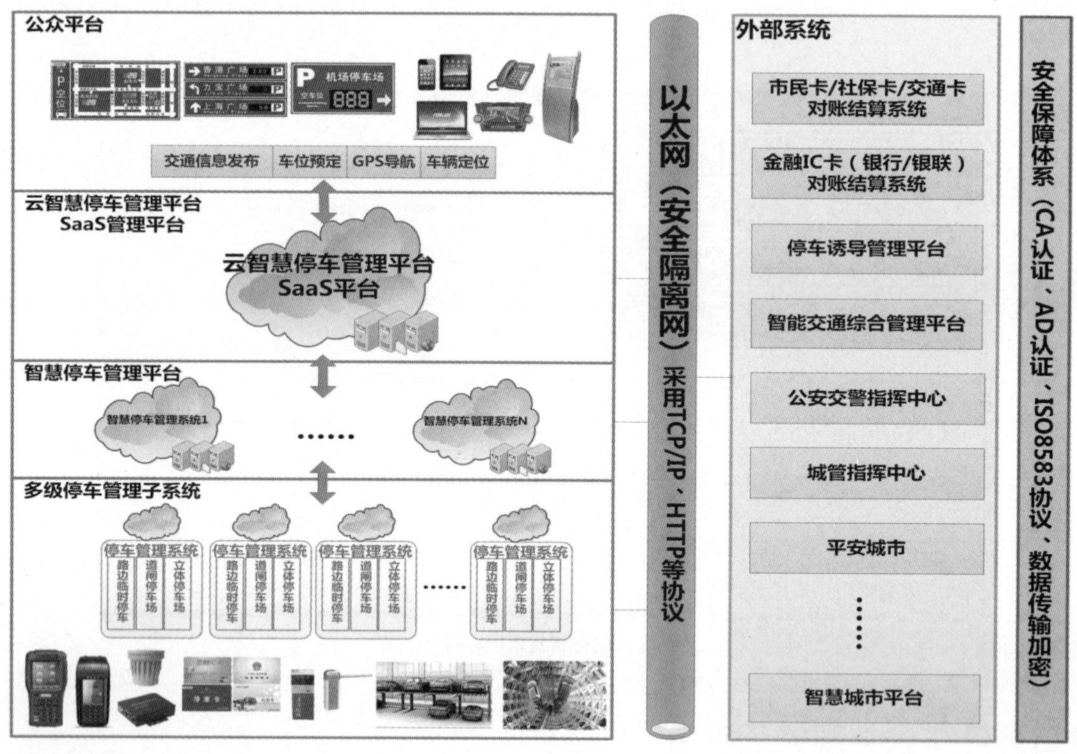

2. 智慧停车云服务平台的支撑基础

智慧停车云服务平台支撑基础是为负责完成下层各类设备上报信息的采集汇聚、完成各类数据的持久化以及为上层应用提供各类应用支撑功能，其按照功能可以分为软件支撑平台和硬件支撑平台，其中软件支撑平台主要基于PaaS模式，硬件支撑平台主要基于IaaS模式（硬件资源管控软件服务也被包含于此）。

1）软支撑平台

平台层中的软支撑平台为应用层提供软件支撑，包含的模块如下图所示。

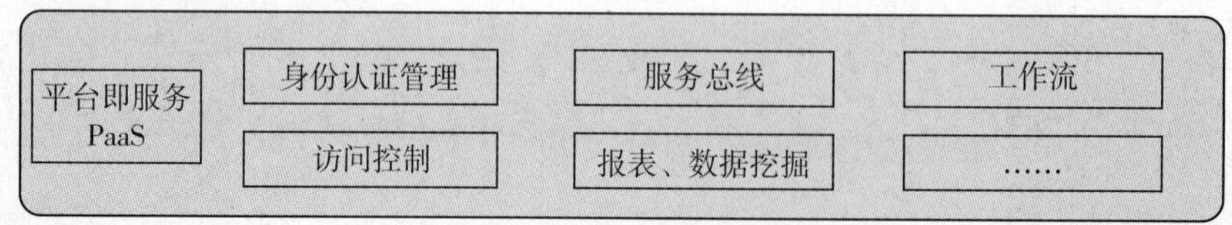

交通大数据处理平台提供人、车和交通流信息的海量数据存储和实时数据搜索分析服务，具有强大的流数据、人车特征数据、异常事件管理能力。根据需要在云端部署交通信息采集和处理，利用平台进行智能分析、前后端融合管理和数据挖掘。解决智能交通的数据增长快、应用负载波动大、信息实时处理要求高等难点问题，满足智慧城市的静态交通数据共享和高速扩展的重大需求。

软支撑平台参照各种标准构建整体架构，通过业内标准与部分终端交互，获取车辆、泊位等信息；通过业内相关标准对采集到的信息进行过滤分组处理；通过业内相关标准分析数据，并为上层应用提供数据访问服务。

2）硬件资源支撑平台（数据中心/机房）

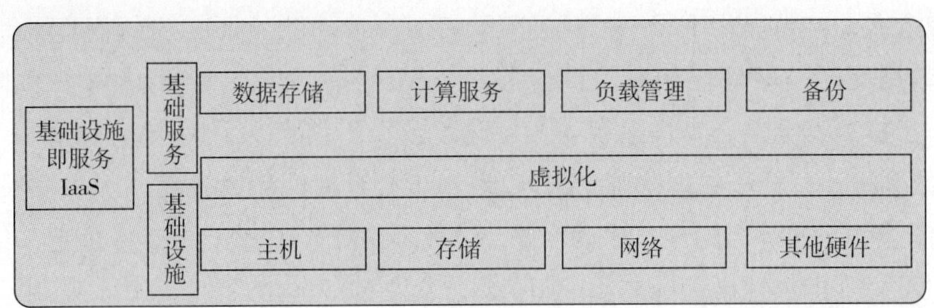

IaaS层（Infrastructure as a Service，基础设施层）主要部署服务器、存储、网络等硬件，并通过虚拟化技术对硬件资源进行资源池化且能够自动化联动管理，云服务管理平台自动化编排底层资源池。IaaS提供处理、储存、网络以及各种基础运算资源，部署与执行操作系统或应用程式等各种软件。客户端无须购买服务器、软件等网络设备，即可任意部署和运行处理、存储、网络和其他基本的计算资源，不能控管或控制底层的基础设施，但是可以控制操作系统、储存装置、已部署的应用程式，有时也可以有限度地控制特定的网络元件。

3. 平台主要功能

（1）平台采用云计算的SaaS模式，支持分布式、多级监管，可设置多级管理平台，满足多层及跨区域统一管理的需要。

（2）客户系统搭建、实施、维护便捷，支持自主注册、认证、配置、设置和基础维护等，为主管部门、业主方节省大量时间和成本，使管理和监管变得一目了然，免去日常维护之烦琐和安全威胁。

（3）平台可完美兼容各类停车系统及设备，包括临时占道停车、道闸封闭式停车场、地下停车场、景区停车场、立体停车场等。

（4）平台支持各种停车设备、设施以及停车系统的接入，能够实现电子化、信息化、智能化、智慧化的统一管理。

（5）可统一管理及下发收费标准及类型，支持差别化收费，支持不同地点、不同区域、不同车场、不同时段、不同车辆等的差别化费率标准，可灵活自主配置设定。

（6）支持多种支付方式，如现金、自主发卡、市民卡、交通卡、社保卡、银联卡以及第三方支付，并能完美对接城市通卡、银行或支付公司等第三方电子账务结算平台。

（7）综合平台的各种智能化手段可有效解决停车收费及管理过程中的“跑、冒、滴、漏”“偷、逃、漏、欠、私吞”等不规范、不科学现象。

（8）系统可以对停车收费的设备进行管理，能清晰打印停车定价记时凭条及收费凭条。对逃逸收费的车辆有积极有效的监管机制，支持逃逸处理和逃逸补缴。

（9）平台综合人力与智能化手段，减轻了劳动者负担，降低了业主方的管理风险。

（10）多种数据交互、存储、访问、计算等强化安全防护机制，实施动态侦测预警、多重容灾备份机制等以进一步提高安全性。

（11）多种数据统计分析和数据挖掘（BI），进一步提升管理和效益等。

（12）多种便捷服务：综合门户、移动APP、SMS、MMS、Call Center、预定车位、支付等，为主管部门、业主及公众提供综合管理与便民服务。

（13）接口灵活：指路停车诱导、交通指挥中心、市民卡、银联/银行/金融卡、社保卡、交通卡、公安交警、数字城管、平安城市、智慧城市等。

三、解决方案的优势和特点

“任你停”智慧停车解决方案分别在智慧停车管理模式和产品技术两个层面上实现了创新。

（一）管理模式创新

1. 消费者体验创新

1）找车位快捷

利用互联网、移动互联网的普及性，通过网站、手机等介质，将停车信息提供给消费者，将消费过程中的各种信息及时送达消费者，提高消费者的停车体验，远期还将结合网站、手机等拓展道路停车预订功能，进一步方便消费者。

2）错时停车

通过智慧停车平台的搭建，允许各类停车资源业主发布停车资源信息，便于车辆、停车位信息撮合匹配，形成错时停车效果，有效缓解道路停车压力。

3）收费合理

实现动态收费标准，根据闲时、忙时、停车地理位置来进行收费标准的制定，体现收费合理性。

4）驶离车位快捷

不用消费者有缴费行为，即可实现缴费，如利用自动/远距离电子支付：充分利用射频自动扣费技术和手机无线网络优势，实现城市停车的自动支付和远距离电子支付，为城市停车提供良好的服务。

2. 主管单位业务创新

1）智慧停车管理

在停车泊位上部署车位检测设备，将车位状态信息实时采集到总控中心，实现道路停车的自动化感知。通过道路停车运营管理平台对停车泊位状态、缴费状态进行自动分析判别，有效提高道路停车管理效率，使道路现场巡管人员管理泊位数量由传统的15 ～ 25个提高到25 ～ 50个。

2）高效监管

通过 GPS 技术、GIS 技术、无线网络通信技术等手段，实现对道路巡管人员行动轨迹的实时监控和指挥调度。同时道路停车管理在不久的将来实现不采用现金收费的方式，直接减少了现场管理人员与财务的联系，避免了其他城市运行案例中难以解决的收费员舞弊等问题。

3）及时维护

通过道路停车运营管理系统对车位检测器、手持 PDA 等各种设施进行统一的管理和监控，对设备异常进行自动告警。同时通过分区网格化管理，实现对问题设备的快速、高效管理。

4）运行数据分析决策

通过对采集数据的深层次挖掘，对道路停车的停车周转率、停车泊位利用率等数据进行计算分析，以图表和报表方式为管理单位提供决策参考。

（二）产品技术创新

1）系统的整体统一性

由于本系统属于无线传感网、无线通信网、空间地理信息等技术的综合性复杂项目，因此系统的整体性尤为重要，不仅需要数据检测的精度以及数据传输的可靠性与稳定性，而更重要的是系统的统一性，将来可将各个分布的应用都整合建立在这个统一的平台之上。

2）系统的开放扩展性

本系统具有很强的开放性，对于不同的软硬件具有很强的兼容性，表现出良好的系统性能，以确保将来系统在升级换代时对原始投资的保护，即可大大减少系统占有资源的成本，从而使得系统有较高的综合性能价格比。

3）系统的高度可靠性

该系统是一项实际应用工程，因此采用了相对成熟的设备和技术，尽量减少系统的风险。在设备选型和系统设计方面均确保系统能长期稳定、可靠地运行，最大限度地减少系统故障的发生。

4）系统的高度安全性

该系统涉及了广泛的应用对象，其中包括交通管理者和广大的机动车驾驶员。系统采用了多种安全策略和技术，以保障系统安全、可靠。

（1）车辆检测传感器、无线网关和无线转发器，对采集的数据都采取了安全加密的措施，保证数据在通信传输的过程中，不被恶意窃取和破坏，保障前端系统的安全、可靠。

（2）系统接收的信息进行CA身份验证，只有验证通过后的信息才能进行数据统计和存储。

（3）系统容错与校验设计，实现数据完整合法。

（4）双机热备份，磁盘镜像保障数据安全。

四、总结

中兴智能交通股份有限公司耕耘智能交通行业十多年，已有近千项成功案例。“任你停”智慧停车解决方案充分结合了公司在综合交通领域的成功经验和理念，以“物联网、云计算、互联网+”的创新技术，按照“统一性、扩展性、可靠性、安全性”等整体要求，实现了在停车管理行业的又一重要创新。

交通信号系统解决方案

天津通翔智能交通系统有限公司

引进台湾技术，依托易华录从事智能交通控制的技术积累和万余台信号控制机终端用户的反馈信息，加上近几年的大力研发、生产及维护经验，运用成熟的嵌入式科技新成果，参考现代工业设计理念，从用户和安全稳定的角度出发，着眼于未来智慧城市的长远目标，成功研制了新型智能化交通信号控制机——MTC-1032集中协调式交通信号控制机。该信号机具备完全的自主知识产权，并于2013年一次通过新国标检验（GB 25280-2010《道路交通信号控制机》），同时，一部分功能按照美国的NEMA标准进行设计。信号控制系统包含四部分：协调式交通控制信号机、Smart UTC智能交通控制平台、信号灯智能检测器、无线地磁车辆检测系统、互联网与交通大数据应用。

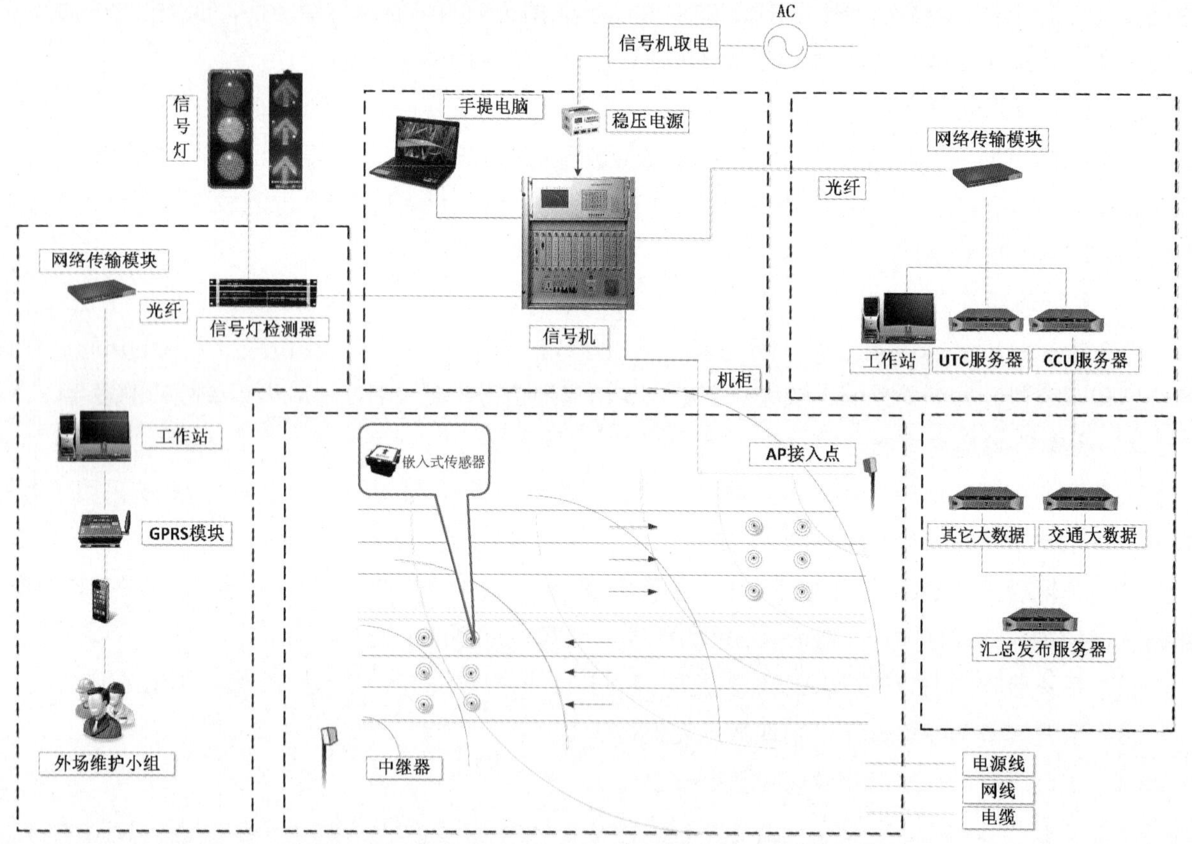

一、协调式交通控制信号机

功能特色：

支持通信式、脉冲式倒计时，并可任意修改为半程或全程模式；

提供单点感应、单点优化控制、实时自适应等多种单点优化模式；

提供多种特色的外手动小门（机械式、相阶式、灯组式）；

提供LCD外置配置面板、操作灵活方便；

对特殊瓶颈路口可提供不同的解决方案；

行人过街、行人二次过街及路段行人过街协调控制；

紧急车辆优先控制、公交优先控制、特殊勤务控制、火车优先控制等；

多种数据采集系统的接入：开关量、通信息协议等；

支持外接SD存储卡。

二、Smart UTC智能交通控制平台

Smart UTC智能交通控制平台是易华录多年从事智能交通控制的结晶，融合了多种先进的智能交通信号控制理念，经过10多年的现场磨练，逐步形成一个符合国标、面向国际的道路交通信号控制综合平台，其最大的特点是接入信号机多，工作稳定可靠，控制策略丰富，操作简单方便，经过实战检验，引领国内智能交通控制的技术发展。

三、信号灯智能检测器

功能特色：

交通信号灯故障实时检测，远程实时推送故障信号灯方位和故障类型；

控制中心可监视所有信号灯的实时状态；

多重保护，有效隔离交通设备与信号灯的干扰，避免相互影响；

全部测量端均为高阻隔离接入，不影响相关原有设备的正常工作。

应用范围：

电子警察系统；

交通信号灯检测系统。

四、无线地磁车辆检测系统

天津通翔无线地磁车辆检测系统由无线地磁检测器、中继器、处理主机、开关量界面（Contact Closure Interface，CCI）四部分组成。天津通翔是在使用美国先思公司无线地磁检测器的基础上，自己独立开发了车辆检测信息的开关量转换装置——开关量界面。同时，利用通翔独特的交通流量算法统计出车道流量和占有率、车辆数、车速车流，直接通过协议接入MTC-1032道路交通信号控制机，作为感应控制和自适应控制的输入信号，通过中心平台可以进行线协调和区域协调。同时，还可以作为城市路段或高/快速公路主干交通数据采集功能的处理终端，另可提供连接手提电脑或中心通信功能。也可以与通翔以外的第三方交通信号控制机进行连接道路交通控制。

五、互联网与交通大数据应用

功能特色：

路口交通状况发布；

互联网等其他交通数据利用；

交通流宏观控制；

出行线路分析；

未来交通状况预测。

天津通翔智能交通系统有限公司成立于2012年8月，是中国华录集团所属上市子公司北京易华录信息技术股份有限公司的子公司，以智慧交通和智慧城市核心软件开发为主、系统集成为辅的智能交通和智慧城市管理系统提供商。

公司业务覆盖全国30个省、自治区、直辖市，为国内多个城市提供技术服务。公司在智能交通领域具有较大影响力，自公司成立以来取得了一系列荣誉：2012年最具影响力交通信号控制器品牌奖、2013年中国交通信号控制器行业“十大优秀企业”、2014年度智能交通推荐单位、2014年度智能交通推荐技术方案、2014中国城市智能交通十大优秀成长企业、2014中国交通信号控制器行业十大优秀企业等。

青岛世园会周边道路视频监控系统传输方案

北京华飞时代科技有限公司

一、概述

青岛世界园艺博览会（以下简称青岛世园会）以“让生活走进自然”为主题，园区位于青岛市李沧区东部的百果山森林公园。园区道路交通非常方便，由6条快速线路、8条专线组成。在交通便利的同时，交通安全不容忽视。安全是城市建设发展的基础，世博公共安全问题已日益引起社会各界的高度关注。目前，采用高科技安防通信手段预防和制止可能的各种事件发生，是保证世博正常运行的有力措施。视频监控系统以其直观、易于存储、检索和共享的特性，得到了大家的一致青睐。在这些人流密集、人员复杂的区域，需要一套应急指挥系统来保障其安全、稳定运行。交通应急指挥系统中交通枢纽智能监控系统无疑是最重要的，已经成为维持社会安定的重要手段。

二、系统目标

通过视频监控系统不但可以及时、准确地记录车辆信息，随时掌握道路各出入口及道路车辆流量及状态，还能进行车辆情况分析。系统黑名单管理库中可以对超速、逆行、盗抢、肇事逃逸等违章车辆信息进行联动上传。通过传输系统可以将公安网络与交通指挥中心和各大队系统联网，实行数据共享，指挥中心可随时调用所获得的数据信息。

三、设计依据

（1）《闯红灯自动记录系统通用技术条件》（GA/T 496-2009）；

（2）《道路交通安全违法行为图像取证技术规范》（GA/T 832-2009）；

（3）《中华人民共和国道路交通安全法》；

（4）《中华人民共和国道路交通安全法实施条例》；

（5）《公路交通安全设施设计技术规范》（JTJ 074-2003）；

（6）《民用闭路电视系统工程技术规范》（GB50198-94）；

（7）《安防视频监控系统技术要求》（GA/T 367-2001）；

（8）《中华人民共和国公共安全行业标准》（GA38-92）；

（9）《中国电气装置安装工程施工及验收规范》（GBJ232-90.92）；

（10）《道路交通标志和标线》（GB5768）；

（11）《公路车辆智能监测记录系统技术规范》（GA/T497-2009）；

（12）《机动车号牌图像自动识别技术规范》（公安部GA/T 833-2009）；

（13）《质量体系设计、开发、生产、安装和服务的质量保证模式》（中华人民共和国国家标准 GB/T 19001-1994）；

（14）《机动车安全检测设备》（中华人民共和国国家标准 GB/T11798-89）；

（15）《公安计算机信息系统“九五”规划》（GA/23-92）；

（16）《系统接地的形式及安全技术要求》（GB/4050-93）；

（17）《电气装置安装工程电缆线及施工工程验收规划》（GB/50168-92）；

（18）《城市道路交通管理评价指标体系》（公交管〔2002〕35号；

（19）《建筑物防雷设计规范》（GB50057-94）；

（20）《30MHz-1GHz声音和电视信号的电缆分配系统》（GB6510-86）；

（21）《安防系统工程验收规范》（GA308-2001）；

（22）《安全防范工程程序与要求》（GA/T95-94）。

四、设计原则

（1）先进性：采用先进、成熟的技术和器件，研制出先进的系统，关键部分采用国内外先进的部件和技术。

（2）稳定性、可靠性：从设备的选型到具体的实施方案，都充分考虑到不同地域气候环境特点所造成的系统可靠性问题，确保系统正常、稳定、可靠、连续运行。

（3）方便性：一个成功的系统必须考虑使用和维护的方便性，本着“通用化、模块化、系统化”的原则，本系统可实现标准化、模块化设计，从而保证部件的通用性、互换性，为用户的运行和维护工作提供最方便的手段。

（4）经济性：设备结构总体设计本着结构优化、布局合理、满足操作、维修方便等要求，在满足用户总体需求的前提下确保产品结构造型设计美观大方，同时最大限度地降低系统造价。

（5）可扩展性：系统可扩展性主要体现在系统功能的可扩展性，以达保护用户投资之目的。

五、传输网络系统设计

（1）传输系统架构图

传输网络架构图
道路监控
接入交换机
环形网络接入
链形网络接入
点到点接入
相机
路口
前端汇聚交换机
汇聚接入
监控中心汇聚交换机
数据上传上级控制中心
显示墙
视频解码器
客户端
核心交换机
磁盘阵列存储
路由器
安全策略
互联网
服务器机群
标注：—— 光纤
—— 网线

（2）传输设备示意图

系统传输示意图
道路监控
环形网络接入
HF-IES-3528M
诱导屏
HF-IES-1003
链形网络接入
HF-IES-2228M
收费站广场
模拟视频
编码器
点到点接入
HF-IES-2228M
收费站
HF-IES-1003
HF-IES-2210M
汇聚接入
HF-IES-2516M
HF-IES-1003
显示墙
视频解码器
客户端
核心交换机
磁盘阵列存储
数据上传上级控制中心
路由器
安全策略
上级联动
服务器机群
标注：—— 光纤
—— 网线

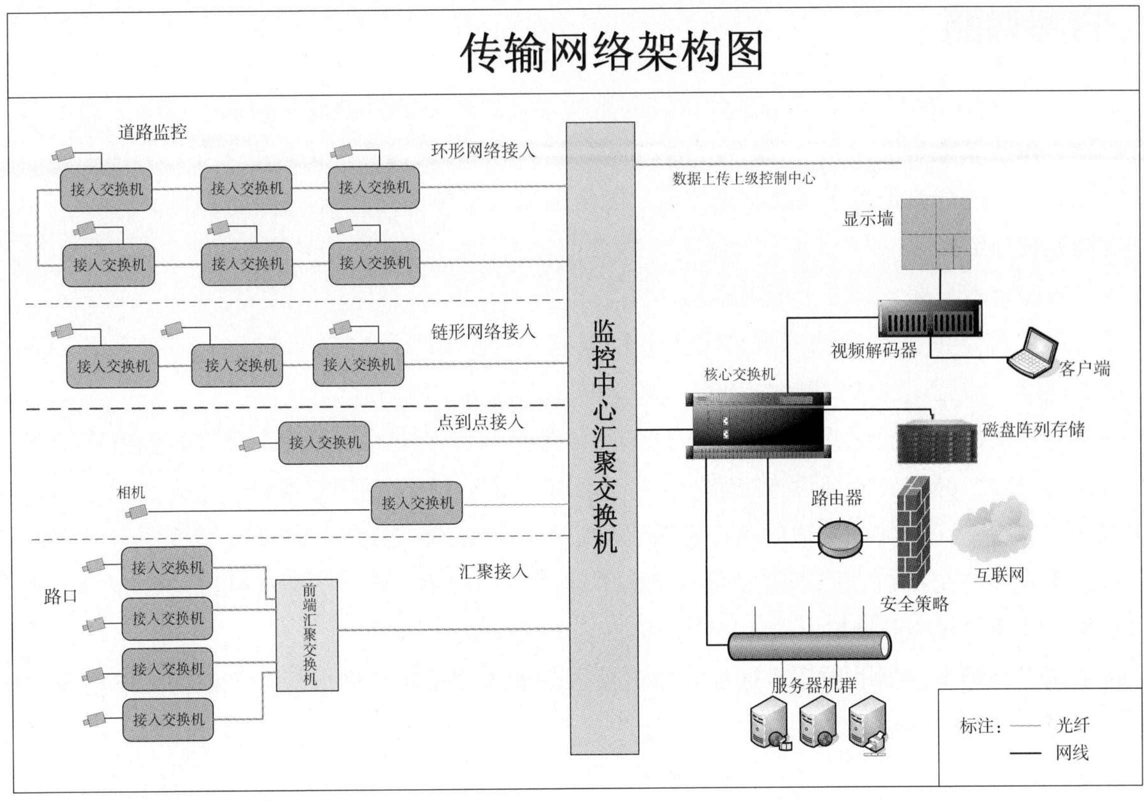

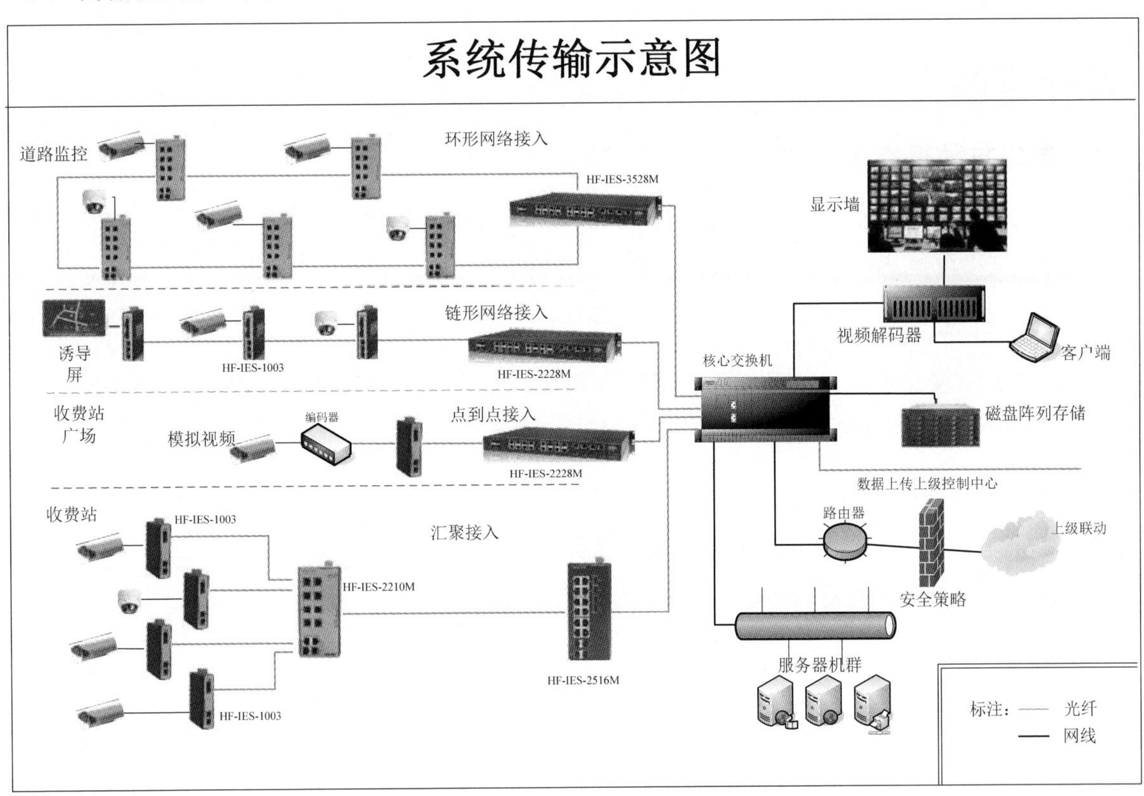

六、方案说明

本文主要介绍传输网络，其他部分只做简单描述。监控系统外场设备包括：道路高清卡口、车辆检测器（微波车辆检测器）、气象探测器、信息情报屏、彩色摄像机、大型可变信息标志、小型可变信息标志等。外场设备用于采集交通信息、图像信息、发布道路信息，执行控制指令。

传输系统介绍如下：

（1）按照就近汇聚，集中上传的原则。

（2）周边道路根据实际情况需求采用多种组网方式组建整个传输系统——环形网络、星形网络、链式网络。根据现场环境条件，光纤资源等选择适宜的组网方式。

（3）外场图像及数据优先采用环网方式组网传输，保证系统的可靠性。采集数据就近接入汇聚交换机HF-IES-2210M电口。距离较远的点位可采用HF-IES-10XX系列交换机使用光纤就近接入汇聚交换机环节点设备。将数据传输到各个所属区域指挥中心汇聚交换机，汇聚交换机一方面通过自带电口输出接入核心交换机、用于监控图像检测事件，另一方面将所有的监控视频通过光口传输到上级监控中心或者从核心交换机上的光口上链传输到上级监控分中心。

（4）对于外场车检器的数据可通过交换机接入联动卡口相机。情报板、气象探测器等以太网信号，通过交换机以太网接口即可实现远程控制。

七、设计优势

（一）技术层面

1. 光传输与数据交换一体化

华飞公司工业级交换机接入端口有光口、电口，交换处理整体化设计，将数字视频光纤传输网络与数字视频交换网络进行了无缝连接与融合。

2. 设备多样化

华飞公司工业级交换机，一台设备上同时支持电口、光口形式接入，配置灵活，扩容方便，管理型设备同时附带HF-Ring环网协议保护功能。环网自愈时间在12ms以内，处于行业领先水平。

3. 采用通用IP协议

华飞公司交换机采用了通用IP协议，这使得该系统具有非常好的可扩性与通用性，系统可以直接接入局域网或广域网，真正做到数字视频的任意传输、任意路由。

（二）管理层面

（1）采用管理型交换机设备，用户对各个监控点的管理非常方便，各个收费站与监控中心内部之间组成了一个专网系统，有利于管理者的运用。

（2）工业级交换机针对监控功能要求进行了卡轨式设计，对故障设备可以方便地进行替换维修。

（三）成本控制层面

（1）传输设备为同一个系统、同一个厂家，设备数量锐减，直接降低了设计难度、采购难度和施工难度，进而降低了整个传输交换系统的成本；同时本套系统配置了较多的冗余空间，日后升级成本更低。

（2）施工维护便利，由于本系统结构简洁，设备数量很少，配件也很少，出故障的概率得以进一步降低，使得施工维护的成本降低很多。

（3）本系统总体结构先进，技术领先，可以有效地保护投资人的收益。

八、设备说明

（一）接入交换机

HF-10XX系列（以HF-IES-1005为例介绍）

HF-IES-1005系列工业级以太网交换机是一款5端口100M 网络通信非网管型二层工业级以太网交换机，该系列交换机最多可提供5个网络接口，可根据需要选择不同光电接口数目的机型；所有接口均支持自动协商、10/100Mbps全双工和半双工、自动MDI/MDIX；HF-IES-1005系列工业级以太网交换机可提供导轨式或壁挂式结构、即插即用的设计使得安装简便易行，无须进行现场调节。设备带有网络、电源和其他参数状态指示LED，可监控系统的运行状态，并且其也可选采用机架式的安装方式。HF-IES-1005系列工业级以太网交换机均采用工业级宽温范围设计，光模块和核心电路均采用进口元器件，稳定性高，光、电接口均符合国际标准。可在环境温度-40℃～+85℃、相对湿度5%～95%（无凝露）的状态下正常工作，具有防尘、防盐雾、防酸雾等性能，完全适用于工作条件更苛刻的野外环境。

（二）汇聚交换机

HF-IES-2210M

HF-IES-2210M系列工业级以太网交换机是一款10端口网管型二层工业级以太网交换机，支持3端口1000M+7端口100M或者2端口1000M+8端口100M。该系列交换机支持HF-Ring环网冗余技术，最多可提供10个网络端口，可根据需要选择不同光电接口数目的机型；所有端口均支持自动协商、10/100Mbps全双工和半双工、自动MDI/MDIX、流量控制；通过Web管理提供诸如HF-Ring、VLAN、Trunking、QoS、IGMP Snooping、Rate Control、Port Mirroring、静态MAC地址转发、诊断工具、故障报警等高级管理功能。HF-IES-2210M系列交换机的百兆端口支持以太网供电技术（Power over Ethernet），支持IEEE802.3af-2003（“AF”）和IEEE802.3at-2009（“AT”）标准，最大可向外部设备提供13W或30W功率。

HF-IES-2210M系列工业级以太网交换机可提供导轨式或壁挂式结构、即插即用的设计使得安装简便易行，无须进行现场调节。设备带有网络、电源和其他参数状态指示LED，可监控系统的正常运行，并且其也可选采用机架式的安装方式。

HF-IES-2210M系列工业级以太网交换机的所有百兆端口都可以选配为10/100Base-T（X）电口或者100Base-FX光口，满足不同传输距离的需要，减少现场设备数量。

HF-IES-2210M系列工业级以太网交换机均采用工业级宽温范围设计，光模块和核心电路均采用进口元器件，稳定性高，光、电接口均符合国际标准。可在环境温度-40℃～+85℃、相对湿度5%～95%（无凝露）的状态下正常工作，具有防尘、防盐雾、防酸雾等性能，完全适用于工作条件更苛刻的野外环境。

HF-IES-2228M

IES-2228M系列产品是专为环境条件恶劣的工业应用场合而研制的Layer2+管理型工业以太网交换机，具有24个快速以太网接口和4个千兆以太网接口。其中快速以太网接口可支持10/100M自适应电口或100Base-FX光口；千兆以太网为光电复合（COMBO）接口，可支持 10/100/1000M自适应电口或1000Base-X光口。

IES-2228M采用模块化设计，可以根据项目实际需要灵活选配合适的接口模块。其中24个快速以太网接口可以按照2的基础单位，配置成 10/100M自适应电口或100Base-FX光口。

IES-2228M采用自主知识产权的HF-Ring以太网环网保护协议，用于组建快速自愈环网，实现组网的环形冗余备份。IES-2228M环网自愈 时间≤15ms。IES-2228M的百兆端口支持以太网供电技术（Power over Ethernet），支持IEEE802.3af-2003（“AF”）和IEEE802.3at-2009（“AT”）标准，最大可向外部设备提供13W或30W功率。

IES-2228M系列产品采用1U机箱结构设计，可安装于标准19英寸机架。IES-2228M使用金属作为外壳材料，并实现IP40的防护等级，对 交通、铁路、矿山等行业的振动、冲击、防尘、电磁干扰等要素进行详细的、有针对性的设计，确保网络稳定运行。

IES-2228M采用无风扇设计，能适应-40℃～+85℃的宽温工作，并具有多种供电电压可供选择。

HF-IES-2528

HF-IES-2528M系列工业级以太网交换机是一款28端口1000M 网络通信的网管型二层工业级以太网交换机，该系列交换机支持HF-Ring环网冗余技术，最多可提供28个网络端口，可根据需要选择不同光电接口数目的机型；所有端口均支持自动协商、10/100/1000Mbps全双工和 半双工、自动MDI/MDIX、流量控制；通过Web管理提供诸如HF-Ring、VLAN、Trunking、QoS、IGMP Snooping、Rate Control、Port Mirroring、静态MAC地址转发、SNMP、诊断工具、故障报警等高级管理功能。

HF-IES-2528M系列工业级以太网交换机可提供导轨式或壁挂式结构、即插即用的设计使得安装简便易行，无须进行现场调节。设备带有网络、电源和其他参数状态指示LED，可监控系统的正常运行，并且其也可选采用机架式的安装方式。

HF-IES-2528M系列工业级以太网交换机均采用工业

级宽温范围设计，光模块和核心电路均采用进口元器件，稳定性高，光、电接口均符 合国际标准。可在环境温度-40℃～+85℃、相对湿度5%～95%（无凝露）的状态下正常工作，具有防尘、防盐雾、防酸雾等性能，完全适用于工作条件更苛刻的野外环境。

（三）三层交换机

HF-IES-3528M

HF-IES-3528M系列产品是专为环境条件恶劣的工业应用场合而研制的Layer3+管理型工业以太网交换机，支持RIPv1/v2、OSPFv2、BGPv4 和静态路由协议，具有28个千兆以太网接口，其中包括4个千兆光电复用端口和24个千兆光电可选端口，可支持10/100/1000M自适应电口或1000Base-X光口。

HF-IES-3528M采用模块化设计，可以根据项目实际需要灵活选配合适的接口模块。采用自主知识产权的HF-Ring以太网环网保护协议，用于组建快速自愈环网，实现组网的环形冗余备份，自愈时间≤15ms。

HF-IES-3528M系列产品采用1U机箱结构设计，可安装于标准19英寸机架。使用金属外壳，实现IP40的防护等级，对交通、铁路、矿山等行业的振动、冲击、防尘、电磁干扰等要素进行详细的、有针对性的设计，确保网络稳定运行。散热方式采用无风扇设计，能适应-40℃～+85℃的宽温工作，可选多种供电电压。

无锡华通主要业务和产品

1 省（自治区）和城市公安交通指挥系统规划设计，为省及城市建设公安交通指挥系统提供一揽子的方案及设计，包括交通信号控制系统、视频监控系统、集成指挥平台、控制中心、交通流信息采集系统、违法行为取证系统、交通信息发布系统、GIS地理信息系统、警车（警员）定位系统、机动车缉查布控系统等子系统方案设计和施工图设计。

2 交通管理（安全）工程规划，为省、市及区县提供城市交通拥堵或交通安全治理的解决方案，包括道路交叉口渠化设计、交通标志标线设置、交通安全设计、交通影响评价等。

3 交通信号控制系统软硬件研发和销售。包括交通信号区域协调控制系统软件和交通信号控制机研发和销售。

4 交通管理集成指挥平台软件开发和销售。包括省（自治区）公安交通集成指挥平台、城市交通公安交通集成指挥平台、干线公路交通管理系统、机动车缉查布控系统等软件产品开发。

5 交通管理法定证照专用打印机、交通管理业务自助服务机、二维条码专用扫描枪等专用设备的生产制造及销售。

企业资质

高新技术企业
证书
企业名称：无锡华通智能交通技术开发有限公司
证书编号：GR201232000957
发证时间：2012年10月25日
有效期：三年
批准机关：

软件企业认定证书
经审核，无锡华通智能交通技术开发有限公司 符合《进一步鼓励软件产业和集成电路产业发展的若干政策》和《软件企业认定管理办法》的有关规定，认定为软件企业，特发此证。
证书编号：苏R-2013-B6029
发证机关：
二〇一三年 六月 三 日

ZDHY
北京中大华远认证中心
质量管理体系认证证书
无锡华通智能交通技术开发有限公司

计算机信息系统集成企业
资质证书
经审查，核定 无锡华通智能交通技术开发有限公司 的计算机信息系统集成企业资质为 叁 级，特发此证书。
证书编号：Z3320020140165
中国电子信息行业联合会

地址：江苏省无锡市钱荣路88号　　邮编：214063
电话：0510-85504610 85505166　　传真：0510-85522206

ethane 逸兴泰辰（天津）科技有限公司

逸兴泰辰（天津）科技有限公司是坐落于天津滨海高新区的高科技企业，是为ITS智能交通提供合理有效的解决方案、大数据分析等增值服务以及各行业软件、平台研发等综合服务提供商。公司在亿级本地交通、生活服务行业布局，产品面向个人用户及大中型企事业单位，需求强烈，前景广阔，以客户需求为导向，以管家式服务为基准，形成一套完整的设计、安装、调试、培训、维护一站式的服务体系，公司主营计算机信息系统集成工程、计算机软件技术开发、智能交通行业信息系统及交通大数据信息管理平台解决方案。

公司与国内外众多知名企业及各大高校建立了良好、稳固的合作关系，逐步形成强大的人才、技术和品牌的优势。公司拥有一支朝气蓬勃技术全面的团队，现有大学生占总人数的95%以上，拥有专业的技术人才，拥有经验丰富的高级软件工程师、国家级考试的建造师、计算机系统集成项目经理和消防工程技术等专业人才。

公司具备雄厚的技术力量和强大的施工力量，为政府机关提供核心解决方案，面向企事业单位及个人提供增值服务，并在智能家居楼宇控制等工程方面取得了优异成绩。公司研发基于互联网+思维的“交通信息发布大数据平台”，智能交通信息发布平台的建设将发挥通过对交通信息数据的分析和挖掘，为城市建设中的道路规划做出科学的指导，使道路规划更加合理。交通信息发布平台的建设有效的利用城市交通信息，改善城市的道路状况，提升城市的综合生活质量，同时带来巨大的社会效益，减少城市污染，促进城市交通的可持续发展，基于该平台建设的第一个交通服务类手机APP产品“掌上路路通”，并取得了优异的成绩。

未来公司会在涉足的行业和业务领域内，集中优势，加深研发范围，通过我们的专业水平和不懈努力，争取塑造为科技型领军企业。

地址：天津市华苑产业区海泰发展五道16号B2-2楼
邮编：300384　　网址：www.ethane.com.cn
电话：022-23770978　　传真：022-23772628

scats信号机应用

Scats系统是由澳大利亚自20世纪70年代开始研究，并且从1980年开始在悉尼等城市使用。Scats最主要的控制方式是利用感应控制配时方案作为配时调整的系统。

目前，中国大约有16个城市，其中包括上海、广州、沈阳、长春、天津等大型城市，控制至少6500个路口正在运行scats系统。

逸兴泰辰(天津)科技有限公司自天津市交管局2012年开始引进新一代的scats系统，至今历经了3年的时间，共同参与天津智能信号机建设以及天津交通设施巡检工作，其中包括信号机呼叫中心与交通设施巡检运维中心建设以及外场交通设施建设相结合，截至目前参与了1200路口的Scats信号机建设，对于交通取得了非常明显的效果，在很大程度上缓解了天津市的交通拥堵状况，其中区域涵盖市内六区、环城四区及10个新家园。道路协调包含南京路，长江道，复康路，卫津路，友谊路等就是众多成功案例之一。

Scats系统具有双层控制模式，一是战略控制，二是战术控制。两种模式的区别在于，战略控制作为上层控制，由区域性控制中心根据前端监测设备采集到数据进行交通量、占有率等交通信息，从预先设定好的信号周期方案选择适合交通需求的信号周期、相位绿信比和相位差的组合，根据路口交通的实际情况对控制参数进行实施的修正，并且在各个子系统中执行。二是战术控制为下层控制，由交通路口的信号控制主机来完成。

Scats系统在天津的应用，其采集的手段目前主要是通过无线地磁感应，地磁安装位置在车道停止线后方3米左右，根据开关量统计过车数量。信号机通过采集到的开关量信息进行饱和度的计算，选择相应的预设方案。

在实际的参数配置中，人工去对周围路口进行详细的观察分析是很有必要的，结合路况的潮汐性，周围环境因素，节假日因素等等各种因素都要考虑在内，这样配置的基础参数设定才是最适合路口的配置。

应该注意的是，在实际使用过程当中，不能完全依赖scats信号机的主控模式，因为在使用中因为各种原因导致的链路问题以及设备问题，导致下层设备与中心通讯中断，或者交通流量采集系统故障，都会导致信号机的判断出错。面对这种问题，就要在使用的过程当中，结合历史主控运行数据进行信号机的固定配时推算，利用历史的实际数据配制出对应路口的固定配时周期，这样，即使是下层设备与中心断开通信，信号机自动切换到固定配时模式，同样能够保障路口的正常运行。前提是，需要大量的人工去对每个路口进行调研，设置基础的参数，在结合历史数据进行微调。

同时，不管是运用何种信号机，在针对车流量的信号控制周期中，都应该避免夜间信号周期的浪费的同时，充分考虑到行人的过街时间，这就要根据人为的去实际测量，将正常步速通过路口的时间作为相位最低的时间。对于较大的路口，不能够保障行人过街的，必须设置行人过街隔离等待区，保障行人过街的过街时间以及安全。

智慧交通立体化全生命期服务管理模型

全生命期服务管理

售前、售中、售后全生命期闭环服务管理。

升级改造
系统规划
系统设计
系统建设
运营维护

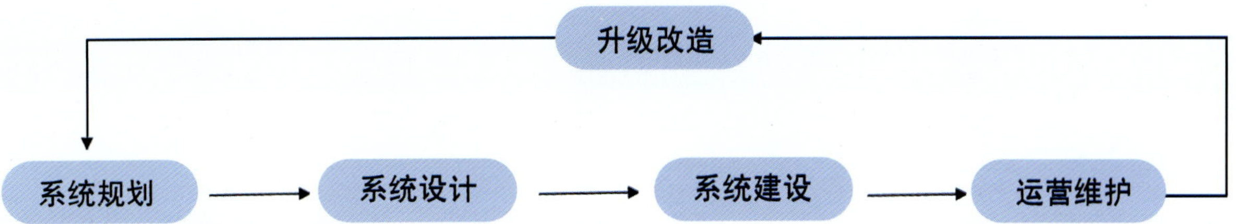

立体化交通体系

地面道路、高架快速路、城市隧道、轨道交通

统一架构

基于物联网和云计算技术的城市智慧交通统一系统架构+六大应用平台

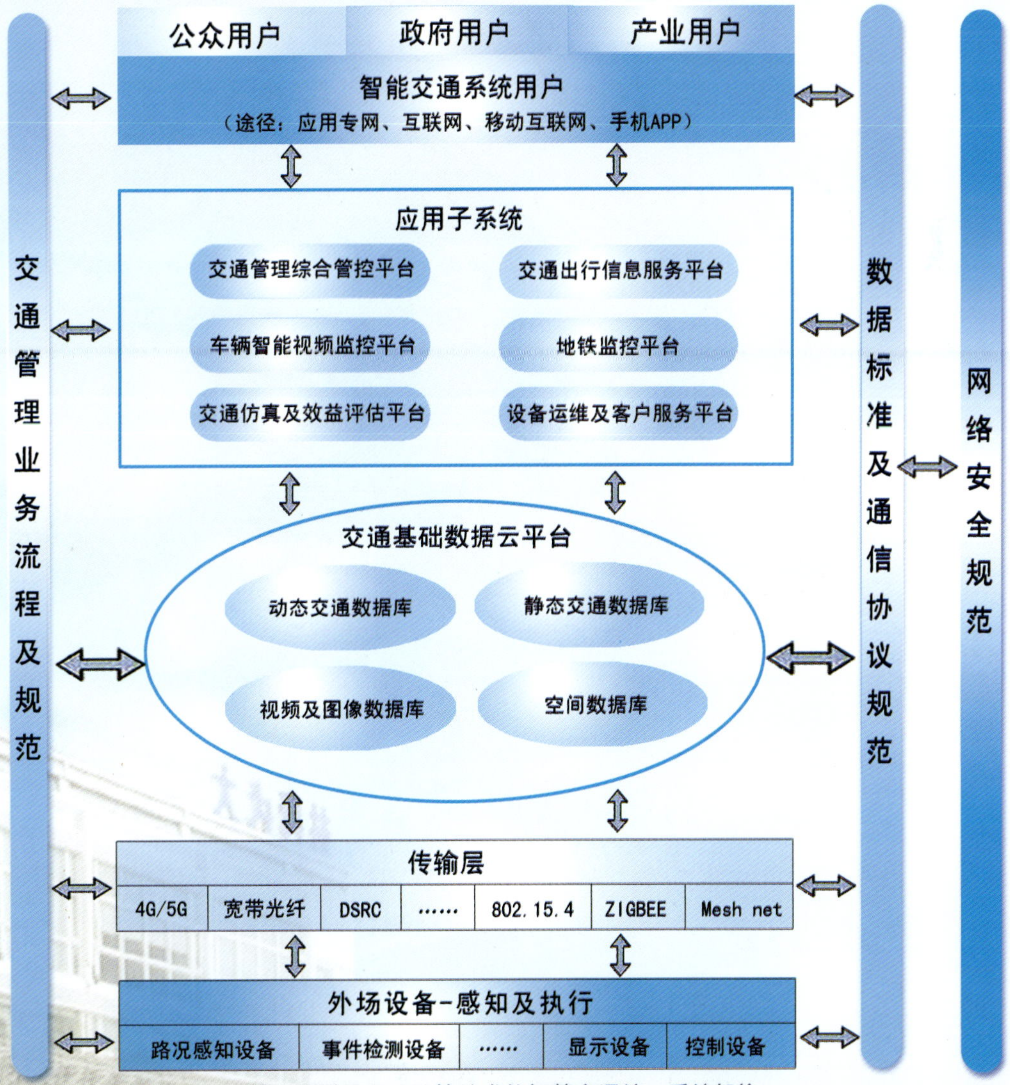

公众用户
政府用户
产业用户
智能交通系统用户
（途径：应用专网、互联网、移动互联网、手机APP）
应用子系统
交通管理综合管控平台
交通出行信息服务平台
车辆智能视频监控平台
地铁监控平台
交通仿真及效益评估平台
设备运维及客户服务平台
交通基础数据云平台
动态交通数据库
静态交通数据库
视频及图像数据库
空间数据库
传输层
4G/5G
宽带光纤
DSRC
……
802.15.4
ZIGBEE
Mesh net
外场设备-感知及执行
路况感知设备
事件检测设备
……
显示设备
控制设备
交通管理业务流程及规范
数据标准及通信协议规范
网络安全规范

基于物联网和云计算技术的智慧交通统一系统架构

违停拍

FULLY AUTOMATIC PARKED ILLEGALLY CAPTURED FORENSICS

全自动违法停车抓拍取证

APPLICATION BACKGROUND

应用背景

- 违法停车行为屡禁不止
- 现场执法难度大
- 重复出现率高
- 过往车辆、行人干扰大
- 目标相似度大
- 大量警力消耗

精英智通提供的违法停车智能抓拍解决方案，通过智能、准确地搜索路面违法乱停车辆，实现了智能化违法停车非现场执法。

违停拍可以广泛应用于高速公路、医院社区、学校、商场等车流量密集区域道路两侧非机动车道内，机场、火车站临时车辆停靠港湾内，以及其他现场执法难度大、容易造成拥堵及事故多发路段。

FEATURES OF PRODUCT

产品功能特点

- 支持复杂应用场景，360度智能搜索违法车辆
- 自动跟踪识别，避免重复抓拍
- 立体管控，取代人工执法

低照度下正常工作

日期：2015年08月27日 时间：20点07分18秒 道路名称：深圳龙华新区民塘路
违法名称：不按规定停车 车辆速度：0 违法代码：1039
车牌信息：粤BH92**

车流干扰时正常工作

日期：2015年08月08日 时间：14点24分17秒 道路名称：深圳市龙华新区致远中路
违法名称：不按规定停车 车辆速度：0 违法代码：1039
车牌信息：粤S697**

大倾角识别(1)

日期：2015年06月09日 时间：15点33分41秒 道路名称：昆仑路加油站
违法名称：不按规定停车 设备编号：001006001 车辆速度：0 违法代码：1039
车牌信息：青A451**

大倾角识别(2)

日期：2015年08月08日 时间：11点02分27秒 道路名称：深圳市龙华新区民塘路
违法名称：不按规定停车 车辆速度：0 违法代码：1039
车牌信息：粤B*2V34

微卡口

RBAN ROAD MANAGEMENT A NEW OPPORTUNITY
成市道路管理新契机

近年来，城市电子警力辅助设备大部
分安装在城市快速道路或者高速公路上，
加深了对城市主干道的管理，但是对干道、
支路却相对薄弱。

精英智通城市支路交通管理解决方案
中的微卡口将传统的卡口模式拓展到城市
的支路与辅路，适用于城市、国省道时速
00km以下的路段，解决了以往卡口安装
工程量大、对安装环境要求高、成本高、无
法做到高密度覆盖等问题。

FEATURES OF PRODUCT
产品功能特点

匹配任意现有标准摄像头

可实现单相机监控2-3车道

部署灵活，无需架设龙门架或飘杆

设备可灵活部署到路侧垂直立杆上，或道路两旁建筑物上

安装流程简化，缩短施工时间，极大地节约了整体成本

支持多角度车辆检测，将设备路段300米可视范围内任意点作为卡口断面

城市道路交通智能控制技术北京市重点实验室

实验室介绍

城市道路交通智能控制技术北京市重点实验室是依托北方工业大学的控制科学与工程学科建立的京津冀地区唯一一所以城市交通控制为特色的省部级重点实验室。

重点实验室在智能交通控制研究领域具有国内一流的研究团队和技术能力，2005年被遴选为“北京市学术创新团队”，2012年获批“服务国家特殊需求博士人才培养项目—特大城市道路交通智能控制系统理论与技术”，并于同年入选北京市高等学校创新能力提升计划（2011计划）“首都世界城市顺畅交通创新中心”，2013年获批中国自动化学会综合智能交通控制专业委员会秘书长单位。

近5年来，重点实验室已完成交通领域国家自然科学基金8项、国家科技支撑计划15项、863课题2项、北京市项目22项，获国家科技进步奖2项、省部级奖7项，发表论文532篇，出版专著4部，申请发明专利42项、软件著作权32项，研发了具有自主知识产权的交通信号控制器、自适应交通信号控制系统、高清视频检测装置、车辆信号检测装置及多种交通控制及工程软件。为北京市建设了“城市道路交通综合管控平台”，先后完成了“北京中心城区交通信号控制系统研发”、“奥运交通信号控制工程”、“国庆60周年长安街信号控制系统改造工程”等30余项国家和省部级项目，对缓解北京特大城市的交通拥堵做出了重要贡献，成果在上海、南京、武汉、大连等大城市得到应用。在交通信号控制系统、智能交通管理综合平台、视频综合检测系统、交通控制工程设计等方面有很强的技术实力和多个可直接应用的系列软硬件产品。

技术能力&代表产品

交通信号控制机NCUT-TSC/TOPPS

重点实验室自主知识产权的NCUT-TSC/TOPPS智能道路交通信号控制机是针对我国城市混合交通流交通特点及相关国家标准，在扩展英国、美国等先进交通控制技术的基础上研发与生产的新一代智能交通信号控制器，目前已经顺利通过国标《GB-25280》标准测试，其灵活简便的功能配置、安装方式和检测维护方法非常适合中国国内各类城市交通控制的具体需求。该信号机已在大连市、山西省临汾市、厦门市和北京市等地区得到应用，深受用户好评。

NCUT-TSC/TOPPS智能道路交通信号控制机采用先进、稳定、可靠的模块化多处理器、多总线系统结构，结合灵活的多功能固化应用软件，用户可以通过参数配置工具实现路口交通信号自适应控制、路段行人过街自适应控制、车道信号控制、匝道出入口控制、快速路汇/分流控制、隧道交通控制、环岛控制、勤务控制、综合交通数据采集、智能软硬件自检、供电、机箱环境检测等功能。

功能优势：

- 集成度高，性能稳定；
- 运行安全，拥有完善的故障及冲突报警；
- 前端可接入多种检测器设备；
- 可以作为多种控制系统的前段控制及数据采集设备；
- 控制方式多样，自适应控制效果尤为突出；
- 操作运行和设备维护简单。

自适应交通信号优化系统NCUT-AUTOS

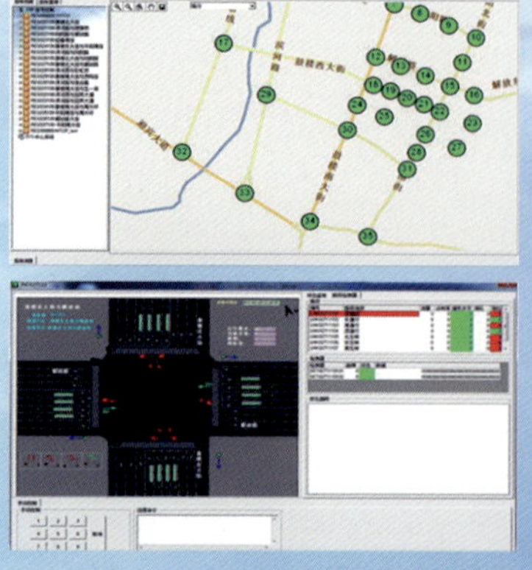

重点实验室自主知识产权的自适应交通信号优化系统(NCUT-Adaptive Urban Traffic Optimization System, NCUT-AUTOS) 采用C/S与B/S模式相结合的软件结构，由用户层、服务层、内站通讯层、外站通讯层和现场设备层五个层面组成，具有信号传输、交通数据统计、分析、交通信号实时监控、设备管理、故障检测、报警等功能，可根据不同应用需求，实现路口的实时监控，并能够实现现场交通信号控制器的统一管理和故障检测、报警、查询。

针对不同区域的交通信号控制需求不同，实现了交通控制需求决策专家知识系统，能够根据网络交通流演化情况，自动生成分级交通信号控制指标和协调指令；构建了非饱和、饱和交通流条件下的交通信号自适应控制方法，基于绿灯通行指数GI的交叉口信号控制优化技术，运用自适应优化思想自动生成交通信号控制方案：交通流低峰时以绿灯损失时间最少为指标、平峰时以停车次数最少为指标、高峰时以排队长度最短为指标、饱和时以路口通过车辆数最多为指标，保障了交叉口的通行效率。

地址：北京市石景山区晋元庄路5号北方工业大学　电话：010-88802861　网址：http://202.204.26.149/traffic/

北方工业大学
North China University of Technology

视频产品简介

行人违章抓拍及联网播放系统

非机动车及行人闯红灯不仅具有重大安全隐患,而且严重降低城市交通效率。面对众多路口、不间断时间、连续大面积的非机动车及行人闯红灯现象，仅依靠交警自身维持秩序，远远不能满足要求。本系统通过基于视频的自动监视和报警，结合语音提示、实时抓拍等措施，在不需要人工介入的前提下实现非机动车及行人过街的规范管理，降低交通事故发生概率，构建安全和谐的城市交通出行环境。非机动车及行人违章抓拍系统布设在交叉路口,其主要组成和结构如下图所示:

主要功能包括如下方面：

1）违章行人及非机动车抓拍功能，根据需要用户可以设置抓拍图像的宽度和高度，以及存放的磁盘位置。系统支持7*24小时图像存放和查询。

2）灵活的显示输出功能，根据高清显示屏的具体情况，定义投影到显示屏的分辨率，宽度和高度。

3）实时语音播报：对路口检测到行人及非机动车闯红灯时，能实时进行语音提醒及预警。

4）在绿灯和行人和非机动车没有违法行为的时间段内，LED显示屏播放安全教育交通信息,也可提供播放商业广告。行人及非机动车闯红灯具有最高优先级，如发生违法行为将立即投放到大屏幕，并中断现有广告内容，及时提醒行人及非机动车注意安全。

5）路口交通事故中行人及非机动车闯红灯的责任认定功能，为交通事故责任认定提供证据。信息包括 1、违法地点；2、违法行为；3、违法时间；4、违法照片体现的全过程位移；5、图片的防伪码及编号。

6）支持对某个路口某个时间段的行人及非机动车闯红灯信息的数据查询与统计。

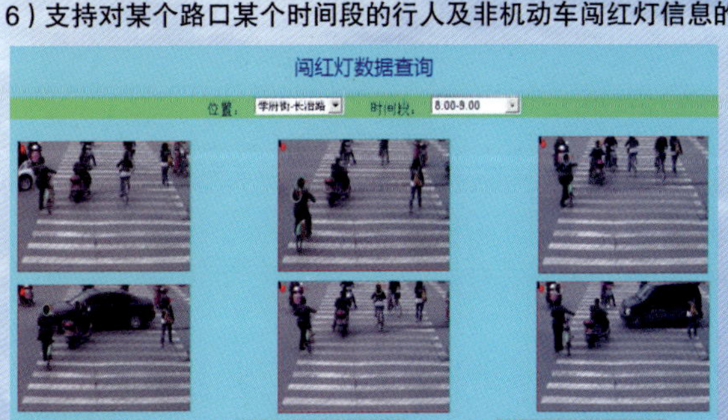

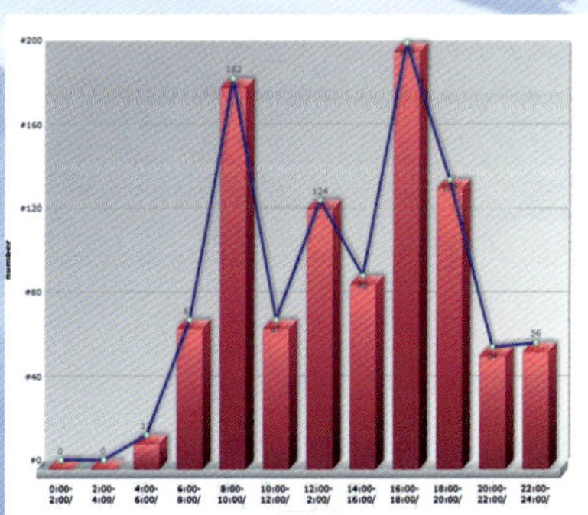

客流统计与密集人群告警系统

本平台的客流检测使用智能视觉监控技术，该技术用计算机视觉的方法，在几乎不需要人为干预的情况下，通过对摄像机拍录的图像序列进行自动分析对动态场景中的目标进行定位、识别和跟踪，并在此基础上分析和判断目标的行为，从而做到既能完成日常管理又能在异常情况发生的时候及时做出反应。主要功能如下所示：

1）程序将自动运行，实时检测客流信息，并将数据保存，图片左上角为流量和速度。

2）对被监控区域人群过度拥挤超出设定的拥挤密度时的侦测报警，避免人群拥挤发生意外。当检测区域内人群密度超过设定值时，系统会弹出报警窗口，点击“查看”按钮，可以查看报警图片以及相应的报警信息，如报警时间、地点等。

3）流量信息可视化呈现

平台可以查看历史报警信息，可以按监控点位、报警时间查询相关报警信息，点击报警信息可以在右侧窗口中显示响应的报警图片. 按照用户所需要的形式用可视化图形显示.

地址：北京市石景山区晋元庄路5号北方工业大学　电话：010-88802861　网址：http://202.204.26.149/traffic/

企业简介 Company introduction

广州市中南民航空管通信网络科技有限公司（以下简称公司）成立于2004年，是民航中南地区空中交通管理局直属的国有企业。公司注册地位于广州市白云区太和镇广州民营科技园863产业化促进中心大楼208房。2006年及2008年，公司被认定为国家高新技术开发企业，2011年通过了复审，2014重新认定为国家高新技术开发企业。2006年获得国家工信部颁发的计算机系统集成三级证书，并在2013年通过计算机系统集成三级资质换证。

公司是最早涉及互联网、系统集成和高速数据传输的民航应用软件技术企业，通过不断充实和大胆创新，自主开发的各类应用软件和系统集成技术在行业中被广泛使用，技术水平一直在民航空中交通管理行业中处于领先地位。公司目前经营管理着民航广州地区通信及数据传输网，业务辐射至民航中南六省，是民航业通信信息服务的骨干企业。

由于民用航空对信息技术和通信、数据传输业务有着巨大的市场需求。面对庞大的市场和激烈的竞争，公司凭借长期对民航市场需求有深入了解的先天优势，特别是在空中交通管制领域贴近实际而又扎实的基础工作，以及四十年来逐步建立起来的民航广州地区有线通信网、宽带网及功能强大的数据通信交换设备。

主要业务 Main business

公司凭借雄厚的技术实力和长期的工程实施经验，深入到民航信息系统开发、系统集成、技术咨询和技术培训等各个层面，特别是空管自动化和相关领域，开发出一系列经中国民用航空系统验收和鉴定的在国内同行中属于创新性技术、达到国内领先水平、属民航业内首创的、拥有自主知识产权的软件系统，拥有包括航班信息处理系统与区域管制中心业务运行支撑系统等30项软件著作权登记证书、13项计算机软件产品登记证书以及2项实用新型发明专利的产品均已广泛应用于民航各级单位。公司自主研发项目《广州白云机场塔台运行管理系统》荣获2014年度中国智能交通协会科学技术奖一等奖。

公司为广州新旧白云机场周边近两万多门电话提供多样化的服务，拥有可靠的Internet接口和独立的信息平台，为民航专业用户提供实时、准确、全面的航班信息和气象信息服务；承担中南地区雷达、IP数据的传输，ATM高速数据网连接全国，AFTN和SITA电报通达世界。公司不仅与各大通信运营商有着长期友好的合作，而且通过有效的建设，拥有了覆盖新旧白云机场、广州区域管制中心的管线网络和独立的SDH基础传输网络。为打开“祖国空中南大门的瓶颈”、保障“泛珠江三角洲”每年几百万和广州几十万架次的空中飞行提供了有力的技术保障。

未来，公司将把创新重点放在空中交通管制运行和政府机构办公自动化、信息化需求上，同时在向航空业提供安全、可靠的通信、数据传输服务的基础上，向社会开放通信和数据服务产品。

广州白云机场塔台运行管理系统介绍

系统简介

广州白云机场塔台运行管理系统是以电子进程单为载体的新一代塔台数字化管制系统，通过规范化、集成化、智能化手段，为航班塔台管制提供一个安全、高效、智能的业务支撑平台。

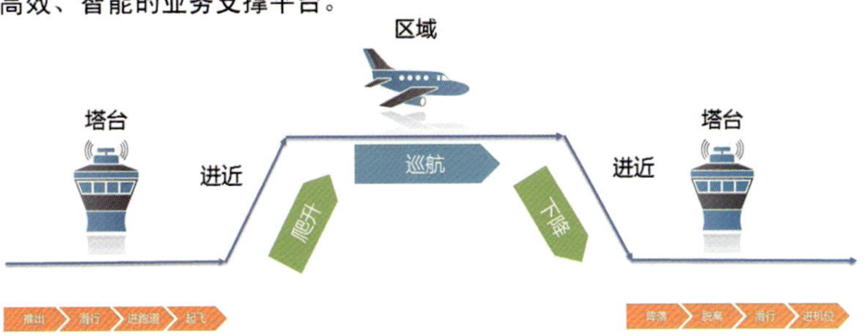

图 1　空中交通管制流程图

系统特点

◆用现代化信息化手段全面介入塔台运行管理，以电子进程单为基础，集成DCL数字放行等塔台管制所有工作流程，实现电子化、智能化的塔台流程管调。

◆实时采集空管自动化系统综合航迹、场面监视雷达航迹、航班动态、气象信息等多种数据源信息，结合管制意图，自动分析判断塔台运行过程中的隐患，提前给出多类告警提示，减少工作中的“错忘漏”。

◆实现离港放行智能排队。根据空域智能地实时调度情况、飞行流量控制情况计算出最合理的航班离港放行队列，最大化利用跑道资源的同时，有效实现了节能减排。

◆系统功能全面，实用性强，用户界面友好。采用电磁感应触摸屏，通过触摸笔在屏幕上点击替代鼠标操作，更直观和方便。

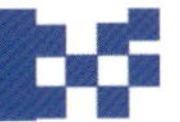

应用情况

本系统在塔台空中交通管理工作中，规范了塔台空中交通调度流程，降低调度员工作负荷，提高航班调度指挥效率。对塔台范围内空中交通进行有效的疏导和流量管理，提高机场航班进离港吞吐量，有效保障机场地面和低空航空安全。该系统已在广州白云机场塔台投入使用，在空中交通指挥调度和安全保障方面，获得了巨大的社会效益。目前系统也推广到中南地区各大机场塔台投入使用。

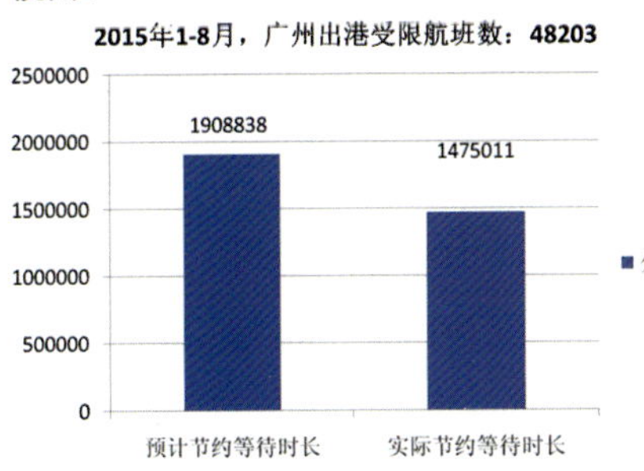

平均每个受控航班实际节约旅客机上等待30.6分钟

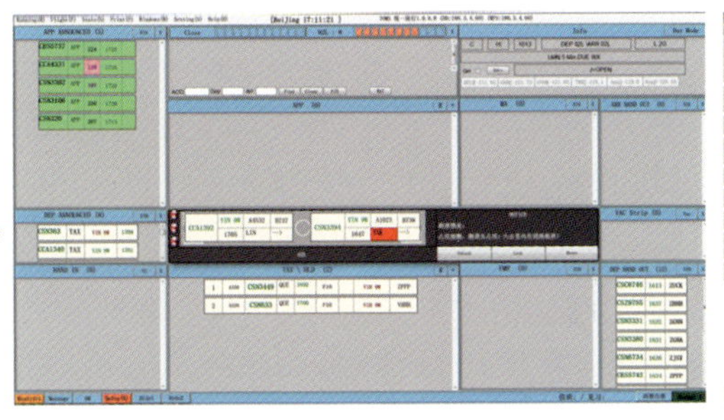

图3　塔台运行管理系统塔台席位

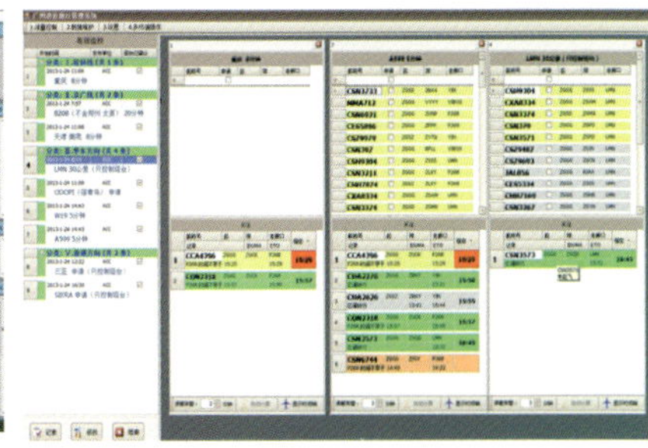

图4　塔台运行管理系统进近席位

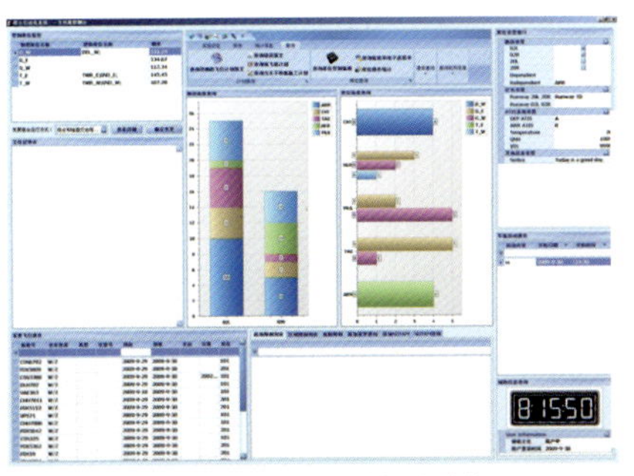

图5　塔台运行管理系统主任席位

图6　塔台运行管理系统席位实效图

图7　塔台运行管理系统席位实效图

ETC

华虹设计在高速公路不停车收费（ETC）应用方面，拥有全系列产品，包括路侧单元、车载单元、桌面发卡器、ETC用户卡等。所有产品全部符合国家标准，通过交通部认证，能够在全国互联互通使用。

SHC1808-GS50室外型路侧单元

华虹设计自主研发的ETC系统路侧单元(RSU)，产品支持中国最新的ETC标准GB/T　20851-2007，可通过远程升级支持新的协议标准，适用于无防护的室外环境。产品包括射频单元GS50（R）和控制单元GS50（C），射频单元主要完成与车载电子标签（OBU）的射频通信，控制单元主要完成整体通信链路的控制等。

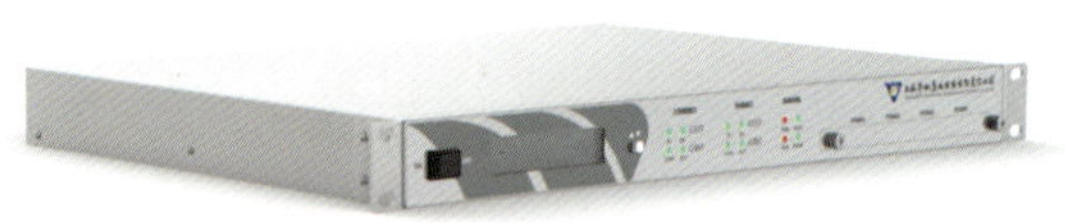

控制单元GS50（C）

射频单元GS50（R）

SHC1126-GS10多用途电子标签

华虹设计自主研发的一款集多用途与高性能于一体的两片式太阳能电子标签，可广泛应用于高速公路电子收费、智能停车管理、城市路桥通行费征收等电子不停车收费领域。产品符合国家GB/T20851-2007规定的5.8GHZ专用短距离通讯系列国家标准，具有良好的兼容性和互换性。

SHC1807-GS25 ETC桌面发行器

华虹设计自主研发的，专门面向高速公路、公安、交通、物流等工作场合的OBU和IC卡应用的桌面发行器，具有DSRC专用短程通信接口，可实现对OBU进行初始化、查验OBU数据、系统密钥替换、系统信息写入、车辆信息写入等功能；具有ISO14443A接口IC卡读写模块，支持对所有符合ISO 14443A协议卡片的读写。

应急车道守护神（独创专利产品）

自主研发，采用先进的雷达检测和高清视频分析处理及快速拆装的安装结构，实现对高速公路在节假日和重大事故现场交通拥堵时非法占道的执法取证。

系统特点：

- 解决机动车占道行驶抓拍处理难题
- 利用路侧原有结构快速拆装，安装方便快捷
- 一键启用，无需敏繁锁调试
- 避免固定点抓拍易规避缺点
- 自主专利产品

设备安装和应用：

- 设备依托高速公路隔离护栏立柱进行快速安装
- 违法取证单元通过锁紧镙栓随时拆装
- 产品可应用于高速公路、城市快速路等
- 部署方式可根据道路交通情况如节假日交通易堵路段、重大交通事故现场等快速部署

技术参数：

- 500W像素高清工业级抓拍机
- 单起违章抓拍张数、抓拍间隔可调
- 最大支持64G存储
- 耐高温电池独立供电，续航时长约10小时，充电时长约3小时，工作温度-20℃-80℃

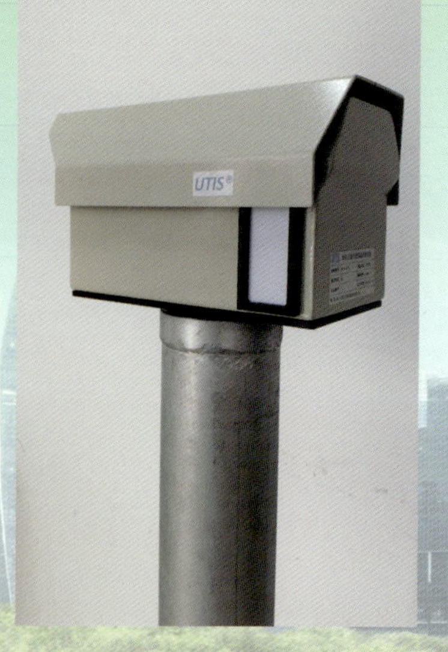

适用范围：

- 占用应急车道、货车占用超车道、禁止通行、过车记录。

应急车道守护神（软件界面）

现场安装图，相关报道及发布会

热线电话：025-83195900

官方直播：在线高清直播

江苏城市频道

JIANGSU CITY CHANNEL

今天是 2015年6月19日

首页 零距离 法治集结号 周末好运到 万家灯火 法治档案 德行天下 天天视频

上传视频交互平台 登录

查处占用应急车道：南京启用便携式电子眼

[车辆现场上演杀人亲情] [2016年起 船舶污水禁止直排长江]

- 常州：索要分手费 女子失足坠楼 2015-06-18
- 窃贼明目张胆：18根电线杆直接被运走 2015-06-18
- 南京八卦洲：失联货船倾覆 漂流撞上船坞 2015-06-18
- 特殊的父亲节礼物：一声迟来的"对不起" 2015-06-18
- 南京房价再上涨 "红五月"认购量7年最高 2015-06-18

公告 · 江苏城市频道 每周二22:00 《江苏最美人物》

查处占用应急车道：南京启用便携式电子眼

江苏尤特斯新技术有限公司

地址：南京市幕府东路199号紫金科技创业特别社区A5幢-S105室

电话：025-86302071　　　　传真：025-86302070

网址：www.ut-its.com

手机APP“乐速通”——速通卡的贴身小助手

“乐速通”手机APP于2014年9月26日上线运行，同时支持Android和iOS两大移动平台。通过手机APP，用户可随时随地为速通卡充值/圈存、为速通卡延长有效期、查询卡内余额、查询通行明细、月结单、索要发票、营业厅网点地图、合作营业厅和充值续费便民信息等。

“乐速通”手机APP的上述线上服务，为用户带来了实实在在的便利，真正地解决了速通卡的异地充值问题，对全国高速公路ETC联网的推进具有重大意义。

“乐速通”手机APP拥有方便的下载渠道，除了“ETC速通卡”客服网站（电脑版和手机版）、微信和扫描APP二维码等三种传统下载方式外，还可在360手机助手、百度手机助手（原91助手）、安卓市场、应用宝、豌豆荚、安智市场、华为应用市场、小米应用商店等主流安卓市场和苹果市场通过搜索关键字“乐速通”进行下载，截至2015年7月31日，总用户已超过5万人。用户通过APP进行充值、卡延期和索要发票的业务量一直在稳步提升，其中充值已达到农商银行所有充值网点的总充值业务量。

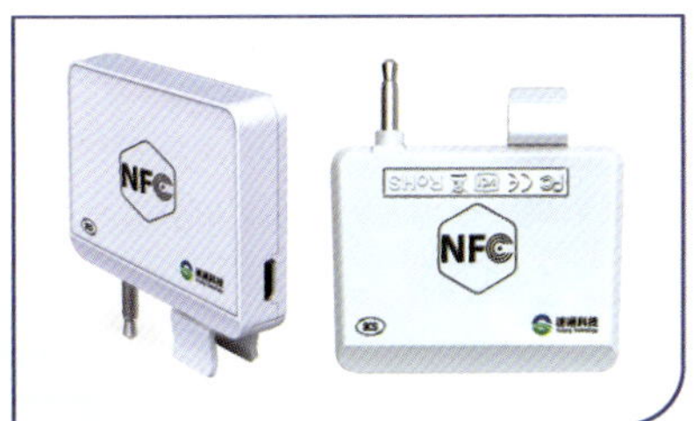

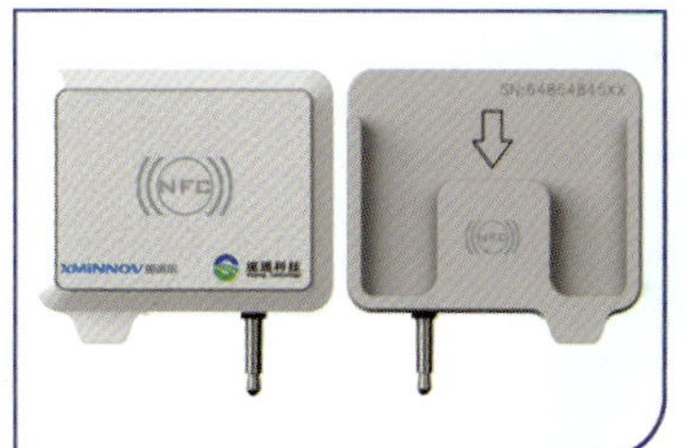

”乐速通”手机APP现支持手机自带NFC、非接触和接触式读卡器进行ETC卡充值、圈存及卡延期等操作。

停车场ETC应用

速通科技从2011年开始研发停车场ETC应用技术，目前已在首都国际机场航站楼停车场、北京大兴绿地缤纷城停车场和北京农商行顺义支行停车场开通了ETC不停车支付，ETC交易量和交易占比均稳步增长，受到了用户和社会的一致好评。

2012年11月7日，与机场股份合作的首都国际机场航站楼停车场ETC应用，正式开通试运行，开启了北京停车场电子不停车支付的新篇章。

首都机场ETC停车场应用是国内首个将国标ETC技术应用于大型公众停车场的示范工程，T1、T2和T3三个停车楼共建成并投入运营11条ETC车道，25条MTC刷卡车道，截至2015年7月31日，ETC通道累计交易量已超过1.25亿次，ETC交易比例达30%，并在稳步增长中。

除首都国际机场航站楼停车场外，北京大兴绿地缤纷城停车场和北京农商行顺义支行停车场也分别于2015年5月18日和2015年7月27日正式开通了ETC电子支付，其中，绿地缤纷城的ETC交易量增长明显，ETC交易占所有交易金额的1/3，截至7月31日，单月交易量已超过1.12万笔，累计交易量已达2.25万笔。

ZHENYE UCTRL
广东振业优控科技股份有限公司
GUANGDONG ZHENYE UCTRL TECHNOLOGY CORP. LTD
城市道路交叉口
路权时空分配更合理
交通运行更顺畅

健康管理专家

道路交通高清视频综合信息采集系统

系统简介

浩腾道路交通高清视频综合信息采集系统能大范围实时采集城市高精度的动态交通信息，一方面能为“智慧城市”交通体系提供城市交通基础数据和车辆违法信息，而另一方面也能为城市治安防控提供车辆通行记录和高清视频图像。系统不仅考虑了城市交通管理的实际需求，还兼顾城市治安管理的要求，系统除了能采集路口的车辆通行记录、交通违法信息和高清视频图像，同时也能采集实时交通基础数据，为规范城市道路行车秩序、缓解城市交通拥阻、保障道路交通安全畅通、快速侦破刑事案件和交通逃逸案件发挥重要作用。

系统在设计上更加的关注系统架构的稳定性与应用创新，整套系统采用前端采集+中心分析处理的方式，其前端外场设备仅负责采集高清视频图像，通过光纤网络传输至中心服务器，经智能视频处理软件分析、识别后，把路口交通流量信息、速度、车辆通行信息、交通违法信息和高清录像进行不间断的采集，并以不同的数据结构和数据要求存入到网络存储中。

系统突破了以往“拼”“凑”“堆”“改”的道路交通安全违法行为取证系统的建设模式，从根本的设计上去除掉不稳定因素，使整个系统更加简单和稳定，一套设备就可实现电子警察、卡口、交通信息采集、高清动态监控等多功能应用，同时利用智能视频分析技术对交通信息进行采集和分析。

系统功能实现图

道路交通高清视频综合信息采集系统

虚拟计算资源　云存储　云应用

高清IP摄像机 → 500万像素高清视频流 → 高清视频分析计算节点

交通流量采集 → 交通流量

车辆通行记录 → 车辆通行记录

交通违法行为取证 → 交通违法取证

交通监控录像录制保存 → 500万高清交通监控录像

业务应用

远程设备管理 → 运维管理

交通信息发布系统

公安卡口系统

现有电子警察后台系统

公安数字共享平台

路端　交警中心端　现有后台业务系统

系统功能列表

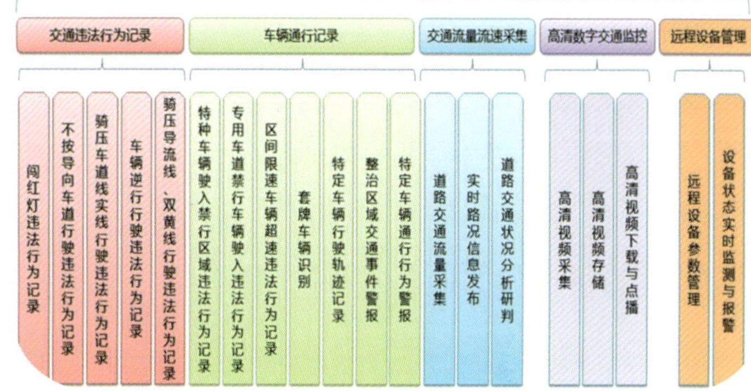

效果图片

闯红灯违法行为取证图片：

不按导向车道行驶违法行为取证图片：

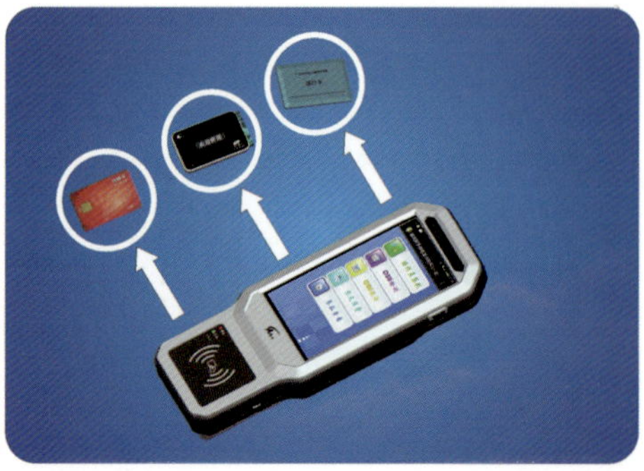

i-TECH艾泰克 深圳市艾泰克工程咨询监理有限公司

SHENZHEN I-TECH PROJECT CONSULTING & SURVEILLANCE CO.,LTD

深圳市艾泰克工程咨询监理有限公司成立于1999年，注册资本1000余万元，是一家专业从事信息化咨询与规划设计、信息系统工程监理、信息安全服务和软件测评的高新技术企业，是深圳市最早提倡在信息系统工程建设中引进咨询及监理机制的公司之一。首批获得国家工信部信息系统工程监理甲级资质证书，是中国电子企业协会信息工程监理分会副理事长单位。

目前公司已通过信息系统领域的ISO9001：2008质量管理体系认证、ISO14001：2004环境管理体系认证、OHSAS18001:2007职业健康安全管理体系认证，获得国家高新技术企业证书、信息安全服务资质证书、广东省安全技术防范系统设计、施工、维修资格证书、广东省工商行政管理局颁发的守合同重信用企业证书、AAA级企业信用等级证书，是工信部首批IT治理试点单位。

公司成立的深圳艾泰克信息化研究院专业从事信息化研究、咨询、培训和服务的民办非营利机构。近10年来，先后与深圳市标准技术研究院、西安交通大学、厦门大学、广东海洋大学等机构建立了长期的合作关系，专业从事与智慧城市、大数据、互联网与电子商务相关的产业规划、标准制定和信息化推广应用。

经营范围

- ★ 信息工程规划及咨询设计
- ★ 信息工程监理
- ★ 信息安全服务
- ★ 软件测评
- ★ 公共绩效评估

典型案例

公司经过15年的磨练，已完成的信息监理项目超300个，监理工程总投资额已超过40亿元。

第26届大运会通信和信息系统工程监理
广东省委省政府备战指挥所通讯工程监理
广东省深圳警备区新营院信息化建设项目监理
最高人民法院第一巡回法庭信息化建设监理
横琴新区环岛电子围网系统项目监理
前海e站通服务系统和服务器存储系统监理
深圳市智能交通系统工程监理
深圳市道路停车试点购买服务项目工程监理
深圳市卫生信息网项目监理
山西省惩防体系信息网一期工程监理
江西省赣州市稀土矿区视频监控网建设项目监理
海南省办公厅应急平台项目建设监理
福建省政务网络中心机房政务网综合管理系统监理
浙江省宁波市高清视频综合信息采集系统项目监理
湖南省长沙市区域卫生信息平台项目监理
广西信访公共信息管理与服务平台项目监理
广东省中山市区域卫生信息平台项目监理
广东省梅州市数字化城市管理信息系统建设项目监理
广东省汕尾市“平安海丰”社会治安监控系统及卡口系统监理
广东省广州市监狱信息化工程监理

网址：http://www.itechcn.com/　　邮箱：szitech@itechcn.com
总部电话：(0755)83658360　83658390　83631900　传真：(0755)8247575
联系人：詹小容　13632508162
总部：深圳市福田区八卦二路535幢520室　　邮编：518029

艾泰克公共绩效与信息化研究院

宁波工程学院交通研究院

宁波工程学院交通研究院是一家依托宁波工程学院交通优势学科专门成立的综合性交通研究机构，主要从事交通规划管理、交通工程设计、智能交通、道路交通安全等学科研究与咨询服务。

近年来，研究院承担了宁波轨道交通1号线和2号线、街景整治、南北高架、铁路南站等重大工程施工期间的交通组织优化设计，市区交通信号优化、交通拥堵指数系统、鄞州区交通事故大数据分析、三门湾综合交通规划等重大项目，年均科研经费超过800万元。

研究院与公安部道路交通安全研究中心、中国智能交通协会以及当地公安交警、交通、规划、城建、城管等部门及东软集团、宁波公交公司等企业建立了良好的战略合作关系，成立了宁波市智慧交通协同创新中心（宁波市首批三家协同创新中心），与宁波市公安局交通警察局联合建立了宁波市城市交通重点实验室。

交通事故大数据分析

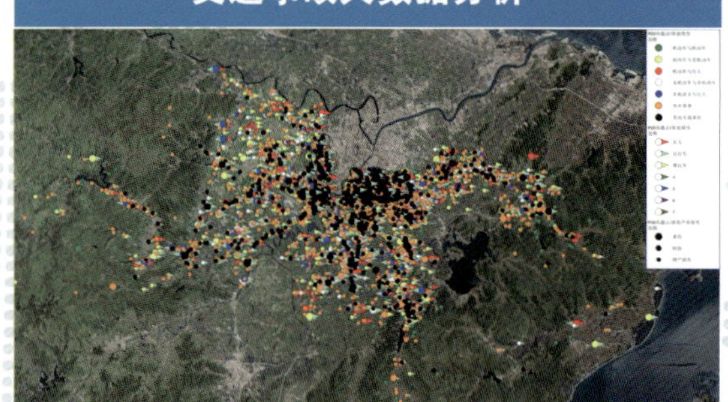

交通事故分布

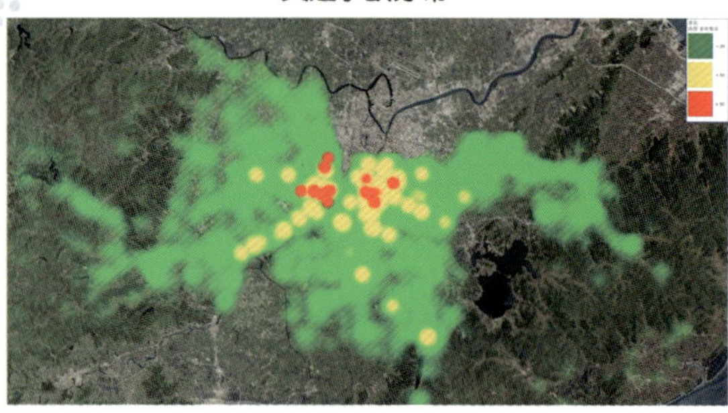

基于PTV VISUM的交通事故黑点分析

事故黑点整改方案

宁波市城市交通重点实验室

宁波市城市交通重点实验室

多模式公交协同管理实验室

交通信号控制实验室

地址：浙江省宁波市风华路201号　　邮编：315211　　电话：0574-87616866　　传真：0574-87619951

特种运输物料状态监测及应急指挥技术

背景意义：本技术对于落实军民融合式发展重要战略思想，发挥军队、地方科研力量和体制机制优势，攻克智能交通领域特种运输规划组织与监控技术瓶颈，实现军地交通运输资源统一调配、确保运输安全的有效途径，在促进智能交通运输向更加安全方向发展，提升智能交通运输行业的应急处置能力，提高国家和军队运输安全水平，促进交通领域军民融合等方面，具有重要的意义。

浙江网新智能技术有限公司 联系方式：wangmingxuan@insigma.com.cn
地址：浙江省杭州市滨江区江汉路1785号双城国际4号楼5楼

系统架构

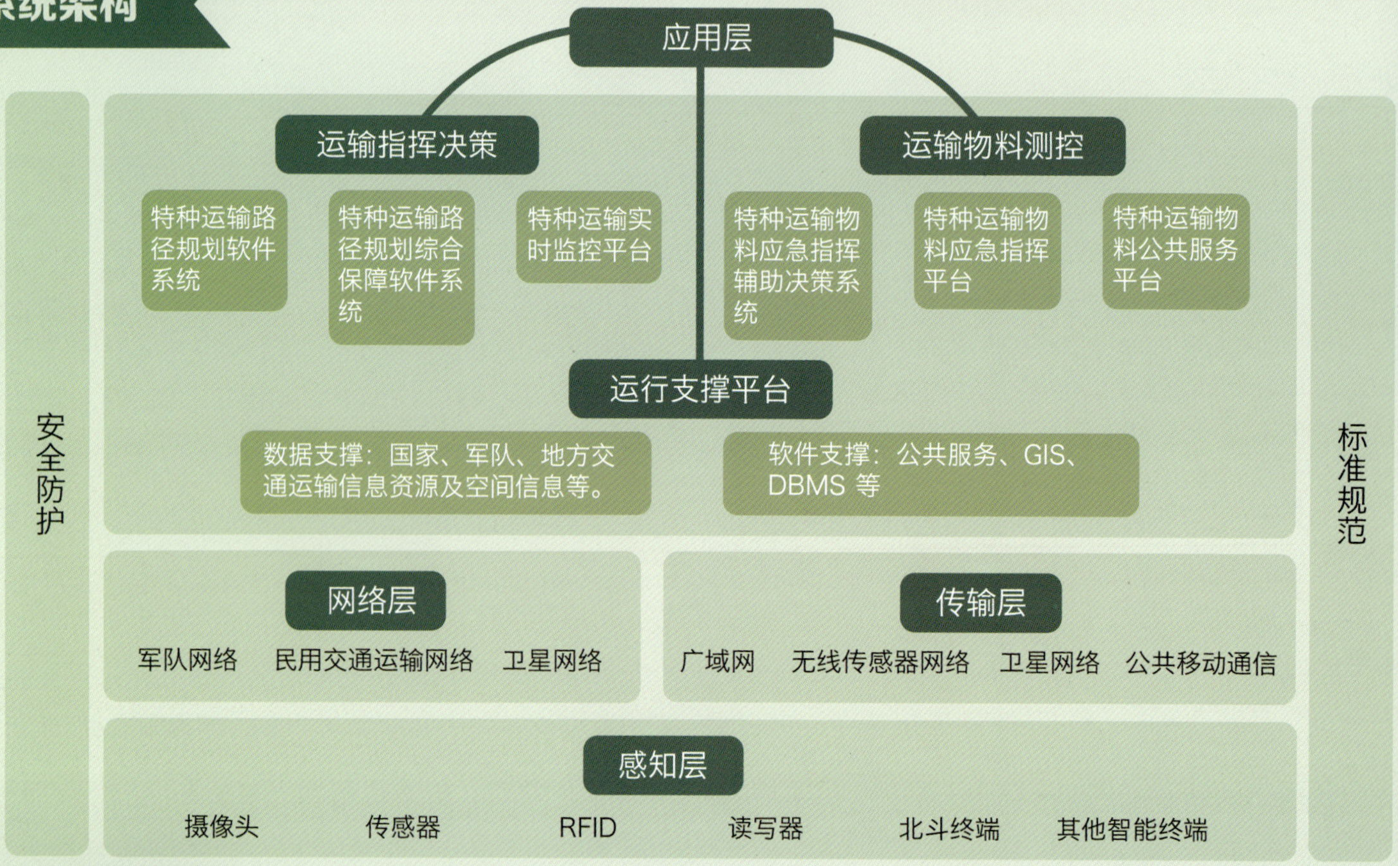

安全防护

应用层

- **运输指挥决策**
  - 特种运输路径规划软件系统
  - 特种运输路径规划综合保障软件系统
  - 特种运输实时监控平台
- **运输物料测控**
  - 特种运输物料应急指挥辅助决策系统
  - 特种运输物料应急指挥平台
  - 特种运输物料公共服务平台

运行支撑平台

- 数据支撑：国家、军队、地方交通运输信息资源及空间信息等。
- 软件支撑：公共服务、GIS、DBMS 等

网络层

军队网络　民用交通运输网络　卫星网络

传输层

广域网　无线传感器网络　卫星网络　公共移动通信

感知层

摄像头　传感器　RFID　读写器　北斗终端　其他智能终端

标准规范

技术成果

1、研制了特种运输物料状态实时检测系统，组建了无线智能传感网络，首次实现了对多种特种运输物料状态的综合实时感知。

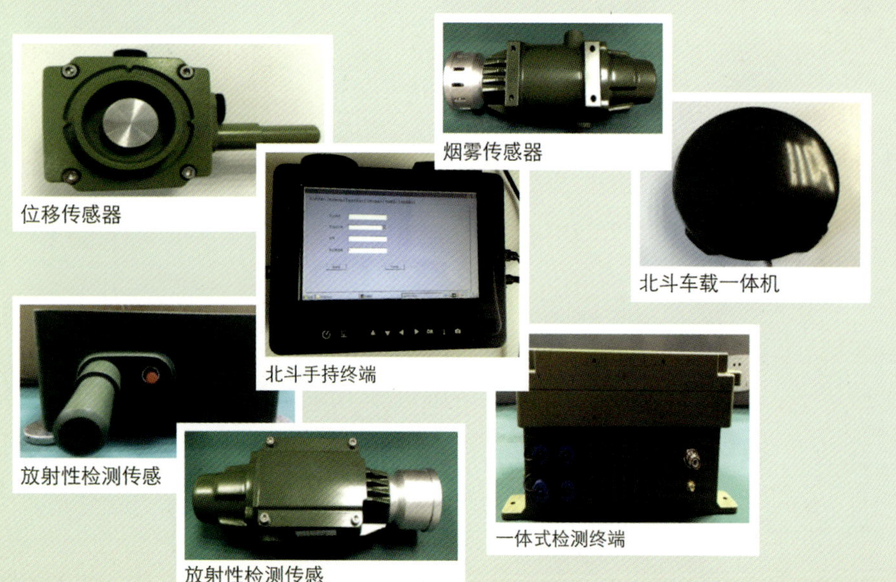
位移传感器　烟雾传感器　北斗车载一体机　北斗手持终端　放射性检测传感　放射性检测传感　一体式检测终端

2、研制了基于分级预警的特种运输辅助决策系统，对不同种类的运输物料进行分析与预警，首次实现了特种运输物料在途状态的智能化报警及应急方案的辅助生成。

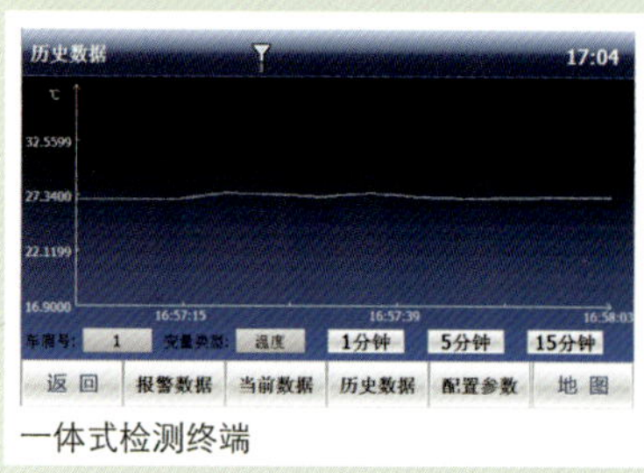

一体式检测终端

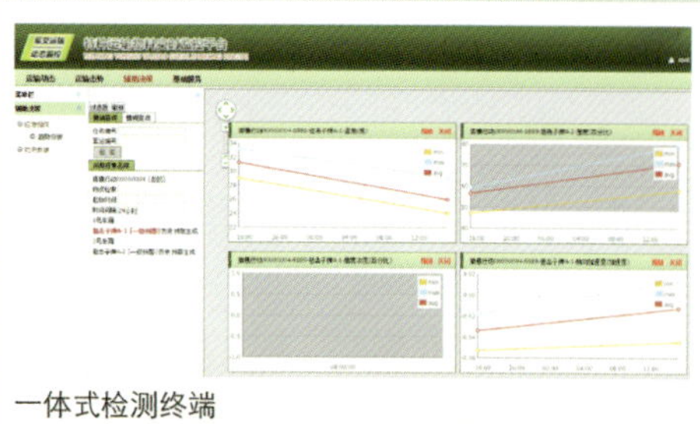
一体式检测终端

北京市交通信息中心

“北京实时公交”是北京市交通信息中心依托产、学、研合作模式，在浮动车技术的基础上研发的一款提供公交车到站时间预测查询的智能手机软件。通过该软件可以查询示范线路上公交车到达指定站点实时到站信息。方便乘客规划自己的公交出行，减少候车时间。

“北京实时公交”手机软件自发布实时公交示范服务以来，得到了市民的积极评价和肯定。截至目前北京实时公交已发布示范线路315条，累计下载量超120余万，每天使用达10余万人。

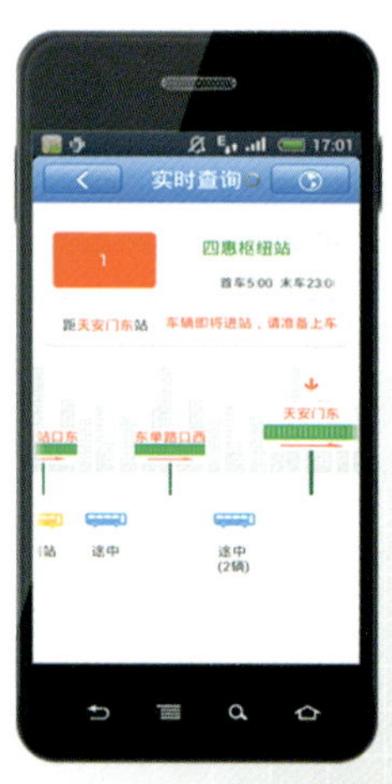

完成了城市轨道交通网络客流清分方法、实时客流预测方法研究；开发并建立了“基于实时AFC系统的城市轨道交通实时客流预测系统”、“基于实时AFC数据的城市轨道交通实时拥挤度发布系统”等轨道交通运营分析平台，其中“轨道交通实时客流预测”为我国轨道交通行业的首次应用。我中心针对相关模型和系统开展了大量轨道交通客流调查与相关模型结果的验证工作，系统已初步具备城市轨道交通实时客流预测与拥挤度发布功能，为乘客提供实时的出行诱导信息服务。

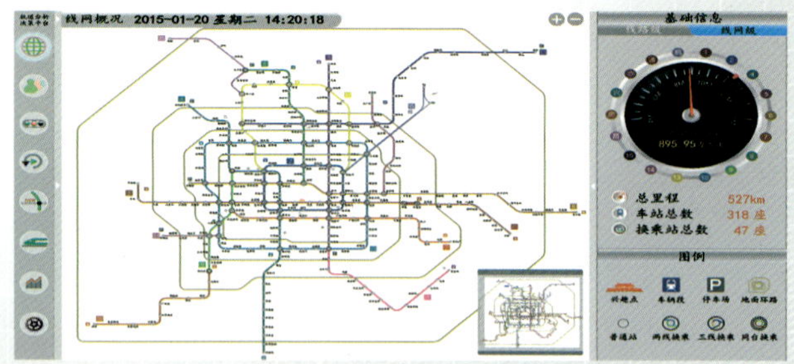

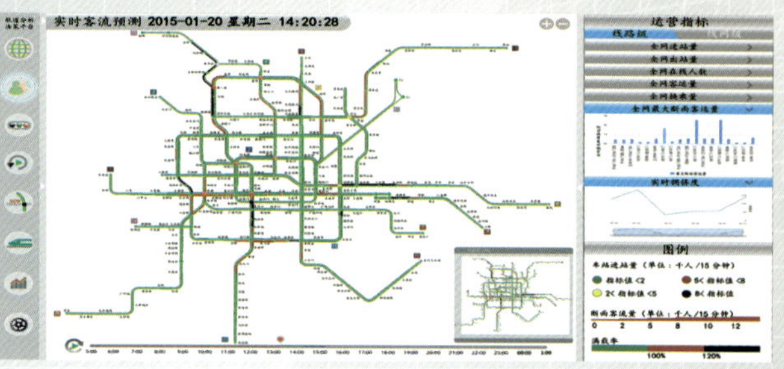

北京交通广播驻市交通委直播间于2014年4月30日正式在TOCC设立，形成了以综合交通常态出行服务信息为主体、重点突出交通突发事件信息和出行预测引导信息的播报框架，内容涵盖高速公路、普通公路、城市道路、地面公交、轨道交通、首都机场、停车等领域。每日6:30–7:30,交通广播主持人在市交通委直播间对综合交通运行情况进行现场直播，其他时段由交通广播派驻的工作人员通过与TOCC信息发布系统对接采集交通信息，实现动态播报。目前TOCC日均提供交通信息近百条,常态路况信息每日播报18次，突发交通事件信息实时播报。

全面整合高速公路数据资源，研发完成基于断面交通流、手机信令、OD数据、营运车辆GPS数据、视频图像等各类数据融合的公路动态路况智能分析技术，积极推进公路出行信息服务工作，已实现北京市全部高速公路、5条国道、12条省道的动态路况信息分析。

目前正在开展综合交通一体化出行服务关键技术研究与应用示范，积极推进全路网多方式一体化综合交通运行监测和动态信息服务体系的构建工作。通过持续努力，最终实现覆盖城市路网、高速公路、国省干线三大路网，涵盖地面公交、轨道交通、出租汽车、民航客运、铁路客运、公路客运、自驾、停车、公共自行车、步行等十大出行方式，面向整个出行链的门到门、无缝隙、一体化综合出行信息服务。

地址：北京市丰台区六里桥南里甲9号首发大厦　电话：010-57079643　传真：010-57079660

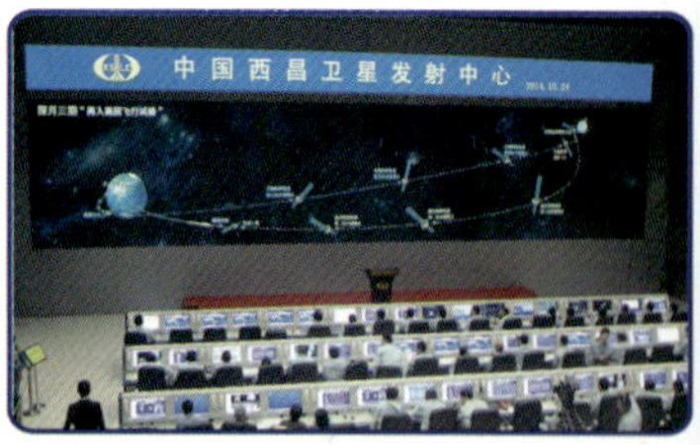

长江航道规划设计研究院

我院成立于1974年，隶属于交通运输部长江航道局，属公益性事业单位。拥有水位工程全行业设计、工程咨询、工程勘察（测量）、监理及水运工程结构检测甲级资质。业务范围涉及水运行业的规划、勘察、设计、咨询、研究，以及工程检测、经济分析和工程监理等多个领域。拥有一批先进的试验、测量和检测设备，拥有国内一流的河工模型试验大厅。

建院40年来，先后主持完成了各类科研项目千余项，承担了长江干线航道80%以上的航道整治前期及设计任务，编制了《长江干线航道发展规划》以及湖北、广西、安徽等多个地方内河航道及港口发展规划，承接项目遍及我国内河及沿海，拥有国家专利及软件著作权20余项，获省部级以上科研奖励70余项（其中国家级奖近10项），编写行业规范10余部。目前我院是国家内河航道整治工程技术研究中心、长江航运技术行业研发中心和湖北省企业技术中心三大科技平台的重要依托单位，同时也是长江黄金水道绿色和安全技术协同创新中心的重要参与单位。承担了多个国家科技支撑项目、“863”计划项目和西部重大专项的研究任务，是国家自然科学基金依托单位。

我院拥有包括享受国家政府特殊津贴专家、交通青年科技英才、成绩优异的高级工程师、长航设计大师等在内的中高级以上专业技术人员100余人，其中研究生以上学历74人（含博士16人）。建设中的长江航道科研实验新基地占地300余亩，设施、设备一流，必将为提升我院科研设计能力，打造“国内领先、国际先进的内河航道科研基地”插上腾飞的翅膀。

航道整治成绩斐然

自上世纪九十年代以来，我院在航道工程领域承担完成了近500余项目，涵盖规划、科研、设计各个方面，尤其在长江干线重点浅滩航道整治上，独树一帜。“九五”期以来，交通运输部累计投入200余亿元用于长江干线航道整治，我院承担了其中80%以上的前期研究、工程设计任务。工程设计效果明显，改善了中游30多处重点浅滩的航道条件，确保了枯水期航道畅通；有效控制了三峡工程“清水下泄”造成的不利影响，合理利用了枯水期流量增加的正效应，使干线航道通过能力明显提升（中游枯水期最小水深提升0.3-0.5米）。基础理论不断丰富，整治技术逐步完善，建立了大型冲击河流理想航槽断面形态的基础理论，提出了大型冲击河流航槽塑造技术，构建调整技术和守护技术两大整治技术体系，形成大型平原河流洲滩控制成套技术。不断创新，贯彻工程全寿命成本最低的设计理念，积极参与其他高等级内河航道整治。

航道养护

航标养护是航道养护主要工作内容之一，我院研发并推广应用航标新技术、新材料、新工艺，促进航标的大型化、明亮化、标准化、信息化。

智能航道是最大限度利用航道资源，充分实现信息共享、现代化的航道养护转型升级技术，我院研究提出长江智能航道定义及总体框架，在关键航道要素感知、数据交互等方面进行了初步研究，参与设计了数字航道工程建设方案，实现了长江干线航道沿程中短期水位预测预报，为船舶合理配置，提高运输效能提供了有效支撑。

工程检测

我院拥有一座近4000平米的实验楼，持有水运工程试验检测结构甲级资质、水运工程材料检测乙级资质、计量认证（CMA）资质、工程勘察类工程测量甲级资质和工程勘察专业类岩土工程（勘察）乙级资质，业务遍及水运工程试验检测、河流泥沙分析、岩土工程勘察、工程测量及相应科学研究等范围。

硬件设施

我院建有国内一流的河工模型试验场所，分布在江岸区岱家山基地和东西湖区长江航道科研实验新基地，可同时开展数十个河工模型试验，拥有行业最为先进的模型试验、工程检测和测量设备近500台，能满足水运工程各类试验研究的要求。

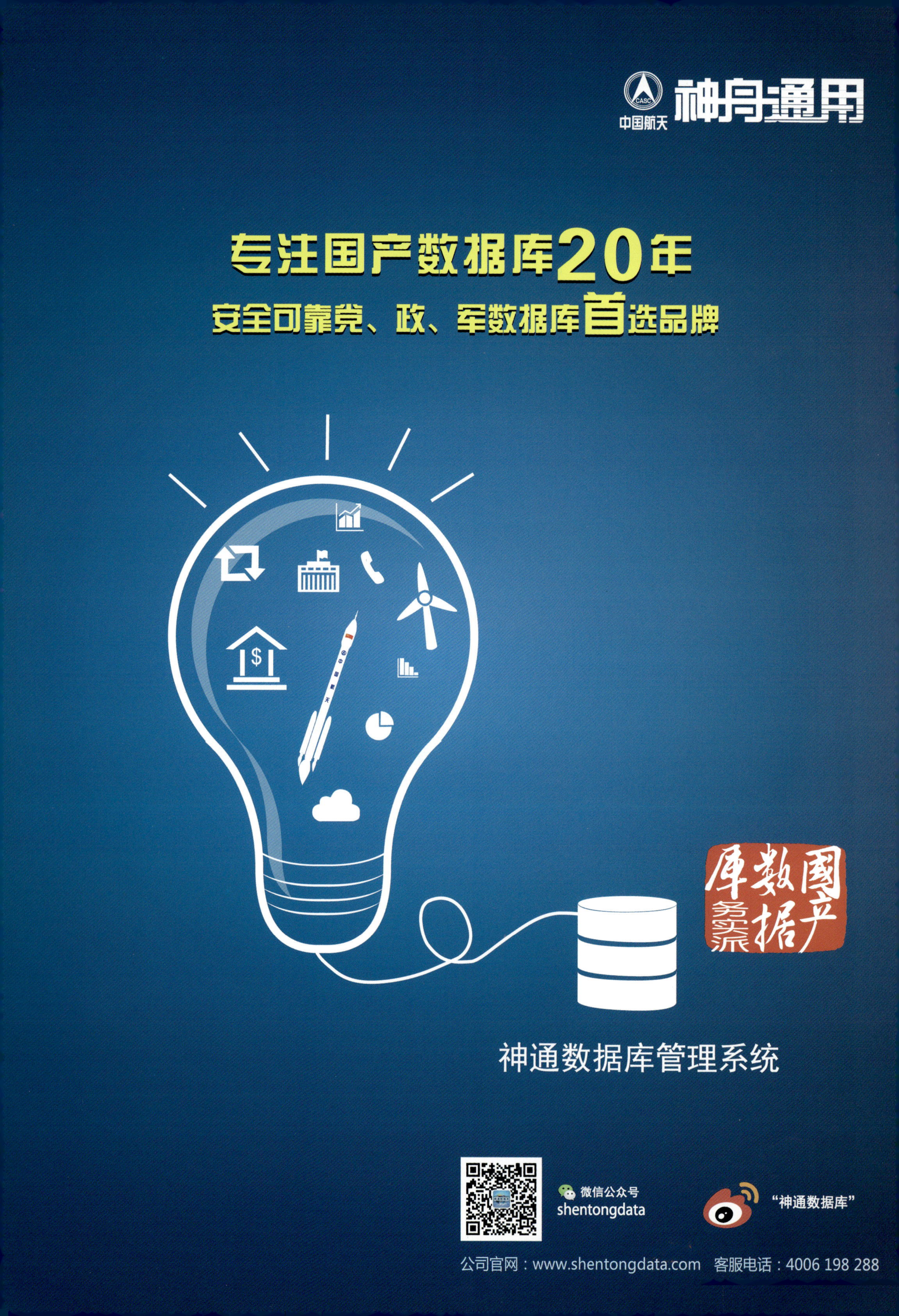
中国航天
CASC
神舟通用
专注国产数据库20年
安全可靠党、政、军数据库首选品牌
国产数据库
务实派
神通数据库管理系统
微信公众号
shentongdata
"神通数据库"
公司官网：www.shentongdata.com 客服电话：4006 198 288

现代城市交通技术协同创新中心

为具体落实“2011计划”精神，促进现代城市交通技术发展，满足缓解我国城市交通问题的重大需求，由东南大学、清华大学、同济大学、北京航空航天大学、西南交通大学、浙江大学、华南理工大学、宁波大学、公安部交通管理科学研究所、公安部道路交通安全研究中心、交通运输部公路科学研究院、中国城市规划设计研究院、北京四通智能交通系统集成有限公司、青岛海信网络科技股份有限公司、江苏省交通科学研究院、江苏省城乡规划研究院、南京市公安交通科学研究所等我国城市交通技术研究开发、人才培养的核心优势单位联合组建成立了“现代城市交通技术协同创新中心”。

签约仪式

签约揭牌仪式会场

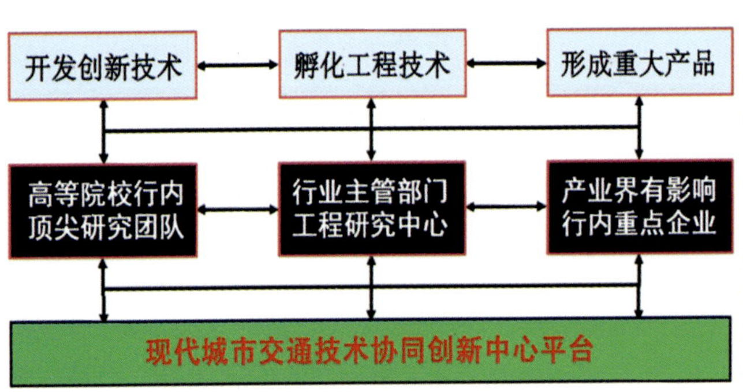

选择“现代城市交通技术”作为交通行业产业协同创新的主攻方向，符合国家重大需求与行业前瞻，是落实《国家中长期科学和技术发展规划纲要》的需要，是实施城市公共交通优先发展战略、开展国家公交都市建设示范工程的需要，也是加快培育智能交通战略性新兴产业的需要，充分体现了“国家急需、行业支持、世界一流”的要求。

本协同创新中心科学研究工作的开展以重点任务为驱动、重大产品为导向、重大成果为目标，使研究成果能真正解决一些实际问题。实施“创新技术开发—工程技术孵化—重大产品研制”的一体化。在协同创新中心平台上实现“政、产、学、研、用”一体的协同创新机制。提升城市交通系统整体效能的核心技术，兼顾城市交通节能减排、城市交通系统安全。

本中心在城市交通系统资源配置优化技术、城市交通系统运行管理协同技术、城市交通系统智能控制协同技术、城市交通信息处理与服务协同技术、城市交通管理控制应用系统技术五个重点研究方向上开展协同创新，以形成城市交通系统效能提升的系统理论、核心模型、关键技术，近期以城市地面公共交通系统高效能组织、管理与控制为主线，以打造“公交畅通城市”为目标，开展城市交通系统的规划、建设与管理关键技术研发，为突破城市交通对我国城镇化与城市发展的制约，提升城市功能，改善人居环境，构建与发展高效、安全、节约、环保的现代城市交通系统提供理论、技术和产品。

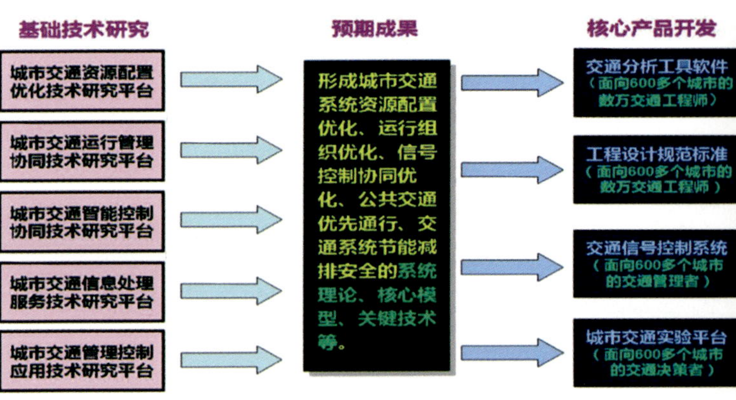

面对快速城镇化和快速机动化的双重压力，围绕国家中长期科技发展规划中提出的“发展一个体系，解决三大热点问题”的国家重大需求，构建城市交通技术协同创新的新模式与新机制，建立以公交主导型城市交通系统整体效能提升技术为核心的城市交通系统资源配置、管理控制、信息服务、综合应用的集成化理论与技术体系，形成我国城市交通行业产业共性技术的世界一流研发基地，集聚和培养一批拔尖创新人才，在城市交通系统集成分析软件、智能化交通控制系统等方向上取得一批重大标志性成果。

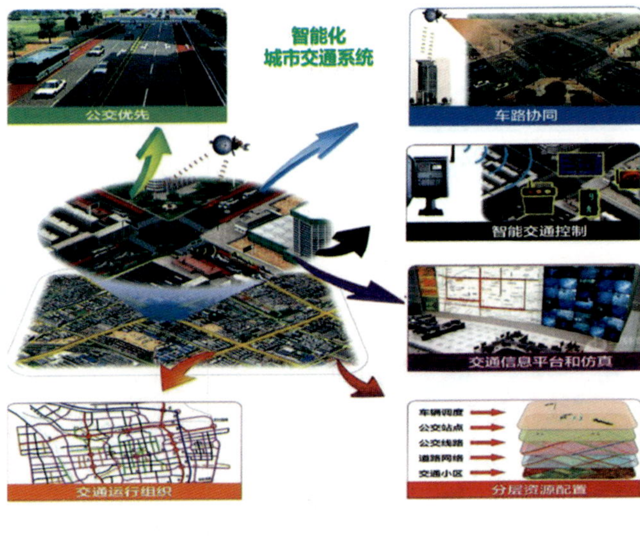

联系人：胡晓健

联系电话：025-83795642

邮箱：huxiaojian@seu.edu.cn

北京市交通领域节能减排统计与监测平台

北京市交通行业节能减排中心成立于2012年6月13日，北京市交通委员会的直属事业单位。主要开展交通行业节能减排战略、规划、政策的研究；编制本市交通行业节能减排标准；承担本市交通行业节能减排目标责任分解以及节能减排监测、统计、检测、评估等方面的工作；开展交通行业节能减排政策宣传、技术推广、交流与合作等相关工作。

北京市交通领域节能减排统计与监测平台是国内首个交通能耗数据智能化集成系统，通过在公交、出租、旅游和轨道共4个行业、68种车型、5535辆车和3条轨道线路上加装能耗计量设备，实时采集和传输能耗数据，并通过整合接入交通指数、IC卡加油系统等多个系统，实现四大功能：

1.统计核算：基于车辆监测微观数据，建立了创新的交通行业能耗核算方法，实现监测数据与统计数据相结合，及时、准确掌握行业及重点企业能耗燃油情况，有效支持北京市清洁空气行动计划、能耗考核等工作。

北京交通行业历年能耗和燃油全总量分析

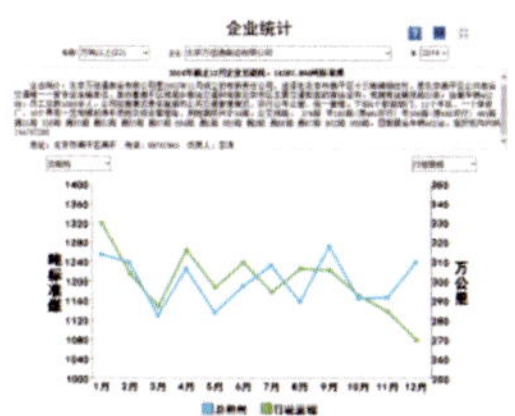

企业能耗与其他指标相关性分析

统计与监测功能展示主界面

2.行业监管：动态监测交通行业的能耗排放和运行情况，提升交通行业节能减排水平，解决管理难题。

平台（一期）依托无线技术（GPRS）、全球定位系统（GPS）、数字地理信息技术（GIS），初步建立了交通重点行业能耗排放统计监测体系，实现了车辆与地图的实时互动，可随时随地、及时即时的采集车辆能耗排放动态信息以及车辆行驶速度、行驶路线、载重、车牌信息等关键数据，在提升节能减排水平的同时，有效的解决车辆管理难题。

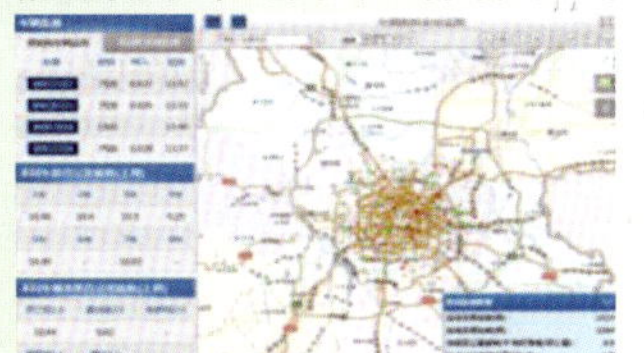

出租实时监测情况

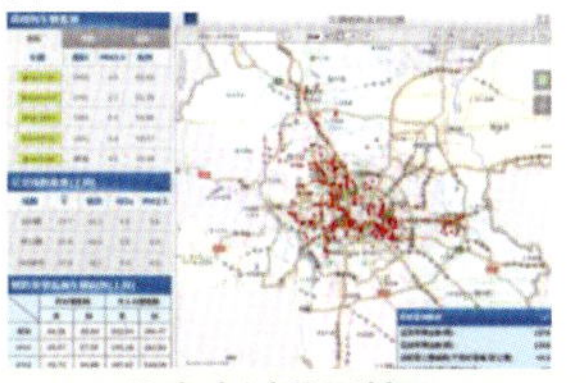

公交实时监测情况

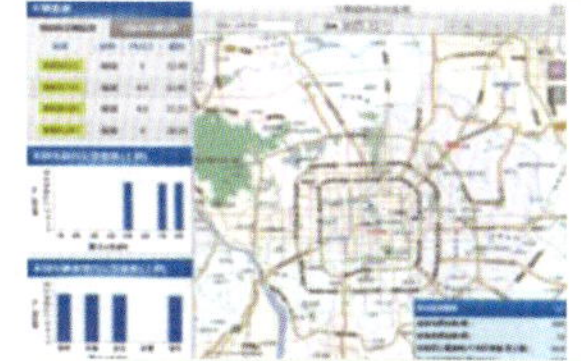

旅游车辆实时监测情况

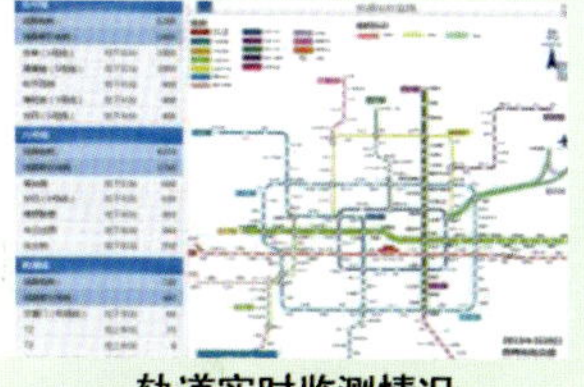

轨道实时监测情况

3.政策支撑：快速全面实现各类重大事件和交通政策措施的节能减排潜力分析和效果评价，为相关政策措施制定提供支撑。

平台基于交通运行和能耗排放大数据的挖掘分析，开发交通能耗排放治理效果综合分析功能模块，可快速响应短期性、突发性重大事件（如APEC）综合交通措施的节能减排评价需求，同时还可全面支持综合交通规划、交通需求管理政策和行业管理措施的节能减排潜力分析和效果评价。

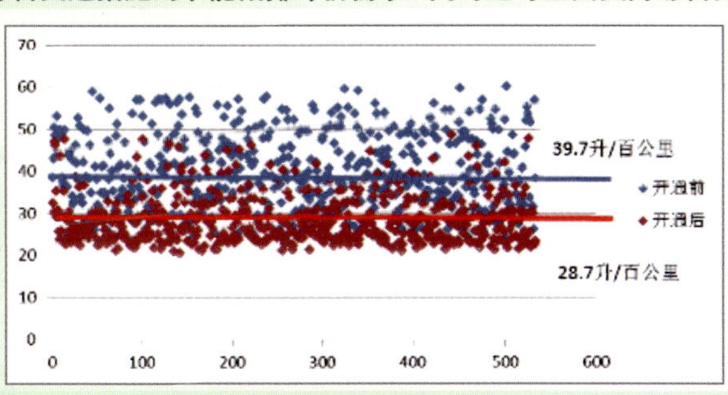

西南三环施划专用道前后百公里能耗对比

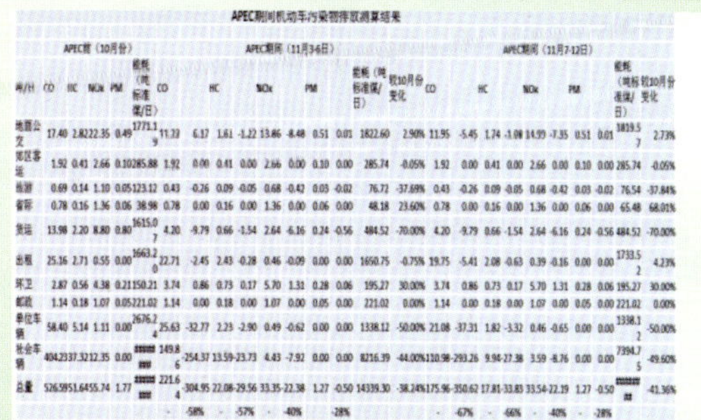

APEC期间交通节能减排效果综合评估

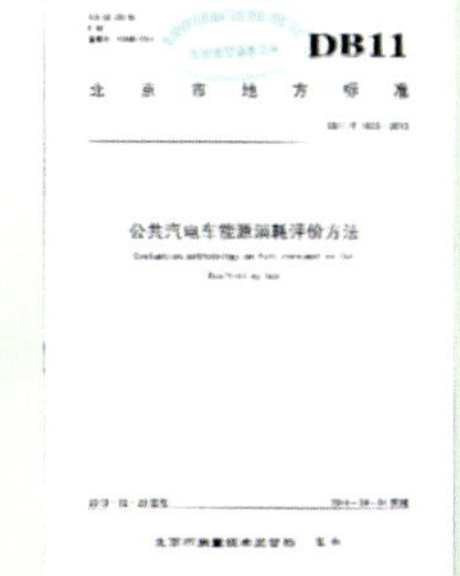

公共汽电车能源消耗评价方法

4.研究分析：科学系统的支持交通缓堵和节能减排相关研究分析工作，为交通行业节能减排工作提供支撑。

平台通过对机动车流量、速度等进行数据分析和规律挖掘，研究交通拥堵和机动车能耗排放之间的关系，从节能减排角度支持各类缓堵工程项目。

生态驾驶评价：基于平台数据，结合ARCGIS图，提取快速路和交叉口的车辆油耗，快速路最高油耗为11.3L/100km，最低为7.67L/100km，可得出其提升空间为32.17%；交叉口最高油耗为15.82L/100km，最低油耗为9.98L/100km，可得出其提升空间为36.88%。

油耗\道路	快速路	交叉口
最高油耗（L/100KM）	11.30	15.82
最低油耗（L/100KM）	7.67	9.98
提升潜力（%）	32.17%	36.88%

RCGIS数据输出情况

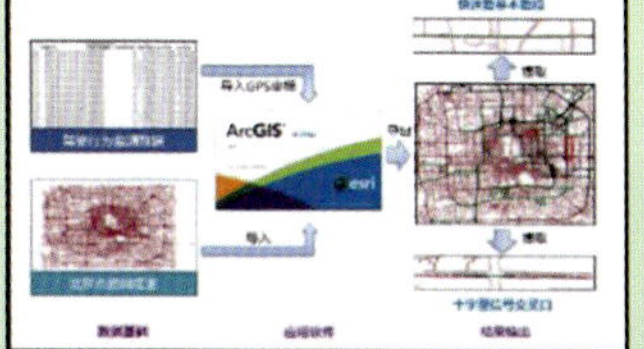

ARCGIS工作模式

污染物动态跟踪与评价分析

地址：北京市丰台区六里桥南里甲9号首发大厦　　邮编：100073

电话：86-10-57078260　　传真：86-10-57078266　　邮箱：BTEC@bjjtw.gov.cn

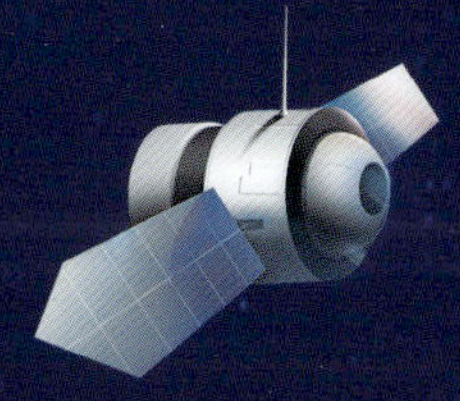

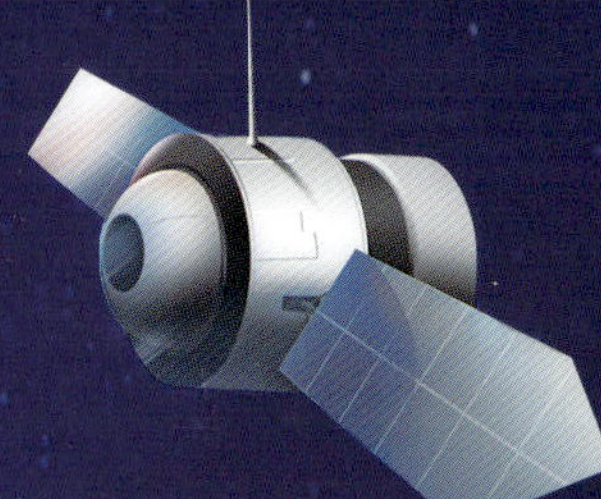

SIBAT

中山大學工學院智能交通研究中心

中心简介 Centrality profile

中山大学工学院智能交通研究中心成立于2000年11月。隶属中山大学工学院，承担着“交通工程”学科的教学、研究和产业化任务，拥有“交通运输工程”一级学科硕士点，“交通信息工程及控制”、“载运工具运用工程”、“道路与铁道工程”、“交通运输规划与管理”等4个二级学科硕士点，以及“交通工程”本科专业，同时还培养 “工程力学”专业博士研究生、“交通运输工程”专业学位硕士研究生。

2002年，中山大学智能交通研究中心联合广东省公安厅公安科学技术研究所、广东省交通科学研究所成立了广东省智能交通系统重点实验室。2006年与广州方纬交通科技有限公司共建了“交通信息与控制联合实验室”，2009年与广东省公安厅共建了“广东省公安网络安全和科技信息重点实验室”，与广东省发改委建设了“中山大学低碳科技与经济研究中心”、“中山大学工学院风资源研究中心”，2012年与广东省公安厅联合共建“视频图像智能分析与应用技术公安部重点实验室。

中心现有实验室面积3000余平方米，包括数据中心、仿真中心、摸拟交通指挥中心、300米实验车道等。同时中心还提供完善的硬件设备：道路交通信息采集车(中心自主研发)、环境监测车（美国Thermo Fisher公司生产）、高性能服务器集群、嵌入式系统开发平台。专业的工具软件：国内外主流GIS平台软件（ArcGIS系列、MapInfo系列、Geostar系列、Supermap系列）、国际主流交通规划与仿真工具软件(Paramics微观交通仿真平台、MitsimLab微观交通仿真平台)。全面的数据资源：全省路网基础数据、地理与交通信息数据。

中心近3年已从国家和省市级科研单位累计获得科研经费6500余万元，包括：国家自然基金、国家支撑计划、“863计划”3800万元；省、市级科研经费：1500万元。

经过十几年的建设，已经拥有先进的研究设备和优越的办公环境，已基本形成了集教学、科研和技术应用为一体的具有可持续发展能力的创新体系，建立了一支稳定、雄厚而有影响的学术研究队伍。

南校区红楼

东校区工学院

模拟指挥中心

地址：广东省广州市新港西路135号　　电话：020-31063025　　传真：020-89250752

基于物联网的城市综合智能交通系统

四川川大智胜软件股份有限公司

公司概述

四川川大智胜软件股份有限公司是我国空中交通和地面交通管理领域具有自主知识产权的大型软件和重大装备供应商，上市公司，连续三年被评为央视财经50指数十佳创新型企业第三位。公司具有系统集成一级资质、国军标GJB9001A-2001质量管理体系认证、武器装备科研生产许可证等资质，并依托四川大学“教育部现代交通管理系统工程研究中心”，组建了多学科结合的技术创新平台，形成了产、学、研、用相结合的科研、应用、推广模式。公司自主研发的产品中已有1项获国家科技进步一等奖、3项获国家科技进步二等奖。作为科技创新型企业，公司具有一批高素质专家队伍，员工378人，其中硕士/博士学历以上人员占员工总数的30%以上。

经过十多年持续不断的发展，川大智胜已经成功开发出城市智能交通综合管理系统、智能公交电子站台服务系统、交通旅行时间系统、基于车路协同的城市智能交通信息服务系统等地面智能交通产品。在城市交通领域，公司获得了15项国家发明专利，9项软件著作权，达到国际先进、国内领先水平。

川大智胜承担了国家科技部和工信部、四川省科技厅和经信委、成都市科技局等政府部门的城市交通科技咨询项目，并为广泛分布于国内上百个大、中、小城市的政府机构和公司提供交通管理、公交规划、智能交通综合管理等方面的项目咨询服务，并承担相关系统建设任务。公司还先后参与了2008年北京奥运会、2011年上海世博会、2010年广州亚运会、2012年深圳大运会等多项重点工程中交通规划决策咨询和智能交通项目建设，并以骄人的业绩获得了用户、专家及业界的好评。

系统简介

基于物联网的城市综合智能交通系统，以我国城市交通的实际需求为导向，基于新一代信息处理、精确识别传感、车路协同/车联网、云计算等技术，以精确、完整、及时、有效的动态交通数据为基础，加强对动态信息资源的有效整合与综合利用，为所有交通相关的出行者、建设者、管理者、监督者、运营者等交通参与者服务。川大智胜在研制本产品的过程中，获得了十多项专利技术，产品在技术指标和功能方面已达到国际先进、国内领先的水平。

系统由基于多源动态交通数据信息采集系统、基于车路协同的车联网系统和城市实时交通指挥与信息服务中心系统组成。

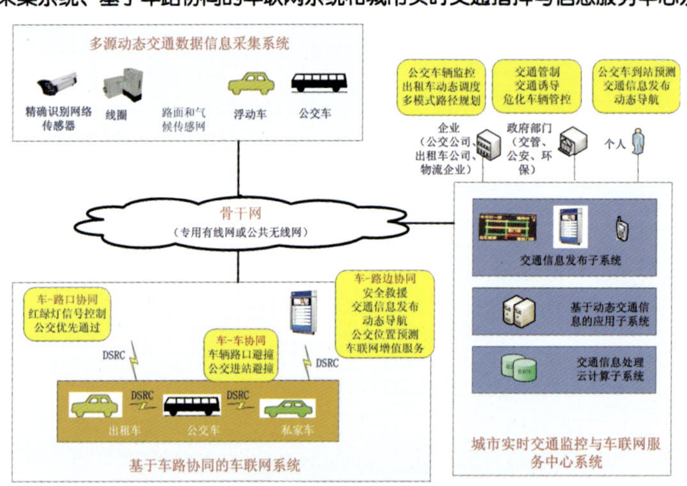

图1 基于物联网的城市综合智能交通系统架构图

1）全时空多源交通信息采集系统：采用精确传感采集节点，并结合传统采集节点和浮动车、公交车信息，以及在路面布设的路况和气候传感器，采集道路上行驶的车辆精确信息、浮动车数据、路况/气候信息，并根据采集点和采集内容的不同，以有线、无线、专网等方式将数据传递到城市实时交通指挥与信息服务中心系统。

2）基于车路协同的车联网系统：以DSRC、Wifi、Zigbee和3G 相结合的多模式无线通信网络为基础，在车（公交车、出租车、私家车）-路（电子站牌、路口设备）-人（乘客、司机、行人）之间建立局域的信息交换和共享平台，以实现各种基于车路协同的车辆主动安全预警、智能公交乘客服务、私家车Telematics 服务等功能。

3) 城市实时交通监控与车联网服务中心系统

城市实时交通监控与车联网信息服务中心系统基于云计算平台，利用多源数据融合技术、智能视频分析技术、大数据挖掘技术、动态路况预测技术，对多源交通状态数据进行分析，生成各类交通应用和服务信息，包括全路网交通流量和交通态势信息（分类旅行时间、畅通/拥堵状况、拥堵概率），实时前方道路环境信息(临时管制、限行区域、交通事故、路面结冰、隧道水淹)，交通信号灯信息，公交车路口等待时间及排队长度信息，出行交通服务信息（公交到站信息、出租车信息、其他服务信息）等应用数据，并与GIS系统结合，形成统一的融合信息数据库。并充分利用车路协同和车联网技术，为出行者、管理者和决策者提供服务，包括动态交通诱导、车辆安全驾驶信息服务、公众交通信息发布、道路交通规划辅助决策、公交网络规划辅助决策

系统重大工程建设经验

- 国家工信部：基于动态信息的智能交通系统研发及应用示范项目(2010年)
- 四川省经信委：基于物联网的城市综合智能交通系统(2012年)
- 成都市科技局：合作式智能交通新技术研发和系统应用(2014年)
- 四川省科技厅：智能公交电子站台服务系统设计(2014年)
- 北京市交通管理局：2008年北京奥运会旅行时间系统项目
- 上海市：2010年世博会园区门禁管理系统
- 深圳市：2011年深圳世界大学生运动会智能交通系统
- 德阳市公安局交警大队：德阳市城市智能交通规划咨询与系统建设项目

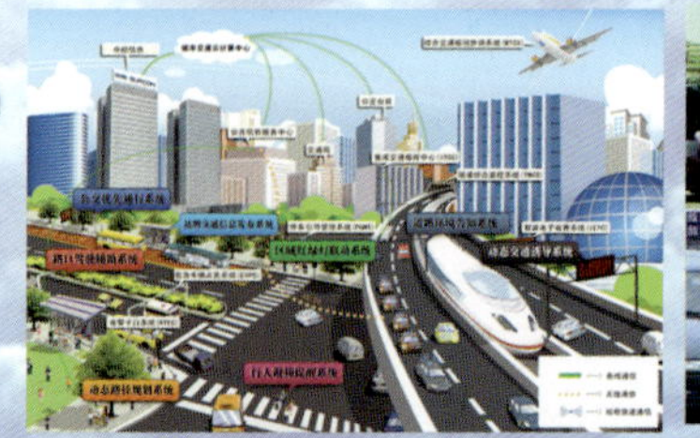

2015年度成都市科技产业化工程项目：合作式智能交通系统应用示范

北京奥运旅行时间系统

地址：四川省成都市武侯区武科东一路7号　　邮编：610051

北京市城市交通信息智能感知与服务工程中心

北京市城市交通信息智能感知与服务工程技术研究中心成立于2012年5月，依托单位是北京交通大学，作为教育部直属的全国重点大学，北京交通大学在交通运输、交通智能化与信息化技术等重大、综合、超前性的科研攻关中均取得了重大突破。2007年北京交通大学的交通运输工程学科被评为国家级重点学科，并且在每年的学科评比中名列前茅，交通信息工程及控制学科是全国高校第一批该学科博士学位授权点和国家级重点学科，在2001年和2007年国家级重点学科的评定中名列全国第一，也相继被再次评为国家级重点学科。

工程中心的共建单位分别是北京市交通信息中心、北京四通智能交通系统集成有限公司以及北京宏德信智源信息技术有限公司，分别负责测试、中试、应用推广基地建设，实现智能交通技术的孵化、转移和产业化。

2014年，工程中心承担研究国家及省部级科研项目30余项。重点建设了城市轨道列车在途监测与安全预警实验平台、道路交通状态获取传感网实验平台、电动汽车运行远程监控平台、城轨路网运营组织与安全分析仿真平台和高速铁路基础设施安全状态检测传感网实验5个平台，建立了大数据中心。重点建设了城市交通信息智能感知技术、城市交通信息融合与评估技术和城市交通信息智能化服务技术3个技术方向。2014年工程中心工作人员共发表论文140篇，其中SCI论文23篇，EI论文112篇，ISTP论文5篇，申请国家发明专利13项。促进了成网条件下城轨交通运输组织与安全保障关键技术及系统，城轨交通列车运行状态全息检测、在途预警与运维支持技术等相关研究成果转化。

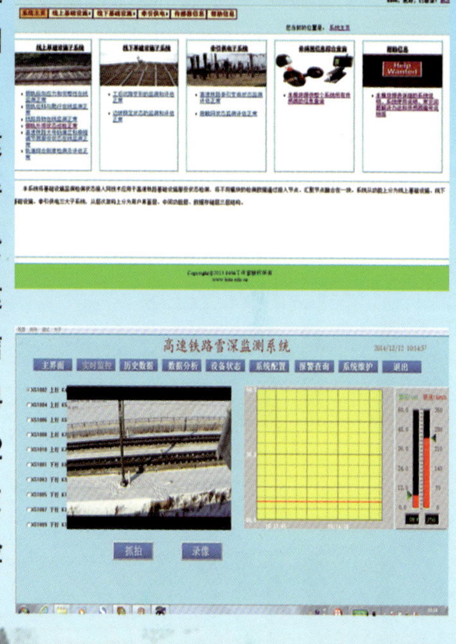

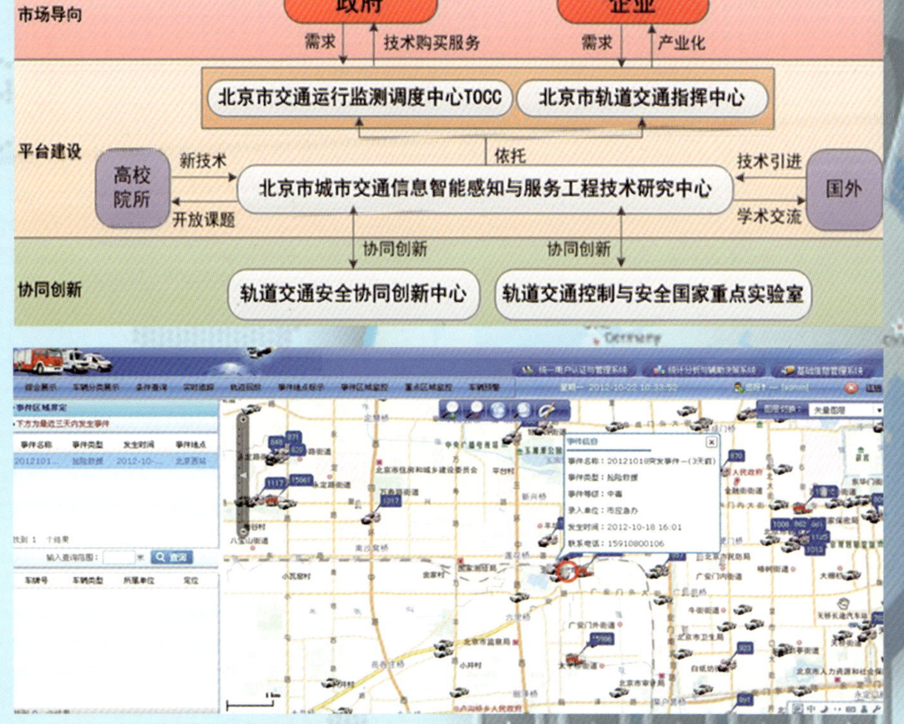

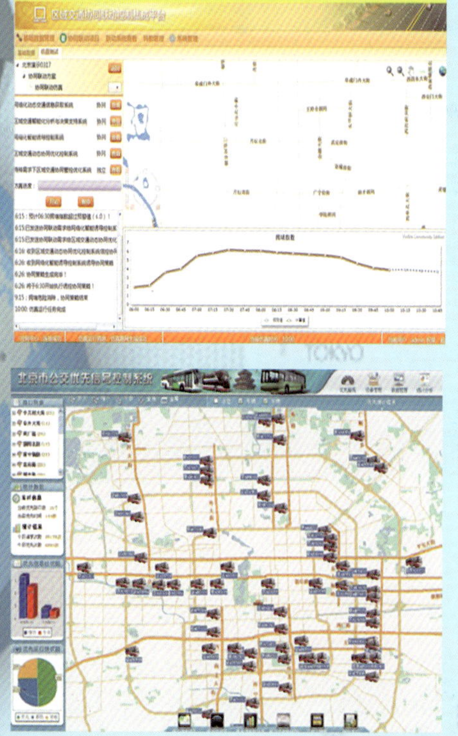

地址：北京市海淀区上园村3号北京交通大学8教406　　　邮编：100044

重庆交通大学交通运输学院交通信息工程及控制学科

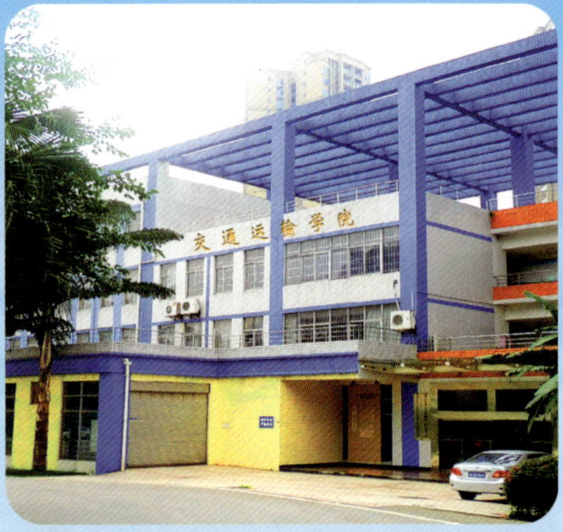

重庆交通大学交通运输学院创办于1982年，现有专任教师60人，其中教授17人、副教授24人，本科生近2000人，研究生300余人。学院拥有"交通运输工程"一级学科博士、硕士、工程硕士授予权及博士后科研流动站，设有"交通运输、交通工程、交通设备与控制工程、汽车服务工程、交通管理"5个本科专业，建有"交通运输工程"、"山地城市交通系统与安全"重庆市重点实验室，与企业共同成立了重庆交大道路运输研究院有限公司、与重庆市公安交管局建立了道路交通信息共享与需求服务暨科技创新战略合作关系。近5年来，承担国家和省部级项目40余项，科研经费达5000余万元，发表论文600余篇，被收录200余篇，出版专著与教材20余部。

"交通设备与控制工程"本科专业，依托"交通信息工程及控制"二级学科，旨在培养适应智慧交通发展宽口径工程背景的交通信息、控制和设备方面高级技术人才，已形成近20余人的教授、副教授、实验室专职人员的教学科研队伍。学科连续4年举办交通科技大赛，作品在全国交通科技大赛中获得一等奖1项、二等奖1项、三等奖5项。学科依托学院与重庆市公安交管局共建的"重庆市交通信息综合分析处理平台"，在山地城市交通控制基础理论、数据挖掘、信息服务、新技术应用等方面开展了大量研究，成果显著。近5年，承担国家、省部级项目近10项，连续3年获得国家自然科学基金项目资助，申请专利10余项，多次获得省部级以上奖励。主持了国家863项目"区域交通协同联动控制集成系统评价分析"、国家自然科学基金项目"基于元胞自动机的信号控制环形交叉口交通流模型与优化控制方法研究"、省部级重点项目"山地城市复杂交叉口干道绿波联动动态控制关键技术研究及示范"等科研项目。学科重视校企互动合作，与重庆市通信产业服务有限公司共同建立了产学研合作基地、智能交通系统工程研发与应用中心。

与企业智能交通产学研合作

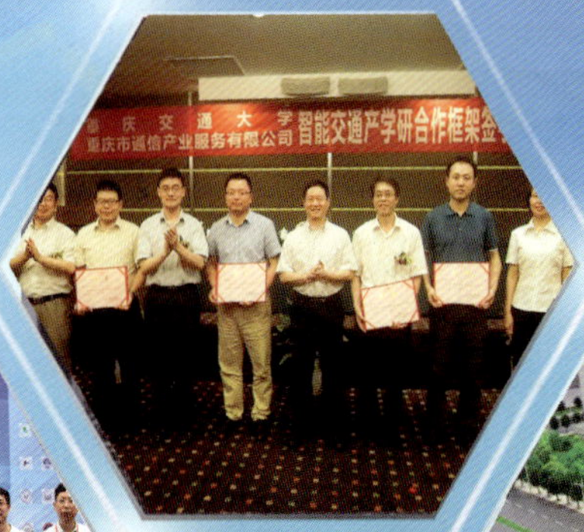

驾驶行为模拟系统

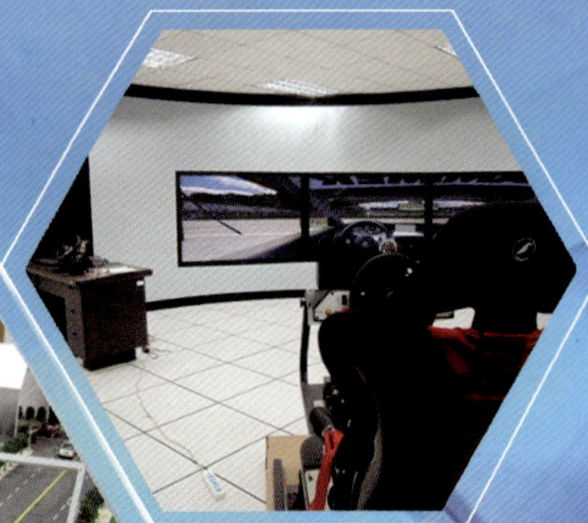

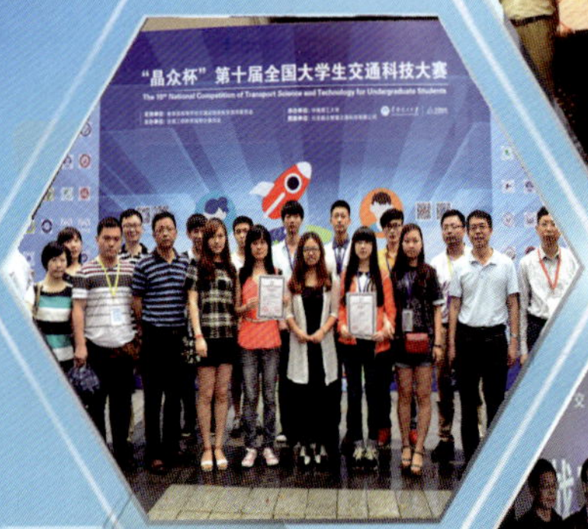

全国大学生交通科技大赛

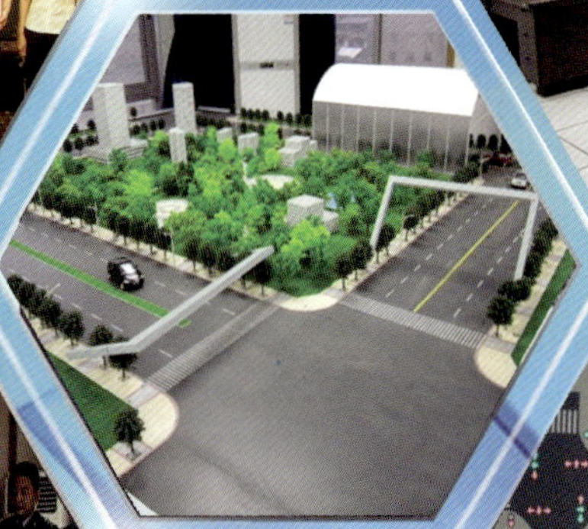

交叉口控制模拟系统

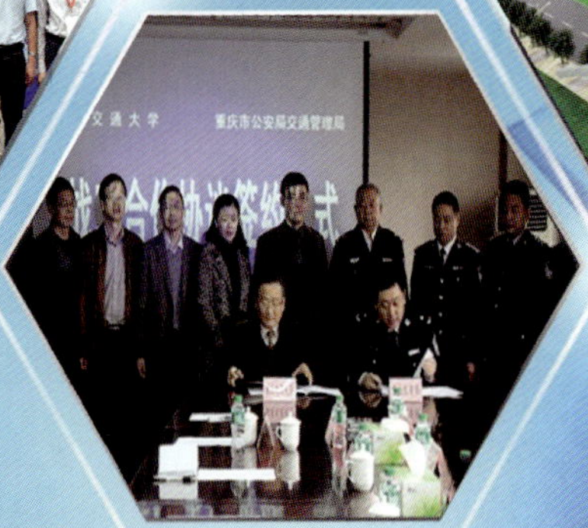

与重庆市公安交管局战略合作

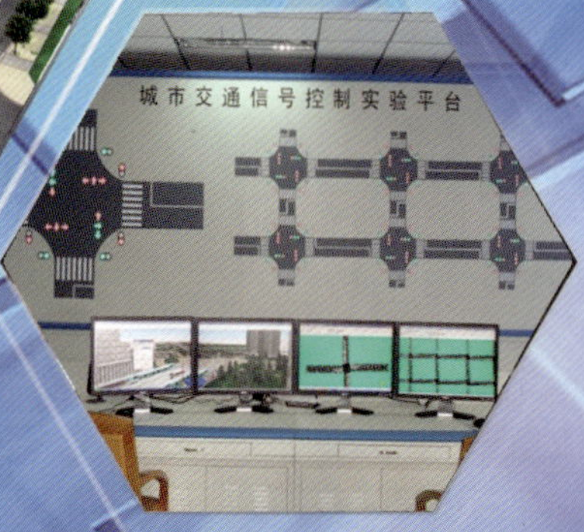

城市交通信号控制实验室

地址：重庆市南岸区学府大道66号　邮政编码：400074

电子信箱：jtys@cqjtu.edu.cn　电话：023-62652674　传真：023-62651921

ETCS 重庆攸亮科技有限公司

重庆攸亮科技公司成立于2012年底，业务涉及智能交通、电力通讯、光电产品等行业；旗下公司包括重庆易博交通控制设备有限公司、重庆市易博数字技术有限公司；近年年度营收增幅均超过30%，2015年预计总收入过亿元。

公司拥有完全自主知识产权的城市交通集成管理系统平台、区域自适应协调交通信号控制系统、集中协调式交通信号机、视频检测与应用、LED交通情报板等，技术处于国内领先水平。

公司具有从研发、系统设计、应用，到工程实施、指导的强大技术及支持能力，长期与国内、外知名院所、公司良好技术合作，承担了国家“中小企业创新基金”、“火炬计划”、市级重大“科技攻关”等多个项目；公司拥有多项国家发明及实用新型专利。

ETCS城市交通信号自适应协调控制系统

ETCS是用于城市的交通信号自适应协调控制系统。基于各种交通状态检测数据（包括流量、车速、饱和度、排队长度等），系统分三层控制城市交通信号：

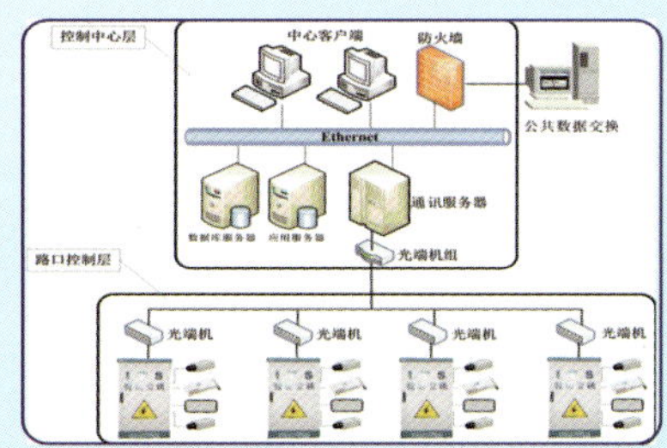

1 系统结构图

- 通过区域交通负载检测，宏观调节关键路径流量、降低关键节点拥堵程度，均衡大区域交通
- 通过相位差优化控制，让子区或一个区域（多个子区）交通信号协调控制
- 适时调节各受控路口的信号周期、绿信比进行自适应控制，具有系统级路口出口拥堵控制功能

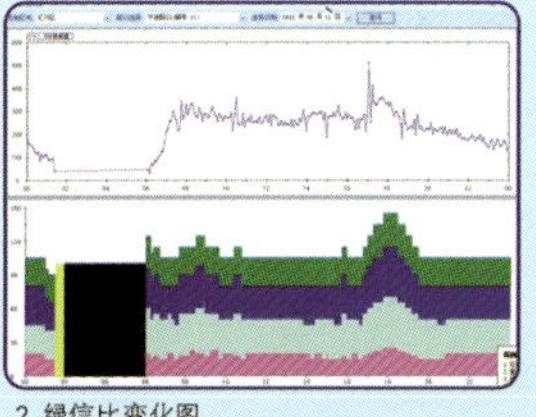

2.绿信比变化图

3、自适应协调控制子区管理

ETCS系统运行在Windows Sever、XP等环境下，可采用C/S、B/S双结构。

系统软件采用模块化设计，易于定制和扩展；采用常用数据总线，可与其它平台轻松对接；通讯网络可选光纤、无线（GPRS\3G)等多种方式。

GJK-8集中协调式交通信号机：

技术特点：

- 具备集中协调式基本功能；
- 联网区域自适应协调控制；
- 支持本地及系统级实时出口拥堵控制功能；
- 具有虚拟相位、弹性相位、待定相位、前伸后延相位等控制功能；
- 可处理视频、地磁、线圈等检测器类型；
- 可对物理检测器、事件等进行逻辑运算构建虚拟检测器；
- 信号机参数设置及查询至少支持三种方式：手持数据编程器、Android手机/平板电脑、远程中心设置。

技术参数：

输入/输出：

灯控输出：最大32路独立相位（每路最大负载能力：1000W）

处理检测器输入能力： 最大64路

环境：

工作环境温度： -20℃--+70℃

相对环境湿度： 20%--95%

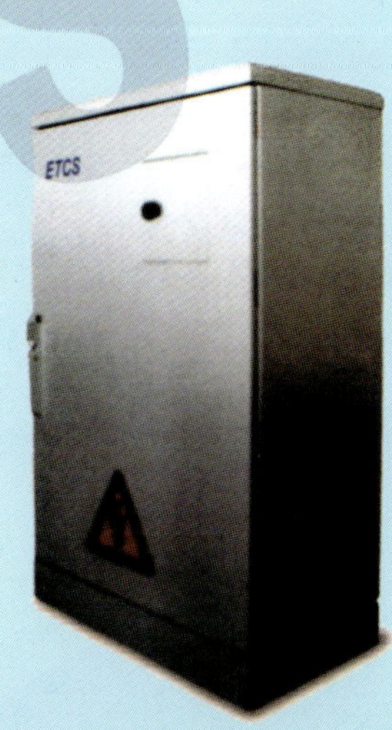

GJK-8

西南交通大学交通运输与物流学院

交通运输与物流学院是西南交通大学具有悠久办学历史的学院，是学校交通特色的重要支撑。五十多年来，学院一直以“立足轨道交通，面向综合运输，服务经济建设”为指导思想，依托全国排名第一的交通运输工程国家一级重点学科优势，在学科建设、教育教学、人才培养、科学研究等方面取得了显著的成绩，已发展成为一个多学科协调发展的、在国内外具有重要影响力的学院，是我国轨道交通、道路及城市交通、交通安全和现代物流人才培养及科学研究的重要基地之一。

学院科研成果丰硕，近年来先后承担了包括国家“863”计划项目、国家“十一五”科技攻关项目、国家自然科学基金、社会科学基金等在内的国家级和省部级科研课题200余项，获得了包括国家科技进步一等奖在内的国家级和省部级科技成果奖30余项，发表高水平论文1800余篇，出版专著30余部，学院建有综合交通运输智能化国家地方联合工程实验室、综合运输四川省重点实验室、数字化城市交通综合四川省高校重点实验室以及交通安全技术工程四川省高校重点实验室，已形成了综合运输系统规划与组织指挥、智能交通系统、物流工程与管理、列车运行图编制以及综合交通运输安全与环境等5个科研创新团队。在综合运输发展与决策、高速铁路运输与调度指挥、计算机编制列车运行图、智能交通、综合交通运输安全保障以及智能物流系统关键技术等领域的研究达到国际一流、国内领先水平。

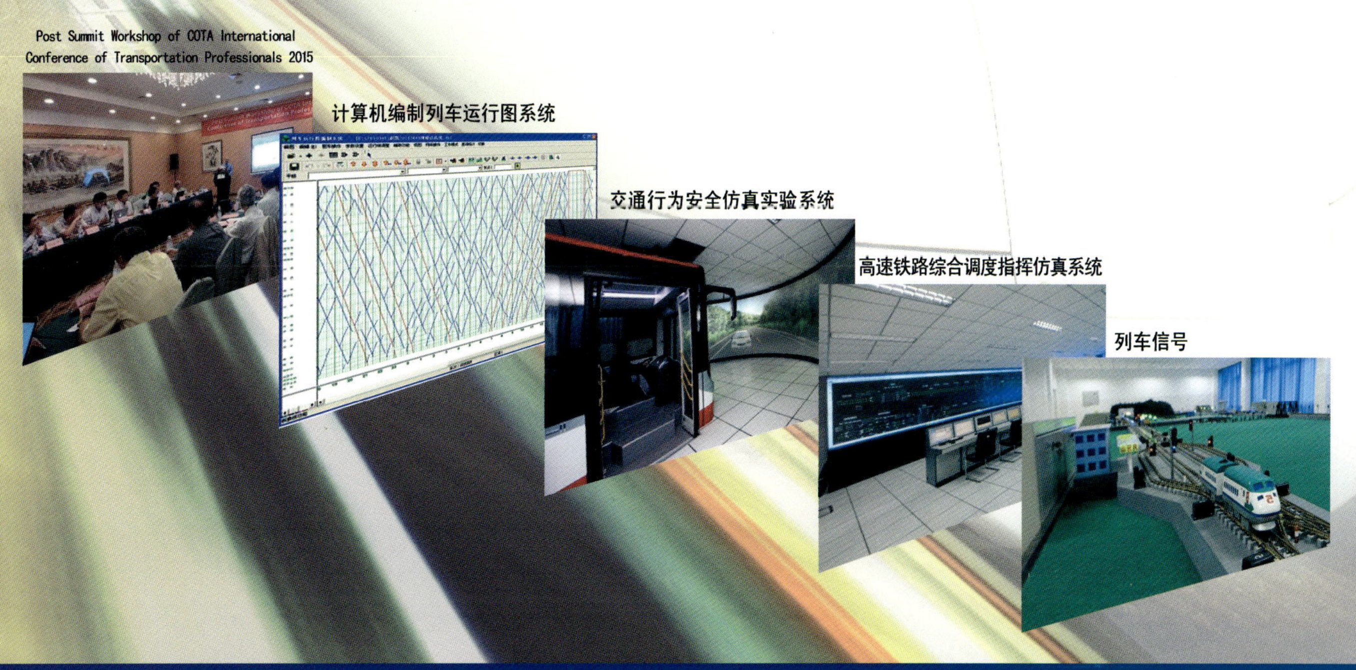

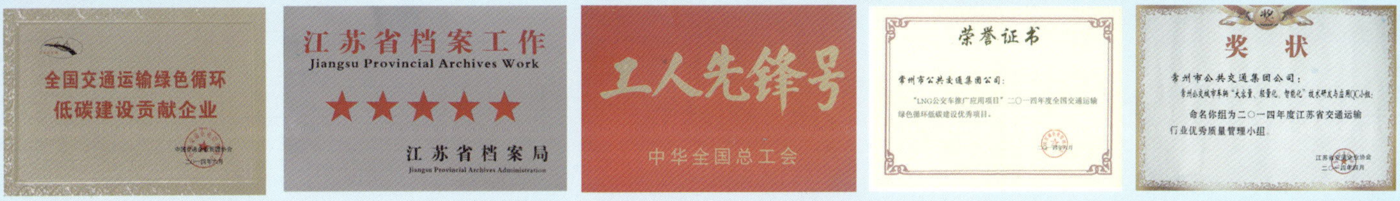

常州市公共交通集团公司是一家专业从事城市客运的大型国有企业，成立于1960年5月。到2014年底，拥有在册职工5849人，各种运营车辆2558辆，经营线路222条（含支线共261条），线路总长4281.1公里，年运营总里程1.42亿公里，年客运量3.57亿人次。

公交优先发展得到了市委、市政府和全社会的关心支持，在市交通运输局的正确领导下，2014年为民办实事项目全面完成。全年新辟公交线路8条，延长服务时间8条，为园区职工出行开通1条微循环公交线，为殷村职教园师生出行开通4条定制公交专线，配合轨道交通建设调整恢复线路97条次。新增92辆超级巴士和140辆新能源混合动力公交车，开通了4条新能源快速公交线。

2014年，公司在管理提升和科技强企上取得了突破，实施了管理深化工程，发布了首个企业标准体系，公交驾驶员工作规范成功申报江苏省地方标准，公交档案管理成功创建江苏省五星级标准。完善了乘客服务系统，WP8版掌上公交软件和短信查询系统成功上线运行，首期1500辆公交车提供了免费Wi-Fi服务，完成了车载空调恒温系统测试，车辆怠速启停技术应用研究获得省科技进步项目奖励。承担的常州市城市公交服务标准化试点项目列入全国首批社会管理和公共服务综合标准化试点项目，自主研发的超级巴士获得六项国家实用新型设计专利。2014年我市公交乘客满意度达91%，满意率99.1%，再创历史新高。

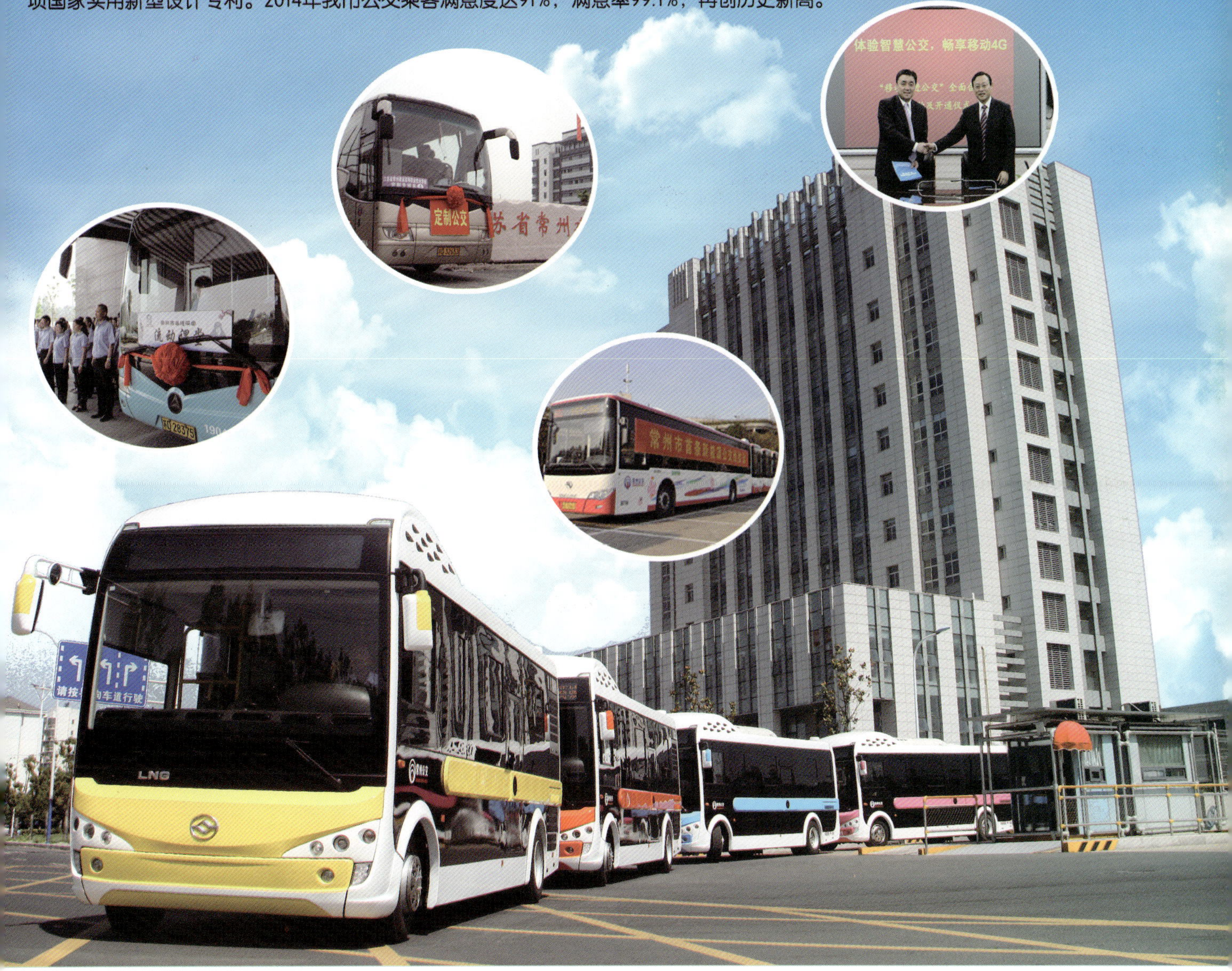

常州市公共交通集团公司

地址：常州市中吴大道2188号　　邮编：213023　　热线电话：0519-67896565

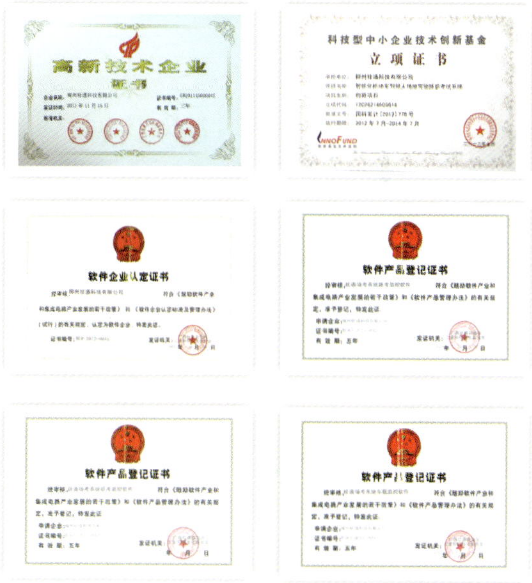

生迪智慧隧道（道路）照明系统

浙江生辉通过与北京工业大学、贵州高速公路开发总公司等单位共同参与的光环境课题，基于驾驶员视认的人因工程理论研究成果及我国隧道管理需求，历经3年开发合作，发挥各自研究及产品技术优势，期间不断攻克技术及产品难题，研发出全新一代LED隧道灯，搭建并优化生迪智慧隧道（道路）照明系统管理平台。于2013年取得了由国家出版局颁发的生迪隧道（道路）照明系统著作权。

项目合作单位：北京工业大学
贵州高速公路集团有限公司

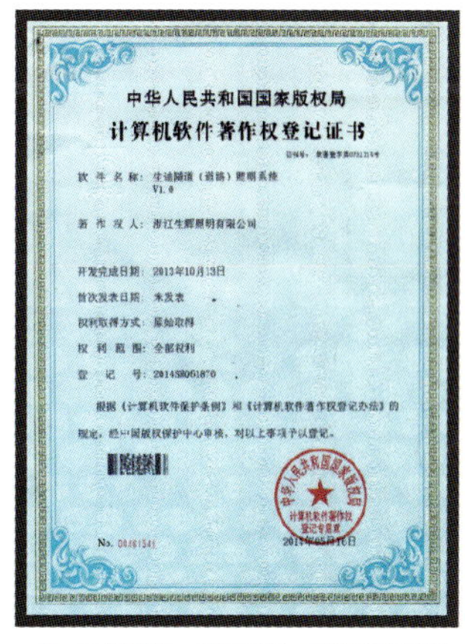
中华人民共和国国家版权局
计算机软件著作权登记证书

生迪隧道（道路）照明系统
计算机软件著作权登记证书

系统的功能及意义

系统功能：

该系统采用业界先进智能载波技术，实现隧道灯、路灯智能控制诸多创新，真正实现远程设备监控及检测。设备具有高可靠性，其无故障工作时间大于1万小时。运行时间数据不丢失，有备份功能；可热插拔任何设备而不影响系统正常工作；负载故障自动断电不会影响其它负载正常工作，并通过GPRS发送故障报警；在预设工作时间里，可周期性的自动执行开关灯动作；具有负载故障报警功能、完成预设工作时间时能自动按设定的程序工作并具有报警功能。

系统意义：

采用数字载波中控系统，路面环境检测系统，对灯具进行亮度控制的手段，进一步提高节能效果。通过二次节能的规划再提高百分之十五至二十的节能效果和实现灯具超亮度控制以延长光源使用年限。将影响隧道照明的外部因素都引入控测系统，使节能效果达到最大化。使通过LED照明改造的综合节能达65%以上。

其灯具控制系统在改造实际中无需为控制系统增加额外的布线与施工。给改造项目的实施提供便利。具有推广价值。

智能变色温隧道灯

变色温灯珠图

LED+ 道路照明

项目与技术要求：

额定光通量：10800 lm

额定功率：120w

初始光通量：实测值不低于额定光通量的90%

初始灯具光效：实测值≥100 lm/W

额定相关色温：3000±175K ~6500±500K，色温可调

显色指数：显色指数≥70

道路均匀度：路面亮度总均匀度U0≥0.4;

车道路面纵向均匀度UL≥0.6;

防眩光：失能眩光：TI≤15%

配光：蝙蝠翼配光曲线，角度横向90°±5%，

纵向140°±5%

光源：每组芯片配有高低色温，可自动调节色温

南京名都·执法信息化方案专家
LAW ENFORCEMENT INFORMATION SOLUTION EXPERT

公安部推广方案

全国单警执法视音频记录系统建设现场推进会
试点应用和部署推广系统方案
（2015年5月27日 徐州）

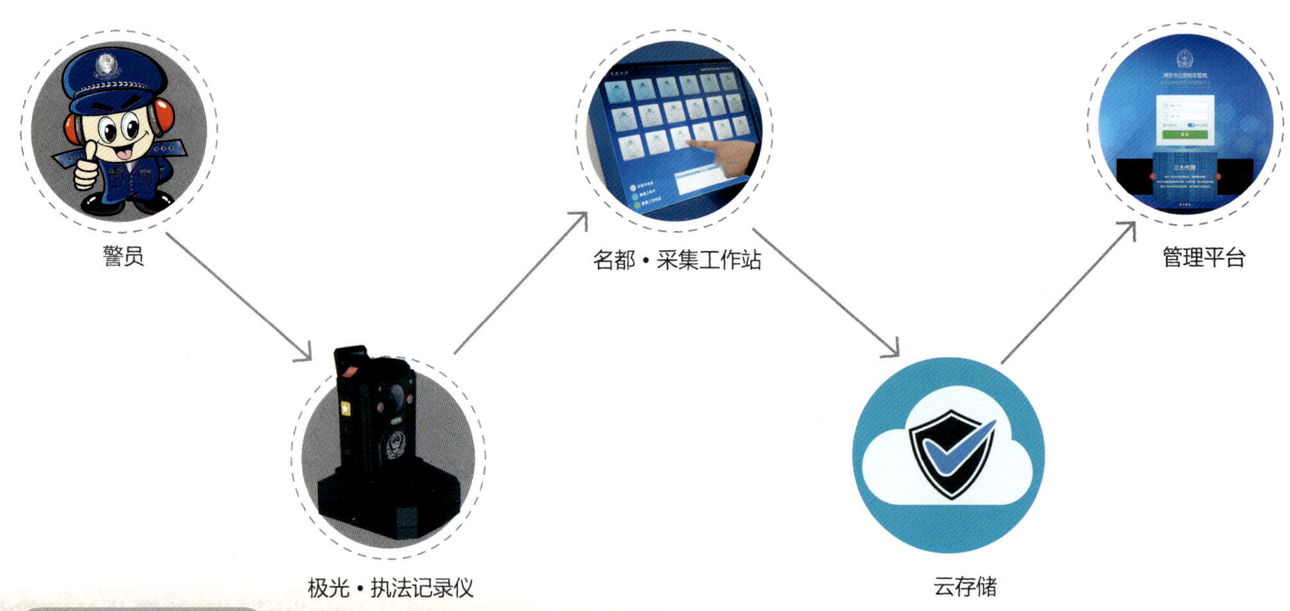

整体解决方案

南京名都执法记录仪整体解决方案由执法记录仪、采集工作站和数据管理平台三部分组成，实现现场取证、数据自动化采集和数据安全存储管理功能，借助执法记录仪管理平台实现证据资料的数据归档、授权访问浏览、多字段信息标注和数据分析统计；依靠强大的云存储系统，保障数据的安全、可靠、高效存储；通过与警综平台、六合一平台、消防业务监督管理系统等业务平台的双向对接，利用日常抽查、监督考评、预警等功能来帮助信息研判，提供业务决策支撑，最大化发挥现场执法仪证据资料的实用效能。

已对接业务平台案例

- ★江苏省公安执法记录仪管理系统
- ★福建省交警执法记录仪管理系统
- ★江苏省消防执法记录仪管理系统
- ★江苏省边防执法记录仪管理系统

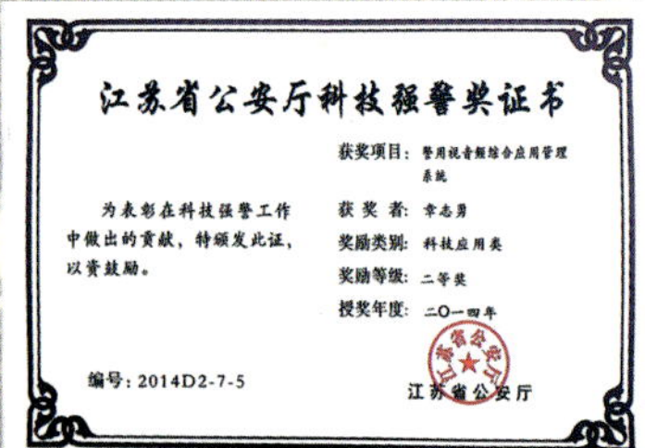

江苏省公安厅科技强警奖证书

为表彰在科技强警工作中做出的贡献，特颁发此证，以资鼓励。

获奖项目：警用视音频综合应用管理系统
获 奖 者：李志勇
奖励类别：科技应用类
奖励等级：二等奖
授奖年度：二〇一四年

编号：2014D2-7-5

江苏省公安厅

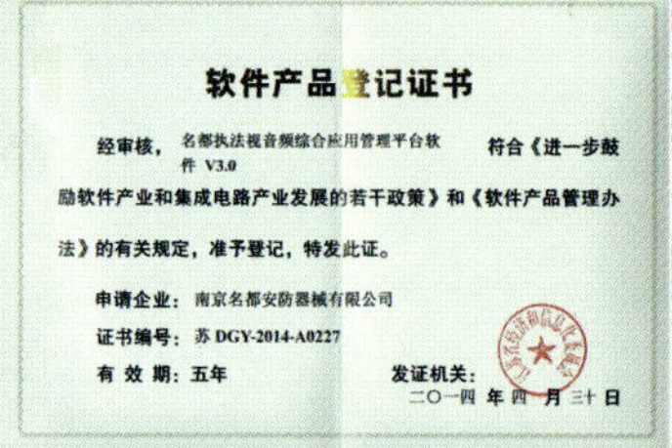

软件产品登记证书

经审核，名都执法视音频综合应用管理平台软件 V3.0 符合《进一步鼓励软件产业和集成电路产业发展的若干政策》和《软件产品管理办法》的有关规定，准予登记，特发此证。

申请企业：南京名都安防器械有限公司
证书编号：苏 DGY-2014-A0227
有 效 期：五年
发证机关：
二〇一四 年 四 月 三十 日

2014年《警用视音频综合应用管理系统设计与实现》项目入选公安部应用创新计划
2014年《警用视音频综合应用管理系统》被评为江苏省公安厅科技强警奖科技应用类二等奖
2013年《警用视音频综合应用管理系统》荣获南京市"民本警务"品牌三等奖

南京名都安防器械有限公司

地址：南京市秦淮区国家领军人才创业园8号楼C座
电话：400-025-3110/025-58017206 网址：www.njmdaf.com

同济大学 交通运输工程学院
综合交通信息与控制工程系

面向交通行业和交通运输工程学科未来发展趋势，同济大学交通运输工程学院整合原交通信息工程系、交通工程系和道路与机场工程系的部分师资力量，于2014年底组建成立综合交通信息与控制工程系（以下简称"交通信控系"）。

交通信控系主力建设"交通信息工程与控制"二级学科，设有"交通信息工程与控制"的硕士点、博士点及博士后流动站，是国内最早设立"交通信息工程与控制"博士点、最早开展智能交通运输系统（ITS）研究和人才培养的机构之一，拥有国内唯一覆盖陆路（道路与轨道）交通运输体系的"交通信息工程及控制"博士点，并是我国设立 "交通信息工程及控制学科" 教育部特聘长江学者岗位的几个科系之一。

交通信控系现有教职工26人，包括教授等正高级职称8人、副教授等副高级职称7人、讲师和助理教授10人。其中，"千人计划"/"长江学者"1人、"享受国务院特殊津贴"/　"交通运输部十百千人才第一层"/"上海市领军人才"/同济大学教学名师1人、"教育部新世纪人才"/"交通部青年科技英才"/"上海市浦江人才"1人、　"原铁道部拔尖人才"1人、"上海浦江人才"3人、国内外学术组织和核心刊物主编和编委等多人。已组成了知识结构和年龄层次合理的学术梯队，形成了道路交通与轨道交通、工程技术与科技研究、硬件与软件研发互补的师资结构，具有强大的科技攻关能力。

交通信控系以综合交通运输为对象，以工程应用和理论创新为背景，以交通信息和控制技术及相关现代交通技术为手段，以综合交通系统智能化为特色，开展教学、科研与社会服务工作，重点发展"轨道交通智能控制与安全"、"道路交通协同管控与服务"和"航空交通信息与管控"等领域。研究方向包括"智能交通安全与风险管理"、"综合交通信息感知与通信"、"道路交通协同管理与控制"、"多模式智能公共交通系统"、"车路协同与主动服务系统"、"轨道交通自动化与控制"、"轨道交通主动安全与管理"和"轨道交通智能检测与评估"等。在相关领域，交通信控系承担了大量国家、部委和地方政府委托的重大基础研究（973计划）、高新技术研究（863计划）、科技支撑计划、国家自然科学基金重点项目等重要科技研究项目，主编和参编国家规范和行业标准50余部，获得国家科技进步奖1项、省部级科技进步奖20余项。

"仰望星空，脚踏实地"，交通信控系人将秉承同济的优良传统，创新求实，同舟共济，与时俱进，追求卓越，铸就信控系新的辉煌。

师资队伍

长江学者 千人计划 陆键教授

杨晓光教授

李克平教授

杜豫川教授

马万经教授 副系主任（主持工作）

吴志周 副教授

云美萍 副教授

唐克双 副教授

常云涛 讲师

王晨 助理教授

蒋愚明 工程师

董德存 教授

曾小清 教授

张轮 教授

朱健 副教授

黄承明 副教授

欧冬秀 副教授 副系主任

暨育雄 副教授

喻斌 讲师

施莉娟 讲师

黄世泽 助理教授

王晓春 讲师

蒋燕 讲师

沈拓 工程师

学科奠基人

杨佩昆先生——
中国交通工程及智能交通系统工程奠基人

张树京先生——
北京交通大学原校长
中国交通信息工程奠基人

代表性的研究成果

- 中国第一个交通控制系统的主要完成者（1986-1990）；
- 中国第一条高速公路 "沪嘉高速公路"的机电工程系统设计（上海，1988）
- 中国第一个高速公路交通紧急救援管理系统（上海-南京）完成者（1997）
- 中国第一个快速路交通诱导管理系统（上海，1998）
- 中国国家ITS-NSA研究（2000）
- 提出中国智能交通运输系统评价理论与方法体系（2002）
- 中国最早开展实验交通工程学和下一代交通仿真及交通战略实验室研究等（2004）；
- 较早开展了高速磁浮车地无线通信系统及轨道交通控制与安全核心装备研制（上海，2004年）
- 中国第一个车路协同交通控制原型系统（2009年），BUS-CVIS;
- 中国第一个基于大数据的城市交通网络状态预测预报分析系统（南京，2010年）
- 中国第一个公共交通服务与绩效智能管理系统（宁波，2012年）

地址：上海市曹安公路4800号　邮编：201804　电话：021-69584674
传真：021-69589881　网址：http://www.tjjt.tongji.edu.cn/jtxxkz/net/foreground/index.jsp

清华大学汽车安全与节能国家重点实验室

一、发展概况

2014 年实验室共有固定人员 74 人，其中中国工程院院士1 人，教授及研究员 31 人，副教授及副研究员 25 人，助理研究员 8 人，工程技术人员 10 人。固定人员中，国家千人计划 3 人，国家青年千人计划 1 人，长江学者特聘教授 3 人，长江学者特聘讲席教授 1 人，国家杰出青年基金获得者 2 人，优秀青年科学基金获得者 1 人。

二、科研项目及成果

2014年实验室共承担科研项目303项，实到科研经费8130万元。其中牵头973课题3项，参与973课题4项；牵头863课题3项，参与863课题13项；牵头国家科技支撑计划1项，参与国家科技支撑计划9项；牵头国家科技重大专项1项，参与国家科技重大专项2项；参与国家重大科学仪器设备开发专项1项；承担国家自然科学基金39项、军工专项18项、省部级项目34项。省部级及以上项目总经费3767万元，占总经费的46.3%。承担国际合作项目36项，总经费1213万元，占总经费的14.9%。承担企事业单位委托项目138项，总经费3150万元，占总经费的38.8%。

2014年实验室共发表论文326篇，其中国际期刊97篇，国内期刊140篇，国际会议论文79篇，国内会议论文10篇。其中SCI收录148篇，EI收录255篇。2014年5月，实验室有2篇SCI论文入选热点论文（依托单位清华大学共有33篇）。授权国家发明专利37项、实用新型专利9项、计算机软件著作权8项。

2014年实验室产生一项重大科研成果：季学武、刘亚辉等完成的"基于路感跟踪的高性能电动助力转向系统关键技术及应用"，该成果获得国家科学技术进步二等奖。（2013年，实验室产生2项重大科研成果：李克强、王建强、罗禹贡等完成的"基于行驶环境感知与控制协同的汽车智能安全新技术及应用"项目，获得国家技术发明二等奖；张扬军、郑新前等完成的"内燃机全工况高增压关键技术及工程应用"项目，获得国家科技进步二等奖。）

李克强团队获2013年国家技术发明二等奖

与阿贡国家实验室签署战略合作协议

万钢部长 陈吉宁校长 闫傲霜主任到我室视察工作

三、科研设施及科研能力建设

2014年实验室购置仪器设备365台，总经费1130万元，其中30万元以上设备共6台，总计417万元，包括汽车电子试验平台、同步热分析仪、便携式燃烧分析仪、燃料电池测试系统、行人冲击试验台和蓄电池模拟器。其中大部分仪器设备都能够共享开放。

四、主要研究方向

实验室的主要研究方向为：

汽车主动安全性（汽车动力学与控制、汽车振动与噪声控制、驾驶行为识别与安全辅助系统、交通安全与事故再现）；

汽车被动安全性（汽车碰撞力学、汽车安全性设计、乘员保护及人体损伤机理、汽车新型材料与轻量化）；

先进发动机与排放控制（发动机燃料与燃烧、发动机排放控制、发动机热流体学、动力总成与性能优化）；

电动汽车与新型动力（车用动力电池系统、纯电驱动系统、混合动力系统、燃料电池动力系统）；

汽车电子控制（发动机电子控制、底盘电子控制、智能汽车、智能交通）。

五、国内外交流

2014年有78人次国际知名学者到实验室访问交流，国际讲学达到30人次。固定人员因公派出（长期）4人次、短期派出交流79人次。主办或承办了"未来燃料与高效清洁内燃机技术"、"大众汽车技术论坛"、"中美清洁汽车联盟技术交流会"、"第八届中日汽车产业论坛"、"第六届流体机械及流体工程"等国际研讨会和学术会议，进一步提升学术交流水平，扩大国内外业界影响力。

2014年实验室继续打造青年教师沙龙、午餐学术沙龙、教授沙龙的交流平台建设，形成全校品牌，其中午餐学术沙龙是实验室的特色之一，2014年共举办31次，3500人次参与。主讲嘉宾中有院士4人、国外专家学者11人。这使学术沙龙累计达149次，继续保持着对创新性科研工作以及人才培养的重要影响和促进。

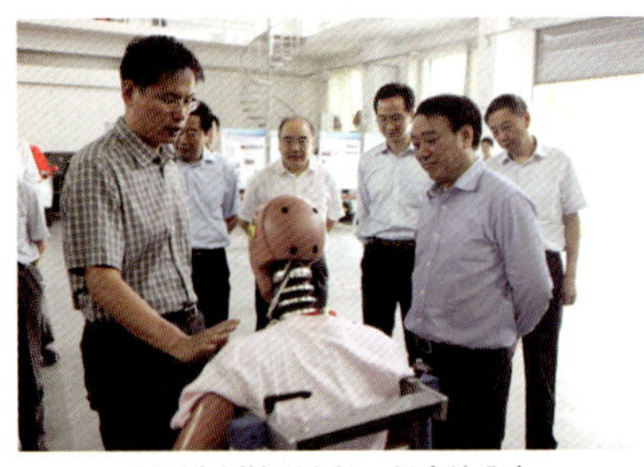
四川省刘捷副省长一行来访我室

我室主任欧阳明高教授与特斯拉总裁埃隆·马斯克

我室季学武团队获2014年国家科学技术进步二等奖

地址：北京市海淀区清华大学汽车研究所304
电话：010-62773036
传真：010-62785708

上海沪江虚拟制造技术有限公司

上海沪江虚拟制造技术有限公司是一家专业设计生产公共安全虚拟体验成套设备的企业。公司拥有交通安全宣传教育技术展示平台，科技部和上海市虚拟制造技术公共服务平台，上海市青少年科普基地。

● 解决方案

公司根据不同需求为交警、消防、驾校、中小学校、科普展馆等单位提供一体化设计、施工、安装、培训和讲解指导的安防基地建设服务，该解决方案技术是山东省公安厅交警总队承担的公安部"应用创新计划"的科研成果，已通过部级专家验收。

● 成功案例

交通安全虚拟体验中心

消防安全体验训练中心

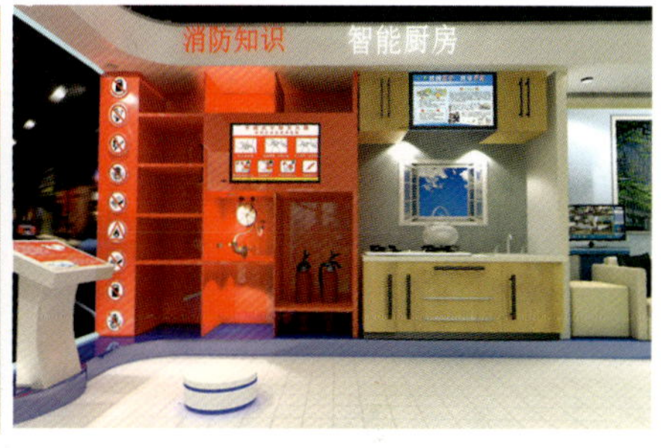

社区公共安全体验中心

交通安全教育基地(20个)：
滨州市交警支队
德州市临邑县交警大队
德州市宁津县交警大队

社区六进（15个）：
华能东风嘉园社区
聊城北城艾科社区
德州高地社区

学校交通安全教育（6个）：
德州市北园小学
德州市实验小学
... ...

反腐倡廉：
宁津交警大队交警荣誉室
临邑交警大队交警荣誉室
... ...

●产品列表

产品名称	产品型号	产品简介
"警钟长鸣"互动式沙盘	HJ-AIT	多媒体数字投影沙盘融合本地街景，立体事故过程案例淋漓尽致地展示。
安全体验驾驶器	HJ-SDSIA	公安部交通安全宣教课题专利产品，安全驾驶体验，分成人版和青少年版。
虚拟交警	HJ-VTP	真人大小虚拟交警全息影像，具有路口指挥，手势学习，行人违法探测纠正功能。
裸眼立体虚拟法规墙	HJ-VRW	裸眼立体双面影像，表明交通法规是一面墙，体验守法和违法仅一墙之隔。
交通知识学习系统	HJ-TKLS	交通知识学习系统通过互动多媒体形式，将交通安全知识结合实际案例。
交通安全数字互动游戏	HJ-TSDIG	《交通安全连连看》、《回家的路》等多款互动游戏，寓教于乐。
裸眼立体交通事故画廊	HJ-TAG	典型交通事故案例设计成裸眼立体灯箱画、立体展板展示长廊。
科技强警幻影箱	HJ-TSPZ	警用装备数字立体幻影技术展现科技强警、违法无逃逸。
儿童创意台	HJ-AIE	通过扫描仪数字化，有效地提升青少年的交通安全参与性和主人翁意识。
立体交通事故再现体验	HJ-3DM	震撼体验"超载、超速、酒驾、高速团雾"事故发生过程和悲惨的后果。
数字幻影事故车辆展台	HJ-3DM-1	采用数字幻影空间成像技术，设计360度观看体验的数字立体图像。
语音导览系统	HJ-VOS	根据场地和浏览路线，设计分布式音箱，实现全场地解说一体化。
交互式虚拟交警荣誉台	HJ-VRP	幻影多媒体系统，重点"荣誉背后的故事"。
电控型消防装备、器材展示系统	HJ-ECS	系统将以3D动画的形式，自动播放该装备的名称、性能及使用方法。
虚拟灭火体验系统	HJ-VRQS	动手操作灭火训练，体验中学习消防知识，寓教于乐。
家庭防火常识演示系统	HJ-HQS	通过水电煤集中的厨房险情3D情景实物和虚拟演示，学习防范与处置知识和能力
家庭灭火体验装置	HJ-HQS-1	模拟使用各种灭火器的方法，针对不同类型火灾，正确选择灭火器模拟灭火。
智能型厨房火灾隐患排查体验装置	HJ-HQS-2	体验灭火操作：排查厨房各种火灾隐患（7处：厨房电器问题、油锅着火等）。
乘车消防安全演示系统	HJ-FES	演示车辆消防安全要点与车辆火灾逃生要点。
模拟楼宇火灾自动报警与联动演示系统	HJ-APS	火警状态下自动/手动启动喷水灭火系统，并模拟喷水灭火。
公共安全烟热逃生体验系统	HJ-AES	模拟火场现场的状况，熟悉逃生路线、技巧，提升逃生能力。
消防装备火场体验系统	HJ-FES	针对大型火灾灭火救援状态，实施专业化的体验和训练。
家庭安防体验系统	HJ-SPS	通过自动化联网的实物和传感器报警系统，掌握安全防范方法和防护技能。
身边的危害防范体验系统	HJ-VPS	通过知识、法规、案例，虚实体验，能有效地提升危害的识别和防范。
社区服务质量体现系统	HJ-CSS	服务是双方的，群众方便、满意，办事的同时认知和体验学习，是整体提升服务效能的关键。

安全体验驾驶器

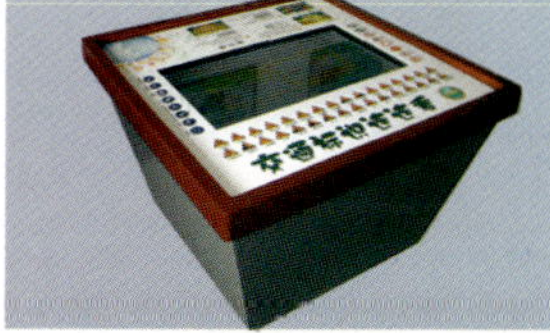
交通安全数字互动游戏（多款）

虚拟交警

立体虚拟事故再现体验系统

"警钟长鸣"互动式沙盘

数字幻影事故车辆展台

虚拟灭火体验系统

家庭安防体验系统

电话：021-51613970　**传真：**021-51613973　**手机：**13371821068　15800680026
地址：上海市杨浦区翔殷路128号1号楼10号门2楼，200433　网址：www.shanhaiVM.cn　邮箱：Vmi@ShanghaiVM.cn

北京金银建科技发展有限公司

北京金银建科技发展有限公司（下称“金银建科技”）成立于1999年9月6日，隶属于北京银建投资公司，注册资本人民币1000万元，是一家面向城市客运交通领域现代化建设的高新技术企业。荣获3项发明专利及17项计算机软件著作权。

现有员工131人。其中，中高级管理人员和科研开发人员全部具有本科以上学历，并已形成涵盖多种学科，门类齐全的知识结构和人员配置，具有较强的产品开发能力和科技创新能力。

汇集了车载产品研发的软硬件设计人员和计算机软件开发、系统集成、网络规划、实施等多方面的专业人才，具有自行研制、生产、维修计价器、标志灯、车载防劫防盗报警器和车载智能终端的能力，对出租汽车进行全天候调度监控服务。

金银建科技在贴近需求、响应需求和服务到位等方面都拥有优势，其为利用科技手段为交通运输提供多方位服务的企业创造了得天独厚的生存条件和发展空间。与专门从事呼叫中心业务或生产电子产品的企业相比，具有独特的资源优势，熟悉车辆运营规律，使项目产品的开发、生产以及监控报警呼叫中心的服务更加有的放矢。

金银建科技主打产品：JYJ TM2010A JYJ VIT2010（系列）车载智能终端（以下简称“终端”）和HQ-2000J-1 车辆防盗报警器，JYJ 2010型出租汽车计价器与2010A型出租汽车计价器。

在2014年-2015年我司研发电动出租车智能服务终端项目，此项目符合《国家重点支持的高新技术领域》规定的第一大类“电子信息技术”中的第一小类“软件”中第4项“嵌入式软件”，同时符合《国家重点支持的高新技术领域》规定的第一大类“电子信息技术”中的第二小类“微电子技术”中第1项“集成电路设计技术”。应硬件新能源公司要求，我公司承担了为其EV200型电动车租车开发智能服务终端（ISU）。该ISU为安装在北京首批电动出租车上的专用设备，对我司获得ISU在北京电动出租车市场的安装资格，及对日后北京市场乃至全国市场的占领具有重大意义。

地址：北京市丰台区洪太庄甲6号1号楼　　邮编：100070

电话：010-63771793　　传真：010-63771793

《2015智能交通产品与技术应用汇编》

广告索引

北京精英智通科技股份有限公司

地址：北京市海淀区清河小营西小口路27号海升C座

电话：010-88864122

网址：www.jaya.cc

北京交通发展研究中心

地址：北京市丰台区六里桥南里甲九号首发大厦A座

电话：010-57079900

网址：www.bjtrc.org.cn

杭州博达伟业公共安全工程有限公司

地址：浙江省杭州市江干区俞章路98号

电话：0571-88019761

网址：www.hzbdwy.com

深圳市交投科技有限公司

地址：广东省深圳市福田区深南大道1006号深圳国际创新中心C座18楼

电话：0755-86088666

网址：www.sztit.cn

中铁电化（西安）通号设备有限公司

地址：陕西省西安市高陵区崇皇乡泾园八路

电话：029-86096223

苏州市中能能源科技有限公司

地址：江苏省苏州市高新区竹园路209号

电话：0512-62390899 62390199

廊坊市威达科技发展有限公司

地址：河北省廊坊市经济技术开发区花园道35号

电话：0316-6074249/50

网址：www.weidakj.com

清华大学-剑桥大学-麻省理工学院低碳能源大学联盟未来交通研究中心

地址：北京市海淀区清华大学旧水利馆312

电话：010-62797229

网址：tcmftc.civil.tsinghua.edu.cn

天津通翔智能交通系统有限公司

地址：天津市津南区八里台工业园天华路1号中国华录大楼3层

电话：022-59781522

网址：www.tianjintongxiang.com

华为技术有限公司

地址：深圳市龙岗区坂田华为基地

网址：www.huawei.com

广东方纬科技有限公司

地址：广州市大学城青蓝街22号数学家庭基地B栋801

电话：020-31063052

网址：www.fuadway.net

欧司朗光电半导体（中国）有限公司

地址：上海市黄浦区西藏中路18号港陆广场29层

电话：400-920-6282

网址：www.osram-os.com.cn

山东海格尔信息技术有限公司

地址：山东省烟台市开发区长江路中信大厦

电话：0535-6667038

网址：www.cnhiger.com

中山大学智能交通研究中心

地址：广东省广州市新港西路135号

电话：020-31063025

网址：itssysu.edu.cn

北京北方工大科技发展有限公司

地址：北京市石景山区实兴大街西山汇2号楼12层

电话：010-88798888

国家智能交通系统工程技术研究中心

地址：北京市海淀区西土城路8号

电话：010-62079526

网址：www.itsc.cn

北京华飞时代科技有限公司

地址：北京市海淀区安宁庄东路18号光华创业园科研楼二层

电话：010-82894971

网址：www.huafeitech.com.cn

无锡华通智能交通技术开发有限公司

地址：江苏省无锡市滨湖区钱荣路88号

电话：0510-85504610

逸兴泰辰（天津）科技有限公司

地址：天津华苑产业区（环外）海泰发展五道16号B-2号楼2门202室

电话：022-23772628

网址：www.ethane.com.cn

江苏大为科技股份有限公司

总部：江苏省无锡市锡山区科技工业园1号

电话：0510-88201111

网址：www.daway.com.cn

北方工业大学

地址：北京市石景山区晋元庄路5号

电话：010-88802861

网址：www.ncut.edu.cn

北京锦鸿希电信息技术股份有限公司

地址：北京市丰台区中核路1号院1号楼4-5楼

电话：010-68482852

网址：www.chinaxidian.com

广州市中南民航空管通信网络科技有限公司

地址：广州市白云区机场路航云北街74号

电话：020-86120938

上海华虹集成电路有限责任公司

地址：上海张江高科技园区碧波路572弄39号

电话：021-51315000

网址：www.shhic.com

江苏尤特斯新技术有限公司

地址：南京市幕府东路199号紫金科技创业特别社区A5幢S105室

电话：025-86302071

网址：www.ut-its.com

北京速通科技有限公司

地址：北京市丰台区六里桥南里甲9号首发大厦C座

电话：96011

网址：www.bjetc.cn

广东振业优控科技股份有限公司

地址：广东省中山市石岐区南江路21号

电话：0760-85528282

网址：www.zhenyeinfo.com

深圳市威尔电器有限公司

地址：深圳市龙华新区观澜街道横坑社区横坑河西村227号

电话：0755-83160728

网址：www.sz-well.com

浙江浩腾电子科技股份有限公司

地址：浙江省丽水绿谷信息产业园天宁孵化基地12栋

电话：0578-2159665

网址：www.zjhtdz.com

广州市埃特斯通讯设备有限公司

地址：广州市萝岗区永和经济区摇田河大街79号永和大楼703室

电话：020-32637255

网址：www.artc.com.cn

武汉恒达智慧城市交通研发有限公司

地址：湖北省武汉市东西湖区金银湖路财富大厦11楼

电话：027-68853590

网址：www.headerits.com

深圳市易行网交通科技有限公司

地址：深圳市南山区科技园南区高新南四道9号三楼

电话：0755-83581287

网址：www.e511.com

深圳市艾泰克工程咨询监理有限公司

地址：深圳市福田区八卦二路535栋518-520室

电话：0755--83658360

网址：www.itechcn.com

宁波工程学院交通研究院

地址：浙江省宁波市风华路201号

电话：0574-87616866

网址：www.nbut.cn

石家庄华燕交通科技有限公司

地址：河北省石家庄市鹿泉市上庄世纪工业园2号路华燕科技

电话：4001031156

网址：www.hyjtkj.com

浙江网新智能技术有限公司

地址：浙江省杭州市滨江区江汉路1785号双城国际4号楼

电话：0571-87750773

网址：iottech.com.cn

徐州市圣顺安防科技有限公司

地址：江苏省徐州市泉山区解放南路矿大科技园科技大厦912室

电话：0516-83968585

网址：www.sheng-shun.com

北京市交通信息中心

地址：北京市丰台区六里桥南里甲9号首发大厦B座

电话：010-57079655

网址：www.btic.org.cn

北京慧通九方科技有限公司

地址：北京市朝阳区左安东路弘善家园405号楼

电话：010-56332018

网址：www.htjf.com.cn

上海三思电子工程有限公司

地址：上海市闵行区疏影路1280号

电话：021-54883434

网址：www.sansitech.com

上海宝康电子控制工程有限公司

地址：上海市宝山区杨行工业园区锦富路298号

电话：021-56931088

网址：www.shbaokang.com

北京思凌源创科技有限公司

地址：北京市海淀区圆明园西路2号院7号楼

电话：010-57216822

网址：www.slintec.com

长江航道规划设计研究院

地址：湖北省武汉市江岸区汉黄路17号

电话：027-51769500

网址：www.cjwi.com.cn

天津神舟通用数据技术有限公司

地址：滨海高新区华苑产业区榕苑路16号鑫茂科技园C1座五层D单元

电话：4006-198-288

网址：www.shentongdata.com

深圳市大族元亨光电股份有限公司

地址：深圳市宝安区福永街道重庆路128号大族激光工业园4栋

电话：0755-29308822

网址：www.yaham.com.cn

乌鲁木齐市城市综合交通项目研究中心

地址：乌鲁木齐城市昆仑路82号

电话：0991-4645753

深圳市法马新智能设备有限公司

地址：深圳市光明新区玉律第五工业区九栋

电话：0755-23193599

网址：www.famakj.com

东南大学交通学院

地址：江苏南京市进香河35号

电话：025-83792297

网址：tc.seu.edu.cn

北京市交通行业节能减排中心

地址：北京市丰台区六里桥南里甲9号

电话：010-57078260

邮箱：btec@bjjtw.gov.cn

辽宁天久信息科技产业有限公司

地址：辽宁省沈阳经济技术开发区6号街9号

电话：024-25379290

深圳北斗应用技术研究院有限公司

地址：深圳市南山区桃源街道学苑大道1068号超算中心4楼

电话：0755-86539692

网址：www.sibat.cn

青岛海信网络科技股份有限公司

地址：青岛市山东路16号阳光泰鼎大厦

电话：0532-55751613

网址：www.hisense-transtech.com.cn

瑞斯康达科技发展股份有限公司

地址：北京市海淀区西北旺东路10号院（中关村软件园）东区11号
电话：010-82884499 转3666 010-58963999
网址：www.raisecom.com

四川川大智胜系统集成有限公司

地址：成都市武侯区武科东一路7号
电话：028-85464055
网址：www.wisesoft.net.cn

深圳市金溢科技股份有限公司

地址：深圳市南山区科苑路清华信息港研发楼A栋12层
电话：0755-26030288
网址：www.genvict.com

广州市坤龙信息系统有限公司

地址：广州市天河区沙太南路银利街22号K栋3层
电话：020-22165810
网址：www.kunlongzn.com

富朗巴软件科技（上海）有限公司

地址：上海市浦东新区浦东南路855号世界广场23楼E室
电话：021-68599898
网址：china.forum8.jp

广州南方测绘仪器有限公司

地址：广州市科韵路软件园建中路52号导航大厦
电话：020-22828899
网址：www.southgnss.com

深圳市前海绿色交通有限公司

地址：深圳市南山区月亮湾大道与东滨路交汇处前海管理局安管大队
电话：0755-88981668
邮箱：qhlj@126.com

南京城市智能交通有限公司

地址：江苏省南京市栖霞区马群大道10号
电话：025-84356666
网址：www.njits.com.cn

重庆交通大学

地址：重庆市南岸区学府大道66号
电话：023-62651999
网址：www.cqjtu.edu.cn

重庆攸亮科技有限公司

地址：重庆市南岸区花园八村九栋六楼
电话：023-62822156
网址：www.ulit.com.cn

深圳市傲天智能系统有限公司

地址：深圳市南山区西丽街道九祥岭工业区第10栋第5层
电话：0755-25898258
网址：www.szodin.cn

西南交通大学交通运输与物流学院

地址：成都二环路北一段111号信息楼10楼
电话：028-8760016
网址：ctt.swjtu.edu.cn

北京市城市交通信息智能感知与服务工程技术研究中心

地址：北京海淀区上园村3号北京交通大学

电话：15300085625

网址：www.bjiiss.com

北京智芯原动科技有限公司

地址：北京朝阳区林萃东路1号国奥村西区A8号楼1单元402室

电话：010-84378417/27

网址：www.icetech-bj.com

普天新能源有限责任公司

地址：北京市海淀北二街6号中国普天大厦1002

电话：010-62418060

网址：www.ptne.cn/jeecms

上海正先电子科技有限公司

地址：上海市闸北区延长中路625号5号楼307-311

电话：021-36532622

网址：www.zemso.com

常州市公共交通集团公司

地址：常州市中吴大道2188号

服务热线：96196

网址：www.czgj.cn

上海博协软件有限公司

地址：上海市普陀区真南路150号B栋201室

电话：021-63638369

网址：www.bitshare.cn

深圳怡丰自动化科技有限公司

地址：深圳市龙岗区龙城北路怡丰工业园

电话：0755-84298888

网址：www.yee-fung.com

北京斯普莱无线科技有限公司

地址：北京市昌平区北京国际信息产业基地高新四街6号院5层

电话：010-52594807

网址：www.wifisupply.cn

柳州桂通科技股份有限公司

地址：广西省柳州市城中区高新一路15号信息产业园b栋

电话：0772-2095313

网址：http://www.lzgtkj.com

英飞凌科技（中国）有限公司

地址：上海市松涛路647弄2号楼

电话：021-61019001

网址：www.infineon.com

重庆首讯科技发展有限公司

地址：重庆市渝北区银杉路66号

电话：86-23-89021335

网址：www.cqsxkj.cn

北京文安科技发展有限公司

地址：北京市海淀区上地东路1号院7号楼环洋大厦4层

电话：010-50961630

网址：www.vion-tech.com

浙江生辉照明有限公司

地址：浙江省嘉兴市秀洲工业园区升辉路39号

电话：0573-8396 3000

网址：www.sengled.com

南京名都安防器械有限公司

地址：江苏省南京市秦淮区来凤街菱角市66号8幢C座

电话：025-58017201

网址：www.njmdaf.com

南京兰博交通科技有限公司

地址：南京市浦口高新区惠达路9号c栋209

电话：025-84529309

同济大学交通运输学院

地址：上海市曹安公路4800号

电话：021-69584674

网址：http://www.tjjt.tongji.edu.cn/jtxxkz/net/foreground/index.jsp

清华大学汽车安全与节能国家重点实验室

地址：北京市海淀区清华大学汽车研究所304

电话：010-62773036

贵州黔盾安防科技有限公司

地址：贵州省贵阳市花溪大道北段隆福商住楼2层2号

电话：0851-85973977

网址：www.gzqdaf.com

上海沪江虚拟制造技术有限公司

地址：上海市杨浦区翔殷路128号1号楼10号门2楼

电话：021 - 51613970

网址：www.shanghaivm.cn

无锡市明大交通科技咨询有限公司

地址：江苏省无锡市滨湖区绣溪路53号旭天科技园

电话：0510-85186592

网址：www.mdttc.cn

江苏汇博思科技有限公司

电话：0510-68005720

网址：www.wbstech.cn

北京金银建科技发展有限公司

地址：北京市丰台区洪太庄甲6号1号楼

电话：010-63771793

网址：www.yinjian.com

上海海积信息科技股份有限公司

地址：上海市高泾路599号中国北斗西虹桥基地B座

电话：021-54187086

网址：www.highgain.com.cn